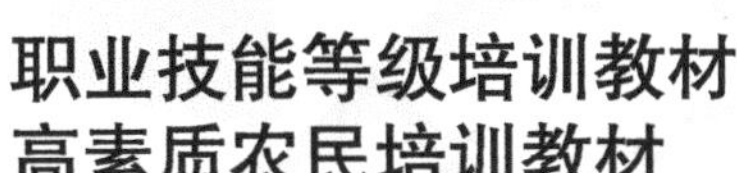

农业经理人

理论知识

胡　剑　主编

中国农业科学技术出版社

图书在版编目(CIP)数据

农业经理人.1，理论知识 / 胡剑主编.-- 北京：中国农业科学技术出版社，2025.5.--ISBN 978-7-5116-7397-8

Ⅰ.F302

中国国家版本馆 CIP 数据核字第 2025NB4241 号

责任编辑　闫庆健
责任校对　王　彦
责任印制　姜义伟　王思文

出 版 者　中国农业科学技术出版社
　　　　　北京市中关村南大街 12 号　　邮编：100081
电　　话　(010) 82106632 (编辑室)　　(010) 82106624 (发行部)
　　　　　(010) 82109709 (读者服务部)
网　　址　https://castp.caas.cn
经 销 者　各地新华书店
印 刷 者　北京捷迅佳彩印刷有限公司
开　　本　185 mm×260 mm　1/16
印　　张　18.5
字　　数　462 千字
版　　次　2025 年 5 月第 1 版　2025 年 5 月第 1 次印刷
定　　价　168.00 元(全 3 册)

《农业经理人理论知识》

编　委　会

主　编

胡　剑　兰州天衢职业培训学校

副主编

张克泰　甘肃省职业能力建设指导中心

田　波　中国农业科学院兰州兽医研究所

白艳丽　中农威特生物科技股份有限公司

编　委

王一平　甘肃农业职业技术学院

姜　奇　甘肃省农民教育培训工作总站

孟养荣　甘肃省农业机械化技术推广总站

霍文静　甘肃省植保植检站

何　伟　甘肃省农业生态与资源保护技术推广总站

刘卫红　甘肃省农产品质量安全检验检测中心

郭世乾　甘肃省耕地质量建设保护总站

李世成　甘肃省农业技术推广总站

彭　程　甘肃省畜牧技术推广总站

韩登武　甘肃省动物疫病预防控制中心

丁丰源　甘肃省渔业技术推广总站

李向东　甘肃省经济作物技术推广站

郁兴菊　兰州市农村广播电视学校

凌文波　兰州天衢职业培训学校

吕　丹　兰州天衢职业培训学校

序　一

自古以来，农业就是人类生存与发展的根基，是文明之火得以延续的土壤。在21世纪的今天，农业不仅仅是粮食的来源，更是生态保护、科技创新和经济建设的重要支柱。特别是在全球化和数字化的浪潮下，农业的发展模式正在经历深刻变革，传统的耕作方式已无法适应现代农业日益复杂的技术体系和市场需求。在这样的时代背景下，“农业经理人”这一新兴职业群体应运而生，成为引领农业转型与升级的关键力量。

《农业经理人：理论知识》正是在这一新时代需求下的产物。本书由资深专家胡剑担任主编，紧密围绕人力资源和社会保障部农业经理人课程包要求，系统整合了农业管理所需的核心知识与技能，是一部面向新时代农业人才培养的权威教材。书中不仅汇集了现代农业技术与管理实践，更融入了法律法规、职业素养、产业趋势、互联网+农业等内容，体现出高度的系统性、实用性与前瞻性。农业经理人，不仅是土地的耕耘者，更是资源整合者、决策引领者和价值创造者。他们在农业生产中扮演着多重角色：一方面要了解和掌握先进的农业技术，如生物育种、智能装备、农业物联网、大数据分析等，以推动生产方式的现代化；另一方面，他们必须精通企业管理、财务筹划、人力资源、市场营销等现代管理理论，真正实现农业向高效、集约、绿色、智慧方向发展。

本书在内容编排上，逻辑清晰，结构严谨。第一章“职业认知与职业道德”从历史和现实双重视角，帮助读者认识农业与农业经理人的职业价值，强化责任意识与职业精神；第二章“职业愿景”展示农业经理人在新时代的发展空间，引导读者明确职业规划与成长路径；随后各章分别深入讲解农业基础知识、涉农经济组织管理、互联网+农业、农耕文化、相关法律法规等，为农业经理人提供了从技术到管理、从理论到实务的全面支持。特别值得一提的是，本书在内容设置中，着眼于“新农人”所需的多元能力：既关注生产一线的技术应用，如种植与养殖新技术、农产品加工与质量安全、仓储物流管理等，也强调了经营管理方面的知识体系，包括涉农经济组织运营、市场营销、金融保险、农业信息采集与分析等。同时，对于互联网技术在农业中的融合应用，本书亦进行了深度探讨，引导农业经理人主动拥抱数字农业新时代。

在撰写过程中，编写团队广泛调研了当前我国农业经济发展趋势与农业人才需求状况，结合一线农业从业者的真实需求与政策导向，力求将“理论性”与“实用性”相结合，将“基础性”与“前沿性”相统一。无论是农民合作社管理者、家庭农场经营者，还是准备从事农业服务、农业金融、农业科技等相关工作的读者，都能从中获得有益的指导与启发。

农业强不强，关键在人；乡村美不美，关键也在人。新时代的农业，需要一大批既懂农业、又懂管理、善经营、能创新的农业经理人。在国家大力推进乡村振兴战略、农业农村现代化的背景下，农业经理人肩负着联结“三农”与现代产业体系、推动农业高质量发展的重要使命。希望该书能够成为广大农业从业者成长成才的起点，助力更多有志之士在广袤田野中书写属于新时代农人的奋斗篇章。

甘肃农业大学副校长　毕阳

2025 年 4 月

序　二

作为世界上历史最为悠久的农业古国之一，中国拥有着深厚的农耕文明积淀。数千年来，农业不仅是中华民族生存与发展的基石，更是中华文化的重要组成部分。从“民以食为天”的古训，到“农为邦本”的治国理念，农业始终在中国的历史长河中占据着举足轻重的地位。时至今日，中国依然是全球最大的农业生产国之一，农业的现代化与可持续发展，不仅关乎亿万农民的生计，更是国家经济稳定与社会进步的重要保障。然而，随着全球化的深入与科技的飞速发展，农业面临着前所未有的机遇与挑战。传统的农业生产模式已难以满足现代社会对高效、绿色、可持续农业的需求。如何在继承与发扬传统农业智慧的基础上，融入现代科技与管理理念，推动农业的转型升级，成为当前农业从业者与管理者亟需思考与解决的问题。

2025 年中央一号文件再次聚焦“三农”问题，明确提出要加快农业现代化步伐，推动农业高质量发展。文件强调，要深化农业供给侧结构性改革，优化农业产业结构，提升农业科技水平，推动农业与工商企业管理的深度融合，培育新型农业经营主体，特别是农业经理人队伍的建设。农业经理人作为现代农业发展的重要推动者，肩负着引领农业创新、提升农业效益、促进乡村振兴的重要使命。

《农业经理人》一书正是在这样的时代背景下应运而生。本书旨在为农业经理人提供一套系统的理论框架与实践指南，帮助他们在复杂的市场环境中，运用现代工商企业管理理念，结合农业生产的特殊性，实现农业资源的高效配置与农业产业的可持续发展。书中不仅涵盖了农业政策解读、农业科技创新、农业产业链管理等内容，还特别强调了农业经理人在乡村振兴战略中的角色与责任。

本书的编写团队由多位在农业经济、企业管理、政策研究等领域具有丰富经验的专家学者组成，他们结合理论与实践，深入剖析了当前农业发展的热点与难点问题，提出了许多具有前瞻性与可操作性的建议。无论是刚刚步入农业管理领域的新手，还是已有多年经验的资深从业者，都能从本书中获得启发与借鉴。

农业是立国之本，强国之基。农业经理人作为现代农业发展的中坚力量，肩负着推动农业现代化、实现乡村振兴的历史重任。希望《农业经理人》一书能够为广大农业从业者提供有益的指导与帮助，助力他们在新时代的农业发展中，书写更加辉煌的篇章。

天津威特生物医药有限责任公司董事长　黄银君

2025 年 3 月 1 日

前　言

在当今快速发展的社会背景下，农业领域迎来了前所未有的变革。为了适应这一变革，急需培养一批具备现代农业知识和管理技能的农业经理人。《农业经理人》一书，正是在此背景下应运而生，为有志于在农业领域精耕细作的读者提供一本全面、系统的学习指南。

本书严格按照人力资源和社会保障部农业经理人课程包的要求进行编写，内容涵盖农业新技术、管理方法、农业相关法律知识、互联网+农业以及农业经理人职业发展等多个方面。在编写过程中，力求语言通俗易懂，内容深入浅出，使读者能够轻松掌握农业经理人所需的核心知识和技能。

本书详细介绍了农业新技术在农业生产中的应用，包括生物技术、信息技术、智能装备技术等，帮助读者了解并掌握这些新技术，以提高农业生产的效率和品质。

在管理方法部分，本书从农业企业的生产管理、组织管理、设备管理、人力资源管理、财务管理等方面入手，深入剖析了农业企业的管理模式和运营策略，为读者提供了丰富的实践经验和案例分析。

在农业相关法律知识方面，本书详细梳理了与农业相关的法律法规和政策，使读者能够了解并依法依规经营，为农业企业的合法经营提供有力保障。

本书在介绍互联网+农业的基本概念和发展趋势的基础上，还深入探讨了互联网技术在农业生产、销售、服务等方面的应用，为读者提供了宝贵的参考和启示。

在农业经理人职业发展部分，本书从职业规划、职业素养、职业能力等方面进行了全面阐述，帮助读者明确自己的职业方向和发展目标，为未来的职业发展奠定坚实基础。

由于编者水平有限，加之时间仓促，书中错漏之处在所难免，恳切希望广大读者和同行不吝指正。

编　者

2025 年 3 月

目　录

引　言

在人类社会的早期发展中，经济因农业的发展而产生，农业与经济的交织就如同大地与生命的交融，源远流长。随着社会的进步和生产力的提升，这种原始的农耕模式逐渐演变为更为复杂、精细的农业经济体系，农业经理人也应运而生，成为这个转变中的关键职业。

在经济学的框架内，生产要素被定义为参与生产过程的关键资源。这些要素主要划分为四类：土地、劳动、资本以及企业家才能。农业经理人是企业家才能的具体体现，他们凭借专业的农业知识和对土地、劳动和资本的有效整合，实现农业生产的高效运行。

一、土地

英国政治经济学家威廉·佩蒂说过“土地是财富之母，劳动是财富之父”。这一观点，揭示了经济发展的基本原理，即自然资源与人类劳动是创造财富的两个关键因素。土地作为一种基本的生产要素，是所有物质财富的源泉。在农业社会中，土地直接生产出粮食和其他农产品，支撑着人类社会的生存与发展。在更广泛的意义上，土地还包括了矿产、森林、水资源等自然资源，它们是工业生产、城市建设、生态环境保护等众多领域不可或缺的要素，为社会经济活动提供了丰富的物质基础。

“劳动是财富之父”，强调了人类劳动在财富创造中的决定性作用。劳动是将自然资源转化为财富的过程中的关键驱动力，是知识、技术、智慧的载体。通过劳动，人们可以开采土地中的资源，制造产品，提供服务，从而创造出新的价值。同时，劳动也是社会进步和创新的源泉，它推动了科技的发展，提高了生产效率，丰富了人们的生活。这一理论强调了在追求财富和经济发展的同时，必须合理利用土地资源，尊重和保护劳动者的权益，实现自然资源与人力资源的和谐共生。

对于农业经理人来说，土地的含义远超出了我们肉眼所见的表层土壤。它是一个复杂的生态系统，一个包含地上的土壤、流动的河流、清新的空气以及无数自然资源的广阔舞台。它是地球的肌肤，是生命的摇篮，是人类经济活动的家园。

土地的表层土壤是农业的基础。农民在这一层土壤中播种希望，收获生存的必需品。每一粒种子的生长，每一株作物的繁茂，都依赖于土壤的肥沃和生态的平衡。据联合国粮食和农业组织统计，全球约 40% 的陆地面积被用于农业生产，土地的健康与否直接影响着全球的粮食安全。

水资源是生命之源，也是农业和工业活动的关键。水资源包括地下水、河流、湖泊和湿地，它们为人类提供了饮用水和灌溉农田用水，同时也维持着地球的生态平衡。世界银行报告指出，全球约 70% 的淡水用于农业，保护和合理利用淡水资源是全球面临的重大挑战。

空气是所有生物呼吸的必需品，其质量直接影响着生物的生存和健康。空气中的氧气支持着动物和人类的生命，二氧化碳推动了植物的光合作用。

土地是所有生产要素中最原始、最基本的，因为所有的经济活动，无论是农业、工业，还是服务业，都需要在一定的土地资源上进行。因此，我们必须尊重土地，合理利用并保护土地，实现人与自然的和谐共生。

二、劳动

劳动，涵盖了体力与脑力的投入，是生产过程中最为活跃且最具创新性的要素。劳动的力量，如同春雨般滋润着社会发展的土壤，让经济之花得以绽放。在农业领域，若无劳动，农业便如同空中楼阁，失去了根基。资本也无法得以有效利用，生产活动更是无从谈起。

在农业领域，农业经理人兼具深厚的农业知识和卓越的管理才能，用智慧推动生产活动。农业经理人具备精确规划土地使用和有效配置资源的能力，能够确保农作物在最佳环境中生长，优化农业生产。此外，农业经理人还密切关注市场动态，深入分析市场趋势，为农民提供及时、准确的信息，支持他们的决策制定。

通过收集和分析数据，农业经理人可为农民提供决策支持，协助他们规避风险，实现农业的可持续发展。他们展现出的强大组织协调能力，能够协调各方资源，确保农业生产的顺利进行。

值得强调的是，农业经理人在推广和应用农业技术方面，积极引进先进的农业技术，通过培训、示范等方式，提高农民的科技素质，推动农业生产向现代化、智能化方向迈进。同时，他们及时洞察市场动态，指导农户调整种植结构，从而增强农产品的市场竞争力，最终提升农业生产的效率和质量，为农民带来显著的经济效益。

农业经理人作为脑力劳动的代表，是农业生产中的中坚力量。他们凭借丰富的知识、敏锐的市场洞察力和高超的管理技能，为农业生产提供了有力的支持，推动农业持续、健康发展。

三、资本

资本，作为经济要素，涵盖了多元化的形态，包括但不限于生产工具、原材料库存、厂房设施等实物资本，以及用于投资未来经济的资金资本。这些资本在农业经理人的运营策略下，成为推动农业生产发展的强大动力。

农业经理人作为专业的管理人员，能够有效利用和配置资本。通过对生产工具的优化选择，确保农业生产过程的顺利进行；通过对原材料库存的精准管理，降低生产成本，提高生产效益；通过对厂房和设备的合理配置与升级，提高农业生产的技术含量和现代化水平。

更为关键的是，资本作为劳动的载体，在农业经理人的巧妙运用下，能够极大扩大劳动的生产能力。通过资本的投入，农业生产得以突破传统生产模式的局限，实现规模化、集约化的发展。同时，资本的运用也提高了生产效率，使农业生产在有限的资源条件下，能够创造出更多的经济价值和社会价值。

对于农业经理人而言，资本不仅是他们手中的工具，更是他们实现农业生产目标、推动农业现代化进程的重要支撑。在未来的农业发展中，农业经理人需要继续深化对资本的认识和运用，以更加专业、高效的方式，推动农业生产的持续、健康发展。

四、企业家才能

在农业管理领域中，企业家才能特指农业经理人所具备的深远的市场洞察力、高效组织生产能力以及勇于承担风险的能力。这些能力构成了农业经理人专业素养的核心。

在农业产业链中，农业经理人预测市场的能力极为重要。他们需要密切关注市场动态，准确捕捉市场趋势，及时调整生产策略，确保农业生产的效益最大化。同时，他们还需要具备组织生产的能力，通过科学规划和合理调配资源，确保农业生产过程的顺利进行，提高生产效率。

此外，农业经理人还需要勇于承担风险。农业生产过程中不可避免地会面临各种风险和不确定性，如气候变化、市场需求波动等。农业经理人需要具备敏锐的市场洞察力和果断的决策能力，以便应对这些风险和挑战，确保农业生产的稳定和可持续发展。

通过创新和决策，农业经理人将其他生产要素，如土地、劳动力、资金和技术等有效地组合起来，形成具有竞争力的农业生产体系。通过引入新技术、新品种和新模式等创新手段，提升农业生产的质量和效益，推动农业产业的升级和转型。

农业经理人的企业家才能是推动农业经济发展和进步的原动力。他们通过预测市场、组织生产和承担风险，为农业产业的可持续发展注入了强劲的动力。培养和提升农业经理人的企业家才能，对于推动农业经济的繁荣和发展具有重要意义。

第一章　职业认知与职业道德

农业经理人是指农民专业合作社等农业经济合作组织中，从事农业生产组织、设备作业、技术支持、产品加工与销售等管理服务的人员。20 世纪 90 年代，山东潍坊率先提出并实施了“农业产业化”的发展思路。随着全国农业产业化的推广，出现了以农民专业合作社、规模适度家庭农场为服务对象，以薪酬和分红为收入来源，具有明确分工与活动领域的职业劳动者。

2007 年《中华人民共和国农民专业合作社法》开始实施，其中明确规定：农民专业合作社可以“决定聘用经营管理人员和专业技术人员的数量、资格和任期”，确立了农业经理人的法律地位。2021 年 2 月 23 日，中共中央办公厅与国务院办公厅联合发布了《关于加快推进乡村人才振兴的意见》，明确提出了培养高素质农民队伍的战略部署。

我们要深入推行现代农民培育计划，特别是针对那些从事适度规模经营的农民，开展精准的分层、分类的全产业链培训，并强化培训后的技术指导和跟踪服务，支持他们创办或领导新型农业经营主体。充分利用现有的网络教育资源，加强农民在线教育培训，拓宽他们的知识视野和学习途径。

通过实施农村实用人才培养计划，强化培训基地建设，打造一批具备引领和带动能力的农村实用人才带头人。特别要关注家庭农场经营者和农民合作社带头人的培养，深入推进家庭农场经营者的综合培养，完善项目支持、生产指导、质量管理以及市场对接等全方位服务。

通过积极鼓励农民工、高校毕业生、退役军人、科技人员以及农村实用人才等群体创办或领导家庭农场、农民合作社，倡导有条件的地方支持农民合作社聘请专业的农业经理人，提升其管理水平和市场竞争力。

第一节　农业经理人的职业认知

一、对农业的认知

农业，作为人类社会的基础，肩负着滋养亿万人口、保持生态稳定和推动社会进步的崇高责任。自古以来，农业便是人类文明不可或缺的部分，它既是食物与物资的源泉，也是文化的载体与传承的媒介。

首先，农业对国家经济的支撑作用不容忽视。作为第一产业，它为国家的经济增长奠定了坚实的基础，粮食安全与稳定供应直接关系到国家的安定与发展。因此，对农业的投入与支持成为国家战略层面上的重要考量。

从数据上看，2020—2023 年，农业及相关产业增加值占国内生产总值的比重稳定在

16%左右。这一比重涵盖了农业全产业链的价值，不局限于传统的种植和养殖。具体到第一产业，即传统农业，2023年的增加值占比为7.12%，整体趋势相对稳定。同时，中国粮食种植面积和产量均保持增长，突显了农业在我国经济中的地位。尽管占比有所波动，但农业的基础地位和作用依然明显。随着农业现代化和全产业链的发展，其增加值占比有望保持稳定。

此外，农业也是科技创新的重要领域。从传统的农耕方式到现代的智慧农业、生态农业，科技的进步为农业带来了前所未有的发展机遇，这些创新提高了生产效率，为农业的可持续发展提供了强大动力。

在生态环境保护中，农业的发展应顺应自然规律，与生态环境建立一种动态的平衡，实现共赢共生。通过精心规划耕作模式和提升种植技术，推动农业向绿色、低碳、循环的方向发展。

二、对农业经理人的职业认知

农业经理人是农民专业合作社等农业经济合作组织中负责全方位管理服务的核心角色。他们组织农业生产、管理设备作业、提供技术支持，并参与产品加工与销售等环节，确保农业生产的高效运转。他们推动了农业生产的效率提升和农村经济的发展，是实现农业现代化的关键力量。

农业的现代化和机械化进程迫切需要一类特殊人才，他们既要掌握先进的农业科技，又要精通管理艺术，还要擅长市场推广及机械设备操作。农业经理人以其跨领域的知识和技能，堪称现代农业的全才型人物。

农业经理人广泛地参与农业合作社和各类生产组织，推动农业生产的现代化与高效化。这些经理人常被形象地称为“乡村CEO”“家庭农场主”或“农业经纪人”，突显了他们在农业管理中的地位与多元化职责。凭借丰富的文化底蕴、技术专长、经营智慧和管理能力，农业经理人在乡村振兴中发挥着日益重要的作用。农业现代化在中国的快速发展，催生了对农业经理人大量且持续的需求。对个人而言，这一职业不仅是晋升企业管理层的新途径，更是推动个人成长和职业发展的新动力。

农业经理人在农业生产与经营领域是专业身份，下面，我们对农业经理人的工作内容进行深入的探讨和研究。

（一）市场洞察与分析

农业经理人的首要任务是搜集并深入分析市场信息，包括农产品价格动态、供需平衡、消费者偏好变化以及竞争对手策略调整，这些信息将作为生产规划和营销策略制定的基础，将帮助农业经理人制定生产规划和营销策略，更好地把握市场动态，提高决策的科学性和有效性。

（二）生产计划编制

基于深入的市场分析，农业经理人将精心编制作物种植、畜牧养殖等生产计划，确保农业生产与市场需求紧密相连。在制定生产计划时，农业经理人首先会根据市场需求、消费者偏好以及品种特性，选择具有市场竞争力和经济效益的作物或家畜品种。

其次，农业经理人会根据品种特性、生产周期以及市场需求等因素，合理确定种植或养殖的规模。生产规模的大小将直接影响到资源的投入和产出的效益。农业经理人再根据作物的生长周期、气候特点以及养殖动物的生长习性，合理安排播种、施肥、浇水、防疫等生产活动的时间节点，确保生产活动按时进行，避免生产延误或资源浪费。农业经理人根据生产规模和品种特性，计算出所需的土地、水源、肥料、种子、饲料、劳动力等资源数量，确保生产活动的顺利进行。

最后，生产计划中还要明确预期经济效益。农业经理人根据市场价格、生产成本以及预期产量等因素，计算出预期的销售收入和利润。这一预期经济效益将作为评估生产计划合理性和可行性的重要依据。

农业经理人在编制生产计划时，要充分考虑市场需求、品种特性、生产周期、资源需求以及预期经济效益等因素，确保农业生产与市场需求紧密契合，实现经济效益最大化。

（三）资源管理优化

在农业生产过程中，农业经理人负责土地、水资源、农业机械、劳动力等资源的合理配置，让资源利用效率最大化，降低生产成本，最终实现农业生产效益的最大化。

农业经理人根据作物的生长需求，合理划分种植区域，选择适宜的作物进行种植。他们不仅要考虑土地的肥力、土壤类型、排水条件等因素，确保作物能够在最佳的环境下生长，还要考虑采用轮作、间作等耕作方式，以维持土地的可持续利用和生态平衡。

在水资源管理方面，农业经理人会采取节水灌溉技术，如滴灌、喷灌等，以减少水资源的浪费，根据作物的生长阶段和需水规律，合理安排灌溉时间和灌溉量，确保作物得到充足的水分供应。同时，农业经理人还要关注雨水资源的利用，通过建设雨水收集系统，将雨水用于灌溉和补充水源。

在农业机械管理方面，农业经理人要根据生产规模和作业需求，合理配置农业机械设备。选择高效、节能、环保的农机设备，提高作业效率和质量。同时，农业经理人还要加强对农机设备的维护和保养，确保设备在最佳状态下运行，延长使用寿命。

在劳动力管理方面，农业经理人要根据生产需求和劳动力特点，合理安排劳动力资源。通过技能培训、激励措施等方式，提高劳动力的素质和生产积极性。同时，农业经理人还要关注劳动力的健康和安全，确保生产活动在安全和健康的环境中进行。

（四）技术引领与创新

农业经理人需精通现代农业技术，包括先进的种植、养殖技术，病虫害防治技术，以及农产品加工技术等。将这些技术应用于实际生产中，提高农业生产效率和产品质量。农业经理人不仅要有对传统农业管理的深入理解，还需掌握并应用现代农业技术。

首先，先进的种植、养殖技术为农业生产带来了高效、精准的解决方案。农业经理人可根据作物生长需求和环境条件，选择适宜的种植技术和品种，如节水灌溉技术、智能化养殖技术等，高效利用资源和确保产品质量。

其次，病虫害防治是农业生产的关键环节。农业经理人要熟悉病虫害的发生规律和防治方法，采取农业防治、生物防治、物理防治等绿色防控技术，减少化学农药的使用，降低对环境和人体的影响。同时关注病虫害预警和监测，确保农作物的健康生长。

最后，农业经理人要了解各种农产品的加工技术和工艺流程来提升产品附加值和市场竞争力，选择适合本地农产品的加工方式，以满足不同消费者的需求。

在技术应用过程中，农业经理人要与科研机构、高校等合作，引进新技术、新设备和新品种，推动农业技术的不断更新。关注国内外农业技术的最新动态，优化自身的技术策略和管理模式。

（五）财务管理与决策

农业经理人需掌握扎实的财务管理知识，能精准控制成本、分析收益及评估风险。通过制定并执行财务计划，确保农业生产经营活动的经济性与可持续性。

农业经理人需要精确控制生产成本，生产成本涵盖了种子、肥料、农药、水资源、机械设备和人工等方面。通过成本效益分析优化资源配置，减少不必要的开支，以实现成本效益最大化。通过分析市场趋势，预测农产品价格与需求，决定种植或养殖的品种与规模，并监控销售收入，确保与盈利目标相符。

农业经理人负责制定年度和季度财务预算，预测收入、成本和利润，为农业生产提供财务指导。面对天气变化、市场价格波动等不确定性因素，他们要评估潜在风险并制定风险管理策略。对于新技术引进、设备更新等项目，要进行财务可行性分析，确保投资决策的合理性。

通过银行贷款、政府补贴、合作伙伴投资等渠道，农业经理人要筹集农业生产资金。确保财务报告的准确性与及时性，为内部管理和外部投资者提供可靠的财务信息，定期审计确保财务活动合规透明。

此外，农业经理人要熟悉税收政策，合理规划税务以降低税负，确保企业税务合规。根据实际情况，制定切实可行的财务管理制度。不断学习和适应新的财务管理工具和技术，如财务软件和在线支付系统，以提高管理效率和准确性。

（六）团队领导与协作

农业经理人不仅领导着由农民、技术人员和市场营销人员组成的多元化团队，还承担着管理与协调的职责。凭借出色的领导力和卓越的沟通技巧，激发团队成员的潜能，实现整体工作效率的显著提升。

农业经理人深知团队的力量源自每个成员的专长与辛勤付出，因此要努力营造一个和谐、积极、有利于成员发挥优势的工作环境。要明确团队目标，为每位成员制定具体可行的工作职责与任务目标，并关注成员的成长，提供必要的培训与支持，确保团队能够持续进步。当面临挑战时，农业经理人能迅速作出反应，给予团队必要的指导与帮助，提升团队的凝聚力。

优秀的农业经理人还具备卓越的沟通协调能力。能够与团队成员、上级领导和客户保持顺畅地沟通，倾听各方意见，深入理解需求，并灵活调配资源，确保农业生产流程的高效运转。要擅长激发团队成员的积极性和创造力，洞察每位成员的特长与优势，通过设立激励机制、提供发展机会等方式，使团队成员更加积极地投入工作，为团队的成功贡献自己的力量。

同时，农业经理人应十分注重提升整体工作效率，通过优化工作流程、引进先进的农业技术和设备，不断提高生产效率。同时，还需关注团队成员的工作状态与情绪，努力营造轻松愉快的工作氛围，让团队成员在愉悦的环境中发挥最佳状态。凭借卓越的领导才能、沟通技巧和对团队成员潜能的精准激发，农业经理人引领着农业生产团队不断迈向新的高度。

（七）风险应对与防范

农业经理人需要深入了解农业生产的自然风险，如气候变化、病虫害等。定期对农田进行巡查，了解土壤、水源和作物生长状况，及时发现并处理可能存在的问题。同时，农业经理人还需要掌握先进的农业技术，如精准农业、智能农业等，以提高农作物的抗逆性和产量。在市场风险方面，农业经理人需要密切关注市场动态，了解市场需求和价格变化。通过与上下游企业建立稳定的合作关系，农业经理人可以更好地把握市场机遇，降低市场风险。此外，还可以通过多元化种植、养殖和加工等方式，提高农产品的附加值和市场竞争力。

为了有效应对风险，农业经理人需要制定全面的风险管理策略。这包括建立风险评估机制，定期对农业生产进行风险评估；制定应急预案，对突发事件进行快速响应；加强员工培训，增强员工的安全意识和应对风险的能力。

同时，农业经理人还需要采取切实有效的防范措施。例如，可以加强农田基础设施建设，提高农田的防灾抗灾能力；推广先进的农业技术，提高农作物的抗逆性；加强农产品质量安全监管，保障消费者的权益。

农业经理人需要具备应对自然灾害、市场风险等挑战的能力。通过制定风险管理策略、采取切实有效的防范措施以及加强员工培训等措施，确保农业生产稳定进行。

（八）持续学习与进步

面对农业领域的发展趋势，农业经理人要不断学习新知识、新技能，更新自身知识体系，以适应行业发展的需求。始终保持对新技术、新方法的敏锐感知和积极探索的态度，将最新的科研成果和现代农业技术应用到工作实际中，提高农业生产效率和质量。

农业管理者必须持续进步和学习，确保他们在不断演化的农业行业中保持领先优势。不仅要关注国内农业的发展动态，还要积极了解国际农业的最新趋势和技术创新。通过参加专业培训、阅读行业资讯、参与学术交流等方式，不断拓展自己的知识边界，掌握更多先进的农业知识和技能。

在农业经理人的引领下，农业生产将逐渐实现智能化、精准化和绿色化。利用现代信息技术，如物联网、大数据、人工智能等，实现对农田环境、作物生长、病虫害防治等各方面的智能监控和管理。同时积极推广节水灌溉、有机肥料使用等环保农业技术，以减少对环境的污染和破坏，推动农业可持续发展。

除了关注农业生产本身，农业经理人还要积极参与农业产业链的构建和完善。与农产品加工企业、销售商等合作伙伴紧密合作，共同打造农产品品牌，提升农产品附加值和市场竞争力。通过线上、线下销售渠道的拓展，将优质的农产品送到更多消费者的手中，满足人们对高品质生活的追求。

第二节　道德与职业道德

一、道德与职业道德的内涵

道德的内涵，如同一座深远的宝库，蕴藏着人类文明的智慧与精华。它是社会秩序的根基，为个体行为提供指导。道德，是一种无形的力量，它塑造着我们的思想，影响着我们的行为及与他人的关系。

道德的核心在于尊重和关爱。尊重，意味着理解并接纳他人的差异，尊重他们的权利和尊严。关爱，则是对他人幸福的关心，是无私的奉献和帮助。这种尊重和关爱，不局限于人类社会，也包括我们生活的环境，乃至所有的生命。

道德还包含了诚实和公正。诚实是人与人之间建立信任的桥梁，它要求我们真实地表达自我，不欺骗、不隐瞒，以诚待人。公正则是公平处理事务，不偏袒、不歧视，对待每个人都一视同仁，给予他们应得的对待。

此外，道德还涵盖了责任和勇气。责任是对自己行为的担当，是对承诺的坚守，是对社会和他人的责任。而勇气，则是在面对困难和挑战时，坚持正义，勇于担当，不畏强权，不随波逐流。

道德的内涵丰富而深远，它是我们生活的准则，是我们与世界相处的方式。通过实践道德，我们能够构建和谐社会，实现自我价值，也为后代留下一个更加美好的世界。

农业经理人职业道德行为规范与道德准则推动了农业现代化进程。这些规范涵盖了诚信、责任、公正、创新等多方面，为农业经理人奠定了行为准则。诚信是基础，要求农业经理人秉持真实、透明的态度，以赢得信任与尊重。责任是核心，农业经理人应肩负起对工作、对农民和对社会的责任，切实履行职责，关注农民利益，并承担起社会责任。公正是保障，农业经理人应公正无私地处理问题，遵守法律法规，尊重农民权益，避免歧视和偏见。创新是动力，农业经理人应勇于探索实践，推动农业创新发展，关注新技术的应用，以提升生产效率和质量。

遵循农业经理人职业道德规范和准则对于提升农业产业素质和推动农业现代化具有深远影响，农业经理人应加强道德修养，提升职业素质，为农业现代化贡献力量。

“四德建设”是以社会主义核心价值体系为主线，致力于构建完善的道德规范和共享的精神家园，通过培育爱德、诚德、孝德和仁德，为社会的持续发展提供坚实的思想基础和精神支柱。

一是爱德。农业经理人作为农业生产领域的组织者和管理者，在乡村产业振兴的征程中是引领乡村发展的“领头雁”。在推动农业发展的同时，他们积极践行爱德理念，关注农村弱势群体，为农村社会的和谐稳定贡献着自己的力量。

2022 年，农业农村部与财政部联合印发的《乡村产业振兴带头人培育“头雁”项目实施方案》，彰显了国家对乡村产业振兴带头人的高度重视与精心培育。农业经理人通过参与系统的培训与学习，不断提升自身专业素养和领导能力，逐步成为乡村产业振兴的引领者和示范者。

二是诚德。农业经理人在日常工作中，必须始终坚守诚信原则，严格遵守国家法律法规，确保经营行为的合法性和合规性。在农业生产、农产品质量安全、环境保护等方面，农业经理人必须深入了解并严格遵守相关法规，以维护行业的良好秩序和消费者的权益。

三是孝德。在农业经理人这一角色中，孝德的体现并非仅限于对父母的孝顺，而更多展示在工作态度、团队协作、社会责任等多方面。在农业领域，中华传统农耕文化与经验是宝贵财富，农业经理人应尊重这些传统，善于从中汲取智慧，结合现代农业技术，促进农业可持续发展。

四是仁德。仁德在农业经理人中的体现是一种全面而深入的行为准则。他们不仅关注自身的利益和发展，更加注重员工、环境、农民的整体利益。以仁德之心推动农业产业的健康发展，为构建文明、和谐、美好的社会贡献力量。

“四德建设”作为社会道德建设的重要组成部分，将社会公德、职业道德、家庭美德、个人品德等有机结合起来，形成了推动社会进步的强大精神力量。通过加强爱德、诚德、孝德与仁德等道德品质的培育与弘扬，我们能够凝聚更多的道德力量，营造更加优良的社会风尚，共同构建一个更加文明、和谐、美好的社会。

二、社会主义核心价值观

社会主义核心价值观，作为社会主义核心价值体系的精髓所在，深刻体现了其根本属性与基本特征，全面反映了体系的丰富意蕴与实践要求，是体系的高度概括与集中呈现。社会主义核心价值观全面涵盖了国家层面的价值追求，即富强、民主、文明、和谐；社会层面的价值导向，即自由、平等、公正、法治；以及个人层面的道德准则，即爱国、敬业、诚信、友善。在这一价值体系的引领下，农业经理人在提高农业生产效率时，要充分尊重农民的主体地位与意愿，积极推动农业文明的进步，并为农村社会的和谐稳定提供有力支持。

在农业经理人的实际工作中，通过创新管理方式和提升技术水平，提高农业生产效率，为国家的繁荣稳定作出积极贡献，同时，也要深入理解和贯彻社会层面的自由、平等、公正、法治的核心价值观，在农业生产和农村社会中积极营造公正、法治的环境，为农业的健康发展和农村社会的和谐稳定奠定坚实的基础。

此外，农业经理人还要以爱国、敬业、诚信、友善的个人品质，为农业生产提供坚实的道德支撑。怀揣爱国之情，致力于农业的发展和农村的繁荣；秉持敬业精神，勤奋工作，不断提升自身专业素养；坚守诚信原则，与农民真诚合作，共同推动农业的进步；展现友善态度，关心农民生活，积极为农村社会的和谐稳定与发展贡献力量。

农业经理人通过在实践中深入理解和贯彻社会主义核心价值观，不仅为农业生产注入了新的活力，也为农村社会的全面进步和和谐发展作出了积极贡献。

三、职业道德与个人发展

职业道德是农业经理人实现职业成长与职业成功的基础。作为一个农业经理人，应当深刻理解和秉持职业道德规范，以保障个人职业道路的稳定发展。职业道德的体现不仅限于诚实、公正和尊重，更在于对农业的深厚情感，对生态的保护，以及对社会的回馈。

对农业的深厚情感是农业经理人的职业动力。唯有热爱，才能在面对行业挑战时展现出不屈不挠的毅力，持续创新，提升农业的生产力和品质。

对生态的保护是农业经理人的职业伦理。农业与自然环境息息相关，每一项决策都应尊重并维护生态环境。坚持可持续农业，减少对化学制剂的依赖，保护土地和水资源，是每位农业经理人应尽的义务。

对社会的回馈是农业经理人的职业价值。他们不仅要确保农场的经济效益，还要关注其社会影响。比如，创造就业，促进本地经济发展，参与社区事务，通过传播农业知识，提升社区居民的生活品质。

职业道德是农业经理人的行为规范，是他们在农业领域赢得尊重，实现成功的关键。只有将这些原则融入日常，才能在职业生涯中走得更远，更坚定。

四、职业道德与企业发展

职业道德在企业发展的进程中，起到了塑造企业形象的作用，能够巩固客户及业务伙伴的信任基础，促进企业的持久稳定发展。

（一）合规经营

农业经理人应当时刻保持警惕，高度关注企业合规经营问题。他们必须确保企业在生产、加工、销售等各个环节均严格遵守国家法律法规和行业标准，包括但不限于《中华人民共和国劳动法》《农药管理条例》《中华人民共和国农业法》等相关法律法规，以及环保、税收、劳动等方面的规定。

为实现这一目标，农业经理人需具备高度的责任感、诚信意识和服务精神。在日常工作中，应坚持以农为本、诚信经营的原则，注重保护农民利益，维护企业声誉，为企业创造持续稳定的经营环境。同时，农业经理人还应积极建立健全企业内部管理制度，明确各部门和员工的职责与权限，形成科学有效的管理体系，确保企业内部各项工作有序进行。此外，加强员工培训和教育也是提升全员合规意识的一条途径。农业经理人通过对员工定期的培训和教育活动，使员工充分了解国家法律法规和行业标准的最新要求，明确自身职责和义务，确保在工作中能够自觉遵守相关规定。

同时，农业经理人还应加强与政府部门的沟通与协作，密切关注政策动态，及时了解最新的法律法规和行业标准，为企业合规经营提供有力支持。通过与政府部门的积极沟通，企业可以争取更多的政策支持和资源倾斜，为发展创造更好的外部环境。农业经理人应始终将职业道德和合规经营的原则视为企业发展的重要基础，不断提升自身的职业道德素养，强化企业的合规运营。

（二）可持续发展

在农业产业转型和可持续发展的背景下，农业经理人需要具备丰富的农业知识和技能，注重职业道德的修养，积极推动企业采纳可持续农业的实践，实现农业、生态和经济的协调发展。农业经理人应将其贯穿于日常管理和决策之中。

在农业生产过程中，农业经理人应优先选择环境友好的农业技术和方法，如使用有机肥料、生物农药等，减少化肥、农药等对生态环境的污染，维护农业生态系统的平衡和稳定。同时，应通过科学管理和规划，提高农业生产效率，实现资源的最大化利用，降低对环境的负面影响。

农业经理人应积极推动企业与政府、科研机构、社会组织等各方合作，共同推进可持续农业实践。与政府部门沟通，可争取到有利于企业可持续发展的政策支持和资源倾斜；与科研机构合作，可以引进先进的农业技术和管理理念，提升企业的核心竞争力，推动产业创新升级；与社会组织合作，可以共同开展农业环保宣传和教育活动，提高公众对可持续农业的认知和支持，营造良好的社会氛围。

农业经理人应引导员工积极参与可持续农业实践，培养员工的环保意识和责任感。通过建立健全的激励机制，表彰在可持续农业实践中表现突出的员工，激发全员参与的热情和动力。同时，农业经理人还应关注员工的职业发展和福利待遇，为员工提供良好的工作环境和成长空间，增强企业的凝聚力和向心力。

（三）社会责任

在深入剖析农业经理人职业道德与企业成长之关系时，我们不能忽视企业的社会责任。这一责任不局限于追求经济效益的最大化，更在于对当地社区、生态环境及员工福祉的全方位关怀与支持。

农业经理人的职业道德要求其展现出高度的责任感和专业素养。他们应恪守诚信、公正、勤勉、敬业的原则，确保农业生产的顺利进行，灵活应对市场的风云变幻，为企业创造稳定且可持续的经济效益。这种职业道德的践行，为企业塑造了的良好社会形象，同时吸引来更多优质的合作伙伴，为企业的长远发展打下坚实基础。

企业在追求经济效益的同时，也应积极承担起社会责任。这包括支持当地社区的持续发展，提供多样化的就业机会，以及致力于环境保护等方面。通过积极投身社区建设，企业能够显著提升居民的生活品质，增强社区的整体福祉，为企业营造和谐稳定的社会环境。同时，提供了就业机会，缓解了社会就业压力，吸引并留住优秀人才，为企业注入源源不断的创新活力。此外，企业在生产过程中应始终坚持绿色发展的理念，采用环保的生产技术和方式，减少对环境的影响，实现经济效益与生态效益的共赢。

在这一过程中，农业经理人应深刻认识到企业社会责任的重要性，并将其融入日常工作的方方面面。应积极关注当地社区的需求，主动参与社区建设活动，为当地居民提供力所能及的帮助和支持。同时，还应关注员工的成长与发展，为员工提供良好的工作环境和晋升机会，构建积极向上、和谐共生的企业文化。

农业经理人还应积极推动企业采用先进的环保技术和生产方式，降低生产过程中的污染排放，保护生态环境。引导企业树立绿色发展的理念，将环保融入企业的方方面面，推动企业实现可持续发展。

农业经理人的职业道德与企业发展息息相关，而企业承担社会责任则是实现可持续发展的关键所在。农业经理人应不断提升自身的职业道德水平，引导企业积极履行社会责任，为当地社区、环境以及员工的福祉贡献自己的力量。只有这样，企业才能在激烈的市场竞争中立于不败之地，实现经济效益与社会效益的和谐统一。

五、职业道德规范

职业道德规范作为一种行为准则，对农业经理人的行为进行指导，为其提供明确的行为方向。在履行职责的过程中，农业经理人需兼顾经济效益与社会效益，确保在追求个人成长与事业成功的同时，不忽视自身肩负的社会责任。这些规范既可作为农业经理人日常工作的参考，更是助力其专业成长与事业成功的关键。

（一）遵守法律法规

农业经理人要以高尚的职业道德和卓越的专业素养，引领农业产业的稳健发展。在这一过程中，职业道德规范起着重要的作用，尤其是遵守法律法规，更是规范的核心支柱。

遵守法律法规，对农业经理人而言是其职责所在，应始终铭记国家法律和行业规定的严肃性，将其内涵融入日常工作的各个环节，既是对自身职业生涯负责任，也是对农业产业繁荣、农民增收、社会和谐的重要贡献。

在实际工作中，农业经理人需严格遵守国家关于农业生产的各项法律法规，如土地管理法、种子法、农产品质量安全法等，确保农业生产活动依法进行，保障农产品的质量和安全。同时，还需遵循农业生产的技术规程和产品质量标准等行业规定，推动农业生产的科学化、高效化。

在商业活动中，农业经理人应坚决恪守诚信原则，抵制虚假宣传、价格欺诈、质量不达标等违法违规行为。这些行为不仅损害农业经理人的个人声誉，更会对农业产业的形象和消费者利益造成严重影响。

农业经理人应以职业道德规范为行为准则，不断提升自身的法律意识和职业素养，维护农业产业的繁荣稳定、农民利益的保障和消费者权益。

（二）保护知识产权

在农业行业，知识产权包括创新的农业技术、独特的农业资源以及关键的农业研究成果。农业经理人深刻理解、尊重和保护知识产权是对他人创新与研究成果的尊重，也是保障行业公平竞争有序、促进农业持续创新的根本。

农业经理人在日常工作中必须严格遵守职业道德规范，不盗用他人农业技术、不非法获取和使用他人农业资源、不抄袭他人农业研究成果等。同时，农业经理人应积极倡导和宣传知识产权，提高整个行业对知识产权保护的认知和重视程度。通过自觉遵守这一规范，农业经理人将营造出一个公平、公正、创新的行业环境，推动农业行业的持续健康发展，实现行业的共同繁荣。

（三）做好信息保密

农业经理人通常掌控着大量敏感信息，如农田产量、作物状况、市场价格和供应链详情等。这些信息对农业企业的运营和决策有着关键作用，一旦泄露，可能导致严重的经济损失。农业经理人处理的信息往往涉及客户个人信息、企业商业机密以及农田生产数据等敏感内容，这些信息对客户和企业具有极高价值，泄露可能引发重大经济损失和法律纠纷。

为确保信息保密性，农业经理人首先要建立完善的信息管理制度，明确信息存储、传输和处理方式，并严格执行。其次，加强员工信息安全意识培训，提高对信息保密重要性的认识，正确处理敏感信息。最后，采用先进技术手段，如加密技术和访问控制等，为信息提供多层次保护。严格遵守信息保密规范是对客户和企业的负责，也是塑造农业经理人良好职业形象的关键，一个能妥善保管敏感信息、值得信赖的农业经理人更能赢得客户信任和行业尊重。

（四）公平竞争

农业经理人在市场竞争活动中应始终保持公正、公平的态度，坚决杜绝一切形式的不正当竞争行为。农业经理人必须清醒认识到，通过不正当手段所获得的市场份额终将短暂且难以维系，一旦损害了行业声誉与个人信用，后果将难以挽回。

农业经理人应以高度的责任感和使命感，坚守公平竞争原则，通过自身的努力和行动为现代农业的健康发展贡献力量。同时，农业经理人还应积极倡导和推动整个行业的公平竞争，共同营造一个和谐、有序的市场环境。

（五）持续学习

农业经理人必须通过不断寻求新的知识和技能，适应农业领域快速演变的环境。传统的知识体系已无法满足现代农业发展的需求，持续学习不仅涵盖了对新知识的探求，也包括对已有知识的深入理解和灵活应用。农业经理人应当密切关注行业动态、政策变化、市场趋势以及科技创新，并将这些内容有效地融入实际操作中，以提升农业生产效率和品质。

农业经理人可通过多种途径实现持续学习，如参加专业培训课程、阅读行业资讯和学术文献以及参与学术交流活动。这些有助于提升专业技能和知识水平，增强职业竞争力。在竞争激烈的农业市场中，不断学习和进步的农业经理人能抓住机遇，应对挑战，实现个人价值最大化。

高尚的道德修养有助于农业经理人树立良好职业形象，赢得他人信任与支持。农业经理人需关注农民利益，推动农业转型升级和现代化。通过加强培训、提高素质、践行社会主义核心价值观，提升职业道德水平。农业经理人需具备诚信、公正、廉洁等品质，发挥积极作用，推动农业科技创新，引领产业高效、环保、可持续发展。

第三节　职业守则

农业经理人要恪守职业守则，确保企业运营的道德正确性和环境可持续性。这些守则涵盖基本的伦理标准和法律责任，强调对生态平衡的尊重、对社会公正的承诺以及对透明决策的追求。通过坚守这些原则，能有效提升农业生产效率和产品品质，保护自然资源，维护生物多样性，促进社区的和谐发展。

坚守职业守则的农业经理人是企业成功的关键，更是推动农业行业转型的先锋。他们以创新的解决方案和坚定的责任感，引领农业向绿色、公平、可持续的方向发展，为后代创造一个繁荣宜居的世界。

一、遵纪守法，诚实守信

农业经理人必须坚定不移地恪守国家法律法规，以法治思维贯穿于日常经营活动的始终，严格遵守职业道德规范，特别是诚实守信的原则。

在农业生产经营过程中，农业经理人务必严格遵守相关农业法律法规，确保农产品质量与食品安全符合国家标准，切实保障农民与消费者的合法权益不受侵犯。农产品质量不仅直接关系到农民的收益水平，更关乎广大消费者的健康与安全，因此，农业经理人必须始终将消费者的健康置于首位，严格把控农产品质量安全关。

农业经理人职业道德的核心是秉持诚信原则。在农业生产的全链条中，应始终坚守诚信底线，恪守承诺，杜绝任何形式的欺骗与隐瞒行为，以维护良好的行业声誉。唯有以诚信为基石，方能赢得各方的信任与支持，确保农业生产活动的顺利开展。

遵守承诺，是农业经理人诚信原则的具体体现。无论是与农民签订的种植合同，还是与消费者达成的销售协议，农业经理人都应严格履行约定的义务，保障各方利益不受损害。如遇客观原因无法按时履行承诺的情况，农业经理人应及时与各相关方进行沟通协商，寻求合理的解决方案，避免造成不必要的损失和纠纷。

不欺骗、不隐瞒，是农业经理人践行诚信原则的基本准则。在农业生产活动中，农业经理人应如实向农民和消费者提供相关信息，杜绝夸大宣传、虚假宣传等行为，确保信息的真实性和准确性。同时，对于农业生产过程中可能出现的风险和问题，农业经理人应坦诚相告，并寻求共同解决之道，以维护各方的合法权益。

维护良好的信誉和口碑，是农业经理人践行诚信原则的长期目标。一个具有良好信誉和口碑的农业经理人，不仅能够赢得社会各界的广泛认可和尊重，还能够为自身的职业发展及农业产业的繁荣进步创造更多有利条件。因此，农业经理人应时刻注重个人形象和产品品牌建设，通过诚信经营和优质服务树立良好的行业形象，为农业现代化和乡村振兴贡献自己的力量。

二、崇尚农业，精技善管

农业经理人必须秉持一种对农业深沉的崇尚之情，同时精通农业技术，善于进行农业管理。崇尚农业是农业经理人的基本素养。这是对土地、作物和生态环境的敬畏与热爱，更是对农业作为国家经济基础和民生之本的重要性认识。农业经理人应深刻理解农业的多重价值，包括经济价值、生态价值和社会价值，从而在决策和行动中始终坚守农业的核心地位。

精通技术是农业经理人的核心竞争力。现代农业的发展离不开科技的支撑，农业经理人必须掌握先进的农业技术，包括种植技术、养殖技术、农业机械化技术等。同时，他们还应具备创新意识和学习能力，不断跟踪农业科技的最新进展，将其应用到实际工作中，提升农业生产效率和产品质量。

善于管理是农业经理人的重要职责。农业经理人需要具备丰富的管理知识和技能，包括项目管理、团队管理、风险管理等，合理规划农业生产活动，优化资源配置，确保农业生产的有序进行。同时，还应注重团队建设，激发团队成员的积极性和创造力，形成合力共同推动农业的发展。

三、恪尽职守，团结协作

农业经理人务必秉持高度的责任心和敬业精神，践行职业使命，为农业生产提供服务。责任感是农业经理人履行职业职责的前提，需深刻意识到自身肩负的责任，不只是对农民和消费者的责任，更是对整个社会和未来的责任。农业经理人应紧密关注市场动态、农业生产状况及政策变迁，为农民提供科学、合理的种植、养殖和销售建议。同时，还需积极协调各方资源，确保农业生产稳步推进，为农民创造更大的经济效益。

敬业精神是农业经理人提供优质服务的动力源泉。农业经理人应持续学习，不断更新知识，掌握先进的农业技术和管理经验，更好地指导农业生产。以热情饱满、态度严谨的精神，对待每一个农业项目和每一位农民。无论是制定生产计划、选择种植、养殖品种，还是提供技术咨询、解决生产难题，农业经理人都应全力以赴，为农民提供最优质的服务。

农业经理人需展现卓越的团队合作精神。在企业内部，农业经理人的职业道德规范不仅关乎个人形象和信誉，更直接影响企业的稳定发展及团队凝聚力。

农业经理人应坚守诚信原则，需言行一致，公正对待每一位员工，不隐瞒信息，不做出虚假承诺。如此方能树立个人威信，赢得员工信任，形成良好合作氛围。

团队协作精神是农业经理人的必备素质。农业涉及多领域、多环节，需与生产、销售、采购等部门紧密合作。农业经理人应主动沟通，了解各部门需求，积极协调资源，解决问题。在团队中，应尊重他人意见，倾听不同声音，形成合力共同推进企业发展。

农业经理人应倡导互助精神。面对困难和挑战，鼓励员工相互支持、共同面对，同时关注员工成长，提供培训机会，帮助他们提升能力，实现个人价值。这种互助精神能够增强企业凝聚力和向心力。

农业经理人应坚守职业道德底线。面对诱惑和挑战，不触碰法律红线，不损害企业和员工利益。树立正直和廉洁的良好形象，为员工树立榜样，引领企业健康、稳定发展。

四、保护生态，保障安全

农业经理人在追求农业生产效率和产量的同时，也要关注绿色、生态、环保的农业生产方式，从生态保护的角度出发，引进和推广环保技术。技术革新是农业可持续发展的关键，农业经理人要积极学习、研究并实践节水灌溉、有机肥料替代化肥、生物防治替代化学农药等环保技术。这些技术的应用提高了农业生产效率，减少了对环境的负面影响，为农业生产的绿色化、生态化提供了有力支持。

在农药和化肥使用方面，农业经理人要持谨慎态度，过量使用农药和化肥可能导致生态环境污染。积极向农民普及环保知识，教育他们如何正确、适量地使用农药和化肥。同时，建立有效的监管机制，确保农民按照规范进行农业生产，从源头上减少农业面源污染①，保护生态环境。

农业经理人要从保障安全的角度高度重视农产品安全。农产品质量直接关系到消费者健康，因此，要建立严格的农产品质量检测体系，确保农产品符合国家和地方质量安全标准。引导农民采用科学的种植、养殖方法，提高农产品品质和口感，让消费者购买到安全、健康、美味的农产品。

---

① 面源污染是一个在环保领域中的术语，面源污染是指污染物通过广大的非点源进行分散，进入环境介质，如空气、土壤和水体，造成环境质量下降的现象。

第二章 农业经理人的职业愿景

农业经理人作为现代农业发展的推动力量，其职业愿景不仅关乎个人职业成长，更与农业产业的可持续发展紧密相连。在信息化、科技化、全球化的时代背景下，农业经理人肩负着引领农业转型升级、提升农业综合效益的使命。

首先，农业经理人是一名精通农业知识、具备现代管理理念的复合型人才。农业经理人需要深入了解农业生产的各个环节，掌握先进的农业技术和管理方法，以便在农业生产实践中发挥专业优势，提高农业生产效率和农产品质量。

其次，农业经理人应推动农业产业的创新发展。农业经理人需要关注市场需求和消费者偏好，结合农业生产的特点和优势，积极探索新的农业经营模式和产业链延伸方式，推动农业产业向高端化、智能化、绿色化方向发展。

最后，农业经理人还应体现在促进农村经济发展和社会进步方面。农业经理人需要积极协调各方资源，推动农业与旅游、文化、教育等领域的深度融合，拓展农业的多功能性和附加值，为农村经济发展和农民增收致富贡献力量。

农业经理人的职业愿景是一个多维度、多层面的目标体系。需要通过不断学习、实践和创新，不断提升自己的专业素养和综合能力，为实现农业产业的可持续发展和乡村振兴贡献智慧和力量。

第一节 行业发展趋势

农业的演变与革新始终与国家经济、社会进步紧密相连。科技的不断进步和全球化进程的加速，让农业行业正面临着前所未有的发展机遇与挑战。在此背景下，深入探讨农业行业的发展趋势，对于指导农业产业的升级转型、推动农业可持续发展具有重要的现实意义。

当前，农业行业正步入一个以智能化、绿色化、高效化为特征的新时代。智能化技术的应用，使得农业生产逐渐摆脱了传统生产模式的束缚，实现了精准种植、智能养殖等模式的创新。同时，绿色化生产理念的普及，也促使农业在追求产量的同时，更加注重生态环境的保护与修复。此外，高效化生产方式的推广，有效提高了农业生产效率，降低了生产成本，为农业产业的可持续发展奠定了坚实基础。

然而，农业行业的发展趋势并非一帆风顺。在面临资源约束、环境污染、气候变化等多重挑战的同时，农业行业还需应对市场竞争加剧、国际贸易环境复杂等现实问题。因此，我们需要以更加专业的视角，深入分析农业行业的发展趋势，提出针对性的政策建议和实践方案，以推动农业行业的持续健康发展。

一、种植业的发展现状和趋势

从广阔的农田到城市的屋顶，从传统的耕作方式到现代的智能农业，种植业的变革直接关乎粮食安全，更与生态环境、经济发展乃至社会进步紧密相连。

（一）种植业现状

我国种植业既展现出了强劲的增长态势，又呈现出多元化的发展格局。随着农业现代化的深入推进，种植业市场的活力得到进一步激发，为国家的粮食安全和经济社会发展提供了坚实支撑。

首先，从种植规模与产量来看，我国种植业整体规模庞大，各类农作物产量稳居世界前列。得益于广阔的耕地资源和不断优化的种植技术，我国粮食、蔬菜、水果等主要农作物的产量均呈现出稳步增长的态势。这为我国人民的日常生活提供了坚实的物质基础，同时也为世界粮食安全和农业发展做出了积极贡献。

其次，在种植结构方面，我国种植业呈现出多元化的发展趋势。在保障粮食生产安全的基础上，各地根据自身的气候、土壤等条件，积极发展特色农业和优势农产品。既丰富了农产品市场，也提高了种植业的整体效益。同时，我国还加大了对生态农业、绿色农业等新型农业模式的扶持力度，推动种植业向更加可持续、环保的方向发展。

再次，从科技投入与创新能力来看，我国种植业在科技领域的投入逐年增加，创新能力不断提升。通过引进和培育优良品种、推广先进的种植技术和管理经验，我国种植业的生产效率和产品品质得到了显著提升。

最后，随着物联网、大数据等现代信息技术的广泛应用，我国种植业在智能化、精准化方面也取得了显著进展。

然而，我国种植业在发展过程中也面临着一些挑战和问题。例如，耕地资源日益紧张、水资源短缺、环境污染等问题给种植业的可持续发展带来了一定的压力。此外，农产品市场竞争激烈，价格波动较大，也给种植户带来了一定的经营风险。

针对以上问题，应采取一系列措施加以应对。首先，加强耕地保护和土地整治工作，提高土地利用效率；其次，通过推广节水灌溉、测土配方施肥等节水节肥技术，降低农业生产对资源的消耗；再次，加强农业面源污染治理，推动农业绿色发展；最后，加强农产品市场体系建设，提高农产品的市场竞争力。

（二）种植业发展趋势

我国种植业的发展呈现出一种多元化、高效化、绿色化和智能化的特点。这不仅是我国农业现代化进程中的必然结果，还是适应国内外市场需求、提升农业综合竞争力的关键所在。

从多元化角度来看，我国种植业正逐步从单一的粮食生产向多元化、特色化转变。各地根据自身的资源优势和气候条件，大力发展具有地方特色的经济作物和果蔬种植，丰富了市场供应，也提高了农民收入。这种多元化的种植结构有助于优化农业资源配置，满足不同消费者的需求，提升农业的整体效益。

高效化是我国种植业发展的又一重要趋势。通过引进先进的种植技术和管理模式，我国种植业在生产效率、资源利用和成本控制等方面取得了显著进步。例如，精准农业、智能灌溉等技术的应用，使得农业生产更加精细、高效，有效提高了农产品产量和品质。

绿色化是我国种植业发展的重要方向。随着消费者对绿色产品的青睐，我国种植业正积极推广绿色种植技术，减少化肥、农药的使用量，降低农业面源污染。同时，通过发展有机农业、生态农业等模式，推动农业与生态环境的和谐发展。

智能化是我国种植业未来的发展趋势。随着物联网、大数据、人工智能等技术的快速发展，我国种植业正逐步实现智能化、精准化管理。通过智能监测、数据分析等手段，可以实现对作物生长环境的实时监测和调控，提高农业生产的智能化水平。

二、养殖业的发展现状和趋势

（一）养殖业发展的现状

目前我国的养殖业展现出了既丰富多样又错综复杂的特征。从产业规模、技术应用、市场需求以及环境影响等多个方面来看，我国养殖业正在经历深刻的变革。

首先，从产业规模来看，我国养殖业已经成为农业的重要支柱之一。随着经济的持续增长和人民生活水平的提高，对肉、蛋、奶等动物性食品的需求不断增加，推动了养殖业的快速发展。同时，国家对养殖业的政策支持也在不断加强，为养殖业的健康发展提供了有力保障。

其次，在技术应用方面，我国养殖业正逐步实现现代化、智能化。先进的养殖技术、设备和管理方法的引入，提高了养殖效率，降低了生产成本，同时也提升了产品的品质和安全性。例如，物联网、大数据、人工智能等先进技术的应用，使得养殖过程的监控和管理更加精准和高效。

最后，我国养殖业也面临着一些挑战和问题。一方面，市场需求的变化对养殖业提出了更高的要求。消费者对产品的品质、安全、健康等方面的要求不断提高，需要养殖业加强质量管理，提升产品的竞争力。另一方面，养殖业的快速发展也对环境造成了一定的压力，如养殖废弃物的处理、养殖用水的污染等问题亟待解决。

针对这些问题，我国养殖业需要采取一系列措施加以应对。首先，加强养殖业的科技创新和人才培养，推动养殖业的转型升级。其次，加强养殖业的监督和管理，确保产品的质量和安全。最后，还需要加强环境保护和治理，实现养殖业的可持续发展。

我国的养殖业目前既充满机遇也面临挑战。在保持快速发展的同时，需要注重质量提升、环境保护和可持续发展等方面的问题，以实现养殖业的长期稳定发展。

（二）养殖业发展的趋势

随着民众生活标准的提高，对食物的需求呈现持续增长态势，尤其是对高质量蛋白质的需求日益增强，这使得养殖业在食物供给中的角色愈发重要。近年来，我国的养殖业正经历一场深刻的变革，其发展趋势日益体现出多元化、规模化、科技化、绿色化和国际化等特征。

首先，多元化发展是我国养殖业的重要趋势。随着市场需求的不断变化和消费者口味的多样化，养殖业正逐渐从单一的畜禽养殖向水产、特种养殖等多个领域拓展。这种多元化不仅丰富了市场供应，也提高了养殖业的整体竞争力。

其次，规模化经营是养殖业发展的必然趋势。随着土地、劳动力等资源的日益紧张，传统的散养、小户经营模式已难以满足市场需求。因此，通过整合资源、优化布局，推动养殖业向规模化、集约化方向发展，将有助于提高养殖效率、降低成本、提升品质。

再次，科技化是我国养殖业发展的重要支撑。随着生物技术、信息技术等先进技术的应用，养殖业正逐步实现智能化、自动化生产。这不仅有助于提高养殖效益，还有助于减少环境污染、提高动物福利。

此外，绿色化也是我国养殖业发展的重要方向。在追求经济效益的同时，养殖业也更加注重生态效益和社会效益。通过推广生态养殖、循环农业等模式，实现养殖废弃物的资源化利用，减少对环境的危害，推动养殖业与生态环境的和谐发展。

最后，国际化是我国养殖业发展的重要趋势。随着全球经济一体化的深入发展，我国养殖业正积极参与国际市场竞争，推动养殖产品走向世界。通过加强国际合作、引进先进技术和管理经验，提升我国养殖业的国际竞争力。

第二节　职业成长前景

在经济发展大潮中，农业领域对高素质、专业化的管理人才的需求愈发迫切。农业经理人作为连接农业生产与市场需求的桥梁，其成长与发展前景广阔而充满挑战。

当前，我国农业正处于转型升级的关键时期，对农业经理人的需求呈现出快速增长的态势。随着农业产业链的不断完善和农业市场化程度的提高，农业经理人将在农业生产、农产品加工、市场营销等多个环节中发挥重要作用。同时，随着物联网、大数据、人工智能等新一代信息技术的广泛应用，农业经理人还需不断学习新知识、掌握新技能，以适应农业现代化的新要求。

农业经理人的成长前景充满希望与机遇。随着国家对农业领域的投入不断加大，农业经理人的职业发展空间将进一步拓展。同时，随着社会对农产品质量和安全的要求日益提高，农业经理人需不断提升自身的专业素养和管理能力，以适应市场需求的变化。此外，农业经理人还需关注国际农业发展趋势，积极引进国外先进的农业管理经验和技术，推动我国农业产业的国际化发展。

农业经理人的成长前景充满无限可能与挑战。作为投身农业事业的有志者，应积极学习专业知识、提升实践能力，努力成为具有创新精神和实践能力的农业经理人，为推动我国农业现代化进程贡献自己的力量。

一、农业经理人职业发展前景

在全球化的浪潮中，世界各国的经济联系日益紧密，信息交流的速度和广度与日俱增，这不仅改变了工业、服务业的面貌，也对农业产生了深远影响。我国作为农业大国，农业现代化的进程一直在稳步前行，农业经理人这一新兴职业的角色越发重要，他们正努力推动我国农业转型升级。

农业经理人需要具备深厚的农业专业知识，掌握现代企业管理理念，运用科学的管理方法，提高农业生产效率，保障农产品质量，实现农业的可持续发展。

近年来，随着我国农业产业结构的调整和农业经营方式的转变，农业经理人的需求量大幅增加。根据国家统计局的数据，截至2020年年底，我国已有超过100万名的农业经营管理人才活跃在农业生产的第一线，他们的存在极大地推动了农业的集约化、专业化和市场化进程。

以江苏省为例，通过实施农业经理人培养计划，引导农民专业合作社、家庭农场等新型农业经营主体，实现了农业生产的高效管理。经由农业经理人管理的农田，单位面积产值平均提高了20%，农产品的品质也得到了显著提升。

此外，农业经理人还通过引入现代农业科技，如精准农业、智慧农业等，推动了农业的科技创新。他们在农田中应用无人机施肥、智能温室等先进技术，大大提高了农业生产效率，降低了生产成本，同时也为我国农业的绿色发展开辟了新的路径。

随着我国农业现代化进程的不断深入，农业经理人的职业发展空间将更加广阔。他们将在农业产业链的整合、农业品牌的打造、农业服务的创新等方面发挥更大的作用。

（一）政策层面

从政策层面来看，国家对农业现代化的重视程度不断提高，为农业经理人提供了良好的发展环境。近年来，我国政府出台了一系列支持农业发展的政策措施，如加强农业科技创新、推进农业产业结构调整等，这些都为农业经理人提供了广阔的职业发展空间。同时，国家还加大了对农业经理人的培养和引进力度，通过设立农业经理人培训项目、提供优惠政策等方式，吸引更多的人才投身农业领域。

（二）市场需求

农业产业化和规模化不断推进，使得农业生产模式不再局限于传统的界限，而是逐步演变为更高效、更集约化的模式。在这个过程中，对农业的管理与经营提出了更高的要求，需要有专业的人才来规划、组织和协调农业生产活动，以实现资源的最优配置和经济效益的最大化。

在提高农业生产效率方面，农业经理人运用科学的管理方法，如精准农业技术、供应链管理、市场分析等，来优化生产流程，降低生产成本，提高农产品的品质和产量，从而增强农业企业的市场竞争力。根据国际农业发展基金的报告，农业经理人的介入可以提高农业生产效率高达30%。

随着农村经济的快速发展和农民收入的稳步增长，农业经理人的社会角色也在不断扩展。他们不仅需要关注农业生产，还要参与到农村社区的建设中，如推动农村产业结构的优化升级，引导农民从单一的农作物种植转向多元化的农业经营，如发展特色农业、生态农业、乡村旅游等，以实现农村经济的可持续发展。

在现代农业发展中，农业经理人的专业能力和社会责任感，将对推动农业现代化、促进农村经济繁荣和社会进步产生深远影响。

（三）行业发展

从当前行业发展趋势来看，农业现代化和智能化将成为未来的趋势。现代农业科技如物联网、大数据、人工智能等技术的广泛应用，使得农业生产过程实现了精准化、智能化和高效化。例如，智能农机装备可以大大提高农业生产效率，降低劳动强度；无人机技术可以实现农田监测、病虫害预警等功能，提高农业生产的精准性；而大数据分析则可以帮助农业经理人精准把握市场需求，优化农业生产结构。

面对这样的变革，农业经理人必须紧跟时代步伐，学习并掌握最新的农业科技和管理方法。不仅要了解现代农业科技的基本原理和应用场景，还要掌握先进的管理理念和策略，以便更好地指导农业生产、优化资源配置、提升农业经济效益。

同时，农业经理人还需要关注政策导向和市场动态。政府政策的支持对于农业现代化和智能化的发展至关重要，农业经理人需要密切关注政策走向，及时调整经营策略，抓住政策红利。此外，市场需求的变化也是农业经理人必须关注的重点，需要密切关注市场动态，捕捉行业发展的机遇和挑战，为企业的长远发展提供有力支持。

在这个过程中，农业经理人还需要注重培养自身的创新思维和跨界合作能力。农业现代化和智能化的发展需要跨界合作，与其他领域的专家和机构进行合作，共同推动农业的发展。农业经理人还需要具备创新思维，勇于尝试新的技术和方法，不断探索适合本地实际情况的农业现代化路径。

农业现代化和智能化是未来农业发展的趋势，农业经理人要紧跟时代步伐，学习并掌握最新的农业科技和管理方法，关注政策导向和市场动态，培养创新思维和跨界合作能力，更好地推动农业现代化和智能化的发展，为企业的长远发展提供有力支持。

（四）职业特点

从职业特点来看，农业经理人具有较强的专业性和实践性。他们不仅需要掌握丰富的农业知识和管理技能，还需要具备敏锐的市场洞察力和创新思维。这使得农业经理人在职业发展过程中具有较大的灵活性和创新性，能够适应不断变化的市场环境和需求。

农业经理人需要具备敏锐的市场洞察力。不仅关注农业生产，更关注市场需求的变化。例如，随着消费者对有机食品、绿色食品需求的增长，农业经理人需要及时调整种植结构，引导农业生产向更符合市场需求的方向发展。还需要关注政策变化、价格波动等市场因素，以做出有利于农场发展的决策。

创新思维是农业经理人的一大亮点。在面对农业生产效率低下、资源浪费等问题时，需要寻找新的解决方案，如引入现代农业技术、推行农业循环经济、开发农业副产品等，以实现农业的可持续发展。

以美国的农业经理人为例，根据美国农业部的统计，约有60%的农业经理人采用了精准农业技术，如GPS导航、无人机监测等，以提高农业生产效率和资源利用效率。同时，他们还积极开发农业副产品，如利用农作物残余物生产生物燃料，实现了农业的多元化发展。

总的来说，农业经理人以其专业性、实践性、市场洞察力和创新性，成为推动现代农业发展的重要力量。他们的存在，使得农业能够更好地适应市场变化，实现经济效益和社会效益的双重提升。

（五）挑战和问题

尽管农业经理人的工作内容丰富，职业前景广阔，但由于教育体系的不完善和公众认知的局限，愿意投身这一领域的人才数量相对较少。社会对农业经理人的职业认同感不强，这在一定程度上影响了农业经理人的职业自豪感和工作积极性。

提高社会对农业经理人的认知度和认可度同样重要。这需要媒体和公众共同参与，通过报道农业经理人的成功案例，展示他们在推动农业现代化、保障食品安全、促进农民增收等方面的重要贡献，从而改变社会对这一职业的刻板印象。

在引领农业技术创新、优化农业产业链结构以及提升农业企业管理水平等方面。农业

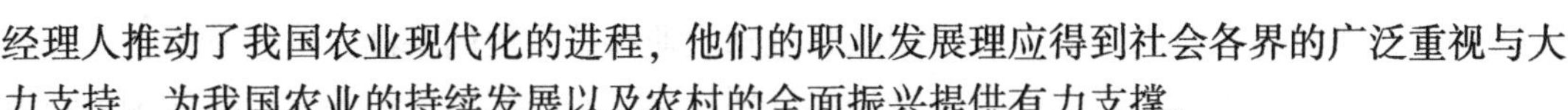

经理人推动了我国农业现代化的进程，他们的职业发展理应得到社会各界的广泛重视与大力支持，为我国农业的持续发展以及农村的全面振兴提供有力支撑。

二、农业经理人职业发展通道

（一）农业经理人职业成长路径

农业经理人的职业发展路径呈现出逐步推进、持续精进的特征，包括了初期的基础知识构建，中期的实践技能强化，以及后期的策略规划与创新思维的培养。

1. 初期阶段

在农业经理人初期阶段，农业经理人需要学习扎实的基础知识和技能。这包括了对农业基础知识的学习，如农作物生长规律、农业技术应用、农业市场状况等。同时，也需要掌握一定的管理技能，如项目管理、团队协作、沟通协调等。此外，对农业政策和法规的了解也是必不可少的。通过这一阶段的学习和实践，农业经理人能够初步具备从事农业管理工作的基本素质和能力。

农业经理人需要深入学习和理解农业的基础知识，构建稳固的知识体系和技能基础，这不仅包括了农作物的生命周期、生长环境需求以及病虫害的防治，也涵盖了畜牧业的饲养管理、渔业的生态平衡等多元化内容。例如，需要了解不同作物的生长规律，如玉米需要充足的阳光和湿润的土壤，而水稻则是在水中生长。这些基础知识的掌握，将为他们提供科学决策的理论依据。

在管理方面，必须加强项目管理和团队协作能力的提高。农业项目通常涉及多个环节，从种植、收割到销售，都需要精心规划和协调。农业经理人需要通过自身良好的组织能力，确保每个环节的顺利进行。同时，还需要激发团队的潜力，通过有效沟通和激励机制，提高团队的整体效率。

在这一阶段，农业经理人需要了解政府的农业补贴政策、土地使用法规、食品安全标准等，以确保农场的运营符合法律法规要求，对农业政策和法规的熟悉是保障农场合法运营的基础。同时也能抓住政策机遇，为农场的发展创造有利条件。通过这一阶段的系统学习和实践，农业经理人将逐步形成全面的农业管理视角，具备解决实际问题的能力。

2. 中期阶段

在农业经理人的中期阶段，农业经理人需要从单一技能的专业人士转变为多维度的领导者。需要在专业技能的深度和广度以及管理能力的全面性上进行深度挖掘和提升。

深化农业专业知识是提升专业技能的核心。这不仅涉及对种植、养殖、加工等基础环节的精通，更要求农业经理人能够掌握农业的最新发展趋势。例如，需要研究和应用环保农业技术，以降低农业生产对环境的影响，同时提高农产品的生态价值。此外，了解并运用智能农业技术，如物联网设备、人工智能算法，可以实现农业生产的智能化和自动化，提高生产效率和决策的精确度。

强化管理能力是确保农业生产高效稳定的关键。中期的农业经理人需要具备战略思维，能够预测市场变化，制定出灵活的经营策略。同时，他们需要精通供应链管理，通过优化物流、库存和分销流程，确保农产品的快速流转和新鲜度。此外，建立风险管理框架，包括对天气异常、市场波动、政策调整等风险的预警和应对机制，是确保农业生产稳定运行的关键。

构建一支高效、创新的农业管理团队是推动农业持续发展的基础。这一阶段，农业经理人应注重团队建设，提供多样化的培训和发展机会，提升团队成员的专业技能和创新能力。同时，建立开放、公平的沟通环境，鼓励团队成员积极参与决策，激发团队的创新潜力和协作精神。通过有效的团队管理，可以增强团队的凝聚力，推动农业管理的创新和优化。

农业经理人在中期阶段需要在专业技能的深度和广度，以及管理能力的全面性上进行深度提升，同时注重团队建设，以应对农业管理的多元化挑战。这样的全面发展将有助于他们引领农业向更高品质、更可持续的方向发展，为农业现代化做出更大的贡献。

3. 成熟阶段

在农业经理人的成熟阶段，农业经理人需要展现出深思熟虑的战略智慧和敢于探索的创新思维。在构建战略视角上，必须像航海家一样，绘制出企业长远的航行路线，明确农业企业的发展目标和航向。这包括设定具体、可实现的业务目标，如提升作物产量、提升农产品的附加值、开拓新的市场等。同时，他们需要像气象学家一样，密切关注行业气候，如市场的需求波动、政策的风吹草动、技术的最新突破，以便及时调整战略，确保企业在竞争激烈的市场中始终保持领先地位。

在创新的维度，农业经理人需要扮演变革的催化剂。他们应敢于挑战现状，积极引进和应用现代农业科技，如生物技术、大数据分析、人工智能等，以推动农业生产效率的提升，实现资源利用的最优化，提高农产品的品质和安全性。此外，还应勇于探索新的管理理念，如推行循环经济、实施绿色生产、构建农业生态系统，以实现农业的可持续发展，推动行业的深度变革和升级。

成熟阶段的农业经理人的战略智慧和创新思维，是农业企业应对挑战、实现可持续发展的关键。他们需要不断学习、挑战自我，以创新的策略和行动，引领农业行业在复杂多变的环境中稳健前行，开创更加繁荣、绿色、智能的农业未来。

（二）农业经理人职业学习路径

农业经理人的职业学习路径涵盖了理论与实践两大核心领域。这两方面的学习相互补充，共同构建了农业经理人全面而扎实的专业能力。

1. 理论层面

在理论层面，农业经理人需要系统学习农业经济学、农业政策与法规、农业资源与环境管理等相关学科知识。这些知识可以为农业经理人提供对农业产业整体运行的深刻理解，使他们能够把握农业发展的宏观趋势，为决策制定提供理论支撑。

农业经济学是理解农业产业运行规律的关键，它涵盖了农业生产、市场、政策等多个层面，能够帮助农业经理人理解农产品价格形成机制，预测市场变化，制定合理的生产计划。同时，熟悉农业政策与法规，可以使他们在遵守相关规定的前提下，充分利用政策红利，为农业企业争取更多的发展空间。

农业资源与环境管理是农业经理人需要关注的另一重要领域。在全球气候变化和资源紧张的背景下，如何在保证农业生产的同时，实现资源的可持续利用和环境保护，是农业经理人面临的重大挑战。他们需要掌握生态农业、循环农业等理念，以及相关的技术手段，以实现农业生产的绿色转型。

农业经理人还应具备敏锐的科技嗅觉，时刻关注现代农业技术的前沿动态。智能农业，如无人机植保、物联网监测、大数据分析等正在深刻改变农业的生产方式，提高农业的生产效率和精准度。精准农业，如GPS导航的精准播种、精准施肥，可以实现对农业资源的精细化管理，减少浪费，提高农业的经济效益。

通过系统学习和实践应用，农业经理人可以将这些理论知识和先进技术转化为实际的管理策略，推动农业的现代化进程。他们不仅需要把握农业发展的宏观趋势，更需要在微观层面，具体到每一个生产环节，都能做出科学、合理的决策，以实现农业生产的高效、可持续发展。

2. 实践层面

在实际操作层面，农业经理人需要通过实习经历、实践项目等方式，积累扎实的农业管理实践经验。这包括参与农业生产的策划与执行、农产品的市场推广、农业计划的制定与监控等环节。通过这些实践经验，农业经理人可以深入洞察农业生产的实际运作模式，掌握解决实际挑战的技能和策略。

此外，实践也是验证并提升理论知识的重要途径，实践中遇到的困难能促进农业经理人不断修订和完善自身的知识体系，以提升专业能力。在当前复杂多变的现代农业环境中，农业经理人需要丰富的实践经验和管理智慧，以有效应对农业生产中的各种复杂情况。因此，积累农业管理实践经验是农业经理人职业发展中的重要一环。

农业经理人要投身于农业生产的实际操作中，这包括种植、养殖、病虫害防治等多个环节。例如，需要组织和管理农业团队，确保种植计划的顺利实施，或者在遇到病虫害问题时，迅速制定并执行有效的应对策略。这些实践经验将帮助农业经理人理解农业生产过程的复杂性和动态性，从而更好地进行决策。

农产品的市场营销也是农业经理人需要掌握的重要技能。农业经理人不但需要研究市场趋势，了解消费者需求，制定并执行有效的营销策略，更需要探索新的销售渠道，如电子商务平台，或者开发特色农产品，以提升产品的市场竞争力。

农业项目策划与实施能力也是必不可少的。这可能涉及项目规划、资金筹措、合作谈判等多个方面。通过参与这些项目，农业经理人可以锻炼自己的组织协调能力和提升战略思维格局，同时也有机会接触到最新的农业技术和管理理念。

实践是检验理论知识的试金石。在实际工作中，农业经理人可能会发现理论知识与实际情况存在差距，这正是他们反思、调整和深化理解的机会。通过反思实践中的问题，可以不断修正和完善自己的知识体系，使其更贴近实际需求，从而提升专业素养和解决问题的能力。

农业经理人需要通过实习、实践等多种方式，积累丰富的农业管理经验，提升自己的综合素质和专业能力。

3. 理论结合实践

在理论与实践相结合的过程中，农业经理人还应注重培养自己的创新思维和领导力。创新思维有助于农业经理人在面对复杂多变的农业市场环境时，能够提出新颖且有效的解决方案；而领导力则有助于农业经理人在团队中发挥核心作用，引领团队共同应对挑战，实现农业发展的目标。

创新思维是农业经理人在面对挑战时的重要武器。现代农业不仅受到自然环境的影响，还受到科技发展、政策调整、市场需求等多种因素的交织影响，这使得农业经理人需要具备灵活应变、开拓创新的能力。例如，当面对土壤退化的问题时，创新思维可能会引导他们探索新的种植技术，如使用生物肥料或实施轮作制度。据统计，全球每年因土壤退化导致的经济损失高达4 000亿美元，而这些创新的解决方案无疑为农业的可持续发展开辟了新的道路。

领导力则是农业经理人在团队中发挥影响力的关键。在农业企业或农场中，团队合作是实现高效运营的基础。农业经理人需要具备凝聚团队、激发潜力的领导力，以引导团队成员共同面对困难，实现共同的目标。他们需要设定明确的战略方向，制定合理的决策，通过有效的沟通和激励机制，确保团队的执行力。例如，通过引入现代农业管理理念，农业经理人可以推动团队采用数字化工具，如使用农业大数据进行精准种植，从而提高生产效率和产品质量。

在理论与实践相结合的过程中，农业经理人应不断学习，拓宽视野，积极参加各种培训和学术研讨会，以提升自身的创新思维和领导力。同时，还应借鉴国内外的成功案例，吸取经验教训，以更全面、更深入的视角来解决农业生产实践中遇到的问题。只有这样，他们才能在复杂多变的农业市场环境中立于不败之地，引领农业向更高、更远的目标迈进。

农业经理人的职业学习路径是理论与实践深度地结合，持续磨砺专业技能和提升综合素质的过程。在这个过程中，理论知识帮助他们以科学的方法理解和解决农业生产中的各种问题。农业经理人在田间地头亲自动手，从种植、施肥、灌溉到病虫害防治，每一个环节都亲身体验和实践。这种“从实践中来，到实践中去”的学习方式，使他们能够更好地理解和应用理论知识，解决实际问题。

农业经理人的职业学习路径是一个全面、深入、持续的过程，需要不断学习新的知识，积累实践经验，以适应农业发展的新要求，推动农业的现代化进程。

第三章 农业基础知识

自古以来，农业是各国经济的重要组成部分，为人类提供了赖以生存的食物和其他生活必需品。对于农业经理人而言，具备扎实的农业基础知识是其职业能力的基础。

农业基础知识涵盖了广泛的领域，包括土壤学、植物学、动物学、生态学等多个学科。这些学科为我们提供了关于农业生产、管理、保护等方面的基本原理和方法，必须高效地运用这些原理和技巧，以切实增加农作物的产量，同时确保农产品的品质优良。农业经理人应该重视农业基础知识的学习和研究，不断提高农业生产的科技含量和附加值。

第一节 现代农业新技术

现代农业新技术不仅极大提升了农业的生产效率，还显著改善了农产品的质量，使得农业成了一个更加高效、环保和可持续的行业。

现代农业新技术正在深刻改变着农业生态和生产方式。这些新技术不仅提高了农业生产的效率和质量，还为农民带来了更多的收益和机遇。

一、种植新技术

农业是通过人工干预和管理，利用生物的生长、繁殖和代谢等生命过程，将自然资源转化为人类所需农产品和服务的生产活动。它包括种植业、畜牧业、渔业、林业等多个领域，其中种植业作为基础和核心，占据重要地位。

种植业具有多个显著特点。首先，它具有地域性，受地域条件影响显著，各地的农业类型和特点各异。其次，它具有季节性，农作物的生长和收获受季节变化影响。再次，它周期长，需要耐心等待农作物的生长和成熟。最后，它具有综合性，涉及多个领域和方面，需要综合运用各种技术和知识。

种植新技术通过应用生物技术、信息技术和工程技术等干预手段，实现作物的高产、优质、高效和生态。例如，基因编辑技术对作物育种带来了划时代的转变，培育出具有更强抗逆性、抗病性和产量的新品种。同时，智能农业技术通过实时监测土壤、气候等关键因素，为农民提供了精准的种植决策支持，显著提高了种植效益。

（一）粮食作物种植新技术

粮食作物是农业生产中的重要组成部分，对于保障国家粮食安全和人民生活稳定具有重大的意义。粮食作物包括小麦、水稻、玉米、薯类等，是人类生存所必需的基本食品来源，也是农村经济发展的重要支柱。在粮食作物的种植过程中，需要注重科学管理和技术创新，提高粮食作物的产量和品质。同时，也需要加强粮食作物的病虫害防治，确保粮食作物的安全生产。

粮食作物的种植和管理，不仅需要农民的努力和付出，还需要政府和社会各界的支持和关注。政府应该加大对粮食生产的投入和支持，推动农业现代化和粮食产业升级。社会各界也应该加强对粮食生产的关注和支持，共同维护国家粮食安全和人民生活稳定。我们应该高度重视粮食作物的种植和管理，加强科学管理和技术创新，确保粮食作物的安全生产和品质。

1. 无人机技术

现代农业技术正在逐步改变传统的农业生产方式，其中，无人机在精准农业中的应用就是一个典型的例子。无人机搭载的智能施肥和喷药系统，以其高效、精准的特性，正在引领一场农业革命，实现了农业生产的绿色化和可持续化。

这种系统通常配备有高精度的 GPS 导航和遥感技术，能够精确地定位作物的位置和生长状况。通过实时监测作物的生长状态、土壤营养含量以及病虫害的发生情况，系统可以精确计算出所需的肥料和农药量，避免了施肥、喷药过度或不足的问题。例如，当系统检测到某一片区域的作物出现营养缺乏的迹象时，可以立即精确地投放适量的肥料，确保作物的健康生长。

此外，这种技术还能显著提高肥料和农药的利用率。据统计，传统的施肥和喷药方式中，大约只有 30%的肥料真正被作物吸收，其余大部分都流失在环境中，造成了严重的浪费甚至是环境污染。而使用无人机智能系统，肥料和农药的利用率可以提高到 80%以上，大大减少了浪费和对环境的影响。同时，无人机的使用也大大节省了人力和时间成本。在大面积的农田中，无人机可以在短时间内完成施肥和喷药工作，而无须大量的人工投入，提高了农业生产效率。

尽管无人机技术具有巨大的潜力，但在推广过程中仍面临一些挑战，如技术的高成本、农民的接受度、法规的限制等。因此，未来需要进一步研发更经济、更易操作的无人机系统，同时，政府和相关部门也需要制定相应的政策和培训计划，以推动这项技术在农业中的广泛应用。无人机搭载的智能施肥和喷药系统是现代农业向绿色、精准方向发展的重要工具，它将为实现农业的可持续发展和环境保护提供有力的支持。

2. 节水灌溉技术

在粮食作物生产中，节水灌溉技术的普及已成为现代农业灌溉技术的标志性特征。采用滴灌、渗灌等节水灌溉方式，极大地提高了水资源利用效率、减少水资源浪费。这种技术为粮食安全提供了有力保障。

滴灌和渗灌是节水灌溉的核心技术，其优势在于能够精准地将水分输送至作物根部，显著减少水分的蒸发和流失。与传统的漫灌方式相比较，滴灌和渗灌技术不仅节水效果显著，更能精准满足作物生长需求，提升作物的产量和品质。

具体而言，滴灌和渗灌系统可根据作物生长需求和土壤湿度，精确控制灌溉水量，有效避免过量灌溉造成的水资源浪费。同时，水分直接输送至作物根部，减少了土壤表面的湿润面积，降低了水分的蒸发量。此外，该系统还能确保作物根部的土壤均匀湿润，有利于作物根系的生长和发育。并且，通过滴灌系统，水溶性肥料也可直接输送至作物根部，提高了肥料的利用率。

然而，要实现节水灌溉技术的广泛应用，仍需加大技术研发、设备更新和人员培训等方面的投入。首先，应持续研发新的节水灌溉技术和设备，提高系统的稳定性和可靠性。

其次，加快老旧灌溉设施的更新改造，推广使用先进的节水灌溉设备。最后，通过加强对农民节水灌溉技术的培训和技术指导，提高其对节水灌溉技术的认知和使用能力。通过粮食作物节水灌溉技术的应用，保障了粮食安全，促进了水资源高效利用。

3. 土壤改良与修复技术

当今的农业环境中，为了应对土壤退化、污染和肥力下降等挑战，科学家和农业专家们正在积极探索和应用各种土壤改良与修复技术。这些技术的目标是通过科学手段恢复土壤的生态平衡，改善土壤结构，提高土壤肥力，从而实现作物的健康生长，提升作物产量和品质，以满足全球不断增长的粮食需求。

生物修复是利用自然生态系统中的微生物、植物和动物来清除土壤中的有害物质，恢复土壤的生物活性。例如，某些植物（如烟草、凤仙花）具有吸收、转化或固定土壤污染物的能力，被称为"超积累植物"。同时，它们的根系还能促进土壤微生物的活动，进一步增强土壤的自我修复能力。

物理修复技术主要通过机械手段改变土壤的物理性质，如改善土壤的通气性、透水性，调整土壤的粒径分布等。例如，使用深松机进行深层松土，可以打破土壤的硬壳层，增加土壤的孔隙度，有利于作物根系的生长和土壤微生物的活动；施用土壤改良剂如沸石、膨润土，可以吸附土壤中的有害物质，减少其对作物和环境的影响。

化学修复和改良土壤技术主要用于改善土壤质量，恢复其生态功能，以及消除土壤中的有害物质。这种技术主要分为两大类：化学稳定化和化学淋洗。化学稳定化是通过添加特定的化学试剂，如石灰、磷酸盐或重金属离子络合剂，来改变有害物质在土壤中的化学形态，降低其生物可利用性和毒性。例如，对于重金属污染，施加石灰可以降低土壤的酸度，减少重金属的生物有效性①，使用稳定剂将其转化为不溶性的固态形式，从而减少其在环境中的迁移和生物积累。化学淋洗则是利用化学溶剂（如硫酸、氢氧化钠或各种表面活性剂）将土壤中的污染物溶解出来，然后通过液体流经土壤，将污染物携带出来，实现土壤的净化。这种方法对于去除石油烃、多环芳烃等有机污染物效果显著。

这些修复技术并非孤立使用，往往需要结合使用，以实现最佳的修复效果。同时，修复策略的制定需要考虑到土壤类型、污染程度、作物类型以及经济成本等多种因素，以实现可持续的土壤管理和农业发展。土壤改良与修复技术为我们在保护和恢复土壤健康的同时，提高农业生产效率，保障食品安全。

4. 病虫害防治技术

推广与应用生物防治、物理防治等环保型防治技术，减少化学农药使用，保护生态环境及确保农产品安全。通过病虫害防治能够有效抑制害虫数量，维护生态平衡，显著降低农业生产对环境的负面影响，从而提升农产品的整体品质与安全标准。

生物防治技术，被广泛认可为一种环保且高效的病虫害管理技术，它利用天敌昆虫和微生物等来遏制病虫害的发生。例如，通过释放蚜茧蜂等天敌昆虫，能有效捕食寄生害虫，降低其种群密度，减少对农作物的威胁。同时，微生物农药（生物菌剂和生物农药等），能有效地控制病虫害，而对环境和农作物的影响微乎其微。它们具有可生物降解的

① 生物有效性（Biological Efficacy）是指一个化合物、药物或治疗方法在生物体内达到预期效果的能力。

特性，不会对土壤及水资源造成污染。

物理防治技术依赖于光、热、电等物理条件或采用诱虫灯、色板等设备，创造出对病虫害生存繁殖不利的环境，以达到吸引并控制害虫的目的。这种方法操作简单，经济成本低，且不会引起环境污染和残留问题，被广泛应用在各种农作物及病虫害的防治领域。

在粮食作物病虫害防治时，优先采用环保型防治方法。这不仅有助于降低农业生产对环境的负面影响，还能提升农产品质量，满足消费者对绿色、健康食品日益增长的需求。政府、科研机构及社会各界应共同致力于生物防治、物理防治等环保型防治技术的研发与推广。通过技术创新，提高防治效果，降低防治成本，为农业经理人提供更为便捷、高效、环保的防治手段。政府可出台相关政策，如提供补贴或奖励，激励农业经理人采用环保型防治方法。同时，建立健全农产品质量安全监管体系，加强对农产品的检测与监管，确保采用环保型防治方法的农产品符合质量安全标准，切实保障消费者权益。

（二）经济作物种植新技术

经济作物，是指以获取经济收益为主要目的的农作物。这些作物不仅丰富了我们的生活，也为全球贸易和国家财政作出了巨大贡献。从古代的丝绸、茶叶到现代的咖啡、可可，经济作物的种植和贸易推动了世界各地经济发展和文化交流。

在亚洲，中国的丝绸生产和茶叶种植历史可以追溯到几千年前，这些经济作物通过丝绸之路传播到世界各地，促进了不同地区之间的交流与合作。在非洲，可可、咖啡和油棕等经济作物的种植为当地经济带来了显著增长，改变了全球的饮食习惯。咖啡的种植和贸易催生了咖啡馆文化，成为人们社交和信息交流的重要场所。可可的商业化则催生了巧克力产业，成为全球消费者喜爱的甜点。而这些作物的种植往往需要大量的土地和劳动力，如何在满足市场需求的同时保护环境和保障农民权益，是当前经济作物产业发展面临的问题。在全球范围内，经济作物种类繁多，包括棉花、大豆、油菜、茶叶、咖啡、可可、橡胶、烟草等。每一种作物都有其独特的生长环境和市场需求。例如，棉花是纺织工业的主要原料，大豆则是食用油和蛋白质的重要来源，而咖啡和茶叶则是全球流行的饮品。

经济作物的经济价值主要体现在其用途的多样性以及高产量。与粮食作物不同，经济作物的种植主要是为了提供工业原料或者满足特定的市场需求，如纺织、制药、食品加工等。这些作物通常具有较高的经济价值，因此，种植经济作物的农民往往可以获得更高的收益。

经济作物的种植不仅为农民提供了更多的收入来源，也推动了全球经济的发展。然而，经济作物种植也面临着许多挑战，如气候变化、病虫害、市场波动等。为了解决这些问题，许多国家和地区都在积极推广可持续的种植方式，如设施农业、有机种植、间作套种、农业机器人、订单农业等。这些方式强调在保护环境和生态的基础上，提高作物的产量和质量。同时，政府和企业也在努力发展多元化的市场，以减少对单一经济作物的依赖，降低市场风险。

在全球化的今天，经济作物的种植和贸易已经形成了复杂而庞大的产业链。从种子研发、种植技术、收割加工到市场销售，每一个环节都影响着经济作物的品质和价格。同时，经济作物也是许多国家和地区农业经济的重要组成部分，对于推动农村发展、提高农民收入等方面具有重要作用。经济作物在满足人们生活需求、推动经济发展、促进文化交流等方面发挥了不可替代的作用。

1. 设施农业

设施农业，这一术语在近年来频繁出现，它代表着一种全新的农业生产模式，是对传统农业的一次深刻变革。它运用现代科技手段，通过改变作物的生长环境，使得农业生产更加精细化、个性化，提高了农业生产效率，实现了农业的高产、优质、高效、生态、安全。这一现代科技与传统农耕的完美结合，正在重塑我们对农业的认知，极大地推动了现代农业的发展。

如今设施农业不再仅仅局限于土地的利用，而是深入到气候、水肥管理、病虫害防治等各个环节，实现了农业生产的全面升级。例如，智能温室可以根据作物的生长需求，自动调节温度、湿度和光照，确保了作物在最适宜的环境中生长，极大地提高了产量和质量。

同时，设施农业也推动了农业的绿色发展。通过精准施肥和灌溉，减少了对环境的污染，实现农业生产和环境保护的和谐共生。通过远程监控和自动化设备，降低了劳动强度，提高了生产效率，农民再也无须面朝黄土背朝天。

更为重要的是，设施农业为农业的个性化生产提供了可能。消费者可以定制自己所需的农产品，如特定口感的水果、无农药残留的蔬菜等，农业从大规模单一化生产转向小规模多样化生产，满足了市场多元化的需求。

设施农业以高效、精准、绿色和个性化的生产模式，正在引领现代农业发展的新潮流。然而，设施农业的发展也面临着一些挑战。比如，设施农业的建设需要大量的资金投入，对于一些经济条件较差的地区来说，可能难以承受。此外，设施农业的技术门槛也相对较高，需要有一支技术过硬的队伍来支撑。

尽管如此，设施农业的前景依然光明。随着科技的进步和农业的发展，设施农业将会越来越普及，越来越成熟。设施农业，这颗现代农业的璀璨明珠，正以其独特的魅力，为我们的农业生产带来更多的可能性，为我们的生活带来更多的便利。

2. 有机种植

有机种植现在已逐渐成为主流，尤其在经济作物种植上，它既保护了环境，又提升了作物品质和产量。有机种植技术是对过度依赖化学物质的种植方式的深度反思与升级，转而采用有机肥料和生物农药，在保护环境的同时也促进了作物的健康生长。

实施有机种植的首要条件是选择远离污染源、土壤肥沃、排水良好、气候适宜的土地。在种植过程中，应避免化学肥料和农药的使用，确保土壤健康和生态平衡。种植前，土地需进行深耕、松土、施肥等准备。施肥时，应选用有机肥料，如腐熟动物粪便、植物残渣等，为作物提供所需养分。有机种植需考虑适应当地气候、土壤条件，且抗病、抗虫能力强的品种的市场需求。

种植管理中，应合理安排灌溉、除草、修剪等。灌溉需根据作物需求和气候条件进行；除草和修剪采用物理或生物方法，避免化学除草剂；病虫害防治采用生物防治、农业防治等手段，如利用天敌昆虫控制害虫数量，或采用轮作、间作等农业措施。

收获时，需避免机械损伤和污染。收获后，应妥善处理并及时储存，控制温度和湿度，确保作物品质和口感。有机种植要综合考虑土地、品种、种植管理、病虫害防治等多方面因素。只有这样，才能获得高品质、高产量的有机经济作物，满足市场需求，同时保护环境。

有机肥料富含对作物有益的微量元素，能改善土壤结构，提高土壤肥力，促进作物长期生长，并减少土壤污染，维护生态平衡。生物农药则来源于自然，效果与化学农药相当，但更为环保和安全。通过采用这些措施，确保了作物在生长过程中获得充足营养，同时保护了土壤健康，满足了消费者对健康食品的需求。

3. 间作套种

经济作物间套种新技术及其应用正逐渐成为农户的优选。这种高效、生态的种植模式是在同一块土地上种植不同作物，显著提高了土地利用效率，同时丰富了农田生态系统的多样性，增强了农田生态稳定性。

该技术关键在于科学利用作物间的生长特性和生态位差异，最大化地利用土地资源。精心设计的种植布局，使作物间相互促进，减少病虫害，提升抗逆性。例如，中药材芍药的生长前期可套种辣椒或贡菜，既实现多作物收入，又提升亩产效益。在多年生中药材田中套种一年生或两年生的药材，如芍药田间套种知母、菊花等，利用生长时间差实现高效益。

间作套种模式不仅丰富了农田生态系统的物种多样性，还通过吸引天敌昆虫，有效控制害虫数量，减少了化学农药的使用。此外，多样的植物群落为各种生物提供了丰富的生态位和栖息地，增强了生态系统的稳定性和抵抗力。

然而，实施间作套种技术需要农户具备农业知识和实践经验。他们需根据当地气候、土壤条件及作物习性，进行科学搭配和种植管理。该技术在提高土地利用效率、丰富生态系统多样性及增强农田生态稳定性方面展现出诸多优势。

4. 垂直种植

在全球城市化加速、土地资源紧张的背景下，垂直种植技术作为经济作物种植的创新模式，正逐步获得农业经理人和科研人员的认可与应用。这种种植模式利用立体空间进行作物种植，显著提高了种植密度和单位面积的产量，成为都市农业和有限空间农业发展的重要方向。

通过垂直结构设计，该技术实现了在有限水平地面上的多层种植，极大地提升了种植密度，有效缓解了土地资源紧张问题。垂直种植结合先进的农业工程技术，如 LED 生长灯、水肥一体化系统、智能环境控制等，为作物提供了最佳生长环境。

在城市屋顶、阳台或室内空间，垂直种植系统能够种植各类叶菜、草莓甚至小型果树等，不仅美化了城市环境，还为居民提供了新鲜、健康的食材。在沙漠、海岛等土地资源稀缺的地区，该技术也展现了巨大潜力，实现了作物的自给自足，提高了土地利用率，减少了水资源消耗，实现了生态与经济的双赢。

垂直种植技术的优势不仅在于提高产量和土地利用率，更在于其环保性和智能化管理。通过循环灌溉系统有效减少水流失，精确控制灌溉量进一步节约水资源。同时，垂直种植技术降低了对化肥和农药的依赖，减少环境污染。此外，它减少了对地表的干扰，有助于改善生物多样性。

垂直种植技术为作物提供了恒定的温度、湿度和光照条件，农户可通过手机或电脑远程监控整个系统，实现智能化管理，优化种植环境。实现了全年无季节限制的种植，满足了人们对新鲜蔬菜的需求。

5. 农业机器人

传统种植方式通常需要农民长时间、高强度地劳作，不仅效率低下，而且对身体构成极大的负担。然而，农业机器人的引入正在改变这一局面，农业机器人通过集成机械、电子、计算机和人工智能技术，实现了种植、施肥、除草、收割等农业活动的自动化执行，极大地减轻了农民的劳动负担，并显著提高了农业生产效率。

在种植阶段，机器人能够通过精确导航和传感器技术，自动规划种植路线，并准确地将种子播撒在预定位置，确保种植密度和均匀性。在施肥环节，它们能根据土壤养分数据和作物生长需求，智能调节肥料类型和施用量，实现精准施肥，既节省成本又保护环境。除草作业同样受益于农业机器人的应用。借助图像识别和机械臂技术，机器人能够精准地区分杂草和作物，从而在不伤害作物的前提下，高效地去除杂草，极大地减少了人工成本和时间投入。

到了收割季节，农业机器人能够自动识别作物的成熟度，并智能调整采摘速度和高度，确保收割的作物质量上乘，减少损失。此外，农业机器人还能自动收集和处理采摘后的作物，进一步提升了农业生产的自动化和智能化水平。农业机器人在经济作物种植中，极大地提高了农业生产的效率和质量，为现代农业的发展开辟了新的道路。

6. 多样化种植

多样化种植策略能够稳定市场风险、提升农业生产的稳定性和可持续性，有力地推动环境保护和农业的绿色发展。

这一策略允许在同一块土地上种植多种作物，从而显著增加单位面积的产出。同时，多样化种植确保了土地的持续利用和产出，有效利用了土地资源，显著提高了土地的利用效率，避免了土地的闲置和浪费。

多样化种植策略能够分散市场风险，当某一种作物受到市场价格波动的影响时，其他作物的稳定收益可以为农民提供经济支撑，减少整体经济损失。这种策略显著增强了农业经理人应对市场变化的能力，保障了经济收益的稳定性。

此外，多样化种植还有助于保持土壤肥力和防止土地退化。不同的作物对土壤养分的需求各异，通过轮流种植不同的作物，可以充分利用土壤养分，提高土壤肥力。这有助于改善土壤结构，保持土壤的健康状态，为农业生产的长期发展奠定坚实基础。

以花卉种植为例，农民可以在同一块土地上种植玫瑰、郁金香、菊花等多种花卉。这种多样化的种植模式不仅能够丰富市场供应，满足消费者多样化的需求，还能通过合理搭配和管理，实现花卉之间的互补，降低种植成本，提高经济效益。这种种植模式在花卉种植领域已经得到了广泛应用，并取得了显著成效。

（三）绿肥饲料作物种植新技术

绿肥饲料作物是兼具生态效益与经济效益的农业资源，绿肥饲料作物在提高土壤肥力、促进农业可持续发展以及保障畜牧业健康方面发挥着巨大作用。

绿肥饲料作物，是指一类具备生长快速、营养成分高及适应性强的植物。这些作物能够通过光合作用有效积累土壤中的有机物质和矿物质，同时，它们也作为优质饲料，为畜牧业提供充足的营养来源。

绿肥饲料作物在全球农业系统中种类繁多，包括豆科、禾本科、菊科等，如紫花苜蓿、三叶草、燕麦草、高粱、苦荬菜等，每一种都有其独特的生长特性和营养价值。例如，豆科植物能固氮，提高土壤肥力，而禾本科植物则富含碳水化合物，是动物能量的重要来源。

种植绿肥饲料作物对环境的益处是多方面的。首先，它们能够改善土壤结构，防止土壤侵蚀，提高土壤的保水保肥能力。其次，通过替代化肥和农药的使用，绿肥作物有助于维持农田生态平衡，减少农业对环境的污染。最后，它们的快速生长特性使得农田可以实现高效轮作，提高土地的利用率。

在畜牧业中，绿肥饲料作物富含蛋白质、维生素和矿物质，可以满足动物的全面营养需求，提高肉、蛋、奶的质量。而且，与加工饲料相比，新鲜的绿肥饲料更有利于保持动物的健康，降低疾病发生的风险。

当前农业生产中，大力推广绿肥饲料作物种植，能够提升农业综合生产能力、优化农业产业结构、保障国家粮食安全。在推广过程中，应科学规划，合理选择种植品种，充分考虑地域特点、气候条件、土壤状况等因素，选择适应性强、产量高、品质优的品种。同时，加强技术研发，提高种植技术水平，确保绿肥饲料作物的优质高产。

绿肥作物种植，主要聚焦于提升产量、改善土壤质量、减少化肥使用及提高农业生产可持续性。例如，利用具有发达根状茎的植物，如红豆薯、苋菜等，通过其生长和分解增加土壤有机质含量，提高土壤保水保肥能力。种植草类植物可释放有机酸，改善土壤酸碱性，使其更适合农作物生长。豆科植物如苜蓿、紫云英等，其丰富的根系能增加土壤孔隙度，提高通气性，有助于改善土壤结构，提高肥力。

在干旱地区，应选择适应干旱条件的绿肥作物，如田菁等，以改善土壤质量，提高农业生产能力。此外，利用植物与菌根共生关系进行绿肥种植，菌根能增强植物的抗逆性，提高土壤养分吸收能力，显著提升土壤养分的利用效率。

在当代农业中，种植和管理绿肥作物的新技术被广泛采用，实现了土壤的可持续管理与农业生态系统的平衡。为了充分发挥绿肥作物的最大效益，我们可以从以下几个方面进行优化和提升。

1. 品种选育

品种选育是提升绿肥作物生产力的基础。通过现代生物技术，科研人员可以培育出适应各种环境条件、抗逆性强、鲜体产量高的绿肥作物新品种。这些新品种能够提供更多的有机质和养分，增强土壤的生物活性，提高土壤的肥力。

绿肥作物的品种改良是通过创新的育种技术，创造出更适应多变环境、更具抗逆性的绿肥作物新类型。这些改良品种不仅能够大幅度提升产量，为农田提供丰富的有机物质和微量元素，还能有效改善土壤的健康状况。

现代生物技术，如基因组学、生物信息学等，为绿肥作物的品种选育提供了前所未有的可能性。科研工作者能够精确地识别并操控影响作物生长、抗性及产量的基因，培育出更适应特定环境条件的品种。例如，通过基因编辑技术，可以培育出对酸性土壤有更强适应性的绿肥作物，解决酸化土壤导致的农业生产问题。

这些新品种的高鲜体产量意味着更高的生物量，它们在翻耕后能迅速转化为土壤有机质，显著提高土壤的肥力。同时，增强的抗逆性减少了对化学农药的依赖，有助于维护农田生态系统的平衡，减少农药残留对食品安全和环境的潜在威胁。

以南美洲的一项研究为例，科研人员通过基因改良培育出一种名为“绿源”的绿肥作物，其在盐碱地的产量提高了40%，同时表现出强大的抗盐性和抗病性。在实际应用中，种植“绿源”的土地土壤结构得到显著改善，农作物的生长状况和产量均有显著提升。

2. 栽培技术

绿肥作物的生产效率和质量在很大程度上取决于我们采用的栽培技术。这些技术的改进和优化是推动农业可持续发展的重要途径，最大化利用自然资源，最小化影响环境。具体来说，提高绿肥作物产量的关键策略包括合理密植、适时播种、科学施肥和灌溉等几个方面。

合理密植是优化作物种植结构的关键。每株作物都需要足够的空间来展开其根系和叶片，方便充分吸收阳光和土壤中的养分。过度密植会导致作物间竞争加剧，影响其正常生长，从而降低整体产量。因此，种植者需要根据作物的生长习性和土壤条件，精确计算出最佳的种植密度。

适时播种是确保作物在最佳生长期生长的关键。不同的绿肥作物有不同的生长周期和对季节变化的适应性。例如，一些作物在春季播种可以充分利用春季气候的温暖和湿润，而另一些作物则在秋季播种，以利用秋季的丰富养分。因此，种植者需要根据当地的气候条件和作物的生长特性，制定出合理的播种时间表。

科学施肥和灌溉是提供作物生长所需养分和水分的关键。通过使用有机肥料和精确施肥技术，可以确保作物获得均衡的营养，同时避免过度施肥导致的环境污染。此外，采用节水灌溉技术，如滴灌或喷灌，可以根据作物需求提供水分，减少水资源的浪费，同时防止水分过多导致的作物病害。

这些技术的应用已经在全球各地的农田中得到了验证。例如，中国的一项研究发现，通过改进栽培技术，绿肥作物的产量提高了30%，同时减少了20%的化肥使用。这不仅提高了农业生产效率，还减轻了农业对环境的压力。

3. 播种技术

播种技术的优化可以确保绿肥作物的均匀生长。通过人工撒播或机械播种，可以精确控制播种的深度和密度，提高出苗率和生长一致性，减少病虫害的发生。

绿肥作物的生长质量与播种技术的优化息息相关。在农业生产中，播种直接影响到作物的生长状况和最终的产量。通过采用先进的播种技术，我们可以确保绿肥作物的均匀生长，从而提高农业生产的效率和可持续性。

播种的深度控制是关键。每种作物的种子都有其适宜的播种深度，过深或过浅都可能导致出苗率下降。例如，豆科绿肥作物如紫云英种子通常需要在土壤表面下2~3厘米处播种，以保证充足的水分和空气供应，同时避免被鸟类或害虫取食。通过精确的机械播种设备，我们可以准确地控制播种深度，确保种子在最佳环境中发芽。

播种的密度也需精确调整。合理的种植密度可以充分利用土壤养分和阳光，促进作物的生长，同时减少竞争导致的弱苗和病虫害的发生。例如，过密的种植可能导致植株间光照不足，影响光合作用，而过稀的种植则可能导致土壤养分的浪费。通过科学的计算和试验，我们可以确定每种绿肥作物的最佳播种密度，以实现最佳的生长效果。

优化的播种技术还包括种子的预处理，如使用包衣剂或生物制剂处理种子，可以提高种子的抗病性和抗虫性，进一步提高出苗率。同时，精确地播种也可以减少种子的使用量，降低生产成本，实现经济效益和生态效益的双重提升。

4. 翻耕技术

翻耕技术，是将绿肥作物的生物活力转化为土壤肥力的关键步骤。绿肥作物，如豆科的紫云英、豌豆等，通过其生长过程中的光合作用，积累了大量的有机物质，这些有机物质在适宜的时机被翻入土壤，可以极大地提升土壤的养分水平。

在绿肥作物的生命周期中，选择最佳的翻耕时期至关重要。通常，这个时期会选择在作物的盛花初期或结荚初期，此时植物的生长活力旺盛，生物转化过程最为活跃。翻耕在这个时间点进行，可以确保作物的残体迅速且充分地分解，将其中蕴含的氮、磷、钾等大量元素以及微量元素释放到土壤中，为后续的农作物提供丰富的养分。

翻耕作业并非单纯的土壤翻动，实质上是触发了一场潜移默化的土壤生物活动。绿肥作物的残留组织在土壤中得以分解利用，成为土壤微生物主要的养分来源。在这些生物对有机物质进行分解的过程中，大量二氧化碳被释放，与此同时，生成的腐殖质有助于优化土壤结构，增强其保持水分和养分的能力，进而提升农作物的产量和质量。

一些农业研究显示，合理应用翻耕技术，可以将绿肥作物的养分利用率提高 30%~50%。例如，一项在中国黄淮平原进行的研究发现，紫云英作为绿肥作物，经过适时翻耕，能显著提高小麦的产量，平均增产率达 20%。因此，翻耕技术通过优化土壤生态系统，实现农业生产的绿色循环。

5. 区域适宜性

在全球各地，气候、土壤条件和种植制度的多样性塑造了农业的丰富多样性，这对绿肥作物的生长和利用提出了独特的挑战和机遇。绿肥作物，作为一种重要的生物肥料，通过其生长过程中的根系活动和枯萎后的有机物分解，能够显著改善土壤结构，增加土壤有机质，提高土壤肥力，从而提高农作物的产量和质量。因此，理解和适应这些环境因素对绿肥作物的影响，是实现可持续农业发展的重要策略。

首先，气候条件是决定绿肥作物生长和生产力的关键因素。例如，热带地区丰富的降雨和高温条件有利于快速生长的豆科绿肥作物，如花生和木豆，这些作物能够有效地固定大气中的氮，提高土壤的氮素含量。而在温带和寒带地区，选择耐寒、生长周期短的绿肥作物，如紫云英和三叶草，更为适宜。此外，气候中的极端事件，如干旱、洪水或霜冻，也需要在选择绿肥作物时予以考虑，选择具有抗逆性的品种可以降低生产风险。

其次，土壤条件包括土壤类型、pH 值、养分含量等，也对绿肥作物的生长和土壤改良效果产生显著影响。例如，酸性土壤可能限制了某些绿肥作物的生长，但适宜的物种如箭筈豌豆和紫花苜蓿则能在这些条件下表现出良好的生长和养分释放。同时，土壤中的重金属含量过高可能会对绿肥作物产生毒害，影响其生长和土壤改良效果，因此在选择绿肥作物时需要进行土壤检测和评估。

最后，种植制度（轮作制度、间作模式）也影响着绿肥作物的利用效率。例如，通过与主作物轮作，绿肥作物可以利用作物生长间隙期，有效利用光热资源，减少土壤侵蚀，同时通过改善土壤生物活性，减少病虫害的发生。在一些农业系统中，如果园或林地，绿肥作物常作为覆盖作物种植，既能提供土壤覆盖，防止土壤裸露，又能提供额外的养分。选择适宜的绿肥作物种类和种植模式，需要综合考虑当地的气候、土壤条件和种植制度，以实现最佳的土壤改良效果和农业生产的可持续性。这需要农业科研人员、农民和政策制定者之间的紧密合作，通过持续的试验、示范和推广，发展出适应不同地区特点的绿肥作物种植技术。

通过上述多方面的综合策略，我们可以更有效地利用绿肥作物改善土壤质量，提高农业生产的可持续性。新技术的引入为绿肥作物的产量带来了显著的提升。这些新技术在农业生产中的应用，不仅提高了绿肥作物的产量，还增强了作物的抗逆性。

应用实例

燕麦作为一种早生、早熟的绿肥作物，不仅种植容易、适应性广，而且富含多种营养元素，对土壤具有良好的改良效果。

选用优质种子：选用高产、抗逆性强的燕麦品种，确保绿肥的产量和品质。

精准播种：利用先进的播种机械进行精准播种，控制播种深度和密度，提高种子成活率。水肥一体化管理：采用滴灌或喷灌等节水灌溉技术，结合土壤养分状况，精准施肥，实现水肥一体化管理。

生物防治病虫害：采用生物农药或天敌等生物防治手段，减少化学农药的使用，保护生态环境。

在我国某地区的一个农田示范区，采用了上述燕麦绿肥种植新技术。经过一个生长周期的种植，该示范区取得了显著的土壤改良效果。

土壤有机质提升：燕麦绿肥经过翻压还田后，有效增加了土壤的有机质含量，提高了土壤的肥力水平。

土壤理化性状改善：燕麦绿肥的种植促进了土壤微生物的繁殖和活动，改善了土壤的团粒结构，提高了土壤的通气性和保水性。

减少化肥投入：由于燕麦绿肥富含多种营养元素，通过翻压还田可以部分替代化肥的使用，减少了化肥的投入量。

提高作物产量：经过燕麦绿肥的种植和土壤改良，该示范区的后续作物产量得到了显著提高，经济效益明显。

燕麦绿肥的种植新技术及其在土壤改良方面的应用案例表明，通过采用先进的种植技术和科学的管理方法，可以充分发挥绿肥作物的生态效益和经济效益，为农业可持续发展提供有力支撑。

二、养殖新技术

养殖新技术借助生物技术、营养学、环境科学等领域的最新成果，实现了动物的高效养殖、健康养殖和生态养殖。它涵盖了多个方面，包括饲料营养、疫病防控、生态环境以及智能化养殖等。在饲料营养方面，新技术通过提高饲料的营养价值，优化饲料的配比，以满足动物生长发育的需求。在疫病防控方面，新技术致力于提高养殖环境的卫生水平，减少疫病的传播风险，保障动物的健康生长。在生态环境方面，新技术强调养殖业的可持续发展，通过改善养殖环境、减少污染排放等措施，降低养殖业对生态环境的负面影响。一方面，新技术注重科学性与实用性相结合，提高养殖业的生产效率与经济效益。另一方面，新技术具有高度的灵活性与适应性，可以根据不同地区、不同养殖对象的特点进行定制化应用。此外，养殖新技术还强调信息化与智能化的融合，通过运用物联网、大数据等现代信息技术手段，实现养殖过程的智能化管理与监控。

（一）畜类养殖新技术

在畜类养殖中，首要任务是确保动物得到充足、均衡的营养，促进其健康生长。这需要农业经理人具备丰富的营养学知识，能够根据动物的生长阶段、品种和生产需求，科学合理地制定饲料配方。

同时，畜类养殖还需要注意疾病的预防和控制。农业经理人需要了解各种常见疾病的发病机理、症状及治疗方法，并采取相应的措施，如定期消毒、免疫接种等，以减少疾病的发生和传播。

环境控制也是畜类养殖中不可忽视的一环。农业经理人需要了解动物的生长环境需求，如温度、湿度、通风等，并采取相应的措施，如建设适宜的畜舍、配备合适的设备等，为动物提供一个舒适、健康的生活环境。

除此之外，畜类养殖还需要考虑市场需求、成本控制、环境保护等方面的问题。农业经理人需要具备市场分析、财务管理、环保知识等多方面的能力，来应对市场的变化和挑战。

1. 品种选育新方法

传统的品种选育主要依赖于人工观察和选择，而现代科技的发展，如基因组学、大数据分析和人工智能等，为畜类品种改良提供了更为精准和高效的手段。

首先，基因组选择是一种新兴的选育技术。通过对动物基因组的全基因位点进行扫描，科学家可以更准确地预测个体的性状表现，包括生长速度、抗病性、繁殖性能等。这种方法可以提前发现并剔除不良基因，从而更有效地利用优良基因，提高品种的选育效率。

其次，大数据分析在品种选育中的应用也不可忽视。养殖企业可以通过收集大量的动物生长、繁殖、健康等数据，构建复杂的预测模型，以指导选育决策。例如，通过分析不同环境下动物的生长数据，可以找出对环境适应性强的个体，从而培育出更适应气候变化的新品种。

再次，人工智能技术也开始在畜类品种选育中发挥作用。例如，通过机器学习算法，可以自动识别和学习动物的体态特征、行为模式等，帮助养殖人员更快速、准确地评估动物的性状。

最后，精准营养管理也是现代品种选育的重要组成部分。通过精准投喂，可以根据动物的生长阶段、基因型等个体差异，提供定制化的营养方案，以优化其生长性能，提高饲料转化效率。

这些新的品种选育方法正在改变畜类养殖的传统模式，为提高养殖效率、保障食品安全、实现可持续发展提供了新的可能。然而，同时也要注意，任何技术的应用都应以动物福利和生态平衡为前提，科学、合理地进行品种改良。

2. 环境控制新装备

环境控制技术能够有效提高养殖效率、保障动物健康及产品质量。智能环境监控系统作为畜类养殖领域的明星产品，集成了多种传感器，实时监测养殖舍内的环境参数，并通过云计算平台为养殖人员提供精确数据。该系统还能根据设定的阈值自动调控相关设备，确保养殖环境处于最佳状态。

引入智能温室和先进的空气过滤技术对畜舍环境产生显著改善，成功降低了温度、湿度以及有害气体等不良影响因素，从而提高了畜类的健康标准，降低了疾病的发生率，降低了养殖业的风险。同时，随着对动物疫病防控意识的不断增强，空气过滤和消毒设备在畜类养殖中的应用日益普及。这些设备通过精准过滤空气中的有害物质并辅以消毒措施，极大地降低了养殖环境中的疾病传播可能性。环境控制技术提升了养殖效率、保障动物福利及维护生态环境。

这种精细化的环境管理提升了畜类的整体健康水平，降低了健康风险，使动物生长迅速、繁殖能力强，疾病抵抗力提升，在降低养殖成本方面取得了明显的效果。

3. 新型饲料添加剂

在现代畜牧业中，提升饲料营养价值和消化率已成为提高动物生产性能的关键。微生物发酵工程作为高效且环保的技术手段，正受到业界的广泛关注和应用。具体来说就是通过微生物发酵工程提升饲料品质，微生物发酵工程主要利用微生物的代谢活动，将饲料原料转化为更易被动物消化吸收、营养价值更高的饲料产品。通过调整微生物种类和发酵条件，优化饲料营养成分，进而提升饲料的整体品质。

酵母培养物作为一种通过微生物发酵工程生产的饲料添加剂，含有酵母菌体、代谢产物及活性物质。它富含蛋白质、维生素和矿物质，能够提升饲料营养价值、促进动物消化吸收并增强免疫力。

在反刍动物饲料中，酵母培养物提高了瘤胃发酵效率。瘤胃微生物群落对饲料消化和营养吸收有一定的帮助。酵母培养物中的酵母菌体为瘤胃微生物提供优质蛋白质，促进其生长繁殖；同时，其代谢产物和活性物质通过调节瘤胃内环境，优化微生物菌群结构，提高饲料消化率和利用率。

以奶牛为例，酵母培养物通过提升饲料营养价值和消化率，为奶牛提供充足能量和蛋白质，有助于维持高产奶状态。此外，其活性物质还能促进瘤胃内微生物发酵，产生更多挥发性脂肪酸等代谢产物，为奶牛提供更多能量来源，从而显著提高产奶量。

利用微生物发酵工程生产酵母培养物等饲料添加剂，能有效提升饲料品质，进而增强反刍动物的生产性能。在实际应用中，需根据动物种类、生产阶段及饲料原料特点，合理选择发酵工程技术和饲料添加剂，以实现最佳饲养效果和经济效益。

4. 畜类繁殖新技术

家畜体外受精（IVF）、性别控制以及同期发情技术的结合应用，已成为推动现代畜牧业高效、可持续发展的动力。

性别控制技术是通过人为干预动物生殖过程，实现对后代性别的精准控制，优化了种群结构，更提高了经济效益。而 IVF 技术，在实验室中模拟自然受精过程，突破了自然繁殖的时空限制，提高了受精的精准度和效率，为遗传改良提供了可能。结合遗传学和分子生物学方法，研究人员能筛选出具有优良遗传特性的精子和卵子，培育出高产、健康、抗病性能强的家畜品种。

同期发情技术则基于动物生殖生理学原理，通过精准调控母畜的生殖周期，使一群母畜在同一时间段内集中发情，为集中配种和人工授精提供了极大便利。这不仅显著提高了配种率，还确保了每只母畜在最佳时间进行配种。由于后代在同一时间出生，它们的生长速度和健康状况更为一致，为后续的饲养管理带来了极大便利，从而提高了畜牧业的养殖效率，降低了养殖成本，促进了畜牧业的可持续发展。

胚胎培养技术作为IVF的延伸，为胚胎的遗传检测和疾病筛查提供了宝贵的时间窗口。同时，该技术还为胚胎移植提供了丰富的材料，使得研究人员能够移植优质胚胎，进一步提升了家畜的繁殖率和后代质量。

随着这些技术的不断融合与应用，将最大化发挥特定性别家畜的生产优势，如增加雌性家畜比例，提高泌乳量和繁殖效率，或提高雄性家畜比例以加速生长速度、改善肉质。同时，智能化养殖系统的辅助将使我们能够更精确地监测家畜的生理状态和繁殖性能，为性别控制技术的应用提供有力支持。这种融合将提升家畜养殖效益，实现资源高效利用与环境保护的双赢。

5. 疫病防治新技术

畜类养殖疫病防治新技术的应用为畜牧业的健康发展提供了有力保障。在疫病监测方面，新一代生物芯片技术和高通量测序技术正逐步取代传统方法，它们能快速、准确地识别病原体，为疫病的早期预警和防控提供了强有力的支持。同时，基于大数据和人工智能的疫病预测模型不断完善，通过深度挖掘历史数据，能预测疫病的流行趋势，为防控策略的制定提供数据支撑。

在疫苗研发领域，基因编辑技术为新型疫苗的研发开辟了新的道路。通过精准编辑病原体的基因，能制备出更安全、更高效的疫苗，为疫病的预防控制提供有力武器。此外，新型纳米疫苗和基因工程疫苗的研究也在不断深入，它们具有出色的稳定性和免疫原性，能显著提高动物的免疫力。

在治疗技术上，新型抗菌药物和免疫调节剂的研发为疫病治疗提供了更多选择。这些药物能针对病原体特点进行精准治疗，有效缩短病程，降低动物死亡率。同时，兽医诊疗设备的升级换代也为治疗提供了更好的条件，如高分辨率的医学影像设备、先进的手术器械和远程诊疗系统，使兽医能更加快速、准确地诊断疫病并制定个性化治疗方案。

在疫病控制策略上，目前推广的生物安全防控措施，通过加强饲养管理、改善饲养环境、提高动物福利等措施能有效降低疫病发病率。同时，推广生态养殖模式，实现养殖与环境的和谐共生，也是减少疫情发生的重要途径。

（二）禽类养殖新技术

1. 温室养殖技术

禽类养殖行业中，温室养殖技术通过精准调控养殖环境，明显提升了禽类的生长速度和品质。现代化的温控、光照和通风系统为禽类提供了稳定且适宜的生长环境，有效隔离了外界不利因素，如极端天气和污染，确保了禽类在全年都能维持最佳的生长状态。这不仅加快了禽类的生长速度，还改善了其肉质和口感，满足了现代消费者对高品质食品的需求。

此外，温室养殖技术通过减少禽类与外界环境的接触，显著降低了疾病传播的风险。配合消毒系统和空气净化系统的应用，进一步减少了病菌的滋生和传播，保障了禽类的健康生长。提高了养殖效益，也降低了养殖风险。

温室的设计和建设需要综合考虑光照、通风、温度等多个因素，以确保禽类获得最佳的生长条件。同时，温室还需具备易于清洁和方便维护的特点，以减少病菌的滋生。在饲料管理上，应根据禽类的生长阶段和营养需求，合理搭配饲料，确保禽类能健康生长。

温室养殖技术正逐渐融入智能化和自动化设备，如物联网技术的实时监测和调控、自动投喂和粪便清理设备等，这些技术的应用将进一步提高养殖效率和质量，降低人工成本和劳动强度。同时，温室养殖技术也要注重环保和可持续性。通过采用环保材料和节能设备，减少能源消耗和废弃物排放，降低对环境的影响。通过资源的合理利用和废弃物的循环利用，温室养殖技术凭借其诸多优势和发展潜力，将为禽类养殖行业带来更大的发展空间和机遇。

2. 智能养殖系统

禽类养殖中，智能养殖系统能够自动完成饲喂、捡蛋、环境监控等任务。该系统不仅提升了养殖效率，还显著降低了劳动强度。此外，智能养殖系统还能实时监测禽类的生长情况，为养殖者提供宝贵的决策支持。

传统的禽类养殖方式已无法满足现代高效、环保、可持续的发展需求。智能养殖系统集成了自动化饲喂、捡蛋、环境监控等功能，实现了智能化、精细化管理，大幅提升了养殖效率。

在饲喂方面，系统能智能调整饲料投放量、时间和种类，根据禽类的生长阶段、营养需求及饲养环境，确保禽类获得科学、均衡的营养，同时减少人工操作失误。捡蛋系统则利用机器视觉、机械臂等技术，实现高效、准确地捡蛋，降低了劳动强度，减少了人力成本，并避免了人为捡蛋带来的损伤。

环境监控系统实时监测禽舍内的温度、湿度、空气质量等，并据此智能调节通风、温度控制等设备，确保禽类处于最佳生长环境。这不仅有助于禽类健康生长，还能预防疾病，提高产量和品质。

智能养殖系统还通过数据分析，实时监测禽类的生长情况，如体重、采食量、产蛋量等，为养殖者提供决策支持。这些数据帮助养殖者调整饲养策略、优化饲料配方，从而最大化增加养殖效益。

智能养殖系统在禽类养殖中的应用，极大地提升了效率，降低了劳动强度，实现了对生长环境的精确控制和实时监测。这不仅为养殖者带来了便利和效益，也标志着禽类养殖行业迈入了智能化、自动化的新时代。

3. 散养技术

在禽类养殖领域，新技术与散养技术的结合正成为一种趋势，它们相互补充、相互融合，共同推动着养殖业的进步。这种结合不仅提高了养殖效率和质量，还促进了环保和可持续发展。

首先，新技术在散养场地上的应用使得养殖环境得到了智能调控。通过引入智能化设备，如传感器、自动控制系统等，可以实时监测养殖环境的温度、湿度、光照等参数，并根据禽类的生长需求进行自动调节。既保证了禽类在散养环境中的自由活动，又确保了它们处于最适宜的生长条件下，从而提高了养殖效率和禽类的健康水平。

其次，新技术还促进了散养场的生态循环。例如，利用生物发酵技术处理禽类粪便，可以将其转化为有机肥料，用于农作物的种植。这不仅解决了粪便处理的问题，还实现了资源的循环利用，降低了对环境的污染。同时，通过种植与养殖相结合的模式，农作物的副产品也可以作为禽类的饲料，进一步促进了生态循环。

最后，新技术还使得散养管理更加便捷和高效。利用物联网技术，可以实现远程监控和智能控制，减少了人工巡查的次数。同时，通过数据分析技术，可以对养殖过程中的各种数据进行收集和分析，为养殖管理提供科学依据，进一步提高养殖效益。

在生态养殖理念的指导下，新技术与散养技术的结合还可以模拟自然生态环境，为禽类提供更加舒适的生活空间。例如，在散养场地中种植树木、草坪等植被，设置水池、沙地等区域，以模拟禽类的自然栖息地。这种模拟自然环境的方式不仅可以提高禽类的福利水平，还有助于提升禽类产品的品质和市场竞争力。

总之，新技术与散养技术的结合为禽类养殖业带来了诸多优势。它们不仅提高了养殖效率和质量，还促进了环保和可持续发展。在未来，随着科技的不断进步和创新，新技术与散养技术的结合将更加紧密，推动禽类养殖业向更加高效、环保、可持续的方向发展。

（三）水产养殖新技术

1. 种质改良技术

种质改良技术是通过科学手段对作物、家禽、水产等的遗传特性进行改良，以提高其产量、品质、抗逆性等关键性状。在探索和实践种质改良技术的道路上，水产养殖业正朝着更高效、更环保、更可持续的方向发展。种质改良技术的广泛应用显著提升了水产动物的生存能力和生产性能，为养殖户带来了更高的经济效益，并满足了消费者对高品质水产品的需求。

遗传育种和分子育种是种质改良的两大核心技术。遗传育种通过选择、杂交等传统方法，逐步积累优良性状，培育新品种。而分子育种则借助基因编辑、标记辅助育种等现代生物技术，精准改良水产动物的遗传特性。二者的结合使得种质改良工作更加高效、精准。

例如，在鲈鱼的育种中，通过遗传育种和分子育种的结合，成功培育出生长迅速、抗病力强的新品种。这些新品种不仅缩短了养殖周期，降低了成本，还显著降低了疾病发生率，提高了养殖效益。同时，其肉质鲜美、营养丰富，深受消费者喜爱，市场竞争力显著提高。

在抗病性方面，种质改良培育出具有强抗病力的品种，显著降低了疾病对养殖业的影响，减少了药物使用，提高了养殖效益。通过基因编辑技术，科研人员成功敲除了易感染疾病的基因，增强了鱼类对这些疾病的抵抗力。此外，种质改良技术还提升了水产动物的适应能力，使它们能在各种环境条件下保持高生存率和生产性能。这拓宽了养殖区域，为养殖户带来了更多机遇。新品种鱼类能在低盐度、高温等极端环境下生存和生长，为原本不适合养殖的地区带来了养殖的可能性。

在品质改善方面，种质改良技术培育出的新品种在肉质、口感、营养价值等方面均有所提升，满足了消费者对高品质水产品的需求。例如，通过分子育种技术提高鱼类肌肉中的不饱和脂肪酸含量，使其肉质更加鲜美、营养价值更高。同时，种质改良技术也强调环境适应性和可持续养殖。通过提高水产动物的环境适应性，降低养殖风险，实现养殖业的稳定发展。新品种鱼类具有更低的饲料转化率和更少的养殖废弃物排放，有助于实现水产养殖业的可持续发展。

种质改良技术在水产养殖业中的应用和发展，极大地推动了养殖产量和品质的提升，增强了水产动物的适应能力，促进了水产养殖业可持续发展。

2. 生态养殖技术

生态养殖技术，如池塘循环水养殖和海洋牧场，能够模拟自然生态环境，为水产动物提供理想的生长条件。这种养殖方式不仅提升了水产品的品质，还减少了对自然资源的依赖，推动了水产养殖业可持续发展。

生态养殖技术的兴起，为行业带来了革命性的变革。它通过模拟自然生态，为水产动物提供了更适宜的生长环境，提升了水产品质，同时实现了自然资源的节约利用，为水产业的可持续发展提供了有力支持。

以池塘循环水养殖为例，该技术通过构建人工生态系统，实现了水体的循环利用。科学的水质调控和生物过滤技术，确保了高效养殖的同时，减少了水资源消耗和废弃物排放，有效减轻了环境压力。

海洋牧场是另一种典型的生态养殖模式。通过投放鱼礁、海藻等生物材料，为海洋生物提供了繁殖和生长的场所，促进了海洋生态系统的恢复和稳定。这样既丰富了生物多样性，又提高了海洋资源的利用效率，实现了渔业资源的可持续利用。

此外，稻鱼共生的生态农业模式也值得一提。鱼类帮助稻田控制害虫和杂草，其排泄物为稻谷提供天然肥料，实现了资源的循环利用。同时，生态沟渠和人工湿地系统的应用，有效去除了水中的营养物质，减少了水体污染。

生态养殖技术，通过采用低氧训练手段、研发高效营养饲料、整合物联网及人工智能科技，实现了养殖效率的提升，同时也推动了生态环境的保护与修复工作。这一技术的不断发展和应用，为水产养殖行业的可持续发展构建了牢固的根基。生态养殖技术推动了绿色养殖业的发展，实现了行业间的和谐共存。

3. 病害防治技术

水产动物的病害是影响其健康生长的重要因素之一。通过研发基因工程疫苗、生物制剂等新型病害防治技术，可以有效减少病害的发生，降低养殖风险。同时，加强养殖环境的卫生管理，也能够有效减少病害的传播。

基因工程疫苗是一种高效、安全的防治手段，通过识别病原体关键基因，设计针对性疫苗，提升水产动物的疾病抵抗力。但考虑到疫苗研发与生产成本，实际应用时需平衡经济效益与防治需求。

生物制剂如益生菌和酶制剂在水产养殖中日益受到重视，它们能调节肠道微生态平衡，提高消化能力和免疫力，减少疾病发生。使用时需确保与养殖环境及动物的兼容性，避免不良反应。

定期病原检测是疾病防控的关键，通过水样和动物样本的检测，能够及时发现疾病并采取防治措施，同时了解病原体分布和流行趋势，为制定策略提供依据。

良好的卫生管理是基础，定期清塘、消毒、更换水体，保持环境清洁干燥，减少病原体滋生。合理的养殖环境也至关重要，如适宜的饲养密度、充足的溶氧、水温和水质，都是保障水产动物健康生长的重要因素。

4. 水质调控技术

利用水生植物进行养殖水体的净化处理，是一种既环保又高效的水质调控技术。这种技术不仅利用了水生植物的自然特性，有效改善养殖水体的环境，确保养殖生物的健康成长，还提高了养殖效益。

水生植物如美人蕉、芦苇、芦竹、水葱等，它们强大的吸收和净化能力能有效去除水体中的营养物质和污染物，如氮、磷、有机物等，减少水体富营养化和污染。这些植物通过根系和叶片的吸附、吸收作用，将重金属离子等有害物质转化为自身的营养物质，实现了水体的净化。

除了净化水质，水生植物还能通过光合作用产生氧气，增加养殖水体中的溶解氧含量，提升水生生物的生态环境，助其生长和繁殖顺利进行。同时，水生植物还能为养殖生物提供食物和栖息地，促进生物多样性，提高养殖生态系统的稳定性。

在实际应用中，选择合适的水生植物种类是实现水质调控目标的关键。不同的水生植物对不同类型的污染物质具有不同的吸收和分解能力。因此，根据养殖水体的具体污染情况和所需达到的水质标准，选择具有针对性的水生植物进行种植，可以更有效地实现水质调控目标。

此外，水生植物在净化水体的同时，还能美化水体景观，为养殖场所增添自然美感。它们或拥有洒脱的姿态，或拥有优美的线条，或拥有绚丽的色彩，无论是点缀水面或岸边，都能营造出不一样的景观效果。

采用水生植物对养殖水体进行净化处理，是一种具备多重优势的水质管理策略。它不仅能够减少水体污染、保护生态环境，还能为养殖生物提供良好的生长环境，促进水产养殖业的可持续发展。

5. 循环水养殖技术

循环水养殖技术通过水质处理、水源循环利用等手段，减少养殖废水的排放，提高养殖环境的净化效果。传统养殖模式所带来的水质污染与资源浪费问题亟待解决，循环水养殖技术以其独特优势，成为实现水资源高效利用与养殖环境优化的关键策略。

循环水养殖技术的核心在于水质处理。该技术通过集成物理、化学和生物等多种处理方法，有效去除养殖水体中的有害物质，如残饵、粪便、氨氮、亚硝酸盐等，从而保障养殖生物的健康生长。精确调控水体的 pH 值、溶解氧等关键参数，为养殖生物提供一个稳定、适宜的生长环境，这是实现高效养殖的基础。

在循环水养殖技术中，水源的循环利用是实现资源高效利用的关键。通过采用先进的过滤、消毒和再生技术，系统能够将养殖废水转化为清洁的养殖用水，再次投入养殖过程。这不仅大大减少了新水的使用量，降低了养殖成本，还减少了废水的排放，实现了水资源的循环利用。

循环水养殖技术的应用，显著提升了养殖环境的净化效果。通过持续的水质监测和调整，系统能够保持养殖水体的清洁和稳定，有效防止疾病的暴发和传播。同时，减少废水排放也大大降低了对周边环境的污染，促进了养殖业的绿色转型和可持续发展。

循环水养殖技术的创新不仅体现在水质处理和水源循环利用方面，还涉及养殖设施、饲料管理等多个方面。通过引入智能化设备和技术，实现养殖环境的智能调控和自动化管理，进一步提高养殖效率和质量。同时，科学配制饲料，提高饲料利用率，降低养殖成本，也是循环水养殖技术提升养殖效益的重要途径。

循环水养殖技术作为一种创新的养殖模式，已经在水产养殖业中展现出巨大的潜力和优势。未来，随着技术的不断完善和推广，循环水养殖技术将在全球范围内发挥更大的作用。通过技术创新和模式创新，进一步提高水资源的利用效率，优化养殖环境，推动水产

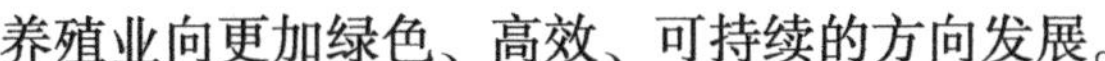

养殖业向更加绿色、高效、可持续的方向发展。

6. 灌流水养殖技术

在现代水产养殖领域，灌流水养殖技术凭借其独特的优势，正逐步成为业界关注的焦点。该技术巧妙地将地下水或河流水的自然优势与土壤的自然过滤作用相结合，为养殖水体创造一个清洁、富含养分的理想环境。这种模式不仅高效利用了自然资源，还推动了水产养殖业的可持续发展。

灌流水养殖技术的核心在于充分利用地下水或河流水的自然流动性。这些水源通常富含溶解氧和矿物质，为水生生物提供了得天独厚的生长条件。同时，通过土壤的自然过滤作用，水体中的有害物质如悬浮颗粒、重金属和过量的营养物质等得以有效去除，确保了水质的稳定与健康。这一自然过滤过程不仅显著减少了化学处理剂的使用，还大大降低了对环境的负面影响，实现了生态友好的养殖模式。

在实际应用中，灌流水养殖技术需要精心设计和管理。首先，养殖池通常设计为一定的坡度，以便水体能够自然流动，保持水体的动态平衡。其次，土壤的选择也至关重要，需要具有良好的过滤性能和保水能力，以确保水质的清洁和稳定。最后，合理的养殖密度和饲料管理也是确保水质稳定和养殖效益的关键。通过科学的管理和调控，灌流水养殖技术可以实现高效、稳定、可持续的水产养殖。

灌流水养殖技术在实现高效利用自然资源的同时，也带来了显著的环境效益。它减少了养殖过程中对水资源的消耗和污染，保护了生态环境。通过土壤的自然过滤作用，水体中的有害物质被有效去除，降低了对环境的负面影响。此外，该技术还提高了养殖效益和产品质量，促进了水产养殖业的可持续发展。

灌流水养殖技术有望在未来的水产养殖领域得到更广泛的应用和推广。它不仅可以作为单一养殖技术使用，还可以与其他先进技术相结合，如智能化监控系统和精准养殖技术等，进一步提高养殖效率和水产品质量。

7. 多层循环养殖技术

多层循环养殖技术确实为现代水产养殖行业带来了革命性的变化，特别是在水域资源日益紧缺和环境保护压力不断增大的背景下，其高效利用水域资源和保护环境的特点显得尤为重要。

多层循环养殖技术的核心在于通过构建多层养殖平台，实现养殖空间在垂直方向上的拓展，从而提高水产养殖密度和产量。这些平台经过精心设计，能够在不干扰水体自然流动的前提下，提供额外的养殖空间，同时确保每层平台都能充分利用水面资源。

在多层循环养殖系统中，水体的循环利用是关键。通过精心设计的循环系统，水体能够在各养殖层次间高效流动，这不仅减少了水资源的浪费，还降低了养殖过程中的污染排放。此外，多层养殖平台上的光照面积增加，促进了水生植物的光合作用，提高了水生生态系统的生产力，为养殖生物提供了更为丰富的天然饵料。

多层循环养殖技术的优势不仅体现在提高养殖密度和产量上，更在于其对环境保护的积极贡献。通过水体的循环利用和污染排放的降低，该技术有助于改善水域生态环境，促进水产养殖业的绿色发展。此外，该技术还具有投资少、回报高、操作简便等优点，易于在广大农村地区推广应用。

实例一

新疆尽管远离海洋，但通过水产养殖新技术的应用，成功实现了深海鱼类的养殖，丰富了内陆地区的海产品资源。将当地丰富的盐碱水资源与先进科技结合，调配出人工海水，模拟出适宜海产品生长的环境。新疆时时鲜水产有限公司在沙漠边缘的渔业项目中应用模拟海水技术，成功养殖了鱼类、虾类等多种海产品，为内陆地区提供了稳定的海产品供应。

新疆红旗农场通过添加微量元素、益生菌等改良盐碱水水质，成功养殖了罗非鱼、南美白对虾、斑节虾、青蟹等多种海产品，丰富了水产品种类。面对冬季的严寒，红旗农场采用温棚恒温集中育苗技术，并结合温棚鱼池和碱水鱼塘养殖的“接力”模式，既提高了种苗成活率，也确保了鱼类在寒冷季节的正常生长。

新疆的冷水资源，如天山雪水，为冷水鱼类的养殖提供了优越条件。伊犁尼勒克县养殖基地利用这些资源养殖的三文鱼品质上乘，营养价值与进口产品相当，满足了市场对高品质海产品的需求。

新疆天蕴有机农业与多所高校、科研院所紧密合作，共同研发新的养殖技术和方法。这种产学研结合的模式推动了新技术的推广应用，提升了新疆水产养殖业的整体技术水平。

新疆的水产养殖基地运用生态智能恒温养殖技术，实现了养殖环境的智能调控和资源循环利用。圆形鱼池内养殖了南美白对虾、海鲈鱼、石斑鱼等，形成了生态互补的养殖模式。中央财政对新疆渔业发展的支持逐年增加，为水产养殖业的发展提供了有力保障。随着政策支持和资金投入，新疆天然水域渔业资源开发力度加大，冷水渔业发展迅速。

新疆在水产养殖领域取得的显著成效，不仅丰富了当地水产品市场，还为内陆地区提供了新的海产品供应来源。同时，这些技术和方法也为盐碱地治理和生态环境改善提供了新的思路。

实例二

甘肃省凭借水产养殖新技术，实现成功利用盐碱水养殖南美白对虾，这一突破彰显了内陆地区在水产养殖领域的创新与实力。盐碱水养殖技术取得显著进展：甘肃农业大学的科研团队，在景泰、白银、靖远等盐碱地区，针对南美白对虾养殖进行了深入探索。他们成功构建了适应当地盐碱水环境的养殖模式，确保对虾在此环境中健康生长。研究团队注重水质调控和生态养殖，利用实验室分离的有益菌类和藻类来稳定藻相和菌相，降低养殖风险。

张掖市临泽县的丰森新农业科技有限公司则采用了先进的工厂化养殖模式，以祁连山雪山融水为南美白对虾提供清澈且富含锶、硒的优质生长环境。该模式不仅提高了养殖效率，降低了成本，还通过自主设计的循环水系统，实现了水资源的循环利用，达到了零污染、零排放的环保标准。

甘肃养殖的南美白对虾肉质鲜美、营养丰富，广受市场欢迎，满足了消费者对高端水产品的需求。甘肃农业大学与企业紧密合作，为养殖户提供技术支持和培训，同时计划通过科技创新提升产品质量和安全水平，降低生产成本，并积极推广新的养殖技术和设备。南美白对虾养殖项目的成功，不仅为当地带来了经济效益，还促进了盐碱地的改良与综合利用。这一产业的兴起有望推动甘肃省水产养殖业的发展，助力乡村振兴和地区经济繁荣。甘肃省通过水产养殖新技术为内陆地区提供了新的发展思路，充分展现了其在该领域的创新能力和巨大潜力。

三、种养结合新技术

种养结合新技术是指将种植业与养殖业相结合，通过科技创新和优化资源配置，实现资源循环利用、节能减排和生态平衡的新型农业生产方式。种养结合新技术是现代农业的一大创新，通过将种植和养殖有机结合，实现了农业生态系统的循环利用和资源共享。例如，通过种植饲料作物与养殖牲畜和禽类相结合，形成了循环农业模式，不仅使有机废弃物得到了充分利用，减少了环境污染，还提高了农业生产的综合效益，为农民带来了更多的收益。

（一）种植与养畜结合新技术

1. 农作物—畜牧—有机肥

种植与养畜结合的新技术实现了种植业与养畜业的深度融合，通过科学调整种植结构和养畜业生产方式优化，实现了资源循环利用和生态平衡。例如，家畜粪便等有机废弃物经过肥料化处理，再用于农田，既提升了农田肥力，又减少了环境污染。

我国某农业大省的一个大型农场，在实践种养结合新技术时，根据当地的气候、土壤等自然条件，选择了适宜种植的作物和养殖的畜种。在种植方面，农场种植了大量的玉米、高粱等高产作物，这些作物不仅为市场提供了丰富的粮食来源，还为养畜提供了优质的饲料。在养畜方面，农场选择牛、羊等草食性动物作为养殖对象。这些动物以种植作物产生的秸秆、残余物为主要饲料，不仅降低了养殖成本，还实现了资源的有效利用。同时，动物的粪便经过处理后，可作为有机肥料返还给种植作物，提高了土壤的肥力，形成了良性的生态循环。为了实现种植与养畜的紧密结合，该农场还采用了一系列先进的农业技术和管理措施。例如，通过精确的灌溉和施肥技术，保证了作物的健康生长和高产；通过合理的养殖密度和疫病防控措施，确保了动物的健康与安全。此外，农场还建立了完善的农产品质量安全追溯体系，确保了农产品的品质和安全。

通过种养结合新技术的实践应用，该农场实现了种植与养畜的相互促进和协调发展。这种技术不仅提高了农业生产的效率和经济效益，还改善了生态环境，提升了农产品的品质和附加值。

应用家畜粪便资源化利用技术，可以大幅减少化肥使用，降低农业面源污染，保护生态环境。同时，稳定的养分供应将提升作物产量和品质，满足现代农业对绿色、有机、高产的追求。种植与养畜结合新技术的推广不仅响应了社会对环保和可持续发展的期待，也满足了农业的发展需求。

2. 猪—沼气—农作物

在农村的可持续发展项目中，一种创新的生态循环模式正在被广泛采用，那就是

"猪—沼气—农作物"模式。这种模式巧妙地将农业废弃物转化为宝贵的资源，既环保又经济。养殖的猪会产生大量的粪便，这些粪便在过去往往被视为无处安放的废物。但现在，这些粪便被收集起来，送入沼气池。在厌氧条件下，猪粪中的有机物质经过微生物的分解，产生沼气，也就是甲烷和二氧化碳的混合气体。沼气是一种清洁的可再生能源，可以用于烹饪、照明甚至发电，极大地节省了农民的生活成本。

沼气池的副产品是沼液和沼渣，它们富含氮、磷、钾等农作物生长所需的营养元素。经过适当的处理后，这些沼液和沼渣可以作为优质有机肥施入农田，替代化学肥料，在提高农作物的产量和质量的同时，也减少了化肥对环境的污染。

这种"猪—沼气—农作物"的循环农业模式，实现了农业废弃物的资源化利用，降低了环境污染，提高了农业生产的经济效益，同时也促进了农村的能源自给和生态平衡。

（二）种植与养禽结合新技术

种植与养禽结合的新技术将种植业与禽类养殖业相结合，通过合理利用禽类粪便等有机废弃物和优化种植结构，实现了农业资源的循环利用和高效生产。

1. 立体养殖技术

通过科学规划种植与养禽布局，实现作物与禽类间的优势互补。例如，果园内养殖家禽，这些家禽的活动不仅促进了果树生长，其粪便还作为有机肥料为果树提供养分。

在农业生产中，立体养殖模式通过合理的布局，使作物与禽类相互辅助，进而提升整体生产效益和生态环境质量。以果园为例，家禽的活动不仅促进果树生长，还通过疏松土壤、改善通气性，为果树创造更佳的生长环境。同时，家禽粪便中的有机质和微生物，经过分解后转化为果树所需营养，进一步提升土壤肥力和果树健康。

此外，家禽的活动干扰害虫生活习性，减少其对果树的侵害，同时还能捕食部分害虫，降低虫害压力。在实施立体养殖时，应合理规划种植与养禽布局，避免家禽活动对果树造成损害。同时，需加强对家禽粪便的管理，防止过度堆积对环境造成污染。通过立体养殖模式能有效提升农业生产效益和生态环境质量，实现作物与禽类的和谐共生。

2. 移动大棚养鸡

近年来，一种新型种养结合模式——移动大棚养鸡，正在我国农村地区悄然兴起。这种模式不仅提高了农业生产的效率，也更加环保，实现了农业的可持续发展。

移动大棚通常由轻型钢结构和可透光、保温的塑料薄膜构成，可以根据季节和作物生长需要进行位置调整。大棚内部，鸡群在自由活动的同时，也能为农作物提供天然的肥料。而鸡群则以大棚内种植的蔬菜、谷物为食，或者食用农作物残余物制成的饲料，形成了一种封闭的生态循环系统。

在移动大棚养鸡的过程中，鸡的粪便被收集起来，经过科学处理后，作为有机肥施用于农田，提高了土壤的肥力，减少了对外部化学肥料的依赖。同时，这种模式还能有效控制病虫害，因为鸡的活动可以干扰害虫的繁殖，而鸡粪又能吸引天敌昆虫，形成生物防治的良性循环。

此外，这种模式还具有良好的经济效益。农民可以通过轮换种植不同的作物，以及调整鸡群的数量，来适应市场的需求，提高收入。同时，由于减少了化学物质的使用，生产出的鸡肉和农产品更受消费者欢迎，价格也相对较高。

（三）种植与水产养殖结合新技术

种植与水产养殖结合的新技术融合了种植业与水产养殖业，通过合理利用水资源和优化种植、水产养殖结构，实现了农业生产的多元化和高效化。例如，利用池塘等水域资源进行水产养殖，并在周边种植适宜的农作物，实现了水资源的循环利用和农业生态系统的平衡。这一技术不仅提高了农业生产的综合效益，还有助于改善农村生态环境，推动农业可持续发展。

1. 桑基鱼塘养殖技术

桑基鱼塘养殖技术巧妙地利用了生物间的共生关系，实现了多方位的效益。这种技术主要由桑树种植、鱼塘养殖和塘泥肥桑三部分组成，形成了一种良性循环的生态系统。

桑树是一种高产的叶用植物，其叶子是蚕的主要食物来源。在桑基鱼塘系统中，桑树被种植在鱼塘的四周和中央的土台上。桑叶不仅可以养蚕，而且多余的叶子落入鱼塘，成为鱼类的天然饲料。

鱼塘中的鱼类，如草鱼、鲤鱼等，吃掉桑叶落入水中的碎屑和水中的浮游生物，减少了鱼塘的饲料成本。同时，鱼类的排泄物又为鱼塘提供了丰富的有机肥料。

鱼塘底部积累的塘泥富含有机质和各种矿物质，是优质的农田肥料。定期将塘泥挖出，施于桑树根部，可以提高桑叶的产量和质量，同时也改善了土壤结构，防止了鱼塘的水质恶化。

此外，桑基鱼塘系统中还常常结合养殖鸭、鹅等家禽，它们可以吃掉鱼塘中的害虫，其粪便又增加了塘泥的肥力。这种多层次、多物种的共生模式，大大提高了农业生产的效率，同时也保护了环境，实现了可持续发展。

2. 浮床养殖技术

在池塘或水库中设置浮床，种植水生植物或蔬菜等作物，这一创新技术实现了水面资源的最大化利用，显著提升了单位面积的产量和效益。浮床养殖技术不仅充分利用了水面空间，而且通过生态协同作用，为水产养殖提供了遮阳和庇护，优化了养殖环境。

浮床养殖技术作为一种前沿的水产养殖模式，核心在于在水面上构建浮床，并种植各类水生植物或蔬菜。这一技术基于生态学原理，通过在水面上构建稳定的浮床，为水生植物或蔬菜提供生长所需的支撑。这些植物能够吸收水中的营养物质，减少水体富营养化，同时它们还为水产养殖提供了天然的遮阳和庇护，有效改善了养殖环境。此外，浮床还能增加水体的溶解氧含量，进一步提升了水质。

在实际应用中，浮床养殖技术展现出了显著的优势。首先，它高效利用了原本被忽视的水面资源，提高了土地利用率，显著增加了单位面积的产量。其次，浮床为水产养殖提供了理想的生态环境，促进了水生动物的生长和繁殖，进而提升了养殖的产量和质量。最后，该技术还有助于改善水质，减少养殖过程中对环境的影响，实现了农业生产的绿色、可持续发展。

为了充分发挥浮床养殖技术优势，应进一步优化浮床结构，选择更适应水生环境的植物种类，提高浮床养殖技术的效率和效益。

3. 虾菜共生技术

虾菜共生技术的核心在于将虾类养殖与蔬菜种植进行有机结合，通过科学规划和精准管理，实现资源的高效利用和产出的最大化。

在传统农业模式中，虾类养殖和蔬菜种植往往被视为两个独立的体系，分别进行管理和操作。然而，虾菜结合新技术的出现，打破了这种固有的思维模式。该技术充分利用虾池中的水质资源，将蔬菜种植与虾类养殖相结合，形成一个生态循环的农业系统。

具体而言，虾菜共生新技术通过构建合理的养殖结构，将蔬菜种植在虾池周围的空地上，或者利用浮床等设施在水面上进行种植。蔬菜的根系能够吸收虾池中的富余营养物质，同时其生长过程中产生的微生物和有机物也能为虾类提供丰富的食物来源。这种相互依存、相互促进的关系，不仅提高了虾类的生长速度和品质，也提升了蔬菜的产量和营养价值。

此外，虾菜共生新技术还具有显著的环保效益。通过减少化肥和农药的使用量，降低了对环境的污染压力；同时，通过资源的循环利用，提高了农业生产的可持续性。

4. 稻鱼综合养殖

稻鱼综合养殖也被称为稻田养鱼，是一种古老的农业生产方式，也是现代生态农业的重要组成部分。这种模式充分利用了稻田的生态环境，实现了稻鱼共生，提高了农田的综合效益。

在稻鱼综合养殖系统中，鱼在稻田中游动，帮助翻松土壤，促进水稻根系的发育，同时，鱼的排泄物为稻田提供了天然的肥料，增加了土壤的肥力，有助于水稻的生长。另外，鱼可以吃掉稻田中的害虫和杂草，减少了农药和除草剂的使用，保持了稻田的生态平衡，提高了稻米的质量和安全性。此外，鱼的存在也有利于稻田的生物多样性。鱼可以吸引各种鸟类和有益昆虫，这些生物在控制害虫数量、促进生态循环中起着重要作用。这种和谐共生的模式不仅提高了农业生产的经济效益，也保护了农田生态环境，实现了可持续农业的发展。

在现代，稻鱼综合养殖技术也在不断创新和发展。例如，通过科学的鱼种选择和投放，优化稻田管理措施，如适时的水位调控，可进一步提高鱼的产量和稻米的品质。同时，这种模式也与乡村旅游、农业教育相结合，发展出稻田观光、鱼趣体验等新型农业业态，增加了农业的附加值，促进了农村经济的多元化发展。

在水产养殖中，稻渔综合种养模式是一种典型的种养结合技术。它将水稻种植和水产养殖相结合，利用水稻田的自然环境为水生动植物提供生长空间，同时水生动植物的活动也能促进水稻的生长。这种模式不仅实现了稻田生态系统的良性循环和可持续发展，还增加了农民收入，提高了土地利用效率。

种养结合模式通过合理调控种植结构和养殖规模，形成作物与养殖之间的良性循环，减少化肥和农药的使用，提高农产品的安全性和营养价值。

四、农业管理新技术

农业管理新技术是通过应用信息技术、物联网技术、大数据技术等手段，实现农业生产的精细化、智能化和高效化。例如，农业物联网技术可以实时监测农田环境、作物生长和动物健康等信息，为农民提供了精准的管理决策支持。同时，大数据分析技术还可以帮助农民预测市场需求、制定生产计划、优化资源配置等，显著提高了农业管理的科学性和有效性。

随着科技的飞速发展，农业领域正在经历前所未有的变革。这场变革不仅改变了传统的耕作方式，而且深刻影响着农业管理的各个方面，包括生产组织管理、设备作业、技术支持、产品加工以及销售管理等。新技术的不断涌现，正在重塑农业生态，提升生产效率，保障农产品质量，推动农业的可持续发展。

在生产组织管理上，新技术的应用使得农业生产更加精细和高效。通过物联网技术、大数据分析和人工智能算法，我们可以实时监控农田环境和作物生长状况，实现资源的精准调配和科学决策。这不仅提高了效率，也减少了资源浪费。

在设备作业方面，新技术使农业机械更加智能和灵活。无人驾驶农机、精准导航技术和智能控制系统的应用，提高了作业精度和效率，降低了劳动力成本，为农业生产提供了有力保障。

在技术支持管理方面，现代农业科技如生物技术、信息技术和新材料技术等，为农业生产提供了强大支持。这些技术不仅改良了作物品种，提高了抗逆性和品质，还帮助我们应对气候变化和土壤污染等挑战。

在产品加工管理方面，新技术的引入使得农产品加工更加精细和多样化。先进的加工、保鲜和包装技术提高了农产品附加值，满足了消费者多样化的需求，同时延长了保质期，减少了损耗。

（一）生产组织管理新技术

农业生产组织管理新技术是通过一系列先进、高效且实用的技术方法和管理手段，提升农业生产效率、优化资源配置、降低生产成本，最终实现农业可持续发展。这些新技术涵盖了从农田规划、种植管理、农机作业到农产品加工、市场营销等多个环节，为农业生产提供了全方位的支持。

1. 农田规划

农田规划的科学性和可持续性是新型农业生产组织管理技术之一，它精准、高效和环保的特性，正在重塑我们的农田生态系统。这一新技术充分利用土地资源，兼顾生态环境的保护，可以实现农业生产和生态和谐的双赢局面。

土地的合理利用是农田规划的首要任务。借助先进的遥感技术和地理信息系统，农业经理人可以对农田进行精细化的测绘和分析，识别出适宜种植不同作物的区域，避免了过去盲目、粗放的耕作方式。例如，通过对高精度的地形测绘数据分析，农业经理人可以确定排水良好的洼地适合种植水稻，而阳光充足的高地则更适合种植玉米。

结合土壤检测技术，农业经理人可以深入了解土壤的营养成分、酸碱度等信息，为作物提供最适合的生长环境。此外，通过整合历史气候数据和现代气候预测模型，可以预测未来的气候变化趋势，为种植决策提供科学依据。例如，如果预测到未来降水量将减少，农业经理人可以提前调整种植结构，选择耐旱作物，以降低气候风险对农业生产的影响。在提高土地产出效益的同时，这些新技术也注重对生态环境的保护。例如，通过精准的农田分区，可以避免过度使用化肥和农药，减少对地下水和土壤的污染。同时，科学的种植方案可以增加农田的生物多样性，吸引有益生物，如鸟类和昆虫，它们在自然状态下帮助控制害虫，维持农田生态的平衡。

农田规划的新技术推动了农业现代化、绿色化的发展。它以数据为驱动，以科学为指导，实现了农田的高效利用和生态保护的双重目标。

2. 种植管理

在现代农业的种植管理中，新技术的运用强调了智能化和精细化的管理理念。物联网技术，如同一张无形的网，将农田的每一个角落紧密连接起来，使得农业生产过程中的每一个细微变化都能被实时捕捉。智能传感器如同农田的“眼睛”和“耳朵”，监测土壤湿度、温度、光照强度等关键参数，确保农作物在最佳的生长环境中茁壮成长。

无人机的应用则为农田管理提供了全新的视角。它们可以在短时间内覆盖大面积的农田，进行病虫害的早期检测和作物生长状况的评估，大大提高了问题发现的及时性和处理效率。例如，根据国际食品政策研究所的报告，使用无人机进行病虫害监测，可以将损失减少 30%以上。

同时，在种植管理中，大数据分析技术通过对海量农田数据的深度挖掘和智能分析，农业经理人可以更精确地了解作物的生长规律，预测产量，甚至定制施肥和灌溉方案，实现资源的最优配置，提高生产效率。据联合国粮食和农业组织统计，应用大数据技术的农田，其产量可以提高 20%~30%。

这些新兴技术有力地推动了农业的可持续性发展。通过实施精准管理，能够有效减少化肥和农药的过度消耗，提升了企业的经济效益，减轻了对生态环境的负担。同时，增强了作物的抗逆性和适应性，更好地应对气候变化等不可预测的挑战。

3. 农机作业

生产组织管理新技术通过深入研发和广泛应用智能农机具以及自动化作业系统，提升了农业作业的精准度和效率，开启了农业现代化的新篇章。

智能农机具的广泛应用，使得农田作业从传统的粗放模式转变为精细化管理。例如，无人驾驶播种机可以根据土壤条件和作物需求精准播种，确保种子均匀分布在最佳生长环境。精准施肥和喷药设备能通过 GPS 导航和传感器技术，精确控制肥料和农药的施用量，避免肥料和农药过度使用导致的环境污染和成本增加。相关数据显示，使用智能农机具进行精准作业，可以将农作物的生产效率提高 20%以上，同时减少 15%~25%肥料和农药使用量。

自动化作业系统的引入，极大地降低了农业生产的劳动强度。通过物联网技术，农业经理人可以在远程监控农田的实时状况，如土壤湿度、作物生长状况等，从而及时作出决策，无须再像过去那样依赖人力进行繁琐的田间管理。此外，自动化仓库管理系统可以 24 小时不间断地进行农产品的存储和分拣，大大提高了仓储效率，减少了农产品的损耗。

在这个过程中科技创新极为重要，政府和科研机构投入大量资源，鼓励企业进行农机具的创新研发，推动农业机械化向智能化、绿色化方向发展。例如，美国农业部每年都会为农业科技创新项目提供数亿美元的资金支持，用于推动农业技术的快速发展。

农业生产组织管理新技术的广泛应用，改变了农业生产的面貌，对农村社会经济产生了深远影响。农业生产效率的提高让农民的劳动条件得到改善，也带动了农民收入的增长。

农业生产组织管理新技术正以科技力量，引领农业机械化走向更高层次的智能化和绿色化，为构建现代化农业体系奠定了坚实基础。

4. 农产品加工和市场营销

在农产品加工和市场营销环节，新技术不仅提升了生产效率，也极大地推动了农业的现代化和商业化进程。在农产品加工层面，现代科技如自动化、智能化设备的引入，使得农产品的加工过程更加精细化、高效化。例如，通过自动化生产线，可以快速、准确地处理农产品，减少人工操作的误差和时间成本，提高了产品的质量。此外，先进的保鲜和包装技术也使得农产品的保质期得以延长，降低了因损耗导致的浪费，进一步提升了农产品利润。

在市场营销方面，互联网和电子商务的普及为农产品的销售开辟了新的路径。农业经理人和农业企业可以利用电商平台，如抖音、淘宝、京东等，直接将产品销售给消费者，省去了中间环节，降低了流通成本。同时，网络营销手段如社交媒体推广、直播带货等，使得农产品的知名度和影响力得以扩大，吸引了更多的消费者，从而提高了市场份额。据农业农村部在国务院新闻发布会公布的数据，中国农村电商交易额在 2023 年达到了 2.49 万亿元，同比增长了 14.7%，预计到 2025 年电商销售额将达到 2.87 万亿元，这充分展示了新技术在农产品营销中的巨大潜力。

然而，新技术的应用并非一帆风顺，农民的技术素养、网络基础设施的建设、农产品标准化等问题仍需解决。因此，政府和相关部门应加大对农村地区科技教育和基础设施建设的投入，同时，引导和扶持农业企业进行技术创新，以实现农业生产的可持续发展。新技术在农产品加工和市场营销中的应用，正在重塑农业产业链，为农业生产带来了显著的经济效益和社会效益。

案例：精准施肥

在美国的一个大型农场中，农业经理人通过无人机搭载的多光谱相机对农田进行遥感监测，获取了农田的植被指数、土壤湿度等关键信息。结合地理信息技术，农业经理人将这些信息整合到农田管理信息系统中，形成了一幅详细的农田养分分布图。根据这幅分布图，农业经理人可以精确地识别出哪些区域养分不足，哪些区域养分过剩。然后，结合全球定位系统，农业经理人使用装有传感器的施肥机械进行精准施肥。这样，不仅可以减少化肥的使用量，降低生产成本，还可以避免养分过剩导致的环境污染问题。

（二）设备作业管理新技术

新型农业机械设备的管理体系是将一系列尖端科技和管理策略集合应用于实践中，旨在优化农业机械的运行效率，降低维护成本，改进作业流程，以及追求农业生产的整体经济效益最大化。这个体系包括设备的智能化改造、远程监控、数据分析以及预测性维护等多个关键领域。

1. 智能化改造

农业设备的智能化通过集成高级的传感器网络、智能执行器和复杂的数据分析，使农业机械能够实现自主决策和精确执行，极大地提升了农业生产效率和可持续性。

以智能收割机为例，它配备了高分辨率的图像识别系统，能够实时识别作物的成熟度，自动调整行驶路线和切割高度，确保在最佳时间进行收割，避免了因过早或过晚收割导致的产量损失。同时，通过实时分析作物的生长状况，智能收割机还能精确计算出最佳的收获速度，减少因速度过快或过慢造成的损失。

在精准灌溉方面，智能灌溉系统利用土壤湿度、气温、光照等多维度数据，精确计算出作物的需水量，实现按需灌溉，既节约了水资源，又避免了过度灌溉导致的作物病害和土壤盐碱化。据国际农业研究磋商组织的报告，智能灌溉系统可以减少 20%~35%的灌溉用水，同时提高 10%~20%的作物产量。

此外，智能农业机械在播种、施肥、病虫害防治等环节也表现出色，通过精确控制，显著减少了农业投入品的使用，降低了农业对环境的影响。然而，推广智能农业设备仍面临技术成本、农民技能提升、数据安全和隐私保护等挑战，需要多方面的合作和努力，以推动农业的绿色、智能和可持续发展。

2. 远程监控技术

远程监控技术在现代农业中为农业作业设备的管理带来了革命性的改变。借助于先进的摄像头、传感器、GPS 定位等设备，农业经理人可以实现对农田设备的实时、远程监控，极大地提升了农业生产的效率和精确度。

这些高科技设备能够实时收集并传输设备的各类数据，包括运行速度、工作温度、燃油消耗、土壤湿度等，形成详细的设备运行报告。农业经理人可以通过电脑或移动设备，随时随地了解每一台设备的实时状态，无论是正在田间耕作的拖拉机，还是正在进行灌溉的系统，都能一目了然。这种精确的监控方式，使得农业经理人能够及时发现设备的异常情况，如潜在的故障预警、作业效率下降等，从而提前进行维修或调整，避免了因设备故障导致的生产延误和损失。

此外，远程监控技术还能优化人力资源的配置。在过去，需要大量的人工进行设备的日常检查和维护，而现在，通过远程监控，可以显著减少人工巡检的频次和成本，将人力更多地投入到作物的种植、病虫害的防治等更有价值的工作中。一项研究显示，采用远程监控技术的农场，其设备维护成本平均降低了 20%，同时，由于设备故障导致的生产中断减少了 30%。

不仅如此，远程监控技术还能结合大数据和人工智能技术，实现农业生产的智能化。例如，通过分析设备收集的土壤数据，可以精确地调整灌溉和施肥策略，提高作物的产量和质量。同时，这些数据也可以为农场的长期规划如种植结构调整、农田改良等提供科学依据。

3. 数据分析技术

在 21 世纪的科技浪潮中，数据分析技术已渗透到各行各业，在农业作业设备管理领域也不例外。这一技术的应用，正在以前所未有的方式改变着传统农业的管理模式，极大地提升了农业机械的使用效率和维护水平。

深入理解设备的性能，离不开严谨的数据分析。它涉及实时采集设备的工作指标，如发动机转速、负载、燃油消耗等，让农业经理人能准确地了解设备的运行状况。进而识别出设备的最佳性能区间，以及潜在的故障或风险。比如，通过大数据分析，可能发现在特定土壤湿度或坡度下设备的效率降低，据此可做出针对性的改进或优化措施。

数据分析揭示了设备的作业规律。通过历史数据的分析，可以预测设备在不同季节、不同作物种植模式下的工作模式和维护需求，从而提前规划维护工作，减少因设备故障导致的生产中断。例如，根据以往的收割数据，可以预测到下一个收获季节哪一部分的设备可能会承受更大的工作压力，提前进行保养和升级。

数据分析为设备维护提供了依据。通过对设备运行数据的持续监控和智能分析，可以实现预防性维护，及时发现并解决设备的小问题，防止其演变成大故障。据统计，预防性

维护可以减少20%的设备维修成本，并能显著延长设备的使用寿命。

数据分析也为农业机械的优化设计提供了宝贵的数据支持。制造商可以根据收集到的设备实际运行数据，了解设备在真实工况下的表现，为新产品的设计和现有产品的改进提供参考。

4. 预测性维护

预测性维护利用先进的传感器和数据分析工具，实时收集并分析设备的运行数据，包括温度、压力、振动等关键性能指标。通过对这些数据的深度学习和模式识别，预测性维护系统能够预测出设备可能出现的故障，甚至可以精确到具体的部件，从而提前采取预防措施。

这种前瞻性的维护策略极大地提升了农业作业设备的效率。在农业生产中，农业机械的突发故障可能导致大量的农作物无法及时收割，造成严重的经济损失。例如，在收割季节一台突然停机的联合收割机，可能会导致农田的损失，进一步影响农民的生计。而预测性维护则可以提前预警这些潜在问题，使得维修工作能够在非关键时期进行，避免了生产中断的困扰。

此外，预测性维护还有助于延长农业设备的使用寿命，降低整体的维护成本。传统的维护方式往往依赖于定期的预防性维护或设备出现故障后的修复，这不仅成本高昂，而且可能导致过度维护或维护不足的情况。预测性维护则可以根据设备的实际运行状况，精确地制定维护计划，既避免了不必要的维修，又减少了因设备故障导致的昂贵替换费用。

随着物联网、大数据和人工智能等技术在农业领域的深入应用，预测性维护的潜力将进一步释放。例如，通过与农业机械制造商的数据共享，预测模型可以更加准确地预测设备的故障模式，提高预测的精度。同时，结合农业的季节性特点和地理环境因素，预测性维护系统可以为农业经理人提供更个性化的设备管理建议，帮助他们更好地管理设备，提高农业生产效率。

（三）技术支持管理新技术

农业技术支持管理新技术，是指一系列提高农业生产效率、优化资源配置、增强农业可持续性的先进技术手段与管理方法。这些技术不仅涵盖了精准农业、智能农机装备、农业物联网等现代信息技术，还涉及生物技术、农业环境调控等前沿科技领域。

1. 精准农业

精准农业是这一技术体系的重要组成部分。它利用GPS定位、遥感监测和大数据分析等现代信息技术，实现对农田的精细化管理。例如，通过精准施肥和灌溉，可以显著提高作物产量，同时减少对环境的污染。据国际精准农业研究联盟的数据显示，精准农业技术的应用能使农作物产量提高10%~20%，肥料和水的使用效率提高15%~30%。

2. 智能农机装备

智能农机装备的使用，极大地提升了农业生产的自动化水平。无人驾驶的拖拉机、自动化的收割机等设备，不仅能够24小时不间断工作，降低人力成本，还能通过精确操作减少作物损失，提高生产效率。据估计，到2025年年底，全球智能农机市场规模将达到150亿美元，显示出巨大的发展潜力。

3. 农业物联网技术

农业物联网技术的引入，实现了农田的远程监控和智能决策。通过在农田中部署的各种传感器，可以实时收集土壤湿度、气温、光照等数据，然后通过云计算平台进行分析，为农民提供精准的种植建议。例如，荷兰的智能温室系统，成功地通过物联网技术，实现了蔬菜的全年无土栽培，大幅提高了单位面积的产量。

4. 生物技术

生物技术在农业领域的应用也不可忽视。基因工程技术的发展，使得我们能够培育出抗虫、抗病、抗旱的转基因作物，以应对日益严峻的粮食安全挑战。

5. 农业环境调控技术

农业环境调控技术通过科学的种植模式和生态农业技术，可以减少农业对土壤、水源和气候的负面影响，实现农业的绿色发展。例如，中国推行的稻鱼共生模式，既提高了稻米产量，又保护了水生生物多样性，成为农业可持续发展的一个成功案例。

根据中国农业科学院的报告，2015—2020 年，中国农业科技进步对农业增长的贡献率从 56.2%提高到 60.7%，新技术的应用显著提高了农业的生产效率和可持续性。

(四) 产品加工管理新技术

农产品加工管理新技术是指一系列在农产品加工领域中，通过科技创新与应用，提高加工效率、优化产品品质、保障食品安全以及推动农业产业可持续发展的先进技术手段与管理方法。这些新技术涵盖了从原料处理、加工工艺优化到产品包装与储存等多个环节。

1. 原料处理

在现代食品加工产业中，原料处理阶段的效率与精确度直接影响着整体生产流程的优化。近年来，新型的机械化和自动化设备在这一领域的应用日益广泛，极大地改变了传统的人工操作模式。在原料清洗阶段，这些先进的设备利用高效能的水流系统，能够更彻底地去除原料表面的污渍和杂质，甚至可以清除微小的颗粒，确保了食品的清洁卫生。在切割阶段，自动化切割机可以根据预设的参数精确切割，无论是大小、形状还是厚度，都能保持一致，大大提高了产品的标准化程度。而在分级阶段，利用先进的光学识别和分拣技术，可以快速准确地将原料按照大小、颜色、成熟度等标准进行分类，确保了后续加工的质量。

这些机械化和自动化设备的使用，减少了人工操作的误差，提高了生产效率，同时也极大地降低了工人的劳动强度。据统计，引入自动化设备的工厂，其原料预处理环节的效率可以提高 30%以上，而由于人为错误导致的浪费则减少了近 50%。工人们从重复性高、劳动强度大的工作中解放出来，可以更专注于需要技能和判断力的复杂工作，从而提高了整个生产链的效率和质量。

此外，这些设备的引入也符合当前社会对可持续发展和环保的追求。自动化设备的使用可以减少水资源和能源的消耗，降低废物排放，实现绿色生产。同时，通过提高生产效率，企业可以更快地响应市场需求，增强市场竞争力。

应用在原料处理环节的新型机械化和自动化设备，不仅提高了食品加工的效率和质量，降低了生产成本，也推动了食品产业的现代化和可持续发展，为未来的食品生产开辟了新的路径。

2. 加工工艺优化

农产品加工领域中现代科技手段的广泛应用，如生物技术、膜分离技术、微波加工等，正在改变着农产品的加工方式，为这个传统行业注入了新的活力和无限可能。

（1）生物技术在农产品加工中的应用体现在酶工程方面。酶作为一种高效的生物催化剂，通过利用酶工程技术，可以实现对农产品中特定成分的提取、转化和修饰，从而提高农产品的附加值和市场竞争力。例如，利用果胶酶处理果蔬汁，可以提高果汁的澄清度和口感；利用蛋白酶处理肉类产品，可以改善其嫩度和风味。

生物技术在农产品加工中的应用还体现在发酵工程方面。发酵工程利用微生物的代谢活动，将农产品中的复杂成分转化为具有特定功能的产品。通过优化发酵工艺和微生物菌种，可以实现农产品的高效转化和资源的充分利用。例如，利用乳酸菌发酵制作酸奶、泡菜等食品，不仅改善了产品的口感和风味，还提高了其营养价值和保健功能。

（2）膜分离技术是一种高效的分离和浓缩方法，它能在不破坏食品原有营养成分的前提下，去除食品中的杂质和有害物质。这种技术在果汁、乳制品和蔬菜汁的加工中得到了广泛应用，使得产品更加纯净，同时也延长了产品的保质期。

（3）微波加工技术是一种新型的非热加工方式，它利用微波的热效应和非热效应，能在短时间内完成食品的杀菌和熟化过程，大大减少了加工时间，降低了能耗。同时，微波加工能更好地保留食品的原始风味和营养成分，提高了产品的品质。

这些现代科技手段的引入，不仅提升了农产品的口感、色泽和营养价值，还有效延长了产品的保质期，满足了现代消费者对健康、安全、高品质食品的需求。

农产品加工管理新技术通过科学的手段，对农产品加工的各个环节进行精细化管理，以确保每一粒种子、每一片叶子都能转化为安全、优质的食品。

3. 严格的质量检验

先进的检测设备和方法在农产品加工中扮演了“守护者”的角色。例如，利用高灵敏度的光谱分析仪，可以实时检测出加工过程中可能存在的农药残留、重金属污染等有害物质，从而实现对食品安全的“零容忍”。此外，通过引入物联网技术，可以实现对生产环境的远程监控，如温度、湿度、空气质量等，以防潜在的食品安全风险。

严格的质量管理体系是保障农产品质量的关键。这包括建立从原料采购到产品出库的全程追溯系统，确保每一环节都处于可控状态。同时，通过引入 ISO 22000 等国际食品安全标准，制定严格的内控标准和操作规程，对加工过程进行全面监控，以确保产品的稳定性和可靠性。例如，通过定期的内部审计和第三方质量认证，可以不断优化生产流程，及时发现并解决问题，从而持续提升产品质量。

此外，新技术的应用也促进了农产品加工的绿色化和可持续发展。通过优化工艺设计，减少能源消耗和废弃物排放，实现资源的高效利用和环境的友好。同时，通过研发新型的包装材料和保鲜技术，可以延长产品的保质期，减少食品浪费，进一步提升农产品的附加值。

农产品加工管理新技术提升了农产品的加工效率和质量，在保障食品安全、推动农业可持续发展方面发挥了积极作用。农产品加工管理新技术的推广和应用，有助于推动农业产业的转型升级和可持续发展。通过提高加工效率和产品品质，降低生产成本和资源消耗。

4. 产品包装与储存

在农产品加工领域，产品包装与储存阶段的创新技术正在引领一场绿色革命，尤其是新型的环保包装材料和智能冷链物流技术的创新，不仅提高了农产品的储存和运输效率，还在保护环境、减少浪费方面取得了显著的成效。

（1）可降解的生物包装是环保包装材料的代表，这种包装材料由玉米淀粉、甘蔗纤维等可再生资源制成，能在一定时间内自然降解，有效降低了塑料垃圾对环境的长期影响。一些欧洲的超市已经开始广泛使用这种包装，将新鲜水果和蔬菜包裹在生物塑料袋中，既保护了产品，又减少了塑料污染。

（2）智能冷链物流技术正在改变农产品的储存和运输方式。通过集成物联网、大数据和人工智能等先进技术，智能冷链物流系统可以实时监测并调节运输过程中的温度、湿度、氧气浓度等环境因素，确保农产品始终处于最佳的储存环境中。

联合国粮食和农业组织的数据显示，采用智能冷链物流技术可以将农产品的保质期延长30%~50%，极大地减少了因储存和运输不当造成的食品浪费。在美国，一些大型农产品供应商已经将智能冷链物流应用于全国范围的农产品运输，提高了食品的新鲜度和安全性。

这些创新技术的广泛应用，有助于减少环境污染，提高资源利用效率，为农业产业的可持续发展开辟了新的道路。然而，我们也应注意到，这些技术的推广和普及仍面临一些挑战，如成本较高、技术更新快等。因此，政府、企业和研究机构需要共同努力，通过政策引导、技术创新和市场机制的完善，推动环保包装材料和智能冷链物流技术的广泛应用，以实现经济效益、社会效益和环境效益的和谐统一。

加工管理新技术的应用，提高了农业的经济效益，带来了显著的社会效益和环境效益。它们推动了农业产业结构的优化，促进了农业的绿色发展，为实现粮食安全和可持续发展目标提供了有力的技术支撑。

（五）农产品销售管理新技术

农产品销售管理新技术是指一系列为提升农产品销售效率、优化管理流程、增强市场竞争力的高级技术手段和方法。这些新技术涵盖了从市场分析、供应链管理、产品追溯、销售策略、客户关系管理（CRM）等多个方面，为农业产品的销售管理带来的提升。

农业产品销售管理新技术以先进的信息技术为核心，包括大数据分析、云计算、物联网、区块链等前沿技术，全面优化农产品的销售流程、提高效率、增强市场竞争力，同时保障食品安全，提升消费者信心。

1. 市场分析技术

农产品销售管理的技术手段在不断革新，市场分析新技术通过数据的高效收集、处理和分析，帮助企业更精准地捕捉市场脉搏，理解消费者行为，从而制定出更为有效的销售策略。

数据收集技术能够从海量的销售数据、社交媒体评论、在线评价等多元信息源中，提取出有价值的信息。例如，通过分析消费者的购买时间、购买频率、购买组合等数据，企业可以洞察消费者的购买习惯和偏好，为产品优化和新品研发提供依据。

人工智能的引入，进一步提升了数据分析的深度和广度。人工智能（AI）算法能够自动识别和学习，预测市场趋势，甚至预判消费者的未来需求。例如，通过分析历史销售数据，AI可以预测某种农产品在下一季度的销售量，帮助企业提前做好库存管理，避免出现过度库存或缺货的情况。

此外，这些技术还能帮助企业实时获取消费者反馈，及时发现和解决问题。一旦消费者在社交媒体上对产品提出意见或投诉，企业可以立即收到警报，快速响应，提升客户满意度，同时也能及时发现产品可能存在的问题，进行必要的改进。

以美国的一家农业产品公司 John Doe 为例，该公司利用数据挖掘和人工智能技术，成功提升了水果产品的销售额。通过分析消费者的购买行为，他们发现消费者更倾向于在周末购买水果，于是公司调整了促销策略，推出周末特别优惠，结果销售额显著提升。同时，通过 AI 的反馈分析，他们发现产品包装存在易损的问题，及时进行了改进，进一步提升了客户满意度。

市场分析技术，为企业提供了强大的决策支持工具，帮助企业更好地适应市场变化，满足消费者需求，从而在激烈的市场竞争中占据优势。

2. 供应链管理技术

供应链管理技术在农产品行业通过精细化的运营策略，提升了农产品的流通效率和品质保障。借助先进的大数据、云计算以及人工智能等技术，企业能够实现对农产品生命周期的全面掌控。

大数据分析能够帮助企业精准预测市场需求，从而优化采购策略。通过对历史销售数据、季节性趋势、消费者偏好等信息的深度挖掘，企业可以更准确地预测何时、何地、何种产品将会受到欢迎，从而减少过度采购，降低库存压力。

云计算技术提供了实时信息共享的平台，使得供应链上的所有参与者，包括农户、批发商、零售商，都能及时获取最新的产品信息、库存状态和市场动态。这种信息的无缝对接，有助于降低沟通成本，提高决策效率，确保农产品快速、准确地送达消费者手中。

人工智能的应用则进一步提升了供应链的智能化水平。例如，通过机器学习算法，系统可以自动识别农产品的最佳储存条件，自动调整仓库的温湿度，以延长产品的保质期。同时，人工智能还能通过分析大量反馈的质量数据，提前预警潜在的质量问题，防止问题产品流入市场。

这些供应链管理技术的综合运用，使得农产品供应链变得更加透明、高效和灵活。据估计，采用这些先进技术的企业，其供应链运营效率可以提高 30%以上，同时，由于减少了损耗和浪费，产品的平均价值也能提高 15%左右。

供应链管理技术正在重塑农产品行业的运营模式，通过提供更高效、更安全、更可持续的解决方案，为农业的现代化和可持续发展注入新的活力。

3. 产品追溯技术

产品追溯技术为农产品构建了一条透明化、可追溯的“生命线”，每一个环节都清晰可见。消费者只需通过智能手机扫描产品包装上的二维码，或者在相关追溯平台上输入产品信息，就能获取到从种子到成品的全过程信息，包括但不限于产地环境、种植过程、采摘时间、加工工艺、储运条件等，极大地满足了现代消费者对食品安全和质量的高要求。供应链管理技术的实施，无疑提升了消费者对农产品的信任度。根据一项由国际食品信息委员会发布的报告，超过 80%的消费者表示，他们更倾向于购买那些提供详细追溯信息的产品。因为这不仅能够确保他们购买到的是新鲜、无污染的食品，也让他们对产品的来源和生产过程有了更深入的了解，从而在消费决策中更加安心。同时，产品追溯技术也为农业企业带来了更大的效益。它帮助企业实现了精细化管理，通过数据分析，可以及时发现并解决生产过程中的问题，提高产品质量和生产效率。此外，透明化的追溯系统也能有效防止假冒伪劣产品，保护企业的品牌形象，增强市场竞争力。然而，尽管产品追溯技术的优势明显，但其在推广过程中也面临一些挑战。比如，一些小型农户可能因为技术、资金等限制，难以全面实施追溯系统。因此，政府和相关部门需要出台相应的扶持政策，提供技术指导和资金支持，推动追溯技术在农业领域的广泛应用。

产品追溯技术不仅为农产品质量与安全提供了坚实的保障，更是消费者权益的坚定守护者。面对公众对食品安全愈发增强的关注，该技术将在未来的农业生产和消费领域中发挥着不可替代的作用。

4. 销售策略技术

在农产品销售领域，大数据分析、精确营销、移动支付以及社交媒体推广等数据，正在逐步重塑企业的市场战略，从而使农产品的销售更为高效、精确且个性化。企业可通过大数据分析技术，对消费者的购买记录、浏览行为、社交媒体互动等海量数据进行深入探究，以揭示消费者的购买模式、兴趣偏好、消费时间等关键信息。例如，如果数据显示某地区的消费者更倾向于购买有机蔬菜，那么企业就可以调整产品线，增加有机蔬菜的供应，同时制定相关的促销活动，以吸引更多的目标消费者。

精准营销则是利用大数据分析结果，实现个性化推广的关键。企业可以根据消费者的个人喜好，推送定制化的广告和优惠信息。比如，对于经常购买健康食品的消费者，企业可以推送相关新产品——无糖燕麦的信息，而不仅仅是普通的促销广告。这种精准的营销方式，不仅能够提高消费者的购买意愿，也有助于提高销售转化率，降低无效营销的成本。此外，移动支付和社交媒体营销也为农产品销售提供了新的可能。通过与各种移动支付平台的合作，企业可以提供更便捷的支付方式，提升消费者的购物体验。同时，利用社交媒体的影响力，企业可以发布吸引人的内容，如农产品的种植过程、营养价值等，引发消费者的分享和讨论，从而扩大品牌影响力，吸引更多的潜在客户。然而，新技术的应用也带来了一些挑战，如数据安全、消费者隐私保护等问题。因此，企业在利用新技术的同时，也需要建立健全的数据管理和隐私保护机制，以赢得消费者的信任。

新技术正在深度渗透到农产品销售的各个环节，为企业提供了更智能、更个性化的营销工具。只有充分理解和利用这些新技术，企业才能在激烈的市场竞争中脱颖而出，实现可持续发展。

5. 客户关系管理

在当今的农业市场中，销售管理的新技术，特别是客户关系管理（CRM）系统，这是一种创新的管理策略。通过构建一个全面、精细的客户数据库，实现对客户需求的深度理解和个性化响应，从而增强客户忠诚度，提高产品的复购率。

CRM 系统的核心在于数据的收集和分析。通过跟踪和记录客户的购买行为，包括购买的产品类型、购买频率、购买时间等，可以构建出详细的客户画像。这些数据揭示了客户的即时需求，预测了他们的未来需求和购买偏好。例如，如果系统发现某客户在过去的一段时间内频繁购买某种种子，那么可以推断出他可能对相关的农业技术或服务有兴趣，从而推送相关的促销信息或优惠活动。

此外，CRM 系统还能够改善售后服务，进一步提升客户满意度。当客户遇到问题时，系统能够快速识别客户信息，提供针对性的解决方案，甚至预测并预防可能出现的问题，从而提供更高效、更贴心的服务。例如，根据客户的种植历史，系统可以提前预警可能的病虫害风险，并提供预防措施，帮助客户避免损失。

据统计，实施有效的 CRM 策略可以将客户保留率提高 20%～30%，并将客户生命周期价值提高 10%～15%。这些数字充分证明了 CRM 在农产品销售管理中的巨大潜力。

尽管 CRM 系统提供了强大的工具，但其成功的关键仍在于如何将其与实际业务环境相结合，以及如何培养员工正确使用和解读数据的能力。只有当这些技术真正融入日常的销售和服务流程中，才能发挥出其最大的价值。

客户关系管理技术正在改变农产品销售的格局，通过深度挖掘和利用客户数据，企业可以更好地满足客户的需求，提升客户体验，从而在激烈的市场竞争中占据优势。

五、涉农产品销售新技术

涉农产品销售新技术通过应用电子商务、社交媒体、大数据分析等手段，实现了农产品的线上线下融合、精准营销和品牌化。例如，电子商务平台为涉农产品提供了更广阔的销售渠道，使得涉农产品能够迅速触达消费者。同时，社交媒体营销技术通过故事化、情感化的方式提升了涉农产品的品牌形象和市场竞争力。大数据分析技术则帮助农民深入了解消费者需求和市场趋势，为涉农产品销售策略的制定提供了有力支持。

从起点和重点来看，销售始于企业，其重心在于将现有产品推销给客户，利用销售技巧和产品知识实现交易；而营销则立足于目标市场，注重深入理解并满足客户需求，借助市场研究和产品定位等手段来推广和销售产品。

在行为方式上，销售更倾向于直接、主动的方式，销售人员主动出击，利用各种策略向客户推销产品。相较之下，营销更注重策略性的市场操作和推广活动，如广告、促销和品牌建设，旨在吸引客户并激发他们的购买欲望。

从长期与短期的视角来看，销售更关注短期内的交易成果和利润，聚焦每一笔交易的成败；而营销则着眼于长期的品牌建设和市场扩张，通过持续的推广和服务来增强品牌价值和市场份额。

简而言之，销售侧重于将产品推向市场，而营销则侧重于通过满足客户需求来实现销售和品牌价值的提升。在实际工作中，销售和营销相辅相成，需要紧密协作以实现企业的整体目标。

（一）涉农产品销售新技术

在涉农产品销售领域的新技术主要侧重于将尖端科技手段融入涉农产品的销售过程中，以提高销售效率并优化销售成效。在信息化和数字化时代环境中，互联网、物联网、大数据、人工智能等技术的应用，为这一领域带来了新的销售模式。

1. 电子商务平台的建立和运营

电子商务平台已经成为推动涉农产品销售技术创新的关键力量。这种新型的商业模式，通过互联网技术，将涉农产品的生产者与消费者直接对接，构建了一条从农田到餐桌的无缝对接通道，极大地优化了涉农产品的供应链管理。

电商平台的运用，减少了涉农产品的流通环节。传统模式下，涉农产品需要经过批发商、零售商等多个中间环节，才能到达消费者手中，这不仅增加了成本，还容易导致涉农产品的新鲜度和品质下降。然而，电商平台的出现，使得农民可以直接将产品销售给消费者，省去了中间环节，降低了运营成本，同时也保证了农产品的品质。

电商平台为消费者提供了更为便捷的购物体验。消费者只需在家中轻点鼠标或滑动手机屏幕，就能选购到来自全国各地的新鲜农产品，无须再受地域和时间的限制。例如，阿里巴巴的“农村淘宝”项目，搭建了一个线上交易平台，将农村的优质农产品与城市消费者无缝对接，使得消费者可以方便快捷地购买到新鲜、绿色、无污染的农产品。

电商平台的运营还对农村经济发展起到了积极的推动作用。它为农民提供了新的销售渠道，帮助他们拓宽了市场，增加了收入，同时也促进了农村电商人才的培养和农村信息化建设。据统计，截至2020年年底，“农村淘宝”项目已经覆盖了全国27个省份的近10万个村庄，帮助数百万农民实现了增收。

电子商务平台在农产品销售中的应用，改变了涉农产品的流通模式，提高了供应链效率，提升了消费者的购物体验，对于推动农业现代化和农村经济发展具有重要的意义。

2. 大数据分析在涉农产品销售中的应用

大数据分析正在逐步渗透到各行各业，其中也包括涉农产品销售领域。它以其强大的数据处理和信息挖掘能力，为涉农产品销售带来了革命性的变化，使得精准销售从理论变为现实。通过对海量的消费者数据进行深度分析，商家可以像一位经验丰富的画家，细腻地描绘出消费者的消费画像，从而提供更加个性化的产品和服务，有效提升销售转化率。消费者的行为数据，如购买历史、浏览习惯、搜索关键词、评价反馈等，都是大数据分析的重要来源。这些数据如同散落在沙滩上的珍珠，需要大数据技术来精心收集和打磨，才能展现出其真正的价值。例如，消费者的购买行为可以揭示他们的消费偏好和需求变化；浏览习惯则可以反映出他们的兴趣点和购买决策过程；评价反馈则是一个直接的反馈渠道，可以及时发现产品的问题和改进点。

以京东为例，这个电商巨头利用大数据技术，对用户的每一次点击、浏览、搜索、评价等行为进行实时分析，构建出一个全面、动态的用户画像。基于这个画像，京东能够为每个用户生成一个独一无二的购物首页，页面上的商品推荐、促销活动、新品上架等信息都会根据用户的个性化需求进行定制。这种个性化的购物体验，大幅提升了用户的满意度和忠诚度，显著提高了商品的点击率和购买率，实现了销售效果的显著提升。

大数据分析还能帮助涉农产品销售商预测市场趋势，优化库存管理，降低运营成本。通过对历史销售数据的分析，可以预测未来的销售趋势，避免过度库存或缺货的情况；通过对消费者反馈的分析，可以及时调整产品策略，提升产品质量，以适应市场的变化。大数据分析为涉农产品销售提供了强大的决策支持，使得商家能够更加精准地把握消费者需求，提供更优质的服务，从而在激烈的市场竞争中占据优势。

3. 智能物流系统

涉农产品销售中采用先进的物流技术，构建了智能物流网络。它通过智能化、自动化的设备，实现了农产品的快速、准确配送，有效减少了损耗，确保了涉农产品品质。该系统能实时监控农产品的运输状态，确保其以最佳状态送达消费者手中。此外，基于销售数据，系统还能预测运输需求，提前规划运输路线，极大地提升了物流效率。

在涉农产品销售领域，智能物流系统的应用越来越广泛，其智能化、自动化的特性为农产品的快速、准确配送提供了强有力的支持。先进的物流设备和技术确保了涉农产品的快速、准确配送，减少了损耗，保证了品质，使消费者能够享受到新鲜、优质的农产品。实时监控运输状态系统，能够实时监控农产品的位置、温度、湿度等关键信息，让销售者能及时了解运输情况，确保农产品处于最佳状态。基于销售数据，系统能精准预测运输需求，提前规划运输路线，降低运输成本，提高物流效率，满足市场需求。

智能物流系统与电商平台、社交媒体等线上渠道深度整合，实现订单快速处理。同时，通过大数据分析，为销售者提供精准物流解决方案，助其灵活应对市场变化。智能物流系统在涉农产品销售中的应用，提升了配送效率和品质，降低了运输成本，为销售者带来了更好的消费体验。

涉农产品销售新技术通过技术创新，正在重塑涉农产品的销售模式，推动农业产业的现代化进程，同时也为消费者带来了更加便捷、安全、个性化的购物体验。

4. 订单农业

订单农业，即根据市场需求定制化种植或养殖特定作物或牲畜，通过合同形式明确购销双方的权益，确保农业生产与市场需求紧密对接。这一模式不仅降低了市场风险，还显著提高了经济效益，使农业生产更加精准和高效。

在传统农业模式下，农民往往依赖于经验或市场传闻来决定种植作物，这种方式往往带有很大的盲目性和不确定性。然而，订单农业通过合同约束，确保了农民种植的作物有明确的销售渠道和价格保障，从而大大降低了市场波动带来的风险。农民不再需要担心作物滞销或价格波动，能够更加安心地投入农业生产。

同时，订单农业也显著提高了经济效益。农民与购销企业之间建立了稳定的合作关系，农民可以获得更加公平合理的价格，避免了中间环节的剥削。此外，订单农业还促进了农业产业链的延伸和拓展，带动了相关产业的发展，进一步增加了农民的收入来源。

在精准化和高效化方面，订单农业更是展现出独特的优势。通过市场调研和数据分析，农业经理人可以更加准确地把握市场需求和价格走势，从而合理安排种植结构和生产计划。这种定制化种植模式使农业生产更加符合市场需求，减少了资源的浪费和过剩。同时，订单农业还促进了农业技术的推广和应用，如精准灌溉、智能施肥等，进一步提高了农业生产效率和农产品质量。

（二）涉农产品营销新技术

1. 精准营销策略

在大数据的助力下，涉农产品营销能够更精准地锁定目标消费者。通过深入分析消费者的购买行为和兴趣爱好，可以量身定制营销方案，显著提升营销效果。例如，某农业科技公司专注于有机农产品的生产和销售。该公司借助大数据技术，深入剖析了消费者的购买行为，发现部分消费者对有机、绿色、健康的食品兴趣浓厚，且更偏好在线购买。基于这些洞察，该公司实施了一系列个性化营销策略。通过社交媒体和电商平台，该公司向这部分消费者普及有机农产品的优势，激发其购买意愿。同时，利用大数据进一步探究消费者的购买习惯和偏好，并据此提供定制化产品和服务。例如，针对喜好新口味的消费者，推出多款有机农产品礼盒；对于注重健康的消费者，则提供详细的营养信息和健康食谱。

此外，该公司还运用大数据技术预测市场趋势，发现随着健康意识的提升，有机农产品市场将迎来更广阔的发展前景。因此，公司加大研发和生产力度，优化供应链管理，确保产品的新鲜度和品质。通过个性化的营销策略和精准的市场预测，该公司不仅提升了销售额和市场份额，还成功树立了品牌形象。这一案例充分展现了大数据在涉农产品营销中的核心价值。

2. 体验式营销

体验式营销是一种让消费者亲身参与、感受产品魅力的营销手段。在农产品营销领域，通过举办农产品采摘节、品鉴会等活动，消费者能直观地体验农产品的品质与口感，从而增强购买意愿和忠诚度。这种营销方式正逐渐成为农产品营销的新趋势。

体验式营销不仅展示了农产品的生长过程、品质及口感，还通过消费者的亲身体验，强化了他们的购买意愿和忠诚度。体验式营销应用场景广泛，如农产品采摘节让消费者亲近自然，感受纯净能量；品鉴会则让消费者品尝到最新鲜、最优质的农产品，了解其独特口感和营养价值。

体验式营销的优势在于其参与性和互动性。消费者通过亲身体验，深入了解农产品的生长环境和品质特点，进而更加信任并认可产品。同时，这种营销方式为农产品品牌注入了新的活力，通过有趣、有特色的活动，品牌与消费者建立更紧密的联系，提升品牌知名度和美誉度。此外，它还能激发消费者的创造力和想象力，促进他们积极参与品牌建设。实施体验式营销时，需关注以下几点：确保活动的趣味性和互动性，使消费者充分参与并享受其中；加强活动的宣传和推广，吸引更多消费者参与；关注消费者反馈，及时调整活动内容和形式，以满足消费者需求。

总之，体验式营销是一种创新且实用的农产品营销方式。通过让消费者亲身参与、感受产品魅力，增强购买意愿和忠诚度，为农产品品牌注入新活力。

3. 社交媒体的广泛应用

社交媒体已渗透到我们生活的方方面面，为各行各业带来了创新的营销策略和广阔的发展空间。在农业领域，社交媒体的广泛应用开辟了农产品品牌建设和推广的新纪元。借助微信、微博、抖音等社交媒体平台，农产品的推广方式从传统的线下销售转变为线上互动，使得农产品的品牌形象更加鲜明，消费者参与度更高。

通过社交媒体，农产品的生产过程可以被实时、直观地展示给消费者。例如，农民可以分享种植、养殖的日常，展示无公害、绿色、有机的生产方式，让消费者亲眼见证农产品从田间到餐桌的全过程。这种透明化的展示方式，不仅增加了消费者对农产品品质的信任，也使他们对农产品的来源有了更深的了解，从而提高了购买意愿。

社交媒体的互动性使得消费者可以更直接地参与到品牌建设中。他们可以通过点赞、分享、评论等方式，表达对农产品的喜爱和支持，甚至可以提出改进意见，参与到产品的优化过程中。这种参与感，极大地增强了消费者的归属感和忠诚度，对于农产品品牌的口碑传播起到了积极的推动作用。

以抖音为例，许多地方的特色农产品通过短视频的形式，以生动有趣的方式展示其独特之处，迅速吸引了大量关注。比如，某地的特色水果通过展示其鲜美的色泽、饱满的口感，再配以欢快的背景音乐和创意的剪辑手法，短时间内就能获得百万级别的播放量，从而迅速走红，成为市场上的热销产品。

据统计，近年来通过社交媒体推广的农产品销售额呈现出快速增长的态势。据中国农业大学发布的报告显示，2017—2021 年中国农产品网络零售额规模的年均复合增长率达到了 46.3%，这表明通过社交媒体等线上渠道推广的农产品销售额在这四年间实现了快速增长。

社交媒体为农产品的品牌建设和推广提供了全新的思路和工具，使得农产品能够更好

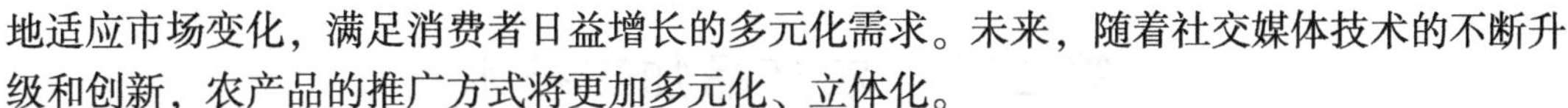

地适应市场变化，满足消费者日益增长的多元化需求。未来，随着社交媒体技术的不断升级和创新，农产品的推广方式将更加多元化、立体化。

4. 跨界合作

跨界合作是农产品营销的创新途径，通过与旅游、文化、教育等产业的合作，农产品不仅能拓宽销售渠道，还能提高品牌知名度，实现更广泛的市场覆盖。这种深度融合为传统农产品行业注入了新的活力。农产品与不同产业的联手，使其能够进入新的市场领域，触及更广泛的消费者群体，进而增加品牌曝光，提升消费者对品牌的认知度和好感度。

特别是与创意产业的合作，农产品能融入更多文化内涵和创意元素，提升农产品附加值，增强市场竞争力。农产品与旅游景区的结合是一种常见模式，通过特色旅游线路，将农产品的采摘、品鉴等环节融入旅游体验，吸引游客购买。例如，果园和农场推出的"果园游"项目，让游客在欣赏美景的同时品尝新鲜水果。

农产品与文化创意产业的结合也能创造出更多具有文化内涵和创意元素的农产品，如将农产品包装设计成艺术品，或将农产品元素融入文化创意产品，如手工艺品、家居装饰品等。这种合作方式增加了农产品的附加值，为文化创意产业带来了新灵感。

在选择合作伙伴时，应考虑对方的市场影响力、品牌知名度及合作意愿，实现资源共享和优势互补。合作前，双方应制定明确的合作方案，包括合作目标、内容、方式及利益分配等，确保合作中的紧密沟通与协作。

在跨界合作中，应确保农产品品质优良、口感独特，并通过各种渠道传递品牌的独特价值和理念。利用社交媒体、广告、公关活动等方式进行市场推广和宣传，提高农产品的知名度和美誉度。

案例：云南普洱茶与旅游文化的跨界合作

云南普洱茶，作为中国传统名茶的代表，以其独特口感和深厚文化底蕴赢得了消费者的喜爱。为了扩大品牌影响力，云南某普洱茶企业联手当地旅游部门，展开跨界合作。

合作涵盖多个方面：首先，双方共同策划了以普洱茶文化为核心的旅游线路，游客在参观茶园、了解采摘和制茶工艺的同时，可品尝到正宗的普洱茶，感受茶文化的独特魅力。其次，茶园景区内设有普洱茶文化体验馆，提供茶艺表演、品茶体验等活动，让游客亲身体验普洱茶的冲泡技艺，深入了解其历史与文化。再次，旅游线路沿途的景点和酒店均设有普洱茶销售点，游客在游览过程中可轻松购买到正宗的普洱茶产品，实现农产品的线下销售。最后，利用互联网和社交媒体，双方还进行了线上推广，发布旅游攻略、美食推荐等内容，吸引更多游客关注普洱茶文化。

这种跨界合作模式效果显著。普洱茶品牌知名度大幅提升，消费者关注度与购买意愿明显增强。同时，旅游线路的推广也带动了当地旅游业的发展，提高了农民收入和地方经济水平。此外，这种模式还为其他农产品提供了宝贵的借鉴，推动了农产品营销的创新与发展。

跨界合作是农产品营销的一种创新方式。通过与旅游、文化、教育等产业的合作，农产品可以拓展销售渠道、提高品牌知名度，实现更好的市场发展和经济效益。

涉农产品销售与营销的新技术为农产品的发展带来了无限可能。只有不断创新、与时俱进，涉农产品才能在激烈的市场竞争中脱颖而出，实现农业可持续发展。随着科技的飞速发展，涉农产品的营销方式也经历了从传统到现代的转变。

第二节 农产品加工技术

在农产品加工技术发展方面，发达国家已经形成了较为成熟的体系。以美国、欧洲为例，这些地区的农产品加工技术注重自动化、智能化和环保化。通过先进的工艺和设备，在提高生产效率的同时还保证了产品的品质和安全。同时，国外农产品加工在深加工、精加工方面也有较高的水平，如通过生物技术、纳米技术等手段，开发出具有特殊功能和高附加值的农产品。

相比之下，我国的农产品加工技术在过去几十年里虽然取得了长足的进步，但与发达国家相比仍存在一定差距。不过，随着我国科技水平的不断提升和农业现代化的推进，国内农产品加工技术也在逐步向自动化、智能化方向迈进。同时，我国在农产品深加工和精加工方面也在积极探索和实践，如利用传统工艺与现代科技相结合，开发出具有地方特色的农产品。

我国农产品加工历史悠久，早在古代，先民就开始利用简单的工具对农产品进行初步的加工处理。随着时代的变迁，农产品加工技术也在不断进步。改革开放以来，我国农产品加工业迎来了快速发展的黄金时期。在这一阶段，我国农产品加工业不仅规模迅速扩大，技术水平也得到了显著提升。近年来，随着国家对农业的坚定支持和强化扶持，农产品加工行业显著提升了农产品的附加值，有力地推进了农业现代化的进程。

我国农产品加工业已经形成了较为完整的产业链，涵盖了初加工、深加工、精加工等多个环节。在技术创新方面，我国农产品加工业积极引进和消化国外先进技术，同时加强自主研发，推动技术升级。在品牌建设方面，我国农产品加工业涌现出一批知名品牌，提高了产品的市场竞争力。在产业链协同方面，我国农产品加工业正逐步实现与上下游产业的深度融合，形成了较为稳定的产业生态。

然而，我国农产品加工业在发展中也面临一些挑战和不足。首先，技术创新能力仍有待加强，尤其是在高端产品和技术方面。其次，农产品加工业的结构性矛盾依然突出，部分领域存在产能过剩问题。最后，农产品加工业在环保、食品安全等方面的要求也越来越高，需要企业加大资金投入和管理力度。

一、农产品初加工技术

农产品初加工是指对农产品进行初步的处理和加工，以提高其附加值、延长保质期、方便储运和满足市场需求的过程。初加工技术的合理运用，可以减少农产品的损失和浪费，提高农产品的品质和安全性，创造更大的经济价值。

农产品初加工的意义主要有：通过初加工，可以有效减少农产品在运输、储存和销售过程中的损失和浪费，提高农产品的利用率；初加工技术可以去除农产品中的杂质、农药残留、病虫害等有害物质，提高农产品的品质和安全性；初加工可以有效延长农产品的保质期，使其在市场上具有更强的竞争力；通过初加工，可以将农产品转化为高附加值的产品，如食品、保健品等，提高农业生产者的收益。

（一）种植类产品初加工技术

种植类农产品初加工，是指对农业生产活动中收获的种植类农产品进行去籽、净化、分类、晒干、剥皮、沤软或大批包装以提供初级市场的服务或活动的总称。这一过程是连接农业生产与食品加工的桥梁，它直接关联着农产品的品质一致、价值提升以及市场供应的连续性。

首先，去籽和净化是为了去除农产品中的杂质，确保产品的纯净度。其次，分类和晒干则是基于农产品的特性，如大小、颜色、湿度等，进行筛选和初步处理，以便满足市场的需求。最后，剥皮和沤软等步骤则是针对某些特定农产品，如坚果、豆类等，进行的特殊处理，以改善其口感和延长保存期限。

通过初加工，农产品能够更好地适应市场需求，提高市场竞争力。种植类农产品初加工需要遵循一定的技术规范和操作规程，确保产品质量和食品安全。

1. 粮食初加工

粮食初加工的专业性和技术性直接影响到农产品的质量和市场价值。在粮食初加工的过程中，小麦和稻米的加工都各自有着独特的工艺和步骤。

对于小麦初加工而言，其流程包括清理、配麦、磨粉、筛理、分级和包装等关键步骤。首先，小麦需要经过清理，去除其中的杂质和不良颗粒，确保后续加工过程的纯净度。接下来是配麦环节，根据市场需求和产品质量要求，将不同品种、不同质量的小麦进行配比。然后，通过专业的磨粉设备，将小麦破碎成粉状，再经过筛理和分级，得到不同粒度的小麦面粉和各种专用粉。最后，进行包装，以保证产品的卫生和保质期。

稻米的初加工同样是一个精密的过程，包括清理、砻谷、碾米、分级和包装等步骤。首先，稻米需要经过清理，去除其中的稻草、沙石等杂质。接着是砻谷环节，利用专业设备将稻谷的颖壳去除，得到糙米。然后，通过碾米机将糙米进一步加工成精米，这个过程需要精确控制碾磨的力度和时间，以确保米质的完整性和口感。经过分级后，根据米粒的大小和品质进行分类，最后进行包装，以便储存和销售。

粮食初加工是一个涉及多个专业步骤和技术要求的复杂过程。通过科学的工艺和严格的操作，我们可以生产出高质量的小麦面粉、专用粉以及糙米、精米等粮食产品，满足市场的各种需求。

2. 果蔬初加工

果蔬初加工技术，可以提升果蔬产品的附加值、延长其保存期限以及满足多样化的市场需求。通过初加工，有效去除果蔬中的杂质、农药残留以及不良部分，同时保持其营养成分和风味特性。初加工还对果蔬进行分类、分级和包装，为后续的深加工提供标准化的原料。果蔬初加工的主要技术包括：

（1）清洗技术。采用机械清洗和化学清洗相结合的方式，有效去除果蔬表面的泥沙、农药残留等。其中，机械清洗包括喷淋、刷洗等，而化学清洗则利用清洗剂去除农药残留。

（2）分级与切割技术。根据果蔬的大小、颜色、成熟度等特性进行分类和分级。切割技术则根据产品需求和原料特性，采用合适的切割方式和刀具，确保切割后的果蔬形状美观、大小一致。

（3）预冷与保鲜技术。预冷可以降低果蔬的呼吸作用和代谢速度，延缓其衰老过程。常用的预冷方法有冰水预冷、真空预冷等。保鲜技术则通过调节温度、湿度和气体成分等因素，延长果蔬的保存期限。

3. 油料作物初加工技术

油料作物初加工技术是从收获到提取油脂的一系列操作。在油料作物初加工过程中，首先需要对作物进行严格的筛选和清洗，以去除杂质和残次品，确保原料的纯净度。随后，通过采用先进的破碎和压榨技术，可以有效地提取出作物中的油脂成分。这一过程中，温度、压力和时间等参数的精确控制极为关键，它们直接影响油脂的出油率和品质。

在提取完油脂后，还需对剩余的饼粕进行妥善处理。通过烘干、粉碎等步骤，可以将饼粕转化为高质量的饲料或肥料，从而实现资源的充分利用和循环经济的目标。

随着科技的不断进步，油料作物初加工技术也在不断创新和完善。例如，近年来兴起的生物酶解技术、超临界萃取技术等，为油料作物的加工提供了更为高效、环保的解决方案。这些新技术的引入，不仅提高了油脂的品质和产量，还降低了生产成本，提升了农业的综合效益。

4. 特色农产品初加工

(1) 茶叶。首先，采摘是初加工的第一步，茶农需要根据茶叶的生长情况，选择合适的时间进行采摘，以确保茶叶的新鲜度和嫩度。同时，采摘的手法也极为讲究，需要轻拿轻放，避免对茶叶造成损伤。

其次，是杀青，通过高温处理，可以迅速破坏茶叶中的酶活性，防止茶叶继续发酵，从而固定茶叶的品质。杀青过程中，火候的掌握至关重要，既要保证茶叶的熟透度，又要避免过度处理导致茶叶焦煳。

最后，揉捻和干燥则是后续的加工步骤。揉捻可以使茶叶的细胞组织破碎，促进茶汁液的渗出和均匀分布，使茶叶更加紧实美观。而干燥则是去除茶叶中的多余水分，以防茶叶发霉变质，同时也有助于提升茶叶的香气和口感。

在整个初加工过程中，茶农们需要凭借丰富的经验不断调整和优化加工参数，以确保茶叶的品质达到最佳状态。可以说，茶叶的初加工技术是一门需要不断学习和探索的技艺，也是茶文化传承和发展的重要组成部分。

我们应该充分认识和重视茶叶初加工技术，不断推动其创新和发展，以提升我国茶叶产业的竞争力和影响力。同时，还应该积极传承和弘扬茶文化精神，让更多的人了解和喜爱茶叶这一中华民族的瑰宝。

(2) 中草药。中草药的初加工技术直接关系到中草药的质量与药效，是确保中药疗效稳定、安全有效的关键所在。中草药的初加工技术绝非简单的晒干、切片。它是一门集传统智慧与现代科技于一体的综合性技术。在这一过程中，既要保留药材的天然活性成分，又要去除其中的杂质和有害物质，以确保药材的纯净与安全。

在实际操作中，研发了多种先进的初加工技术。例如，通过精确的温控和湿度控制，能够在最大程度上保留药材的有效成分，同时避免其氧化和变质。此外，还可借助现代科技手段，对药材进行精确的筛选和分类，确保每一味药材都符合质量标准。值得一提的是，中草药的初加工技术还需要结合药材的特性和用途进行精细化处理。

对于含有挥发性成分的药材，如薄荷、桂皮等，它们的有效成分往往在高温下容易散失。因此，应当采取如低温干燥、真空干燥等特殊技术，以尽可能地保留这些活性成分。例如，研究显示，采用低温干燥技术处理薄荷，可以将挥发油的损失降低到最低，从而保证其清凉解暑、疏风散热的药效。

另外，对于需要保留纤维结构的药材，如黄芪、甘草等，传统的粗暴切割方式可能会破坏其内部结构，影响药效的释放。现代工艺中，开始采用超声切割、水射流切割等轻柔的处理方式，以保持药材的完整性，同时提高其生物利用度。有研究表明，通过改进切割方式，黄芪中的有效成分黄芪甲苷的溶出率可以提高20%以上，从而增强其补气固表、利尿消肿的疗效。

中草药的初加工技术是一项严谨而精细的工作。它需要充分发挥传统中医药的智慧，同时结合现代科技手段，不断提升加工技术的水平，以确保中草药的质量与药效得到最大限度的发挥。只有这样，才能为广大患者提供更加安全、有效的中药治疗方案。

（二）养殖类产品初加工技术

养殖类农产品初加工技术是提高农产品附加值和市场竞争力的重要手段。它是指通过一系列技术手段，使农产品在保持原有品质的基础上，实现形态、风味、营养等方面的优化。这不仅有助于提高农产品的市场竞争力，还能满足消费者日益多样化的需求。

在初加工过程中，根据产品的特性，可以将其分为肉类、蛋类、奶类等。针对不同类别的产品，需要采用不同的初加工技术和设备。例如，肉类产品需要进行屠宰、分割、排酸等处理；蛋类产品则需要进行清洗、分级、包装等操作；生鲜乳要预冷、冷藏。

养殖类农产品初加工技术还涉及保鲜、杀菌、干燥等多个环节。保鲜技术可以有效地延长农产品的保质期，减少损耗；杀菌技术则能够消除农产品中的有害微生物，保障食品安全；干燥技术则有助于去除农产品中的多余水分，提高产品的贮藏稳定性。

养殖类农产品初加工技术的发展离不开科技创新的支撑。随着现代生物、信息、自动化等技术的不断发展，初加工技术也在不断更新换代。例如，利用生物技术手段在肉类加工中，利用蛋白酶可以分解肌肉纤维，改善肉质的嫩度；在乳制品加工中，通过乳糖酶的添加，可以将乳糖转化为单糖，提高产品的口感和营养价值；利用信息技术对初加工过程进行智能监控，以提高生产效率和产品质量；利用自动化技术实现初加工设备的智能化、自动化运行，降低人工成本。

1. 肉类产品初加工

肉类产品初加工技术从原料的选取开始，就需要对肉类的品种、新鲜度、脂肪含量等进行严格的评估与筛选。优质的原料是确保最终产品质量的首要条件。

在初加工过程中，肉类产品的切割与修整是一项技术性极强的工作。这要求操作人员具备熟练的刀工技巧，能够根据不同的产品需求和肉类特性，进行精准的切割与修整。然后对于切割后的肉块还需要进行称重、分类和包装等工序，以确保产品的规格一致性和卫生安全。肉类产品的初加工还需要注重保鲜和储存，采用适当的温度控制和保鲜技术，可以延长产品的保质期，减少微生物的滋生，从而保证产品的品质和安全性。

在整个初加工过程中，食品安全和品质控制始终要严格遵守食品安全法规，建立完善的品质管理体系，确保肉类产品初加工技术的专业性和产品质量的稳定性。

2. 畜产品初加工

（1）禽蛋初加工技术革新。禽蛋的收集与整理通过使用自动化收集和整理设备，可以提高工作效率，减少人力成本，确保禽蛋在初加工过程中不受损伤。禽蛋的清洗和杀菌可以保障蛋品卫生质量。采用先进的清洗和杀菌技术，如超声波清洗和紫外线杀菌，可以彻底去除蛋壳表面的污垢和细菌，确保蛋品的卫生达标。

清洗和杀菌后的禽蛋需要进行风干处理，以防蛋壳潮湿导致细菌滋生。同时，为了延长蛋品的保质期，可以在蛋壳表面喷洒一层保护膜。鸡蛋壳表面有成千上万的小孔，这些小孔是细菌和微生物进入鸡蛋内部的通道，同时也是鸡蛋内部水分和气体排出的途径。通过在蛋壳表面涂覆一层保护膜，可以封闭这些气孔，从而抑制微生物的繁殖，阻止微生物侵入鸡蛋内部，减少蛋内水分的挥发，最终达到延长鸡蛋保质期的目的。如食用油或食品级蜡质，以隔绝空气和细菌。

禽蛋质量检验采用先进的检验设备，如外观检查、灯光透视检查等，确保蛋品质量符合标准。同时，通过自动化称重和分级设备，将蛋品按照不同规格和品质进行分级包装，以满足不同消费者的需求。

（2）生鲜乳初加工技术。生鲜乳采集后预冷阶段，生鲜乳的温度迅速降低，抑制可能存在的微生物活动，防止乳品的腐败变质。因此，高效的预冷设备和技术的应用极其关键。

预冷过程是一个科学而严谨的步骤。在乳牛挤奶后，生鲜乳的温度通常在35~40℃，这是微生物繁殖的理想环境。根据国际乳品联合会的数据，如果在挤奶后的半小时内不能将乳温降至4℃，那么乳品的品质将大大降低。因此，农场应配备快速冷却设备，如冷乳罐，以在最短时间内将乳温降至适宜的冷藏温度。

冷藏技术是预冷过程的延伸，它确保了生鲜乳在运输和储存过程中的新鲜度。冷藏车、冷藏库等设施的使用，可以将生鲜乳的温度保持在4℃以下，有效抑制微生物的生长，延长乳品的保质期。同时，冷藏技术还可以保证乳品在复杂的供应链中保持稳定的品质，无论是在城市还是偏远地区，消费者都能享用到新鲜优质的乳品。

在生鲜乳的运输过程中，采用先进的冷链运输设备和技术，能够确保乳品在运输过程中始终保持低温状态，从而有效延长其保质期和保持其品质。通过科学的预冷处理和冷藏技术，确保生鲜乳在从源头到终端的每一个环节都保持新鲜和优质，从而满足消费者对高品质乳品的需求。

通过收集、整理、清洗、杀菌、风干、喷油保护、检验称重、分级包装等成套技术装备的推广应用，以及生鲜乳预冷、冷藏成套装备与冷链运输设备的推广应用，可以显著提高家畜产品的卫生质量和市场竞争力，满足消费者日益增长的需求。

3. 水产品初加工

水产品初加工技术，是将捕捞或养殖所得的水产品从原始状态转化为具有市场竞争力的初级产品。这不仅关乎渔业资源的高效利用，更是提升水产品附加值、确保水产品品质和食品安全的关键环节。

水产品初加工的核心目的在于去除其非食用部分，如头部、骨骼、鳞片等，并同步进行清洗、分类、分级和保鲜处理，为后续加工或直接销售奠定坚实基础。经过初加工的水产品，附加值显著提升，货架期得以延长，满足了消费者日益多样化的需求。

在水产品初加工过程中，清洗是首要步骤，彻底去除水产品表面的泥沙、污垢及潜在寄生虫，确保产品洁净。操作时，需选用适宜的清洗剂和工具，针对不同种类的水产品，去头、去骨、去鳞技术需精确且迅速，减少产品损伤和变质风险。

分类与分级是根据水产品的种类、大小、品质等因素进行，实现精准定位和满足市场多样化需求。这些技术的运用，有助于后续加工和销售，更确保了产品价值的最大化。水产保鲜方法多样，包括低温保鲜、气调保鲜、真空保鲜等。选择何种保鲜技术，需综合考虑水产品种类、加工方式及市场需求等因素，以实现最佳保鲜效果。

二、农产品深加工技术

农产品深加工技术是涵盖多个领域与环节的综合性过程，其重要性在于显著提高农产品的附加值，有效延长产业链，优化产品结构，并进一步提升市场竞争力。这一过程不仅涉及农业、食品科学、生物技术、机械工程等多个学科的知识，还需要精细化的管理和严格的质量控制。

农产品深加工技术的运用，可以极大地增加农产品的价值。通过科学的方法和先进的设备，农产品可以被加工成各种高附加值的产品，如精制食品、保健品、化工原料等。这不仅提高了农民的收入，也丰富了消费者的选择。同时，农产品深加工技术的推广和应用，有助于延长产业链，促进农业与其他产业的深度融合。农产品的每一个环节都可以得到更加精细化地处理，形成完整的产业链条，从而提高整个农业产业的竞争力。此外，农产品深加工技术还有助于优化产品结构。通过技术创新和工艺改进，可以开发出更多符合市场需求、具有竞争力的新产品。这不仅可以满足消费者的多样化需求，还可以推动农业产业的升级和转型。

农产品深加工技术在提升市场竞争力方面，通过提高农产品质量、降低生产成本、创新产品种类等手段，可以帮助农业企业赢得更多的市场份额，提高整个行业的国际竞争力。

（一）种植类农产品深加工技术

种植类农产品经过深加工，能增加农产品的附加值，实现农业资源的最大化利用。通过精细加工，这些农产品可以转化为多种高附加值食品，如速冻蔬菜、果汁饮料和功能性食品，既丰富了市场选择，又增强了农产品的市场竞争力。同时，深加工还确保了农产品在保存和运输过程中的稳定性，延长了保质期，降低了损耗。

农业生产中产生的剩余物，如秸秆和果皮，通过深加工技术可转化为生物质能源、饲料等有价值的产品，有效避免了资源浪费和环境污染，实现了资源的循环利用。

种植类农产品深加工行业的健康发展，需要注重技术创新和产业升级。引进先进的生产设备和技术，提高加工效率和产品质量，降低生产成本，同时加强产业链的整合和优化，形成完整的种植、加工、销售一体化产业链。

1. 谷物深加工

在现代食品工业中，谷物深加工提升了谷物的附加值，丰富了食品市场的多样性，满足了消费者日益增长的饮食需求。通过精细的破碎、筛分、磨制等物理处理手段，可以将谷物转化为各种形式的食品原料，如面粉、米粉、麦片等。这些原料进一步通过烘焙、蒸煮、发酵等加工技术，可以制成面包、馒头、饼干、糕点等多种美食。谷物深加工还可以提取谷物中的营养成分，如淀粉、蛋白质、膳食纤维等，用于生产高营养价值的食品或作为食品添加剂。

谷物深加工技术的应用不仅限于传统食品领域，还广泛应用于功能性食品、保健品、食品添加剂等行业。例如，利用谷物中的天然活性成分开发具有抗氧化、抗疲劳、降血脂等功能性食品，已成为当前研究的热点。同时，谷物深加工还可以改善谷物的口感、色泽和保质期，提高食品的市场竞争力。然而，谷物深加工过程中也存在一些挑战和问题。例如，加工过程中可能会导致营养素的损失，影响食品的营养价值。因此，在谷物深加工过程中需要采取科学合理的加工方法和工艺，以最大程度地保留谷物的营养成分。

谷物类的深加工应用在现代食品工业中具有广阔的前景和巨大的潜力。通过不断研发和创新，我们可以进一步拓展谷物深加工的应用领域，提高食品的营养价值和市场竞争力。

2. 果蔬深加工

果蔬深加工是指通过物理、化学或生物等手段，将果蔬原料进行精细化处理，以提取、分离、浓缩、干燥等方式，获得具有特定功能或营养价值的食品成分或产品。

在果蔬深加工应用中，果汁、果酱、果脯等传统产品依然占据市场主导地位。这些产品通过现代化的生产工艺和设备，实现了规模化、自动化生产，提高了生产效率和产品质量。同时，随着消费者对健康饮食的追求，果蔬深加工产品也在不断创新和升级，如开发低糖、低脂、高纤维等健康型产品，以满足不同消费者的需求。

除了传统产品外，果蔬深加工在功能性食品、保健品等领域也展现出巨大的应用潜力。通过提取果蔬中的活性成分，如多酚、黄酮、维生素等，可以开发出具有抗氧化、抗炎、降血糖等功能的食品或保健品。这些产品具有较高的营养价值，能满足消费者对健康生活的追求。

果蔬深加工在食品工业中的综合利用是通过加工过程中的废弃物利用和副产品开发，可以实现资源的最大化利用和减少环境污染。例如，将果蔬加工过程中的残渣进行发酵，可制得生物肥料或饲料；将果皮、果核等废弃物进行提取，可获得具有特殊功能的食品添加剂或天然色素等。

3. 油料作物深加工

在油料作物的深加工过程中，需要对原料进行精细化的处理。这包括清洗、破碎、压榨等步骤，以获取高质量的油脂和饼粕。其中，压榨技术的高低和效率直接影响到后续产品的质量和产量。

获得油脂后，通过精炼、脱色、脱臭等工艺进一步提升其品质。精炼过程中可以去除油脂中的杂质和不良风味，使其更加纯净、口感更佳。同时，根据市场需求，还可以对油脂进行氢化、酯交换等改性处理，以满足不同领域的应用需求。

除了油脂外，油料作物的饼粕也是宝贵的资源。通过进一步提取和处理，可以从饼粕中获得蛋白质、纤维等营养成分，用于制作饲料、食品添加剂等产品。这些产品在提高动物营养价值和改善食品品质方面发挥着重要作用。

此外，油料作物的深加工应用也在不断拓展。例如，利用现代生物技术手段，可以从油料作物中提取出具有特殊生物活性的化合物，用于开发新型药物、保健品等高端产品。这些产品具有很高的市场潜力和经济效益，为油料作物的深加工应用开辟了更广阔的空间。

4. 植物精油提取

植物精油提取，是一种将植物中的有益成分通过特殊方式提炼出来的技术。这种技术历史悠久，最早可以追溯到古埃及，当时人们就利用精油来保养皮肤、治疗疾病和防腐。如今，随着科技的发展，精油的提取技术也日臻完善，不仅能够提取出更多的植物成分，

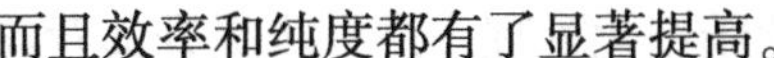

而且效率和纯度都有了显著提高。

精油的提取主要有以下几种方法，一是蒸馏法，这是最常见也是最古老的方法。通过将植物材料与水一起加热，利用水蒸气将精油携带出来，然后再通过冷却将精油分离出来。这种方法适用于大多数具有挥发性的植物，如玫瑰、薰衣草等。

二是压榨法，主要用于柑橘类等含有丰富果皮的植物，通过机械压力将精油从果皮中挤压出来，这种方法得到的精油纯度高，但效率较低。

三是溶剂萃取法，使用非水溶剂如石油醚、乙醇等将植物中的精油溶解出来，然后通过蒸馏去除溶剂，得到精油。这种方法适用于提取那些在蒸馏过程中容易被破坏的精油，但可能在精油中留下少量溶剂残留。

四是二氧化碳萃取法，这是一种相对较新的方法。通过将超临界二氧化碳注入植物材料中，二氧化碳会带走精油，然后再通过减压或升温的方式使二氧化碳和精油分离。这种方法得到的精油纯度高，且能保留植物的原始香气，但设备投资和运行成本较高。

每种方法都有其适用的植物和优势，选择哪种方法主要取决于要提取的植物和精油的用途。无论哪种方法，其目标都是为了提取出植物中最精华的部分，为我们的生活增添香气，同时也为医疗、美容、香料等行业提供宝贵的原料。

（二）养殖类农产品深加工技术

养殖类农产品的精深加工在提升农产品附加值、满足消费者多样化需求方面作用显著。作为现代农业产业链的重要环节，它对于优化产业结构、促进农业可持续发展具有重要影响。

精深加工能够显著提升养殖类农产品的附加值。通过先进的加工技术和设备，如分割、腌制、烘干、包装等，对养殖产品进行精细化处理，不仅提高了产品的品质与口感，还满足了消费者多样化的需求。同时，这一过程也增强了产品的储存性和运输性，减少了损耗，进一步增加了农产品的经济效益。

养殖类农产品的精深加工有助于优化农业产业结构。深加工技术的不断创新，为养殖类农产品提供了更多增值途径。推动了传统农业向现代农业的转型，带动了相关产业的发展，形成了产业链协同效应，促进了农业产业的多元化和规模化发展。

通过深加工，我们可以将养殖废弃物转化为有价值的资源，如将畜禽粪便加工成有机肥料，实现了资源的循环利用。同时，深加工减少了养殖过程中的污染，降低了对环境的负面影响。

1. 肉类深加工

肉类作为人类饮食中的重要组成部分，其深加工应用一直是食品工业领域的研究热点。通过专业的深加工技术，肉类可以转化为多种美味的食品，满足消费者的不同需求。

目前，随着科技的进步和消费者需求的多样化，肉类深加工技术也在不断创新和发展。肉类深加工技术涵盖了多个方面，包括分割、腌制、熟化、干燥、熏制、包装等。这些技术提高了肉类的口感、风味、保质期和安全性。

肉类深加工广泛应用在肉制品加工领域，通过腌制、熟化等工艺，可以使肉制品具有独特的风味和口感。调理肉制品是指经过调味、腌制、熟化等处理，可直接食用或简单加工的肉制品。如烤肉串、炸鸡块等，深受消费者喜爱。肉类罐头是一种方便、易储存的食品。通过专业的灌装和杀菌技术，可以延长肉类的保质期，满足消费者的需求。

从营养学角度来看，肉类深加工能够通过对原料肉的精细化处理，进一步提升其营养价值。例如，通过酶解技术，可以将肉类中的蛋白质分解为更易被人体吸收的小分子肽和氨基酸，从而提高蛋白质的利用率。同时，深加工过程中的调味、腌制等工艺，还能使肉类中的风味物质得以充分释放，增强食品的口感和风味。

在食品安全方面，肉类深加工通过严格的原料筛选、加工过程中的卫生控制以及成品的质量检测，可以确保深加工肉制品的安全性。此外，现代加工技术如辐照杀菌、高压处理等，也能有效杀灭肉制品中的微生物，延长其保质期，降低食品安全风险。

在资源利用方面，肉类深加工技术通过对肉类原料的充分利用，可以减少浪费，提高资源利用率。例如，将边角料、碎肉等加工成肉糜、肉丸等制品，既实现了资源的最大化利用，又丰富了消费者的选择。

功能性肉制品逐渐成为市场的新宠。通过添加营养素、调整配方等方式，可以开发出具有保健功能的肉制品。肉类深加工技术也需向绿色、环保方向发展。例如，采用低温干燥、真空包装等工艺，减少能源消耗和环境污染。

肉类深加工应用作为食品工业领域的重要组成部分，正不断发展和创新。通过专业的深加工技术，肉类可以转化为各种美味、安全、健康的食品，满足消费者的多样化需求。同时，随着科技的不断进步和环保意识的提高，肉类深加工行业也将朝着绿色、环保、智能化的方向发展。

2. 蛋类深加工

蛋类的深加工在食品行业的应用不仅丰富了食品的种类和口感，同时也提升了蛋类的营养价值和功能性。首先，蛋类的深加工主要包括蛋液加工、蛋粉加工、蛋品发酵制品以及蛋制休闲食品等多个方面。蛋液加工是指将鲜蛋经过打蛋、过滤、杀菌等工艺处理，制成蛋液产品，这类产品具有使用方便、卫生安全、保质期长等优点，广泛应用于烘焙、餐饮等行业。其次，蛋粉加工则是将蛋液进行喷雾干燥或冷冻干燥，制成蛋粉，其便于储存和运输，同时保留了蛋类的营养成分，是许多食品加工企业的重要原料。此外，蛋粉还可以与其他食品原料混合，制成各种功能性食品。再次，蛋品发酵制品如蛋松、蛋卷等，是通过特定的发酵工艺和调味技术，使蛋类在风味和口感上得到极大的提升。这些产品不仅具有浓郁的蛋香，还带有独特的发酵风味，深受消费者喜爱。最后，蛋制休闲食品如蛋酥、蛋黄派等，是将蛋类与其他食材结合，通过烘焙、油炸等工艺制成的美味零食。这些产品既满足了消费者的口腹之欲，又提供了丰富的营养。

蛋类的深加工在医药行业中，主要应用在于从蛋类中提取卵磷脂这一关键营养素。卵磷脂在人体内从维护细胞膜结构的完整性到促进神经信号的传导，均离不开其参与。在众多食物来源中，蛋类以其独特的营养特性，成为卵磷脂的优质来源。蛋类，如鸡蛋、鸭蛋、鹌鹑蛋等，富含丰富的卵磷脂。这些卵磷脂主要存在于蛋黄的磷脂层中，与蛋白质、脂肪等营养成分紧密结合，共同构成了蛋黄的独特营养结构。从蛋类中提取卵磷脂，既可以利用其丰富的含量，又可以保证提取物的纯净度和活性。在提取卵磷脂的过程中，科学家们采用了多种先进的提取技术。首先，通过破碎蛋壳、分离蛋清和蛋黄等步骤，将蛋黄作为原料进行预处理。接着，利用溶剂萃取、超临界流体萃取等方法，将卵磷脂从蛋黄中分离出来。最后，通过精制、干燥等步骤，得到高纯度、高品质的卵磷脂提取物。从蛋类中提取卵磷脂具有广泛的应用前景。卵磷脂在医药、保健品、化妆品等领域都有着广泛的应用。在医药领域，卵磷脂可用于制备治疗心血管疾病、神经系统疾病的药物；在保健品领域，卵磷脂可作为营养补充剂，增强人体免疫力、改善记忆功能等；在化妆品领域，卵磷脂则具有保湿、抗衰老等功效，可应用于护肤品、彩妆等产品中。从蛋类中提取卵磷脂不仅丰富了人类的食物来源，还为人类健康提供了有力保障。未来，随着科学技术的不断发展和人们健康意识的提高，这一领域的研究和应用必将取得更加丰硕的成果。

3. 乳类深加工

乳类深加工应用在现代食品工业中，通过一系列专业的技术手段，将乳类原材料转化为多样化、高附加值的产品，不仅丰富了人们的饮食选择，还促进了食品行业的创新与发展。

乳类深加工是一个复杂且精细的过程，涵盖了多个关键环节。首先，对乳类原材料进行严格的筛选和质量控制，确保其符合生产标准。其次，通过分离、浓缩、发酵、干燥等工艺手段，提取乳中的营养成分。最后，去除不利因素，使得最终产品既保留了乳类的营养价值，又具备独特的口感和风味。

在乳类深加工应用中，发酵技术是一种常见且重要的手段。通过接种特定的微生物菌种，使乳类在适宜的条件下进行发酵，产生丰富的风味物质和益生菌。这些发酵乳制品不仅口感醇厚，而且具有调节肠道菌群、增强免疫力等健康功效，深受消费者喜爱。

此外，乳类深加工还广泛应用于制作各类乳制品，如奶酪、奶粉、酸奶、乳饮料等。这些产品通过不同的加工工艺和配方调整，呈现出多样化的口感和营养特点。例如，奶酪经过长时间的发酵和成熟过程，形成了独特的风味和质地；而乳饮料则通过添加果汁、植物提取物等成分，丰富了产品的口感和营养价值。

在医药美容领域，乳制品的深度加工产物——乳蛋白微粒或纳米粒，被广泛应用于药物输送系统中。它们能有效地承载药物，增强其稳定性和生物利用度。此外，通过调整载体的特性，能够实现药物的精确靶向输送，从而提升治疗效率，减少不必要的副作用。

乳制品在创面修复和皮肤护理领域也有所应用。其内含的生长因子及营养素能有效促进皮肤细胞的再生和修复，常被用于制造创伤愈合霜和抗衰老护肤品等。未来，可以预见到更多创新的乳制品将问世，它们不仅口感佳、营养密度高，更将为人们的饮食生活提供更多的健康选择和惊喜。

4. 蜂产品的深加工

蜂类作为自然界中的一类重要生物，其在生态、农业以及医药等多个领域都有着广泛的应用。随着科技的进步和研究的深入，蜂产品的深加工应用也逐渐得到了拓展和深化，为人类的生产和生活带来了更多的便利和价值。

在食品工业中，蜂产品如蜂蜜、蜂胶、蜂花粉等，经过精细加工，不仅可以作为美味的调味品，还能作为营养保健品，满足人们日益增长的健康需求。例如，蜂蜜经过特殊工艺处理后，可以去除其中的杂质和水分，提高纯度和口感，广泛应用于糕点、饮料等食品制造中。同时，蜂胶富含黄酮类化合物，具有抗氧化、抗炎等多种生物活性，经过提取和精制后，可以制成胶囊、口服液等保健产品，用于改善人体健康状态。

在医药领域，蜂产品同样展现出了独特的药用价值。例如，蜂毒作为一种天然生物毒素，具有镇痛、抗炎、抗肿瘤等多种药理作用。经过提取和纯化后，蜂毒可以制成针剂、药膏等制剂，用于治疗关节炎、神经痛等慢性疾病。此外，蜂胶也被广泛应用于皮肤病的治疗中，其抗炎、止痒的作用能有效缓解皮肤炎症和瘙痒症状。

除了食品和医药领域，蜂产品在农业、化工等领域也有着广泛的应用。例如，在农业生产中，蜜蜂作为重要的授粉昆虫，对于提高农作物产量和品质具有不可替代的作用。同时，蜂蜡作为一种天然蜡质材料，具有良好的可塑性、稳定性和生物相容性，被广泛用于制作蜡烛、化妆品等日常用品。

蜂产品的深加工应用具有广阔的前景和巨大的潜力。随着科技的进步和市场的不断拓展，蜂产品将在更多领域得到应用和推广，为人类的生产和生活带来更多的福祉。同时，我们也需要加强蜂类资源的保护和合理利用，确保这一宝贵资源的可持续利用和健康发展。

（三）水产品深加工

水产品深加工涵盖了多个技术领域，如脱水、腌制、熏制、冷冻、罐装等。这些技术不仅有助于延长水产品的保质期，还能改善其口感、风味和营养价值。其中，现代食品加工技术的不断创新，为水产品深加工提供了更多的可能性。

通过深加工，水产品可以转化为即食产品，如即食鱼片、鱼丸、虾饺等。这些产品具有口感鲜美、食用方便的特点，深受消费者喜爱。水产品深加工还涉及调味品与酱料的开发。如鱼露、蚝油、虾酱等，不仅为菜肴增添了独特的风味，还丰富了餐桌文化。随着健康意识的提高，功能性食品逐渐成为市场热点。水产品深加工可以提取水产品中的活性成分，如不饱和脂肪酸、蛋白质等，用于开发具有保健功能的食品。

水产品皮骨富含胶原蛋白和钙等营养成分，能制成高附加值的鱼粉、鱼油、鱼肝油等产品，应用于食品、保健品等领域。此外，还能提取硫酸软骨素、甲壳素等生物活性物质，用于医药、化妆品等领域。水产品内脏经加工处理，可提取多不饱和脂肪酸、鱼油等，具有降低胆固醇、预防心血管疾病等保健功能，同时可用于生产饲料、肥料等。

1. 鱼类深加工

鱼类深加工是一种将捕捞或养殖的鱼类进行进一步处理，以提高其营养价值、保质期和食用口感的工艺。这种工艺涵盖了广泛的步骤，包括清洗、切割、去骨、冷冻、腌制、烟熏、干燥、罐装，甚至转化为鱼粉或鱼油等。

鱼类在深加工前会经过严格的挑选和清洗，以去除鱼体表面的污物和内脏，确保原料的新鲜和卫生。接着，根据产品的需要，可能需要进行切割和去骨，将鱼肉分离出来。这一过程通常需要熟练的技巧，以避免浪费和确保鱼肉的完整。

对于需要长期保存的产品，如冷冻鱼或鱼块，会在去骨和切割后立即进行快速冷冻，以锁住鱼肉的新鲜度和营养。而腌制、烟熏或干燥的鱼类，则需要在特定的配方和条件下进行，以赋予其独特的风味和延长保质期。此外，鱼类深加工还包括制作鱼糜制品，如鱼丸、鱼糕，或者将鱼肉磨碎后制成鱼粉和鱼油，这些产品不仅在食品工业中有广泛应用，也是重要的饲料原料。

鱼类深加工的重要性在于，它能够提高鱼类的附加值，创造更多的食品选择，并且通过科学的加工技术，可以更好地保存鱼类的营养成分，使人们在享受美食的同时，还能获得丰富的营养。然而，鱼类深加工也需要注意环境保护，如合理处理废弃物，避免对海洋生态造成影响。

2. 虾蟹类水产品深加工技术

贝壳类水产品深加工技术，通过酶解技术提取贝壳中的活性成分，开发出具有保健功能的食品或药品。酶解技术是一种生物工程技术，利用特定酶类在适宜条件下催化贝壳中复杂化合物的降解过程。贝壳中富含多种生物活性物质，如多糖、蛋白质、矿物质等，这些成分经过酶解后，可转化为易于人体吸收的小分子物质，进而发挥其独特的保健功效。

在食品领域，通过酶解技术提取的贝壳活性成分，可用于开发营养丰富的功能性食品。这些食品不仅口感鲜美，而且具有增强免疫力、抗氧化、延缓衰老等多种保健功能，深受消费者喜爱。

此外，贝壳类水产品深加工技术还包括利用微生物发酵技术改善产品的风味和营养价值。微生物发酵技术可以分解贝壳中的大分子物质，产生具有特殊风味的代谢产物，同时提高产品的营养价值。通过优化发酵工艺，可以制得口感鲜美、营养丰富的贝壳类产品，满足消费者对美食的追求。

在药品领域，贝壳中的活性成分同样具有广阔的应用前景。经过深入研究，科学家们发现这些成分在抗炎、抗肿瘤、抗心血管疾病等方面具有显著的药理作用。因此，利用酶解技术提取贝壳活性成分，为开发新型药物提供了宝贵的资源。

最后，贝壳类水产深加工技术还可应用于制作工艺品。贝壳独特的形状、色泽和纹理，使其成为制作工艺品的理想材料。通过巧妙的加工和设计，可以制作出具有观赏价值和收藏价值的贝壳工艺品，为人们的生活增添一份美好。

第三节　农产品质量安全知识

农产品质量是指农产品满足特定用途与消费者需求所具备的特点和特性的总和，即产品的适用性，涵盖了外观、口感、营养价值、安全性等多个方面。农产品质量受多种因素影响，包括种植环境、种植技术、储存和加工方式等。

随着健康饮食观念的提升，消费者对农产品质量的要求也在逐步提高。为提升农产品质量，要采取一系列措施，如优化种植技术、强化质量监管、提升农产品加工水平等。因此，农业经理人应持续提升农产品质量，满足消费者需求，确保食品安全。

农产品质量是农业生产的核心议题，应引起广泛重视。通过采取有效措施，不断提高农产品质量，保障人们的健康，促进农业的可持续发展。

一、农产品质量

（一）种植类农产品质量保证

1. 谷物类农产品质量控制技术

谷物类农产品的质量，直接关系到人们的健康与生活质量，必须采取专业且严谨的态度。首先，种子选择与处理是谷物类农产品质量控制的首要环节。选用抗病性强、适应性广的优质种子，能有效提高农作物的长势与产量。同时，种子处理过程中，应严格控制化学药剂的使用量和使用方法，避免对环境和农产品造成污染。

农田管理是影响谷物类农产品质量的关键因素。在种植过程中，应严格执行农业标准，包括土壤改良、灌溉水质监测、施肥量控制等。通过科学施肥、合理灌溉，以及有效的病虫害防治措施，有效提高谷物类农产品的产量和品质。在收获阶段，谷物的收获时机、方法和储存条件也对其质量产生重要影响。应确保在谷物成熟度适宜时进行收获，避免过早或过晚收获导致的品质下降。同时，收获后的谷物应妥善储存，防止受潮、霉变和有害物质的污染。在加工环节，谷物的清洁、筛选、干燥和包装等过程都应严格控制。应使用先进的加工设备和技术，确保谷物的清洁度和完整性。同时，包装材料的选择和使用也应符合相关标准，避免对谷物造成二次污染。定期检测谷物的外观、色泽、气味、口感等物理指标，以及营养成分、农药残留、重金属含量等化学指标，可以全面了解谷物的质量状况，及时发现并解决问题。

加强农产品质量安全监管体系建设也是保障谷物类农产品质量的重要手段。应建立健全的农产品质量安全监管机制，从源头上保障农产品的质量安全。同时，加强农产品质量安全知识的普及和宣传，提高消费者对农产品质量安全的认知度和重视程度。

2. 经济作物类农产品的质量

经济作物类农产品的质量控制涉及多个环节，包括种植、采收、加工、储存和运输等。在每一个环节中，都需要采取相应的技术措施来确保产品的质量和安全性。

在种植环节，我们需要选择适宜的土地和气候条件，并进行科学的土壤管理和施肥。通过合理的种植密度和轮作制度，以及使用抗病抗虫性能良好的品种，可以有效提高农作物的产量和品质。此外，种植过程中还需要注意农药和化肥的使用，遵循安全用药原则，避免残留物超标。

在采收环节，采收时间的选择对农产品的品质和耐贮性有很大影响。我们需要根据农作物的生长周期和市场需求，制定合理的采收计划。同时，采收过程中需要注意避免机械损伤和污染，确保农产品的完整性和卫生状况。

在加工环节，通过科学的加工工艺和设备，可以有效地提高农产品的附加值和品质。例如，对于一些需要干燥或冷藏的农产品，需要控制温度和湿度，避免霉变和变质。同时，加工过程中还需要注意卫生和食品安全，确保农产品符合相关标准和法规。

在储存和运输环节，需要根据农产品的特性和市场需求，制定合理的储存和运输方案。通过控制温度、湿度和光照等条件，可以延长农产品的保鲜期和保质期。同时，运输过程中还需要注意防震、防压和防污染等措施，确保农产品安全到达目的地。

除了以上各个环节的技术措施，还需要建立完善的农产品质量追溯体系。通过记录农产品的生产、加工、储存和运输等信息，可以追溯到产品的源头，为消费者提供安全、放心的农产品。经济作物类的农产品质量控制技术是一个复杂而重要的领域，需要综合运用多种技术手段和管理方法，确保农产品的品质和安全性，满足消费者的需求和期望。

3. 药用作物的质量

药用作物质量控制技术是一系列确保药用作物品质和安全性的措施和流程，它涵盖了从种植、采收、加工到储存的各个环节。

种植环境应选择适宜的种植地点，确保土壤、水源和空气的质量。对于药用作物，土壤应具备良好的肥力、排水性和透气性，以提供植物所需的营养和生长条件。同时，应避免使用污染的水源和土壤，以防止药用作物受到污染。药用作物的采收与加工直接关系到药材的质量和药效。首先是采收时间的选择，大多数药用植物的活性成分在生长发育的特定阶段达到最高，如人参要在生长第三年的秋季，当叶子开始变黄时采摘，以保证其药效。药材采收方法也需谨慎。例如，有些药材需要整株采集，如黄芪；有些则只需采集部分，如麻黄只需采集其根部。同时，应避免使用金属工具，以防药材被污染或氧化，影响其品质。采收后的药材通常需要经过晒干或烘干，以去除水分，防止霉变。在这个过程中，应避免阳光直射导致药材中的有效成分被破坏。如枸杞在晾晒过程中需翻动数次，使其均匀干燥，保持色泽。对于一些特殊的药用植物，如丹参，可能需要进行切片、蒸煮等预处理，以利于后续的干燥和提取。同时，药材的干燥程度应适中，既不能过于干燥导致药材破碎，又不能水分过多引发霉变。加工后的药材应立即包装，包装应选择防潮、防光、防异味的材料，确保药材在运输和储存过程中的质量。药用作物的采收与加工要根据不同的药材特性，采取适当的处理方法，以最大限度地保留药材的药效，保证药品的质量。

在质量控制与检测方面，对药用作物的质量进行定期检测和评估，包括外观品质、有效成分含量、农药残留量等指标的检测。通过质量控制和检测，可以及时发现和处理药用作物中存在的问题，确保药用作物的品质和安全性。

（二）养殖类农产品质量保证

1. 畜禽养殖质量

在畜禽养殖过程中，质量控制技术的运用贯穿于饲养管理、疫病防控、环境控制等多个方面。首先，饲养管理是畜禽养殖质量控制的基础。通过科学制定饲养计划，合理选择饲料配方，精确控制饲喂量，确保畜禽获得均衡的营养摄入，从而促进其生长发育和健康状况。其次，疫病防控是畜禽养殖质量控制的重要保障。通过建立健全防疫制度，定期进行疫苗接种和抗体检测，及时发现和处理疫病隐患，降低畜禽的发病率和死亡率。再次，加强畜禽舍的清洁消毒工作，减少病原体的滋生和传播，为畜禽提供良好的生活环境。最后，环境控制也是畜禽养殖质量控制的关键环节。通过合理调节畜禽舍的温度、湿度、通风等环境参数，为畜禽创造舒适的生活空间，有利于提高其生产性能和健康水平。同时，加强畜禽粪便和污水的处理，防止环境污染和资源浪费，实现畜禽养殖业的可持续发展。

在畜禽养殖质量控制技术的实施过程中，还应注重数据监测和记录。通过对饲养管理、疫病防控、环境控制等方面的数据进行定期监测和记录，可以及时发现和解决养殖过程中存在的问题，为优化养殖方案和提高畜禽产品质量提供科学依据。

2. 禽蛋质量控制

在禽蛋生产的整个过程中，从饲养管理、饲料配制、疾病防控到收集、分级、包装、储存与运输，每一个环节都需要专业的质量控制技术来确保禽蛋产品的优良品质。

在饲养管理方面，需通过科学的方法控制禽类的饲养密度、光照、温度与湿度等环境因素，以提供舒适的生活环境，促进禽类健康成长。同时，还需定期进行健康检查，确保禽类不携带疾病，从而避免禽蛋产品受到污染。

在饲料配制方面，应根据禽类不同生长阶段的需求，合理配置饲料中的营养成分，如蛋白质、矿物质、维生素等，以满足禽类正常生长与产蛋的需要。

在禽蛋收集环节，需确保收集工具的清洁卫生，避免交叉感染。同时，还需对收集的禽蛋进行初步检查，剔除破损、畸形等不符合标准的禽蛋。分级是禽蛋质量控制的重要环节，需根据禽蛋的重量、大小、外观等特征，对禽蛋进行精确分级。包装与储存也是影响禽蛋品质的关键因素。需采用符合食品安全标准的包装材料，确保禽蛋在储存与运输过程中不受污染。同时，还需控制储存环境的温度与湿度，防止禽蛋变质。

最后，在运输环节，需选择适宜的运输方式，确保禽蛋在运输过程中不受挤压、震动等不良影响，保持禽蛋的完整性与品质。

禽蛋质量控制技术涉及饲养管理、饲料配制、禽蛋收集、分级、包装、储存与运输等多个环节。作为专业禽类养殖者，应全面掌握这些技术，确保禽蛋产品的安全、营养与品质，为消费者提供优质的禽蛋产品。

3. 乳制品的质量

为了确保乳制品的质量安全，必须采取一系列专业的质量控制措施，从源头上保障消费者的健康权益。首先，乳制品生产的原料要严格把控奶源的质量。这包括对奶牛的饲养管理、饲料质量、水源质量等进行全面监测。同时，还需对原料奶进行严格的检验，确保其符合相关标准，如脂肪含量、抗生素含量、蛋白质含量、微生物指标等。其次，在乳制品生产过程中，应采用先进的生产工艺和设备，确保生产环境的清洁和卫生。对于生产设备，要定期进行清洗和消毒，以防止细菌滋生。此外，还应建立严格的生产操作规程，确保每道工序都符合质量要求。再次，对于乳制品的储存和运输环节，同样需要高度重视。应采用适当的储存设施和运输方式，确保乳制品在储存和运输过程中不会受到污染或变质。同时，还需对储存和运输过程进行严格的监控，确保乳制品在到达消费者手中时仍保持良好的品质。最后，为了进一步提升乳制品的质量水平，还应加强质量管理体系的建设。这包括建立完善的质量检测体系，对乳制品进行定期的检测和评估；建立质量追溯体系，对乳制品的生产、加工、储存、运输等各个环节进行追溯，以便在出现质量问题时能够迅速找到原因并采取措施；加强质量培训和宣传，提升员工的质量意识和技能水平。

4. 水产养殖质量

水产养殖质量控制技术能够保障水产品安全、提升渔业经济效益以及促进渔业可持续发展。养殖环境管理是实现水产养殖质量控制的基础。养殖水体质量、地质状况以及水温、光照等环境因素直接影响水生生物的生长、繁殖和健康状况。因此，需要采用科学的环境监测与调控技术，确保养殖环境稳定、适宜。例如，通过定期检测水质指标，及时调整养殖密度和投喂量，以维持良好的水质环境。

优良苗种选育能够提升水产养殖的质量。选择遗传性状优良、抗病力强的苗种，可以显著提高养殖成活率、产量和品质。因此，应加强对苗种选育技术的研究与推广，通过遗传育种、生物技术等手段，培育出适应性强、生长快速的优良苗种。科学合理的投喂管理是保障水产养殖质量的重要手段。投喂量、投喂频率以及饲料种类等因素直接影响水生生物的营养摄入和生长发育。因此，应根据养殖品种、生长阶段以及环境条件等因素，制定科学的投喂计划，确保水生生物获得充足的营养，同时避免浪费和污染。疾病防控也是水产养殖质量控制不可忽视的一环。水生生物在养殖过程中容易受到各种病原体的侵袭，导致疾病发生。因此，需要建立完善的疾病防控体系，包括定期检疫、疫苗接种、药物预防等措施，以减少疾病的发生和传播。加强养殖人员的培训与管理也是提高水产养殖质量的有效途径。养殖人员的专业素质和技能水平直接影响到养殖管理的效果。因此，应加强对养殖人员的培训和教育，增强他们的专业技能和环保意识，确保养殖过程中的各项措施得到有效执行。水产养殖质量控制技术涵盖了养殖环境管理、优良苗种选育、科学合理的投喂管理、疾病防控以及养殖人员培训与管理等多个方面。只有综合运用这些技术手段，才能确保水产养殖业的健康发展，为消费者提供安全、优质的水产品。

二、农产品检测

农产品检测是确保消费者餐桌安全的重要手段，它不仅是对农产品的质量和安全的评价，还是对农业生产者的劳动成果的尊重和保护。因此，掌握农产品检测知识，理解其重要性，掌握其主要内容、方法与技术，以及加强农产品检测的措施，对于维护公众健康、促进农业可持续发展具有深远的意义。

农产品检测的主要内容包括农药残留、重金属含量、添加剂使用、微生物污染等多个方面。这些内容的检测，直接关系到农产品的安全性和可食用性。农药残留超标可能导致人体中毒，重金属含量过高可能引发慢性疾病，添加剂滥用可能破坏食品的营养结构，微生物污染则可能引发食物中毒等。因此，农产品检测的内容必须全面、细致，以确保农产品的质量安全。

农产品检测的方法与技术在不断进步。目前，常用的检测方法包括化学分析法、生物分析法、仪器分析法等。这些方法的准确性和灵敏度不断提高，为农产品检测提供了有力的技术支持。同时，农产品检测也需要引入新的技术和方法，如快速检测技术、无损检测技术等，以适应现代农业发展的需要。

为了进一步加强农产品检测，需要采取以下措施：一是提高检测标准，制定更加严格的农产品质量标准，推动农产品检测技术的不断进步；二是加大监管力度，建立健全农产品检测监管体系，确保检测结果的公正性和准确性；三是强化农产品生产者的责任意识，引导他们自觉遵守农产品检测规定，提高农产品的质量和安全水平；四是加强公众宣传教育，提高公众对农产品检测的认识和重视程度，形成全社会共同关注农产品质量的良好氛围。

我们必须高度重视农产品检测工作，掌握检测知识，理解其重要性，掌握主要内容、方法与技术，并采取有效措施加强农产品检测。只有这样，才能确保农产品的质量和安全，让人民群众吃得放心、吃得健康。

（一）种植类农产品检测

1. 粮食作物的检测

粮食作物的检测是保障农产品质量与食品安全的重要环节，主要聚焦于营养成分、农药残留以及重金属含量三个关键方面。营养成分检测是评估粮食的营养价值，涵盖蛋白质、脂肪、碳水化合物、维生素及矿物质等关键指标，这些指标直接反映了粮食的营养水平，为消费者提供了关于食品成分的详细信息，帮助他们做出更健康的饮食选择。

农药的使用是必不可少的，它能有效防治病虫害，提高农作物的产量。然而，过量或不合理地使用农药，可能会导致农药残留，进而影响粮食产品的安全性和消费者的健康。采用先进的检测仪器，对各种类型的农药残留进行定性和定量分析。要严格按照标准的检测流程进行操作，包括样品的采集、预处理、分析等步骤。样品采集需要保证代表性，预处理要确保农药能从复杂的基质中有效提取出来，分析过程中要控制好各种影响因素，以减少误差。还需要定期对检测设备进行校准和维护，以确保其检测结果的准确性和可靠性。同时，检测人员需要接受专业的培训，掌握最新的农药残留检测技术，以便对新出现的农药残留问题做出快速、准确的判断。

重金属污染主要源于工业排放、化肥过度使用、矿产开采等活动，这些活动将大量的重金属如铅、镉、汞等引入到自然环境中，尤其是引入到水源和土壤中。一旦这些重金属在土壤中积累，就可能通过灌溉水或直接被农作物吸收。农作物对重金属的吸收和积累受到许多因素的影响，如作物种类、生长阶段、土壤类型、重金属形态等。例如，研究发现，水稻对镉的吸收能力远高于其他作物，因此，在一些富含镉的土壤中种植水稻，可能会导致稻米中镉含量过高。

对于粮食作物中的重金属含量，各国政府和相关机构已经制定了一系列的安全标准和管理措施，如欧盟的食品和饲料最高污染物限量法规，以及中国的食品安全国家标准等。这些标准规定了农作物中重金属的最大允许限量，以防重金属污染的食品进入市场，保障消费者的食品安全。

为提升我国粮食产品在国际市场上的竞争力，粮食产品的质量和安全标准需与国际接轨。我们应借鉴国际先进的检测技术和标准，不断完善我国的检测体系，提高检测水平。

2. 经济作物的检测

经济作物的检测聚焦于品质、产量以及抗逆性。品质检测需要审视作物的外观、色泽、口感和香气，确保它们符合特定的市场标准，以满足消费者和市场的多样化需求。在产量检测方面，通过测定单位面积产量，为种植户提供基于科学数据的种植建议，以实现经济效益最大化。此外，对于经济作物的抗逆性检测，特别是其在抗病虫害和逆境条件下的生存能力，这是保障作物生长稳定性和适应性的关键。

为全面评估经济作物的品质、产量及抗逆性，我们采用了一系列先进的仪器设备。在品质检测中，视觉检测系统利用高清摄像头和图像处理软件，自动识别并分类作物外观；色差仪则精确测量作物表面的颜色；风味分析仪模拟人类感官，对口感和香气进行客观评价；气相色谱质谱联用仪（GC-MS）技术用于分析作物中的挥发性化合物，评估其香气特性。此外，根据不同的经济作物和市场需求，我们还会选择如糖度计和硬度计等特定的检测仪器。产量检测方面，现代收割机配备的产量监测系统实时记录并计算单位面积产量；电子秤或地磅用于准确称重收获的作物；GPS 测量仪或激光测距仪则确保种植面积的精确测量。在抗逆性检测中，昆虫抗性试验箱可以模拟不同环境条件以测试作物的抗虫性；病原菌接种设备则用于评估作物对病害的抗性。环境模拟实验室通过控制温度、湿度、光照等因素，模拟各种逆境条件以检测作物的适应性。生理指标测定仪如电导仪和光合作用测定仪，则分别用于评估作物的抗逆性和生长状况。这些仪器设备的选择和应用，均基于具体的经济作物、种植条件和市场需求。通过综合应用这些先进技术，我们能够全面、准确地评估经济作物的品质、产量及抗逆性，为种植户提供科学的种植指导，助力其实现经济效益的最大化。

3. 特色农产品的检测

特色农产品的检测具有其独特性和复杂性，这些农产品通常融合了地域特色、品质优良及深厚的文化内涵。因此，其检测过程必须紧密结合这些特点，确保产品始终维持其卓越的品质和风味。

特色农产品因其独特的营养价值、风味特点以及深厚的文化底蕴，受到了广大消费者的热烈追捧。为确保消费者权益得到充分保障，必须制定一套全面且个性化的检测方案，确保其品质始终如一。

检测方案要特别关注特色农产品的营养成分。这包括对所含有的维生素、矿物质、膳食纤维等进行精确测定，以便消费者能够清晰了解产品的健康效益。例如，对一款高山野生蜂蜜进行检测，结果显示其含有丰富的抗氧化物质，对保护人体健康具有显著效果。

对风味物质的评估，每一种特色农产品都有其独特的风味，这是其吸引消费者的独特魅力。采用先进的感官评价技术和化学分析方法，对产品的香气、口感、色泽等多方面进行综合评价，以确保其风味的纯正和独特。例如，在检测一款地方特色茶叶时，发现其含有特定的香气成分，这是其区别于其他茶叶的重要标志。

此外，还要关注特色农产品在加工与贮藏过程中的品质变化。加工过程中的热处理、机械损伤等都可能导致产品品质下降，而贮藏过程中可能遇到的温度、湿度变化等环境因素也会影响产品的品质。因此，要模拟各种条件进行实验，以找出最佳的加工和贮藏方案，确保产品的整个生命周期内都能保持优良的品质和风味。

这项工作不仅仅是简单的检测，每一份检测报告，都是对特色农产品独特价值的肯定，是对消费者健康负责的体现，更是一种对农产品文化的传承和保护，让消费者在享受美食的同时，也能感受到其中蕴含的丰富文化内涵和地方特色。通过科学的检测和评估，为特色农产品打造一个从源头到终端的品质保障体系，让消费者在品尝这些美食的同时，也能享受到其背后所蕴含的健康价值和文化魅力。

特色农产品的检测需要综合考虑其地域特色、品质和文化内涵等多个方面，选择适当的仪器设备来制定个性化的检测方案，确保产品的品质和风味得以保持和提升。

种植类农产品质量检测中粮食作物、经济作物以及特色农产品的检测各有其特点与要点，需要采用专业的检测方法和技术手段，对农产品进行全面、准确的检测，以确保农产品的质量与食品安全，为消费者提供健康、美味的农产品。

（二）养殖类农产品检测

1. 肉类产品质量检测

在肉类农产品质量检测过程中，我们需要遵循科学、规范、严谨的原则，采用先进的检测技术和设备，确保检测结果的准确性和可靠性。具体而言，需要对肉类的营养成分、微生物指标、人畜共患病、药物残留等多个方面进行全面检测。

对于肉类的营养成分检测，需要通过专业的实验室设备，精确测定其蛋白质、脂肪、矿物质、维生素等含量。这些数据是评价肉类品质的重要依据。同时，关注肉类的口感、色泽、香味等感官指标，确保其满足市场和消费者的期待。

微生物指标的检测是预防食源性疾病、保障公众健康的重要防线。在食品供应链的各个环节，尤其是肉类产业，对细菌、病毒、寄生虫等微生物的检测是必不可少的。这些微生物可能在动物饲养、屠宰、加工、储存或运输过程中悄然滋生，一旦进入人体，可能导致严重的感染或疾病。

例如，沙门氏菌是一种常见的食源性病原体，世界卫生组织数据显示，全球每年有超过 9 000 万人因沙门氏菌感染而引发疾病，其中约 15. 5 万人因此死亡。霍乱弧菌则是引发霍乱的罪魁祸首，其快速的传播能力和高致死率使得霍乱成为全球公共卫生的重大挑战。此外，肉毒梭菌则能产生致命的肉毒素，对肉类制品的污染可能导致消费者出现神经系统症状，甚至危及生命。

因此，对肉类进行严格的微生物检测，不仅可以及时发现并控制潜在的食品安全风险，还可以提高食品加工企业的质量管理水平，增强消费者的信心。包括在生产过程中实施严格的卫生控制措施，如定期清洁消毒、低温储存、热处理杀菌等，以及在产品出厂前进行病原体检测，确保产品在到达消费者手中时是安全的。

同时，科研机构和政府部门也在不断研发和优化微生物检测技术，如快速检测方法、分子生物学检测技术等，以提高检测的灵敏度和效率，缩短从采样到出结果的时间，为食品安全提供更强大的保障。

人畜共患病的检测方面，如布氏杆菌病、禽流感等，不仅对人类健康构成威胁，同时也对畜牧业的稳定发展产生严重影响。因此，对肉类和其他动物产品进行严格的病原体检测是确保食品安全和公共卫生的必要步骤。在实际操作中，这个过程通常涉及多个阶段。首先，从农场到屠宰场，动物在全程监控下，确保它们在健康状态下生长。一旦动物被屠宰，其肉类将被送入专门的检验区，由训练有素的检验员进行细致的检查。检验员会使用先进的生物技术，如 PCR 检测、血清学检测等，对肉类样本进行病原体的筛查，以检测是否存在任何病原体的迹象。

例如，布氏杆菌是一种常见的人畜共患病原体，可以通过接触感染动物的体液或食用未经适当处理的感染动物产品而传播。禽流感则是一种高度传染性的病毒，可通过鸟类传播给人类，引发严重的呼吸系统疾病。这两种疾病的早期检测和识别能够防止其大规模爆发。如果在检测过程中发现异常，相关部门会立即启动应急响应机制，包括隔离受感染的肉类、追踪可能的接触者、进行消毒处理等，以防止疾病的进一步传播。同时，这些信息也会报告给研究机构，以便进一步研究病原体的特性，更新预防和治疗策略。

此外，公众教育也是人畜共患病防控的重要组成部分。通过教育公众了解这些疾病的风险，提高食品安全意识，如避免食用未经烹饪或不完全烹饪的肉类，可以有效地减少人畜共患病的传播。

在药物残留方面，随着现代农业的发展，为了预防和治疗动物疾病，提高生产效率，抗生素、激素、镇静剂等药物在畜牧业中的应用日益广泛。然而，这些药物的不合理使用，尤其是超量或过早使用，可能导致其在动物体内的残留，进而通过食物链影响到人类健康。

抗生素的过度使用可能导致细菌的抗药性增强，使得一些原本可以治疗的感染性疾病变得难以治愈。据世界卫生组织报告，全球每年有约 70 万人死于抗药性细菌感染，如不采取有效措施，到 2050 年，这一数字可能攀升至 1 000 万人。此外，激素残留可能导致人体内分泌系统的紊乱，增加患肿瘤的风险；镇静剂残留则可能影响神经系统的正常功能。

因此，严格的药物残留检测是必要的。这包括对养殖环节的监管，确保药物的合理、规范使用，以及对肉类等农产品的检测，确保其在进入市场前符合安全标准。检测方法通常包括高效液相色谱、气相色谱、质谱技术等，这些技术能准确、灵敏地检测出极低浓度的药物残留。

例如，欧盟对肉类中的药物残留设定了严格的标准，任何超过规定限值的产品都将被禁止销售。我国也制定了《食品安全国家标准　食品中兽药最大残留限量》（GB 31650. 1—2022），规定对各类药物残留进行严格控制。

为了提高公众对药物残留问题的认识，政府部门、科研机构和行业协会等应加强科普宣传，提高消费者的食品安全意识。同时，鼓励企业采用更安全、环保的养殖模式，如绿色养殖、有机养殖等，从源头上减少药物残留的风险。

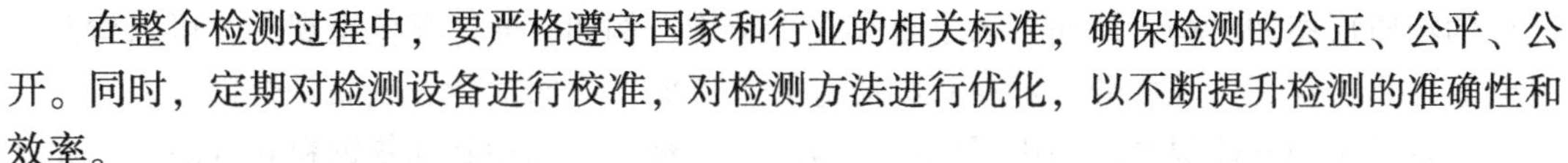

在整个检测过程中，要严格遵守国家和行业的相关标准，确保检测的公正、公平、公开。同时，定期对检测设备进行校准，对检测方法进行优化，以不断提升检测的准确性和效率。

2. 蛋类品质量检测

在蛋类农产品质量检测方面，应遵循一系列严格的标准和程序。首先，样品的采集与保存需遵循专业规范，以确保样品的完整性和代表性。其次，检测项目应全面覆盖外观、感官、理化指标以及微生物等多个方面，以全面评估蛋类农产品的质量状况。在外观检测中，主要关注蛋壳的完整性、色泽、形状以及蛋的大小等特征。感官检测则主要依赖人的视觉、嗅觉和味觉等感官器官，对蛋的气味、滋味等进行判断。最后，理化指标检测包括蛋白质、脂肪、胆固醇等营养成分的测定，以及重金属、农药残留等有害物质的检测。

在蛋类产品中，沙门氏菌和大肠杆菌是最常见的病原微生物，它们可能导致消费者食物中毒，严重时甚至威胁生命。因此，对这些病原菌的检测是确保蛋类食品安全的关键步骤。

为了实现这一目标，需要依赖于先进的微生物检测技术。聚合酶链反应（PCR）技术是一种被广泛应用的检测手段，它能以极高的灵敏度和特异性检测出目标微生物的遗传物质，即使在样本中存在极微量的病原体也能被准确识别。此外，免疫学方法，如酶联免疫吸附试验（ELISA），通过利用抗体—抗原的特异性反应，也能有效地检测出蛋品中的病原菌。这些现代检测技术的运用，极大地提高了评估蛋类农产品卫生状况的准确性和可靠性。

值得注意的是，微生物检测并非一蹴而就的过程。它需要严格遵循标准化的操作流程，包括样本的采集、保存、运输以及实验室分析等，任何环节的疏漏都可能导致检测结果的偏差。同时，为了应对新出现的病原体或耐药菌株，检测技术也需要不断更新和优化。在实际操作中，还需要结合其他质量控制措施，如危害分析与关键控制点（HACCP）体系，从源头上控制微生物污染。例如，改善养殖环境，定期对鸡群进行疫苗接种，严格控制饲料和水源的卫生，以及在加工和储存过程中实施严格的卫生管理，都能有效降低蛋类农产品的微生物风险。

蛋内物质检测也是蛋类产品质量检测的关键环节。在这一环节，检测人员需要采用专业的光学仪器、色谱仪等设备对蛋黄颜色、蛋白高度等指标进行检测。这些设备可以通过测量光线的透射、反射等特性，快速、准确地获取鸡蛋的内部信息。这些指标的变化可以反映蛋的新鲜程度、营养价值以及可能存在的质量问题。

在蛋类产品质量检测过程中，应注重数据的收集、整理和分析。通过对检测数据的深入剖析，可以发现潜在的质量问题，为农业生产提供有针对性的改进建议。

3. 乳制品质量检测

乳制品作为人们日常饮食的重要组成部分，其质量和安全性直接关系到消费者的健康。然而，近年来，乳制品掺假事件频发，给消费者的健康带来了严重威胁。除了分析营养成分、微生物及药物残留外，检测乳制品的真伪性也是其中的关键环节。

理化检测法是检测掺假乳制品的一种常用手段。通过对乳制品的理化性质进行测试，如脂肪含量、蛋白质含量、酸度等指标，来判断乳制品是否掺假。这种方法具有操作简便、结果直观的优点，是乳制品生产企业和检测机构常用的检测方法之一。

显微镜检测法也是一种有效的掺假乳制品检测方法。该方法通过使用显微镜观察乳制品中的物质形态和结构，从而判断是否存在掺杂物。例如，通过显微镜观察，可以检测到乳制品中是否存在非乳成分、颗粒状物质等异常现象，进而推断乳制品是否掺假。

三聚氰胺因其能提高乳品中蛋白质的检测值而被非法添加到动物饲料和食品中，尤其是在2008年中国暴发的婴幼儿奶粉污染事件后，引起了全球的广泛关注。这个事件导致数以万计的婴幼儿患病，数十人死亡，揭示了食品检测体系中的重大漏洞。三聚氰胺对人体健康的影响是多方面的，长期摄入可能导致肾结石、肾功能衰竭，甚至可能引发癌症。因此，要建立准确、快速、灵敏的三聚氰胺检测方法来保障公众健康。

目前，乳制品中三聚氰胺的检测方法主要包括液相色谱法、气相色谱法、质谱法、免疫层析法等。液相色谱法和气相色谱法是通过分离和定量样品中的三聚氰胺来实现检测，而质谱法则是在分子水平上识别和定量三聚氰胺，其灵敏度和准确性更高。免疫层析法则是一种快速筛查方法，适用于大规模的现场检测。然而，每种方法都有其适用范围和局限性。例如，色谱法需要复杂的样品前处理步骤，且设备成本较高；质谱法虽然灵敏度高，但对操作技术要求严格，且运行成本较高。因此，科研人员正在不断探索和发展新的检测技术，以提高检测效率，降低成本，满足不同场景的检测需求。此外，各国政府和国际组织也在不断强化对乳制品中三聚氰胺的监管。例如，中国国家食品药品监督管理局已经设立了严格的三聚氰胺限量标准，并定期对市场上的乳制品进行抽检。国际食品法典委员会（CAC）也制定了全球统一的三聚氰胺限量标准，以确保全球食品安全的统一性。

除了上述方法外，还有一些其他的检测方法也值得关注。例如，通过嗅觉检验法，可以判断乳制品是否存在刺激性气味或酸臭味等异常情况，从而推断乳制品是否掺假。pH值检验法则通过测量乳制品的酸碱度来判断其是否掺假，正常乳制品的pH值应在一个特定的范围内，若偏离这个范围，则可能表示乳制品被掺假。此外，测比重法也是一种有效的识别掺水乳制品的方法。

需要强调的是，对于掺假乳制品的检测，仅凭一种方法往往难以得出准确的结论。因此，在实际应用中，应将多种方法相结合，形成一套完整的检测体系，以提高检测的准确性和可靠性。同时，随着科技的不断发展，新的检测技术和方法也将不断涌现，为掺假乳制品的检测提供更加有力的支持。

在理化指标检测方面，乳制品中的关键营养成分如脂肪、蛋白质、乳糖等，可以通过高效液相色谱仪、气相色谱仪等精密设备进行测定。这些设备能够精确地分析乳制品的成分比例，确保其符合国家的营养标准。例如，高效液相色谱仪可以精确到毫克级别的脂肪含量，为产品的质量控制提供了科学依据。

微生物检测是乳制品质量控制的另一大关键因素。通过荧光定量PCR技术，可以对乳制品中的细菌、病毒等微生物进行定量分析，甚至可以检测到极低浓度的病原体。酶联免疫吸附试验则常用于检测乳制品中的毒素和过敏原，如黄曲霉素、沙门氏菌毒素等，以防含有这些有害物质的产品流入市场。

此外，现代检测技术还包括对乳制品中维生素、矿物质等微量元素的分析，以及对添加剂、污染物等的筛查。例如，使用电感耦合等离子体质谱法可以测定乳制品中的钙、磷、铁等矿物质含量，确保产品的营养价值。

4. 水产品质量检测

在水产质量检测中，需要运用多种先进的检测技术与方法，如化学分析、生物检测、仪器分析等，对水产品中的营养成分、有害物质残留、微生物污染等指标进行全面、准确的检测。同时，还需要根据不同的水产品种类和市场需求，制定相应的检测标准和流程，确保检测结果的准确性和可靠性。

在养殖环节，水质是影响鱼类和其他水生生物生长发育的关键因素。需定期对养殖水体进行化学、生物和物理指标的全面检测，如 pH 值、溶解氧、氨氮含量等，以确保其处于适宜的范围内。同时，饲料作为养殖过程中的重要投入，其质量直接影响到水产品的营养成分和健康状况。应选择无公害、无抗生素的优质饲料，并定期检测饲料中的营养成分，以满足不同生长阶段的需要。养殖环境的优化也不可忽视。这包括保持养殖设施的清洁，避免病原微生物的滋生，以及合理控制养殖密度，防止过度拥挤导致的疾病传播。此外，还需要关注环境变化，如温度、光照、水流等，这些因素都可能对水产品的生长产生影响。进入加工环节，质量控制的严格性进一步提升。原料的选取是首要步骤，需要确保每一批次的原料都来自经过严格检测的养殖基地。在加工过程中，半成品的质量控制同样重要，任何可能的污染源都需要被及时发现并消除。加工完成后，成品需要通过微生物检测、重金属检测、添加剂检测等一系列严格的质量检测，以确保产品的卫生、营养和安全，满足消费者的期待。在这个过程中，我们还需要遵守相关的食品安全法规，如危害分析与关键控制点（HACCP）体系，以预防潜在的食品安全风险。同时，应积极引入先进的检测技术和设备，提升质量控制的精度和效率。

新兴的水产养殖技术和加工工艺对产品质量的影响不容忽视。这些新技术的出现，在提高养殖效率，优化产品口感，延长保质期的同时，也可能引入新的风险因素，对消费者的健康产生潜在影响。以水产养殖技术为例，现代化的养殖系统如循环水养殖、生物工程技术等，虽然能有效提高单位面积的产量，减少对环境的依赖，但可能会影响水产品的营养成分，甚至引入未知的生物风险。例如，过度依赖饲料添加剂可能会导致水产品中抗生素残留，长期食用可能对人体产生抗药性影响。因此，我们需要深入研究这些新技术对水产品质量的全面影响，包括营养成分、安全性、口感等多个方面。另外，加工工艺的创新，如超低温冷冻、高压处理等，虽然能延长产品的保质期，改善其外观和口感，但也可能影响水产品的营养价值。例如，过度的热处理可能会破坏水产品中的活性酶和维生素，影响其营养价值。此外，新的添加剂和防腐剂的使用也可能带来潜在的安全风险。

因此，对于这些新兴的水产养殖技术和加工工艺，需要建立一套动态的、科学的检测和评估体系。包括定期进行技术更新的跟踪研究，科学评估其对水产品质量的影响，以及及时修订和优化检测标准。

关注新兴技术对水产质量的影响，不仅是保障消费者权益的必要举措，还是推动水产行业健康发展的重要环节。只有通过持续的研究、监测和创新，才能确保在享受科技带来的便利和效率的同时，也能保证水产品的质量和安全。

第四节　农产品仓储物流知识

农产品仓储物流，不仅是一系列技术和流程，还是确保了大众餐桌安全和丰富多样。从田间地头的种植、养殖，到餐桌上的美食佳肴，这中间每一个环节都充满了学问。农产品在收获后，如何妥善储存以保持其新鲜度和营养价值？如何高效运输以减少损耗和成本？如何精准对接市场需求以确保销售的顺畅？这些问题的答案，都隐藏在农产品仓储物流的知识体系之中。

农产品仓储物流知识的重要性，不仅体现在对农产品质量的保障上，更体现在对整个农业产业发展的推动作用上。有了这些知识，农业经理人可以更好地规划和管理农产品的流通，提高流通效率，降低成本，从而为农民增加收入，为消费者提供更多优质、安全的农产品。

因此，农业经理人不能忽视农产品仓储物流知识的重要性。每一位从事农业相关工作的人员，都应该深入学习和掌握这些知识，为推动我国农业产业的持续健康发展贡献自己的力量。

一、种植业产品仓储物流知识

在种植业领域，产品的仓储物流是为了确保农产品品质、减少损耗、提高经济效益。随着现代农业技术的不断发展，农作物的收获技术、储存方法、运输方式以及相关的设施和设备也在不断升级和完善。

收获技术是农作物仓储物流的第一步。在收获过程中，需要根据农作物的种类、生长周期和成熟度等因素，选择适合的收获方法和工具。例如，对于谷物类作物，可以采用联合收割机进行大面积、高效率的收获；对于水果和蔬菜类作物，则需要人工采摘，以保证果实的完整性和品质。

收获后的农作物需要及时储存，避免因天气、湿度、病虫害等因素导致的品质损失。常见的农作物储存方法包括常温储存、冷藏储存、气调储存等。例如，对于谷物类作物，可以采用常温储存，保持仓库的通风和干燥；对于水果和蔬菜类作物，需要采用冷藏或气调储存，延长其保鲜期和品质。运输方式也是农作物仓储物流中的一环。现代化的运输方式包括公路运输、铁路运输、水路运输和航空运输等。根据农作物的种类、运输距离和运输时间等因素，需要选择适合的运输方式和运输工具。同时，为了保证农作物的品质和安全，还需要在运输过程中进行温度控制、湿度调节等操作。为了实现农作物仓储物流的高效、安全、环保和可持续发展，需要借助先进的设施和设备。例如，现代化的仓库需要配备智能控制系统、温度湿度监测设备等，以保证储存环境的稳定和安全；运输过程中则需要使用冷藏车、集装箱等先进的运输设备，以确保农作物的品质和安全。

农作物的仓储物流通过采用先进的收获技术、储存方法、运输方式以及相关的设施和设备，可以有效地提高农作物的品质和经济效益。

（一）粮食作物仓储物流

1. 智能化管理

在当今粮食储存领域，智能化仓储管理通过借助集成传感器、物联网等尖端技术，粮食存储过程中的温度、湿度、气体浓度等关键参数得以实时监测和精准控制，从而极大地提升了粮食的质量与安全水平，确保粮食在最佳状态下得以储存。

传感器技术的运用，使得粮食储存环境中的各项参数能够实时、准确地传输至中央控制系统，实现数据的高效汇集与处理。而物联网技术的应用，进一步促进了各环节之间的信息交流，打破了信息壁垒，使管理更加高效。借助智能化管理，能够精确控制储存环境的温度与湿度，有效防止粮食因受潮或过热而发生的霉变或变质问题。同时，对气体浓度的实时监测也能够帮助我们及时发现并处理可能存在的有害气体，进一步保障了粮食储存的安全性。智能化仓储管理技术的运用进一步提升了粮食存储的管理效率。借助物联网、大数据、云计算等现代信息技术，粮食存储系统能够实时监控库存状态，自动预警库存不足或过剩的情况，并为管理人员提供精准的数据支持。这使得管理人员能够迅速作出决策，调整存储策略，确保粮食的及时供应和有效管理。此外，智能化库存管理还能预测市场需求，为粮食的调配和供应提供有力保障，促进粮食产业的稳定发展。

举例来说，某大型粮食储存企业引入了先进的智能化管理系统。该系统通过集成传感器和物联网技术，实时监测粮食储存环境中的温度、湿度和气体浓度等关键参数。一旦参数超出预设的安全范围，系统便会自动触发警报，并自动调整环境控制设备，确保粮食储存环境始终保持在最佳状态。这一系统不仅大大提高了粮食储存的安全性和稳定性，还显著降低了能耗，为企业带来了可观的经济效益。智能化管理不仅确保了粮食的质量与安全，还提高了管理效率，降低了能耗，推动了粮食储存行业的可持续发展。

2. 自动化控制系统

自动化控制系统极大地提升了粮食存储的效率和准确性。粮食的入库、出库、通风、降温等操作，均通过自动化设备精确控制，实现了流程的高效化。该系统的引入与深度应用，显著推动了粮食存储领域的技术革新，提升了存储作业的效率与精准度。通过集成先进的传感技术、数据处理能力和智能控制算法，该系统为粮食存储提供了全程的精确管理。在粮食入库环节，自动化控制系统凭借高精度的传感器和智能识别技术，迅速准确地采集和处理粮食的种类、质量、数量等信息。不仅避免了人工操作的误差和遗漏，还极大提高了入库速度，确保信息的准确无误。自动化搬运技术的广泛应用显著提高了粮食存储的作业效率。通过智能机械臂、自动化输送带等设备的运用，粮食的装卸、运输和堆放等操作实现了高度的自动化和精准化。这不仅极大地减轻了人工劳动强度，降低了人力成本，更避免了人为因素可能导致的操作失误，确保了粮食存储的安全性和准确性。

在粮食出库方面，系统根据预设计划和实时库存情况，自动计算并优化出库顺序和数量。确保了粮食出库的及时性和有序性，减少了人为因素导致的错误和延误，提高了运营效率。

自动化控制系统在粮食存储环境的智能调控方面，实时监测仓库内的温度、湿度等参数，自动调整通风、降温设备，保持存储环境的稳定与适宜。这不仅延长了粮食的保质期，还有效防止了因环境因素导致的损失，提高了存储的安全性和可靠性。自动化控制系统的应用为粮食存储带来了革命性变革。它提高了效率、降低了成本，并提升了安全性和可靠性。例如，在应对突发天气变化时，自动化控制系统能迅速响应并调整仓库内的环境条件，确保粮食免受损失，展现其强大的适应性和可靠性。

3. 熏蒸储藏

粮食仓储管理中的熏蒸技术能有效控制粮食害虫，确保粮食的品质与安全。在粮食的保管过程中，害虫的侵害是一个不可忽视的问题，它们不仅影响粮食的食用价值，还可能造成粮食的严重损失。

熏蒸技术主要利用化学熏蒸剂，如磷化铝、磷化钙等，在密封条件下对粮堆进行投理处理。这些熏蒸剂通过吸收粮堆空隙与粮食中的水分，产生化学反应，释放出具有杀虫效果的气体。这种气体能够渗透到粮堆的各个角落，有效地杀死隐藏在其中的害虫及其虫卵，从而达到控制害虫的目的。在实施熏蒸技术时，专业人员需根据粮食的储存条件、虫害种类和程度等因素，选择合适的熏蒸剂和浓度。同时，还需根据仓库尺寸和粮食储存量确定熏蒸设备的规格和数量，确保熏蒸操作的有效性和安全性。值得注意的是，熏蒸技术具有一定的危险性，操作人员必须严格遵守安全操作规程，穿戴防护装备，避免直接接触熏蒸剂。在熏蒸过程中，应确保熏蒸区域的密封性，防止熏蒸剂泄漏对环境和人体造成危害。熏蒸结束后，还需进行适当的通风处理，以排除残留的熏蒸剂。此外，熏蒸技术并不是一劳永逸的解决方案。在粮食仓储管理中，还应结合其他害虫防治措施，如物理防治、生物防治等，形成综合防治体系。同时，定期对仓库内的粮食进行检查和监测，及时发现并处理虫害问题，确保粮食的安全储存。

4. 安全可靠的技术措施

现代化粮食存储离不开一系列安全可靠的技术措施。首先，防火技术是关键。鉴于粮食的易燃性及其火灾可能带来的严重后果，存储设施必须配备先进的火灾预防与应对系统，如火灾报警装置、自动灭火装置和消防器材，以确保火灾能够迅速被发现并得到有效控制。其次，防水技术同样重要。粮食易吸湿，长期潮湿的环境极易导致霉变和腐败。因此，必须采取一系列防水措施，如建设防水墙体、铺设防潮地面以及安装除湿设备等，确保存储环境干燥且稳定。最后，防盗技术亦不容忽视。为防止粮食被非法侵占，存储设施需配备完善的安防系统，如高清视频监控、入侵报警装置和电子围栏等，以实现实时监控并有效阻止非法入侵。

随着物联网、大数据等现代信息技术手段也逐渐被应用于粮食存储领域。通过实时监测存储环境的温度、湿度、气体浓度等各项参数，我们能够及时发现并预警潜在的安全隐患，从而确保粮食在最佳状态下存储。

通过安全可靠的技术措施的综合运用和现代科技手段，能够有效地保障粮食的存储安全，为国家的粮食安全和社会的和谐稳定提供坚实的支撑。

（二）经济作物产品仓储物流

1. 选择合适的仓储设施

选择仓储设施时需精心挑选，如仓库和冷库，以确保经济作物的妥善储存。在挑选时，农业经理人需全面考量设施的规模、布局、温度及湿度等因素，合适的仓储设施不仅保障作物安全储存，更是提升农产品价值、优化资源配置、降低损耗风险的重要手段。

仓库适宜储存一般农作物，而冷库则专注于需低温保鲜的农产品。选择时需权衡作物种类、特性及市场需求。仓库规模应基于预计储存量确定，布局需合理，便于作物进出与管理。大型农场或合作社可考虑多仓库系统，以分散风险，提高管理效率。

对于冷库，需根据作物对温湿度的需求设定参数，如某些水果需低温高湿环境以保持品质。同时，通风、防虫、防火等安全措施也需重视。良好的通风设施可以防止作物受潮发霉，而防虫防火措施则降低了损失风险。全面考虑规模、布局、温湿度等因素，为经济作物创造一个安全稳定的储存环境，保障农产品的品质和附加值。以柑橘农场为例，考虑到柑橘需低温高湿环境，选择具备精确温湿度控制功能的冷库。根据预计产量和销售计划，选择适中容量的冷库，并设计合理的货物摆放和进出通道。同时，注重通风和防虫措施，确保柑橘在储存期间的品质和安全，为农场带来稳定的经济效益。

2. 优化运输方式

在面对经济作物的运输需求时，农业经理人必须准确把握作物特性，审慎选择运输方式，如公路、水路或航空。这一过程不仅要考虑运输成本，还需权衡时间效率，以确保作物能够高效、安全地送达目标市场。需综合考虑农产品特性、运输距离、时间成本及运输成本，选择最佳的运输方式与路径。同时，制定严格的包装和运输标准，并定期对运输工具进行维护与保养，以保障农产品的品质与安全。

在物流优化的背景下，选择运输方式成为一项复杂而多维度的挑战。以柑橘为例，其高保鲜和较大体积要求，需要我们在运输过程中严格把控时效性和损耗率。短途运输时，公路运输的灵活性和便捷性使其成为首选，能快速将产品送达邻近市场。而对于长途或跨国运输，尽管航空运输成本较高，但其速度优势能显著减少作物在途中的损耗，保障品质。在成本效益的考量中，水路运输因其低廉的成本在大宗长途运输中占据一席之地。然而，对于保鲜要求严格的经济作物，水路运输可能并非最佳选择。因此，在选择运输方式时，需全面评估各种方式的成本与效益，以实现物流效率与经济效益的双赢。此外，运输安全始终是物流领域的核心，无论选择何种方式，都需严格执行安全措施，降低损耗率和风险。

优化运输方式需综合考虑经济作物的特性、运输需求、成本、时间以及安全因素。通过精准决策和合理布局，能最大化物流效率与经济效益。

3. 建立高效的物流系统

建立高效的物流系统涵盖运输、配送和信息管理等环节的高效性。这一系统必须确保物流信息的实时更新，促进客户与供应商之间的顺畅沟通。同时，建立与其他物流企业的合作关系，提升物流效率与质量。在农业产业链中，物流系统须确保高效流通。因此，需要构建一个高效、可靠的物流系统，它涉及运输、配送和信息管理等多个层面。

经济作物在配送环节，农业经理人应精准把握市场需求与消费者偏好，合理安排配送计划与路线。与零售商、批发商等合作伙伴建立紧密关系，确保农产品能够准确、及时地送达消费者手中。了解市场需求是优化配送策略的基础。这需要通过大数据分析，实时收集和研究消费者购买行为、消费趋势等信息，以便及时调整种植结构和产量。例如，如果数据显示健康饮食的趋势正在上升，那么可能需要增加有机蔬菜或水果的种植和配送。消费者的偏好也在不断变化，这需要配送环节具有高度的灵活性和适应性。例如，随着消费者对新鲜度要求的提高，可能需要采用更快的配送方式，如冷链物流，以确保产品在最佳状态下到达消费者手中。同时，考虑到环保意识的提升，包装材料的环保性也成为消费者新的关注点。与零售商、批发商等合作伙伴建立紧密的合作关系也是关键。这不仅能够确保农产品的稳定供应，还可以通过共享信息、资源和技术，提高整个供应链的效率。例如，通过建立无缝对接的信息系统，农业经理人可以实时了解库存情况，从而避免过度生产或供应短缺的问题。在实际操作中，这种协同合作可能涉及复杂的物流管理，包括选择最佳的配送路线，以减少运输时间和成本；优化装载策略，以最大化货车的载货量；甚至可能需要开发新的配送模式，如直接从农田到餐桌的直销模式。

在经济作物物流系统中，它被视为驱动效率和竞争力的关键因素。这个物流系统涵盖了从种植、收获、储存、运输到销售的全过程，而信息的实时、准确和高效流动是这一复杂系统顺畅运行的保障。现代信息技术，如物联网、大数据、云计算和人工智能，为物流的信息管理提供了强大的工具。通过物联网设备，可以实时采集作物的生长状态、库存量、运输位置等数据，然后通过大数据技术进行分析处理，生成有价值的洞察，帮助决策者快速响应市场变化，如价格波动、需求预测等。例如，根据历史数据和天气预报，可以预测未来的产量和价格，从而提前制定销售策略，降低市场风险。同时，信息技术的应用也能显著提高物流效率。云计算可以实现信息的无缝共享，使得供应链上的各个环节都能及时获取到最新的信息，避免了信息孤岛和决策延迟。人工智能则可以通过优化路线规划、自动化仓储管理等方式，进一步降低运营成本，提高物流效率。然而，仅仅依靠技术升级并不能完全释放信息管理的潜力。在竞争激烈的市场环境中，农业经理人应积极寻求与其他企业的合作，构建开放、共享的信息生态系统。通过共享库存信息、运输资源，甚至共同开发新的服务模式，可以有效减少冗余，降低成本，提高整个系统的运行效率和服务质量。

例如，一家专注于水果出口的企业，可以与国内外的运输公司、仓储设施、零售商等建立合作关系，通过共享平台实时了解物流动态，优化配送路线，确保新鲜水果能在最佳状态下送达消费者手中。这种合作模式不仅降低了单个企业的运营压力，也提升了整个行业的服务水平和市场竞争力。信息管理在农产品物流系统中，通过现代信息技术的应用和跨企业合作，农业经理人需要构建高效、可靠的物流系统，确保农产品的流通效率与品质。这需要他们具备丰富的行业知识、敏锐的市场洞察力和卓越的管理能力。以应对日益复杂多变的市场环境，满足消费者对高质量农产品的需求。例如，高原夏菜的仓储物流体系在甘肃省得到了有效的建设和应用，一个真实的案例是甘肃兴合农业发展有限公司在永昌县建设的冷库。这个冷库位于永昌县城往西 5 千米的 312 国道边，是永昌县库容最大的冷库之一。该公司通过建设冷库和蔬菜包装厂，形成了一个重要的高原夏菜集散中心，每天有大量的蔬菜从田间地头采摘后被迅速运往冷库进行预冷处理，然后通过冷链物流系统销往全国各地，包括东南沿海的主要城市和粤港澳大湾区。该公司的冷库不仅服务于永昌县本地的高原夏菜，还吸引了来自武威、张掖等邻近市州的蔬菜进行预冷和中转。在冷库中，蔬菜会经过预冷处理，以保持新鲜度，并在适宜的温度下储存，然后装车运输。冷库的建设和运营不仅提高了蔬菜的保鲜能力和市场竞争力，还带动了当地农民的就业和收入增加。

此外，金昌市通过完善的冷链物流体系，成为高原夏菜重要的集散中心，有力地推动了蔬菜产业的高质高效发展。金昌市培育壮大了多个“产贮运加”蔬菜龙头企业，发展了以高原夏菜、马铃薯为主的农产品仓储保鲜新型经营主体，并且建设了农产品仓储保鲜机械冷库，显著提升了鲜活农产品的储藏和加工能力。

（三）饲料及绿肥作物类产品仓储物流

饲料及绿肥的仓储物流管理需综合考虑饲料种类、储存时长、运输方式等因素。建立完善的仓储物流体系，保障饲料及绿肥的质量与效益，提升畜牧养殖和作物种植的经济效益和社会效益。

1. 储存稳定性

对于饲料和绿肥作物的保存，核心任务是保持其营养特性，避免因环境因素导致的品质下降。储存稳定性是指产品在特定环境下保持原有营养成分和品质的能力。鉴于这些作物含有高比例的蛋白质、维生素和矿物质，环境的任何变动都可能对其品质产生负面影响。为确保储存稳定性，应控制环境，保持干燥，避免霉变和营养损失；调整温度在15~25℃，以抑制微生物生长和酶活性；确保通风良好，防止过热和潮湿；避光储存，防止营养成分分解。同时，选择适当的包装，如密封性好的塑料袋或铝箔袋，以防止空气、湿气和异物进入。根据产品类型和储存时间，选择合适的包装尺寸和类型，确保产品得到保护。实施严格的质量控制，储存前检查饲料和绿肥作物，确保无杂质、无霉变，并定期检查已储存的作物。设置防虫防鼠设施，如捕鼠器和防虫网，以保护饲料和绿肥作物。采用先进的储存技术，如真空包装和气调包装，延长储存期限并保持营养价值。低温储存如冷库也能有效抑制微生物和酶活性。为了维持维生素和其他营养素的稳定性，需要选择稳定性好的形式并采取适当保护措施。

2. 防污染措施

确保储存环境清洁，是维护饲料和绿肥作物质量、保障动物健康的关键环节。首先，保持储存环境的干燥、通风和清洁。这要求定期清理储存区域，避免积水和杂物堆积，以减少细菌、霉菌和其他污染物的滋生。其次，应避免阳光直射和雨水侵入，可通过使用遮阳布、搭建简易雨棚等设施来保护饲料和绿肥作物。根据饲料和绿肥作物的特性和储存条件，选择合适的储存方式。对于易受潮的饲料，应使用密封袋、容器或真空包装进行密封保存，防止湿气侵入。对于易受虫害的物料，可以添加防虫剂或使用防虫网进行保护。此外，设置防鼠设施，如老鼠夹、粘鼠板等，能有效预防鼠类对产品的侵害。实行分类储存，将不同类型的饲料和绿肥作物分开存放，以避免交叉污染。在取用过程中，应使用专用的饲料盛具，避免使用未经清洁的用具或湿手直接抓取。对储存的饲料和绿肥作物进行定期检查也是不可或缺的。通过及时发现并处理霉变、虫害等问题，可以确保产品质量和安全。对于采购入场的原料及饲料产品，建议不定期抽测其卫生指标，重点关注微生物、毒素、重金属等污染情况。

确保运输车辆的干燥、清洁、无异味、无虫害，并具备防雨、防潮、防污染的功能。在必要时，应对运输车辆进行清洗和消毒，严禁使用曾运输过家畜等动物的车辆来运输饲料和绿肥作物。

3. 物流效率

饲料作物作为养殖场运营的关键物资，其分发效率直接影响到养殖场的连续性和效率。为提高物流效率，应制定详尽的物流计划，涵盖最佳运输路线、车辆调度和精确的配送时间表。同时，仓库的选址应充分考虑其接近养殖场或交通便利性，以缩减运输时间及成本。实施高效的库存管理系统，确保饲料和绿肥作物能够及时得到补充，并维持最低库存水平，减少资金占用。此外，利用信息技术，如仓库管理系统（WMS）和运输管理系统（TMS），能显著提升物流操作的透明度和效率，减少人为错误。标准化的包装不仅便于快速装卸，还能有效降低运输过程中的损耗。通过建立与可靠运输合作伙伴的长期关系，能确保运输的及时性和可靠性，为养殖场提供稳定的饲料供应。精准的需求预测有助于减少紧急订单和库存积压，进一步优化库存管理。在储存和运输过程中，应严格确保饲料和绿肥作物的质量不受影响，避免损失和浪费。同时，对潜在的物流风险，如天气变化、交通拥堵等，进行充分评估，并制定相应的应对策略。所有物流活动必须严格遵守相关的法律法规，对物流人员进行定期培训，不仅能提升他们对饲料和绿肥作物储存、运输的专业能力，还能增强整个物流团队的凝聚力和协作能力。建立有效的反馈机制，从养殖场收集关于配送效率和产品质量的实时反馈，并根据这些信息持续优化物流流程。定期审查和改进物流流程，以适应不断变化的市场需求和挑战，确保物流体系始终处于最佳状态。

通过上述策略的实施，可以显著提高饲料和绿肥作物的物流效率，确保养殖场能够及时、稳定地获得高质量的饲料供应。

二、养殖业产品仓储物流知识

养殖业产品在仓储物流环节，决定了产品的新鲜度、品质保持及市场供应的连续性。养殖业产品的仓储物流涵盖了养殖产品的屠宰加工、冷藏保鲜以及运输配送等多个关键环节。因此，农业经理人要深入了解养殖产品的仓储物流知识，提升整个养殖业的竞争力。

养殖产品的屠宰与加工环节是仓储物流的起点。在这一阶段，必须确保产品符合标准，避免机械损伤和微生物污染。加工过程中，要根据不同产品的特性，进行恰当的清洗、分级、包装等操作，为后续仓储物流过程奠定良好的基础。

接下来是冷藏保鲜环节。由于养殖产品多为生鲜食品，因此，需要通过冷藏技术来抑制微生物的生长、减缓产品的腐败变质。在这一过程中，需要合理设置冷藏库的温度、湿度等参数，并定期检查产品状况，确保产品在整个仓储期间保持最佳品质。

运输配送环节则是将产品从仓库输送到消费者手中的最后一道关卡。在这一过程中，要选择适当的运输工具，如冷藏车、保温箱等，以确保产品在运输过程中不受外界环境的影响。同时，配送路线规划也要科学合理，既要保证运输效率，又要考虑到产品的保鲜时间，确保产品在最短时间内送达消费者手中。

养殖业产品的仓储物流环节涵盖了屠宰与加工、冷藏保鲜、运输配送等多个方面，每个环节都需要专业知识的支撑和精细化的管理。只有这样，才能确保养殖产品的新鲜度、品质和市场供应的稳定性。

（一）畜产品仓储物流

1. 低温储存

畜产品作为一种高营养价值的易腐食品，极易受微生物的污染和侵袭，导致品质下降甚至变质。为了确保畜产品的品质和安全性，低温储存技术被广泛应用于畜产品的保鲜过程中。通过降低储存环境的温度，能够显著减缓微生物的生长和繁殖速度，从而有效延长畜产品的保质期。低温环境对于大多数微生物来说是一个不利的生长条件，它能够抑制微生物的代谢活动，减少其对畜产品的分解作用。

在实际应用中，畜产品的低温储存通常通过冷藏和冷冻两种方式实现。冷藏是通过将畜产品置于较低但高于冰点的温度环境下，使微生物的生长速度减缓，同时保持畜产品的口感和营养价值。而冷冻则是将畜产品置于冰点以下的极低温度环境中，使微生物的生长活动几乎完全停止，从而达到长期保存的目的。需要注意的是，低温储存虽然能够有效延长畜产品的保质期，但并不能完全杀灭微生物。因此，在畜产品的生产、加工、储存和运输过程中，还需要采取一系列综合性的措施，如加强卫生管理、采用合适的包装材料和技术，控制储存环境的湿度和氧气含量等，以进一步提高畜产品的品质和安全性。低温储存是保持畜产品新鲜、防止细菌滋生的重要手段。通过合理利用低温储存技术，我们能够有效地延长畜产品的保质期，保障消费者的健康和安全。同时，也需要不断研究和探索新的保鲜技术和管理方法，以适应不断变化的市场需求和消费者需求。

在实际操作中，畜产品的储存温度应根据不同的产品种类和储存时间进行调整。一般来说，储存温度应控制在2~8℃，以确保产品的品质和安全性。同时，还应注意避免温度波动，以减少产品品质的波动和损失。

2. 冷链运输

除了低温储存外，冷链运输也是确保畜产品品质和安全性的重要环节。在运输过程中，畜产品需要维持一定的低温环境，以防温度升高导致品质下降或变质。从专业的角度来看，冷链运输涉及的技术和管理要求十分严格。一方面，需要精确控制运输车厢内的温度，确保畜产品始终处于适宜的低温状态；另一方面，还需对运输过程进行全程监控，及时发现并处理任何可能导致温度波动的因素。此外，冷链运输还需注重畜产品的包装和储存方式。包装材料应具有良好的保温性能，能够有效抵御外界温度的影响；储存方式则应确保畜产品能够均匀受热，避免出现局部温度过高或过低的情况。冷链运输的关键在于确保运输工具的制冷设备和温度监控系统的正常运行。此外，还应合理规划运输路线和时间，以减少运输过程中的温度波动和延误。同时，运输过程中的卫生和安全问题也不容忽视，应确保运输工具的清洁和消毒，避免产品受到污染和交叉感染。在实际操作中，冷链运输还需结合畜产品的特性和市场需求进行精细化管理。例如，对于不同种类的畜产品，其适宜的储存温度和运输时间可能存在差异，因此需要制定针对性的运输方案。同时，还需根据市场需求的变化，灵活调整运输策略，确保畜产品能够及时、安全地送达消费者手中。

冷链运输是确保畜产品品质和安全性的重要环节。通过采用先进的温控技术和精细化的管理方式，可以有效保障畜产品在运输过程中的品质与安全，为消费者提供更加优质、健康的畜产品。

3. 卫生条件

仓库和运输工具的清洁卫生直接关系到产品的品质和安全性。如果卫生条件不佳，不仅可能导致产品受到污染和滋生细菌，还可能引发食品安全事故。应定期对仓库和运输工具进行清洁和消毒，确保储存和运输环境的卫生安全。同时，还应加强对员工的卫生培训和管理，提高员工的卫生意识和操作技能。

以牛肉为例，仓库作为牛肉储存的关键场所，其卫生条件直接影响到牛肉的品质。如果仓库内存在污垢、积水或不当的储存环境，将导致细菌、霉菌等微生物的滋生。这些微生物不仅可能污染牛肉，导致其在储存过程中变质，还可能产生有害的代谢产物，对食用者的健康构成威胁。

运输工具的清洁卫生同样不容忽视。在牛肉从仓库运往销售点的过程中，如果运输车辆未经彻底清洁和消毒，就可能携带前一次运输过程中留下的污染物或细菌。这些污染物和细菌在运输过程中可能进一步污染牛肉，导致其品质下降，甚至引发食品安全事故。对于养殖类农产品的仓库和运输工具，必须实施严格的清洁和消毒措施。这包括定期清理仓库内的污垢和积水，保持储存环境的干燥和通风；对运输工具进行每次使用后的彻底清洁和消毒，确保不留下任何污染物或细菌。

建立健全的卫生管理制度和监督检查机制也是必不可少的。通过制定详细的清洁和消毒操作规程，培训员工掌握正确的操作方法，以及定期对仓库和运输工具的卫生状况进行检查和评估，可以确保养殖类农产品的品质和安全性得到有效保障。

4. 包装管理

在畜类产品仓储物流技术体系通过加强包装管理后，可以确保畜类产品的安全、质量稳定以及提升物流效率。从产品安全角度来看，包装管理直接关系到畜类产品在运输和储存过程中的卫生状况。通过采用符合卫生标准的包装材料和科学的包装技术，可以有效防止产品受到外界污染，降低微生物滋生和交叉污染的风险，从而确保畜类产品的安全性和卫生质量。包装管理对于维护畜类产品的质量稳定也具有重要意义。通过合理的包装设计和材料选择，可以减缓产品在运输过程中的振动和冲击，降低破损率，同时保持产品的新鲜度和口感。此外，包装还可以起到防潮、防氧化等作用，进一步延长产品的保质期。

包装管理也是提升畜类产品仓储物流效率的关键手段。通过优化包装流程、提高包装自动化水平以及实现包装与仓储、运输等环节的协同配合，可以显著提高物流效率，降低运营成本。同时，合理的包装管理还有助于实现畜类产品的标准化和规范化，为产品的流通和销售提供便利。

（二）禽类产品仓储物流

禽类产品仓储物流的独特性不仅体现在营养价值和消费习惯上，更在很大程度上影响了禽流感的防控策略、活禽的跨区域流通以及蛋品的品质保证。

1. 禽流感防控

禽流感防控是禽类仓储物流的首要任务。禽流感作为一种高度传染性的动物疾病，其暴发往往与禽类的密集养殖和不规范的运输环节密切相关。因此，仓储物流系统需要建立严格的生物安全措施，包括定期的禽流感监测、疫苗的接种记录、隔离设施的完善以及对运输工具的消毒等。例如，荷兰在2016年禽流感暴发后，实施了严格的活禽市场关闭和禽类运输限制，有效控制了疫情的扩散。

生物安全在禽产品储存与运输过程中扮演着“守护者”的角色，只有通过全方位、多角度的管理，才能确保禽产品的安全，保障消费者的权益。禽流感等疫病的传播往往与禽产品的处理和运输不当有关。因此，农业经理人必须严格遵守生物安全的有关规定，采取必要的消毒和防护措施，防止疫病的传播。此外，还要避免禽产品与其他可能携带病原体的物品接触，确保产品的安全性。

在仓储物流环节，防控禽流感的关键在于严格执行卫生防疫措施。这包括定期对仓库进行消毒处理，确保仓储环境清洁卫生；对进出的禽类产品进行严格的检疫，防止病毒传播；同时，加强员工卫生培训，增强防疫意识，确保操作过程符合卫生规范。以鸡蛋为例，禽流感病毒是一种高度传染性的病原体，它可以通过鸡蛋或禽类的排泄物传播，对人类和禽类的健康构成严重威胁。因此，从鸡蛋的生产源头开始每一个环节都需要实施严密的防控措施。首先，鸡蛋在进入仓库之前，必须经过严格的检疫环节。这包括对鸡蛋表面的清洁度进行检查，以及对鸡群进行定期的健康监测，确保鸡群未感染禽流感。其次，所有鸡蛋都应经过专业的消毒处理，如使用安全、无害的消毒剂进行喷洒，以杀死可能存在的病毒。在仓储过程中，保持良好的环境条件是防止病毒滋生的关键。仓库应定期进行通风换气，以保持空气的新鲜度和流通性，降低病毒在潮湿、密闭环境中存活的可能性。此外，仓库的温度和湿度也需要严格控制，以避免鸡蛋变质，同时抑制病毒的活性。同时，实施严格的监控和管理措施也是必要的。例如，定期对仓库进行彻底的清洁和消毒，对鸡蛋进行随机抽样检测，以便及时发现潜在的病毒污染。一旦发现异常的鸡蛋，如破损、发霉或有病毒迹象的，应立即进行隔离，并按照相关安全规定进行无害化处理，防止病毒的扩散和传播。

鸡蛋在仓储物流过程中的病毒防控是一个系统性的工作，需要从多个层面进行综合防控。这不仅关乎食品的安全，也直接影响到养殖业的稳定和公众的健康。因此，必须提高警惕，严格执行各项防控措施，确保每一颗鸡蛋都能安全地送达消费者的手中。

2. 活禽运输管理

活禽运输是连接养殖与消费的关键环节。在运输过程中，禽类的生理状态和健康状况需要得到妥善管理，以防止疾病传播和减少应激反应导致的死亡。物流企业需要在路线规划、装载密度、通风条件、饲料和水的供应等方面具备专业的知识和技术。以中国为例，近年来，通过引进先进的活禽运输车和优化运输管理，显著降低了运输过程中的禽类死亡率。

活禽运输过程中，环境、温度、湿度等因素的细微变化都可能引发禽类的应激反应，从而对其健康和品质产生不良影响。为了确保活禽在运输过程中的健康与安全，必须采取一系列周密的措施。选择合适的运输工具和包装材料。这些工具和材料应确保运输过程中的稳定性和舒适性，为禽类提供一个相对稳定的环境，减少其因颠簸和碰撞而产生的应激。合理安排运输时间和路线。在规划运输路线时，应避免长时间运输和不必要的颠簸，以减少禽类的疲劳和应激。还应考虑到交通状况、天气条件等因素，确保运输过程的安全和顺畅。此外，在运输前对禽类进行充分的饲养和休息也必不可少。通过提供良好的饲养环境和充足的休息时间，可以提高禽类适应运输环境的能力，降低其应激反应的程度。以鸡为例，在运输过程中，应特别关注鸡的应激反应。可以采取逐渐适应运输环境的方法，如在运输前适当减少饲料摄入量，以降低鸡的代谢率和应激反应。同时，在运输过程中应保持适宜的温度和湿度，为鸡提供足够的水源和通风条件，确保其舒适和健康。选择合适的运输工具和包装材料，并合理安排运输时间和路线，能有效保障活禽在运输中的健康与安全，为消费者提供优质禽类产品。

3. 蛋品品质保证

从禽舍到货架，蛋品需要经历多个储存和运输阶段，温度、湿度、光照和机械冲击等环境因素都会影响蛋壳的完整性和蛋黄的品质。因此，仓储物流系统需要具备精确的温控设备和科学的储存管理，以确保蛋品的新鲜度和营养价值。例如，美国的一些大型蛋品生产企业采用了先进的冷链物流技术，实现了从农场到餐桌的全程低温运输，大大提升了蛋品的品质保证。蛋品品质不仅直接关联到消费者的健康与安全，更是物流效率和质量的重要体现。在仓储物流的全流程中，确保蛋品品质的关键在于一系列精细化的管理措施。在处理和存储蛋品的环境中，温度和湿度的管理直接影响到蛋品的新鲜度和营养价值。温度过高或过低都可能导致蛋白质变性，影响蛋的口感和营养价值。研究显示，理想的存储温度通常在2~5℃，这个范围可以有效抑制细菌的生长，同时保持蛋品的原有品质。湿度的控制同样不可忽视，过高可能导致蛋壳表面的水汽凝结，增加微生物入侵的风险，过低则可能导致蛋壳的水分流失，影响蛋的结构完整性。

除了严格的温度和湿度控制，定期的检查和筛选也是保证蛋品质量的关键步骤。这需要专业的质检人员对蛋品进行细致的观察，包括蛋壳的完整度、颜色、光泽，以及内部的新鲜度等。任何细微的裂痕、污渍或异常都可能是质量下降的信号，应立即剔除。此外，使用先进的检测设备，如 X 光检测器，可以更准确地识别出有裂缝或内部腐败的蛋品，进一步提高质量控制的效率和准确性。

在蛋品的存储和管理过程中，我们不仅要遵循科学的规范，还要建立严格的质量追溯体系。这意味着每一个环节，从生产、运输到销售，都应有详细记录，以便在出现问题时，能够迅速定位问题源头，及时采取纠正措施，确保消费者的食品安全。

具体到鸡蛋这一常见蛋品，其新鲜度和保质期是仓储物流中需要特别关注的方面。通过精准调控存储条件，可以有效延长鸡蛋的保质期，确保其在最佳状态下供应给消费者。而在运输过程中，防震、防压措施的实施确保了鸡蛋在抵达目的地时仍能保持完好无损。此外，包装材料的选择也是保护禽产品免受机械损伤的重要环节。这些材料需具备良好的抗压性、密封性和保鲜性能，以维护产品的完整性和美观度，同时有效隔绝外界环境如温湿度、光照等对蛋品的影响。细致入微的管理和精心挑选的包装材料，也确保了禽类蛋品在仓储物流过程中始终保持高品质状态。

确保蛋品的质量是一个系统性的工作，需要我们从细节入手，严格把控每一个可能影响质量的因素。只有这样，我们才能提供给消费者最优质、最安全的蛋品，赢得他们的信赖和满意。

4. 监管合规

在禽产品的储存与运输过程中，要严格遵守相关法规。各国和地区都深刻认识到食品安全的重要性，纷纷制定了详尽的食品安全法规和标准，对禽产品的储存、运输和销售等环节进行了严格规范。

这些法规和标准确保了禽产品在整个供应链中的品质和安全。在储存环节，法规要求仓储设施必须符合卫生标准，避免交叉污染，同时确保储存条件（如温度、湿度等）适宜，以延长产品的保质期和保持其品质。

(三) 水产品仓储物流

1. 贮存方法

水产产品的储存方法常用的有冷藏储存和冷冻储存，是两种储存方式。冷藏储存利用低温环境来延长水产品的保鲜期，并有效地抑制细菌滋生。然而，这种方法可能会导致水产品质地变软或品质下降。因此，关键是冷藏温度、湿度和空气流通性的精确控制。

而冷冻储存则通过极低温环境实现更长时间的保鲜，但也可能导致水产品细胞破裂和营养流失。因此，选择适当的冷冻温度和速度，以及采用先进的冷冻技术，如速冻技术，是确保水产品品质的关键。

2. 盐腌储存

盐腌储存，一种源远流长的食品保存技术，尤其在水产品领域，其应用广泛且历史悠久。这种技术的基本原理是利用高浓度的盐水环境，破坏微生物的生存条件，从而达到抑制细菌繁殖，延长食品新鲜度的目的。盐水的渗透压作用可以抽取鱼肉中的水分，同时盐分也能破坏细菌的细胞膜，创造出不利于微生物生长的环境。然而，尽管盐腌贮存具有显著的保鲜效果，但其对水产品口感和风味的影响不容忽视。过度的盐分渗透可能导致鱼肉变得过于咸涩，失去原有的鲜美口感。因此，对于不同的水产品，需要精确调整盐水的浓度和浸泡时间，以达到最佳的保存效果，同时尽可能保持其原有的风味。例如，一些研究指出，鱼类在5%～10%的盐水中浸泡24～48小时，可以达到理想的腌制效果。

值得注意的是，盐腌后的水产品在食用前必须彻底清洗，去除表面的盐分。这是因为过量的摄入食盐可能对消费者的健康产生潜在风险，如高血压、心脏病等疾病的发生率可能增加。为了兼顾食品的保存和消费者的健康，一些现代的盐腌技术已经开始使用可食用的抗氧化剂和防腐剂，以降低盐分的使用量，同时提高食品的安全性。盐腌贮存是一种有效的水产品保存方法，但需要通过精确的控制和科学的管理，以平衡其保鲜效果、口感风味和食品安全之间的关系。

3. 冷链运输

冷链运输通过维持恒定的低温环境，确保包括水产品在内的易腐商品在从产地到消费者手中的整个供应链中保持其新鲜度和营养价值。这一过程涉及特殊的运输车辆和设备，要精细的规划和管理，克服各种潜在的挑战。

冷链运输的硬件设施是其成功的关键。这包括了具备高效保温性能的运输车辆，如冷藏车，以及能够精确监控和调节温度的高科技设备。这些设备需要能够在极端条件下稳定运行，如在长途运输或跨越不同气候区域时，确保内部环境的温度始终保持在设定的范围内，以防止产品的变质。合理的运输路线和时间管理是确保水产品品质的另一重要因素。这需要考虑到交通状况、天气预测、目的地的接收能力等多种因素，以制定出最佳的运输方案。例如，选择交通拥堵较少、道路状况良好的路线，可以减少不必要的延误；同时，通过实时监控和预测，及时调整运输速度和路线，以避免因温度波动导致的品质下降。冷链运输还需要严格的程序和标准来保证其效果。这包括对装载和卸载过程的严格控制，防止温度的突然变化；对运输过程中的温度记录和追踪，便于问题的及时发现和处理；以及对运输人员的专门培训，确保他们能够按照规定操作设备和处理问题。

据统计，全球每年因储存和运输不当导致的食品损失高达1.3亿吨，价值超过1万亿美元。而冷链运输的广泛应用，已被证明可以显著降低这一损失，提高食品的供应链效率，同时也为消费者提供了更安全、更优质的食品选择。冷链运输通过科学的管理和技术手段，构建了一条从产地到餐桌的“冷”链，确保了水产品等易腐商品的新鲜度和品质。

4. 包装和标识

水产品的运输和销售过程中，要保护产品的完整性和新鲜度。这涉及食品的安全，直接影响到消费者的购买决策和满意度。合适的包装材料和技术，以及清晰的标识，正是实现这一目标的关键。

一方面，包装材料的选择需要考虑到水产品的特性。由于水产品多为易腐物品，它们对湿度和氧气的敏感度极高。因此，包装材料应具备良好的防水、防氧性能，如使用聚乙烯、聚丙烯等高分子材料，可以有效防止水分流失和细菌滋生。此外，包装材料还应具有一定的缓冲性能，以防止在运输和储存过程中受到的机械冲击和挤压，避免产品变形或破损。同时，包装技术的应用也是保护水产品的重要手段。例如，采用真空包装或气调包装（MAP）技术，可以调整包装内的气体环境，延长产品的保质期。真空包装可以抽出包装内的空气，减少氧化，防止产品变质；而MAP则可以替换包装内的空气为氮气或二氧化碳等惰性气体，抑制细菌生长，保持产品的鲜度。另一方面，清晰、准确的标识是消费者了解产品信息、做出购买决策的重要依据。产品名称、生产日期、保质期、净重、成分表、生产厂商信息等都应清晰标注在包装上。此外，通过使用醒目的颜色和设计，可以吸引消费者的注意力，提升产品的市场竞争力。

以日本的海鲜市场为例，日本的海鲜产品包装做得非常精细。不仅包装材料能够有效保持产品的鲜度，而且包装上的标识信息详尽，甚至包括海鲜的捕捞地点、捕捞方式等信息，让消费者能够全面了解产品，从而增加消费者的信任度和购买意愿。

5. 高氧环境

关于鲜活水产品的运输与保鲜，充足的氧气是其存活和保持活力的关键。活鱼、活虾等水产品作为一类具有高度生理需求与生命活性的商品，其生存环境，特别是氧气的供应情况，直接关系到其品质与商业价值。鉴于此，高级水产运输系统，诸如活鱼运输车，在设计与制造过程中均将氧气供应系统作为核心配置之一。这些先进的氧气供应系统，不仅具备高效的氧气生成与输送能力，更能根据水产品在不同运输阶段、不同环境条件下的生理需求，进行智能化的氧气供应调节。具体而言，这些系统通过精确控制氧气浓度与流速，确保水产品在整个运输过程中都能获得恰到好处的氧气供应。同时，系统还具备实时监测与自动报警功能，一旦氧气供应出现异常，便能迅速作出反应，避免水产品因缺氧而受损。

通过配备先进的氧气供应系统，高级水产运输系统大大提高了水产品的存活率与品质，有效降低了运输过程中的损耗与风险。充足的氧气是鲜活水产品存活与保持活力的基础，而高级水产运输系统所配备的先进氧气供应系统则是实现这一目标的关键所在。

6. 快速配送

在水产品供应链管理中，考虑到水产品本身具有的易变质特性，快速配送成为一项关键的物流策略，更是保障产品新鲜度、提升消费者满意度以及维护企业声誉的手段。水产品的新鲜度直接关联到其口感、营养价值和食用安全性，因此，从捕捞到消费的整个过程中，如何有效地缩短时间、降低损耗，成为水产品供应链管理的重点。

高效的物流体系包括从捕捞、加工、包装到配送的整个流程，需要精确地预测市场需求、合理安排捕捞计划、优化加工流程，以及实施严格的仓储和运输管理。同时，借助现代化的信息技术，如物联网、大数据分析和人工智能等，可以实现对供应链的实时监控和动态调整，确保水产品在整个过程中的质量和安全。此外，快速的运输工具也是实现快速配送的关键因素。这包括使用高速船只、飞机以及冷链运输车辆等，以最大限度地减少水产品从捕捞到消费者手中的时间。同时，对于运输过程中的温度控制、湿度调节以及包装防护等方面，也需要进行严格的监控和管理，以确保水产品的新鲜度和完整性。

以某知名水产品企业为例，该企业通过建立一套高效的物流系统，结合使用先进的运输工具，成功地将水产品从捕捞到送达消费者手中的时间大幅度缩短。这不仅保证了产品的新鲜度和口感，还提升了企业的品牌形象和市场份额。同时，该企业还通过引入智能化技术，实现了对供应链的精准预测和优化，进一步提高了运营效率和客户满意度。

考虑到水产品易变质的特性，快速配送是保障产品新鲜度的核心手段。这要求企业采用高效的物流系统和快速的运输工具，并借助现代化信息技术实现供应链的智能化管理。通过这些措施的实施，企业不仅可以提升产品的新鲜度和质量，还可以提高运营效率、降低成本并增强市场竞争力。

第五节 农业信息采集与分析

农业信息采集综合运用传感器、遥感以及物联网等技术，实现对农田环境、作物生长状况、气象条件等关键要素的实时监测和数据采集。

传感器技术被广泛应用于农田监测中，能够精确感知土壤湿度、温度、养分含量等关键参数，为农业生产提供第一手资料。同时，遥感技术通过卫星或无人机等高空平台，对农田进行大范围、高精度的观测，实现有效监测作物生长状况、识别病虫害等问题。

物联网技术的应用，进一步提升了农业信息采集的效率和准确性。通过部署在农田中的各类传感器和节点，物联网能够构建一个实时、动态的数据网络，将农田的各种信息实时传输到数据中心，为农业生产提供及时、准确的决策支持。

这些采集到的数据，经过专业分析处理后，可以为农业生产提供科学的决策依据。农业经理人可以根据这些数据，调整种植策略、优化水资源配置、精准施肥、防治病虫害等，从而提高农作物的产量和品质。

一、农业信息采集

在信息化时代，农业信息采集已经成为推动农业现代化发展的重要手段。农业信息采集不仅涉及对农田环境、作物生长状况、农产品市场行情等信息的全面收集，还需要运用先进的科技手段，确保信息的准确性和时效性。

农业信息采集技术是通过应用各种先进的传感器技术、遥感技术和物联网技术，实现对农田环境、作物生长状况等信息的实时监测和数据采集。这些技术的应用，提高了农业生产的智能化水平，为农业生产和决策提供了有力的数据支持。

传感器技术是通过将各种类型的传感器布置在农田中，实时监测土壤湿度、温度、pH 值等关键参数。这些传感器能够准确感知土壤环境的变化，并将数据传输到数据中心进行分析和处理。通过传感器技术的应用，农业经理人可以更加精确地了解农田的实际情况，从而做出更加科学的种植决策。

遥感技术则是通过卫星或无人机等高空平台进行农田监测的重要手段。通过遥感技术，可以实现对农田的大范围、高精度监测，获取农田的空间分布和变化信息。这些数据可以用于分析农作物的生长状况、病虫害发生情况等，帮助农业经理人及时发现问题并采取相应的处理措施。遥感技术的应用，大大提高了农田监测的效率和准确性，为农业生产提供了有力的支持。

物联网技术则是实现农业设备间互联互通的关键。通过将各种农业设备连接到物联网平台上，可以实现数据的自动采集和传输、设备的远程监控和控制。提高了农业生产的自动化水平和农业生产效率，降低了人力成本。同时，物联网技术还可以实现农田信息的共享和协同处理，为农业生产提供更加全面和准确的数据支持。

农业信息采集技术通过应用传感器技术、遥感技术和物联网技术，实现了对农田环境、作物生长状况等信息的实时监测和数据采集。这些技术的应用提高了农业生产的智能化水平，为农业生产和决策提供了有力的数据支持。

（一）种植业信息采集

1. 遥感技术

在农业领域，技术创新正不断推动生产力的增长与资源管理的优化。其中，遥感技术因其大范围、高精度的特点，在农田监测领域脱颖而出。借助卫星或无人机，遥感技术实现了对农田的全面监测，为农业生产提供了准确、及时的数据支持。通过卫星和飞机等工具，可以监测和评估大面积农作物的生长情况，包括作物种类、种植面积、长势及产量等。

遥感技术的优势在于其能够快速扫描大范围的农田，准确捕捉作物的生长状况和健康状态，为农业经理人提供及时、全面的农田信息。这一技术的实时性和准确性使农业经理人能够迅速做出种植和管理决策，以应对农田环境的变化。遥感技术通过搭载在卫星或无人机上的传感器，能够捕捉农田的多种信息，如植被指数、土壤湿度、作物生长状况等。这些数据经过专业处理与分析后，能够生成高精度的农田监测图像，为农业经理人提供决策的依据。首先，植被指数是遥感技术提供的关键数据之一。通过对农田植被的反射光谱进行分析，可以计算出植被指数，如归一化植被指数①（NDVI）。这些指数能够反映植被的生长状况、覆盖度和绿色程度等信息。农业经理人可以根据这些信息，及时了解农田植被的生长情况，合理安排农事活动，如灌溉、施肥和病虫害防治等。其次，土壤湿度也是遥感技术监测的重要参数。通过传感器对农田地表反射和发射的微波信号进行分析，可以估算出土壤湿度。这对于干旱和半干旱地区的农业管理尤为重要。农业经理人可以根据土壤湿度数据，制定合理的灌溉计划，避免水资源的浪费，同时确保作物正常生长。

以某地区的苹果园为例，过去由于缺乏科学的土壤与水资源管理，果园灌溉和施肥多依赖于经验和传统做法，导致水资源浪费严重，土壤养分失衡，苹果产量和品质不稳定。后来，果园引入了土壤与水资源管理系统，通过对土壤湿度、养分含量等数据的实时监测和分析，科学制定灌溉和施肥计划。

在灌溉方面，系统根据土壤湿度数据和气象预报，智能调控灌溉时间和水量，避免了过度灌溉和水分浪费。同时，通过滴灌、渗灌等节水灌溉方式，提高了水分利用效率，减少了水资源的浪费。在施肥方面，系统根据土壤养分含量数据和苹果生长需求，精准计算施肥量和施肥时间，实现了科学施肥。不仅避免了养分过量或不足对苹果生长的影响，还减少了化肥对环境的污染。

通过实施土壤与水资源管理，果园的苹果产量和品质得到了显著提升，同时水资源利用效率也得到了大幅提高。不仅为果园带来了可观的经济效益，还为当地生态环境的保护做出了积极贡献。土壤与水资源管理通过对土壤湿度、养分含量等数据的监测和科学分析，可以实现资源的高效利用和生态环境的保护。此外，遥感技术还能提供作物生长状况的信息。通过对农田的多时相影像②进行分析，可以监测作物的生长过程，如株高、叶面

---

① 归一化植被指数（Normalized Difference Vegetation Index，NDVI）是一种通过遥感技术测量植被生长状态和覆盖度的指标。它利用了植物在近红外波段的高反射率和红光波段的吸收特性，通过计算这两个波段反射率的差值与和值的比来得到一个数值。

② 多时相影像通常指的是在不同时间获取的同一地区或同一对象的一系列影像。这些影像可以用于分析和监测地表变化，例如城市发展、植被生长、自然灾害的影响等。

积指数①（LAI）等。这些数据可以帮助农业经理人了解作物的生长趋势，预测产量，并及时发现生长异常。一旦出现病虫害或其他生长问题，管理者可以迅速采取措施，减少损失。除了以上几个方面的应用，遥感技术还可以为农业经理人提供农田地形、地貌、水体分布等信息。这些信息对于农田规划、水土保持、水资源管理等方面都具有重要意义。

以水稻种植为例，遥感技术在病虫害预警方面的应用尤为显著。水稻是我国重要的粮食作物之一，但同时也是病虫害易发的作物之一。传统的病虫害监测方法往往依赖于人工巡田，不仅耗时耗力，而且难以发现早期的病虫害症状。通过遥感技术的应用，这些问题得到了有效解决。

除了水稻种植外，遥感技术在其他作物的病虫害预警中也具有广泛的应用前景。例如，小麦锈病、玉米螟等病虫害也可以通过遥感技术进行早期预警。遥感技术在病虫害预警方面的应用为农业经理人提供了更加便捷、高效的病虫害防控手段。通过及时发现和控制病虫害的扩散，降低了经济损失。

未来的农田上空，不再是孤零零的无人机在单调地巡航，而是成群结队的智能飞行器，它们搭载了先进的遥感设备，能够实时捕捉农田的每一个细微变化。这些飞行器不仅能够在白天进行高精度的光学遥感，更能在夜晚进行红外和热成像遥感，实现对农田全天候、全方位的监控。

2. 物联网技术

物联网技术的应用赋予农业经理人科学决策的能力，帮助农业经理人实现精细化的施肥和灌溉管理。通过现代传感器设备，可以实时监测土壤湿度、温度及 pH 值等关键参数，从而精准掌握土壤环境状况。首先，传感器设备实时采集土壤湿度数据，使农业经理人能够准确判断土壤水分状况，从而依据作物生长需求与土壤实时状况，精准制定灌溉计划，有效地避免了因水分过剩或不足对作物生长带来的负面影响。其次，传感器设备对土壤的实时监测，为农业经理人提供了土壤温度状况的精确信息。土壤温度作为影响作物生长的重要因素，掌握其变化的规律有助于农业经理人调整种植策略，提高作物的适应性和产量。最后，传感器设备还实时监测土壤的 pH 值，准确反映土壤的酸碱度情况。基于不同作物对土壤酸碱度的不同要求，农业经理人能够依据 pH 值数据选择适宜的肥料种类和施肥量，确保作物得到均衡的营养供给。

值得一提的是，物联网（IoT）技术的应用进一步推动了农业信息化进程。通过实现设备之间的互联互通，物联网技术构建了一个智能网络，高效连接传感器、设备、机器及人员，实现了数据的实时自动采集与传输。这一技术通过多类型传感器实时监测土壤湿度、温度、光照强度、pH 值及营养水平，确保数据能够实时传输至中央监控系统进行深度综合分析。基于精确的土壤湿度监测和天气预报数据，物联网技术通过智能调节灌溉系统，实现了精确的水分管理。同时，结合图像识别技术和数据分析，该技术能够实时追踪作物生长状态，包括生长速度、叶片健康及产量预测，为农业经理人提供科学的管理依据。

---

① 叶面积指数（Leaf Area Index，LAI）是一个衡量植被覆盖度的指标，它定义为单位土地面积上植物叶片的单面总面积与土地面积的比值。LAI 是反映植物群体生长状况的一个重要指标，其大小直接与最终产量高低密切相关。LAI 的测量对于评估植物与大气之间的相互作用至关重要，因为叶子是植物进行光合作用、水蒸发和生物量生产的主要部位。

传感器设备与物联网技术的结合，使农业经理人更科学地了解土壤环境状况，从而制定出更加合理的施肥和灌溉方案，以便提升作物的产量和品质。

3. 农业大数据

在现代农业管理中，数据收集与分析已成为制定种植决策的核心依据。通过系统地整合并分析多样化的农业数据，如天气、土壤和病虫害等，能够更精确地评估农业生产中的各项影响因素，为种植决策提供坚实的科学依据。

通过分析历史天气数据，如降水量、温度、湿度和光照等，能够帮助我们预测未来的气候走势，有利于合理规划农作物的播种时间、灌溉周期以及施肥方案。例如，在预测到即将出现的高温干旱天气时，可以预先调整农业管理策略，如增加灌溉频次、优化施肥配比，以确保农作物在不利气候条件下仍能健康生长。

通过深入分析土壤质地、酸碱度及养分含量等数据，能够全面了解土壤的性质和肥力状况，帮助我们为农作物选择合适的品种，并制定更为精准的施肥计划。例如，在土壤肥力较低的区域，我们可以选择耐贫瘠的作物品种，并增加有机肥料的投入，以改善土壤条件，提高作物产量。

此外，病虫害数据亦不容忽视。通过收集并分析病虫害的发生规律、传播方式以及防治效果等数据，能够制定出更加有效的病虫害防治措施，有助于降低病虫害对农作物产量和品质的不良影响。例如，在发现某一地区病虫害高发时，可提前采取预防措施，选用抗病性强的作物品种、加强田间管理等，最大限度地减少病虫害的发生和传播。

大量农业数据的收集与分析对于科学制定种植决策具有指导作用。通过深入挖掘这些数据中的潜在信息，能够更全面地了解农业生产的各种影响因素，为农业生产提供有力支持。

4. 无人机技术

无人机技术在农田巡视中的应用，已经成为现代农业管理关键的一环。搭载高清摄像头和先进的图像识别系统，无人机能够迅速捕捉农田的细致景象，生成高清图像供农业经理人深入分析。这种技术的引入，极大地提升了农田管理的效率，同时也提高了对农作物病虫害、杂草生长等问题的识别精度。

在巡视农田过程中，无人机可以在高空全方位、无死角的俯视农田。相较于传统的人工巡视，无人机不仅节省了大量的人力成本，更能在短时间内覆盖更广阔的农田区域，确保每一寸土地都得到有效的监控。通过无人机拍摄的高清照片，结合图像识别技术，农业经理人能够迅速识别作物病虫害的种类、程度和分布范围，以及杂草的生长情况和密度。基于对这些数据的分析，农业经理人能够制定更加精准、有效的治理方案，及时采取措施防止病虫害的扩散和杂草的过度生长，确保农作物的健康生长。

此外，无人机技术还能与地理信息系统（GIS）和遥感技术相结合，实时监测和记录农田的环境、气候等数据。这些翔实的数据为农业经理人提供了全面、深入的农田信息，帮助他们更好地了解农田的生长环境和作物生长状况，为制定科学的农田管理方案提供了有力的数据支持。

（二）养殖业信息采集

1. 传感器技术

在现代养殖业的实践中，通过在养殖场安装各类传感器以实时监测养殖环境，已成为提升养殖效率、优化养殖条件、确保动物健康的重要手段。这种技术的应用为养殖管理提供了精准的数据支持。具体而言，养殖场安装的传感器能够实时监测并记录包括温度、湿度、光照、氨气浓度等在内的多种环境参数。这些参数对于动物的生长、繁殖以及健康状况具有直接影响。传感器收集的数据通过先进的养殖管理系统进行实时分析，使养殖人员能够及时了解养殖环境的变化情况，从而迅速做出调整，确保养殖环境始终处于最佳状态。以温度监测为例，传感器能够实时监测养殖场的温度变化，并将数据传输至养殖管理系统。当温度超出适宜范围时，系统会自动发出警报，提醒养殖人员及时采取措施，如调整通风系统或开启加热设备，以保持动物生长所需的适宜温度。这样一来，避免了因温度过高或过低而对动物造成不良影响，确保动物在最佳的温度环境下生长，从而提高养殖效益。除了温度监测外，传感器还能够监测湿度、光照和氨气浓度等参数。湿度过高或过低都可能影响动物的舒适度和健康状况；光照不足则可能影响动物的生长速度和繁殖能力；而氨气浓度过高则可能对动物的呼吸系统造成损害。通过传感器对这些参数进行实时监测，可以为养殖人员提供全面的数据支持，帮助他们更好地管理养殖场。此外，这些传感器数据还可以用于分析养殖环境的长期变化趋势。通过对温度、湿度等参数的变化趋势进行深度分析，农业经理人可以预测未来一段时间内养殖环境的变化情况，从而提前制定应对措施。这有助于农业经理人更好地应对各种不可预见的环境变化，确保养殖场的稳定运行。

通过在养殖场安装各类传感器以实时监测养殖环境，为养殖管理提供了精准、全面的数据支持，有助于提升养殖效率、优化养殖条件、保障动物健康。

2. 物联网技术

物联网技术通过将养殖场与互联网相连，实现了对养殖场的远程监控，推动了养殖场的智能化管理，提升了养殖效率和动物福利。物联网设备如传感器和摄像头，能够实时收集养殖场的温度、湿度、光照、空气质量等环境参数，以及动物的生长状况、行为模式等关键信息。这些数据通过互联网传输到远程监控中心，使得农业经理人无须亲临现场，即可全面掌握养殖场的运行状况，并据此作出更加精准的管理决策。

物联网技术实现了养殖场的智能化管理。例如，智能投喂系统能够根据动物的生长阶段、食欲状况等因素，自动调节投食量和投食时间，确保动物获得均衡的营养摄入。智能饮水系统可以依据养殖场的环境条件和动物的需水量，自动调节饮水温度和流量，满足动物的健康饮水需求。此外，智能清理系统能定时或根据养殖场的实际情况自动启动清理程序，保持养殖环境的清洁卫生，从而降低了疾病的发生风险。

以某大型养殖场为例，该养殖场引入物联网技术后，实现了对数千头动物的远程监控和智能化管理。通过智能投喂系统，农业经理人能够根据每头动物的生长数据，精确调整其饲料配比和投喂量，大大提高了饲料的利用率和动物的生长速度。同时，智能饮水系统确保了动物在不同天气条件下都能获得适宜的饮水，降低了因饮水问题导致的疾病发生率。此外，智能清理系统定期清理养殖场的粪便和垃圾，有效减少了病菌的滋生和传播，提高了养殖场的生物安全水平。物联网技术的应用为养殖业带来的优势包括提高养殖效率、优化动物福利、降低养殖成本、减少环境污染和提升产品质量。随着物联网技术的不断发展和完善，相信其在养殖业中的应用将更加广泛和深入，推动现代农业向更高效、更环保的方向发展。

3. 动物行为分析

通过观察动物的行为特征，我们可以深入了解其健康状况、繁殖状况以及其他重要的生物信息，从而为养殖决策提供科学、专业的依据。这一观察方法提升了养殖效率，确保了动物的福利和整体健康状况。

以家畜养殖为例，通过仔细观察牛群的行为特征，能够有效评估其健康状况。健康的牛通常会表现出活泼好动、食欲旺盛的特点，它们会积极寻找食物，与同伴互动，并且行走有力、毛发有光泽。相反，患病或不适的牛可能会表现出行动迟缓、食欲不振、精神萎靡等异常行为。这些行为特征的变化为我们提供了宝贵的线索，帮助我们及时发现潜在的健康问题，从而采取必要的治疗措施，防止疾病在牛群中的扩散。此外，观察动物的繁殖行为也是了解繁殖状况的一条途径。在猪的养殖中，可以通过观察母猪的发情行为、交配行为以及妊娠期的变化，来判断其繁殖性能是否正常。母猪发情时会表现出烦躁不安、食欲减退、阴部红肿等症状，交配后则会变得安静、食欲恢复。通过观察这些行为特征，可以制定合适的繁殖计划，提高母猪的受孕率和产仔数，进而提升养殖效益。在养殖决策过程中，基于这些行为特征的观察结果，可以制定出更加科学、合理的养殖方案。例如，根据动物的健康状况调整饲料配方，加强疫苗接种等预防措施；根据繁殖状况合理安排配种时间和频率，以提高繁殖效率。这些措施的实施将有助于提高养殖业的整体水平和竞争力。除了直接观察行为特征，还可以借助现代科技手段，如物联网技术，来辅助我们进行动物行为观察。物联网设备可以实时监测养殖环境参数，如温度、湿度、光照等，并通过传感器和摄像头捕捉动物的行为数据。这些数据经过分析处理后，可以为我们提供更加全面、准确的行为特征信息，帮助我们做出更加科学的养殖决策。

通过观察动物的行为特征，结合现代科技手段，可以获取丰富的信息，为养殖决策提供有力的支持。作为农业经理人，应该注重培养自己的观察能力，掌握专业的观察技巧，并充分利用现代科技手段，更好地了解动物的健康状况和繁殖状况。

4. 大数据分析

在现代化养殖产业中，通过收集并深入分析大量养殖数据来评估养殖效益和规划未来发展。这些数据不仅涵盖了饲料消耗、疾病发生率、死亡率等关键指标，还涉及养殖环境、动物行为等多维度信息，共同为养殖业的发展提供了强有力的支持。

饲料消耗数据是评估养殖效益的重要指标之一。通过收集各养殖阶段的饲料消耗数据，并结合动物生长速度、体重变化等信息，能够精确地分析饲料的利用效率，有助于我们优化饲料配方，调整投喂策略，从而降低养殖成本，提高经济效益。

死亡率数据同样是评估养殖效益不可或缺的一部分。通过分析死亡率数据，可以深入了解养殖过程中动物死亡的主要原因，进而制定针对性的改进措施。例如，针对因流行病导致的死亡，可以加强疫苗接种和疾病监控；针对因管理不善导致的死亡，可以优化养殖设施和提升管理水平。

此外，养殖数据和现代技术的结合也为养殖业带来了新的机遇。利用物联网技术，可以实时收集养殖环境的各种数据，如温度、湿度、光照等，通过数据分析来优化养殖环境，提高动物的舒适度。同时，借助大数据和人工智能等先进技术，还可以对动物行为进行深入分析，了解动物的生理需求，从而提供更精准的养殖管理方案。

以一家大型养殖场为例，该场通过收集并分析大量养殖数据，发现饲料消耗率偏高且疾病发生率较高。针对这些问题，养殖场对饲料配方进行了优化，并加强了疾病防控措施。同时，利用物联网技术实时监测养殖环境，确保动物在最佳的生长条件下生活。经过一段时间的实践，养殖场的饲料消耗率明显降低，疾病发生率也大幅下降，经济效益得到了明显提升。

收集并分析大量养殖数据能够评估养殖效益和规划未来发展。通过深入分析和运用这些数据，农业经理人可以不断优化养殖管理策略，降低养殖成本，提高经济效益。

农业信息采集技术可以帮助农业经理人更好地了解作物和动物的生长环境，进而做出更科学、更有效的管理决策。同时，这些技术的应用也可以提高农业生产效率，降低生产成本，提高收入。

二、农业信息分析

（一）种植业信息分析

在现代农业决策体系中，种植业信息分析涉及对多种关键数据的深入收集与精细分析，以实现对农作物产量的高效预测，从而为种植计划和决策提供坚实的数据支持。

1. 产量预测

在现代农业实践中，通过多源数据的集成与分析已成为预测农作物产量的主要手段。通过收集气象、土壤及病虫害等详尽信息，并融合统计与 AI 算法，能够精准预测农作物产量，进而为种植计划和决策提供有力支撑。这种方法提高了农业生产的效率，有效减少了资源浪费。在农作物产量预测中，气象数据直接影响作物的生长周期和产量。例如，温度、降水、光照等气象因素。通过对长期的气象数据收集，结合历史产量记录，能够识别影响产量的关键气象因子及其影响程度。此外，AI 算法，如回归分析、决策树和神经网络等，进一步揭示了气象数据与产量之间的复杂关系，显著提高了预测的精准度。

在农作物产量预测方面，土壤的营养成分、酸碱度、质地等因素显著影响作物的生长。通过采集和分析土壤样本数据，能够深入了解土壤性质与肥力状况，从而预测不同土壤条件下作物的生长潜力和产量水平。这为农业经理人在种植前选择合适的作物品种和制定科学的施肥方案提供了依据。

病虫害的发生往往导致作物减产甚至绝收。通过收集病虫害历史数据，并运用时间序列分析等方法，能够预测病虫害的未来发生趋势，从而及时采取防治措施，减少其对产量的影响。

基于上述多源数据的集成与分析，运用统计与 AI 算法构建预测模型，这些模型综合考虑各种影响因素，实现了对农作物产量的精准预测。通过不断优化模型参数，能够持续提高预测的准确性和可靠性。

以某地区小麦种植为例，通过收集当地的气象、土壤和病虫害等数据，并运用先进的预测模型，成功预测了该地区小麦的产量。不仅为农业经理人提供了种植计划的科学依据，如确定播种时间、选择品种和制定施肥方案，还为政府部门的农业政策制定提供了重要参考，如优化资源配置、调整种植结构和推广先进农业技术等。

通过多源数据的集成与分析，结合统计与 AI 算法，为农业经理人预测农作物产量提供了有力工具，提升了农业生产的效率和可持续性，也为农业现代化的深入发展奠定了坚实基础。

2. 农作物品质分析

在现代农业中，精确评估农作物品质能够保障农产品销售的顺畅和市场定价的合理性。这一评估过程需涵盖营养成分、口感以及外观等多个关键维度，通过科学的数据分析为农产品销售和市场定价提供坚实的依据，进而优化供应链并增强市场竞争力。首先，营养成分是作物品质评估的基础。借助先进的专业仪器和方法，精确测定农作物中的蛋白质、脂肪、碳水化合物、维生素及矿物质等营养成分。这些数据不仅揭示了作物的营养价值，更为消费者提供了选择高品质农产品的有力依据。首先，对于农业经理人而言，了解作物的营养构成有助于制定更加精准的销售策略，满足不同消费者的需求。其次，口感品质在作物评估中占据重要地位。口感通常与农作物的品种、生长环境及加工方式紧密相连。采用量化评估手段，对农作物的风味、口感质地、香气等特征进行详细分析，为消费者提供直观的品质感受。此外，口感数据的深入分析还有助于农业经理人在种植和加工过程中调整技术参数，进一步提升作物的口感品质。最后，外观特征是评估作物品质时不可忽视的一环。外观涵盖了农作物的颜色、形状、大小以及表面质地等要素，这些特征影响着消费者的购买决策，直接关系到农产品的市场竞争力。通过对外观数据的细致分析，可以洞察作物的品种、生长环境及成熟度等信息，为农产品销售和市场定价提供有力支撑。

以某优质苹果品种为例，通过对其营养成分、口感和外观数据进行综合分析，全面评估了该苹果品种的品质水平。结果显示，该苹果品种富含多种营养成分，口感鲜美多汁，外观色泽鲜艳且大小均匀。这些翔实的数据，可为农业经理人提供精准的市场定价建议，从而制定更具竞争力的销售策略。同时，积极向消费者推荐这款优质苹果品种，可提高其在市场上的知名度和美誉度。

通过深入分析农作物的营养成分、口感和外观等数据，可以对作物品质进行全面而客观地评估。这些评估结果对于农业经理人制定销售策略、优化市场定价具有指导意义，同时也为消费者提供了高品质农产品的选择依据。

3. 病虫害预警

在现代农业领域，物联网与大数据技术的深度融合正展现出前所未有的优势，特别是在农作物生长环境的病虫害信息实时监测与预警方面。这些先进技术的应用极大地提升了农业生产的智能化水平，有效降低了病虫害对农作物产量的潜在威胁，确保了农业生产的稳定性和可持续性。

物联网技术通过广泛部署在农田中的传感器节点，能够实时捕获土壤湿度、温度、光照强度以及空气质量等关键环境参数。这些参数是病虫害发生与发展的重要指标，通过实时监测，能够为农业经理人提供病虫害发生的潜在风险信息。同时，物联网技术还实现了对农田的远程监控与管理，使得农业生产更加便捷、高效。

大数据技术则能够对这些物联网采集的海量数据进行深度挖掘与分析。通过比对历史数据与预测趋势，大数据技术能够精确识别病虫害发生的规律与特征，为提前预警和制定防治措施提供了科学依据。此外，大数据技术还能够对防治效果进行评估与反馈，为农业生产提供更加精准的决策支持。

以某地区的小麦种植为例，物联网与大数据技术的结合应用，使得小麦生长环境中的病虫害信息得以实时监测。一旦系统检测到某种病虫害的病原体数量超过预设阈值，便会立即触发预警机制，提醒农业经理人及时采取防治措施。同时，系统还会根据历史数据与当前环境参数，为农业经理人提供个性化的防治建议，如调整灌溉策略、优化施肥计划或采用生物防治等。

这种集成应用及时、有效地控制病虫害的扩散与为害，能显著提升农作物的产量与品质。更重要的是，它为农业生产提供了更为科学、智能的管理手段，推动了农业现代化的快速发展。

（二）养殖业信息分析

1. 养殖效益评估

通过深度挖掘和仔细分析养殖场的各项数据，农业经理人能够精准地评估其经济效益，并为养殖决策提供坚实的数据支撑。这一过程涵盖了饲料消耗、疾病发生率、死亡率等多个关键指标，每一项数据都是揭示养殖场运营状况分析的重要线索。

评估养殖场经济效率与饲料成本关系。收集并分析每日、每周或每月的饲料消耗记录，农业经理人可以精确计算出单位时间内饲料的使用量，并据此结合饲料价格，准确计算饲料成本。农业经理人还可以进一步地分析不同种类、不同生长阶段的动物对饲料的需求差异，从而优化饲料配方和投喂策略，有效减少饲料浪费，提高饲料利用率，降低成本。

疾病发生率是反映养殖场健康状况的关键指标。通过对疾病发生数据的收集和分析，农业经理人能够及时了解养殖场的疾病流行情况、病因以及防控措施的有效性。及时识别潜在的健康风险，采取针对性的预防措施，减少疾病对养殖效益的负面影响。同时，通过比较不同养殖场的疾病发生率，农业经理人还可以找出管理和卫生方面的差异，为改进养殖环境提供科学依据。

死亡率是评估养殖场经济效益的另一重要指标。通过详细记录和分析死亡动物的数据，农业经理人可以了解死亡原因、死亡动物的种类和生长阶段等信息。这些信息有助于农业经理人识别养殖过程中的问题，如营养不足、疾病感染、环境恶劣等，并据此采取相应的改进措施。同时，根据死亡率数据，还可以调整养殖密度、改善饲养管理，以降低死亡率，从而提高养殖效益。

通过收集和分析养殖数据，农业经理人能够全面、准确地评估养殖场的经济效益，并为养殖决策提供有力的科学依据。例如，在评估某个养殖场的经济效益时，如果发现其饲料消耗较高、疾病发生率和死亡率也偏高，基于这些数据，农业经理人可以建议该养殖场优化饲料配方和投喂策略，加强疾病防控和饲养管理，以降低饲料成本和死亡率，最终提升养殖效益。这样的数据分析和决策支持，对于帮助养殖场实现更高效、更可持续地运营具有重要意义。

2. 畜禽行为分析

在现代养殖业中，畜禽行为观察与数据分析正逐渐成为一项关键的管理技术。通过对畜禽的日常行为进行细致观察，并结合收集到的数据进行深入分析，农业经理人能够更准确地了解畜禽的健康状况、繁殖性能以及养殖环境的需求，进而为养殖管理提供科学、合理的决策依据。

畜禽的行为特征通常直接反映其健康状况。例如，猪的食欲、活动量和睡眠状态等，都是判断其健康状态的重要指标。通过观察这些行为特征，养殖人员可以初步判断畜禽是否存在健康问题，进而采取相应的措施进行干预。

畜禽的繁殖性能是养殖业能否成功关键。通过观察畜禽的求偶行为、交配频率以及产蛋量等，可以初步判断其繁殖性能。结合数据分析，如分析产蛋率、受精率等关键指标，可以更加精确地评估畜禽的繁殖状况，为制定繁殖计划、优化配种方案提供有力支持。

畜禽的行为还受到养殖环境的影响。通过观察畜禽在不同环境下的行为表现，可以评估养殖环境的适宜程度，如温度、湿度、光照等。农业经理人可以根据这些信息调整养殖环境，为畜禽提供更舒适、更健康的生长条件。

以某养猪场为例，养殖人员发现一群猪出现食欲不振、活动量减少的症状。通过仔细观察，发现这些猪还伴有呼吸困难和咳嗽等现象。为了深入了解这些猪的健康状况，养殖人员采集了它们的体温和呼吸频率数据，并进行了深入分析。结果显示，这些猪的体温偏高，呼吸频率加快，符合某种呼吸道疾病的特征。基于这一发现，农业经理人及时采取了相应的治疗措施，包括调整饲料配方、增加营养补给、加强卫生管理等。同时，农业经理人还根据数据分析的结果，对养殖环境进行了调整，如增加通风量、降低湿度等。经过一段时间的治疗和管理，这些猪的健康状况得到了显著改善，食欲和活动量逐渐恢复正常，养殖效益也得到了提高。

在养殖管理中，通过畜禽行为观察与数据分析，农业经理人可以更全面地了解其健康状况、繁殖性能以及养殖环境的需求。在实际应用中，农业经理人应不断提高自身的观察能力和数据分析能力，以便更好地利用这一手段提高养殖效益和动物福利水平。同时，加强养殖业与其他相关领域的合作与交流，如兽医、营养师、环境工程师等。通过共同研究和实践，不断探索和创新畜禽行为观察与数据分析的方法和技术，为养殖业的可持续发展提供有力支持。

3. 饲料配方优化

在现代畜禽养殖业中，大数据技术通过高效收集、整理和分析畜禽营养需求以及饲料成分的海量数据，为养殖管理提供了强有力的支持。通过收集养殖环境、畜禽生长阶段、品种特性等多维度数据，农业经理人可以更全面地理解畜禽在不同条件下的营养需求变化。同时，对饲料成分数据的深度挖掘，使农业经理人能够精确掌握各类饲料的营养成分、消化率以及生物学价值，为优化饲料配方提供了科学依据。

人工智能技术则在大数据分析的基础上，通过复杂的模型构建和算法优化，进一步提升了饲料配方的精准性。利用AI算法，农业经理人可以训练模型自动识别畜禽营养需求的变化规律，并预测饲料成分对畜禽生长性能的影响。此外，优化算法的应用使得农业经理人能够根据畜禽的营养需求和饲料成分数据，自动调整饲料配方，实现饲料利用率的最大化。通过大数据和人工智能技术的结合，畜禽养殖业能够实现饲料配方的个性化定制和动态优化。这种优化不仅满足了畜禽在不同生长阶段的营养需求，提高了饲料利用率，降低了养殖成本，还进一步提升了畜禽的生长性能和产品品质，从而显著提高了养殖效益。随着技术的不断进步和应用场景的拓展，畜禽养殖业将迎来更加智能化、高效化的新时代。通过大数据和人工智能技术的持续应用，农业经理人将能够更好地管理养殖过程，优化资源配置，提高养殖效率，并推动畜禽养殖业的可持续发展。同时，这也将为畜禽养殖业带来新的机遇和挑战，需要农业经理人不断探索和创新，以适应行业发展的需求。

农业信息分析技术通过对农业数据的收集、整理、分析和建模，为农业决策提供科学依据，提高农业生产效率和管理水平。同时，这些技术的应用也可以帮助农业经理人更好地了解市场需求和竞争状况，提高农产品的市场竞争力。

三、农业数据应用

农业数据不仅能提升生产效率，还能优化农产品的销售流程。这一应用涵盖农业生产、管理、销售等多个方面，构成了一个综合体系。随着技术的不断进步，农业数据的应用将更加广泛和深入，为农业的可持续发展提供坚实支撑。

（一）在生产端的应用

1. 精准农业

精准农业通过全面收集并深入分析土壤、气候以及作物生长等多维度数据，为农业经理人提供了种植指导。这种技术的应用使得农业经理人能够实施更为精确的灌溉、施肥和病虫害防治策略，进而显著提升作物产量与品质，实现农业的精细化和高效化。

首先，精准农业依赖于先进的数据收集和分析技术。通过安装在地里的传感器和无人机、卫星遥感等先进设备，可以实时收集土壤湿度、养分含量、气候状况以及作物生长情况等数据。这些数据经过专业的农业信息系统处理后，可以为农业经理人提供精确的种植建议。其次，精准农业使得灌溉更加精准。通过分析土壤湿度和作物生长需求，农业经理人可以精确计算出每个地块的灌溉量，避免过量灌溉导致的水资源浪费和土壤盐碱化问题。同时，精准灌溉还能确保作物在生长关键期获得足够的水分，从而提高产量和品质。在施肥方面，精准农业通过分析土壤养分含量和作物生长需求，农业经理人可以制定个性化的施肥方案。这种施肥方式不仅可以减少化肥的使用量，降低农业生产成本，还能有效避免化肥过量使用导致的土壤污染和作物品质下降问题。最后，精准农业还能有效防治病虫害。通过分析作物生长状况和病虫害发生规律，农业经理人可以预测病虫害发生的可能性和程度，从而提前采取措施进行防治。这种预防性的病虫害防治策略可以减少农药的使用量，降低环境污染和农产品残留问题，提高作物抗病虫害能力，确保作物健康生长。

精准农业通过全面收集并深入分析土壤、气候以及作物生长等多维度数据，为农业经理人提供了更为精确的种植指导。这种技术的应用使得农业经理人能够实施更为精确的灌溉、施肥和病虫害防治策略，进而显著提升作物产量与品质，实现农业的精细化和高效化。随着科技的不断进步和精准农业技术的不断完善，相信未来的农业生产将会更加高效、环保和可持续。

2. 作物管理

在现代农业中，作物管理借助遥感技术和物联网等先进工具，农业经理人实时收集作物生长数据，从而更加精准地监控和管理作物的生长过程。这种管理方式能够及时发现并解决作物生长过程中出现的问题，确保作物健康生长，进而提高农业生产效益。

首先，遥感技术为农业经理人提供了从高空观察作物生长状况的机会。通过卫星或无人机搭载的传感器，农业经理人可以获取到作物生长区域的大范围图像和数据，包括作物的分布、生长状况、土壤湿度、病虫害发生情况等。这些数据为农业经理人提供了关于作物生长环境的全面信息，帮助他们更好地了解作物的生长需求。其次，物联网技术使得农业经理人能够实时收集作物生长数据。通过在农田中布置传感器，农业经理人可以实时监测土壤温度、湿度、养分含量等关键参数，以及作物的生长速度、叶片颜色等生长指标。这些数据被实时传输到农业经理人的手机或电脑上，使他们能够随时掌握作物的生长情况。借助这些先进工具收集到的数据，农业经理人可以更加精准地制定作物管理策略。他们可以根据作物的生长需求和生长环境调整灌溉、施肥和病虫害防治等管理措施，确保作物在最佳的生长条件下生长。同时，农业经理人还可以及时发现作物生长过程中出现的问题，如病虫害的发生、养分不足等，并采取相应的措施进行解决，避免对作物生长造成不良影响。最后，作物管理技术的应用还能够提高农业生产效益。通过精准管理，农业经理人可以优化资源的利用，减少水肥的浪费，降低生产成本。同时，健康的作物生长状况也能提高作物的产量和品质，增加农产品的市场竞争力。

借助遥感技术和物联网等先进工具，农业经理人能够实时收集作物生长数据，实现作物管理的精准化和高效化。这种管理方式有助于确保作物健康生长，提高农业生产效益。

3. 资源优化

资源优化是通过细致分析历史数据与实时数据，农业经理人能够精确掌握农业资源的使用情况，从而优化水资源、肥料等农业资源的分配，减少浪费，提高资源利用效率。

数据分析在资源优化中起着核心作用。农业经理人可以收集并整理历史数据，如过去几年的降水量、作物产量、肥料使用量等，以及实时数据，如当前的土壤湿度、作物生长状况等。这些数据为农业经理人提供了关于农业资源使用情况的全面信息。

农业经理人可以利用数据分析工具对这些数据进行处理和分析。通过对历史数据的分析，农业经理人可以识别出资源使用的模式和趋势，如哪个季节的水资源最为紧张，哪种作物对肥料的需求最高等。而实时数据的分析则可以帮助农业经理人及时了解当前资源的利用状况，从而作出更加精准的管理决策。基于数据分析的结果，农业经理人可以制定资源优化的管理方法。在水资源管理方面，农业经理人可以根据降雨预测和作物生长需求，合理安排灌溉时间和灌溉量，避免过量灌溉导致的浪费。在肥料管理方面，农业经理人可以根据土壤养分含量和作物生长需求，制定个性化的施肥方案，确保作物获得足够的养分供应，同时避免肥料过量使用造成的浪费和污染。资源优化不仅可以降低农业生产成本，还可以提高作物的产量和品质。通过更加合理的资源分配和利用，作物可以获得更加适宜的生长环境，从而生长得更加健壮、产量更高、品质更好。这不仅可以增加农民的收入，还可以提高农产品的市场竞争力。此外，资源优化还有助于推动农业的可持续发展。通过减少资源的浪费和污染，农业经理人可以保护生态环境，维护土地和水资源的可持续利用。这有助于实现农业与环境的和谐共生，为后代留下更加美好的生存空间。

通过细致分析历史数据与实时数据，农业经理人能够精确掌握农业资源的使用情况，从而优化水资源、肥料等农业资源的分配，降低浪费，提高资源利用效率。

4. 病虫害预警

通过对作物生长环境和作物健康状况的持续监测，帮助农业经理人预测病虫害的发生趋势，从而提前采取措施进行预防或控制，有效减少病虫害对农作物的损害。

在病虫害预警系统中，遥感技术、物联网传感器以及先进的数据分析工具这些技术能够实时监测作物生长环境的关键参数，如土壤湿度、温度、光照等，以及作物的健康状况，如叶片颜色、生长速度等。通过对这些数据的收集和分析，农业经理人可以了解作物生长环境的动态变化，及时发现潜在的病虫害风险。一旦预测到病虫害可能发生，农业经理人可以迅速采取措施进行预防或控制。预防措施可能包括调整作物种植结构、改善土壤环境、提高作物抗病虫害能力等。如果病虫害已经发生，农业经理人可以采取针对性地控制措施，如使用生物农药、化学农药或物理方法进行防治。这些措施的实施需要依据病虫害的种类、严重程度以及作物生长阶段等因素进行综合考虑。病虫害预警系统的应用不仅可以减少病虫害对农作物的损害，提高作物产量和品质，还可以降低农业生产成本和风险。通过提前预防和控制病虫害，农业经理人可以避免因病虫害导致的作物减产和品质下降等问题，从而保障农业生产的稳定性和可持续性。此外，病虫害预警系统还帮助增强农业经理人的病虫害防治意识和技能水平。通过对病虫害的实时监测和预警，农业经理人可以更加深入地了解病虫害的发生规律和防治措施，提高自身的病虫害防治能力。这将有助于农业经理人在农业生产中更加自主地管理病虫害问题，减少对外界干预的依赖。

病虫害预警系统通过对作物生长环境和作物健康状况的持续监测，帮助农业经理人预测病虫害的发生趋势，提前采取措施进行预防或控制，有效减少病虫害对农作物的损害。同时，还可以增强农业经理人的病虫害防治意识和技能水平，促进农业生产的可持续发展。

5. 适应气候变化

面对气候变化带来的挑战，农业经理人需要积极适应并调整他们的农业实践。通过分析气候变化数据，农业经理人可以灵活调整种植计划和作物种类，选择适应性强、抗逆性好的作物品种，从而降低气候变化对农业生产的不利影响。

首先，了解气候变化趋势，通过收集和分析历史气候数据以及气候预测模型，了解未来气候变化的可能趋势，如降水量、温度、湿度等关键气象因素的变化。这些信息有助于农业经理人预测未来气候对农业生产的影响，并作出相应的调整。其次，基于气候数据，农业经理人可以灵活调整种植计划。例如，在降水量减少的地区，农业经理人可以选择耐旱性强的作物品种，并合理安排灌溉时间和方式，以确保作物在干旱条件下也能正常生长。在温度升高的地区，农业经理人可以选择耐高温的作物品种，并调整播种时间，避开高温时段对作物生长的不利影响。此外，农业经理人还可以根据气候变化数据选择适应性强、抗逆性好的作物品种。这些品种通常具有更强的生命力和抵抗力，能够在不利的气候条件下保持较好的生长状态。通过引入这些品种，农业经理人可以降低气候变化对农业生产的影响，提高作物的产量和品质。除了种植计划和作物品种的调整外，农业经理人还可以采取其他措施来适应气候变化。例如，加强土壤管理，提高土壤肥力和保水能力；利用节水灌溉技术，减少水资源的浪费；采用农业保险等风险管理工具，降低气候变化带来的经济风险。

面对气候变化带来的挑战，农业经理人需要积极适应并调整他们的农业实践。通过分析气候变化数据，灵活调整种植计划和作物种类，选择适应性强、抗逆性好的作物品种，农业经理人可以降低气候变化对农业生产的不利影响，确保农业生产的稳定性和可持续性。

（二）在销售端的应用

1. 市场需求分析

市场需求分析在现代农业中能够帮助农业经理人精准预测市场需求，为种植适销对路的作物提供指导，确保农业生产的针对性和有效性。

首先，对消费者购买习惯进行深入研究是理解市场需求的关键。农业经理人需要关注消费者的口味偏好、价格敏感度、购买频率、购买渠道等方面的数据。这些数据可以通过市场调查、消费者访谈、销售数据分析等方式获取。通过对消费者购买习惯的分析，农业经理人可以了解哪些作物品种、规格、品质在市场上更受欢迎，以及消费者对产品的期望和需求。其次，研究市场趋势也是预测市场需求的重要方法。农业经理人需要关注国内外市场的动态变化，了解政策调整、科技进步、社会经济发展等因素对市场需求的影响。例如，随着健康饮食趋势的兴起，消费者对有机、绿色等农产品的需求日益增加；随着城市化进程的加速，城市居民对新鲜、高品质农产品的需求也在不断增长。农业经理人应该关注这些趋势，并根据市场需求的变化调整种植计划。在深入了解消费者购买习惯和市场趋势的基础上，农业经理人可以制定针对性地调整种植计划，选择种植市场需求量大、价格稳定、竞争力强的作物品种，并优化种植结构，提高作物的品质和产量。同时，农业经理人还可以关注市场需求的变化，及时调整种植计划，以适应市场的变化。为了确保农业生产的针对性和有效性，农业经理人还需要加强与市场的联系。通过参加农产品展销会、建立农产品电商平台、与农产品经销商建立合作关系等方式，了解市场需求和价格动态，及时将农产品销售出去。此外，农业经理人可以借助现代农业科技手段，如物联网、大数据等，提高农业生产的智能化和精准化水平，进一步降低生产成本，提高经济效益。

通过深入研究消费者购买习惯和市场趋势，农业经理人可以精准预测市场需求，为种植适销对路的作物提供指导，确保农业生产的针对性和有效性，提高农产品的市场竞争力，实现农业生产的可持续发展。

2. 价格预测

在农产品市场中，通过深入分析历史价格数据以及精准把握市场供需关系，可以有效地预测农产品价格的未来走势，从而帮助农业经理人在最佳时机选择销售，实现收益最大化。

首先，对历史价格数据的深入分析是价格预测的基础。这包括收集、整理和分析过去几年甚至几十年的农产品价格数据，从中找出价格变化的规律、周期和趋势。这些规律可能包括季节性波动、周期性波动、长期增长趋势等。通过了解这些规律，农业经理人可以对农产品价格的未来走势有一个初步的判断。其次，精准把握市场供需关系是价格预测的关键。农产品市场的供需关系受到多种因素的影响，包括气候、政策、消费者需求、生产成本等。农业经理人需要密切关注这些因素的变化，以及它们对供需关系的影响。例如，如果气候异常导致作物减产，供给减少，价格可能会上涨；如果政策鼓励扩大种植面积，供给增加，价格可能会下降。最后，农业经理人还需要了解消费者的需求变化，以及竞争对手的生产和销售情况，从而更准确地预测市场供需关系的变化。在深入分析历史价格数据和精准把握市场供需关系的基础上，农业经理人可以采用多种方法进行价格预测。例如，时间序列分析法可以通过建立数学模型，利用历史价格数据预测未来的价格走势；AI算法可以通过训练模型，自动识别和预测价格变化的规律；基本面分析法可以通过研究供需关系、市场需求、气候状况以及政策等因素，来预测价格的趋势。这些方法各有优缺点，农业经理人可以根据实际情况选择合适的方法进行价格预测。

农业经理人需要密切关注市场动态，根据预测结果调整销售策略。如果预测到价格将上涨，农业经理人可以选择推迟销售，等待价格达到高点；如果预测到价格将下降，农业经理人可以选择提前销售，避免价格进一步下跌带来的损失。通过精准的价格预测和灵活

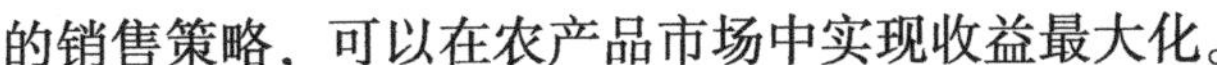

的销售策略，可以在农产品市场中实现收益最大化。

3. 供应链管理

大数据在销售端的应用中，通过全面追踪农产品从生产到销售的全过程，大数据技术能够帮助企业优化物流和库存管理，降低损耗，提高整体运营效率，从而确保农产品能够新鲜、高效地送达消费者手中。在供应链管理方面，利用大数据技术，企业可以实时追踪农产品的生产、加工、储存、运输等各个环节的数据。这有助于企业及时发现并解决潜在问题，确保供应链的顺畅运行。通过分析历史数据和实时数据，大数据技术能够预测农产品的市场需求、价格趋势以及消费者行为等信息。企业可以根据这些预测信息来制定更为科学的生产和销售策略，避免库存积压或断货等问题。结合历史库存数据和销售预测，利用大数据技术进行仿真模拟计算，可以确定企业最优的库存量。在满足基本需求的基础上，最大限度地降低成本。同时，通过实时数据追踪，企业可以及时调整库存策略，避免库存积压或断货带来的损失。大数据技术可以帮助企业预测和优化物流路径，选择最合理的运输方式和路线，降低运输成本和时间。此外，通过实时追踪运输车辆的位置和状态，企业可以确保农产品的安全和新鲜度，提高运输效率。大数据技术还可以帮助企业分析消费者的购买习惯、喜好等信息，为消费者提供更为个性化的服务。例如，企业可以根据消费者的购买历史和偏好，推荐合适的农产品和优惠活动，提高客户满意度和忠诚度。

对于供应链的管理，大数据在销售端通过全面追踪农产品从生产到销售的全过程，利用大数据技术进行优化物流和库存管理，可以降低损耗，提高整体运营效率，确保农产品能够新鲜、高效地送达消费者手中，有助于提升企业的竞争力和市场地位，实现可持续发展。

4. 电子商务

电子商务，作为当代商贸领域的一种革新性业态，正以其独特的优势，深刻改变着传统农产品销售模式。借助网络销售平台这一强大工具，结合先进的数据分析技术，能够有效实现农产品的线上销售，进而拓宽销售渠道，为农业经理人提供多元化的销售选择。

网络销售平台为农产品提供了一个全新的展示和交易窗口。农业经理人可以将农产品直接呈现给全国乃至全球的消费者，打破了地域限制，极大地提升了农产品的市场覆盖面。同时，网络销售平台还具备互动性强、信息更新迅速等特点，农业经理人能够更快速地获取市场动态，调整销售策略，提高销售效率。在农产品线上销售过程中，数据分析技术通过对销售数据、用户行为数据等进行深入挖掘和分析，能够更精准地把握消费者需求和市场趋势，为农业经理人提供有针对性的销售策略建议。此外，数据分析还可以帮助农业经理人优化产品组合、定价策略等，进一步提高农产品的市场竞争力。农产品线上销售模式的推广，为农业经理人带来了更多销售机会和收益，同时也为消费者带来了更加便捷、高效的购物体验。消费者可以随时随地通过网络平台浏览和购买农产品，节省了时间和精力。同时，线上销售平台通常提供丰富的产品信息和用户评价，有助于消费者做出更明智的购买决策。随着电子商务技术的不断发展和完善，农产品线上销售模式将会得到更广泛的应用和推广。我们可以期待更多创新型的电子商务平台和技术解决方案的出现，进一步推动农产品线上销售的发展。电子商务为农产品销售开辟了新的道路，借助网络销售平台和数据分析技术，能够实现农产品的线上销售，拓宽销售渠道，为农业企业和消费者带来双赢的局面。

 四、农业大数据

（一）农业大数据

大数据（Big Data）是一个相对宽泛的概念，通常指的是无法在合理的时间内用常规软件工具进行捕获、管理和处理的数据集合。大数据具有四个基本特征，即“4V”：

体量（Volume）：指数据的大小。在大数据时代，数据量已经从 TB 级别跃升到 PB、EB 乃至 ZB 级别。

速度（Velocity）：指数据生成、处理和分析的速度。大数据的生成和处理速度非常快，需要实时或近实时地处理和分析。

多样性（Variety）：指数据的类型和来源。大数据可以来自不同的渠道，如社交媒体、日志文件、视频、音频等，并且它们的格式和结构也可能各不相同。

价值（Value）：指从数据中提取有价值信息的能力。大数据的真正价值在于通过分析和挖掘，发现其中隐藏的模式、趋势和关联，从而为决策提供支持。

大数据的出现对数据处理和分析技术提出了新的挑战，需要更高效、更智能的算法和工具来处理这些海量、高速、多样和有价值的数据。同时，大数据也为各个领域带来了许多新的机遇，如商业智能、个性化推荐、预测分析等。农业大数据涵盖了农业生产、管理和销售等各环节产生的大量数据，包括土壤信息、气候条件、作物生长数据、市场供需状况和农产品价格等。收集、分析和应用这些数据，不仅能提升农业生产的效率和精准度，还能优化资源配置，增强农业的可持续发展能力。农业大数据已成为推动现代农业发展的关键工具，它在提高生产效率、优化资源配置、增强市场竞争力以及推动农业可持续发展中得到了广泛的应用。传统的农田环境监测方法往往耗时耗力，而且数据准确性和实时性都难以保证。而现在，通过运用各种传感器和遥感技术，可以实时监测农田环境数据，包括土壤湿度、温度、pH 值、光照强度、空气质量等。这些数据可以帮助农业经理人及时了解农田环境状况，从而采取相应的措施进行调整，保证农作物的生长环境。

农业大数据还可以为作物生长数据的监测和管理提供有力支持。通过利用物联网技术，可以实时监测作物的生长情况，包括生长速度、生长状态、病虫害情况等。这些数据可以帮助农民及时发现问题，采取相应的措施进行处理，从而保证作物的健康生长。同时，通过对作物生长数据的分析，还可以为农业经理人提供更加准确的种植建议，提高农作物的产量和品质。此外，农业大数据通过对农产品市场数据的分析，可以帮助农业经理人了解市场需求和价格走势，从而更好地制定销售策略，提高农产品的市场竞争力。同时，农产品市场数据还可以为政府决策提供支持，帮助政府更好地把握市场动态，制定相应的农业政策。

（二）种植业大数据

种植业大数据覆盖了作物种植的全过程，包括种子选择、土壤条件、气候数据、种植管理、病虫害监控，直至收获和市场销售。科技的进步推动了大数据在种植业各环节的应用，为现代农业带来了深刻的变革。这些数据不仅为农业经理人提供了关于作物种植全过程的全面信息，而且通过深入分析，还为农业经理人提供了精准、高效的决策支持。种植业大数据正逐步改变传统的农业生产方式，为农业经理人提供更加科学的决策依据。

1. 数据类型

在农业信息化和智能化的时代背景下，数据类型的丰富性和准确性对于提升农业生产效率、优化资源配置以及实现可持续发展具有举足轻重的作用。在农业领域，数据类型繁多且复杂，包括作物种植数据、化肥农药使用数据、农机作业数据、育种数据、播种与灌溉数据以及农情数据等。这些数据类型共同构成了农业大数据的基础，为农业生产的精准化、智能化提供了坚实支撑。

作物种植数据是农业大数据的核心之一。它详细记录了各类农作物的种植面积、品种、产量、生长周期等信息。通过对作物种植数据的深入挖掘和分析，农业经理人可以了解不同地区的作物种植结构、生产布局以及种植效益，为农业政策的制定和调整提供科学依据。化肥农药使用数据是农业生产投入水平的重要体现。这些数据记录了化肥和农药的种类、使用量、使用时间等详细信息。通过精确分析这些数据，农业经理人能够评估农业生产过程中的投入产出比，指导农民合理施用化肥和农药，降低农业生产成本，同时减少对环境的负面影响。农机作业数据反映了农业机械化的程度和水平。农机作业数据包括了农机具的种类、数量、作业面积、作业效率等信息。这些数据能够了解农业机械化的发展现状和趋势，有助于农业机械化政策的制定和实施，推动农业现代化进程。此外，育种数据是农业科技创新的重要基础。它涵盖了种质资源、育种方法、新品种表现等方面的信息。育种数据的分析有助于农业科研机构发掘优质种质资源，培育适应市场需求和生态环境的新品种，提升农业生产的竞争力。播种与灌溉数据直接关联到农业生产的具体操作。播种数据包括播种时间、播种量、播种方式等，而灌溉数据则涉及灌溉量、灌溉方式、灌溉时间等。这些数据的精准记录和分析，有助于优化农业生产过程，提高作物产量和品质。农情数据是农业生产中不可或缺的信息资源。它包括了气象数据、土壤数据、病虫害数据等。通过对农情数据的实时监测和分析，农业管理者可以预测农业生产中的潜在风险，制定应对措施，确保农业生产的顺利进行。

在农业生产中，作物种植数据、化肥农药使用数据、农机作业数据、育种数据、播种与灌溉数据，以及农情数据等数据类型共同构成了农业大数据的丰富内涵，为农业生产的精准化、智能化提供了有力支撑。随着农业信息化和智能化技术的不断发展，这些数据类型将在农业生产中发挥越来越重要的作用，推动农业产业向更高水平迈进。

2. 技术应用

在现代农业发展中，技术应用已经成为提升生产效率和优化资源配置的关键手段。其中，物联网、遥感技术、地理信息系统（GIS）以及人工智能（AI）等现代信息技术的综合运用，为农业生产的实时监测、数据分析和决策优化提供了强有力的支持。

物联网技术通过部署在农田中的各类传感器和设备，实时收集土壤湿度、温度、光照强度等环境数据，以及作物生长状态、病虫害发生情况等生产数据。这些数据通过无线网络传输至数据中心，为农业生产提供了丰富的数据源，使农业经理人能够随时了解农田的实时状况。

遥感技术利用卫星或无人机等平台，对农田进行高空监测。通过获取高分辨率的遥感影像，可以精准识别作物的生长情况、病虫害分布以及土地利用状况等信息。这种技术协助农业经理人全面了解农田状况，及时发现并解决问题，提高管理效率。

GIS 在农业中的应用主要体现在空间数据的处理和分析上。通过将物联网和遥感技术收集的数据与 GIS 地图相结合，可以直观展示农田的空间分布、资源利用情况以及生产状况等。GIS 技术还可以进行空间建模和预测分析，为农业生产提供科学的决策支持，帮助农业经理人优化资源配置，提高生产效率。

AI 技术的应用则进一步提升了农业生产的智能化水平。通过对大量农业数据的深度学习和分析，AI 技术可以预测作物生长趋势、病虫害发生概率以及市场需求等信息。基于这些预测结果，农业经理人可以制定更加精准的生产计划和资源投入策略，实现生产效益的最大化。

举例来说，在某大型农场中，利用物联网技术实时监测土壤湿度和作物生长状态，确保作物在最佳环境下生长。遥感技术则用于定期监测农田的病虫害情况，以便及时采取防治措施。同时，GIS 技术帮助农业经理人全面了解农田的资源利用情况，优化种植布局。最后，AI 技术通过分析历史销售数据和市场需求预测，指导农场合理安排作物的种植结构和上市时间，以满足市场需求并获取更高的经济效益。

物联网、遥感技术、GIS 和 AI 等现代信息技术的综合运用提高了农业生产的实时性和精准性，优化了生产决策和资源投入，进一步提升了农业生产的效率和效益。

3. 精准农业

精准农业以其独特的数据分析能力和智能化操作模式，引领着农业生产进入了一个新时代。农田扫描定位技术作为精准农业的工具，其应用提升了农业生产力和土地利用率。农田扫描定位技术通过高精度的传感器和遥感设备，实现了对农田的全面、快速、准确扫描，并获取包括土壤成分、水分含量、作物生长状况等多项关键数据。这些数据为后续的精准管理提供了有力支持，使得农业生产更加科学化、精细化。根据农田扫描定位技术的数据分析，农业经理人可以更加准确地了解每个田块的土壤养分状况和作物生长情况，从而制定个性化的施肥方案。这些方案既考虑到了土壤的成分和作物的需求，又充分考虑到了环境因素和气候变化对农业生产的影响。通过精确控制肥料的种类、用量和施用时间，农业经理人可以避免过量施肥和浪费资源，同时提高作物的产量和品质。此外，农田扫描定位技术还能提高土地利用率。通过对农田的全面扫描和数据分析，农业经理人可以发现潜在的土地资源，如闲置地块和低产田等。针对这些地块，农业经理人可以制定相应的改良措施，如改善土壤结构、引入高产作物品种等，从而提高其生产能力和经济效益。同时，该技术还可以帮助农业经理人合理规划农田布局和作物种植结构，进一步提高土地利用率和农业生产效益。

农田扫描定位技术在精准农业中的应用，让农业生产更加科学、精准和高效，提高了农作物的产量和品质，降低了生产成本，减少了环境污染。

4. 生态环境监测

在提升农业生产效率和保护生态环境方面，通过长期、系统地收集气候、土壤、自然灾害及病害等多维度环境数据，生态环境监测为科学匹配农作物品种与土地类型提供了坚实的数据支撑。

在生态环境监测中，温度、降水、光照等关键气候指标对于农作物的生长和发育具有决定性影响。通过分析这些数据，农业经理人能够准确评估一个地区的气候特点，从而选择与之相匹配的作物品种。例如，在气候温暖湿润的地区，可以种植水稻、茶叶等喜水作物；而在干旱地区，则需要选择耐旱性强的作物品种。

土壤数据同样是农业生产中不可忽视的因素。土壤的成分、质地、酸碱度等特性直接影响着作物的生长状况。农业经理人能够通过深入了解土壤数据，精准判断出哪些土地类型适合种植何种作物，从而实现土地资源的最大化利用。比如，富含有机质的土壤适宜蔬菜、水果等作物的生长，而砂质土壤则更适合种植根系发达的作物如花生、玉米等。

除了气候和土壤数据外，自然灾害和病害的监测也是生态环境监测的重要组成部分。农业部门能够通过对这些数据的收集和分析，预测和防范潜在的风险，为农业生产提供有力保障。例如，在易发洪涝灾害的地区，农业经理人和农业部门可以提前采取防洪措施，选择耐涝性强的作物品种；在病害高发区，则需要加强病害监测和防治工作，降低作物损失。

以某地区为例，通过生态环境监测发现该地区气候适宜、土壤肥沃，但易受台风影响。基于这些数据，当地农业部门科学匹配了适宜该地区生长的作物品种。同时，加强了对台风的预警和防灾减灾措施，确保了农业生产的稳定进行，不仅提高了当地农业的生产效率，还有效保护了生态环境。

通过长期、系统地收集和分析环境数据，科学匹配农作物品种和土地类型，农业经理人能够提高农业生产效率、降低生产风险、保护生态环境，实现农业生产的可持续发展。

5. 育种领域

在育种领域，大数据技术的应用已经成为推动行业发展的关键因素。其深厚的潜力和广泛的应用前景正在逐步改变传统的育种模式，加速了育种过程，显著降低成本，并大幅提升效率。

首先，大数据技术的应用使得育种过程中的信息获取和处理能力得到了极大的提升。通过收集并分析海量的遗传信息、环境数据以及生长记录，育种人员能够更加精确地了解作物和家畜的生长特性、遗传规律以及与环境因素的相互作用。这种深入的理解使育种人员能够更准确地预测和选择具有优良性状的个体，从而加速育种进程。其次，大数据技术为育种人员提供了更为高效的基因编辑和选择手段。利用机器学习、深度学习等先进技术，育种人员可以实现对基因序列的精确识别和分析，进而进行有针对性的基因编辑和优化。这种精准的操作不仅能够显著提高育种的成功率，还能够降低不必要的成本和时间投入。再次，大数据技术有助于实现育种资源的优化配置。通过对比不同品种、不同环境下的生长表现，育种人员能够清晰地了解各种资源的利用效率和潜力，从而制定出更为合理的育种策略。这不仅可以提高育种效率，还能够有效避免资源的浪费和环境的破坏。

以作物育种为例，大数据技术使得育种人员能够构建出更加精确的作物生长模型，预测并优化不同生长阶段的环境条件和营养需求。同时，结合先进的基因编辑技术，育种人员能够实现作物抗逆性、产量等关键性状的定向改良。这些技术的应用将极大地加速作物育种的进程，提高作物的产量和品质。此外，大数据技术还能够促进育种领域的数据共享和合作。通过搭建育种数据平台，育种人员可以共享遗传信息、环境数据和生长记录等资源，加强行业内部的交流与合作。这不仅有助于提升整个行业的育种水平，还能够推动育种技术的不断创新和进步。

6. 供需匹配

供需匹配是解决农产品市场中供需信息不匹配的问题。通过全面收集、感知和分析产量、产品结构、流通及消费等多方面的信息，农业经理人可以实现资源的优化配置和市场的有效调节，进而提升农业生产的效率和效益。

在农产品市场中，供需信息的不匹配往往带来一系列挑战，如生产过剩、产品滞销、价格波动大等。这些问题损害了农民的利益和生产积极性，也制约了整个农业产业的健康发展。为了解决这一问题，我们需要构建一个高效、全面、准确、及时的供需信息平台。这个平台可以实时收集、整理和分析来自生产、流通和消费等各个环节的信息，为生产者、流通商和消费者提供有力的决策支持。

以某地区的苹果产业为案例，借助供需信息的整合平台，农业经理人能够即时获取该地区的苹果生产数据，如产量、品种配置及上市时间等，同时也能掌握市场的需求状况和价格趋势等消费信息。这些数据支持农业经理人制定更为精确的生产规划，选择符合市场需求的品种和最佳上市时间，以防止生产过剩或销售困难的情况发生。对于流通商而言，可根据市场需求变化和价格动态，灵活调整采购和销售策略，以提升经营效率。消费者则能获取到更详尽的产品信息，包括产地、品质、价格等，从而能做出更为理性的购买决策。此外，供需信息平台还应具备预测和预警功能。通过对历史数据的深入分析，结合市场趋势的预测，平台可以为农业经理人和流通商提供未来一段时间内的市场需求和价格走势预测，帮助他们提前制定应对策略。同时，在出现市场异常波动或突发事件时，平台能够及时发布预警信息，协助相关主体迅速应对风险和挑战。

供需匹配是解决农产品供需信息不匹配问题的关键所在。通过构建高效、全面、准确、及时的供需信息平台，农业经理人可以实现资源的优化配置和市场的有效调节，推动农业产业的持续健康发展。这不仅有利于提升农业生产的效率和效益，也有助于保障农民的利益和生产积极性。

（三）养殖业大数据

作为现代农业信息化发展的关键部分，养殖业大数据广泛的涵盖面和深度可以提升行业综合效益和竞争力。它覆盖了家畜养殖的多个方面，包括动物健康、饲养管理、繁殖周期、饲料配方以及市场供需等核心数据。具体来说，养殖业大数据不仅包含了动物健康监测、饲养管理优化等微观层面的细致数据，还涉及繁殖周期规划、饲料配方调配以及市场供需分析等宏观层面的全面信息。

1. 动物健康

大数据技术的应用让动物健康的实时、连续监测成为可能。通过收集和分析动物的体温、食欲、行为等数据，农业经理人能够及时发现并预警潜在的健康风险，为养殖人员提供科学的健康管理依据。在动物健康管理领域，大数据技术的深度应用正展现其革命性的潜力。这一技术实现了实时监控，为农业经理人带来了前所未有的便利和精确度，显著提升了动物福利和养殖业的整体效益。

首先，大数据技术通过部署在养殖场的传感器和监控设备，能够全面收集动物的体温、食欲、行为等多维度数据。这些持续不断的数据流汇聚成一个庞大而详尽的健康数据库，为农业经理人提供了丰富的信息资源。其次，深入的数据分析揭示了动物健康状况的细微变化。例如，体温数据的波动可能预示着动物发热等异常症状，而食欲和行为的变化则可能表明动物正面临某种健康风险。这种风险识别帮助农业经理人迅速采取措施，为后续的预警和干预提供科学依据。更为关键的是，大数据技术具备预测未来健康状况的能力。依靠历史数据和实时数据的挖掘与分析，可以构建预测模型，预测动物患病的可能性及疾病发展趋势。这种前瞻性预测使农业经理人能够提前制定预防措施，有效遏制疾病的暴发与扩散，进而降低养殖成本，提高动物成活率。

以某大型养殖场为例，其成功引入大数据技术应用于动物健康管理，通过对数千只动物的实时监测与数据分析，该养殖场成功预测并控制了一次疫情的暴发。大数据技术不仅帮助农业经理人迅速隔离患病动物，还为他们提供了科学的干预策略，有效遏制了疫情的扩散，避免了巨大的经济损失。

大数据技术在动物健康管理中的应用实现了对动物健康状况的实时、连续监测，为农业经理人提供了科学的健康管理依据。

2. 饲养管理

在饲养管理的实践中，大数据的应用正逐步彰显其巨大潜力和核心价值，为实现精细化、智能化的管理策略提供了强有力的支撑。通过深度挖掘和分析饲养环境、饲料投喂量、水源质量等多维度数据，农业经理人能够实现对饲养过程的实时监控与精准调控，确保动物在最适宜的生长条件下茁壮成长，从而显著提升养殖效率。

具体而言，大数据在饲养管理中的应用主要聚焦在以下几个方面：首先，实时监控饲养环境数据，让我们能迅速掌握温度、湿度、光照等关键指标的变化情况，并据此灵活调整饲养策略，为动物营造一个舒适稳定的生长环境。其次，精确控制饲料投喂量，依据动物的生长阶段和营养需求，科学调整饲料配比和投喂频率，既避免了浪费又确保了动物获得均衡的营养供给。最后，监测水源质量，通过定期检测水质指标，农业经理人能够确保动物饮用到安全、卫生的水源，有效降低疾病发生的风险。

更为重要的是，大数据技术的应用实现了饲养过程的实时监控和精准调控，还能根据历史数据和预测模型对未来饲养趋势进行前瞻性预测和规划。这种预测能力使农业经理人能够提前发现并解决潜在问题，降低养殖风险，进一步提升养殖效益。大数据在饲养管理中的应用无疑为实现精细化、智能化的管理策略提供了坚实的支持。

3. 繁殖周期与饲料配方

在现代养殖业中，繁殖周期与饲料配方构成了两大核心支柱，对动物的整体养殖效益以及生长速度、健康状况具有深远影响。随着大数据技术的迅猛发展与普及，其在养殖业中的应用亦日益显著。

首先，繁殖周期的选择对动物的生长速度和种群规模的扩张至关重要。借助大数据技术，农业经理人能够深入分析历史繁殖数据，精准捕捉最佳繁殖时机。同时，结合实时环境数据，如温度、湿度、光照等，实现对繁殖周期的精准预测与灵活调整，以适应多变的气候和季节条件。这不仅提高了繁殖成功率，更优化了种群结构，为养殖业的可持续发展奠定了坚实基础。其次，饲料配方作为养殖过程中的另一关键环节，其合理性直接关系到动物的营养摄入、生长速度和饲料成本。大数据技术的应用使得饲料配方的制定更加科学、精准。通过对历史饲料消耗和动物生长数据的深入分析，农业经理人能够清晰了解不同饲料成分对动物生长的具体影响，从而制定出更为合理的饲料配方。最后，实时监测动物的采食量和生长情况，为饲料配方的及时调整提供了有力支持，确保动物在不同生长阶段均能获得最佳营养支持。

以某养殖场为例，该场通过运用大数据技术优化繁殖周期和饲料配方，取得了显著成效。分析历史繁殖数据后，农业经理人发现春季是最佳繁殖时机，并据此加大了春季的繁殖力度，成功扩大了种群规模。同时，农业经理人利用大数据技术研究了不同饲料成分对动物生长的影响，发现特定蛋白质组合能显著提升动物生长速度和肉质品质。因此，农业经理人调整了饲料配方，增加了该蛋白质的比例。经过实践验证，繁殖成功率大幅提升，饲料成本得到有效控制，养殖效益显著提高。

大数据技术在养殖业中的应用为农业经理人提供了强有力的支持，使繁殖周期和饲料配方的制定更加精准、科学。这不仅有助于提升动物的生长速度和健康状况，还有效降低了饲料成本，提高了经济效益。

4. 智慧养殖

近年来，中国政府高度重视智慧农业的发展，其中智慧养殖作为智慧农业的重要组成部分，得到了政策层面的大力支持和推动。《数字农业农村发展规划（2019—2025 年）》的颁布实施，为智慧养殖的发展提供了明确的政策导向和有力保障。该规划不仅明确了智慧养殖在数字农业农村发展中的战略地位，还强调了加快智慧养殖技术创新、提升了养殖产业智能化水平的重要性。规划中的具体目标，如提高养殖效率、降低生产成本、改善动物福利、保障食品安全等，为智慧养殖的全面发展指明了方向。

为实现这些目标，政府出台了一系列政策措施。首先，在资金扶持方面，政府设立了专项资金，用于支持智慧养殖相关项目的研发和推广，以推动智慧养殖技术的创新和应用。其次，政府鼓励科研机构和企业加强合作，共同推动智慧养殖技术的创新和进步，提高养殖业的科技含量。最后，政府还加强了对智慧养殖产业的监管和规范，确保技术的健康有序发展，保障消费者的权益。这些政策措施的出台，为智慧养殖的发展提供了良好的政策环境。不仅为智慧养殖企业提供了更多的发展机遇，还促进了养殖产业的转型升级和可持续发展。通过智慧养殖的推广和应用，养殖业可以实现更高效、更环保、更安全的生产方式，提高产品质量和市场竞争力。同时，智慧养殖的发展还助力提升我国农业的国际竞争力。通过引进和应用先进的养殖技术和设备，提高养殖业的科技水平和生产效率，农业经理人可以更好地满足国内外市场的需求，提高农产品的附加值和品牌影响力。

此外，市场供需数据是养殖业的决策前提。通过大数据对市场趋势的预测与分析，农业经理人可以更加精准地把握市场需求，合理安排生产计划，避免产能过剩或短缺的风险。

《数字农业农村发展规划（2019—2025 年）》的出台，为智慧养殖的发展提供了有力的政策保障和推动。未来，随着政策的进一步落实和完善，智慧养殖将在我国农业发展中发挥越来越重要的作用，为乡村振兴和农业现代化作出积极贡献。

5. 专用芯片

家畜专用芯片的研发对于现代畜牧业的智慧化、数字化发展起到了关键作用。家畜专用芯片，尤其是植入式 RFID 芯片，通过为家畜提供独特的身份标识，实现了对家畜生长数据、健康状况以及繁殖信息的实时监控和记录，为养殖业带来了诸多好处。这些芯片能够显著提升家畜管理的效率和精确度。通过实时获取家畜的各类数据，农业经理人可以更加科学地制定饲养管理计划，优化饲料配比，降低疾病发生率，从而提高家畜的生长速度和健康状况，最终实现养殖效益的最大化。家畜专用芯片还有助于实现畜牧业的可持续发展。通过芯片记录的家畜信息，可以追溯产品的来源和质量，有助于保障食品安全和消费者的健康。此外，这些数据还可以为政府部门提供决策依据，推动养殖业的规范化和标准化发展，减少环境污染，降低资源消耗。家畜专用芯片的研发需要考虑与物联网、大数据、人工智能等先进技术的融合。通过将这些技术与家畜专用芯片相结合，可以实现对家畜生长环境的智能监控和调节，进一步提高养殖效率和质量。

农业大数据作为推动农业现代化的重要力量，其发展前景广阔。但在实际应用中，仍需解决数据安全、技术创新和应用推广等方面的挑战。只有不断加强技术研发、完善数据管理制度、推动应用普及，才能更好地发挥农业大数据在提升农业生产效率、保障食品安全及促进农村经济发展中的重要作用。

第六节 农业生态与环境保护

农业生态与环境保护实现了农业生产与生态环境的共赢共生，是现代农业发展的核心方向。这一战略关注提升农业产量，更强调农业活动的生态友好性和环境可持续性。

农业生态的核心在于通过科学的耕作技术和管理手段，保护和优化农田生态系统，促进生物多样性和生态平衡。而环境保护则侧重于减少农业活动对环境的负面影响，推动农业向绿色、低碳、循环的方向发展。

现代农业发展需要以农业生态与环境保护为导向，转变传统的农业生产方式，包括推广生态农业、有机农业等环境友好型模式，减少化肥、农药等化学投入品的使用，提高农业废弃物的资源化利用率，并加强农田水土保持和生态修复。

实现农业生产与生态环境的和谐共生需要多方共同努力。政府应出台政策，引导和激励农业经理人采取生态环保的农业生产方式；科研机构应加强技术研发和推广；企业应积极参与农业生态与环境保护项目，提供技术和资金支持；农业经理人应增强环保意识，采纳生态友好的农业技术和管理措施。

一、生态种植

生态种植是一项综合性、系统性的农业生产活动，其核心是在保护并改善农业生态环境的同时，结合生态学和经济学原理，以及现代农业科技和管理手段，实现多层次、多功能、综合发展的目标。

在生态种植过程中，农业经理人必须始终强调生态环境保护的重要性。农业生态环境是农业生产的基础，保护农业生态环境才能确保农业生产的可持续发展。因此，需要采取多种措施，如合理利用土地资源、水资源和生物资源，减少农业生产对环境的不良影响，从而优化生态环境。

生态种植要遵循生态学和经济学原理。生态学原理帮助我们理解农业生态系统中生物群落、生态环境和生态系统间的相互关系，指导我们合理利用自然资源，提升农业生产效益。而经济学原理则协助农业经理人分析市场需求、生产成本和经济效益，制定科学合理的生产计划，实现经济效益和社会效益的共赢。另外，现代的农业科技和创新的管理策略在生态种植中发挥着必不可少的作用。农业科技的进步可以提升农业生产效能，改进农产品的品质，以增强其在市场中的竞争优势。而创新的管理策略则能有效地精简农业生产流程，提升管理效能，以保证生产的稳定性和安全性。

生态种植是一项复杂的农业生产活动，它要求我们在保护生态环境的基础上，运用生态学和经济学原理，结合现代农业科技和管理手段，实现农业生产的多层次、多功能、综合发展目标。

（一）科学施肥

生态种植中的科学施肥能够提高作物产量、保证作物品质以及减少对环境的负面影响。首先，科学施肥的核心理念是根据土壤质地、作物的品种、生长期和生长需要以及农作物品种对养分的需求量，使用科学方法合理施用化肥和有机肥。这包括充分了解土壤的养分状况，通过土壤化验和氮、磷、钾含量的检测，分析土壤中各种养分的含量，以便为作物提供充足的营养。其次，施肥的时机和方式也是科学施肥的重要组成部分。在生态种植中，我们提倡“适时适量”的施肥原则，即在作物需要营养的时候及时施肥，避免营养过剩或不足。施肥方法包括基肥、种肥和追肥。基肥是在播种前结合耕作施用的肥料，供给作物整个生长期所需要的养分。种肥是在播种或定植时施用的肥料，一方面供给养分，另一方面改善苗床的物理性状。追肥则是在作物生长发育期间施的肥料，是对作物生育过程中所需肥料的补充。再次，为了更好地提高肥料的利用率和减少对环境的负面影响，可以采取一些具体的施肥技巧。例如，农家肥在施用时一定要充分腐熟后才能施用，腐熟后的农家肥养分更加容易被植株吸收，且不会引起烧根和病虫害。最后，肥料不要撒施或者表施，尽量沟施或者穴施，这样可以让养分集中到根系附近，更加有利于作物吸收。

在肥料的选择上，应尽量减少化肥的使用，而更多地采用有机肥和生物肥。化肥虽然能够提供作物所需的营养，但长期过量使用会导致土壤贫瘠、板结等问题，并对环境造成污染。而有机肥和生物肥则能够更好地改善土壤结构，提高土壤肥力，为作物提供持续的营养供应。

通过合理施肥，我们可以为作物提供充足的营养，提高作物的产量和品质，同时减少对环境的负面影响。在实际操作中，需要根据作物的需求和土壤的状况来合理搭配肥料种类和施肥量，并采用科学的施肥方法和技巧，以实现生态种植的可持续发展。

（二）绿色防控

绿色防控通过生态友好的方式减少病虫害，确保农产品的质量和安全。绿色防控的核心在于利用生态系统的自然平衡，调整作物生长环境，增强作物抵抗力，并引入天敌等方式控制病虫害。这种方法避免了化学农药的过度使用，减少了对环境和人体的潜在危害。

为实现绿色防控，具体措施包括：

（1）生物防控。利用生物农药和天敌昆虫控制害虫，如引入寄生蜂、捕食性昆虫等天敌昆虫。

（2）农业防控。通过轮作、间作等打破病虫害的生命周期，同时优化作物布局、培育健康种苗、改善水肥管理等措施，提高作物的自身抵抗力。

（3）理化诱控。利用物理或化学手段诱杀害虫，如在田埂种植芝麻引诱螟虫，或在田间设置诱捕器利用性诱剂诱杀成虫。

（4）科学施肥和灌溉。根据作物需求和土壤状况合理施肥，同时确保科学灌溉，以提高作物营养水平和抗病能力。

绿色防控是一个持续学习的过程，需要农业经理人不断实践和总结。深入理解生态种

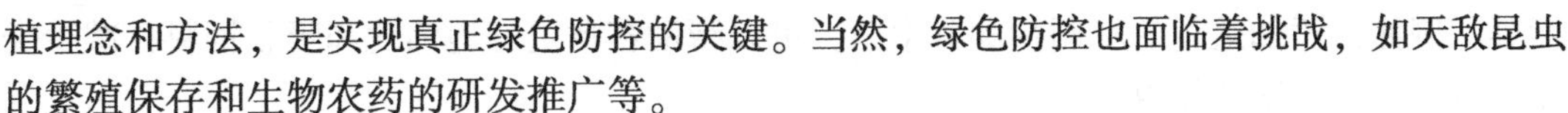

植理念和方法，是实现真正绿色防控的关键。当然，绿色防控也面临着挑战，如天敌昆虫的繁殖保存和生物农药的研发推广等。

二、生态养殖

生态养殖是指在保护生态环境的基础上，运用生态学原理，实现养殖业的可持续发展。生态养殖是一种可持续的养殖方式，它强调在保护生态环境的前提下，利用生态学原理和科学技术，实现养殖业的经济、社会和生态效益的最大化。

（一）畜禽生态养殖

作为现代畜牧业的重要组成部分，畜禽生态养殖实现了经济效益、生态效益和社会效益的和谐统一。该模式强调在养殖过程中，充分利用自然资源，减少环境污染，提高畜禽产品质量，同时保障动物福利和人类健康。

1. 环境的优化与利用

畜禽生态养殖是一种可持续的农业模式，它强调在尊重自然生态平衡的基础上，实现养殖业的健康发展。这种模式不仅关注经济效益，更注重环境的保护和生态的和谐，以实现经济、社会和环境的三赢局面。

在选择养殖场地时，首要考虑的是远离污染源，如化工厂、垃圾填埋场等，以避免这些地方排放的有害物质对畜禽产生影响。同时，选择生态环境优良的地区，如森林边缘、水源充足的地方，可以充分利用自然的生态服务，如丰富的微生物群落可以帮助处理养殖废弃物，降低疾病发生的风险。在场地布局上，应遵循科学合理的原则。例如，猪舍、鸡舍、牛舍等应根据其对环境的影响进行分区设置，同时确保每个区域都有良好的通风和采光条件，以减少疾病的发生，提高畜禽的生长效率。排污设施的建设方面，应设计合理的粪污处理系统，将废弃物转化为肥料，用于农田种植，实现养殖业和种植业的循环链接。

此外，利用现代科技，如太阳能、风能等可再生能源，可以为养殖场所提供清洁的能源，降低对传统化石能源的依赖，减少碳排放。例如，安装太阳能板为养殖场提供电力，或者利用风力发电机为通风设备供电，这些举措不仅降低了运营成本，还提高了能源利用效率，符合绿色可持续发展的理念。

2. 饲料资源的合理利用

畜禽生态养殖强调饲料资源的合理利用。通过种植优质牧草、利用农作物秸秆等农业废弃物，为畜禽提供营养丰富、绿色环保的饲料。同时，合理搭配饲料成分，提高饲料的消化率和利用率，减少浪费和污染。畜禽生态养殖的核心理念是实现畜牧业与环境的和谐共生，强调饲料资源的高效、环保和循环利用。它关注畜禽的生长发育，更注重生态平衡和环境保护，在满足人类对动物产品需求的同时，减轻对资源的压力。在实践中，畜禽生态养殖首先通过种植优质牧草来丰富饲料资源。这些牧草富含各种营养元素，能够提供给畜禽全面的营养，同时，它们的生长还能固碳释氧，改善土壤结构，提高土地的生态价值。此外，农作物秸秆等农业废弃物也被巧妙地纳入饲料体系。这些废弃物在传统农业中往往被视为垃圾，但在生态养殖中，它们经过适当的处理和加工，可以转化为富含纤维素和蛋白质的优质饲料，既解决了废弃物处理问题，又降低了饲料成本。为了进一步提高饲料的利用效率，生态养殖还注重饲料成分的合理搭配。通过科学配方，可以优化饲料的营养结构，提高其消化率和利用率，从而减少畜禽排泄物中的营养物质含量，降低对环境的污染。例如，添加适量的酶制剂和益生菌，可以帮助畜禽更好地消化和吸收饲料，减少粪便中氮、磷等元素的排放。

联合国粮农组织的数据显示，全球约有三分之一的农田用于生产动物饲料，而通过优化饲料配方和提高饲料利用效率，预计可以减少10%~15%的饲料需求，这对于应对全球粮食安全挑战和减轻农业对环境的影响具有重要意义。

3. 养殖管理精细化、科学化

在养殖管理方面，畜禽生态养殖要求精细化、科学化。通过引进先进的养殖技术和管理经验，提高畜禽的抗病能力和繁殖效率。同时，建立完善的疫病防控体系，确保畜禽健康生长。此外，加强养殖废弃物的处理与利用，如采用生物发酵技术处理畜禽粪便，生产有机肥料，实现资源的循环利用。

引进先进的养殖技术和管理经验是提升养殖效率的关键。例如，采用精准饲养技术，根据畜禽的生长阶段、体重、健康状况等参数，精确控制饲料的种类和数量，以提高其抗病能力和繁殖效率。同时，通过引入智能化的养殖管理系统，可以实时监测和调整养殖环境，如温度、湿度、光照等，为畜禽创造最佳的生长环境。建立完善的疫病防控体系是保障养殖业健康发展的重要环节。这包括定期进行疫病监测和疫苗接种，建立快速响应的疫病应急机制，以及对养殖人员进行专业的疾病防控知识培训。只有确保畜禽的健康，才能保证养殖业的稳定和可持续。加强养殖废弃物的处理与利用是实现绿色养殖的重要途径。畜禽粪便等废弃物如果处理不当，将对环境造成严重污染。因此，采用生物发酵技术、厌氧消化等环保处理方式，将粪便转化为有机肥料，既解决了污染问题，又实现了资源的循环利用，降低了养殖业对环境的影响。

4. 注重产品品质与安全

在生态养殖过程中，严格遵循科学的养殖标准，从饲料选择、养殖环境、疾病防控等多个环节进行全方位的控制。例如，使用无公害的有机饲料，避免使用含有抗生素和激素的添加剂，以防止药物残留。同时，通过优化养殖环境，如改善通风、光照等条件，减少重金属等有害物质的积累。此外，建立完善的疾病预防和监测体系，确保产品的安全无污染。为了进一步提升产品的市场竞争力，生态养殖还注重品牌的建设和推广。通过注册商标、获得有机认证等方式，提高产品的知名度和美誉度。例如，一些农场通过透明的生产流程展示，让消费者了解产品从养殖到加工的全过程，增强消费者的信任度。同时，通过参加各种农产品展览、网络营销等渠道，扩大产品的市场影响力，满足消费者对健康、绿色、有机食品的日益增长的需求。

畜禽生态养殖的推广，不仅有利于保障消费者的食品安全，也有助于推动农业的绿色发展。根据联合国粮食及农业组织的报告，生态农业可以显著减少农业对环境的负面影响，如减少化肥和农药的使用，降低温室气体排放等。同时，通过提高农产品的附加值，生态养殖也有助于提高农民的收入。

（二）水产生态养殖

水产生态养殖，作为现代渔业的重要组成部分，已经成为了水产行业发展的主流趋势。其核心理念在于充分利用生态系统的自然平衡，实现水资源的可持续利用，同时提高水产品的产量和质量，达到经济效益与生态效益的双赢。

1. 科学规划

在水产生态养殖的过程中，科学规划和管理是重要保障。农业经理人需要根据养殖品种的生长习性以及当地的水文、气候等条件，合理规划养殖区域和养殖密度。这既保证了水体的自我净化能力，又避免了因养殖密度过大而导致的环境压力。

养殖区域的规划应基于养殖品种的生物学特性，鱼类的生长速度、食性、繁殖习性等都会影响其对养殖环境的需求。例如，一些鱼类需要大面积的水域进行游动以保持健康，而一些底栖生物则更适合在浅水区域生长。因此，需要根据这些特性，结合当地的水文条件，如水流速度、水质、水温等，来划分不同的养殖区，以实现资源的最优利用。养殖密度的控制是维持水体生态平衡的重要手段。过高的养殖密度会导致水体中营养物质和氧气的过度消耗，增加疾病的发生风险，同时也会对周边环境产生负面影响。研究显示，养殖密度超过一定阈值后，鱼类的生长速度和存活率会显著下降，而排泄物的积累则可能引发水体富营养化，对生态环境造成破坏。因此，科学的养殖管理应根据养殖品种和环境条件，动态调整养殖密度，确保水体的自我净化能力。

引入生物多样性和实施生态修复技术也是提升水产养殖可持续性的重要策略。例如，通过混养不同种类的鱼，可以利用它们之间的食物链关系，减少饲料的投入，同时还能增强系统的抵抗力。再如，利用水生植物和微生物进行水质净化，可以自然降解养殖过程中产生的废物，实现养殖废水的零排放。

2. 水质调控

水质的调控是通过引入生物净化技术，如微生物菌剂、水生植物等，可以有效降解水体中的有害物质，提高水质。同时，定期的水质检测和调控，也是确保养殖环境稳定的重要措施。在实践操作中，我们可以引入先进的生物净化技术来优化水质。例如，微生物菌剂的应用，这些有益菌群能够分解水体中的有机污染物，如氨氮、亚硝酸盐等有害物质，将其转化为无害或低害的物质，从而净化水质。此外，水生植物如水葫芦、水花生等，它们通过吸收、转化水中的营养物质，也能起到净化水体、改善水质的效果。这些生物技术的运用，能够构建起一个动态平衡的水生生态系统。然而，仅仅依赖生物净化技术是不够的，定期的水质检测和调控同样重要。通过定期检测水体中的各项指标，如 pH 值、溶解氧、氨氮含量等，可以及时发现水质变化，预防可能出现的问题。一旦发现水质异常，就需要采取相应的调控措施，如调整饲料投喂量、添加水质改良剂或进行水体更换等，以确保养殖环境的稳定。在这一过程中，科技的力量不容忽视。现代科技如水质监测设备、远程监控系统等，可以实现对水质的实时监测和远程控制，大大提高了水质管理的效率和精确度。同时，科研人员也在不断研发新的水质调控技术和产品，如新型微生物菌剂、高效水质改良剂等，为生态养殖的水质管理提供了更多的可能性。

水质的调控是生态养殖中的关键环节，需要结合生物技术、科技监测和科学管理等多种手段，以实现养殖环境的持续优化，保障养殖水产的健康生长。

3. 生态保护

水产生态养殖通过减少养殖过程中的污染排放、合理利用养殖废弃物等措施，可以降低对环境的负面影响。同时，加强养殖区域的生态保护，如建设生态湿地、恢复水生植物等，可以进一步提高生态系统的稳定性和生物多样性。

减少养殖过程中的污染排放是实现生态养殖的关键。这需要农业经理人改进养殖技术，采用环保型饲料，减少化学药物的使用，以降低氮、磷等营养物质和药物残留对水体的污染。同时，建立完善的废弃物处理系统，如利用微生物降解技术处理养殖废水，将其转化为有机肥料，实现资源的循环利用。合理利用养殖废弃物也是降低环境压力的重要途径。废弃物中富含有机物质和营养元素，通过科学的处理和转化，可以成为农田、园林的优质肥料，或者用于生产生物能源，实现废弃物的"零排放"目标。此外，加强养殖区域的生态保护，能够提高生态系统的稳定性和生物多样性。例如，建设生态湿地，可以有效净化养殖废水，吸收过多的营养物质，防止水体富营养化。恢复水生植物，可以为水生生物提供栖息地，增加生物多样性，同时水生植物的根系还能稳固河岸，防止水土流失。

以江苏省的生态养殖示范区为例，该地区通过实施科学的养殖模式，成功减少了80%的养殖污染排放，同时通过湿地恢复和水生植被种植，提高了养殖水域的生物多样性，实现了经济效益和生态效益的双赢。

4. 生态位利用

通过实施多品种混养方式，我们可以高效地利用有限的水体空间，实现生物间的互补和共生，从而构建出一个健康、稳定的生态系统。下面我们通过一个具体的实例来说明这一方式的有效性和优势。

假设我们在一个淡水池塘中实施多品种混养方式。首先，我们精心挑选不同品种的水生生物，包括鲢鱼、草鱼、青鱼和鲤鱼。这些品种在食物链中占据不同的位置，可以相互补充，形成自然的食物链循环。

鲢鱼属于滤食性鱼类，主要在水体上层活动，通过滤食浮游生物来获取营养。它们能够有效控制水体中的浮游生物数量，减少水体的富营养化现象。同时，鲢鱼的粪便和残饵也为其他鱼类提供了有机物质来源。

草鱼则属于植食性鱼类，它们主要在水体中下层活动，以水草和藻类为食。草鱼的摄食行为有助于控制水体中的水草和藻类数量，避免其过度繁殖导致水质恶化。同时，草鱼的排泄物也为水体中的其他生物提供了有机营养物质。

青鱼和鲤鱼则属于杂食性鱼类，它们在水体底层活动，以底栖动物、有机碎屑和残饵为食。青鱼和鲤鱼的摄食行为有助于清理水体底部的有机废弃物和污染物，保持水体的清洁度。

通过混养这些不同品种的鱼类，可以建立起一个自然的食物链循环。鲢鱼滤食浮游生物，减少水体富营养化；草鱼摄食水草和藻类，控制其数量；青鱼和鲤鱼则清理底部的有机废弃物和污染物。这种循环机制不仅有助于减少人工饲料的使用，降低养殖成本，更能促进水体中有机物质的分解和再利用，提高水体的生产力和资源利用效率。

此外，多品种混养还有助于减少水体中的有害物质积累，改善水质环境。不同品种的生物通过各自的代谢活动，能够分解和转化水体中的有害物质，从而保持水体的生态平衡和清洁度。在这个例子中，鲢鱼、草鱼、青鱼和鲤鱼等鱼类共同作用，形成了一个健康、稳定的生态系统。

多品种混养是一种高效且可持续的养殖方式。通过精心挑选不同品种的水生生物并合理搭配，可以实现生物间的互补和共生，提高水体生产力和资源利用效率。在未来的水产养殖实践中，应进一步推广和应用这一策略，以促进水产业的健康发展和生态环境的保护。

5. 捕捞管理

在海洋管理与保护的领域中，实施可持续捕捞方式能够避免过度捕捞和破坏水生生物资源，维护生态系统的平衡和生物多样性。为了实现这一目标，必须采取一系列专业且高效的措施。

首先，设定合理的捕捞限额和休渔期是关键。这需要我们对水生生物资源进行详尽的调查和研究，了解它们的种群数量、分布状况以及繁殖习性。基于这些数据，可以制定出科学的捕捞限额，确保捕捞活动不会超出资源的承载能力。同时，设定休渔期也是必要的，它能够保证水生生物在繁殖和生长的关键阶段得到充分的保护，从而有足够的时间恢复种群数量。其次，采用选择性捕捞工具和方法同样重要。传统的捕捞工具往往缺乏选择性，导致大量非目标物种被误捕和伤害。为了改变这一状况，我们需要研发和推广具有更高选择性的捕捞工具，如使用尺寸适当的网眼，以减少对小鱼和幼鱼的误捕。此外，我们还应推广使用更加环保的捕捞方法，如利用声呐或光学技术来探测和定位目标物种，从而提高捕捞的精准度和效率。

举个例子，假设我们在某个海域成功实施了可持续捕捞策略。首先，根据对该海域鱼类资源的深入调查数据，设定了合理的捕捞限额和休渔期。在休渔期间，严格禁止任何形式的捕捞活动，让鱼类资源得到充分恢复和繁衍。其次，推广使用选择性更强的捕捞工具和方法，如带有尺寸选择功能的渔网和声呐探测技术。这些措施的实施取得了显著的成效，鱼类资源得到了有效保护，种群数量逐渐恢复，同时也减少了对非目标物种的误捕和伤害。再次，为了加强可持续捕捞策略的实施，我们还应该加大监管和执法力度。建立健全的监管体系，对捕捞活动进行实时监控和管理，确保所有捕捞活动都符合可持续发展的要求。同时，对于违反规定的捕捞行为，应该依法进行严厉打击，以维护海洋生态系统的稳定和平衡。最后，加强公众教育和意识提升，通过普及海洋生态知识，提高公众对可持续捕捞重要性的认识，鼓励更多人参与到海洋保护行动中来。公众的参与和支持将为可持续捕捞策略的实施提供坚实的基础。

实施可持续捕捞方式是维护水生生物资源的关键举措。通过设定合理的捕捞限额和休渔期、采用选择性捕捞工具和方法、加大监管和执法力度以及加强公众教育和意识提升，可以有效地避免过度捕捞和破坏水生生物资源，促进生态系统的可持续发展。这需要我们在实践中不断探索和创新，以更加专业、高效的方式保护我们宝贵的海洋资源。

水产生态养殖不仅追求水产品的产量与质量，更着重强调养殖过程中的环保与可持续性。通过实施这些措施，我们得以维护水生态系统的平衡与稳定，实现水资源的可持续利用，进而为人类健康和福祉作出贡献。生态养殖的实践有助于减轻养殖业对环境的不良影响，提升产品质量，并增强农业的整体可持续性。然而，它同样面临一系列挑战，包括生产成本的上升、市场需求的不确定性，以及相关技术的进一步完善等。

三、种养结合循环发展

种养结合循环发展是一种生态农业的可持续发展模式，它将种植业和养殖业紧密结合，通过循环利用和生态平衡，实现资源的最大化利用和环境的最低化影响。种养结合模式在农业生产中展现出了多重优势，这些优势不仅体现在资源的循环利用和土地利用效率的提升上，还体现在生态平衡和生物多样性的维护上。

(一) 种植与养畜结合

1. 家畜粪便资源化利用

通过生物发酵和堆肥等方法，将家畜粪便转化为有机肥料，为作物提供必要的养分。这项技术不仅减少了化肥的使用，降低了农业面源污染，还增强了土壤肥力和提高了作物产量。在传统现代农业体系中，种植与养畜两大板块各自独立。然而，随着环保意识的增强和可持续发展理念的普及，两者融合已成为研究焦点，其中家畜粪便资源化利用技术尤为突出。

家畜粪便资源化利用技术运用生态友好的方法，如生物发酵和堆肥，将家畜养殖产生的粪便转化为富含养分的有机肥料。这种肥料为作物提供多种所需养分，促进了土壤微生物的活性，有效改善了土壤肥力。与传统化肥相比，有机肥料更为环保，效用更持久且均衡。

家畜粪便资源化利用的一个典型应用是种植食用菌，生产食用菌需要大量有机物质作为基质。家畜粪便经处理后，成为食用菌的优质培养料，实现了资源化利用，并推动了食用菌产业的发展，形成农业废弃物的生态循环。此外，沼气池也是家畜粪便资源化利用的重要途径，通过将家畜粪便转化为沼气和沼渣，沼气可用于发电、供暖等；沼渣、沼液则可作为有机肥料回归农田。这种方式解决了家畜粪便的环境污染问题，实现了能源的再生利用，为农业生产提供了稳定的能源支持。

通过家畜粪便资源化利用技术，可以大幅减少化肥使用，降低农业面源污染，保护生态环境。同时，稳定的养分供应将提升作物产量和品质，满足现代农业对绿色、有机、高产的追求。种植与养畜结合新技术的推广不仅响应了社会对环保和可持续发展的期待，也满足了农业的发展需求。

2. 作物与家畜协同管理

作物与家畜的协同管理技术是推动农业绿色循环发展的关键策略。通过精细规划，实现作物与家畜的和谐共生，优势互补，从而提升农业生产的整体效益，并推动农业生态系统的可持续发展。在实践中，首先，家畜养殖场靠近农田布局，减少废弃物运输成本，便于就地利用。其次，利用现代科技转化家畜粪便为有机肥料，为作物提供养分，同时避免化肥带来的污染。最后，作物秸秆作为家畜饲料，既解决焚烧问题，又提供健康饲料来源。

这一协同管理策略构建了一个生态循环体系，提高了农业资源利用效率，降低了对环境的负面影响，为农业的绿色、循环、可持续发展奠定了坚实基础。作物与家畜协同管理技术对现代农业发展提出要求，我们在农业生产中要注重生态平衡与环境保护，通过科学规划与合理布局，实现作物与家畜的互利共赢。

3. 生态循环农业

农牧结合的生态循环农业模式，作为一种创新的农业发展理念，正在全球范围内得到广泛关注和实践。这种模式深度挖掘了种植业与畜牧业的内在联系，通过科学合理的资源配置，实现资源的高效循环利用，从而推动农业的绿色可持续发展。

生态循环农业的核心在于构建多元化的生物链，如“牛-蘑菇-蚯蚓-鸡-猪-鱼”等，这些生物链中的每一个环节都紧密相连，形成一个闭合的、自我循环的生态系统。在这个系统中，牛粪作为废弃物，经过科学处理后成为蘑菇的养分，蘑菇的剩余物又成为蚯蚓的食物，而蚯蚓则成为鸡的饲料，鸡粪经过发酵后可以喂养猪，猪粪的发酵产物又成为鱼类的营养来源。这种巧妙的设计，使得每一环节的废弃物都得到了充分的利用，大大提高了资源的利用效率。

这种模式的实施，不仅提高了农业生产效率，还有效减少了农业对环境的负面影响。据统计，生态循环农业模式可以将农业废弃物的利用率提高到80%以上，显著降低了化肥、农药的使用量，减少了水土流失和水源污染。同时，这种模式还增加了农业系统的生物多样性，为保护农田生物多样性提供了新的途径。此外，生态循环农业还有助于农民收入的增加。通过发展多元化的养殖和种植，农民可以实现产品多样化，拓宽销售渠道，提高农产品的附加值。例如，利用猪粪发酵产物养殖鱼类，可以节省饲料成本，还可以生产出绿色无公害的有机鱼，提高农产品的市场竞争力。

种养结合的生态循环农业模式是实现农业可持续发展的重要策略，它通过优化资源配置，提高资源利用效率，减少环境污染，增加生物多样性，为全球农业的绿色发展提供了新的思路和实践模式。随着科技的进步和人们对可持续发展的深入理解，这种模式的应用将更加广泛。

4. 循环利用

种养结合模式显著促进了资源的最大化利用，构建了高效的循环利用体系。在此体系中，养畜产生的粪便被精心收集，转化为有机肥料，广泛用于作物种植。这不仅大幅减少了化肥的依赖，降低了农业生产成本，还有效提升了土壤肥力，为作物生长提供了优质环境。同时，作物残余和副产品如秸秆、糠秕等，在种养结合模式下，转化为畜类的优质饲料，为畜类提供了丰富的营养来源。这种循环利用模式不仅减少了农业废弃物的排放，还实现了农业资源的可持续利用，为农业生产注入了绿色活力。在这一绿色循环农业模式中，畜类养殖与作物种植形成了紧密相连、相互依存的生态系统。各环节产出成为下一环节的输入，形成闭合循环链。此外，该模式还促进了水资源的高效利用，通过合理灌溉和节水措施减少浪费，畜类养殖废水经处理后补充灌溉，提高了水资源利用效率。种养结合模式还有助于提升农产品品质和安全性。有机肥料和天然饲料的使用有效控制了化学成分，减少了农药和化肥残留，使农产品更加健康、安全。同时，产出的农产品更具特色，满足了消费者对绿色、有机食品的需求。

为实现该模式的持续发展和优化，需加强技术研发和创新，如开发高效粪便转化技术、研究作物残余物最佳利用方式、探索节水环保畜类养殖技术等。种养结合模式通过高效循环利用体系，显著促进了资源利用，实现了农业生产的绿色和可持续发展。

5. 土地利用

结合种养的模式以其独特的优越性，在提高土地效能方面展现出显著的成果。该模式的核心是将养殖与种植系统性结合，以实现资源的高效再利用和经济效益的最大化。在种养结合模式下，养畜区域种植牧草成为一项关键举措。这些牧草作物不仅直接作为畜类的饲料，有效减少对商业饲料的依赖，降低了饲养成本，而且有助于改善土壤结构，提高土地的肥力和生产力。牧草的根系发达，能够深入土壤，增加土壤的透气性和保水性，进而提升土壤质量。此外，牧草的生长过程中还能固定大气中的碳元素，有助于减缓全球气候变暖的趋势。通过种植牧草，农民可以实现养畜与种地的双重收益，提高了农业的综合效益。在种养结合模式的实践中，合理的土地规划至关重要。通过科学规划土地的使用方式，可以有效防止土壤侵蚀和水土流失，保护生态环境。例如，在种植牧草时，应根据土地的坡度和土壤类型选择合适的种植方式和品种，确保牧草的生长与土壤保护相协调。同时，为了进一步提高土地效率，可以引入先进的农业技术和设备，如智能灌溉系统、土壤监测设备等，实现精准农业管理。这些技术的应用不仅可以提高作物的产量和质量，还能降低农业生产对环境的影响，实现农业可持续发展。

种养结合模式通过种植牧草等方式实现了土地效率的提升和生态环境的保护。这种模式的推广和应用将有助于推动现代农业的发展，提高农业的综合效益和竞争力。

6. 生态平衡

在维护生态平衡方面，种养结合模式通过种植豆科植物等固氮植物，显著减少了化肥的使用，从而降低了农业生产对环境的污染。豆科植物在生长过程中能够自然固定大气中的氮素，为土壤提供天然的氮源，有效促进了作物的生长，形成了健康的土壤-植物共生关系。此外，这些豆科植物不仅作为土壤改良的得力助手，还成为养畜的优质饲料，为畜类提供了必要的营养来源，进一步体现了种养结合模式的循环性和可持续性。

值得一提的是，种养结合模式还能促进生物多样性的维护。通过种植多样化的作物和养殖不同种类的畜类，该模式为生态系统提供了丰富的生物种类和生态位，增强了生态系统的稳定性和抗干扰能力。这种多样性不仅丰富了农业生态系统，还提高了其适应外界环境变化的能力，为农业的可持续发展奠定了坚实基础。

种养结合模式在维护生态平衡、减少环境污染、促进生物多样性等方面展现出了显著优势，是现代农业发展中值得推广和应用的重要模式。

7. 生物多样性

种植多样化的作物和养殖不同种类的畜类，是种养结合模式的核心特点之一，这种多样化的种植和养殖方式在维护土壤肥力和生态稳定性方面起到了关键作用。

首先，多样化的作物种植能够为土壤提供多种养分来源。不同作物对土壤养分的吸收和利用有所不同，因此，种植多样化的作物可以避免土壤中某一养分的过度消耗，保证土壤养分的均衡供应。这种均衡的养分供应有助于改善土壤结构，提高土壤的保水保肥能力，进而增强土壤肥力。其次，多样化的畜类养殖同样提升土壤的肥力。不同种类的畜类排泄物中含有不同的有机物质和微生物群落，这些有机物质和微生物进入土壤后，能够促进土壤微生物的繁殖和活动，加速有机物质的分解和转化，为作物生长提供更加丰富的养分来源。最后，畜类养殖还能增加土壤的通气性和疏松度，进一步改善土壤的物理性状。

生物多样性的提高有助于增强生态系统的适应性和恢复力，使生态系统在面对外界环境变化时更加稳定。同时，多样化的生物种类能够形成更加复杂的生物链和食物网，减少病虫害的发生和传播，降低农业生产中的风险。种植多样化的作物和养殖不同种类的畜类，不仅能够提高土壤肥力和生态稳定性，还能够增强生态系统的适应性和恢复力，为农业生产的可持续发展提供有力保障。种植与养畜结合模式在农业生产中具有多重优势，包括循环利用、土地利用、生态平衡和生物多样性等方面。这些优势不仅有助于提高农业生产效益和农民收入水平，还有助于保护生态环境和促进农业可持续发展。

(二) 种植与养禽结合

1. 废弃物利用

养禽过程中产生的粪便是一种优质的有机肥料，这些粪便富含氮、磷、钾等营养成分，是农田施肥的理想选择。直接利用禽类粪便作为有机肥料，显著降低了对化肥的依赖，为农业生产提供了更为自然和可持续的养分来源。

与传统农业相比，这种有机肥料的优势显而易见。首先，它能够有效提高土壤肥力，为作物生长提供充足的养分支持。其次，有机肥料在改善土壤结构方面也发挥了积极作用，使土壤更加疏松、透气，有利于作物根系的发育和生长。这些积极影响不仅促进了作物的健康生长，还提高了农产品的产量和质量。更为重要的是，废弃物的利用还解决了粪便处理的问题，降低了环境污染的风险。在传统的养禽业中，粪便的处理往往是一个难题，不当处理可能导致环境污染和疾病传播。而通过将其转化为有机肥料，不仅实现了废弃物的资源化利用，还减少了环境污染的风险，为农业生产的可持续发展提供了有力支持。

因此，在养禽业中积极推广和利用禽类粪便作为有机肥料，不仅有助于提高土壤肥力和作物产量，还有助于实现废弃物的资源化利用和环境保护的双赢目标。

2. 病虫害控制

禽类在农田中活动可以起到控制害虫的作用，这是一种环保且有助于维护生态平衡的生物防治方法。禽类在觅食过程中会捕食害虫，减少了害虫对农作物的直接为害，从而降低了对化学农药的依赖。

与传统的化学防治相比，养禽控害具有多个显著优点。首先，它是一种长效的防治方法，因为禽类在农田中持续活动，能够持续捕食害虫，保持害虫数量的稳定。其次，养禽控害是一种稳定的防治方法，它不会受到天气、水源等环境因素的影响，因此防治效果相对稳定。最后，养禽控害是一种无残留的防治方法，因为它不使用任何化学药剂，避免了化学农药在农产品中的残留问题，提高了农产品的安全性。此外，禽在农田中活动还可以促进农田生态系统的多样性。禽类的活动会改变土壤的结构和微生物群落。同时，禽类的粪便也是一种优质的有机肥料，能够为农作物提供必要的养分，有利于土壤肥力的提高和作物生长。

3. 空间利用

在果树下养禽是一种高效且生态友好的空间利用方式。这种结合农业与畜牧业的模式带来了多重益处。首先，果树的树荫为禽类提供了理想的避暑场所。在炎热的季节，禽类可以在树荫下乘凉，避免高温对它们健康的影响，确保禽类能够在舒适的环境中生长。其次，禽类在果树下的活动有助于抑制杂草的生长。禽类会啄食地面上的杂草和昆虫，减少了除草工作的需要，降低了农业生产的成本。同时，这种自然除草方式也有助于维护土壤的健康和生态平衡。更为重要的是，禽类产生的粪便为果树提供了天然的肥料。这些粪便富含氮、磷、钾等关键养分，能够为果树提供必要的营养支持，促进果树的生长和结果。与传统的化肥相比，这种有机肥料更加环保，有助于改善土壤结构，提高土壤的肥力和保水性。

果树下养禽这种空间利用方式不仅提高了土地的利用率，还增加了农业系统的生态效益。它促进了果树与禽类的和谐共生，实现了农业生产的高效、环保和可持续发展。这种生态农业模式值得我们大力推广和应用。

4. 经济效益

种养结合模式通过整合种植业和养禽，为种植户提供了额外的收入来源。在果树下或农田中养禽，种植户可以收获禽类的销售收益，这不仅增加了农业系统的经济多样性，还使得农户在面临市场波动时更具韧性。此外，由于养禽过程中产生的粪便可以直接作为有机肥料使用，种植户可以大幅减少化肥的购买量，进而降低生产成本。同时，禽类捕食害虫的特性有助于减少农药的使用，这不仅有利于环境保护，还能提高农产品的品质和安全性，进一步增强了农产品的市场竞争力。更值得一提的是，种养结合模式还有助于稳定农产品的价格。由于该模式提高了农产品的产量和质量，使得农产品供应更加稳定，从而降低了市场波动对农产品价格的影响，保障了农民的收入稳定。总之，种养结合模式通过提供额外的收入来源、降低生产成本、提高农产品品质和市场竞争力，以及稳定农产品价格等多种方式，为种植户带来了显著的经济利益。这种模式不仅有助于推动农业产业的可持续发展，还为农民增收致富提供了新的途径。

种植与养禽结合模式在农业生产中具有废弃物利用、病虫害控制、空间利用和经济效益等多方面的优势。这种模式不仅提高了农业生产效率，还促进了生态平衡和环境保护，为农业可持续发展提供了有力的支持。

（三）种植与水产养殖结合

种养结合模式在农业生产中展现出了显著的优势，特别是在水体净化、生态互补、食物链整合以及经济效益等方面。

1. 水体净化

种植水生植物是一种非常有效的水体净化手段。这些植物在生长过程中，可以通过多种机制来减少水体中的营养物质，如氮、磷等，进而降低水体富营养化的风险。

首先，水生植物能够通过其叶片、根系等器官直接吸收水体中的营养物质，如铵态氮、硝态氮以及可溶性磷等。不同生活型的水生植物对营养物质的吸收部位和方式有所不同，但都能在一定程度上减少水体中的营养盐含量。其次，水生植物能够通过光合作用产生氧气，增加水中的溶解氧含量，有助于改善水生生物的栖息环境，并促进好氧微生物的生长和繁殖。这些微生物能够进一步分解水中的有机物质，降低水体的有机污染负荷。此外，水生植物还能够为水生生物提供栖息地和食物来源，增加水生生物的种类和数量，从而稳定水体生态系统，增强生态系统的自我调节能力。对于富营养化水体而言，种植水生植物尤为重要。富营养化会导致藻类大量繁殖，进而引发水华①等问题，这不仅会破坏水体的美观，还会产生毒素，对水中动物造成毒害，甚至导致大规模死亡。同时，富营养化还会引发腐败过程，产生大量的有害气体，对水体中的生态系统和周边环境造成进一步破坏。而通过种植水生植物，可以有效吸收水体中的营养物质，抑制藻类的繁殖，从而防止水华的发生，改善水质和生态环境。因此，种植水生植物是一种有效的水体净化手段，可以为水产养殖提供健康、稳定的水环境，同时也有助于维护水体生态系统的健康和稳定。

① 水华是指在水体中，由于水体富营养化，导致蓝藻、绿藻、硅藻等藻类大量繁殖，水体表面出现大量绿色或蓝色斑块，甚至形成一层厚厚的藻类覆盖物，使水体呈现出类似草甸的景观。这种现象在科学上被称为“水华暴发”或“藻华”。

2. 生态位互补

种植与水产养殖之间的生态互补是一种非常有效的资源利用方式，特别是在稻田中养鱼这种模式，充分展现了生态农业的优势。

首先，稻田为鱼类提供了生长的环境，而鱼类则成为稻田中的“生物农药”和“生物除草剂”。鱼类可以吃掉稻田中的害虫和杂草，有效地减少了农药和除草剂的使用，这不仅降低了农业生产成本，还避免了化学农药对环境的污染和对人体健康的潜在危害。其次，鱼类的活动在稻田中起到了疏松土壤的作用。它们在水底游动时，会搅动泥土，使得土壤更加通气和松软，有利于水稻根系的生长和养分的吸收。这种作用在一定程度上促进了水稻的生长，提高了产量。此外，稻田养鱼还带来了其他方面的生态效益。例如，鱼类的排泄物为稻田提供了天然的肥料，促进了水稻的生长；同时，水稻的遮阴作用也为鱼类提供了良好的生长环境，降低了水温，有利于鱼类的生长和繁殖。

种植与水产养殖之间的生态互补是一种高效、环保的农业生产方式。它不仅可以提高资源的利用效率，降低生产成本，还可以改善环境质量，维护生态平衡。因此，这种模式在农业可持续发展中具有广阔的应用前景。

3. 食物链整合

通过种植和水产养殖的结合，可以形成完整的食物链，这是一种非常环保且高效的农业模式。这种结合方式促进了生态系统内部的物质循环和能量流动，实现了资源的最大化利用和环境的可持续发展。在这个食物链中，种植系统为水产养殖提供了天然的食物和栖息地。植物通过光合作用产生有机物，为水生生物提供了食物来源。同时，植物的根系和茎叶也为水生生物提供了良好的栖息和繁殖环境。这种自然的食物供给方式降低了水产养殖对人工饲料的依赖，减少了生产成本。另外，水产养殖的废弃物和排泄物又可以为种植系统提供丰富的肥料。这些有机物质经过分解后，可以为植物提供必要的养分，促进植物的生长和发育。这种循环利用的方式不仅减少了化肥的使用，降低了对环境的污染，还提高了土壤的肥力和农作物的产量。此外，这种食物链的整合还有助于提高生态系统的自我维持能力。在完整的生态系统中，各个生物种群之间存在着相互依存和相互制约的关系。通过种植和水产养殖的结合，可以形成稳定的生态平衡，使得生态系统更加健康、稳定。当某个生物种群数量过多时，其他生物种群可以通过捕食或竞争等方式进行调控，从而保持整个生态系统的平衡和稳定。

通过种植和水产养殖的结合形成的食物链整合模式具有诸多优点。它不仅可以提高生态系统的自我维持能力，还有助于实现资源的循环利用和减少环境污染。

4. 经济效益

种养结合模式在农业生产中带来了显著的经济效益，它充分利用了种植和养殖之间的互补性，实现了资源的优化配置。首先，水产养殖为种植系统提供了额外的收入来源。水产品如鱼类、虾类等具有较高的市场价值，通过水产养殖，农民可以获得更多的经济收益。这不仅增加了农民的收入，也提高了农业生产的整体效益。其次，种植系统为水产养殖提供了丰富的食物和栖息地。农作物如水稻、玉米等的秸秆和残叶可以作为鱼类的饲料，降低了养殖成本。同时，农田的生态环境也为鱼类提供了良好的栖息和繁殖条件，有助于提高养殖效益。这种互补的经济关系使得种养结合模式在农业生产中具有更高的经济价值和竞争力。一方面，种养结合模式能够充分利用土地和水资源，提高资源利用效率；

另一方面，它也能够减少化肥和农药的使用量，降低生产成本，提高农产品的品质和安全性。这些优势使得种养结合模式在农业生产中具有广泛的应用前景。此外，种养结合模式还有助于促进农业生态系统的平衡和稳定。通过合理的种植和养殖搭配，可以构建出一个稳定的生态系统，减少病虫害的发生，提高农作物的产量和品质。同时，它也能够改善农田的生态环境，为农村地区的可持续发展提供支持。总之，种养结合模式为农业生产带来了显著的经济效益和生态效益，是一种值得推广的农业生产模式。

种植与水产养殖的结合在农业生产中具有水体净化、生态互补、食物链整合以及经济效益等多方面的优势。这种模式不仅提高了农业生产效率，还有助于维护生态平衡和保护环境，为农业可持续发展提供了有力的支持。

四、农业废弃物综合利用

众所周知，农业废弃物一直是环境保护的一大挑战。每年田间大量的农作物残渣、家畜粪便和农业塑料废弃物等未能得到有效处理，不仅占用了宝贵的土地资源，还可能引发水体污染、土壤退化等一系列环境问题。然而，通过科学的方法和创新的思路，这些看似无用的废弃物实则可以转化为宝贵的资源，实现经济、生态和社会的多重效益。

以我国某地区的农业废弃物综合利用项目为例，该项目将废弃的农作物秸秆进行粉碎、发酵处理，生成有机肥料和生物燃气。这一举措不仅解决了秸秆焚烧带来的大气污染问题，还为当地农民提供了清洁能源和优质肥料。同时，该项目还引入了先进的农业塑料废弃物回收技术，将塑料废弃物再生为农业用具和塑料制品，有效减少了塑料垃圾对环境的危害。此外，该项目还推动了农业废弃物的资源化利用，通过构建废弃物收集、运输、处理的完整链条，实现了废弃物的减量化、资源化和无害化。不仅提高了农业生产的可持续性，也为当地农民创造了新的就业机会和增收途径。农业废弃物的综合利用是一项具有深远意义的工作。通过科学的实践和创新的方法，可以将废弃物转化为资源，实现经济、生态和社会的共赢。这一实践案例不仅证明了农业废弃物综合利用的可行性，也为其他地区提供了宝贵的经验和启示。

随着环保意识的日益增强和技术的不断进步，农业废弃物的综合利用将越来越受到重视。未来，我们可以预见以下几个方面的发展趋势：一是政策支持力度将不断加大，为农业废弃物的处理提供更有力的保障；二是技术创新将不断涌现，推动农业废弃物的综合利用向更高效、更环保的方向发展；三是产业链将不断完善，形成从废弃物收集、处理到资源利用的完整产业链，实现废弃物的最大化利用。

（一）秸秆综合利用

秸秆是农作物在收获后剩下的茎秆部分，它代表了农业生产中产生的一个重要副产品。秸秆主要由纤维素、半纤维素、木质素等构成，是生物质资源的重要来源之一。在过去，秸秆可能被视为一种废弃物，但在现代农业和环保理念下，秸秆的利用价值得到了重新认识。秸秆的利用方式多种多样，包括但不限于以下几种方式：

1. 肥料化

秸秆通过堆肥化处理，能够高效转化为有机肥料，显著提高土壤的有机质含量。这种有机肥料富含氮、磷、钾等营养元素，为农田提供了丰富的养分。它不仅能够改善土壤结构，增强土壤的保水保肥能力，还有助于促进作物生长，提高产量。这种利用方式对于农

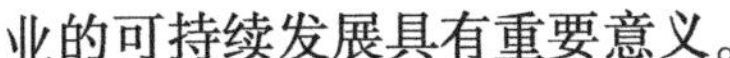

业的可持续发展具有重要意义。

2. 饲料化

秸秆作为一种天然的粗饲料来源，经过切碎、发酵等精心处理，可以转化为牲畜的理想饲料。这样的处理方式既保留了秸秆中的营养成分，又提高了其适口性和消化率，为畜牧业提供了稳定、环保的饲料资源。同时，秸秆饲料的利用还有助于缓解饲料短缺问题，推动畜牧业的绿色、可持续发展。

3. 能源化

秸秆作为一种可再生能源资源，其能源化潜力巨大。通过厌氧发酵技术，秸秆可以转化为生物气，这种清洁能源不仅可用于家庭烹饪和取暖，还能作为工业燃料。此外，秸秆也可以直接燃烧用于发电，为可再生能源领域注入新活力。秸秆的能源化利用不仅有助于减少化石能源的消耗，还能降低温室气体排放，推动绿色、低碳经济的发展。

4. 原料化

除了作为肥料、饲料和能源外，秸秆还是重要的工业原料。在造纸业中，秸秆纤维可用于生产纸张和纸板，提高产品质量并降低环境污染。在纺织业中，秸秆纤维可制成环保的纺织品，满足人们对绿色消费的需求。此外，秸秆还可用于生产生物降解塑料等环保产品，减少塑料污染，推动循环经济的发展。

（二）畜禽粪便资源化利用

畜禽粪便是农村面源污染的主要来源之一，但同时也是宝贵的有机肥资源。这种双重性质使得畜禽粪便在农业生产和环境保护中都具有重要意义。

畜禽粪便如果不经过妥善处理，直接排放到环境中，会对土壤、水体和空气造成污染。这些污染物包括氮、磷、钾等营养元素，以及重金属、抗生素等有害物质。这些污染物会进入水体，导致水体富营养化、重金属污染等问题，对水生生态系统造成破坏。同时，畜禽粪便的堆积和排放还会产生大量的温室气体，加剧全球气候变暖。然而，畜禽粪便也是一种宝贵的有机肥资源。它含有丰富的营养元素和有机物质，可以为农作物提供充足的养分，促进农作物的生长和发育。同时，畜禽粪便还可以改善土壤结构，增加土壤肥力和保水性，提高农作物的产量和品质。

1. 肥料化

畜禽粪便经过堆肥化处理，能够转化为富含有机质的肥料，成为农田的宝贵资源。这种有机肥料不仅含有氮、磷、钾等多种作物所需的营养元素，还能改善土壤结构，提高土壤的保水保肥能力。农田施用畜禽粪便肥料，不仅可以促进作物生长，提高产量，还能实现农业废弃物的资源化利用，减少环境污染。

2. 能源化

畜禽粪便作为可再生能源的重要来源，通过厌氧消化技术可以产生沼气。沼气是一种清洁能源，可用于发电或作为燃料使用。这种利用方式不仅减少了化石能源的消耗，还降低了温室气体排放，有助于推动绿色、低碳经济的发展。

3. 床材化

经过特定处理的畜禽粪便，还可以被用作畜禽的床垫材料。这种床垫材料具有良好的吸湿性和透气性，能够为畜禽提供一个干燥、舒适的养殖环境。同时，床垫材料的利用也进一步拓宽了畜禽粪便的利用渠道，实现了废弃物的资源化利用和循环经济的发展。

（三）农膜回收利用

农膜是农业生产中的常用覆盖材料，废弃后，它会对环境造成严重污染，这种污染通常被称为“白色污染”。废弃农膜对环境的污染问题不容忽视，因此，应积极采取措施减少其产生，以促进农业生产的可持续发展。

1. 物理回收

废弃农膜在农业生产中大量产生，但通过物理回收技术，可以将其转化为宝贵的资源。物理回收主要包括清洗、破碎、熔融等工艺步骤。首先，对废弃农膜进行清洗，去除其中的泥土、作物残留等杂质。其次，通过破碎设备将清洗后的农膜破碎成小块，便于后续处理。最后，利用熔融技术将破碎后的农膜加热至熔融状态，再通过模具等设备将其加工成新的塑料制品。物理回收技术不仅实现了废弃农膜的再利用，还减少了塑料垃圾对环境的污染。

2. 化学回收

除了物理回收外，化学回收也是一种有效的废弃农膜利用方式。化学回收主要通过化学分解的方法，将废弃农膜中的塑料原料单体回收出来。这种方法需要借助特定的化学试剂和反应条件，将废弃农膜中的高分子聚合物分解为低分子化合物，进而得到塑料的原料单体。化学回收技术可以实现材料的闭环循环，减少对新塑料原料的依赖，降低生产成本。

3. 生态工程应用

废弃农膜在生态工程中也有着广泛的应用。由于其具有一定的物理特性，如抗拉强度、耐水性等，可以在一些特定的生态工程中发挥重要作用。例如，在侵蚀控制工程中，废弃农膜可以作为覆盖材料，防止水土流失和土壤侵蚀。在路基加固工程中，废弃农膜可以作为增强材料，提高路基的稳定性和承载能力。这些应用不仅实现了废弃农膜的再利用，还为生态保护和工程建设提供了有力的支持。

废弃农膜的多元利用策略包括物理回收、化学回收和生态工程应用等多种方式。这些策略不仅有助于减少塑料垃圾对环境的污染，还能实现资源的再利用和循环经济的发展。随着技术的不断进步和人们环保意识的提高，相信废弃农膜的多元利用将会得到更广泛的推广和应用。

（四）病死畜禽

在畜禽养殖行业中，病死畜禽的无害化处理和利用直接关系到动物疫病防控、食品安全、环境保护以及资源的可持续利用。

1. 无害化处理

病死畜禽若未经无害化处理，极易成为动物疫病的传染源，对养殖业造成重大损失。同时，病死畜禽的随意丢弃或处理不当，还会对土壤、水源等环境造成污染，对人类健康构成潜在威胁。因此，实施病死畜禽无害化处理，是防控动物疫病、保障食品安全、维护生态环境的重要措施。

（1）焚烧法。焚烧是一种高温处理方法，通过高温焚烧使病死畜禽彻底分解，达到无害化目的。焚烧法处理彻底，但能耗较高，且可能产生有害气体和烟尘。

（2）深埋法。深埋是将病死畜禽埋入地下深处，通过土壤中的微生物分解作用实现

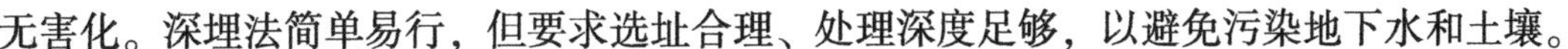

无害化。深埋法简单易行，但要求选址合理、处理深度足够，以避免污染地下水和土壤。

（3）堆肥法。堆肥法是一种将因病死或者其他原因而不再使用的畜禽与各种有机废弃物进行有效混合的工艺。在严格控制的环境和条件下，这些混合物会经历一个复杂而细致的发酵分解过程。通过这一过程，原本对环境可能造成负面影响的畜禽尸体和废弃物，最终能够被转化为富含营养的有机肥料，从而实现资源的再利用和循环。这种方法不仅能够减少废弃物对环境的污染，还能够提供一种可持续的解决方案，增加土壤的肥力，促进农作物的生长。然而，这一过程需要在严格的卫生和安全标准下进行，以确保发酵过程中不会产生有害物质，对环境和人体健康造成潜在威胁。因此，正确的操作和管理对于堆肥法的成功至关重要。

（4）湿化法。湿化法是一种高效处理病死畜禽的方法。具体操作是将病死畜禽的整体或部分，放入特制的湿化机中。湿化机内部通过高温高压的环境，对病死畜禽进行彻底的分解处理。在这个过程中，病死畜禽的肉质等有机物质，被高效分解为液态和固态的残渣。这种方法的处理效率非常高，可以在较短的时间内，完成大量的病死畜禽的处理工作。因此，湿化法特别适用于需要大规模处理病死畜禽的场景和场合。

2. 无害化利用

病死畜禽无害化利用的主要途径有：

（1）有机肥料生产。经过无害化处理的病死畜禽可转化为有机肥料，用于农业生产。这种肥料富含有机质和营养元素，有助于提高土壤肥力和作物产量。

（2）生物质能源开发。病死畜禽在无害化处理过程中产生的生物质，可进一步开发为生物质能源，如生物气、生物油等。这有助于实现畜禽养殖业的节能减排和资源循环利用。

（3）动物疫病防控研究。无害化处理的病死畜禽可用于动物疫病防控研究，如病原学分析、流行病学调查等。通过深入研究病死畜禽的病原体和传播途径，有助于制定更有效的防控措施。

农业废弃物的综合利用具有重大意义，不仅有助于解决环境问题，还能创造经济价值。为推动其综合利用取得更大成果，我们应强化政策支持、技术创新和产业链建设。综合利用农业废弃物需要政策的扶持、技术的创新和社会的广泛参与。构建完善的收集、处理和利用体系，能有效推动农业废弃物的资源化，进而促进农业的绿色发展。

第四章　涉农经济组织的经营管理

在涉农经济组织蓬勃发展的今天，农业经理人成为引领这一潮流的关键力量。他们不仅具备广博的农业知识，更在经营管理方面展现出卓越的才能，是推动农业现代化、提升农村经济效益的重要力量。

农业经理人作为农业与商业的桥梁，其角色不可小觑。从种子选择、耕作方式、水源管理到市场销售，每一个环节都需要他们的精心策划和高效执行。同时，他们还要关注市场需求，根据消费者的喜好调整种植结构，确保农产品的市场竞争力。

在涉农经济组织的经营管理中，农业经理人需要掌握的核心知识包括但不限于财务管理、市场营销、人力资源管理以及法律法规等。财务管理是组织运营的基础，农业经理人需要通过精细的财务规划，确保组织的资金流动畅通，实现营利目标。市场营销则是农产品从田间到餐桌的关键环节，农业经理人需要洞察市场变化，制定有效的销售策略，提升农产品的品牌知名度和市场份额。

人力资源管理同样不可忽视。农业经理人需要善于激发团队成员的潜能，通过培训、激励等方式，打造一支高效、专业的农业生产团队。此外，农业经理人还必须熟悉农业相关的法律法规，确保组织在合法合规的前提下运营，避免因违反法律法规而造成不必要的损失。

农业经理人的经营管理能力，是关系到涉农经济组织成败的因素之一。一个优秀的农业经理人，能够带领组织在激烈的市场竞争中脱颖而出，实现可持续发展。他们不仅是农业生产的专家，更是农村经济发展的引领者。

在当前乡村振兴的大背景下，农业经理人的作用更加突显。通过引入现代化的管理理念和技术手段，推动传统农业向现代农业转型，助力农民增收、农村振兴。他们的努力，不仅提升了农业的经济效益，更在保护生态环境、传承农耕文化等方面发挥了积极作用。

第一节　涉农经济组织管理

涉农经济组织指的是那些以农业生产和相关服务为主要业务活动的经济实体。这些组织推动了农业现代化、提高了农业生产效率、促进了农村经济发展。它们包括但不限于农民专业合作社、农业企业、农村集体经济组织等。

涉农经济组织的经营管理涉及了解市场需求、制定经营策略、组织生产活动、财务管理、人力资源管理等多个方面。这些基础知识确保了组织高效运转、实现盈利和持续发展。

涉农经济组织的主要职能包括推动农业生产技术的创新和应用，提高农业生产效率；促进农产品的市场化，帮助农民实现增收；提供农业社会化服务，如技术咨询、市场信息等；维护农民的合法权益，推动农村社会的和谐稳定。

通过了解涉农经济组织的组织结构、运行模式、业务范围、财务状况等基本情况，能够帮助我们更好地认识涉农经济组织的发展状况，为制定针对性的政策措施提供参考依据。

涉农经济组织的经营管理是一项系统而复杂的工作，需要农业经理人具备全面的知识和技能。同时，对涉农经济组织基本情况的深入了解，也是推动其健康发展的必要条件。

一、管理的概念和职能

管理的概念是广泛的，它涉及协调和优化组织内部及外部环境、资源、人力和活动等各个方面，以实现既定的目标。管理的职能主要包括计划、组织、指导、控制和创新。涉农经济组织，在这些组织中管理的应用不仅关乎组织的生存和发展，也直接影响到农业生产的效率和农民的收入。

在涉农经济组织中，管理的计划职能主要体现在对农业生产活动的规划和安排上。包括农作物的种植计划、农业机械的使用计划、农产品的销售计划等。只有合理地计划，才能确保农业生产的顺利进行，实现资源的优化配置。组织职能在涉农经济组织中主要体现在对人力、物力、财力等资源的有效整合。例如，农村集体经济组织需要通过组织职能，将分散的农民组织起来，共同进行农业生产活动，以提高生产效率。指导职能在涉农经济组织中则体现在对农业生产活动的引导和指导上。例如，农业合作社可以通过提供农业技术培训和指导，帮助农民提高种植技术，提高农产品产量和质量。控制职能在涉农经济组织中则主要体现在对农业生产活动的监控和调节上。例如，农业企业需要对农产品的生产过程进行严格的监控，确保农产品质量符合标准，同时也需要对市场进行监控，及时调整生产计划和销售策略。创新职能在涉农经济组织中尤为重要。随着农业科技的不断进步和市场需求的变化，涉农经济组织需要不断创新，以适应新的形势。例如，通过引入新的农业技术、开发新的农产品品种、探索新的销售模式等，来提高农业生产的效益和竞争力。

只有通过有效的管理，才能提高涉农经济组织的运营效率和效益，推动农业产业的健康发展，实现农民的增收和国家的粮食安全。因此，对于涉农经济组织的农业经理人来说，掌握并熟练运用管理的概念和职能，是其必备的专业素质和能力。

管理与涉农经济组织之间的关系不仅是简单的指导与被指导，更是相互促进、共同发展的伙伴关系。在涉农经济组织中有效的管理能够确保涉农经济组织规范运营、科学决策，进而推动组织朝着既定的目标稳步前进。管理通过制定合理的发展规划、优化资源配置、提升组织效率等方式，为涉农经济组织提供了强大的支持和保障。同时，涉农经济组织也对管理提出了具体而迫切的需求。作为连接农业生产和市场的重要桥梁，涉农经济组织需要通过管理来协调各方利益、化解矛盾冲突，确保组织的稳定运行。同时，随着市场竞争的日益激烈，涉农经济组织更需要管理来创新经营模式、提升产品质量，从而赢得市场份额。

管理与涉农经济组织之间的互动关系具有显著的双赢特征。一方面，管理的优化能够促进涉农经济组织的发展壮大，提升农业产业的竞争力；另一方面，涉农经济组织的发展也为管理提供了更广阔的舞台和更丰富的实践经验，推动管理理论的不断创新和完善。

管理与涉农经济组织之间的关系密切而重要。应当充分认识到这种关系的重要性，进一步加强管理与涉农经济组织之间的沟通与协作，共同推动农业产业的健康发展。

二、涉农经济组织的特点及分类

（一）涉农经济组织的基本情况

涉农经济组织是专注于农业领域，集生产、加工、销售、服务于一体的综合性组织。这些组织在促进农业现代化、提高农民收入、优化农村资源配置等方面发挥着重要作用。涉农经济组织具有明确的组织结构和专业的管理团队，能够有效地整合农业资源，推动农业生产的高效化和规模化。

涉农经济组织的类型多样，包括农民专业合作社、农业企业、农业产业园区等。农民专业合作社是由农民自发组织形成的，以家庭承包经营为基础，通过共同出资、共同劳动、共享收益的方式，实现农产品的规模化生产和市场化销售。农业企业则是以营利为目的，通过资本运营、技术创新和市场开拓等手段，推动农业产业升级和价值链提升。农业产业园区则是以特定农业产业为主导，集生产、加工、物流、科研、示范、旅游等多功能于一体的现代农业发展平台。

在推动农业现代化方面，涉农经济组织通过引进先进的农业技术和装备，提高农业生产效率；通过发展农产品深加工和品牌建设，提升农产品附加值；通过构建完善的农业服务体系，为农民提供全方位的服务支持。这些举措不仅有助于提高农民收入和生活水平，也有助于促进农村经济的可持续发展。然而，涉农经济组织在发展过程中也面临着一些挑战。如资金短缺、人才匮乏、市场竞争激烈等问题限制了其发展的步伐。因此，政府和社会各界应加大对涉农经济组织的支持力度，提供资金、技术、人才等多方面的帮助，促进其健康、稳定、可持续发展。

涉农经济组织作为推动农业现代化和农村经济发展的重要力量，应进一步加强自身建设，提高组织化程度和市场竞争力，为实现农业强、农村美、农民富的宏伟目标作出更大贡献。

（二）涉农经济组织的重要性

涉农经济组织在现代农业发展中的重要性不容忽视。首先，在提高农业生产效率方面，涉农经济组织通过整合农民、农业企业和相关资源，能够形成规模经济，优化农业生产布局，提高农业生产的专业化和集约化水平。这不仅可以降低生产成本，提高农产品质量，还能增强农业竞争力，为农民带来更多收益。其次，在促进农村经济发展方面，涉农经济组织能够带动农村产业结构调整，推动农村产业升级，从而促进农村经济的整体发展。同时，涉农经济组织还能吸引更多资本、技术和人才进入农业领域，为农村经济发展注入新的活力。然后，在提高农民的组织化程度方面，涉农经济组织增强了农产品的市场议价能力。在涉农经济组织的引导下，农民可以更加有序地参与市场竞争，提高农产品的市场占有率和附加值。增加了农民的收入，提升了农民的社会地位，增强了农民的自信心和归属感。最后，在推动乡村振兴方面，通过发展涉农经济组织，能够推动农村一、二、三产业的融合发展，促进农业与旅游、文化、教育等领域的深度融合，打造具有地方特色的农业产业链和价值链。可以提升农村地区的综合竞争力，吸引更多游客和投资者前来观光和投资，推动乡村振兴战略的全面实施。

应该充分认识到涉农经济组织在现代农业发展中的重要性，加强对涉农经济组织的支持和引导，推动其健康发展，为农业现代化、农村振兴和农民富裕作出更大贡献。

（三）涉农经济组织的特点

涉农经济组织，作为连接农民与市场、传统农业与现代经济的桥梁，它们的特点不仅体现在对农业资源的优化配置上，引领乡村振兴的坚实力量，更体现在推动农业现代化、提升农产品市场竞争力、增加农民收入等多个方面。

首先，涉农经济组织具有强大的整合能力。它们能够将分散的农户组织起来，形成统一的生产、销售、服务体系，有效降低生产成本，提高生产效率。这种整合能力有助于提升农产品的品质和安全性，增强农民在市场中的话语权，实现农民与市场的更好对接。其次，涉农经济组织具有敏锐的市场洞察力。它们能够及时捕捉市场需求的变化，调整生产结构和产品策略，满足消费者的多样化需求。这种敏锐的市场洞察力有助于提升农产品的市场竞争力，引导农民走向市场，实现农业的可持续发展。再次，涉农经济组织具有创新发展的动力。它们能够积极引进新技术、新品种、新模式，推动农业科技创新和产业升级。这种创新发展的动力不仅提升了农业的整体效益和竞争力，还激发农民的创业热情和创新精神，推动农业农村经济实现高质量发展。最后，涉农经济组织能够紧密的联系社区。它们深深扎根于农村社区，与农民有着天然的血肉联系。这种紧密的社区联系有助于增强农民的归属感和认同感，促进农村的社会和谐与稳定，为乡村振兴提供坚实的社会基础。

涉农经济组织以其强大的整合能力、敏锐的市场洞察力、创新发展的动力和紧密的社区联系等特点，成为引领乡村振兴的坚实力量。在未来的发展中，应进一步发挥涉农经济组织的作用，推动农业现代化和农村经济持续健康发展。

（四）涉农经济组织的定义与分类

涉农经济组织，顾名思义，是指那些主要业务涉及农业、农村和农民的经济组织。这些组织可以是法人单位，也可以是非法人单位，它们的核心使命是服务“三农”，即服务农业、农村和农民。这些组织包括但不限于农民专业合作社、农业企业、农业社会化服务组织等。根据其主要职能和业务范围，涉农经济组织大致可以分为以下几类。

1. 农民专业合作社

这类组织主要由农民自发组成，以共同经营、共同受益为目标，为成员提供农业生产过程中的技术、信息、销售等服务，帮助提高农民的组织化程度，增强农民的市场竞争力。

2. 农业企业

包括各类从事农业生产、加工、销售的企业。这些企业通常规模较大，资本实力较强，能够为农民提供稳定的就业机会，带动农村产业升级。

3. 农业社会化服务组织

这类组织主要为农业生产提供社会化服务，如农业技术推广、病虫害防治、农产品质量检测等。它们的服务对象广泛，包括农民、农业企业等各类农业生产主体。

在推动农业现代化、促进农民增收和农村经济发展方面，涉农经济组织发挥着重要作用。因此，应高度重视涉农经济组织的发展，为它们提供有力的政策支持和市场环境，推动它们为“三农”服务，为乡村振兴贡献力量。

三、涉农经济组织的发展环境

涉农经济组织发展的内外部环境呈现出一种复杂而多元的格局。从内部环境来看，涉农经济组织正面临着日益严峻的挑战和机遇。随着农业生产方式逐渐转型升级，农业现代化的发展对涉农经济组织的管理水平、技术创新和资源整合能力提出了更高的要求。同时，农村劳动力结构的变化，如年轻劳动力的外流和老龄化问题的加剧，也给涉农经济组织带来了人力资源方面的挑战。然而，这些挑战也孕育着机遇。涉农经济组织可以借助现代科技手段，提高农业生产效率和农产品质量，满足市场日益增长的绿色、健康消费需求。同时，通过深化农村改革，推动土地流转和农业社会化服务，涉农经济组织可以进一步释放发展潜力，实现规模化和专业化经营。

从外部环境来看，涉农经济组织的发展也面临着诸多机遇和挑战。国家对农业的重视和支持为涉农经济组织提供了良好的政策环境和发展空间。乡村振兴战略的实施、农业供给侧结构性改革的推进以及农村电商的快速发展等，都为涉农经济组织提供了广阔的市场前景和发展机遇。然而，外部环境的变化也给涉农经济组织带来了一定的挑战。如市场竞争的加剧、国际贸易形势的不确定性等因素都可能对涉农经济组织的发展产生影响。因此，涉农经济组织需要密切关注市场动态和政策变化，加强风险防控和应对能力。

（一）内部环境分析

为了深入了解涉农经济组织在现代农业与农村经济体系中的运作和发展，需要对其微观环境，特别是组织内部进行深入分析。

1. 组织结构与管理机制

涉农经济组织往往采取合作社、协会或股份制等形式，提高农业生产效率，促进农产品流通，增加农民收入。在组织内部，明确的管理层级和职责分工是确保组织高效运作的关键。合理的决策机制、执行机制和监督机制，能够确保组织在面对市场波动和政策调整时，能够迅速作出反应。

在组织内部，构建一个清晰、高效的管理层级和职责分工体系能够确保各项工作的有序进行，避免因职责不明导致的混乱和冲突，还能提高组织的运行效率，减少决策过程中的延误和失误。管理层级的设置应遵循精简原则，避免过多的层级造成的信息传递失真和决策延迟。同时，每个层级和部门的职责应明确界定，确保每个人都清楚自己的工作内容和目标。

涉农经济组织建立科学的决策机制、执行机制和监督机制是组织健康运行的保证。决策机制应注重民主与集中相结合，充分听取各方意见，同时能够快速做出决策，以应对市场的瞬息万变。执行机制应确保决策能够迅速、准确地转化为实际行动。而监督机制则可以防止决策执行过程中的偏差，及时发现并解决问题，保证组织目标的实现。

以我国的农民专业合作社为例，国家统计局数据显示，截至2023年10月，全国农民专业合作社达到221.6万个，成员总数超过1亿户，带动非成员农户近2亿户。这些合作社通过统一采购、统一销售等方式，有效降低了生产成本，提高了农产品的市场竞争力，显著增加了农民的收入。涉农经济组织通过创新的组织形式和内部管理机制，正在逐步改变着我国农业的生产方式，推动农业现代化进程，为农民增收、乡村振兴提供助力。

2. 人力资源与培训

涉农经济组织内部需要有一支懂技术、善经营、会管理的专业团队。因此，加强人力资源培训，提高员工的专业技能和综合素质，是组织持续发展的重要保障。同时，建立良好的激励机制，激发员工的积极性和创造力，也是提升组织竞争力的重要手段。

人力资源是涉农经济组织最宝贵的资源，他们的专业技能和综合素质直接影响到组织的运营效率和服务质量。因此，涉农经济组织应定期开展各类技术培训、管理课程和综合素质提升训练，帮助员工更新知识结构，提升专业技能，增强其在复杂市场环境中的适应能力。例如，可以邀请行业专家进行专题讲座，或者与高校、研究机构合作，开设定制化的培训项目，确保员工的知识和技能始终与行业发展同步。

涉农经济组织建立科学合理的激励机制，是激发员工工作积极性和创新潜力的有效途径。这包括公正的薪酬制度、完善的晋升通道、丰富的职业发展机会以及良好的工作环境等。通过这些激励措施，员工能够感受到自身价值的实现，从而更加积极地投入到工作中，为涉农经济组织的发展贡献更大的力量。例如，可以设立绩效奖金，对表现优秀的员工给予物质和精神上的双重奖励，同时，也要建立公平的晋升机制，让员工看到职业发展的可能性。

涉农经济组织要注重培养员工的团队精神和协作能力。在现代农业和农村经济组织中，往往需要跨部门、跨专业的协同工作，因此，通过团队建设活动，增强员工之间的沟通和协作，可以提高涉农经济组织的整体效率和创新能力。

提升涉农经济组织的人力资源素质，既要注重个体的专业技能和综合素质的提升，也要建立有效的激励机制，激发员工的内在动力。只有这样，才能构建起一支高效、创新、有活力的专业团队，推动涉农经济组织在激烈的市场竞争中持续发展和农村经济的繁荣。

3. 财务管理与资金运作

涉农经济组织的稳健运行离不开健全的财务管理制度和透明的资金运作机制。这两者如同涉农经济组织的经济脉络，不仅确保了资金的流动性和安全性，更在很大程度上决定了涉农经济组织的运营效率和盈利能力。

建立完善的财务管理体系是确保资金合理使用和高效运作的关键。这包括严谨的会计核算制度，确保每一笔收支的准确记录；科学的预算管理制度，以规划和控制组织的财务活动；以及严格的内部审计机制，以防止财务风险和欺诈行为。此外，财务管理体系还应具备良好的灵活性，以适应市场环境的变化，满足涉农经济组织的业务发展需求。

透明的资金运作机制是增强涉农经济组织公信力，吸引外部投资的重要途径。这意味着涉农经济组织需要公开、公正地披露财务信息，让所有利益相关者都能了解资金的来源、使用和效益，从而增强公众对组织的信任。透明的资金运作也有助于避免潜在的财务纠纷，维护组织的声誉和稳定性。

多元化融资渠道是降低资金成本，提高资金使用效率的有效方式。涉农经济组织可以通过银行贷款、发行债券、股权融资、项目融资等多种方式，实现资金来源的多元化。这样可以分散风险，降低对单一融资渠道的依赖，还可以通过比较不同融资方式的成本，选择最经济、最有利的融资渠道，从而提高资金的使用效率。

4. 技术研发与创新

涉农经济组织必须重视技术研发和创新。通过引进先进技术和设备，提高农业生产效率；通过研发新产品，满足市场需求；通过创新经营模式，提高组织的竞争力。这些都需要涉农经济组织内部建立良好的创新氛围，鼓励员工积极参与到技术研发和创新活动中来。

引进先进的技术和设备是提高农业生产效率的基础。现代农业科技的发展，如精准农业、智能农机、生物技术等，为农业生产提供了新的可能性。例如，通过引入精准农业技术，可以实现对农田的精细化管理，减少化肥和农药的使用，提高作物的产量和质量，同时降低生产成本。为此涉农经济组织应积极与科研机构、高校等合作，引进并消化吸收这些先进技术，使之成为提升自身生产力的有力工具。

研发新产品是满足市场需求的关键。随着消费者对食品安全、营养、口感等要求的提高，以及对环保、可持续性等社会价值的关注，涉农经济组织需要不断创新产品，以满足这些新的需求。例如，开发有机食品、功能食品、绿色包装等，可以吸引更多的消费者，拓宽市场空间，提高组织的盈利能力。

创新经营模式是提高涉农经济组织竞争力的有效途径。传统的农业经营模式往往过于依赖单一的生产和销售模式，面对市场变化的适应能力较弱。因此，涉农经济组织应积极探索新的经营模式，如农业产业化、农业旅游、农产品深加工等，以提高产业链的价值，增强抵御风险的能力。同时，通过引入现代企业管理理念，优化组织结构，提高决策效率，也能进一步提升涉农经济组织的竞争力。

实现这些目标，需要涉农经济组织内部建立良好的创新氛围。这意味着要尊重和鼓励员工的创新精神，提供必要的资源和支持，如设立研发基金、提供培训机会、建立激励机制等，激发员工积极参与到技术研发和创新活动中来。同时，涉农经济组织也需要建立有效的信息交流和知识共享机制，促进内部知识的流动和创新思维的碰撞。

技术研发和创新是涉农经济组织的核心战略，通过引进先进技术、研发新产品、创新经营模式，以及建立创新文化，全面提升自身的竞争力，以适应不断变化的市场环境，实现可持续发展。

5. 企业文化与社会责任

涉农经济组织的企业文化是其核心价值观和行为准则的体现。积极、健康的企业文化能够增强员工的归属感和凝聚力，提高涉农经济组织的整体竞争力。一个积极、健康的企业文化，不仅能够激发员工的工作热情和创新精神，还能促进涉农经济组织内部的和谐与稳定，为涉农经济组织的可持续发展奠定坚实基础。同时，涉农经济组织作为农村经济的重要组成部分，需要积极履行社会责任，关注环境保护、社区发展等问题，实现经济效益和社会效益的和谐统一。

涉农经济组织的企业文化应着重强调团队协作与沟通的重要性。在农业生产过程中，各个环节相互依存、密不可分，需要不同部门、不同岗位的员工密切协作、共同努力。因此，企业文化应倡导员工之间互相信任、互相支持，形成良好的团队合作氛围。同时，企业还应建立健全的沟通机制，确保员工能够及时了解企业的目标、任务和政策，增强员工对企业的认同感和归属感。

涉农经济组织的企业文化还应关注员工的成长与发展。在农业领域，技术和知识的更新速度较快，员工需要不断学习、不断进步才能适应行业发展的需要。因此，企业文化应鼓励员工自我学习、自我提升，并为员工提供丰富的培训和发展机会。同时，涉农经济组织还应建立完善的激励机制，通过物质和精神层面的奖励，激发员工的积极性和创造力。涉农经济组织应积极履行社会责任，关注环境保护、社区发展等问题。在农业生产过程中，企业应注重生态环境的保护，采用环保技术和措施，减少农业生产对环境的负面影响。同时，企业还应积极参与社区建设，为农村地区的经济发展和社会进步贡献力量。通过履行社会责任，涉农经济组织不仅能够提升自身的社会形象和声誉，还能为农村地区的可持续发展注入新的动力。

涉农经济组织的企业文化是其发展的重要支撑和保障。通过构建积极、健康的企业文化，涉农经济组织能够激发员工的潜力和创造力，提升组织的整体竞争力，为农村地区的经济发展和社会进步作出更大的贡献。同时，涉农经济组织还应注重履行社会责任，实现经济效益和社会效益的和谐统一。

涉农经济组织的内部环境需要关注组织内部的结构、管理、人力资源、财务、技术研发、企业文化和社会责任等多个方面。只有全面、深入地了解组织内部的运作机制和发展需求，才能为涉农经济组织的健康发展提供有力保障。

（二）外部环境分析

涉农经济组织，作为连接农业生产与市场经济的桥梁，其运营与发展深受宏观环境的影响。从宏观角度出发，对涉农经济组织的外部运营环境进行深入分析，对于指导其健康、稳定发展具有重要意义。

1. 政策环境

政策环境是涉农经济组织发展的关键因素。近年来，国家出台了一系列支农惠农政策，如农业补贴、土地流转、乡村振兴等，这些政策为涉农经济组织提供了广阔的发展空间。农业补贴政策是涉农经济组织发展的重要推动力。国家针对农业生产的不同环节，如种植、养殖、农机购置等，都设立了相应的补贴政策。这些补贴政策的实施，不仅减轻了涉农经济组织的经济压力，也提高了其抵御风险的能力。同时，农业补贴政策还激发了涉农经济组织的创新活力，推动了农业生产的科技化、规模化发展。

土地流转政策为涉农经济组织提供了更多的土地资源。随着城市化进程的加速，农村土地流转成为热门话题。国家出台了一系列土地流转政策，鼓励农民将闲置土地流转给涉农经济组织。不仅为涉农经济组织提供了更多的土地资源，也促进了土地的集约化、高效化利用。同时，土地流转政策还有助于推动农业生产的规模化、产业化发展，提高农业生产效益。

乡村振兴战略也为涉农经济组织的发展提供了有力支持。乡村振兴战略是国家针对农村地区发展提出的一项重大战略，推动了农村地区的全面振兴。在乡村振兴战略下，国家加大了对农村地区的基础设施建设、公共服务体系完善等方面的投入力度。这些举措为涉农经济组织提供了更好的发展环境，也为其提供了更多的发展机遇。然而，政策的变动性也给涉农经济组织带来了不确定性。政策的变化可能导致涉农经济组织需要不断调整战略、适应新的政策环境。因此，涉农经济组织需要密切关注政策动态，及时了解政策变化对自身的影响，并制定相应的应对措施。

涉农经济组织需要充分利用国家出台的各项支农惠农政策，抓住发展机遇，同时也需要密切关注政策变动，灵活调整战略，以应对不确定性带来的挑战。只有这样，涉农经济组织才能在激烈的市场竞争中立于不败之地，实现持续、稳定的发展。

2. 经济环境

随着国内经济的持续增长，农产品市场需求不断增加，为涉农经济组织提供了良好的市场机遇。国内生产总值逐年攀升，人民生活水平的提高带动了农产品需求的持续增长。

根据国家统计局的数据，过去10年间，我国农产品消费年均增长率保持在3%以上，为涉农经济组织的扩张和升级提供了广阔的市场空间。随着全球化的深入发展，国际市场的开放为我国涉农经济组织带来了新的发展机遇。涉农经济组织可以通过出口农产品，参与国际供应链，获取更高的附加值。例如，我国的茶叶、大豆、水产品等农产品在国际市场上占据了重要的份额，不仅提升了我国农业的国际影响力，也为涉农经济组织带来了可观的经济效益。然而，机遇与挑战并存。经济环境的波动，如经济周期的起伏、国际贸易政策的变化等，都会对涉农经济组织产生影响。同时，市场竞争的加剧也要求涉农经济组织不断提升自身的核心竞争力，如产品质量、技术创新、品牌建设等。例如，近年来，消费者对食品安全和质量的要求日益提高，涉农经济组织需要投入更多的资源来满足这些需求，以保持市场竞争力。因此，涉农经济组织需要具备敏锐的市场洞察力，能够及时捕捉市场动态，预测和应对潜在的风险。同时，建立健全的风险防控机制，通过多元化经营、创新合作模式等方式，降低经济环境变化带来的影响。只有这样，才能在复杂多变的经济环境中稳健发展，实现可持续增长。

3. 社会环境

社会环境，作为经济活动的重要外部因素，对涉农经济组织的运营模式、发展策略以及市场定位都产生着深远影响。当今社会，消费者不再仅仅满足于农产品的充足供应，而是将更多的注意力聚焦在产品的质量和安全性上。根据中国消费者协会的报告，近年来，消费者对农产品质量的关注度以每年超过10%的速度增长，这无疑对涉农经济组织提出了新的挑战，也带来了新的机遇。因此，涉农经济组织必须强化品牌意识，通过提升产品品质，建立良好的品牌形象，以满足消费者日益增长的品质需求。随着全球对环境保护意识的提升，社会对农业可持续发展的要求也日益增强。农业活动是生态系统的重要组成部分，其运营方式直接影响到土壤健康、水资源保护和生物多样性等多个方面。

例如，一些行业领先的涉农企业已经开始实践“绿色农业”，通过引入有机农业、精准农业等模式，减少化肥和农药的使用，提高资源利用效率。同时，这些企业还通过建立农业废弃物回收利用系统，将农业废弃物转化为生物能源或有机肥料，实现了农业生产的循环经济。

社会环境的变化要求涉农经济组织必须适应新的发展形势，既要注重提升产品品质，满足消费者对食品安全和质量的需求，又要积极履行社会责任，推动农业的绿色、可持续发展。这对提升涉农经济组织的竞争力，构建人与自然和谐共生的农业生态系统也是有利的。

4. 技术环境

技术环境是涉农经济组织创新发展的关键。随着全球农业科技的飞速发展，一系列的新品种、新技术、新装备如雨后春笋般涌现，为农业生产注入了强大的活力和潜力。涉农经济组织需要加强与科研机构的合作，引进先进技术，提升农业生产效率和产品品质。这些创新技术提高了农业生产效率，降低了生产成本，极大地提升了农产品的品质，满足了消费者对食品安全、营养和口感的多元化需求。

以农业新品种为例，通过基因工程技术培育的抗虫、抗病、抗旱、抗盐碱的农作物新品种，不仅提高了农作物的产量，也增强了农业对环境变化的适应能力。同时，精准农业技术如无人机播种、智能灌溉系统、物联网监测等，使得农业生产更加精细化、智能化，大大提高了农业生产效率。然而，这些先进技术的引入和应用并非易事，需要涉农经济组织与科研机构建立紧密的合作关系。科研机构是农业科技的创新源头，他们拥有先进的科研设备和高素质的人才队伍，能够进行前沿的农业科技研发。而涉农经济组织作为农业科技成果转化的载体，需要将这些成果转化为实际的生产力，推动农业的现代化进程。因此，涉农经济组织应积极主动地与科研机构开展技术交流和合作，通过技术引进、技术改造、技术培训等方式，不断提升自身的科技水平和创新能力。同时，政府也应加大对农业科技的投入和支持，建立完善的农业科技推广体系，为农业科技的快速传播和广泛应用创造良好的环境。

涉农经济组织在发展过程中需要综合考虑政策、经济、社会和技术等多方面外部因素，制定科学的发展战略，以应对宏观环境的变化和挑战。同时，涉农经济组织还需要加强自身能力建设，提升市场竞争力。

第二节　农产品质量管理标准

农产品质量管理标准是指对农产品生产、加工、储存、运输和销售等环节中质量、安全、卫生等方面所制定的一系列规范和要求。这些标准确保了农产品符合国家法律法规和消费者需求，也保障了公众健康和安全，促进了农业可持续发展。

农产品质量管理标准必须符合国家法律法规和标准。包括农产品生产、加工、储存、运输和销售等环节中的质量标准、安全标准、卫生标准等。同时，这些标准必须与时俱进，随着科技的发展和消费者需求的变化而不断更新和完善。

农产品质量管理标准应注重农产品生产环节的源头管理。包括选用优质种子、肥料和农药，合理规划种植结构，确保农产品生长环境的安全和健康。同时，还应建立农产品生产档案，记录农产品的生长过程、用药情况等信息，为农产品的质量追溯提供依据。

在农产品加工和储存环节，质量管理标准应关注农产品的保鲜、防腐和卫生等方面。加工企业应建立完善的卫生管理制度，确保加工过程的卫生和质量。同时，农产品储存设施也应符合标准，确保农产品在储存过程中不发生变质和污染。

在农产品运输环节，质量管理标准应关注农产品的保鲜、防震和防损等方面。运输企业应建立完善的运输管理制度，确保农产品在运输过程中不受损坏和污染。

在农产品销售环节，质量管理标准应着重关注农产品的标识、包装及宣传等方面。农产品应遵循国家法律法规及标准进行包装标识，确保消费者能够明确了解产品的产地、生产日期、保质期等信息。同时，农产品宣传应真实、准确，避免过度夸大或误导消费者。农产品质量管理标准是确保农产品质量、安全、卫生的关键。只有建立科学、规范、严谨的农产品质量管理标准体系，才能保障公众健康和安全，促进农业可持续发展。因此，各级政府、企业和消费者都应高度重视农产品质量管理标准的制定和实施工作。

农产品质量管理依托于国家标准、行业标准、地方标准以及企业标准，构建了多层次、多维度的质量标准体系，这些标准是农产品质量的保障。不仅规范了农产品的生产、加工、流通和销售，还为消费者提供了安全、优质、健康的农产品。

（1）国家标准。农产品质量管理的国家标准是由国家权威机构制定并发布的，具有全国范围内的强制性和普适性。国家标准通常根据国内外最新的科研成果、技术发展和市场需求，对农产品的质量、安全、卫生等方面提出基本要求。国家标准是农产品质量管理的根基，具有最高的法律效力。

（2）行业标准。行业标准是由行业协会或产业联盟制定的，适用于特定行业或领域的农产品质量管理标准。行业标准通常根据行业特点和实际需求，对国家标准进行细化和补充，以提高农产品质量管理的针对性和可操作性。行业标准在农产品质量管理中发挥着桥梁和纽带的作用，连接着国家标准和地方标准、企业标准。

（3）地方标准。农产品质量管理的地方标准是由地方政府或相关部门制定的，适用于本行政区域内农产品质量管理的标准。地方标准通常结合地方资源、环境、气候等实际情况，对国家标准和行业标准进行再创新，以满足地方特色农产品质量管理的需求。地方标准促进了地方经济发展、提升了农产品市场竞争力。

（4）企业标准。农产品质量管理的企业标准是由企业自行制定的，适用于企业内部农产品生产、加工、流通和销售的质量管理标准。企业标准通常根据企业自身条件、市场需求和消费者需求，对国家标准、行业标准和地方标准进行细化和提升，以形成具有企业特色的农产品质量管理体系。企业标准是农产品质量管理的核心，直接关系到农产品质量和企业形象。

农产品质量管理国家标准、行业标准、地方标准和企业标准在农产品质量保障中发挥着各自的作用，相互补充、相互促进。这些标准共同构成了农产品质量管理的完整体系，为农产品质量提升、市场竞争力增强和消费者权益保护提供了有力保障。

一、农产品质量管理国家标准

（一）国家标准的概述

农产品质量管理的国家标准是我国农业领域的一项重要法规，由国家权威机构经过深入研究、广泛征求意见后制定并发布。这些标准具有全国范围内的强制性和普适性，通过保障农产品的质量、安全和卫生，以确保人民群众“舌尖上的安全”。

国家标准的制定过程通常遵循以下几个步骤：首先，收集国内外最新的科研成果、技术发展和市场需求信息，以便确保标准的前沿性和实用性；其次，组织专家对收集到的信息进行深入分析和论证，形成初步的标准草案；再次，广泛征求各级政府部门、农产品生产者、消费者等相关方面的意见和建议，对草案进行反复修改和完善；最后，由国家权威机构审批并通过，正式发布实施。

（二）国家标准的特点

农产品国家标准的内容广泛涵盖了农产品的质量、安全、卫生等多个方面。这些标准对农业生产、加工、包装、运输、储存、销售等各个环节都提出了基本要求，目的是保障农产品的质量和安全，满足人体健康需求。

首先，农产品国家标准的科学性是其最显著的特点。这些标准以确保农产品的质量安全水平符合人体健康需求为出发点，通过对农产品中的有害物质、农药残留、重金属等指标进行严格规定，保障了农产品的质量和安全。同时，这些标准还基于科学研究和实证数据，确保了其科学性和合理性。其次，农产品国家标准具有先进性。在制定过程中，相关部门充分考虑了国内外最先进的技术和管理水平，以确保农产品的生产、加工、包装、运输、储存、销售等各个环节都能与国际先进水平接轨。不仅有助于提高我国农产品的国际竞争力，也有利于引导我国农业产业向高质量发展。最后，农产品国家标准具有很强的可操作性。在制定过程中，相关部门充分考虑了农产品生产者和监管部门的实际操作和执行需求，使得这些标准易于理解和实施。例如，标准中对于农产品的检测方法、指标体系、认证程序等都进行了详细规定，方便生产者和监管部门进行实际操作。

农产品国家标准在保障农产品质量、安全和卫生方面发挥了重要作用。通过科学、先进、可操作的标准，我国农业生产得到了规范和提升，为人民群众提供了更加安全、健康的农产品。

（三）国家标准的意义

作为农产品质量管理的国家标准，具有最高的法律效力。各级政府部门、农产品生产者和经营者都必须严格按照国家标准进行生产、经营和管理。此外，国家标准还为监管部门提供了执法依据，有利于加强对农产品的监管力度，确保农产品质量安全。

农产品质量管理的国家标准是我国农业领域的一项重要法规，对保障农产品质量安全具有重要意义。只有全面贯彻落实国家标准，才能让人民群众吃上放心农产品。

二、农产品质量管理行业标准

（一）行业标准的概述

行业标准是由我国的行业协会或产业联盟制定的，为特定行业或领域的农产品质量管理提供具体可行的指导。这些标准根据各个行业的独特性和实际需求，对国家农产品质量标准进行细化和补充，从而提高农产品质量管理的针对性和可操作性。在农产品质量管理中，行业标准起到了桥梁和纽带的作用，连接了国家标准、地方标准和企业标准，形成了一个完整且有序的体系。

（二）行业标准的特点

首先，行业标准针对性强。由于每个行业都有其特殊性和独特性，仅依靠国家标准难以满足所有行业的需求。因此，行业标准根据各行业的实际情况，对国家标准进行细化和拓展，使得农产品质量管理更加具有针对性。其次，行业标准可操作性强。行业标准在制定过程中，充分考虑了生产实践和市场需求，使得标准内容更具操作性。这不仅有利于农业生产者更好地遵循质量管理要求，也有利于监管部门进行有效的执法检查，从而提高农产品质量的安全性。再次，行业标准有助于衔接各类标准。行业标准作为桥梁，将国家标准、地方标准和企业标准有机地联系起来，形成一个层次分明、相互补充的标准体系。有利于各类标准之间的衔接和协调，确保农产品质量管理工作的顺利进行。最后，行业标准有助于推动产业发展。行业标准不仅对农产品的生产、加工、销售等环节提出了明确的要求，还对产业发展趋势、技术创新等方面起到了引导作用，有助于推动农业产业升级，提高农产品的市场竞争力。

（三）行业标准的意义

行业标准在农产品质量管理中，通过细化和补充国家标准，提高针对性和可操作性，行业标准为农业生产者和监管部门提供了有力的支持。同时，行业标准还促进了各类标准的衔接与协调，推动了农业产业的发展。

三、农产品质量管理地方标准

（一）地方标准的重要性

农产品质量管理的地方标准是由地方政府或相关部门制定的，农产品质量管理地方标准在确保食品安全、推动农业现代化和增强农业产业竞争力等多个层面，发挥着积极作用。首先，地方标准确保了农产品生产过程严格遵守国家食品安全法律法规，从源头上防止了有害物质的污染，有效降低了食品安全风险，保护了消费者的权益。其次，地方标准是农业产业转型升级的催化剂。通过制定科学、严谨的地方标准，可以引导农民进行标准化、规模化生产，提高农产品的生产效率和质量的一致性。同时，地方标准的实施也有助于打造地方特色农产品品牌，提升农产品的市场价值，从而增强农业产业的整体竞争力。以我国的浙江为例，其通过实施茶叶生产的地方标准，成功打造了“龙井茶”等知名品牌，极大地推动了当地农业经济的发展。

地方标准推动了农业科技创新。标准的制定和执行需要不断的技术研发和创新，刺激农业科研机构和农民进行新技术、新方法的探索，如生物技术、信息技术在农业生产中的应用。通过科学的种植和养殖方式可以提高农产品的产量，还能提升其品质，满足消费者对绿色、健康食品的需求。

（二）地方标准的制定原则

在构建一套高效、实用的农产品质量管理地方标准时，必须深入理解并严格遵循一系列原则。首先，科学性原则是基础。它要求我们在制定标准时，必须经过严谨的科学研究和丰富的实践经验。这意味着我们需要充分考虑农产品的生长周期、营养需求、病虫害防治等多个科学层面，确保每一项标准都能在科学理论的指导下站得住脚。其次，适应性原则是关键。因为农业生产受到当地独特气候、土壤、生物多样性和生态条件的深远影响。例如，不同地区的农作物对水分、光照和温度的需求各不相同，因此，地方标准必须充分考虑这些因素，以确保其在特定地理环境中的适用性。同时，还需要考虑到农业生产方式、种植习惯等人文因素，使标准能够与当地的实际生产情况紧密结合。再次，可操作性原则不容忽视。标准的制定不能脱离实际操作，必须简洁明了，易于农民理解和执行。这意味着需要使用通俗易懂的语言，避免过于专业或复杂的术语，并提供具体的操作指南和示例，以确保农民在日常生产中能够顺利应用这些标准。最后，动态性原则是确保标准持久有效性的保障。农业科技的快速发展和市场需求的不断变化，都要求我们对地方标准进行持续的评估和更新。例如，新的病虫害防治技术、环保种植方法的出现，或者消费者对食品安全、绿色生态的新需求，都可能需要我们对现有标准进行修订和完善。

制定农产品质量管理地方标准是一个综合考虑科学性、适应性、可操作性和动态性的复杂过程。只有这样，才能制定出既符合科学规律，又贴近实际，既能指导农民有效生产，又能适应未来发展需求的高质量地方标准。

（三）地方标准的实施策略

为了确保地方农产品质量管理标准的高效实施，需要采取一系列的策略，以增强农业经理人的意识，强化监管机制，建立激励制度，并通过国际合作提升管理能力。

1. 加强宣传培训

农业经理人的认知度和执行意愿直接影响到标准的执行效果。因此，需要通过举办讲座、研讨会、发放宣传资料等方式，深入农村，普及质量管理标准的重要性和具体操作方法。同时，利用新媒体平台进行广泛传播，提高农业经理人的参与度和理解度。

2. 强化监督检查

应建立全面的监管体系，覆盖农产品的生产、加工、流通等全过程，通过定期检查、随机抽查等方式，确保标准的严格执行。此外，利用现代科技手段，如物联网、大数据等，实现农产品质量的实时监控，提高监管的精准度和效率。

建立奖惩机制。对于符合标准的农产品，政府应给予政策扶持，如优惠贷款、税收减免等，同时，通过媒体宣传、市场推广等方式，提高其市场竞争力。另外，对于违反标准的行为，应依法进行严厉打击，包括罚款、吊销许可证等，以形成强大的震慑力。

3. 加强国际合作与交流

可以拓宽农业经理人的视野，吸取国外的先进经验。农业经理人应积极参与国际农产品质量管理的研讨会、培训班，引进国外的先进技术手段，同时，也要根据我国的实际情况，进行本土化的创新和应用，以不断提升农产品质量管理水平。农产品质量管理地方标准的有效实施，需要全社会的共同努力，通过多角度、多层次的策略，构建起一个从生产到消费的全链条质量管理机制，保障农产品的质量安全。制定并执行严格的农产品质量管理地方标准可以保障食品安全、促进农业现代化和提高农业产业竞争力。

四、农产品质量管理企业标准

（一）企业标准的重要性

1. 保障农产品安全

在保障农产品安全，维护消费者健康方面，质量管理标准直接影响着广大消费者的饮食安全和生活质量。因此，建立并执行严格的企业质量管理标准是每个食品生产企业的责任和义务。

首先，质量管理标准的制定规范了农产品的生产流程，从源头上把控食品安全。这包括对种植、养殖环境的严格监控，确保无污染、无残留农药和重金属超标等问题。例如，企业应采用生态农业技术，减少化学肥料和农药的使用，以生产出更绿色、更健康的农产品。其次，加工环节是农产品安全的另一个关键节点。企业应建立完善的质量控制体系，对加工过程中的温度、湿度、卫生条件等进行严格管理，防止微生物污染和交叉感染。同时，定期对生产设备进行清洁和维护，以消除潜在的食品安全隐患。再次，储存和运输环节也不能忽视。企业应采用适当的储存条件，如温度、湿度控制，以防止农产品的变质和营养流失。在运输过程中，应避免长时间的暴露和频繁的搬运，以减少农产品的物理损伤和潜在的污染风险。最后，企业还应定期进行食品安全风险评估和员工培训，提高全体员工的质量安全意识和操作技能。通过持续改进和创新，企业可以提升质量管理标准，适应不断变化的食品安全环境和消费者需求。

据统计，全球每年有数百万人因食品安全问题患病甚至死亡，其中很大一部分与农产品的生产、加工、储存和运输环节的疏忽有关。因此，企业必须将质量管理标准视为生命线，以确保农产品的安全，保护消费者的健康，同时也提升自身的品牌形象和市场竞争力。

2. 提升农产品品质

在当今社会，人们对生活质量的追求已经从单纯的物质满足，转向了对健康、绿色、安全的食品的追求。优质的农产品，以其独特的口感、丰富的营养和安全的品质，不仅能满足消费者的味蕾享受，更能满足他们对健康生活的向往，从而在激烈的市场竞争中占据优势地位。因此，提升农产品的品质，已经成为农业企业乃至整个农业行业的重要任务。在这一过程中，企业标准起着关键作用。企业标准，可以视为企业对产品品质的一种自我约束和自我提升机制。它能够对农产品的品种选择、产地环境、生长过程、加工工艺等各个环节提出详细而具体的要求，形成一套完整的质量控制体系。例如，对于水果，企业标准可能会规定必须选用特定的优质品种，生长过程中不得使用违禁农药，采摘后要经过严格的清洗和分级，以确保每一颗送到消费者手中的水果都能达到预设的高品质标准。以日本的农业为例，其农业企业普遍实行严格的企业标准，从种植到销售的每一个环节都有明确的规范，甚至细致到农作物的种植密度、施肥量和采摘时间等。这种精细化的管理，使得日本的农产品在国际市场上享有极高的声誉，其高品质和安全性得到了全球消费者的认可。同时，企业标准的实施也能推动农业科技创新和产业升级。通过不断优化和更新标准，企业可以鼓励研发新的种植技术、加工工艺，以提高农产品的附加值，增强市场竞争力。例如，通过引入无土栽培、智能温室等现代农业技术，可以进一步提升农产品的品质，满足消费者对新鲜、无污染食品的需求。

企业标准是保障和提升农产品品质的重要工具，它通过规范生产流程，推动技术创新，帮助企业塑造品牌形象，增强市场竞争力，同时也有利于推动整个农业行业的健康发展。因此，农业经理人应该高度重视企业标准的制定和实施，以此推动农产品向更高品质、更安全、更绿色的方向发展。

3. 促进企业可持续发展

建立一套完善的农产品质量管理的企业标准，可以帮助企业在激烈的竞争中保持领先地位并实现长期的繁荣。这样的标准不仅能够提升企业的内部管理，还能增强其在消费者心中的信誉，为企业带来更大的市场份额和利润空间。

一个科学、规范的农产品质量管理标准能够帮助企业构建严谨的生产流程。包括从原料采购、生产加工到产品销售的每一个环节，确保农产品的质量始终如一。例如，通过设定严格的农药残留标准和定期的检测机制，企业可以有效避免有害物质对农产品的影响，保障消费者的食品安全。这样的管理体系有助于提高企业的运营效率。通过标准化的操作流程，可以减少不必要的浪费和错误，降低生产成本。同时，通过持续的质量改进和技术创新，企业可以不断提升产品的附加值，增强其在市场中的竞争力。完善的农产品质量管理标准也是企业树立良好品牌形象的重要手段。消费者日益关注食品安全和质量，一个以质量为核心的企业形象将为企业赢得消费者的信赖和忠诚。例如，知名企业如蒙牛、伊利等，就通过严格的质量管理赢得了消费者的广泛认可，从而在乳制品市场中占据了主导地位。值得注意的是，建立这样的标准并非一蹴而就，需要企业投入大量的资源和时间进行研发和实践。同时，企业还需要不断适应市场变化和消费者需求，适时更新和优化质量管理标准。然而，考虑到对企业长期发展的影响，这样的投入无疑是值得的。

通过建立完善的企业标准，企业可以构建起坚实的内部管理基础，提升产品品质，增强市场竞争力，最终实现可持续发展。

（二）企业标准的实施要点

1. 制定合理的标准体系

对于农产品企业来说，质量管理是其生存和发展的关键。企业应根据自身实际情况，结合国家法律法规、行业标准以及市场需求，制定出一套既符合实际又具有操作性的农产品质量管理标准体系。这样的体系不仅能够保障消费者的权益，提升企业的品牌形象，还能在很大程度上推动整个行业的健康发展。

企业需要深入了解自身的生产流程、技术条件和资源状况。包括对种植、养殖、加工、包装、运输等各个环节的详细分析，以找出可能影响产品质量的关键点。例如，如果企业在种植阶段就采用了有机肥料，那么在制定标准时就应该强调无农药残留的要求。

国家法律法规是企业制定质量管理标准的重要依据。例如，我国的《食品安全法》对农产品的生产、加工、销售等环节都设定了严格的标准，企业必须严格遵守。同时，行业标准也是不可忽视的参考，如农业农村部发布的《农产品质量安全标准》等，这些都是企业在制定标准时需要考虑的因素。

市场需求是驱动企业提升产品质量的重要动力。随着消费者对食品安全、营养、环保等方面关注度的提高，企业需要在标准中融入这些需求，如绿色食品、有机食品等认证标准，以满足消费者日益增长的高品质需求。在制定标准的过程中，企业还应充分借鉴国内外先进的质量管理理念和实践经验，如引入 HACCP（危害分析与关键控制点）体系，对农产品生产过程中的潜在风险进行有效控制。同时，通过定期的内部审核和外部第三方认证，确保质量管理标准的有效执行和持续改进。企业应将质量管理标准体系的建立和实施作为一项系统工程，从上至下全员参与，通过培训、考核、激励等手段，提高全体员工的质量意识和操作技能，形成全员参与、全过程控制的质量管理文化。制定一套符合实际、具有操作性的农产品质量管理标准体系，是企业提升竞争力、保障消费者权益、推动行业健康发展的重要举措。只有这样，企业才能在激烈的市场竞争中立于不败之地。

2. 强化源头管理

农产品质量管理是保障食品安全与消费者健康的重要环节，而这一过程的核心在于源头控制。源头控制意味着企业需要对农产品的种植、养殖过程进行全方位、精细化的监管，以确保每一步都符合严格的品质和安全标准。

首先是种植环节的控制。这包括对土壤、水源的监测，确保其无污染，含有适宜的营养成分以支持作物的健康生长。例如，应定期检测土壤中的重金属含量，防止过度使用化肥导致的土壤酸化和养分失衡。同时，应采用生物防治法，减少农药的使用，避免农药残留对农产品质量的影响。其次是养殖环节的管理。企业应监控动物的饲养环境，保证其饮食的营养均衡，避免使用含有激素的饲料。此外，动物的疾病防控也应得到重视，防止疾病传播导致的食品安全问题。在源头控制的过程中，企业还需要建立完善的追溯体系。通过引入现代化的信息技术，可以实现农产品从生产到销售的全程追溯，一旦发现质量问题，就能迅速定位问题源头，及时采取措施，减少损失。此外，企业还应加强与科研机构的合作，持续更新和优化生产标准。例如，根据最新的科研成果，调整农药和化肥的使用标准，以适应不断变化的环境和消费者需求。

3. 严格加工与储存管理

任何微小的污染都可能导致农产品质量的大幅下降，甚至可能对消费者的健康构成威胁。因此，企业应定期对加工设备进行清洁和维护，确保其在最佳状态下运行，同时，应采用先进的杀菌和消毒技术，以消除可能存在的微生物风险。

遵循科学的加工工艺不仅包括选择适当的加工温度和时间以保持农产品的营养成分，还涉及对加工过程中可能产生的有害物质的控制。例如，某些食品在过度加热时可能会产生有害的多环芳烃，因此，精确控制加工参数是保证食品安全的重要环节。此外，企业还应不断研究和更新加工技术，以适应不断变化的市场需求和食品安全标准。

在农产品储存阶段，企业需要采取一系列措施来保持产品的优良品质，包括使用冷藏或冷冻技术来抑制微生物的生长，使用抗氧化剂来延缓食品的氧化过程，以及定期检查储存环境的温度和湿度。此外，适当的包装也是保持农产品新鲜度的关键，例如，使用阻氧包装可以减缓食品的氧化作用，延长其保质期。

为了确保这些措施的有效实施，企业应建立完善的质量管理体系，包括对员工进行定期的食品安全培训，对加工和储存过程进行持续监控，以及对产品进行定期的质量检测。

4. 完善检验检测体系

企业应建立健全检验检测体系，以确保农产品的质量安全，满足消费者对健康食品的需求。首先，建立完善的检验检测体系应包括从生产源头到销售终端的全过程监控，对农产品进行定期、系统的质量检测，以防止含有有害物质或不符合安全标准的产品流入市场。例如，企业通过设立专门的质量检测部门，配备先进的检测设备和技术人员，对农产品进行化学、生物等多个方面的检测，确保其符合国家和行业设定的相关标准。其次，加强与第三方检测机构的合作，提高检验检测准确性和可靠性。第三方检测机构通常具有更专业的技术能力、更严格的公正性和更高的公信力。通过与这些机构的合作，企业可以获取更准确的检测结果，及时发现并解决农产品质量问题。同时，第三方机构的参与也能对企业自身的检测体系起到监督和提升的作用。最后，企业还应注重对检验检测技术的研发和更新，以应对不断变化的食品安全挑战。随着科技的发展，新的污染物和食品安全风险可能会不断出现，企业需要保持敏锐的洞察力，及时引入新的检测方法和技术，以确保检验检测体系的前瞻性和有效性。在实际操作中，企业可以参考国内外先进的农产品质量控制案例，如欧盟的食品安全管理体系、美国的食品安全现代化法案等，结合自身的实际情况，制定出科学、严谨的检验检测标准和流程。

建立健全的检验检测体系，加强与第三方检测机构的合作，是企业保障农产品质量，赢得消费者信任，实现可持续发展的重要方法。只有这样，企业才能在激烈的市场竞争中立于不败之地。

5. 加强员工培训与教育

农产品质量管理不仅是依赖于管理层的决策和规划，更需要全体员工的积极参与和共同努力。每一位员工都是质量控制链上的重要一环，他们的行为和决策直接影响到最终产品的质量。为了确保全体员工能够理解和执行企业标准，企业应建立完善的培训和教育体系。包括定期举办质量管理培训课程，通过理论学习和实践操作，使员工深入理解质量标准的内涵和实施方法。同时，企业还应定期更新培训内容，以适应不断变化的市场环境和消费者需求。此外，企业还需要强化质量文化的建设，增强员工的质量意识。通过举办质量月、质量竞赛等活动，让员工在参与中感受到质量的重要性。同时，企业应表彰和奖励在质量管理中表现出色的员工，形成良好的质量氛围，使质量成为企业文化的一部分。

在实际操作中，企业还需要提供必要的工具和资源，支持员工执行质量标准，包括提供高质量的原材料，提供先进的生产设备，或者开发易于操作的质量管理系统等。在工作中，只有当员工得到充分的支持，才能更好地执行质量标准。农产品质量管理企业标准是确保农产品安全、优质、可靠的重要保障。企业应充分认识到制定和执行这些标准的重要性，加强源头管理、加工与储存管理、检验检测体系、员工培训与教育以及质量追溯体系等方面的建设。

第三节　农产品生产过程管理

农产品生产过程管理，是确保农产品质量安全、提高农业生产效益的关键环节。在现代农业生产中，科技的应用日益广泛，智能化、精准化的管理方式逐渐成为主流。通过引入先进的农业技术和管理手段，可以实现对农业生产全过程的精准控制，提高农产品的产量和质量。随着现代农业的不断发展，农产品生产过程管理也面临着新的挑战和问题。为有效应对这些问题，构建智能化的农产品追溯体系显得尤为重要。

一、农产品追溯体系建设

农产品追溯体系的建设，首先应从源头上抓起，包括加强种子、肥料、农药、兽药、饲料等农业投入品的质量监管，确保农产品从种植、养殖开始就能达到安全标准。同时，要完善农产品生产、加工、运输、销售等环节的记录制度，确保每一个环节都有明确的责任主体和可追溯的信息。在农产品追溯体系智能化管理方面，运用物联网、大数据、云计算等现代信息技术手段，实现对农产品生产过程的实时监控和数据分析。通过安装传感器、使用智能设备等方式，对农田环境、植物生长状况等进行实时监测，收集大量数据并通过云计算进行处理分析，从而为农业经理人提供科学决策依据。同时，利用区块链技术不可篡改、可追溯的特性，确保农产品追溯信息的真实性和可信度。

在农产品追溯体系建设过程中，还需要注意以下几个问题：一是要强化政策支持和法律法规保障，为农产品追溯体系的发展提供有力支撑；二是要加强技术研发和创新，提高农产品追溯体系的智能化水平；三是要加强宣传教育和培训，提高农业经理人和消费者的追溯意识和能力。

农产品追溯体系建设通过加强源头管理、完善记录制度、建立统一平台、运用现代信息技术等手段，可以有效提高农产品追溯效率和管理水平，保障农产品质量和食品安全。

（一）农产品追溯体系建设的重要性

1. 保障食品安全

农产品追溯体系通过全面记录和追踪农产品的每一个环节，实现了对农产品生产、加工、运输、销售等流程的无缝监管，确保了食物的质量与安全，让消费者吃得放心。

追溯体系的建立，要求在农业生产阶段，对使用的种子、化肥、农药等进行严格管理，确保其符合安全标准。在农产品的加工和运输过程中，也需要实时记录温度、湿度等环境因素，以防止潜在的食品安全风险。一旦市场上发现任何质量问题，追溯体系就能发挥其关键作用，通过数据分析快速定位问题发生的环节，无论是农田、加工厂，还是物流过程，都能迅速找到问题源头。

例如，2018 年我国某地发生了一起大规模的蔬菜农药残留超标事件，通过农产品追溯体系，相关部门在短短几小时内就找到了问题蔬菜的来源，及时下架了所有可能受影响的蔬菜，有效防止了问题的进一步扩散，保护了消费者的权益。

2. 增强消费者信心

消费者不仅追求食品的口感和营养价值，更关注食品的质量安全，包括食品的来源、生产过程、添加剂使用等信息。近年来，食品安全事件的频发，如农药残留超标、假冒伪劣食品等，让消费者对食品的信赖度大大降低。

农产品追溯体系，简单来说，就是通过记录和追踪农产品从农田到餐桌的每一个环节，为消费者提供全面、准确的产品信息。这个系统涵盖了种植、加工、包装、运输、销售等全过程，确保了食品的可追溯性。一旦发生食品安全问题，可以迅速定位问题源头，及时召回问题产品，有效防止问题食品的进一步扩散，保护消费者的权益。

例如，日本的农产品追溯系统就做得相当完善。消费者可以通过扫描产品包装上的二维码，获取到农产品的种植地、施肥用药记录、采摘日期、加工过程等详细信息。这种透明化的信息传递方式，极大地增强了消费者对农产品的信任度。

农产品追溯体系还有助于推动农业的绿色发展。通过追溯，生产者可以了解到哪些生产环节可能导致环境污染或产品质量下降，从而调整生产方式，减少化学农药和化肥的使用。

据统计，全球已有超过 50 个国家和地区建立了农产品追溯体系，这些国家和地区的经验表明，农产品追溯体系对于提升食品安全水平、保障消费者权益、促进农业转型升级具有显著效果。此外，农产品追溯体系还能提升农产品的品牌形象和市场竞争力。消费者在购买食品时，越来越注重产品的来源和生产过程的透明度。通过追溯系统，消费者可以了解到农产品的“前世今生”，如种植地的环境、加工过程、运输条件等，增加了消费者的购买信心，提升了农产品的附加值。农产品追溯体系是保障食品安全、维护消费者权益的重要防线。

随着消费者对食品安全问题关注度的提高，农产品追溯体系的建立和应用已成为大势所趋。需要政府的政策引导和法规建设，也需要企业积极参与，更需要全社会的共同关注和努力。

3. 促进农业可持续发展

在传统的农业生产中，由于信息不透明，往往会出现生产过剩或供不应求的情况，导致资源浪费。而追溯体系可以实时反馈市场需求，指导农民进行精准生产，减少盲目性，从而提高农业生产效率。例如，通过大数据分析，农民可以了解到哪种作物在何时、何地种植能获得最佳收益，进而优化种植结构。

农产品追溯体系有助于降低环境污染。在生产过程中，如果过度使用化肥、农药，不仅会影响农产品质量，还会对土壤、水源造成严重污染。追溯体系要求农业经理人严格控制投入品使用，实现绿色生产，从而降低农业对环境的影响。欧盟的一项研究显示，自实施农产品追溯制度以来，农药和化肥的使用量分别下降了15%和20%，农业环境污染得到有效控制。

农产品追溯体系对于实现农业可持续发展具有重要意义。通过追溯体系，消费者可以了解农产品的生产方式，更愿意选择绿色、有机、环保的产品，促使农民转变生产方式，采用生态农业、循环农业等可持续发展模式。同时，追溯体系也有助于保护农民的权益，提高农产品的附加值，促进农业经济的健康发展。

（二）农产品追溯体系建设的实施方法

1. 制定统一标准

建立一个全国统一的农产品追溯体系标准，规范农产品从生产到销售的全过程，确保消费者能够获取到真实、准确的农产品信息，从而增强对农产品的信任度和满意度。

追溯体系标准的首要任务是明确追溯信息的采集。包括农产品的产地环境、种植（养殖）过程、加工、包装、运输、仓储等各个环节的信息。例如，农产品的生长环境中是否含有有害物质，种植过程中是否使用了农药，如果使用，则对农药的种类、使用量和残留情况等都需要详细记录。这样，消费者可以通过追溯信息了解到农产品的“前世今生”，做出更加安全、健康的消费选择。

追溯体系标准应规定信息的传输和存储方式。信息的传输需要快速、准确，以防止信息的丢失或篡改。同时，存储技术应保证信息长期保存，以便在需要时能够随时调取。此外，信息的展示也需要简洁明了，让消费者能够快速理解。确保追溯信息的准确性与一致性是标准实施的关键。需要建立严格的信息审核和验证机制，对各个环节产生的信息进行实时监控和定期核查，确保信息的真实可靠。同时，各个地区、各个企业应遵循统一的标准，避免因为标准不一导致的信息混乱和消费者的困惑。

为了实现这一目标，政府、科研机构、行业协会和企业应共同参与，通过技术研发、政策引导、培训教育等方式，推动追溯体系的建设和完善。例如，可以借鉴国际先进的追溯技术，结合我国农业的实际状况，制定出既科学又具有可操作性的标准。

2. 强化技术支撑

利用现代信息技术构建一个高效、稳定、安全的农产品追溯平台，这一平台的建立，可以实现追溯信息的实时更新与共享，提高农产品的质量安全。

物联网技术是这一追溯平台的基础，它通过在农业生产、加工、运输等各个环节的传感器和智能设备，实现对农产品的全程监控。例如，通过安装在农田的湿度和温度传感器，可以实时了解作物的生长环境，确保其在最佳条件下生长。在加工阶段，通过RFID标签，可以追踪农产品的处理过程，避免可能的污染。

在信息收集和分析中，大数据技术发挥了关键作用。大量的农产品数据，如生产日期、产地、处理过程、检测结果等，会被整合到一个统一的数据库中。通过高级的数据分析和挖掘，可以发现潜在的质量问题，提前进行预警，提高食品安全水平。此外，大数据还可以帮助农业企业优化生产流程，降低成本，提高效率。

区块链技术的应用则为农产品追溯提供了更高的透明度和可信度。区块链的分布式账本特性，使得所有追溯信息无法被篡改，确保了信息的真实性。消费者可以通过扫描产品上的二维码，查看从农田到餐桌的全程信息，增强购买决策的信任度。

以中国为例，中国农业科学院的报告显示，自 2015 年以来，中国在农产品追溯系统建设上的投入已超过 100 亿元，覆盖了包括蔬菜、水果、肉类、水产品等在内的多种农产品。这一系统的实施，有效降低了农产品安全事件的发生，提升了中国农产品的国际竞争力。

3. 加大监管力度

从生产环节开始，监管机制应确保农产品在种植或养殖过程中不使用违禁的农药、兽药和添加剂。定期对农田和养殖场进行检测，同时通过科技手段，如卫星遥感、物联网设备等，实时监控生产状态，防止潜在的食品安全风险。

农产品的加工过程也应受到严格监管。加工企业应严格执行食品安全标准，对原料进行严格筛选，确保加工过程中不引入新的污染。同时，监管部门应定期对加工企业的生产环境、设备清洁度、添加剂使用等进行检查，确保加工产品的安全。

在运输环节，应建立冷链物流和运输条件的监控系统，防止农产品在运输过程中因温度、湿度等条件变化导致的品质下降或微生物滋生。同时，运输车辆应定期进行清洁和消毒，以降低交叉污染的风险。

销售环节是食品安全的最后一道防线。超市、农贸市场等销售点应设立专门的农产品检测区，对即将销售的农产品进行快速检测，确保其符合食品安全标准。同时，销售点应建立完善的追溯信息记录，以便在出现问题时，能够迅速定位问题源头，及时召回问题产品。

此外，建立健全的监管机制还需要法律法规的支持。政府应完善相关法律法规，明确各环节的食品安全责任，提高对违法行为的处罚力度，形成有效的震慑作用。同时，通过公众教育，提高消费者的食品安全意识，形成全社会共同维护食品安全的良好氛围。

4. 推广普及教育

农产品追溯体系的有效运行离不开农业经理人、企业和社会公众的广泛参与和深入理解。因此，需要采取一系列措施，以提高各方对农产品追溯体系的认识与参与度，进而营造全社会共同关注、共同参与的良好氛围。

加强宣传教育是提高公众认知的关键。通过媒体、网络、社区活动等多种渠道，广泛宣传农产品追溯体系的重要性和具体运作方式。例如，制作一系列的科普短片，以生动形象的方式展示农产品从田间到餐桌的全过程，使公众了解追溯体系如何保障食品安全。

开展专业培训，提升农业经理人和企业人员的操作技能。可以组织专门的培训班，详细讲解农产品追溯系统的操作流程、标准规范，以及如何处理在实际操作中可能遇到的问题。同时，通过实地操作、模拟演练等方式，让农业经理人和企业人员在实践中学习，在学习中提高。

此外，建立激励机制，激发各方参与的积极性。政府可以设立相关的奖励政策，对在农产品追溯体系中表现突出的农业经理人、企业给予表彰和奖励，以此鼓励更多的人参与到追溯体系的建设中来。同时，也可以通过提供技术支持、资金援助等方式，降低农业经理人和企业参与追溯体系的门槛和成本。

最后，加强与社会各界的合作，共同推动追溯体系的完善。可以与科研机构、行业协会、非政府组织等建立合作关系，共享资源，共同研究解决追溯体系中存在的问题，提高追溯体系的科学性和有效性。

（三）农产品追溯体系建设的潜在影响

1. 促进农业产业升级

农产品追溯体系的建立，有助于规范农业生产行为。通过信息化手段，可以详细记录每一批农产品的种植、施肥、用药、收获、储存、运输等全过程信息，确保农产品的生产过程符合国家的食品安全标准和绿色生产要求。一旦出现质量问题，可以迅速定位问题源头，有效防止问题农产品流入市场，保护消费者的权益。

追溯体系的实施，将促进农业标准化生产。在追溯体系的引导下，农业经理人将更加注重生产过程的标准化操作，如科学施肥、合理用药、规范包装等，以满足追溯要求。这不仅提高了农产品的品质，也提升了我国农产品在国内外市场的竞争力。

农产品追溯体系的建设，将推动农业绿色发展。追溯体系可以促使农业企业减少化学农药和化肥的使用，推广生态农业和有机农业，实现农业生产和环境保护的和谐共生。

此外，追溯体系还能促进农业产业升级。通过收集和分析农产品的生产数据，可以为农业科研、政策制定、市场预测等提供重要参考，推动农业向更高附加值、更高质量、更可持续的方向发展。同时，追溯体系的建设也将带动农产品加工、物流、信息服务等相关产业的发展，形成农业全产业链的升级。

农产品追溯体系的建设，是现代农业发展的里程碑，它将对提高农业生产效率、保障食品安全、促进农业产业升级、推动农业绿色发展等方面产生深远影响，农产品追溯体系将为我国农业的现代化进程注入更强大的动力。

2. 提升农产品竞争力

农产品追溯体系是现代食品安全管理的重要组成部分，它为消费者提供了一种透明、直观的方式来了解农产品的来源、生产过程以及质量信息。这一系统通过记录农产品的生产过程，确保了食品的可追溯性，提升了农产品在市场上的竞争力。

在食品安全问题日益受到关注的今天，消费者对食品的来源和生产过程有着更高的要求。他们希望了解自己所消费的农产品是否采用了环保的种植方式，是否添加了有害的化学物质，以及是否经过了严格的质检。农产品追溯体系的建立，使得这些信息得以公开，消费者可以通过扫描二维码或者查看产品标签，就能获取到农产品的详细信息，从而做出更加安全、健康的消费选择。此外，追溯体系的实施也有助于提升农产品的品牌形象和市场价值。以有机农产品为例，通过追溯体系，消费者可以了解到农产品的生长环境、种植过程，甚至农民的辛勤劳动，这将大大增加消费者对产品的信任度和满意度，从而提升产品的市场竞争力。

同时，农产品追溯体系也有助于推动农业产业的升级。它要求农业生产者提高生产标准，规范操作流程来满足追溯要求，在一定程度上推动了农业的现代化和标准化进程。例如，中国农业农村部数据显示，自 2010 年实施农产品追溯制度以来，我国的农产品质量合格率提高了近 10%，显示了追溯体系在提升农产品质量方面的重要作用。农产品追溯体系是连接消费者与生产者的桥梁，它通过提供全面、透明的信息，增强了农产品的市场竞争力，同时也推动了农业产业的健康发展。

3. 增强国际贸易合作

农产品追溯体系的建设，对于提升我国农产品的国际竞争力，塑造优质、安全的品牌形象，以及深化国际贸易合作，具有深远的战略意义。在全球化背景下，食品安全问题日益凸显，消费者对食品的来源、生产过程和质量控制有了更高的要求。因此，建立完善的农产品追溯体系，可以满足国际市场的严格标准，也增强了我国农产品在国际市场上的信誉度和吸引力。

追溯体系的建设，实现了农产品的全程监控。通过信息化手段，记录农产品的种植、加工、运输、销售等各环节信息，确保每一环节的透明度，让消费者能够了解到他们所购买的农产品的详细“身世”。例如，消费者可以通过扫描二维码，了解到农产品的种植地、施肥用药情况、采摘日期等，从而做出更加安全、健康的消费选择。

追溯体系的建立有助于提高农产品的质量安全水平。一旦发生食品安全问题，可以迅速定位问题源头，及时召回问题产品，防止问题的扩大，保护消费者的权益。同时，严格的追溯机制也会促使生产者提高生产标准，减少不规范的生产行为，从而整体提升我国农产品的质量安全水平。

农产品追溯体系的建设能够拓展农产品出口市场。许多发达国家对进口农产品的追溯要求非常严格，如欧盟的《食品和饲料快速预警系统》、美国的《食品安全现代化法》等。我国通过建立追溯体系，可以满足这些市场的需求，降低贸易壁垒，提高农产品的出口竞争力。

追溯体系的建设也是我国农业现代化、绿色化、品牌化发展的重要推动力。它将推动农业向科技化、标准化、集约化方向转变，促进农业产业结构的优化升级，对于提升我国农产品的国际形象，增强国际贸易合作，保障食品安全，推动农业现代化发展，都具有重要的现实意义和战略价值。

二、农产品生产过程智能化管理

农产品生产过程智能化管理不仅可以提高生产效率，还确保了农产品的高品质与安全性。为了确保农产品质量和食品安全，需要积极引入现代信息技术，如物联网、大数据、云计算等，以推动农产品生产过程的智能化管理。在智能化的管理体系下，每一个生产环节都得到了精准控制，从而实现了资源的最大化利用。

（一）物联网技术的应用

在农业生产阶段，物联网技术可以实现精准农业。通过安装在农田中的传感器，可以实时监测土壤湿度、光照强度、温度等环境参数，为农作物提供最佳的生长条件，帮助农业经理人精确调整种植或养殖条件，以提高农作物的产量和质量。此外，通过监测病虫害的发生和传播情况，可以及时采取防治措施，减少农药的使用，生产出更健康的农产品。在加工和运输环节，物联网技术可以记录农产品的加工过程、储存条件、运输时间等信息，确保农产品的质量安全。这些信息会被整合到产品的“数字身份证”中，消费者只需扫描二维码，就能了解到农产品的“前世今生”，从而增强对产品的信任度和购买意愿。

物联网技术提高了农产品的供应链效率。通过实时追踪农产品的位置和状态，可以优化物流路线，减少库存，降低运营成本。据统计，应用物联网技术的农产品追溯体系，可以降低15%~20%的物流成本，提高20%的供应链效率。

物联网技术的引入，彻底改变了农业的传统生产模式，提高了农业的经济效益，推动了农业的绿色发展，满足了消费者对食品安全和质量的更高需求。

（二）大数据技术的应用

大数据技术，作为一种强大的信息处理工具，它能够处理和解析海量的农产品追溯数据，揭示出隐藏在复杂数据背后的模式和趋势，从而帮助我们预防潜在的农业风险，提升农产品的质量和安全性。

在生产环境中，大数据可以整合土壤成分、气候条件、病虫害状况等多维度信息，通过深度学习和人工智能算法，预测可能影响农作物生长的不利因素。例如，通过对历史气候数据的分析，可以预测未来的气候模式，帮助农民选择最佳的种植时间和品种，以降低自然灾害带来的损失。

在生产过程中，大数据可以实时监控农作物的生长状态，通过传感器收集的数据，如作物的生长速度、养分吸收情况等，精确调整灌溉、施肥等农事活动，以提高农业生产效率和农产品质量。此外，通过对病虫害数据的分析，可以提前预警，及时采取防治措施，减少农药的使用，保障农产品的安全。

在农产品质量方面，大数据追溯系统可以确保农产品的质量和安全。例如，通过追溯农产品的产地、生产日期、处理方式等信息，可以快速定位问题源头，有效防止问题农产品流入市场，保护消费者的权益。

同时，大数据也能为农产品的市场营销提供有力支持。通过对消费者购买行为、口味偏好、社交媒体反馈等数据的分析，可以精准定位目标市场，制定更符合市场需求的产品策略和营销策略，提高农产品的销售效率和利润。

（三）云计算技术的应用

云计算技术可以为农产品追溯体系提供强大的计算和存储能力，支持大规模数据的处理和分析。通过云计算平台，可以实现农产品追溯数据的集中存储和共享，方便各级监管部门、生产企业和消费者进行查询和追溯。同时，云计算平台还可以提供高效的数据处理和分析服务，为农产品追溯体系的智能化管理提供有力支持。

云计算平台能够实现农产品追溯数据的集中存储。在传统的追溯体系中，数据分散在各个生产环节，难以实现有效的整合和利用。而云计算技术则可以将这些分散的数据集中存储在云端，形成一个统一的数据池。例如，消费者只需通过手机应用，就能快速获取到农产品的种植地、施肥记录、采摘日期等详细信息，从而做出更加安全、健康的消费决策。

云计算技术还支持数据的共享。在确保数据安全的前提下，云计算平台可以打破信息孤岛，实现农产品追溯数据的跨部门、跨企业共享。不仅提高了信息的透明度，也有利于监管部门进行更有效的监控和管理，防止假冒伪劣农产品流入市场。

云计算平台提供的数据处理和分析服务，为农产品追溯体系的智能化管理提供了可能。通过高级的数据挖掘和分析工具，可以对农产品的生产、加工、运输等全过程数据进行深度分析，及时发现潜在的质量问题和风险点，从而实现对农产品质量的精准控制。例如，通过分析种植地的气候数据和病虫害发生情况，可以预测未来的产量和质量，帮助企业提前做好决策。

此外，云计算技术还可以与物联网、人工智能等技术深度融合，实现农产品追溯的自动化和智能化。例如，通过物联网设备收集的实时数据，可以自动更新到云端，实现全程无死角的追溯。同时，人工智能算法可以对这些数据进行智能分析，为农业生产提供更精准的指导，如优化种植模式、提高生产效率等。

云计算技术在农产品追溯体系中的应用，不仅提高了数据处理的效率和准确性，也推动了农业的数字化、智能化转型，对于保障食品安全、促进农业可持续发展具有重要意义。

第四节　农产品市场营销

农产品市场营销，绝非简单的买卖交易，它是一门集策略、智慧和创意于一体的综合性学问。它要求我们不仅要有敏锐的市场洞察力，更要有精准的产品定位、独特的品牌塑造以及高效的渠道拓展能力。

需要深入了解市场，掌握消费者的真实需求，包括了解消费者的购买习惯、价格敏感度、品质要求等。只有真正了解市场，才能生产出符合消费者需求的产品。

农产品市场种类繁多，如何让自己的产品在众多竞争者中脱颖而出？这就需要我们进行精准的产品定位。要明确自己的产品特色，是绿色有机？还是口感独特？只有明确了自己的产品定位，才能在市场中找到自己的位置。

在农产品市场中，品牌就是信誉，就是品质的象征。一个优秀的品牌，能让消费者在短时间内记住我们的产品，从而产生购买欲望。因此，要注重品牌形象的塑造，包括包装设计、宣传口号、品牌故事等，让消费者对我们的产品产生信任感。

有了好的产品、明确的定位和独特的品牌，还需要有效的销售渠道。要积极拓展线上线下的销售渠道，包括电商平台、农贸市场、超市等，让消费者无论在哪里都能购买到我们的产品。

一、农产品市场营销

农产品市场营销是连接农业生产和消费者需求的桥梁，有效的市场营销策略可以提升农产品的市场竞争力，增加农民收入。在实施这些农产品营销策略时，农业经理人需要根据自身的资源、市场情况和目标消费者的特点来选择合适的策略组合，并注重策略之间的协调性和一致性。同时，还需要不断监测市场变化和消费者反馈，及时调整和优化营销策略，以确保农产品在市场上的持续竞争力。

（一）产品策略

农产品营销策略的关键在于创造与市场的差异化，强化品牌形象，保证产品质量，并通过创新的包装来吸引消费者。

1. 产品差异化

创新和差异化是提升农产品竞争力的关键策略。为满足消费者对高品质、多样化和健康食品的需求，需要深入挖掘农产品的潜力，开发出具有独特品质的产品。

通过特定的种植技术和养殖方法，可以显著提升农产品的品质。例如，采用有机农业技术，可以减少化学肥料和农药的使用，提高农产品的口感和营养价值，同时也有助于保护环境。在养殖领域，通过精细化管理，如控制饲料比例、改善养殖环境等，可以提升肉类、蛋类和乳制品的品质。

引进或研发新的农产品品种是满足市场需求多样化的重要途径。科研人员利用基因工程技术，可以培育出具有更高产量、更强抗病性或更独特口感的新品种。例如，已经开发出的抗虫害的转基因作物，不仅减少了农药的使用，也提高了农作物的产量。此外，通过传统的育种技术，可以培育出适应不同气候条件、具有特殊颜色或形状的新品种，以满足消费者对新鲜感和视觉吸引力的追求。

利用先进的加工技术，可以将农产品转化为具有独特风味和口感的食品，延长其保质期，提高其附加值。例如，采用低温冷榨技术，可以保留水果和蔬菜中的更多营养成分，制作出口感醇厚、色泽鲜艳的果汁和蔬菜汁。

2. 品牌建设

明确农产品品牌的定位，包括目标市场、消费群体和品牌形象等，有助于在消费者心中形成独特的品牌印象。通过广告、宣传册、社交媒体等多种渠道，传播农产品品牌信息，提高品牌知名度和美誉度。加强品牌管理，确保农产品质量和服务水平，维护良好的品牌形象。

农产品品牌的构建不仅能够提升农产品的市场竞争力，还能为消费者提供更优质、更安全的食品选择。品牌定位是农产品品牌建设的根本。这一步骤需要深入研究和理解目标市场的需求和特性，明确产品的核心价值和差异化优势。例如，如果目标市场是追求健康生活的消费者，那么农产品品牌可以定位为“天然、无公害、营养丰富”的健康食品；如果目标市场是高端消费者，那么品牌可能需要强调其“稀缺、独特、高品质”的特性。

有效的品牌传播是提升品牌知名度和美誉度的关键。需要利用各种传播工具和平台，如电视广告、户外广告、宣传册、官方网站，以及微博、微信、抖音等社交媒体，进行全方位、多角度的品牌信息传播。例如，通过生动的故事化营销，讲述农产品从种植到收获的全过程，让消费者了解其背后的质量保证和匠心精神，从而增强消费者对品牌的信任和好感。

品牌管理是农产品品牌持久发展的保障，包括严格的质量控制，确保每一款产品都能达到甚至超越消费者的期望；还包括提供优质的服务，如便捷的购买渠道、完善的售后服务等，以提升消费者的购买体验和品牌忠诚度。例如，农产品品牌可以建立追溯系统，让消费者通过扫描二维码就能了解到农产品的产地、生产日期、施肥用药情况等信息，既体现了品牌对产品质量的严谨态度，也满足了消费者对食品安全的知情权。

3. 质量保证

农产品质量直接关系到公众的健康和安全。建立严格的农产品生产标准应涵盖农产品的整个生命周期，从种植、养殖的初期阶段，到加工、包装的后期环节，确保在每一个步骤中，农产品的生产都遵循相关标准和规范。例如，种植过程中应限制使用化学肥料和农药，养殖过程中应注重动物福利，避免使用激素等有害物质，加工过程中应确保食品卫生，包装过程中应防止二次污染。

质量检测是为了保证农产品的质量，通过专业的质检机构对农产品进行定期和随机的抽样检测，确保其符合国家或国际的质量标准。这些标准可能包括但不限于农药残留量、重金属含量、微生物指标等，以确保农产品的安全性。

此外，第三方认证机构的参与可以进一步提升农产品的公信力。例如，有机食品认证机构会对农产品的生产过程进行严格的审查，只有在完全不使用化学合成物质，遵循自然生态循环的条件下生产的农产品，才能获得有机认证。绿色食品认证则关注农产品的生产过程中对环境的影响，以及产品的营养价值等。

建立农产品追溯体系是另一个增强消费者信心的重要措施。通过条形码、二维码等技术，消费者可以轻松获取农产品的生产源头、生长环境、加工过程等详细信息，这不仅增加了消费者对产品的信任度，也有助于在出现质量问题时，快速定位问题源头，及时采取召回等措施，保护消费者的权益。

4. 包装创新

采用环保材料制作农产品包装能够显著减少塑料和其他非可降解材料对环境的污染，响应全球环保的号召，有助于塑造一个积极、负责任的品牌形象。消费者越来越倾向于选择那些注重环保、可持续发展的产品，因此，采用环保包装无疑能够提升农产品在市场上的吸引力和口碑。

在设计包装时，不仅要考虑其环保性，还要注重其视觉效果。独特的包装图案和色彩设计能够瞬间抓住消费者的眼球，使农产品在琳琅满目的商品中脱颖而出。例如，可以将当地的文化元素、农产品的生长环境等融入设计中，使包装更具故事性和文化内涵，从而增加消费者的购买欲望。

同时，包装上的信息传递，除了基本的产品名称和产地，还可以详细说明产品的特点、营养价值、食用方法等，让消费者在购买前就能对产品有全面的了解。例如，对于一些需要特殊处理或保存的农产品，清晰的食用和储存指南可以避免消费者的困扰，增加他们对产品的信任度。

此外，包装的便携性和实用性也是不可忽视的因素。设计小巧、轻便的包装，方便消费者在购物时携带，同时考虑产品的储存需求，如防潮、防震等，确保农产品在运输和储存过程中的安全。提供可重复使用的包装袋，不仅环保，还能让消费者在使用过程中多次接触到品牌，增强品牌记忆力。

通过实施这些产品策略，农产品不仅能在市场上获得更高的关注度和购买率，还能提升其附加值，从而提高农业企业的经济效益。同时，也为农业产业的可持续发展开辟了新的道路，实现了经济效益与环保责任的双重目标。

（二）定价策略

1. 成本加成定价

成本加成定价策略是一种常见的商业决策工具，它涉及对产品或服务的生产成本进行精确计算，并在此基础上增加一个预期的利润率，以确定最终的销售价格。因为它提供了一种简单直接的方式来确保盈利，所以这种策略在全球范围内被众多企业广泛采用。

在实施成本加成定价策略时，首先需要计算出产品的总成本，包括直接材料成本、直接人工成本以及与生产直接相关的间接成本，如制造费用、租金、电费等。一旦总成本确定，企业会设定一个加成率，这个加成率通常基于企业的财务目标、市场竞争状况、预期的市场需求等因素。例如，如果总成本是100元，企业希望获得20%的利润率，那么销售价格就会定为120元。

这种定价策略的优势在于其简单易行，可以帮助企业避免低于成本销售，从而确保基本的盈利能力。同时，它也为企业在面临竞争压力时，提供了一定的价格调整空间。然而，成本加成定价也有其局限性。它可能忽视了市场对价格的敏感度，如果定价过高，可能会导致销售量下降，反之，如果定价过低，可能无法充分反映产品的价值。

此外，这种策略可能不适用于所有类型的企业或产品。例如，对于创新性强、市场需求难以预测的新产品，企业可能需要采用市场导向定价或竞争导向定价。同样，对于那些成本结构独特，如技术密集型或资源密集型产品，简单的成本加成可能无法准确反映其市场价值。

成本加成定价策略是一种实用的定价工具，但需要结合市场研究、竞争分析和财务规划等多方面因素，以确保其有效性和适应性。企业应根据自身的具体情况和市场环境，灵活运用并适时调整定价策略，以实现最佳的商业效果。

2. 市场导向定价

市场导向定价，也被称为需求导向定价，它是将产品的价格与市场的需求和竞争环境紧密联系起来。这种定价策略强调的是对市场动态的敏感性和适应性，而非简单地基于生产成本或利润率来设定价格。

在实际操作中，市场导向定价通常包括以下几个步骤。首先，企业需要深入了解目标市场，包括消费者的需求、购买力、消费习惯等。例如，如果一款产品主要针对高端消费者，那么价格可能需要设定得较高，以反映其独特性和价值。其次，企业需要分析竞争对手的定价策略，以确定自己的产品在市场中的定位。如果竞争对手的产品价格普遍较高，那么企业可能有机会通过设定相对较低的价格来吸引价格敏感的消费者。

此外，市场状况的变化也需要被考虑在内。例如，如果市场对某一产品的需求突然增加，企业可能需要提高价格以获取更高的利润。反之，如果市场饱和或出现替代产品，企业可能需要通过降价来刺激需求，防止库存积压。

市场导向定价的优势在于其灵活性和针对性。根据市场研究公司 Gartner 的报告，采用需求导向定价的企业在利润率和市场份额方面往往优于那些依赖传统定价方法的企业。然而，这种策略也要求企业具备强大的市场研究能力，以及能够快速响应市场变化的运营机制。

市场导向定价是一种以消费者为中心，以市场动态为导向的定价策略。它要求企业在制定价格时，不仅要考虑成本和利润，还要充分考虑市场的需求和竞争状况，以实现最佳的市场表现。

3. 渗透定价

渗透定价是一种经过深思熟虑的市场策略，通过设定相对较低的初始价格，迅速吸引大量消费者，从而获得较高的市场份额。这种策略尽管初期的利润可能会受到压缩，但随着产品或服务的广泛普及，销量的大幅增长将弥补价格上的损失，能在很长一段时间内建立稳固的市场地位。

在实施渗透定价的过程中，企业通常会将产品的价格定在接近或低于竞争对手的水平，以激发消费者的购买欲望。例如，当一款新的智能手机以远低于市场平均价的价格上市时，消费者可能会被其价格优势所吸引，从而选择购买。这种策略能够迅速打破市场壁垒，使产品在短时间内获得大量用户。

然而，渗透定价并非总是适用。在某些高端市场或专业市场，消费者可能更看重产品的品质、性能或品牌价值，而不仅仅是价格。在这种情况下，如果企业盲目采用低价策略，可能会被误解为产品质量不高，反而影响品牌形象和销售。

此外，企业需要有足够的资源和生产能力来应对可能因低价策略引发的市场需求激增。如果供应链管理不当，可能会导致库存短缺，影响消费者的购买体验，甚至可能因为过度扩张而引发财务风险。

一项研究发现，2000—2010年，采用渗透定价策略的科技公司其市场份额增长速度比那些采用高价策略的公司快了30%。这表明，当正确应用时，渗透定价可以成为企业实现快速增长的有效工具。

渗透定价是一种双刃剑，既有可能帮助企业迅速打入市场，扩大影响力，也可能带来一系列挑战。因此，企业在制定价格策略时，需要根据自身情况、市场环境和目标消费者的需求，进行综合考虑和谨慎决策。

4. 价值定价

价值定价，是一种在商业策略中被广泛采用的定价方法，其核心理念是将产品的价格与其提供的独特价值和优势紧密关联。这种策略超越了传统的成本加成定价法，更注重于理解并满足消费者的需求，以及在市场中创造差异化优势。

在实施价值定价时，企业首先需要深入理解其产品或服务对消费者的实际价值，包括识别产品的独特特性，如创新性、性能、质量、服务或其他无法轻易被竞争对手复制的元素。例如，苹果公司的产品，如iPhone，其价格远高于市场上的其他手机，但消费者愿意支付更高的价格，因为他们认为苹果的产品提供了卓越的用户体验、创新技术和优质服务。

接下来，企业需要评估消费者愿意为这些独特价值支付多少。这通常涉及市场研究，包括调查、焦点小组讨论等，以了解消费者对产品特性的认知、需求强度以及对价格的敏感度。例如，特斯拉在推出Model S时，通过广泛的市场调研了解到消费者对高端电动汽车的接受度，以及他们愿意为环保、高科技和高性能的驾驶体验支付的价格。然后，企业会根据消费者愿意支付的价格设定一个适当的价位，同时确保这个价格能够覆盖成本并获得合理的利润。这个价格应该既能反映出产品的独特价值，又不会过高到使大部分消费者望而却步。

价值定价的优势在于，它可以帮助企业在竞争激烈的市场中脱颖而出，通过强调产品的独特价值，吸引愿意为此付费的消费者，从而提高利润和市场份额。然而，这种策略也需要谨慎使用，因为如果定价过高，可能会导致需求下降，或者让消费者感到被剥削，从而损害品牌形象。

价值定价是一种以消费者为中心，基于产品独特价值的定价策略。它要求企业深入理解市场和消费者，准确评估产品的价值，并据此设定价格，以实现商业目标（表4-1）。

表4-1　农产品定价策略及优缺点

特点＼策略	成本加成定价	市场导向定价	渗透定价	价值定价
原则	此策略基于产品的生产成本，加上预期的利润比例来确定销售价格	根据市场需求和竞争状况来灵活调整价格	为了快速占领市场，采取较低的初始价格策略	根据产品的独特价值和优势来设定价格

（续表）

特点＼策略	成本加成定价	市场导向定价	渗透定价	价值定价
优点	计算方法简单明了，能确保成本和利润的回收，对于成本控制能力强的企业来说较为稳定	能够紧跟市场变化，保持价格的竞争力，有助于扩大市场份额	能够迅速吸引消费者，增加销售量，降低生产成本，提高市场占有率	能够突显产品的独特性和高品质，吸引追求高品质生活的消费者。有助于提升品牌形象和消费者忠诚度
缺点	可能忽视了市场需求和竞争状况，导致定价与市场脱节	需要不断监测市场动态，对市场信息的准确性和反应速度要求较高	可能导致利润较低，甚至需要较长时间才能收回成本。低价策略也可能影响品牌形象和消费者对产品质量的认知	需要充分的市场调研和消费者需求分析，以确定消费者是否愿意为产品的独特价值支付高价
应用	适用于生产成本相对稳定、市场需求波动不大的农产品	适用于市场需求变化快、竞争激烈或需要快速适应市场变化的农产品	适用于新产品上市、市场需求对价格敏感、生产成本随销量增加而降低的情况	适用于具有独特品质、品种或加工技术的农产品，以及品牌知名度高、消费者忠诚度高的农产品

在实际应用中，农产品定价策略的选择应根据产品特性、市场需求、竞争状况和企业目标等因素综合考虑。同时，还需要注意保持价格的稳定性和灵活性，以适应市场变化和企业发展的需要。

（三）分销策略

农产品分销策略是确保农产品从生产者顺利到达消费者手中的重要环节。

1. 直销

直销策略，一种在农业领域中日益受到关注的销售模式，是指农业经理人或农户选择跳过传统的批发商和零售商，直接通过自有的农场直销店、农贸市场、社区支持农业（CSA）项目，甚至电子商务平台，将新鲜的农产品销售给终端消费者。这种策略的出现，是农业市场对效率提升和消费者需求多样化反应的体现。

直销策略的核心优势在于其能够显著减少供应链中的中间环节。不仅避免了多次转运和存储带来的损耗，也降低了物流和仓储成本。此外，这种模式使得农业经理人能够更好地控制产品的质量，确保消费者获得最新鲜、最安全的食品。同时，直销也为农业经理人提供了与消费者直接交流的机会，了解并满足消费者的个性化需求，从而增强客户忠诚度。然而，直销策略也存在其局限性。首先，直销渠道的建设和维护需要投入相当的人力和财力，如开设直销店、建立电子商务平台等，这对一些小型农户或资源有限的农业经理人来说可能是个挑战。其次，直销模式通常更适合那些生产规模较小、产品品种单一的农户，因为大规模、多品种的生产往往需要更广泛的分销网络来平衡供需。再次，直销的覆盖范围相对有限，可能无法触及所有潜在消费者，特别是在地理偏远或人口分散的地区。尽管存在这些挑战，直销策略在许多地方已经取得了显著的成功。例如，美国农业部的数据显示，2002—2012 年，美国直接向消费者的农业销售额增长了 276%，达到 63 亿美元，这表明，只要合理规划和创新，直销策略完全有可能成为农业发展的一个有力推手。

直销策略既带来了降低成本、提高效率的机遇，也面临着渠道有限、覆盖范围不足的挑战。农业经理人需要根据自身的实际情况，灵活运用并结合其他销售模式，以实现农产品的最大价值。同时，政府和相关机构也可以通过提供资金支持、技术培训和市场信息，更好地利用直销策略，推动农业的可持续发展。

2. 合作社销售

合作社销售模式是一种创新的农业经营方式，它由农业经理人主导，将分散的农户和他们的农产品集合起来，形成一个统一的销售实体。这种模式的核心理念是“集体力量大于个体”，通过共享资源和市场，帮助农户们提升经济效益，增强他们在市场中的竞争力。

合作社销售模式的优势有以下几个方面，首先，它能够实现资源的优化配置。在传统的个体销售模式中，农户们往往因为规模小、品种单一，难以实现大规模、多样化的生产。而合作社则可以将这些分散的资源集中起来，通过统一采购种子、肥料，共享农业机械，降低生产成本。其次，合作社可以提高农产品的议价能力。面对大型超市、批发商等买家，单个农户的议价能力有限。而合作社作为集中销售的主体，可以与买家进行更平等的谈判，争取到更公平的价格。此外，合作社还可以提供市场信息、技术培训等服务，帮助农户提升生产效率和产品质量。

然而，合作社销售模式也存在一些挑战。建立和运营一个合作社需要投入大量的时间和精力，包括制定规章制度、协调成员关系、进行市场调研等。此外，管理一个由多个农户组成的合作社可能会面临决策效率低、利益分配复杂等问题。因此，如何在保持合作社活力和公平性的同时，提高其运营效率，是农业经理人需要面对的重要课题。

这种销售模式在一些规模较大、品种多样的农产品生产地区得到了广泛应用。例如，在我国的东北地区，许多玉米、大豆种植户通过合作社的形式，成功地打入了全国乃至国际市场。据统计，我国的农业合作社数量已超过 221.6 万个，覆盖了全国大部分农村地区，极大地推动了农业现代化进程。

合作社销售模式是一种有效的农业发展策略，它通过整合资源、提升议价能力，为农户带来了实实在在的利益。然而，要实现合作社的长期稳定发展，还需要不断探索和完善其组织和管理机制，以应对不断变化的市场环境。

3. 电子商务

电子商务是一种现代商业运营模式，巧妙地利用互联网技术和电商平台，将农产品的销售从传统的实体市场推向了无边界的网络市场。这种策略的核心在于，通过构建线上商店，农产品的生产者可以直接与全球的消费者进行交易，极大地拓宽了销售渠道，打破了地域限制，使得那些原本只能在本地销售的农产品有机会走向全国乃至全世界。

电子商务的优势在于其无与伦比的可达性。借助于互联网的广泛普及，无论消费者身处何地，只要有网络连接，就能浏览和购买产品。例如，一个位于山区的农户，可以通过电商平台，将新鲜的水果和有机蔬菜销售到城市的每一个角落，甚至远销海外，这在传统的销售模式下是难以想象的。此外，电子商务还能够减少中间环节，降低交易成本，使消费者能够以更合理的价格购买到产品，同时也能提高生产者的利润空间。

然而，电子商务策略的实施并非易事，它需要农业经理人具备一定的电子商务技能和资源。包括但不限于如何拍摄吸引人的产品图片，如何编写有吸引力的产品描述，如何处理在线支付和物流配送，以及如何处理可能出现的客户投诉和退货问题。对于一些小型的、技术能力有限的农户来说，可能会构成一定的挑战。因此，政府和相关机构应提供电子商务培训和支持，帮助这些生产者掌握线上销售的技能，充分利用电子商务的优势。

此外，电子商务策略更适用于那些规模适中、品种丰富的农业经理人。这些农业经理人通常有更强的组织能力和适应能力，能够快速响应市场变化，提供多样化的商品，满足消费者的个性化需求。例如，一家经营多种水果和蔬菜的农场，可以通过电商平台开设在线店铺，根据季节和市场需求，定期更新产品列表，吸引更多的消费者。

总的来说，电子商务策略为农产品销售开辟了新的可能，但同时也提出了新的要求。只有通过不断学习和适应，才能在这个快速变化的市场环境中立于不败之地。

4. 多渠道分销

多渠道分销策略通过整合线上和线下多种销售渠道，实现更广泛的市场覆盖和更高的销售效率。这种策略的核心理念是利用各种渠道的独特优势，形成互补效应，从而提升整体的市场影响力和渗透力。

在实践中，多渠道分销优势显著。首先，它能够覆盖更广泛的消费者群体。例如，线上渠道可以触及那些习惯于网络购物的年轻消费者，而线下渠道则能够满足那些更喜欢实地体验和即时购买的消费者。其次，这种策略可以实现资源的优化配置。比如，线上渠道可能擅长于数据分析和个性化推荐，而线下渠道可能在物流配送和售后服务方面具有优势。通过整合这些优势，企业可以提高销售效率，降低运营成本，进一步提升市场占有率。

然而，多渠道分销也存在一些挑战。首要问题就是需要投入更多的资源和精力进行渠道的管理和协调。不同的销售渠道可能有不同的运营模式、客户群体和市场动态，需要农业经理人具备强大的整合能力和协调机制，以确保各渠道的和谐运作。此外，如何在不同渠道之间设定合理的价格策略、促销活动，避免内部竞争，也是企业需要面对的重要问题。

这种策略尤其适用于那些规模较大、品牌知名度高的农产品生产者。例如，一家知名的水果生产商可以通过自建的电商平台、大型超市、社区便利店以及直销农场等多种渠道，将产品销售到全国各地。同时，对于那些希望提升市场竞争力的地区，如农业大省或特色农产品产区，采用多渠道分销策略也能有效提升其产品的市场可见度和销售业绩。

多渠道分销策略是一种双刃剑，既为企业提供了扩大市场、增强竞争力的可能，也带来了管理和协调的复杂性。因此，企业在实施这种策略时，需要根据自身的资源条件、市场定位和消费者需求，制定出切实可行的多渠道战略，并不断进行调整和优化，以实现最佳的销售效果。

在实施农产品分销策略时，农业经理人需要根据自身情况、市场需求和竞争状况等因素进行综合考虑和选择。同时，还需要注意保持与消费者的良好沟通和互动，及时收集和处理消费者反馈，以不断优化和改进分销策略（表4-2）。

表 4-2 农产品分销策略及优缺点

特点＼策略	直销策略	合作社销售	电子商务策略	多渠道分销策略
原则	通过农场直销店或农贸市场等渠道，直接将农产品销售给消费者	通过建立合作社，将多个生产者的农产品集中起来，统一进行销售	利用电商平台进行线上销售，拓宽销售渠道，使农产品能够覆盖更广泛的市场	结合线上和线下多种渠道进行分销，以增加市场覆盖和提高销售效率
优点	减少中间环节，降低成本，使消费者能够购买到新鲜、优质的农产品。同时，直销有助于生产者建立品牌形象，提高消费者对产品的认知度和信任度	能够整合资源，提高议价能力，降低销售成本。同时，合作社可以统一进行品牌建设和市场推广，提高农产品的市场竞争力	能够突破地域限制，扩大市场覆盖范围。同时，电商平台提供的数据分析和营销策略有助于生产者更好地了解消费者需求和市场变化	能够充分发挥各种销售渠道的优势，实现资源互补，提高销售效率和市场占有率
缺点	直销渠道相对有限，市场覆盖范围较窄，可能导致部分农产品滞销。此外，直销需要生产者具备一定的市场营销能力和资源	合作社需要投入一定的时间和资源进行组织和管理，且成员之间的利益分配可能存在矛盾	线上销售需要生产者具备一定的电子商务技能和资源，且物流配送和售后服务等方面可能存在挑战	多渠道分销需要投入更多的资源和精力进行管理和协调，且不同渠道之间的价格、促销等策略需要统一规划
适用场景	适用于规模较小、品种单一的农产品生产者，以及消费者对农产品品质有较高要求的地区	适用于规模较大、品种多样的农产品生产者，以及需要提高农产品市场竞争力的地区	适用于规模适中、品种丰富的农产品生产者，以及需要拓展线上市场的地区	适用于规模较大、品牌知名度高的农产品生产者，以及需要全面提高市场竞争力的地区

（四）促销策略

1. 广告宣传

广告宣传是农产品营销策略的重头戏，利用电视、广播、互联网、户外广告牌等多元化的媒体平台，将农产品的信息传播到千家万户。这一策略的核心价值在于，它能够以高效的方式提升产品的知名度，扩大品牌在消费者心中的影响力，从而吸引更多的潜在购买者。

广告宣传能够迅速提升农产品的知名度。在信息爆炸的时代，消费者每天都会接触到大量的产品信息，只有那些能够通过广告迅速抓住他们眼球的产品，才能在他们的记忆中留下深刻的印象。例如，通过电视广告，一款新鲜的有机蔬菜可以在短短几分钟内被全国的观众所熟知；通过互联网广告，一款特色水果可以在瞬间传播到全球的每一个角落。

广告宣传有助于扩大品牌影响力。一个成功的广告不仅能够展示产品的特性，更能够塑造品牌的形象。例如，通过强调产品的绿色、健康、无污染等特性，农产品品牌可以建立起“高品质”“可信赖”的形象，从而在消费者心中树立起良好的口碑。

实施广告宣传，关键在于根据目标市场和消费者特点选择合适的广告渠道。例如，如果目标消费者主要是城市中的年轻人群体，那么选择社交媒体和短视频平台进行广告投放可能会更有效；如果目标市场是农村地区，那么广播和户外广告牌可能更能覆盖到目标人群。

制定具有吸引力和记忆点的广告内容同样重要。包括设计独特的广告语，如“来自大自然的馈赠”，或者制作引人入胜的广告画面，如金黄的稻田、饱满的果实等。同时，广告内容应简洁明了，让消费者一眼就能理解产品的核心价值。

实施广告宣传策略需要投入相应的广告费用。这不仅包括媒体的投放费用，也包括广告的制作费用。因此，农产品企业需要根据自身的财务状况，合理规划广告预算，以确保广告宣传的效果最大化。广告宣传通过巧妙的方式和创新的手段，将农产品推向更广阔的市场，赢得更多消费者的青睐。

2. 促销活动

当今社会，促销活动已被广泛应用于各种零售和服务业中，它通过激发消费者的购买欲望，推动产品销售。这种策略的多样性令人印象深刻，从传统的节日促销，如圣诞节、双十一等大型购物节，到日常的折扣优惠、买一赠一、积分兑换等，无一不是为了吸引消费者的关注，刺激他们的购买行为。

促销活动的优势在于其直接性和有效性。首先，它能够迅速吸引消费者的注意力。在信息爆炸的时代，一款产品或服务能否在短时间内抓住消费者的视线，往往决定了其在市场上的竞争力。其次，促销活动能够显著提高购买率。根据一项由哈佛商学院进行的研究，有效的促销活动可以平均提高20%的销售额。最后，通过提供额外的价值，如优惠、赠品等，促销活动也能增强消费者的忠诚度和回头率，从而建立稳定的客户基础。

然而，实施促销活动并非简单地设定一个折扣或赠品即可。它需要深入理解产品的特点，如产品的独特卖点、生命周期阶段等，以及目标消费者的购买习惯，如他们的消费时段、消费频率、对价格敏感度等。同时，还需要考虑市场环境，如竞争对手的策略、行业趋势等。在此基础上，企业需要精心设计促销方式，设定既能吸引消费者又不会过度侵蚀利润的优惠条件和规则。此外，确保促销信息能够通过适当的渠道，如广告、社交媒体、电子邮件等，准确、及时地传达给目标消费者，也是成功实施促销活动的关键。

例如，星巴克的“星享计划”就是一个成功的案例。该计划通过提供积分兑换免费饮品、生日优惠等福利，鼓励消费者频繁消费并建立长期的忠诚度。据统计，自2008年推出以来，该计划已在全球吸引了超过1.6亿会员，极大地推动了星巴克的销售增长。

促销活动是一种有力的商业工具，但其成功与否取决于能否精准地定位目标市场，设计出吸引消费者的优惠策略，并有效地传播这些信息。只有这样，才能在激烈的市场竞争中脱颖而出，实现销售目标，同时增强消费者的忠诚度和满意度。

3. 公共关系

一个企业的成功并不仅取决于其产品或服务的质量，更在于如何在社会中树立起一个负责任、可信赖和受人尊重的形象。公共关系通过构建和维护与关键利益相关者之间的积极关系，来塑造和提升品牌形象与声誉。

公共关系的优势在于其能够有效地增强消费者对品牌的信任度和好感度。在信息爆炸的时代，消费者的选择日益多元化，他们更倾向于选择那些他们信任和喜欢的品牌。通过积极参与社区活动，企业可以展示其对社区的承诺和对当地问题的关注，从而赢得公众的好感。例如，星巴克就经常举办社区清洁活动，以展示其对社区的贡献。

公共关系也有助于提高品牌的口碑和形象。通过支持公益事业，企业可以展现出其社会责任感和公益精神，不仅能够吸引那些关注社会问题的消费者，也能够提升品牌的公众形象。比如，耐克的“Just Do It”运动就鼓励人们积极参与体育活动，从而塑造了其积极、活力的品牌形象。

同时，与政府建立良好的合作关系也是公共关系策略的关键。企业需要遵守法律法规，积极参与政策制定，以获得政策支持和认可。例如，特斯拉在电动汽车领域的创新就得到了政府的大力支持，包括税收优惠和研发资金等，这对其在全球市场的扩张起到了关键作用。

加强与消费者的沟通和互动是提升客户满意度的重要途径。企业需要倾听消费者的反馈和投诉，及时解决问题，以显示其对消费者的尊重和关心。例如，亚马逊就设有一周七天、一天二十四小时的全天候客户服务，以确保消费者的问题能够得到及时解决，从而提高了客户满意度和忠诚度。

公共关系是一个全方位、多角度的策略，它通过建立和维护与消费者、社区、政府等的积极关系，来提升品牌形象，增强消费者信任，提高口碑，最终实现销售增长。

4. 教育营销

教育营销通过教育消费者来提升产品的吸引力，而非仅仅依赖传统的广告和促销手段。通过传授产品的独特价值、使用方法以及相关的营养知识，使消费者能够做出更为明智和满足需求的购买决策。其优点不仅限于短期的销售增长，更在于长期的消费者关系建设，包括增强消费者的购买意愿，以及培养消费者的忠诚度和长期消费习惯。

教育营销有助于消费者对产品有更深入的理解。消费者往往被各种各样的产品信息淹没，而教育营销则能帮助他们从混乱的信息中筛选出真正有价值的内容。例如，通过举办讲座或研讨会，企业可以详细介绍产品的制作过程、成分特性，以及与竞品的差异化优势，让消费者在购买前就能形成清晰的认知。

教育营销也有助于增强消费者的购买意愿。当消费者了解到产品的实际价值和使用技巧后，他们更有可能将这种知识转化为购买行为。比如，食品公司可以在包装上提供营养成分表和健康食谱，让消费者了解如何正确使用产品以满足他们的营养需求。

教育营销还是建立消费者忠诚度的有效途径。通过持续提供产品知识和使用建议，企业可以与消费者建立长期的互动关系，让消费者感受到被尊重和重视，从而提高他们对品牌的忠诚度。例如，许多品牌会在社交媒体上设立专门的客户服务账号，及时解答消费者的疑问，提供专业的个性化建议，这种互动不仅增强了消费者的满意度，也巩固了品牌的市场地位。

教育营销是一种以消费者为中心，注重知识传递和关系建设的营销策略。它通过提供有价值的信息，激发消费者的购买意愿，培养消费者的忠诚度，从而实现企业的长期发展。在当前竞争激烈的市场环境中，企业应充分利用教育营销的力量，以独特的方式与消费者建立深厚的联系，驱动业务的持续增长。

表 4-3　农产品促销策略

策略 / 特点	广告宣传	促销活动	公共关系	教育营销
原则	通过电视、广播、互联网、户外广告牌等多种媒体进行产品宣传	刺激消费者购买欲望，包括节日促销、折扣优惠、买一赠一等多种形式	通过与消费者、社区、政府等建立良好关系来提升品牌形象和声誉的策略	通过向消费者传授产品的独特价值、使用方法和营养知识等来提高产品吸引力的策略

（续表）

策略 特点	广告宣传	促销活动	公共关系	教育营销
优点	能够迅速提高产品的知名度，扩大品牌影响力，吸引更多的消费者	能够直接吸引消费者的注意力，提高购买率，并增强消费者的忠诚度和回头率	有助于增强消费者对品牌的信任度和好感度，提高品牌的口碑和形象，从而增加销售量	有助于消费者更好地了解产品，增强购买意愿，并培养消费者的忠诚度和长期消费习惯
实施方法	根据目标市场和消费者特点选择合适的广告渠道，制定具有吸引力和记忆点的广告内容，并投入相应的广告费用	结合产品的特点、目标消费者的购买习惯和市场情况，选择合适的促销方式，设定具有吸引力的优惠条件和规则，并确保促销活动能够有效地传达给消费者	积极参与社区活动，支持公益事业，展示企业的社会责任感和公益精神；与政府建立良好的合作关系，遵守法律法规，获得政策支持和认可；加强与消费者的沟通和互动，积极回应消费者的反馈和投诉，提高客户满意度	通过举办讲座、研讨会、展览等形式向消费者传递产品知识；在产品包装、宣传资料等渠道上提供详细的产品说明和使用指南；利用社交媒体等渠道与消费者进行互动和交流，解答消费者的疑问和提供专业的建议

农产品市场营销，作为农业生产与市场需求之间的桥梁，能够提升农业产值、增加农民收入、优化农业资源配置。

二、农产品品牌

农产品品牌，作为农业生产与市场营销的重要结合点，对于提升农产品价值、增强市场竞争力具有不可忽视的作用。

（一）商标设计

农产品商标不仅是产品的一种标识，更是消费者在琳琅满目的市场中识别、选择和记忆特定产品的重要工具。一个独特且具有辨识度的农产品商标，就如同一盏明灯，引导消费者在繁杂的商品海洋中找到自己心仪的产品。

农产品商标的建立，不仅是对产品品质的一种保障，更是对农业生产者和消费者之间信任关系的加固。随着现代农业的快速发展，农产品商标的建立已经成为提升农产品附加值、增强市场竞争力的重要手段。

在商标设计上，注重体现农产品的地域特色和文化内涵。每个地区都有其独特的农产品，这些产品往往承载着丰富的历史和文化。因此，在商标设计中，要深入挖掘农产品的地域文化元素，将其巧妙地融入商标图案和色彩中，使商标不仅具有辨识度，更能展现农产品的独特魅力。

在商标使用上，应该严格遵循相关法律法规，确保商标的合法性和规范性。通过积极申请商标注册，保护农产品的知识产权，防止侵权行为的发生。同时，还要加强对商标使用的监管，确保农产品在生产和销售过程中始终使用统一的商标，维护品牌形象和信誉。农产品商标的建立还需要注重市场推广和品牌建设。通过举办农产品展销会、开展线上线下营销活动等方式，加大农产品商标的宣传力度，提高品牌知名度和美誉度。同时，加强与消费者的互动和沟通，了解消费者需求和市场变化，不断优化产品和服务，提升消费者的满意度和忠诚度。

农产品商标的建立是一个系统工程，需要多方面的努力和配合。要秉持创新、品质、服务的理念，不断推进农产品商标的建设和发展。

一个成功的农产品商标，其设计必须精准地体现出独特性、相关性、简洁性、文化元素以及符合法律要求的特质，这些特点共同构成了商标设计的专业标准。

在独特性方面，一个成功的农产品商标应该能在众多同类产品中脱颖而出，通过独特的设计元素，形成鲜明的视觉识别度。这不仅有助于提升产品的市场认知度，还能有效防止商标侵权，保护企业的品牌资产。

在商标的相关性方面，农产品商标应能准确反映产品的属性和特点，如品种、产地、口感等，使消费者在看到商标时能立即联想到相应的产品。这种相关性有助于建立消费者的信任感，提升产品的市场竞争力。

简洁性是一个成功商标的重要特征。简洁的商标设计更容易被消费者记住和识别，同时也能在各种媒介上有效传播。在设计农产品商标时，应避免过于复杂的图案和过多的文字，以保持商标的清晰度和辨识度。

此外，文化元素也是农产品商标设计中不可忽视的一环。将地域文化、传统元素或民族特色融入商标设计中，不仅能增强商标的文化内涵，还能提升产品的文化价值，有助于塑造产品的独特品牌形象，吸引更多消费者的关注和喜爱。

最后，商标设计必须符合法律要求。在设计过程中，应遵守相关法律法规，确保商标不侵犯他人的知识产权。同时，还需要对商标进行注册保护，以防止他人恶意抢注或侵权。

一个成功的农产品商标应兼具独特性、相关性、简洁性、文化元素和法律要求的特点。这些特点共同构成了商标设计的专业标准，有助于提升产品的市场竞争力，保护企业的品牌资产。

（二）商标注册

农业经理人通过对农产品商标的注册，为农产品赋予了独特的身份标识，进一步提升了农产品的市场竞争力和品牌价值。商标作为农产品的知识产权，是需要农业经理人精心培育和维护的重要资产。

在商标注册过程中，农业经理人需要充分了解相关法律法规，确保商标申请符合规定。同时，还需要对农产品进行深入的市场调研，了解消费者的需求和偏好，以便设计出更具吸引力和辨识度的商标。

一旦商标注册成功，农业经理人就可以利用商标进行品牌推广和市场营销。通过各种渠道宣传农产品的特点和优势，吸引更多消费者的关注和购买。同时，商标还可以作为农产品质量的保证，提升消费者对产品的信任度和忠诚度。

此外，农业经理人还可以利用商标开展品牌合作和授权经营。通过与其他企业或品牌进行合作，共同开发新产品或拓展新市场，实现资源共享和互利共赢。同时，通过商标授权经营，农业经理人还可以将商标的使用权转让给其他企业或个人，获取一定的经济收益。

农业经理人通过对农产品商标的注册，不仅能够提升农产品的品牌价值和市场竞争力，还能为企业带来更多的商业机会和经济收益。因此，农业经理人要重视商标注册工作，加强品牌建设和市场推广。

（三）品牌宣传与推广

农产品的市场营销策略的关键是品牌推广和传播，以此提升品牌识别度、增强产品影响力，并进一步开拓市场版图。当今消费者的选择日益多样化，农产品品牌若想在激烈的市场竞争中脱颖而出，就必须重视并加强自身的宣传推广策略。

品牌宣传能够帮助农产品建立独特的市场定位。通过精准的市场调研，农产品品牌可以明确自身的优势和特色，如有机种植、地域特色、传统工艺等，然后通过广告、社交媒体、公关活动等方式，将这些独特性传达给目标消费者，从而在他们心中树立起与众不同的品牌形象。

有效的推广策略可以显著提高农产品的知名度。借助电视、网络、户外广告等多渠道传播，品牌信息可以迅速扩散，覆盖更广泛的受众。例如，一些成功的农产品品牌如"五常大米""阳澄湖大闸蟹"等，就是通过持续的品牌推广，使产品从地方特产变为全国乃至全球的知名品牌。

品牌宣传和推广也是建立消费者信任的重要途径。通过公开透明的生产过程展示、产品质量认证、用户评价分享等方式，消费者可以更全面地了解产品，从而增强购买的信心。例如，新西兰的"恒天然"乳制品品牌，就通过展示其严格的食品安全控制和可持续的牧场管理，赢得了全球消费者的信赖。

此外，创新的推广方式还能激发消费者的购买欲望。例如，利用故事营销，将农产品与特定的情感、文化或生活场景相联系，可以引发消费者的共鸣，从而提高购买意愿。比如，一些农产品品牌会讲述其背后的传统农耕文化或农民的辛勤劳动的故事，让消费者在购买产品的同时，也能体验到一种情感的满足。

农产品品牌宣传和推广是提升品牌价值、增强市场竞争力的关键策略。只有通过持续、多元、创新的推广活动，才能使农产品品牌在激烈的市场竞争中立于不败之地。

1. 品牌故事

农产品品牌故事应该紧密围绕农产品的来源、种植或养殖过程、品质保证以及品牌的历史和传统等元素展开。通过讲述一个引人入胜的故事，可以让消费者更深入地了解品牌，产生情感共鸣，并传递出品牌的理念和价值。

2. 多渠道宣传

利用多种渠道进行品牌宣传可以覆盖更广泛的受众。社交媒体平台如微博、微信、抖音等是有效的线上宣传渠道，可以通过发布相关内容、与用户互动等方式吸引关注。传统媒体如电视、广播、报纸等也是重要的宣传渠道，尤其是在一些地区，传统媒体的影响力仍然很大。公关活动如新闻发布、品牌合作、农产品展览等可以进一步提升品牌的知名度和影响力。

3. 用户体验

在品牌宣传与推广中，用户体验不仅影响着品牌的市场接受度，更是品牌价值和品牌形象塑造的关键。首先，用户体验是品牌宣传与推广的基础。一次优秀的用户体验能够直接提升消费者对品牌的认知度和好感度。当消费者在使用产品或服务的过程中感受到便捷、舒适和愉悦，他们自然会对品牌产生积极的评价和口碑传播，进而推动品牌的市场占有率提升。其次，用户体验是品牌差异化竞争的重要手段。在市场竞争日益激烈的今天，产品功能和服务内容的同质化现象愈发严重。而用户体验作为品牌与消费者之间的直接互动环节，具有极高的个性化和差异化潜力。通过深入挖掘用户需求，优化用户操作流程，提供贴心细致的服务，品牌可以在激烈的市场竞争中脱颖而出，形成独特的竞争优势。此外，用户体验对于品牌形象的塑造具有深远的影响。一个注重用户体验的品牌，往往能够传递出积极、正面、人性化的品牌形象。这种形象不仅能够吸引更多的潜在消费者，还能够增强现有消费者的品牌忠诚度和归属感。同时，良好的用户体验还能够激发消费者的口碑传播意愿，进一步扩大品牌的影响力和知名度。

在品牌宣传与推广中，重视并提升用户体验极其重要。品牌需要通过深入了解用户需求、优化产品设计和服务流程、加强用户反馈机制等方式，不断提升用户体验的满意度和忠诚度。同时，品牌还需要关注用户体验在社交媒体等线上渠道的传播效果，积极利用用户口碑和社交媒体影响力，推动品牌的宣传与推广效果最大化。

4. 口碑营销

满意的消费者是品牌最好的代言人。鼓励满意的消费者进行口碑传播是提升品牌知名度和影响力的有效方式。通过提供优质的农产品和服务，让消费者产生良好的购物体验，并鼓励他们分享给朋友和家人。此外，还可以设置一些激励机制，如优惠券、积分等，鼓励消费者进行口碑传播。

5. 履行社会责任

履行社会责任是提升品牌形象和知名度的重要手段。农产品品牌可以关注环保、可持续发展、支持当地农民等方面，积极履行社会责任。例如，可以推广绿色种植、有机养殖等环保理念，采用可持续的生产方式，减少对环境的负面影响。同时，可以与当地农民合作，提供技术指导和市场支持，帮助他们提高收入和生活水平。

第五节　农业金融与保险知识

农业金融，简而言之，就是针对农业生产与经营所提供的金融服务。它涵盖了农业贷款、农业投资、农业保险等多个方面。通过农业金融，农业经理人们能够获得必要的资金支持，从而扩大生产规模、提升生产效率，实现农业现代化的目标。同时，农业金融也为金融机构提供了丰富的投资渠道，促进了金融市场的多元化发展。

农业保险，作为风险管理的重要工具，对于保障农业企业利益、稳定农业生产具有重要意义。在面临自然灾害、疫病等不可预测风险时，农业保险能够为农业企业提供经济上的支持与保障，减轻其经济负担，确保其能够迅速恢复生产。同时，农业保险也能够增强农业经理人的风险意识，促使其采取更加科学合理的生产方式，降低生产风险。

为了更好地推动农业金融与保险的发展，需要加强政策引导，完善相关法律法规，为农业金融与保险提供有力的制度保障。同时，还需要加强农业金融与保险知识的普及与宣传，增强农业经理人的风险意识与金融素养，为农业金融与保险的发展奠定坚实的社会基础。

一、征信

在现代社会，征信体系已经成为衡量个人信用状况的重要工具。首先，需要明确什么是征信。征信，简而言之，就是对个人或企业信用状况的系统记录和评估。征信是指收集、处理和使用个人或企业信用信息的活动，它对于维护金融市场的稳定和促进经济的健康发展具有重要作用。这些信用信息包括但不限于贷款记录、还款情况、信用卡使用情况、担保行为等。征信机构通过收集、整理、分析这些信息，形成个人或企业的信用报告，供金融机构、企业等参考，以评估其信用风险和还款能力。

征信体系在维护市场经济秩序、防范金融风险、促进金融市场健康发展等方面发挥着不可替代的作用。对于个人而言，良好的信用记录是获取贷款、信用卡等金融服务的关键。同时，信用记录也会影响到个人的租房、求职等方面。因此，应该高度重视个人信用信息的维护，做到诚实守信、按时履约。

此外，我们还需要了解如何保护自己的信用信息。首先，要定期查询自己的信用报告，确保信息的准确性和完整性。如果发现有误，应及时向征信机构提出异议并申请更正。其次，要妥善保管个人身份证件、银行卡等敏感信息，防止信息泄露和被盗用。最后，要增强风险意识，警惕各种诈骗行为，避免陷入信用危机。

征信作为衡量个人信用状况的重要工具，能够维护市场经济秩序和促进金融市场健康发展。我们应该充分了解征信的基本概念、运作方式及其重要性，并积极采取措施保护自己的信用信息。

（一）个人征信

个人征信是一个系统，它涉及个人信用信息的收集、评估和使用，以反映个人的信用状况。

1. 信用报告

信用报告是个人征信体系的核心。它详细记录了个人的身份信息（如姓名、身份证号码、地址等）、信贷记录（如贷款、信用卡等）、公共记录（如水电费缴纳、税务记录、法律诉讼等）以及其他相关信息。这些记录共同构成了个人的信用历史，是评估个人信用状况的重要依据。

2. 信用评分

信用评分是基于信用报告中的信息，通过特定的统计和数学模型计算得出的分数。这个分数通常用于反映个人信用风险的高低。不同的金融机构和征信机构可能使用不同的评分模型和算法，但总体上，信用评分越高，表示个人信用风险越低，获得贷款、信用卡等金融服务的可能性越大。

3. 信用记录

信用记录是信用报告中的重要组成部分，它详细记录了个人过去的信贷行为和还款情况。例如，个人贷款、信用卡还款、逾期记录等都属于信用记录的范畴。这些记录对于评估个人信用状况非常重要，因为它们能够反映出个人的还款意愿和还款能力。

4. 信用查询

个人有权定期查询自己的信用报告，了解自己的信用状况。这有助于个人及时发现并纠正信用报告中的错误或不准确信息，同时也有助于个人更好地管理自己的信用记录。在中国，个人可以通过中国人民银行征信中心官网、部分商业银行等渠道查询自己的信用报告。

5. 信用修复

如果个人发现自己的信用记录中存在错误或不准确的信息，可以申请更正或删除。这个过程通常被称为信用修复。信用修复需要遵循一定的程序和规定，个人需要向征信机构或相关金融机构提供证据，证明信用记录中的错误或不准确信息。如果证据充分，征信机构或金融机构会进行核实并更正相关信息。

需要注意的是，个人征信是一个复杂的系统，它涉及多个方面和多个环节。因此，个人在使用和管理自己的信用记录时，需要保持谨慎和负责任的态度，避免产生不必要的信用风险和损失。

（二）涉农经济组织征信

涉农经济组织征信作为当前农村金融市场的重要一环，不仅关系到农村经济组织的融资效率，更是保障农村经济健康发展的关键所在。近年来，随着我国农村经济的持续发展和金融服务的不断深化，涉农经济组织征信体系也日益完善，为农村经济的稳健发展提供了有力支撑。

1. 涉农经济组织征信概述

涉农经济组织征信，是指专业化的第三方机构通过收集、整理、保存、加工的涉农经济组织信用信息，为其建立信用档案，并提供信用评估、信用报告等服务的过程。这些信用信息主要包括涉农经济组织的经营情况、财务状况、履约记录等，是反映其信用状况的重要依据。

2. 涉农经济组织征信的重要性

涉农经济组织征信是农村经济健康发展的关键保障之一。在当前社会主义市场经济体系下，征信制度已经逐渐成为社会诚信体系的核心，对涉农经济组织而言，它的重要性更是日益突显。

（1）促进农村金融市场的发展。农村金融市场的发展状况直接关系到农村经济的繁荣和农民生活水平的提高。涉农经济组织作为农村金融市场的主要参与者，其信用状况对金融机构的信贷决策产生了直接影响。

对涉农经济组织进行征信评估可以提供准确、全面的信用信息。在信贷市场中，信息不对称是一个普遍存在的问题。金融机构往往难以获取到借款人的真实信用状况，从而导致信贷风险的上升。通过征信评估，可以将涉农经济组织的信用信息进行整合和分析，为金融机构提供可靠的信用评估依据，有助于降低信贷风险，提高金融机构对农村市场的信心，从而增加农村地区的信贷供给。

征信评估有助于提高贷款审批效率。在传统的信贷审批过程中，金融机构需要对借款人的信用状况进行逐一调查，不仅耗时较长，而且成本较高。通过对涉农经济组织进行征信评估，金融机构可以快速地获取到借款人的信用信息，实现信贷审批的标准化和规模化，极大地提高贷款审批效率，缩短信贷周期，满足农村地区日益增长的信贷需求。

征信评估有利于促进农村金融市场的繁荣与发展。信贷是农村经济发展的重要支撑，而征信则是信贷市场的基础。随着征信体系的不断完善，金融机构将更加愿意投入到农村市场，为农业、农村企业和农民提供更多的信贷支持，有助于农村产业结构的优化升级，推动农村经济的持续增长，进一步提高农民的生活水平。

加强对涉农经济组织的征信管理，为金融机构提供准确、全面的信用信息，有助于降低信贷风险、提高贷款审批效率，从而促进农村金融市场的繁荣与发展。

(2) 提升涉农经济组织的融资能力。在涉农经济组织的融资能力提升过程中，征信记录作为反映组织信用状况的重要载体，对金融机构评估涉农经济组织的还款能力和风险水平具有重要的参考作用。因此，对于涉农经济组织而言，保持良好的征信记录是提升融资能力的关键所在。

拥有良好征信记录的涉农经济组织，在申请贷款或融资时，更有可能获得金融机构的信任与支持。金融机构在审核贷款申请时，通常会重点考察申请人的征信记录，以评估其还款意愿和还款能力。对于征信记录良好的涉农经济组织，金融机构会认为其具备较强的还款能力，从而更愿意为其提供融资支持。此外，良好的征信记录还能为涉农经济组织带来更多的融资机会和更低的融资成本。一方面，金融机构在信任的基础上，可能会为涉农经济组织提供更多的融资产品选择，以满足其不同层次的融资需求；另一方面，由于征信记录良好的组织被认为风险较低，金融机构在定价时可能会给予更优惠的利率和条件，从而降低涉农经济组织的融资成本。

因此，涉农经济组织应高度重视征信记录的维护与管理，确保在经营活动中遵守相关法律法规，按时履行还款义务，积极与金融机构沟通合作，共同营造良好的信用环境。同时，政府及相关部门也应加强征信体系建设，完善涉农经济组织征信评价标准和方法，为涉农经济组织融资能力的提升提供有力保障。

(3) 推动涉农经济组织诚信经营。在推动涉农经济组织实现诚信经营的进程中，征信制度的建立，不仅为涉农经济组织提供了一个明确的诚信经营标准，更在深层次上促进了涉农经济组织在经营活动中对诚信原则的坚守与践行。

征信制度通过收集、整理和分析涉农经济组织的信用信息，形成了一套全面、客观的信用评价体系。这一体系使得涉农经济组织在经营过程中更加注重自身的信用状况，积极履行法律法规所规定的各项义务，规范自身的经营行为。同时，征信制度也为涉农经济组织提供了一个展示自身诚信经营成果的平台，使得那些具有良好信用记录的组织能够在市场竞争中脱颖而出，获得更多的发展机遇。此外，征信制度的建立还有助于形成良好的市场氛围和竞争环境。在征信制度的约束下，涉农经济组织将更加注重自身的形象和声誉，努力维护良好的信用记录，有助于减少市场中的不诚信行为和违法违规行为，提高市场的整体信用水平。同时，征信制度还能够促进涉农经济组织之间的公平竞争，使得那些真正具备实力、诚信经营的组织能够在市场中获得更多的认可和支持。

征信制度的建立推动了涉农经济组织实现诚信经营，它不仅为涉农经济组织提供了明确的经营标准和指导，更在深层次上促进了市场氛围和竞争环境的改善。因此，应当进一步完善征信制度，加强其在实际操作中的应用和推广，以推动涉农经济组织实现更加健康、稳定的发展。

3. 涉农经济组织征信的应用实践

在实际应用中，涉农经济组织征信已经取得了显著的成效。例如，一些地区通过建立涉农经济组织征信系统，实现了对农业合作社、家庭农场等涉农经济组织的信用评估与监管，有效促进了农村经济的发展。同时，金融机构也积极利用征信信息，为涉农经济组织提供更为精准的金融服务，推动了农村经济的多元化发展。

4. 涉农经济组织征信的未来

随着信息化、大数据等技术的不断发展，涉农经济组织征信将迎来更为广阔的发展空间。未来的征信系统在涉农经济组织中的应用将更加广泛、深入，征信信息将更加全面、准确，征信服务将更加专业、便捷。

同时，我们也需要认识到，涉农经济组织征信的推进仍面临一些挑战和问题，如征信信息来源的局限性、征信数据的质量与安全性等。因此，需要进一步加强征信制度的建设和完善，提高征信服务的专业性和规范性，为涉农经济组织的健康发展提供有力保障。

涉农经济组织征信作为现代农村经济体系中的重要组成部分，具有重要的价值和意义。通过深入了解征信知识、加强征信应用实践、推动征信制度创新与发展，可以为涉农经济组织的健康发展提供有力支持，推动农村经济的持续繁荣与进步。

二、农业金融知识

农业金融通过多样化的金融手段为农业生产的各个环节提供资金支持和风险保障。这一综合性概念不仅涉及农业贷款等传统金融服务，还囊括了农业保险、农业投资等多元化业务范畴，共同构成了支持现代农业发展的强大金融网络。

在农业生产环节，农业金融通过提供专项贷款和融资服务，助力农户和企业购置先进的农业设备、引进新技术，从而提高农业生产效率和产出质量。同时，农业金融还为农产品加工和流通提供资金支持，促进农业产业链的完善和升级。

农业生产环节的投入。专项贷款和融资服务为农户和企业提供了必要的资金支持，使他们有能力购买高性能的农业设备。这些设备可以提高农作物的种植、养殖和管理的效率，降低生产成本。同时，新技术的引进可以优化农业生产流程，提高农作物的产量和品质，从而保障国家粮食安全和农业可持续发展。

农产品加工和流通环节的支持。在农业产业链中，加工和流通环节对农产品的附加值提升和市场竞争力增强具有关键作用。农业金融为这些环节提供资金保障，有助于企业购置先进的加工设备，提升农产品的加工技术水平。同时，充足的资金支持可以促进农产品流通渠道的拓展，提高农产品的市场占有率，为农户和企业带来更高的经济效益。

农业金融对农业产业链的完善和升级具有积极推动作用。通过支持农产品加工和流通环节，农业金融有效地将农户、企业和市场紧密联系起来，形成利益共同体，有利于推动农业产业链向高端、绿色、智能化方向发展，提高农业整体竞争力。同时，农业金融还可以促进农业产业链上下游企业之间的合作，实现资源优化配置，为农业产业的发展提供有力支撑。

在农业经营方面，农业金融通过风险评估和资金安排，帮助农户和企业降低经营风险，提高市场竞争力。此外，农业金融还为农业企业提供财务管理和咨询服务，助力其实现健康、可持续的发展。

具体而言，农业金融机构首先会对农业项目进行全面而细致的风险评估。这一过程包括对项目所在地的自然环境、气候条件、土壤质量、市场需求等多个维度进行深入分析，以预测潜在的风险因素。在此基础上，金融机构会制定相应的风险管理策略，通过提供适当的保险产品或风险分散机制，帮助农户和企业应对可能出现的风险。

在资金安排方面，农业金融机构根据项目的实际需求，提供包括贷款、投资在内的多元化融资解决方案。这些资金不仅有助于缓解农户和企业在经营过程中的资金压力，还能促进他们扩大生产规模、引进先进技术、提升产品质量，从而增强市场竞争力。

此外，农业金融还致力于为农业企业提供全方位的财务管理和咨询服务。通过提供专业的财务规划、预算制定、成本控制等服务，农业金融机构帮助农业企业建立健全的财务管理体系，提高资金使用效率。同时，他们还会针对企业的具体情况，提供个性化的市场分析和营销策略建议，助力企业实现健康、可持续的发展。

在农业管理方面，农业金融通过引入现代化的管理理念和方法，推动农业产业的转型升级。通过提供资金支持和管理培训，农业金融助力农业企业和农户提高管理水平，实现农业生产的集约化和高效化。

此外，农业保险作为农业金融的重要组成部分，为农业生产提供风险保障，降低因自然灾害、病虫害等不可抗力因素造成的损失。农业投资则通过引入社会资本，推动农业产业的创新和发展，为农业经济的持续增长注入新动力。

农业金融在现代农业发展中，通过提供全方位的金融服务和支持，农业金融为农业生产的各个环节提供了坚实的保障，推动农业产业向更高水平迈进。

（一）农村金融机构

1. 农村信用社

作为农村地区的基础金融服务机构，农村信用社主要提供存款、贷款、汇兑等基础金融业务，支持当地农民的生产生活。

2. 农村合作银行

往往是由农村信用社发展而来的更高级别的金融机构。在保留传统服务的同时，还提供更广泛、更复杂的金融服务，如理财、保险等，以满足农村地区的多样化金融需求。

3. 农业银行

作为国有大型商业银行，农业银行在支持农业、农村和农民方面有着天然的优势。它提供全面的金融服务，包括信贷、结算、保险、基金等，以满足农村地区不同层次、不同需求的客户。

4. 村镇银行

这是一种新型的农村金融机构，主要设立在乡镇和农村地区，为当地居民提供基础金融服务。由于村镇银行更接近当地居民，因此能够更好地了解当地的经济环境和客户需求，提供更加贴心的金融服务。

5. 小额贷款公司

这是一种专注于提供小额贷款服务的非银行金融机构。它们通常针对那些无法从传统银行获得贷款的小微企业和个人，提供灵活的贷款方式和较低的贷款门槛，以支持他们的创业和发展。

（二）政策性贷款

政策性贷款是一种重要的金融工具，政策性贷款是由政府为了实现特定的政策目标而提供的贷款。这些贷款通常由政府金融机构或指定银行进行发放，具有明确的政策导向和优惠条件。政策性贷款的主要目的是支持国家重点领域和薄弱环节的发展，推动经济结构调整和优化。

1. 农业发展银行贷款

这类贷款主要由农业发展银行提供，用于支持农业基础设施建设、农业产业化经营、农业科技创新等领域。通过提供优惠的贷款条件，农业发展银行贷款有助于促进农业生产的现代化和产业化，提高农业生产效率和质量。

2. 扶贫贷款

扶贫贷款是政府为了帮助贫困地区和贫困农户发展生产、改善生活而提供的贷款。这类贷款通常具有低利率、长期限等特点，旨在降低贫困农户的融资成本，帮助他们实现脱贫致富。扶贫贷款的对象主要是建档立卡的贫困户和贫困村，以及带动贫困户脱贫致富的农业产业化和农村基础设施建设等项目。

3. 妇女创业贷款

为了支持农村妇女创业和发展，政府也提供了妇女创业贷款。这类贷款旨在鼓励农村妇女积极参与创业活动，通过提供资金支持和创业指导，帮助她们实现自我发展和家庭增收。妇女创业贷款的对象主要是农村妇女创业者，包括个人和企业。

4. 贴息贷款

贴息贷款是政府对某些贷款项目给予利息补贴的一种贷款方式。通过降低农户的融资成本，贴息贷款有助于鼓励农户积极参与农业生产和经营活动。贴息贷款的对象主要是符合政府政策导向和贷款条件的农户和项目，如农业科技创新、农村基础设施建设等。

政策性贷款在促进农业和农村经济发展、推动经济结构调整和优化等方面，通过提供优惠的贷款条件和政策支持，政策性贷款有助于引导社会资本投向国家重点领域和薄弱环节，推动经济社会的可持续发展。

（三）商业性贷款

商业性贷款是金融市场上最为常见的一种贷款类型。

1. 信用贷款

信用贷款又称为无抵押贷款，是指借款人仅凭其个人或企业的信用记录和信用评级，而无需提供任何抵押物或第三方担保，就能从银行或其他金融机构获得的贷款。这种贷款主要基于借款人的还款能力和信用状况来评估是否发放贷款。由于风险较高，因此利率通常会比其他贷款方式稍高。

2. 抵押贷款

抵押贷款是指借款人将其财产（如房屋、土地、农机具等）作为抵押物，向银行或其他金融机构申请贷款。如果借款人无法按时还款，银行有权依法处置抵押物以弥补损失。抵押贷款通常具有较低的利率和较长的还款期限，因此银行的风险相对较低。

3. 担保贷款

担保贷款是指由第三方（如农业担保公司、其他企业或个人）为借款人提供担保，以保证借款人能够按时还款的贷款方式。如果借款人无法按时还款，担保方需要承担相应的还款责任。担保贷款的风险较低，因此利率也相对较低。但借款人需要支付一定的担保费用给担保方。

4. 联保贷款

联保贷款是指多个农户或企业自愿组成联保小组，相互担保并共同承担还款责任的贷款方式。联保小组内的成员需要相互监督，确保每个成员都能按时还款。如果某个成员无法按时还款，其他成员需要共同承担还款责任。联保贷款有助于降低银行的风险，同时也促进了农户或企业之间的互助合作。

以上这些商业性贷款类型各具特点，借款人可以根据自己的实际情况和需求选择合适的贷款方式。同时，银行和其他金融机构也会根据市场情况和风险评估结果来决定是否发放贷款以及贷款的利率和期限等条件。

三、农业信用合作

在我国广大农村地区，农业信用合作作为一种重要的金融组织形式，为农民朋友们提供了便捷、高效的金融服务。这种合作模式不仅有助于推动农村经济发展，对于提高农民生活水平和促进社会和谐稳定也具有深远意义。农业信用合作通过资金互助和信用贷款等形式，为农业经营主体提供金融支持，促进农业和农村经济发展。

农业信用合作有助于解决农民融资难、融资贵的问题。通过成立信用合作社，农民可以将自己的闲置资金存入合作社，获得一定的利息收益；同时，合作社还可以根据农民的生产经营需求，提供低息贷款支持，帮助他们解决资金短缺问题。这种合作模式既降低了农民的融资成本，又有效促进了农村经济的发展。

农业信用合作有助于增强农民的金融素养和风险意识。在合作社的运营过程中，农民可以接触到各种金融产品和服务，从而了解和学习相关的金融知识。此外，合作社还会对农民进行风险教育，帮助他们认识并防范金融风险，提高自我保护能力。

此外，农业信用合作还有助于优化农村金融服务体系。通过合作社的设立，农村地区的金融服务覆盖面得到了有效扩大，金融服务质量也得到了显著提升。农业经理人们可以更加便捷地享受到各类金融服务，如存款、贷款、支付、保险等，从而满足他们多样化的金融需求。

（一）资金互助

资金互助是农民专业合作社内部成员间为了支持彼此生产、经营活动而开展的一种小型、短期的资金借贷方式。这种方式不仅有助于满足成员在生产生活中的资金需求，还促进了合作社的团结与共同发展。

1. 互助原则

资金互助的核心是成员间的互信与互助精神。在合作社内，成员之间基于共同的价值观和信任关系，通过资金借贷的形式实现资源的优化配置。互助资金的使用通常不以追求高额利润为主要目的，而是更侧重于满足成员的实际需求和促进合作社的整体发展。

2. 运作方式

合作社成员可以将自己的闲散资金存入合作社，形成互助资金池。这些资金由合作社统一管理，并根据成员的资金需求和合作社的发展目标进行合理分配。

有资金需求的成员可以按照合作社制定的规则和程序，向合作社提出借款申请。合作社将对申请进行评估，并根据资金池的实际情况决定是否批准借款。借款的利率、期限等条件应由合作社成员共同商议确定，确保公平合理。

3. 监管要求

资金互助活动必须遵守国家相关的法律法规，特别是金融领域的法律法规，确保活动的合法性和合规性。合作社应建立健全的财务管理制度，确保互助资金的安全和透明。所有资金的流动和使用情况都应详细记录，并接受合作社成员和相关部门的监督。合作社应避免参与任何非法集资、高利贷等违法金融活动，确保资金互助的健康发展。

4. 风险控制

合作社应建立健全的风险控制机制，对资金互助活动进行全程监管。包括对项目的审核、资金的监管以及违约的处置等方面。在项目审核方面，合作社应对借款申请进行严格的评估，确保借款用于合法合规的生产经营活动。在资金监管方面，合作社应确保资金的专款专用，避免挪用、占用等违规行为。同时，合作社还应定期对资金池进行审计和检查，确保资金的安全和完整。在违约处置方面，合作社应制定明确的违约处理办法，对违约行为进行及时、公正地处理，不仅可以保护合作社的利益，还可以维护资金互助活动的公信力和秩序。

（二）信用贷款

农村信用合作社的信用贷款是一种专门为农村地区和农业人口设计的金融服务。这种贷款模式是为解决农业企业在农业生产、生活改善或小型企业经营中遇到的资金短缺问题，以促进农村经济的发展和农民生活水平的提高。

信用贷款的特点是基于借款人的信用状况来决定贷款的发放，而非传统的抵押或担保。在农村，由于农民往往缺乏足够的固定资产进行抵押，信用贷款为他们提供了一种重要的融资渠道。信用合作社会根据借款人的还款记录、收入稳定性、债务状况以及在合作社的存款和交易历史等多方面因素来评估其信用等级，从而确定贷款的金额、利率和期限。

申请农村信用合作社的信用贷款通常需要以下几个步骤：首先，借款人需要成为信用合作社的成员，要求在当地有固定的居住地和一定的农业生产或经营活动。然后，借款人需要提交详细的贷款申请，包括贷款用途、预期收入和还款计划等信息。接着，信用合作社的信贷部门会对申请进行审查，可能还会对借款人进行实地调查。最后，如果申请获得批准，贷款资金将直接划入借款人的账户。

在贷款期间，信用合作社会定期跟踪借款人的还款情况，并提供必要的财务咨询和指导。如果借款人遇到还款困难，信用合作社通常会采取灵活的政策，如调整还款计划，以帮助借款人渡过难关，同时避免贷款违约。

农村信用合作社的信用贷款在推动农村经济发展、改善农民生活条件、促进农业现代化等方面发挥了重要作用。然而，也需要注意风险的控制，防止过度借贷和信用风险的累积。因此，建立完善的信用评估体系，加强金融知识的普及教育，以及提高农民的信用意识，是农村信用贷款持续健康发展的重要保障。

四、农业保险

农业生产常受自然灾害、病虫害等不确定因素影响，给农民带来巨大损失。为降低这些风险，农业保险应运而生，农业保险成为保障农业稳定发展的重要工具。

农业保险是指农民或农业生产经营组织支付一定保费给保险公司，以在遭受自然灾害、病虫害等损失时获得经济补偿的一种风险管理方式。购买此类保险，农民能在遭遇风险时获得及时的经济支持，减轻损失，确保生产生活的顺利进行。

农业保险种类繁多，覆盖种植业、养殖业等多个领域。种植业方面，主要包括粮食作物保险、经济作物保险等；养殖业则涵盖牲畜保险、家禽保险等。此外，还有设施农业保险、渔业保险等特色保险，以满足不同农业生产经营者的需求。

购买农业保险的好处显而易见。首先，它能为农民提供风险保障，降低因不可抗力因素导致的损失。其次，农业保险有助于提高农民的抗灾能力，促进农业生产的可持续发展。最后，它还能在一定程度上稳定农产品市场价格，保障国家粮食安全。

（一）涉农保险机构

涉农保险机构全称为农业及相关领域的保险服务机构，是专门为农业、农村和农民提供保险服务的金融机构。它们在农业经济中，通过提供各种保险产品，帮助农民抵御自然灾害、疾病、市场波动等风险，保障农业生产的稳定和农民的生计安全。这些机构通常会提供一系列的保险服务，包括但不限于：农业种植保险，以保护农民免受干旱、洪水、病虫害等导致的农作物损失；养殖保险，为农民的禽畜疾病、死亡等风险提供经济补偿；农村财产保险，保障农民的房屋、农机具等财产安全；农业贷款保险，降低农民因农业生产失败而产生的债务风险。

此外，涉农保险机构还可能参与到农业产业链的建设中，如农产品价格保险、农业产业化保险等，促进农业的现代化和产业化发展，通过大数据、人工智能等科技手段，提高保险服务的精准度和效率，降低运营成本。

在服务模式上，涉农保险机构通常会与政府部门、农业合作社、农业企业等多方合作，构建起覆盖广泛、多层次、多元化的农业保险服务体系，以实现服务的全面性和可及性。

涉农保险机构是农业风险管理体系的重要组成部分，它们通过提供风险保障，增强农业的抗风险能力，推动了农业现代化，并实现乡村振兴战略。

（二）商业性农业保险

商业性农业保险是一种金融工具，目的是保护农民和农业企业在遭受自然灾害、疾病暴发、价格波动等不可预见风险时，获得及时的经济支持，减轻损失。这种保险允许农业生产者在遭受经济损失时，从保险公司获得一定的赔偿，以维持其业务的稳定性和可持续性。商业性农业保险的种类繁多，包括作物保险、牲畜保险、设备保险，甚至还有收入保险，覆盖各种可能的农业风险。

在实际操作中，农业经理人或农业企业会在种植季节开始前购买保险，保险公司会根据作物的预期产量、市场价格、种植成本等因素设定保费。如果在生长季节中发生保险覆盖的事件，如洪水、干旱、病虫害导致作物减产或损失，农业经理人可以向保险公司索赔，以补偿其经济损失。

此外，商业性农业保险也有助于推动农业的现代化和专业化。通过引入保险机制，风险得到了转移，农业经理人更愿意尝试新的种植技术或引入高价值的作物。同时，保险公司在制定保险产品和评估风险过程中，也会收集和分析大量的农业数据，在一定程度上可以促进农业科学管理，提高农业生产效率。

1. 保费与风险

在商业性农业保险中，保费是根据所承担风险的大小来确定的。这意味着农民或农业经营主体需要支付的费用与其所选择的保险产品和所面临的潜在风险直接相关。风险越高，保费也相应越高。

2. 保险产品

商业性农业保险公司提供了多样化的保险产品，满足了不同农业经营主体的需求。这些产品可能涵盖作物保险、畜牧业保险、林业保险等多个领域，以及针对特定农作物、牲畜或地区的定制化保险产品。保险公司还可以根据农民的需求和风险偏好，提供不同的保障水平和赔偿方式。

3. 市场竞争

商业性农业保险市场中存在保险公司之间的竞争。这种竞争推动了产品和服务的创新，促使保险公司不断改进其定价策略、承保条件和服务质量，以吸引更多的客户并保持市场份额。通过市场竞争，农民或农业经营主体可以获得更广泛的选择和更优质的服务。他们可以比较不同保险公司的产品、价格和服务质量，选择最适合自己需求的保险产品。

4. 经营特点

商业性农业保险的经营主体是具备独立法人资格并且具有保险经营资质的商业公司。这些公司按照商业化经营模式运作，追求利润最大化。商业性农业保险反映的农业保险关系是通过保险合同建立的。农民或农业经营主体与保险公司之间通过签订保险合同来确定保险关系，并依据合同中的条款进行投保、定损、理赔等一系列商业保险活动。总之，商业性农业保险是基于市场原则运作的农业保险服务，其保费根据风险大小确定，提供多样化的保险产品以满足不同需求，并通过市场竞争推动产品和服务的创新。

（三）政策性农业保险

政策性农业保险是为稳定农业生产和保障农民收益，由政府支持或直接提供的一种保险形式。

1. 政府补贴

政策性农业保险的一个显著特点是政府为参与的农户提供保费补贴。这种补贴政策可以显著降低农民的保险成本，提高他们参保的积极性和参保率。补贴的具体比例和金额会根据不同的地区、险种和政策而有所不同。

2. 风险保障

政策性农业保险的主要目标是保障农民免受自然灾害和市场风险的影响。自然灾害如干旱、洪涝、台风等，以及市场风险如价格波动、供需失衡等，都可能对农业生产造成严重影响。政策性农业保险为农民提供经济补偿，帮助他们渡过难关，保障其生产的稳定性和可持续性。

3. 公共目标

除了直接保障农民收益外，政策性农业保险还具有更广泛的公共目标。它可以帮助实现农业可持续发展，提高农业生产的抗风险能力，减少农民因灾返贫的风险。同时，政策性农业保险还有助于维护社会稳定，减少因自然灾害和市场风险引发的社会问题。

4. 经营方式

政策性农业保险工作按照政府引导、市场运作、自主自愿、协同推进的原则开展，参与政策性农业保险的保险机构由各地按照机构遴选办法公开、公平、公正遴选确定。这些机构包括国有保险公司、农业保险合作社等。政策性农业保险的经营不以营利为目的，而

是以实现上述公共目标为主要任务。

5. 保险范围

政策性农业保险的保险范围通常包括种植业、养殖业等农业生产领域。具体险种可能包括粮食作物保险、经济作物保险、家畜养殖保险等。保险责任可能涵盖自然灾害、意外事故、疾病等风险。

6. 运作机制

政策性农业保险的运作机制通常包括保费收取、风险管理、理赔服务等环节。政府会通过保费补贴等政策扶持来鼓励农民参保，并通过各种风险管理措施来降低风险损失。在发生保险事故时，政策性农业保险会及时为农民提供理赔服务，帮助他们尽快恢复生产。政策性农业保险是为稳定农业生产和保障农民收益的一种保险形式，由政府支持或直接提供。它通过政府补贴、风险保障和公共目标等手段来实现其目的，维护了农业生产的稳定性和可持续性。

为了充分发挥农业保险的作用，需要政府、保险公司和农民三方共同努力。政府应增强对农业保险的政策扶持，提高补贴比例，降低农民投保成本。保险公司应提升服务水平，优化保险产品，以满足农民多样化的保险需求。同时，农民也应增强保险意识，积极参与农业保险，为自身生产安全提供坚实保障。

第五章　创新思维方式

在这个日新月异的时代，成功的关键不再仅仅是努力和天赋，更重要的是我们能否拥有一种创新的思维方式。这是一种能够让我们在困境中找到出路，从失败中汲取教训，持续推动我们向前发展的思维方式。

创新思维方式，意味着我们不再满足于传统的、固有的方法和观念，而是勇于挑战权威，敢于质疑一切。它让我们敢于跳出舒适区，去尝试那些从未尝试过的方法，去拥抱那些看似不可能的想法。

创新思维方式，让我们看到问题的多面性，不再被表面现象所迷惑。它让我们能够深入挖掘问题的本质，找到解决问题的根源。这种思维方式让我们在面对复杂问题时，能够迅速找到切入点，提出有效的解决方案。

创新思维方式，让我们保持对未知的好奇心和探索精神。它让我们敢于冒险，敢于挑战未知领域。这种思维方式让我们在不断探索中，发现新的机遇，创造新的价值。

创新思维方式，它不仅仅是一种思维方式，更是一种生活态度。它让我们在面对困难和挑战时，能够保持积极乐观的心态，坚信自己能够战胜一切。这种思维方式让我们在追求梦想的路上，永不言败，永不放弃。

第一节　创新思维与方法

在农业领域，创新不仅是技术的革新，更是一种思维方式的转变。这种转变，就像春天的细雨，在无声无息中滋润着农业的每一寸土地，使之焕发出勃勃生机。农业经理人，作为农业现代化建设的中坚力量，他们的思维方式创新，对于农业发展的作用不可估量。

一、创新思维的基本概念和内涵

创新思维是指人们在面对问题和挑战时，能够超越传统思维模式和已有知识的限制，产生新颖、独特、有价值的思维方式和解决方案的能力。这种思维方式要求我们具备丰富的知识储备和敏锐的观察力，更需要敢于挑战现状、勇于尝试未知的决心。

在农业这个古老而重要的行业中，创新思维正日益成为推动行业进步和转型的关键力量。传统农业经营模式往往受限于经验和习惯，而创新思维以其独特的洞察力和突破性，为农业带来了全新的发展机遇。

（一）农业科技领域

在农业科技领域，通过引入大数据、人工智能等先进技术，可以实现精准农业，优化种植和养殖过程，提高产量和质量，同时减少对环境的影响。这些技术的应用不仅提高了农业生产效率，还使得农业生产更加智能、绿色和可持续。

创新思维正如同明灯一般，引领着技术的革新，照亮着前行的道路。这不是空谈，而是实实在在的进步和变革。通过引入大数据、人工智能等尖端技术，正实现着精准农业的伟大梦想。这些技术的应用，让种植和养殖过程变得更加科学化、精细化，就像为农业生产装上了智慧的翅膀。产量和质量的双提升，是对这种创新思维的最好回应。更值得一提的是，这种创新还带来了对环境的友好。在追求产量的同时，努力减少对环境的负面影响，实现绿色、可持续的农业发展。这不仅是技术的胜利，更是人类智慧的胜利。

技术的应用，让农业生产变得更加智能、高效。农民朋友们不再仅仅依靠经验和感觉来种地、养畜，而是有了更多科学的依据和精准的数据支持。这种转变，不仅提高了农业生产效率，更让农业成为充满希望和潜力的行业。

（二）农业经营模式和管理理念

创新思维颠覆了农业经营模式和管理理念。传统的家庭式生产模式正在逐步向规模化、集约化转变，这种转变提高了生产效率，增强了农业生产的抗风险能力。同时，现代企业管理制度和经营理念的引入，使农业生产更加科学、高效和环保。农业经理人通过精细化的管理，可以更好地掌握生产过程中的每一个环节，提高资源利用效率。

近年来，随着科技的不断进步和农业现代化的深入推进，农业经营模式正经历着从家庭式向规模化、集约化的深刻转变。这种转变体现在生产规模的扩大和生产要素的集中上，也体现在管理理念的创新和生产效率的提升上。

规模化、集约化的经营模式通过整合土地资源、优化生产要素配置，有效提高了农业生产效率。同时，这种经营模式还促进了农业科技的广泛应用和农业装备的升级换代，进一步提升了农业生产的科技含量和附加值。

更为重要的是，规模化、集约化的经营模式增强了农业生产的抗风险能力。在面对自然灾害、市场波动等风险时，规模化经营能够通过多元化种植、养殖和加工等方式，降低单一生产环节的风险，提高整体经营的稳定性。此外，集约化经营还能够通过提高资源利用效率、降低生产成本等方式，增强农业生产的竞争力，应对外部市场的挑战。

在现代农业发展的浪潮中，引入现代企业管理制度与经营理念已成为推动行业进步的关键力量。这种变革不仅使农业生产活动更加科学、高效，而且显著提升了其环保性能，为农业可持续发展奠定了坚实基础。

农业经理人通过运用精细化管理模式，能够有效掌握农业生产全过程中的每一个环节。这种管理方式要求经理人具备深厚的专业知识，能够准确分析生产数据，制定科学合理的生产计划，并对生产过程中的各个环节进行精细化监控和调整。

通过精细化管理，农业经理人可以显著提高资源利用效率。例如，在种植环节，经理人可以根据作物生长特性和土壤条件，科学配置肥料和水分，减少不必要的浪费；在养殖环节，经理人可以通过优化饲料配方和饲养环境，提高动物的生长速度和健康水平，从而增加产出。

此外，引入现代企业管理制度与经营理念还有助于实现农业可持续发展。农业经理人需要关注生态平衡和环境保护，通过采用绿色生产技术、推广循环农业模式等方式，减少农业生产对环境的负面影响。同时，经理人还应积极寻求与上下游产业的合作与共赢，推动农业产业链的协同发展。

农业经理人应不断提升自身专业素养和管理能力，以更好地适应现代农业发展的需求，同时创新思维在农业经营模式和管理理念上的运用，推动了农业从传统家庭式生产向规模化、集约化的转变，这种转变不仅提高了农业生产效率，还增强了农业生产的抗风险能力。

（三）农业多元化

在推动农业多元化发展方面，创新思维起到了关键作用。传统农业模式往往局限于单一的种植和养殖，然而，随着时代的进步和社会需求的多元化，农业已经逐渐超越了这一框架，融入了更多多元化的元素。

目前，农业正积极与文化、旅游等产业进行深度融合，形成了诸如“农业+旅游”“农业+文化”等新型业态。这种融合不仅丰富了农业的内涵，使农业从传统生产模式向多功能、综合性方向转变，更为农民开辟了新的收入来源，极大地促进了农村经济的繁荣。

在“农业+旅游”方面，通过合理规划布局，打造特色农业观光园区、农家乐等旅游项目，吸引大量游客前来参观体验，不仅带动了农产品的销售，也提升了农业品牌的知名度和影响力。

而在“农业+文化”方面，通过农业与文化产业的结合，农产品不再只是食品，更成为文化的载体。通过挖掘农产品的文化内涵，开发具有地方特色的农产品和文创产品，不仅提升了农产品的附加值，也推动了农村文化产业的发展。

这种多元化的农业发展模式，为农民带来了更多的收入来源，提升了农业的整体竞争力。同时，它也促进了农村与城市之间的交流与合作，推动了城乡一体化的发展。

以袁家村为例，这个原本普通的乡村，通过巧妙地将农业与文化、旅游结合，实现了华丽的转身。袁家村坐落在风景秀丽的关中平原，村民们依托得天独厚的自然环境，开发出了独具特色的农业旅游项目。他们将自家的农场、农田精心打造成旅游景点，让游客在欣赏田园风光的同时，还能亲身体验到农耕的乐趣。游客们可以在这里亲手种植蔬菜、采摘水果，感受大自然的魅力，同时也能品尝到新鲜、健康的农产品。

除了农业旅游，袁家村的村民们还积极开发农产品深加工，将自家的农产品加工成各种美食和手工艺品，利用当地盛产的优质粮食，制作出了口感独特的面食、糕点等，深受游客喜爱。同时，利用当地的麦秆资源，制作出了精美的麦秆工艺品，既增加了产品的附加值，也为游客提供了独特的纪念品。

在袁家村的带动下，周边的农业生产者也纷纷加入这个多元化的发展模式中来。他们互相学习、互相借鉴，共同推动当地农业的发展。如今，袁家村已经成为一个集农业观光、休闲度假、美食体验于一体的乡村旅游胜地，吸引了越来越多的游客前来参观。

袁家村的成功实践，充分证明了创新思维在农业经营中的重要作用。只有不断地创新、探索，才能为农业的发展注入新的动力，让农业生产者在新的时代背景下获得更多的收益。

（四）市场策略

在市场策略的领域里，创新思维的运用为企业带来新的发展方向，在激烈的市场竞争中为企业赢得先机。特别是在农产品的销售过程中，创新思维的运用是关键因素。

近年来，随着电子商务的迅猛发展，电商平台为农产品销售开辟了全新的渠道。传统的农产品销售模式受地域和渠道的限制，而电商平台则打破了这一限制，使得农产品能够更加便捷地触达全国各地的消费者。通过电商平台，农产品能够扩大销售范围，实现产销对接，减少中间环节，降低成本，提高农产品的附加值。

同时，直播带货这一新兴销售方式也为农产品销售注入了新的活力。直播带货通过实时互动的方式，将农产品的真实情况直接展示给消费者，增强了消费者的购买信心。此外，直播带货还能够根据消费者的需求和反馈，及时调整销售策略，更好地满足消费者的需求。然而，仅仅依靠电商平台和直播带货并不足以应对市场的多变和竞争的激烈。因此，我们还需要不断探索个性化的市场策略。创新思维鼓励我们跳出传统的思维模式，从消费者的角度出发，深入挖掘他们的需求和痛点，从而制定出更加符合市场需求的销售策略。例如，可以根据消费者的购买习惯和偏好，进行精准营销，推送个性化的农产品；还可以结合农产品的特点和地域文化，打造具有特色的农产品品牌，提升农产品的市场竞争力。

创新思维在市场策略方面的运用为农产品销售提供了新的思路和方向。应该积极拥抱创新，不断探索和实践，以更好地满足消费者的需求，提升农产品的附加值和市场竞争力。在农业领域创新思维正改变着行业的面貌，它推动了农业科技的革新和农业生产模式的转型升级，为农业经营管理和市场策略提供了新的思路和方法。

二、思维模式和应用模式

创新方法的思维模式和应用模式是激发创新潜力，应对复杂挑战的关键。理解和掌握这些模式，能帮助我们在快速变化的世界中找到独特的解决方案。

（一）创新思维模式

在现代农业管理中，创新思维模式是倡导农业经理人以一种更为开放、灵活和深思熟虑的方式对待农业领域所面临的挑战。这种思维方式的核心理念是打破常规，摒弃线性思维的束缚，鼓励从全新的、非传统的角度去理解和解决问题。

1. 问题重构

在创新思维模式中，“问题重构”是一颗璀璨明珠，它鼓励我们超越表面现象，深入探索问题的核心，以全新的角度审视我们所面临挑战的本质。这一工具并非仅仅停留在对问题的肤浅描述上，而是要求我们勇敢地质疑既定的观念，挑战那些被视为“常识”或“常规”的假设，从而打破思维的局限，重新设定问题的边界。

以农业管理中的问题为例，当经理人发现产量下降时，传统的解决思路可能会引导他们增加化肥的使用，以通过增加土壤的营养来提高产量。然而，这种做法往往治标不治本，甚至可能导致土壤质量的进一步恶化，形成恶性循环。这就是问题重构的价值所在，它促使我们跳出常规的思维框架，去寻找那些被忽视的、更深层次的原因。在这个案例中，问题重构可能会引导我们认识到，真正的问题可能是由过度依赖化学肥料导致的土壤生态失衡。

因此，更有效的解决方案可能是引入生物肥料，通过恢复土壤的自然生态平衡来提高农作物的产量。或者，可以探索优化种植模式，比如采用轮作制度，让土地在种植不同作物的过程中得到恢复，从而实现可持续的农业生产。

问题重构的实践不仅限于农业领域，它在商业、科技、社会问题解决等各个领域都有着广泛的应用。例如，在商业策略中，当企业面临市场份额下降的问题时，传统的做法可能是加大营销力度，但问题重构可能会揭示出产品创新、提升客户体验，或是优化供应链管理等更深层次的解决方案。在科技研发中，当科学家遇到技术瓶颈时，问题重构可能会引导他们重新定义问题，寻找新的研究方向或技术路径。

问题重构是一种强大的思维工具，它帮助我们打破思维定式，揭示问题的深层结构，从而找到更具创新性和可持续性的解决方案。在日益复杂多变的世界中，掌握问题重构的技巧，将使我们在面对挑战时更具洞察力和创造力。

2. 系统思考

“系统思考”为我们提供了理解农业系统整体性的新视角。农业生态系统，是一个由无数相互依赖、相互作用的元素构成的复杂网络。从土壤中的微生物到农作物，从昆虫到家禽，每个生物体都在这个网络中占据着独特的地位，它们的生存状态和行为模式都对整个系统产生深远影响。

系统思考的核心在于，它鼓励我们超越单一、线性的思维方式，去洞察那些隐藏在表象背后的深层次关联。例如，气候变化并非孤立的现象，它与农业生产中的过度使用化肥、森林砍伐等行为有着密切的因果关系。这些行为破坏了地球的自然碳平衡，导致全球气候的异常变化。同样，生物多样性的丧失，往往源于人类活动对生态环境的过度干预，如过度捕捞、非法狩猎以及大规模的土地开发。

通过系统思考，农业经理人能够更准确地识别出问题的根源，从而设计出更为全面和持久的解决方案。他们可能会倡导和实施可持续的农业实践，如采用有机农业，以减少化学肥料和农药的使用，保护土壤生物多样性。或者，他们可能会推动农业与林业的融合，通过植树造林和农业景观规划，恢复生物多样性，提高农田的碳汇能力①，以应对气候变化。

此外，系统思考还要求农业经理人要考虑到市场波动对农业生产的影响，建立更灵活的农业生产和销售模式，以适应市场需求的变化，例如，发展农业合作社，实现农产品的集体销售，或者利用现代信息技术，预测和应对市场风险。系统思考为农业管理提供了一种全面、动态和前瞻性的思维方式，帮助我们更好地理解和应对农业生态系统中的复杂挑战。

以澳大利亚的农业管理为例，在面对持续的干旱和水源短缺问题，澳大利亚的农业经理人采用了系统思考，他们认识到过度抽取地下水用于灌溉是问题的根源。于是，他们开始推广节水灌溉技术，同时引入了雨水收集和储存系统，通过改变农业用水方式，既解决了水源问题，又保护了地下水资源。

创新思维模式为农业经理人提供了一种全新的问题解决框架，它鼓励我们跳出常规，从更广阔、更深层次的角度去理解和解决问题，从而在应对农业挑战时展现出更大的创新力和适应性。

（二）创新应用模式

创新应用是探索如何将农业经理人的创新思维有效地转化到实际的农业操作中，提升

---

① 碳汇能力指的是一个生态系统吸收并储存二氧化碳的能力。

农业生产效率，改善生态环境，以及推动农业经济的可持续发展。这种转化过程需要借助一系列创新策略和工具。

1. 模拟学习

“模拟学习”模式，作为一种有效的知识转移和创新策略，在农业领域中展现出强大的潜力。这种模式的核心理念是，通过深入研究和学习已有的成功实践，从中汲取精华，然后根据自身的特定环境和条件进行创新和调整。它强调的不仅是模仿，更是一种理解和适应的过程，目的是提高新实践的可行性和有效性。

在农业实践中，可以看到许多这样的成功案例。例如，精准农业，这种利用现代信息技术精准管理农田的模式，就是在对传统农业管理的深入理解基础上发展起来的。通过精确测量和分析土壤养分、水分和病虫害等信息，农民可以精准地使用化肥和农药，从而提高作物产量，减少资源浪费。据美国农业部统计，自 20 世纪 90 年代以来，精准农业技术的应用已经帮助美国农民提高了 20%的玉米和大豆产量。

再如循环农业，这种以生态循环理念指导的农业模式，通过模拟自然生态系统的物质循环，实现农业废弃物的资源化利用，减少对外部输入的依赖。例如，一些农场将动物粪便转化为有机肥料，用于种植作物，同时通过种植豆科绿肥植物固定氮气，为作物提供氮肥，形成了一种封闭的物质循环系统。据联合国粮农组织报告，全球已有超过 1 亿公顷的土地采用了循环农业模式，显著提高了农业的可持续性。我国农业农村部和财政部也在 2021 年联合发布了关于开展绿色种养循环农业试点的通知，计划在 17 个省份开展试点，这表明中国在推动循环农业方面采取了积极的措施。

这些成功的案例表明，模拟学习模式在农业创新中发挥着关键作用。它鼓励农业经理人积极寻找和学习类似的实践，理解其背后的科学原理和实施策略，然后在自己的农场中进行适当的调整和应用。这种模式不仅提高了创新的成功率，也增强了农业实践对当地环境和社会经济条件的适应性。

2. 平台创新

“平台创新”模式，是一种新兴的创新应用。在 21 世纪的数字化浪潮中，这种模式借助于互联网、大数据、人工智能等先进技术，成功地打破了传统农业的边界，构建了一个跨部门、跨领域的协同创新网络。它将农业经理人、科研机构、政府部门、市场等多元化的参与者紧密联系在一起，形成了一种开放、共享、高效的创新生态系统，极大地推动了农业的现代化进程。

以电商平台为例，它如同一座无形的桥梁，将农田与市场无缝对接。一方面，电商平台为农产品开辟了更为广阔的销售渠道，不再局限于传统的地域限制，农民可以通过网络直接将产品销售给全国乃至全球的消费者，极大地提升了农产品的市场价值。据统计，2022 年我国农产品网络零售额为 5 313. 8 亿元，同比增长了 9. 2%，增速较 2021 年提升了 6. 4%。这充分展示了电商平台在农业商业模式创新中的巨大潜力。

另一方面，电商平台也为农业技术创新提供了肥沃的土壤。通过在线农业技术培训，农民可以随时随地学习最新的农业知识和技能，提高生产效率和产品质量。同时，农业大数据服务则为农业生产提供了精准的决策支持，如土壤分析、气候预测、病虫害预警等，帮助农民实现科学种植，降低生产风险。

此外，平台创新模式还促进了农业与其他产业的深度融合，如农业与旅游业的结合，催生了农家乐、采摘园等新型业态，进一步提升了农业的经济价值和社会价值。

平台创新模式以其开放性、共享性和高效性，正在深度重塑农业的生产方式、经营方式和价值创造方式，为农业的可持续发展注入了强大的动力。然而，我们也应看到，这种模式的实施还面临一些挑战，如农民的数字素养问题、数据安全与隐私保护问题等，这需要我们在推进平台创新的同时，也要注重相关问题的研究和解决，以确保农业的数字化转型能够真正惠及每一个参与者。

创新思维的应用是推动现代农业发展的重要驱动力，它通过模拟学习和平台创新等多种方式，将创新思维转化为实际操作，为农业的现代化和可持续发展开辟了新的路径。然而，创新需要勇气和韧性，它要求我们敢于挑战现状，接受可能的失败。创新思维模式和应用模式需要在实践中不断调整和优化，以适应不断变化的环境。这就需要我们保持开放的心态，保持对新知的渴望，才能在创新的道路上不断前行。

第二节　创新思维的培养

创新思维的培养要求农业经理人具备扎实的理论基础和在实际工作中不断摸索与学习。创新思维是对新事物的好奇和探索，更是对现有知识体系的深度挖掘和重新组合。农业经理人作为农业领域的领军人物，必须时刻保持敏锐的洞察力，关注行业动态，学习前沿技术，将理论与实践相结合，不断积累丰富的经验。

在这个过程中，农业经理人需要培养一种开放的心态，愿意接纳并尝试不同的方法和观点。创新思维往往来自跨领域的灵感和碰撞，因此，农业经理人需要拓宽自己的知识视野，了解其他行业的成功经验和失败教训，寻找可借鉴的元素并创造性地应用于农业领域。同时，农业经理人应该鼓励团队成员提出创新性的想法和建议，为他们创造一个宽松、包容的创新环境。通过定期的团队建设活动、知识分享会等形式，激发团队成员的创新潜能，让每个人都有机会为农业现代化的进程贡献自己的力量。创新思维的培养是农业经理人不断提升自身能力和推动农业现代化进程的关键。通过保持敏锐的洞察力、拓宽知识视野、鼓励团队创新、加强产学研合作等方式，农业经理人可以不断提升自己的创新思维和实践能力，为农业领域的持续发展和创新做出更大的贡献。在实践中，农业经理人需要勇于尝试新的管理模式、技术方法和市场策略，敢于面对挑战和失败。这种勇气和决心是创新思维得以培养和提升的关键。以精准农业为例，这一现代化的农业管理方式正逐渐改变着传统农业的面貌，而农业经理人则是推动这一变革的重要力量。

新的管理模式和技术方法往往需要大量的投入和长期的实践，才能取得明显的效果。在这个过程中，农业经理人需要敢于尝试，勇于面对可能出现的困难和挑战。通过不断学习和掌握新的知识和技能，更好地应对各种复杂情况。同时，随着消费者需求的不断变化和市场竞争的加剧，农业经理人需要不断调整和优化自己的市场策略，深入了解市场需求和趋势，制定出符合实际情况的市场营销方案，以便更好地推广和销售自己的农产品。

当然，在尝试新的管理模式、技术方法和市场策略的过程中，失败是不可避免的。但是，失败并不意味着终结，而是提供了宝贵的经验和教训。农业经理人需要从失败中吸取教训，总结经验，不断完善自己的知识和技能，以便更好地应对未来的挑战。农业经理人应该敢于引进和应用这种新型的管理模式，尽管在初始阶段可能会遇到许多挑战和困难，如技术难题、资金压力、农民接受度等。然而，只有通过不断地尝试和实践，才能找到适合当地农业生产的新模式，提升农业生产的效率和质量。农业经理人也需要注重团队协作，鼓励团队成员积极发表意见，共同解决问题。在推广精准农业的过程中，团队成员可能会提出各种问题和建议，农业经理人应该以开放和包容的心态接受这些意见，通过团队的力量找到最佳的解决方案。这种团队协作和开放创新的氛围，有助于激发团队成员的创新思维，形成共同的创新目标。

例如，某农业经理人在推广精准农业的过程中，遇到了农民对新技术接受度不高的问题。他鼓励团队成员提出各种解决方案，包括通过示范田展示新技术效果、组织农民培训、提供技术指导等。最终，他们成功地提高了农民对新技术的接受度，实现了精准农业在当地的有效推广。这个案例就充分说明了勇于尝试、团队协作和创新思维在农业经理人工作中的重要性。

一、创新力的来源

好奇心，这一内在驱动力，自古以来便是推动人类不断前行、探索未知的力量源泉。从伽利略仰望星空的好奇，到爱因斯坦探索物理定律的渴望，再到现代科技巨头不断追寻技术创新的脚步，好奇心始终是推动人类进步的核心动力。农业经理人应时刻保持对新技术、新方法的好奇心。传统农业管理模式已难以满足现代农业发展的需要，农业经理人要勇于尝试和探索，推动农业向更高效、更智能、更可持续的方向发展。

保持好奇心，意味着要不断学习。农业经理人应紧跟科技发展的步伐，深入了解农业物联网、精准农业、智能农机等前沿技术，掌握它们在农业生产中的应用原理和实践方法。同时，还应关注国内外农业发展趋势，学习借鉴先进经验，为自己的创新思维提供源源不断的灵感。勇于探索，意味着要敢于实践。理论是实践的指导，但实践才是检验真理的唯一标准。农业经理人应将所学知识与实际工作相结合，敢于在实践中尝试新技术、新方法，通过不断地试验、总结、优化，形成符合本地实际、具有推广价值的农业管理模式。

在农业领域，这种好奇心体现为对新技术的追求，对新方法的探索，以及对农业未来发展趋势的洞察。正是这种内在动力，推动着农业经理人不断拓宽自己的知识视野，提升自我，为农业的创新发展贡献力量。

以近年来兴起的智慧农业为例，农业经理人通过保持对新技术的好奇心，积极引入物联网、大数据、人工智能等现代信息技术，实现了对农田环境的实时监测、精准施肥、智能灌溉等智能化管理，不仅提高了农业生产效率，也为农业可持续发展注入了新的活力。同时，农业经理人还要勇于尝试和探索新的农业经营模式。通过借鉴国内外先进经验，结合本地实际情况，探索出“公司+农户”“合作社+农户”等多种形式的农业合作模式，这些新模式有效促进了农业生产的规模化、集约化发展，拓宽了农民的收入来源，提高了农业的整体效益。

在农业经理人的带领下，农民们的思想观念也在悄然改变。他们开始意识到，农业不仅仅是传统的耕种模式，更是一个充满创新和机遇的领域。农民们通过参加新技术培训，主动学习新知识，努力提升自身素质，为农业的高质量发展贡献自己的力量。

好奇心还推动着农业经理人关注农业生态环境保护。只有保护好农业生态环境，才能实现农业的长期可持续发展。因此，需要积极探索生态农业、循环农业等新型农业发展模式，推动农业与生态环境的和谐共生。

二、创新思维的构成要素及特点

（一）创新思维的构成要素

1. 批判精神

创新，实质上是对既有观念、传统及现状的深度反思与革新。在剖析创新思维时，批判性思维是首要要素。创新依赖于对既有框架的深入分析，以此为根基孕育出新颖的理念、策略及实体。批判性思维在这一过程中是创新动力的源泉，确保创新的持续发展。

批判精神要求农业经理人要不满足于现有的知识和经验，更要敢于对它们质疑和挑战。这种质疑和挑战不是漫无目的的，而是基于深入地思考和理性地分析。通过批判，能够发现旧有观念和方法中的不足之处，进而寻找改进和创新的途径。

在创新过程中，批判精神还促使农业经理人不断学习和吸收新知识、新思想。这种学习和吸收不是简单地堆砌和模仿，而是要在理解和消化的基础上，将其融入自己的知识体系，并用来指导自己的创新实践。可以说批判精神是创新意识的核心驱动力，使农业经理人能够保持清醒的头脑，不被旧有的观念和方法所束缚；同时，也为农业经理人提供了源源不断的创新灵感和动力，批判精神对于培养创新意识和创新能力显得极为重要。

2. 创造性思维

通过对批判性思维的运用，农业经理人成功地打破了固有思维模式，进而激发了创造性思维。农业经理人意识到，批判性思维不仅是审视既有观念的工具，更是推动创新思维的催化剂。在打破固有思维模式的过程中，农业经理人逐渐学会了独立思考，敢于挑战传统，勇于提出新的见解和观点。

随着批判性思维的深入运用，农业经理人的创造性思维得到了进一步激发。开始从多个角度思考问题，寻找解决问题的新方法。不再满足于已有的答案，而是努力探索未知的领域，寻找更多的可能性。

在这个过程中，农业经理人也逐渐发现了批判性思维与创造性思维之间的紧密联系。批判性思维帮助我们审视现有的知识和观念，发现其中的不足和缺陷，从而为创造性思维提供了广阔的舞台。而创造性思维则能够为农业经理人带来新的想法和创意，推动农业经理人不断向前发展。创造性思维是以发现新思想、新观点、新理论为目标的，显著特征包括新颖性、独特性和求异性。

（1）新颖性。创造性思维要求农业经理人在思考问题时能够跳出传统框架，打破思维定式，以全新的视角和方式去观察和探索。这种新颖性不仅体现在对问题的理解上，更体现在解决问题的方法和途径上。通过创造性思维，能够发现前所未有的新思想、新观点和新理论，为人类社会的进步和发展开辟新的道路。

（2）独特性。创造性思维要求农业经理人在思考问题时能够形成自己独特的见解和主张，不受他人影响，保持独立思考。这种独特性不仅体现在对问题的理解和分析上，更体现在解决问题的策略和方法上。通过创造性思维，能够提出独特而富有洞见的解决方案，为复杂问题的解决提供新的思路和方向。

（3）求异性。创造性思维要求农业经理人在思考问题时能够追求与众不同、标新立异的效果，不断挑战和超越自我。这种求异性不仅体现在对问题的思考上，更体现在对创新成果的追求上。通过创造性思维，能够不断创造出新颖、独特、有价值的创新成果，为社会的进步和发展贡献自己的力量。

创造性思维是一种新颖、独特且求异的思维方式，它要求农业经理人跳出传统框架，打破思维定式，以全新的视角和方式去观察和探索问题。通过创造性思维，能够发现新思想、新观点和新理论，为人类社会的进步和发展开辟新的道路。

3. 开拓精神

在创新的征程中，随遇而安的悠闲心态和不思进取的苟且作风，成为阻碍团队创新的沉重枷锁。面对重重挑战与困难，凭借对卓越的不懈追求和持续进取的精神，成功跨越障碍，开拓了新领域。

作为农业经理人，若要激发团队的创新活力，必须摒弃悠闲的随遇而安和苟且的不思进取。这两种态度只会限制团队的思维与行动，让创新之路变得崎岖难行。相反，应当鼓励团队成员敢于迎接挑战，不断追求更高的目标，以积极进取的姿态面对工作中的每一道难题。

改革创新思维的内涵在于与时俱进、锐意进取、勤于探索、勇于实践。这意味着农业经理人要紧跟时代的步伐，不断学习和掌握新知识、新技能，以开放的心态接受新的思想和观念。同时，还要敢于尝试新的方法和途径，勇于实践新的理念，通过不断地探索和实践，推动创新成果的不断涌现。

开拓精神是创新的不竭动力，它激励着农业经理人不断追求卓越、争先创优，以开拓进取的精神面对未来的挑战和机遇。只有具备了这种精神，才能在创新的道路上不断前行，为社会的进步和发展贡献自己的力量。

（二）创新思维的特点

创新思维作为一种独特且多维度的认知过程，在当今社会的各个领域中均展现出无可替代的价值。它不仅是解决问题的关键，更是推动发展、引领变革的核心动力。

1. 非线性

创新思维在本质上展现了非线性特征，这一特性深刻地超越了传统线性思维模式的局限。在非线性思维的框架下，个体不再被束缚于单向、直线的思考路径，而是能够在多元化的概念、观点和信息之间自由穿梭，实现灵活而富有深度的关联。

这种非线性特性允许人们跳出固有的思维框架，打破常规的限制，从全新的视角审视问题。这种跨越式的思考方式，不仅拓宽了思维的边界，更为农业经理人提供了更为丰富和多样的解决方案选择。

具体来说，非线性创新思维能够帮助农业经理人在复杂多变的环境中快速适应变化，捕捉潜在的机遇。它鼓励农业经理人不断探索和尝试新的思路和方法，从而创造出独特且富有创意的解决方案。这种解决方案往往能够突破传统思维的局限，带来意想不到的效果和价值。因此，应当积极培养和运用非线性创新思维。通过不断拓宽知识领域、增强跨领域合作、鼓励创新思维实践等方式，不断提升自己的非线性思维能力，为解决问题和推动创新提供更为强大的动力。

2. 开放性和包容性

创新思维作为一种高级认知活动，其显著特点在于其高度的开放性与包容性。这种特性推动了个体与集体智力发展、促进知识体系的更新迭代以及社会文化的繁荣多元方面。开放性是创新思维的首要特征。要求个体在思维过程中，能够摒弃传统思维定式的束缚，敢于挑战既有认知的边界。这种开放性不仅体现在对新知识、新技能的接纳上，更在于对不同观点、不同文化的尊重与理解。在开放性的思维框架内，个体能够更加客观地审视问题，更加全面地分析问题，从而得出更具创新性的结论。

包容性是创新思维的另一重要特征。它强调在思维过程中，对各种不同的观点、文化和思维方式持有开放和接纳的态度。这种包容性有助于个体突破单一思维模式的限制，实现思维的跨界融合与创新。在包容性的思维环境下，不同的观点和文化能够相互碰撞、相互融合，从而产生出更加丰富多元的思想火花。

正是创新思维的开放性和包容性，使得它能够拓宽人们的视野，丰富知识的维度。在创新思维的引导下，个体能够接触到更多元的信息和观点，从而拓展自己的认知边界。同时，这种思维方式还能够激发个体的创新潜力，促使其在面对问题时能够提出更具创意的解决方案。此外，创新思维的开放性和包容性还有助于促进多元化、创新性思想的涌现。在一个充满开放性和包容性的思维环境中，不同的思想和文化能够相互交融、相互促进，从而催生出更加丰富多彩的思想成果。这种多元化的思想氛围不仅能够推动社会文化的繁荣和发展，还能够为科技进步和经济发展提供源源不断的创新动力。

3. 实践性和应用性

创新思维，作为一种高度活跃且富有前瞻性的思维模式，其核心价值在于其强大的实践性和应用性。它并非仅仅满足于理论层面的探讨与设想，而是积极寻求将创新理念转化为切实可行的实际行动，从而有效地解决现实生活中的问题。

在实践性方面，创新思维强调将理论知识与实际情况紧密结合，通过实地考察、调研分析等方式，深入了解问题的本质和根源。在此基础上，创新思维能够提出具有针对性的解决方案，并通过实践验证其可行性和有效性。这种以实践为基础的创新思维，不仅能够提升解决问题的效率，还能够增强创新的针对性和实效性。

在应用性方面，创新思维注重将创新成果转化为实际生产力，推动社会的进步和发展。它致力于将创新理念应用于各个领域，从科技研发到产业升级，从社会治理到文化创新，无不体现着创新思维的广泛应用。通过不断创新和实践，能够创造出更多符合社会需求、具有实际价值的新产品、新技术和新服务，从而推动整个社会的向前发展。

4. 自我更新

创新思维具备自我更新与进化的能力。这种能力使得创新思维能够紧跟时代的步伐，与科技发展的脉搏同步跳动，从而灵活应对各种新情境和新挑战。

在快速变化的时代背景下，创新思维展现出了强大的适应性。无论是社会经济结构的变革，还是科技进步带来的产业升级，创新思维都能迅速捕捉到其中的机遇与挑战，进而调整自身的思维模式和策略。这种调整并非简单的随波逐流，而是在深入分析新情境的基础上，进行有针对性的优化和创新。

同时，创新思维还具备自我优化的特性。在应对挑战的过程中，创新思维会不断总结经验教训，反思自身的不足，并通过学习新知识、掌握新技能来不断提升自身的素养和能力。这种自我优化的过程使得创新思维能够始终保持活力和竞争力，不断推动农业经理人和农业企业向前发展。

5. 跨领域融合

创新思维在本质上要求农业经理人摆脱单一视角的局限，从多角度、全方位进行思考。特别是在面对复杂问题时，单一学科或领域的知识往往难以提供全面而深入地解答。创新思维的这种跨领域融合的特性使得创新思维能够跨越不同的学科边界，汲取来自各个领域的思想精华和方法论，进而形成独具特色且富有实际价值的创新成果。

跨学科、跨领域的思考意味着农业经理人能够融合不同学科、不同领域的知识和方法，通过综合分析和整合，形成全新的解决方案。这种思维方式打破了传统学科的界限，使得农业经理人能够从一个全新的视角去看待问题，发现被忽视的可能性，并提出更具创新性和实用性的解决方案。

例如，在解决一个涉及生物学、医学和工程学的复杂问题时，可以将生物学的基础理论、医学的临床经验和工程学的技术手段相结合，共同研发出一种新型的医疗器械或治疗方法。这种跨学科的合作不仅能够提高解决问题的效率，还能够推动相关学科的发展和创新。

同时，跨学科、跨领域的思考也要求农业经理人具备广泛的知识储备和强大的学习能力。需要不断学习和掌握新的知识和技能，以便更好地理解和应用不同学科、不同领域的知识。此外，还需要具备开放的心态和协作精神，愿意与不同学科、不同领域的人进行交流和合作，共同推动创新的进程。

跨学科、跨领域的思维方式能够帮助农业经理人更好地理解和解决复杂问题，还能够推动相关学科的发展和创新。因此，应该积极培养这种思维方式，不断拓宽自己的知识领域和视野，为创新提供更多的可能性。

6. 独创性

创新思维的独特性体现在突破传统框架的能力上。传统的思维方式往往受到既定观念、经验和知识的束缚，难以跳出固有的思维模式。而创新思维则能够打破这些束缚，以全新的视角和方式看待问题，从而发现传统思维所忽视的可能性。这种突破性的思维方式，使得我们能够在各个领域取得前所未有的成就。

创新思维的独特性表现在跨越不同领域和学科的综合能力。现代社会的问题往往具有复杂性和综合性，需要综合运用不同领域的知识和方法来解决。创新思维能够跨越学科界限，将不同领域的知识进行有机融合，形成新的思维模式和解决方案。这种跨领域的综合能力，使得创新思维在解决复杂问题时具有更高的效率和准确性。此外，创新思维的独特性还体现在对未来趋势的敏锐洞察力和预见性。创新思维不仅能够关注当前的问题和挑战，更能够洞察未来的发展趋势和潜在机遇。通过对未来趋势的预测和分析，创新思维能够提前布局、抢占先机，为未来的发展做好充分准备。

创新思维的独特性并不意味着它是孤立无援的。相反，它需要建立在扎实的基础知识、广泛的实践经验以及开放合作的精神之上。只有在这些条件的支持下，创新思维才能充分发挥独特优势，推动社会不断向前发展。创新思维的独特性在于突破传统、跨领域综合以及预见未来的能力。这种独特性使得创新思维成为推动社会进步与发展的核心力量。

7. 发现问题的本质

创新思维注重发现问题的关键点和本质，寻找创新的突破口，同时关注潜在需求和未来趋势，为未来的发展提供指导。创新思维在追求新颖和独特的同时，更注重对问题本质的深入剖析和对潜在需求的敏锐洞察。这种思维方式强调从问题的根源出发，寻找创新的突破口，并关注未来趋势，为长远发展提供方向和指导。

在面对问题时，创新思维要求农业经理人对问题的本质进行深入理解和把握。不能停留在表面现象上，而应当深入探究问题的根源和关键点。通过挖掘问题的本质，能够更准确地把握问题的实质，从而找到更有效的解决方案。

注重问题的本质和潜在需求是创新思维的重要特点。它要求农业经理人具备深入剖析问题的能力和前瞻性的眼光，关注未来趋势，为长远发展提供方向和指导。同时，农业经理人还需要具备跨学科、跨领域的知识和能力，以更全面地理解和解决问题。

三、创新思维的养成和实现

创新思维的养成和实现，通常源于多元化思维的交流与碰撞。农业经理人能集合各成员的智慧与专长，共同解决难题，激发团队成员的创新潜能，推动农业领域的发展。创新思维即突破传统思维，以新颖的角度和方法观察、分析和解决问题。要实现它，需要培养相应的思维习惯和技巧。

（一）养成创新思维

创新思维需要农业经理人在多个维度进行持续的努力和积累。在知识积累方面，农业经理人需要拥有广博而深入的专业知识，以及跨学科的综合素养。善于从各种知识体系中汲取养分，将不同领域的知识进行有机融合，从而创造出新颖独特的想法和解决方案。

实践经验对于创新思维的培养同样重要。通过亲身参与实践活动，农业经理人能够深入了解问题的本质和实际需求，积累宝贵的经验教训。这些实践经验不仅有助于加深对知识的理解，还能够激发创新思维者的灵感，促使他们从不同角度思考问题，提出更具针对性的解决方案。

在思维模式方面，农业经理人需要具备开放、多元和批判性的思维特点，善于打破传统思维模式的束缚，敢于挑战权威和既有观念。同时，保持客观公正的态度，对问题进行深入剖析和理性思考，从而得出更加科学、合理的结论。

环境适应也是农业经理人不可或缺的能力。在快速变化的时代背景下，农业经理人需要具备较强的适应能力和应变能力，迅速捕捉到环境中的新信息和新变化，及时调整自己的思维方式和行为策略，以适应不断变化的环境和需求。

1. 知识储备是基础

创新不是无本之木，它需要丰富的知识作为支撑。农业经理人应当具备扎实的专业基础知识，同时还应广泛涉猎相关领域，形成知识的深度和广度的双重优势。只有这样，在面对问题时，才能够从多角度、多层次进行思考，发现新的解决路径。

正如建造高楼大厦需要稳固的地基，创新同样需要坚实的知识基础作为支撑。农业经理人只有在深入学习和理解本专业的基本原理、核心概念和方法论之后，才能够站在前人的肩膀上，进一步探索未知的领域，提出新的见解和解决方案。

同时，农业经理人在掌握本专业知识的基础上，还应积极学习其他领域的知识，以拓宽视野，丰富知识体系。通过跨界学习，农业经理人能够借鉴其他领域的思维方式和研究方法，为自己的创新提供新的灵感和思路。

农业经理人要形成知识的深度和广度的双重优势。深度意味着对某一领域有深入的理解和洞察，能够把握该领域的本质和规律；广度则意味着具备跨领域的知识和视角，能够从不同的角度看待问题，发现新的联系和可能性。只有同时具备深度和广度的知识优势，农业经理人在面对问题时才能够从多角度、多层次进行思考，发现新的解决路径。

2. 实践经验是关键

创新思维的培养不能局限于理论层面的探讨和传授，更应当注重实践层面的深度参与和实际操作。理论知识固然重要，但唯有通过实践的检验和修正，才能确保创新思维得以真正落地生根，并转化为推动社会进步的实际力量。

农业经理人在培养创新思维的过程中，应积极参与各类实践活动，特别是那些具有挑战性和创新性的项目。这些项目往往能够提供更广阔的舞台和更丰富的实践场景，使农业经理人能够在实际操作中不断摸索、尝试和突破。通过实践，农业经理人不仅能够加深对理论知识的理解，更能够培养发现问题、解决问题的能力，从而在不断挑战自我的过程中激发创新思维。此外，实践还能够帮助农业经理人更好地认识自我，发掘自身潜力和优势。在实践过程中，农业经理人可能会遇到各种困难和挑战，但正是这些困难和挑战，能够促使农业经理人不断反思、总结和进步。通过不断修正和完善自身的思维方式和方法论，农业经理人能够逐渐形成独具特色的创新思维模式，为未来的发展奠定坚实的基础。因此，我们要强调创新思维的培养不能停留在理论层面，而应当通过实践来不断检验和修正。只有真正将理论与实践相结合，才能培养出具有真才实学、能够解决实际问题的创新型人才。

3. 思维转变是核心

在传统思维模式的桎梏下，农业经理人的思考往往被束缚在既定的框架和范式之中，难以挣脱束缚，产生新颖的思想和观念。这种思维定式限制了个人思维的深度和广度，阻碍了社会的进步与发展。

为了突破这一困境，农业经理人需要打破思维定式，勇于挑战传统观念。这意味着要敢于跳出常规，不被旧有的观念和认知所限制，用全新的视角和方法去审视和认识问题。要实现这一目标，农业经理人需要具备开放的心态。开放的心态意味着愿意接受不同的观点和看法，不固执己见，不排斥异己。只有保持开放的心态，才能更好地吸收新的知识和信息，拓宽自己的思维领域。

同时，农业经理人还需要具备批判精神。批判精神要求我们对传统观念和既有认知保持怀疑和审视的态度，不盲目跟从，不轻易接受。通过批判性地分析和评价，可以更好地理解问题的本质和根源，为提出新的解决方案奠定基础。

农业经理人需要具备勇于探索的勇气。勇于探索意味着要敢于尝试新的方法和途径，不怕失败和挫折。只有勇于探索，才能不断突破自我，实现个人和社会的进步。

4. 适应环境是保障

农业经理人创新思维的养成离不开良好的环境支持。农业经理人所处的环境应鼓励创新，无论是政策环境、社会环境还是工作环境。政策层面，政府应推出一系列鼓励农业创新的政策，如提供研发资金支持、税收优惠等，让农业经理人在尝试新方法、新技术时无后顾之忧。社会环境上，应大力倡导尊重知识、尊重创新的氛围，提高农业创新的社会地位和认同感。

农业经理人需要有充足的学习和实践资源。这包括接触最新的农业科研成果平台，与行业专家、学者交流的机会，以及试验新理念、新技术的试验田。这些都能为他们的创新思维提供源源不断的灵感和素材。

农业企业应构建一个开放、包容、鼓励试错的工作环境。创新往往伴随着风险，如果员工担心失败会受到惩罚，那么他们可能会选择维持现状，而不是尝试新的可能。因此，企业应建立一种“失败可接受，但不求进步不可原谅”的文化，让农业经理人敢于挑战现状，敢于创新。

农业经理人的个人成长也离不开持续的教育和培训。定期的创新思维培训、管理能力提升课程，可以帮助他们更新知识结构，提升创新能力，以适应农业行业的发展需求。

（二）实现创新思维的策略

在农业管理领域，实现创新思维是推动行业进步和增强竞争力的基础。农业经理人可采取一系列策略，激发创新思维并促进团队的整体发展。

1. 积极鼓励尝试

农业经理人应当鼓励自己和团队成员大胆尝试新方法，将失败看作是学习和成长的契机。每一次失败，都意味着离成功更近一步。失败可以教会农业经理人如何调整策略、改进方法，从而提升农业经理人的创新能力。

在尝试新方法的过程中，农业经理人能够积累宝贵的经验，这有助于农业经理人更好地理解农业发展的需求。通过不断地学习和实践，农业经理人和团队成员可以共同提升创新能力，为农业领域带来更多的可能性。

农业经理人还应具备激励团队成员追求创新的能力。一个优秀的团队，需要每一个成员的共同努力。农业经理人应当营造一个开放、包容的氛围，让团队成员敢于提出新想法，勇于实践。通过团队合作，农业经理人可以整合各方资源，将创新理念付诸实践，为农业领域带来实质性的改进。

农业经理人需要具备扎实的专业知识和创新思维，勇于尝试新方法，并将失败视为学习和成长的契机。通过不断地积累经验，提升创新能力，农业经理人和团队成员可以共同推动农业领域的发展。

2. 构建容错文化

在构建一个充满包容性和支持性的工作环境时，农业经理人应当不遗余力地推动容错文化的形成。这种文化促进了团队成员间的积极交流、实践新想法以及推动整个农业领域的创新发展。

容错文化，顾名思义，即允许团队成员在尝试新事物、面对挑战时犯错误，并从中吸取教训，不断成长。在这样的环境中，团队成员能够畅所欲言，分享自己的见解和经验，而不必担心受到惩罚或指责。这种氛围有助于激发团队成员的创造力和积极性，使他们更愿意主动尝试新方法、新思路，为农业领域的发展贡献力量。

为了实现这一目标，农业经理人可以从多个方面着手。首先，应该明确表达自己对团队成员的支持和信任，让成员们感受在这个团队中，他们的想法和尝试都会得到尊重和认可。其次，农业经理人可以定期组织团队讨论和分享会，鼓励团队成员相互学习、借鉴和启发，共同成长。此外，还可以建立相应的激励机制，对于提出有创见性建议或成功实践新方法的团队成员给予表彰和奖励，以激发更多人的参与热情。

在农业领域，创新是推动行业发展的关键。随着科技的不断进步和市场需求的变化，农业经理人需要引导团队成员不断尝试新的种植技术、管理方法和市场策略，以适应行业的发展趋势。而容错文化正是为这种创新提供了有力的支持。在容错文化的熏陶下，团队成员们敢于冒险、敢于尝试，从而不断推动农业领域的发展。

然而，需要注意的是，容错文化并不意味着对错误的纵容。在允许团队成员犯错误的同时，农业经理人还应该帮助他们分析问题产生的原因，并引导他们寻找解决问题的有效方法。此外，对于那些严重影响团队目标和利益的错误行为，农业经理人仍然需要采取相应的措施予以纠正和惩罚。

3. 利用思维导图

思维导图是一种将思维过程以图形化的方式进行组织和展示的工具。它通过关键词、颜色、图像和连接线等形式，将抽象的思维具体化，帮助人们更加直观地理解和组织信息。在团队工作中，思维导图可以被用来梳理思路，规划项目，分析问题，以及促进团队沟通和协作。

首先，思维导图可以帮助团队成员系统地组织和扩展思维。在处理复杂问题和规划项目时，团队成员可以通过思维导图将零散的想法和信息进行结构化组织，形成清晰的知识结构和逻辑链条。这种组织过程有助于团队成员全面、深入地理解和分析问题，从而为创新提供可能。其次，思维导图能够进一步激发团队成员的创意和灵感。思维导图的图形化特征促使人们在视觉上接受信息，这往往能触发新的思考和联想。团队成员在绘制和讨论思维导图的过程中，可以不断提出新的观点和想法，形成思维的碰撞，进而产生创新的火花。此外，思维导图等工具的使用，还能有效提升团队成员的创新能力和问题解决技巧。通过思维导图的训练，团队成员可以学会如何从不同的角度和层面思考问题，这有助于打破常规思维的限制，发现新的解决方案。同时，思维导图还能帮助团队成员识别和挖掘潜在的问题，从而提高他们的发现问题和解决问题能力。

创新思维能够推动农业行业进步和实现可持续发展。思维导图等思维工具，以其独特的图形化优势，不仅能促进思维系统的组织，还能显著提升团队成员的创新能力和问题解决技巧。

4. 实践原型制作

在实施创新战略时，农业经理人应该积极倡导并实践快速制作实践原型的方法。这种方法要求将理论迅速转化为可操作的实践项目，通过实际操作来验证理论的可行性，在实践中不断进行迭代和完善。

快速制作实践原型的过程，实际上是一个高效解决问题和改进产品的过程。它让农业经理人在产品或服务正式投入市场之前，就对其进行实际测试和评估。通过这种实践验证，可以及早发现潜在的问题和不足，从而在后续的迭代中进行针对性地改进，不仅提高了创新成果的质量和可靠性，也降低了因错误决策带来的风险和经济损失。

此外，快速制作实践原型能够帮助农业经理人更准确地了解和把握市场需求。在实践中，农业经理人可以直接收集用户反馈和市场数据，这些宝贵的信息将为产品或服务的改进提供指导。同时，这种快速反馈机制也使得农业经理人能够及时调整创新策略，确保资源得到最优化配置。

在农业生产过程中，通过快速制作实践原型，可以实现资源的有效配置，农业经理人能够识别哪些环节需要改进，哪些资源需要重新分配，从而实现资源利用的最大化。例如，在农业技术研发中，通过快速原型实践，可以确定哪种种植方法、哪种肥料使用更为高效，进而调整农业生产计划，提升农业生产效率。

农业经理人作为农业创新的推动者，应当重视并采用快速制作实践原型的方法。这种方法不仅可以提高创新成果的实用性和可行性，还有助于优化资源配置，提升农业生产效率，快速制作实践原型必将成为农业经理人手中的一把利器。

5. 以用户为中心

以用户为中心，是农业经理人始终坚守的核心理念。只有真正理解和尊重用户，才能打造出符合用户需求的优秀产品。农业经理人应始终把用户需求作为创新的核心驱动力，为用户提供更优质、更高效的产品与服务，从用户视角出发，深入洞察市场需求和消费者偏好。还要密切关注市场动态，了解消费者的真实需求与痛点，挖掘潜在的商业机会。同时，还需要通过问卷调查、访谈、数据分析等方式，收集用户反馈和意见，以便更好地把握市场动态和消费者心理。在了解用户需求的基础上，农业经理人需要寻找高效解决方案。结合农业产业的实际情况，利用现代科技手段，开发出具有创新性和实用性的产品或服务。例如，通过引进智能化农业设备、应用物联网技术、推广绿色生产方式等手段，提高农业生产效率，降低生产成本，同时满足消费者对健康、环保等方面的需求。

持续满足并超越用户期望是农业经理人推动创新的关键。应该密切关注用户对产品或服务的反馈和评价，及时进行调整和优化。通过持续改进产品和服务质量，提升用户体验和满意度，农业经理人不仅能够赢得用户的信任和忠诚，还能够树立良好的品牌形象，为企业的长远发展奠定坚实基础。

通过把用户需求作为创新的核心驱动力，农业经理人能够确保创新成果精准匹配市场需求。这不仅有助于提升农业产业的竞争力和可持续发展能力，还能够为农民带来更多收益，推动农村经济的繁荣与发展。

第六章　互联网+农业

“互联网+农业”是指将互联网技术与农业生产、加工、销售等产业链环节结合，实现农业发展科技化、智能化、信息化的农业发展方式。这种发展方式能够使互联网重塑农产品流通模式，推动农产品电子商务的新发展。“互联网+农业”催生了包括智慧农业在内的多种发展模式。

“农村五通”是乡村振兴战略的重要组成部分，所谓“五通”，即通路、通电、通水、通气、通网。这五个方面涵盖了农村基础设施建设的关键领域，是实现农村现代化的必要条件。

通路方面，农村公路网的建设和优化不仅涉及公路的通达性和便捷性，还需要注重公路的质量和安全性。国家通过科学的规划和建设，构建了一个高效、便捷的农村公路交通网络，为农村经济发展提供有力支撑。

通电方面，电力是农村生产和生活的重要能源。需要加强农村电网建设，提高供电能力和供电质量。同时，还需要推广清洁能源，如太阳能、风能等，促进农村能源结构的优化和升级。

通水方面，农村饮水安全是关系到农民身体健康和生命安全的重要问题。需要加强农村饮水工程建设和管理，确保农民喝上干净、安全的水。同时，还需要注重水资源的保护和合理利用，促进农村水资源的可持续发展。

通气方面，随着农村生活水平的提高，农民对燃气等清洁能源的需求也在不断增加。需要加强农村燃气管道建设，提高燃气供应能力和服务水平。同时，还需要加强燃气安全监管，确保农民用气安全。

通网方面，信息通信技术的发展为农村发展带来了新的机遇。互联网的普及和 5G 等新型通信技术的广泛应用，弥补了城乡之间的数字鸿沟，加强农村信息化建设，推动宽带网络向农村延伸，为实现乡村振兴战略提供有力的支撑。

加强农村信息化建设，推动宽带网络向农村延伸，实现农村与城市信息对等。《中国互联网络发展状况统计报告》显示，截至 2023 年 12 月，我国农村地区互联网普及率为 66.5%，较 2018 年增长了 28.1%。农村网民规模达到了 3.26 亿人。国家会继续加大基础设施投入，确保农村地区也能享受到高速、稳定的网络服务，为“互联网+农业”的实施提供坚实的硬件基础。

“互联网+农业”的模式为农村产业发展注入了新的活力。通过建设农村电商平台，农产品可以直接对接广阔的市场，打破地域限制，提高农产品的销售效率和经济效益。例如，我国的“淘宝村”模式，就成功地帮助许多农村地区实现了农产品的线上销售，极大地推动了农村经济的发展。

通过网络，远程教育和远程医疗等服务的推广，也极大地提升了农民的生活质量。农村地区的居民可以接受优质的教育资源，提高自身的知识和技能，为农村的长远发展培养人才。同时，远程医疗可以让农民在家门口享受到城市的医疗资源，改善农村地区的医疗条件，保障农民的健康权益。

第一节　智慧农业的发展

一、智慧农业的功能与价值

（一）智慧农业的概述

智慧农业是指利用现代信息技术，如物联网、大数据、云计算、人工智能等，对传统农业进行改造和升级，实现农业的智能化、精准化和高效化。例如，通过物联网技术，可以实时监测农田环境参数，如土壤湿度、温度、光照强度等，从而精确掌握作物生长情况，为农业经理人提供科学决策依据。同时，利用大数据和云计算技术，可以分析海量农业数据，挖掘农业生产中的潜在规律和问题，为农业生产的精准管理和优化提供有力支持。

智慧农业还可以通过人工智能技术，实现自动化、智能化的农业操作。例如，智能农机可以自主完成播种、施肥、灌溉等作业，大大提高了农业生产的效率和质量。同时，智慧农业还可以通过智能化监测和预警系统，及时发现和解决农业生产中的问题，有效减少农业灾害和损失。

作为现代农业的进阶形态，智慧农业充分运用了现代信息技术、物联网技术、大数据分析以及人工智能等尖端科技，实现了农业生产智能化、管理精细化与服务高效化。同时，智慧农业也提升了农业生产的效率，优化了资源配置，促进了农业的可持续发展。在现代社会，智慧农业正逐步成为农业领域的重要发展方向，引领着农业生产模式的革新。

在智慧农业中，物联网技术通过在农田、温室、养殖场等生产环境中布置传感器和监控设备，智慧农业系统能够实时收集土壤湿度、温度、光照强度、空气质量等关键数据，通过网络传输至数据中心进行分析和处理。这些数据为农业经理人提供了精准的信息支持，帮助他们更好地掌握生产环境的变化，及时调整管理措施，提高农作物或动物的产量和品质。

大数据分析技术也为智慧农业的发展提供了有力支撑。通过对大量农业数据的深入挖掘和分析，智慧农业系统能够发现农业生产中的潜在规律和趋势，为农业经理人提供科学的决策依据。同时，大数据技术还能够实现农业生产的预测预警，帮助农业经理人提前应对可能出现的风险和挑战。

此外，人工智能技术利用机器学习算法和深度学习技术，智慧农业系统能够自主地进行农业生产过程的优化和调整，实现自动化、智能化的生产。例如，通过智能灌溉系统，系统能够根据土壤湿度和作物需求自动调节灌溉量，提高水资源利用效率；通过智能施肥系统，系统能够根据作物生长情况和养分需求自动调整施肥方案，提高肥料利用率。

（二）智慧农业在农业现代化中的应用

智慧农业是现代信息技术和传统农业的有机结合，为农业生产带来更加智能、精准和

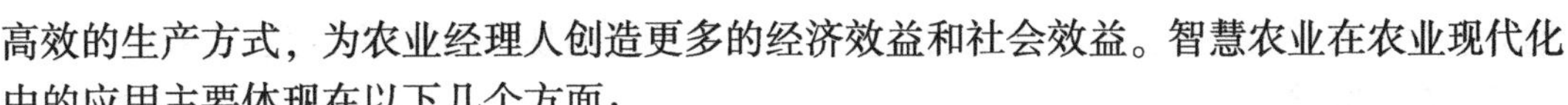

高效的生产方式，为农业经理人创造更多的经济效益和社会效益。智慧农业在农业现代化中的应用主要体现在以下几个方面：

1. 提高生产效率

智慧农业已经成为提高生产效率、优化资源配置、保护生态环境的重要工具，它正在改变着传统的农业生产模式。通过精准农业技术，如精准播种、精准施肥、精准灌溉等，减少资源的浪费，提高了作物的品质，为农业的增产增收注入新的活力。

精准播种技术通过先进的传感器和导航系统，可以精确地确定种子的播撒位置和数量，避免种子的浪费，同时也提高了种子的存活率。这种技术减少了种子的使用量，降低了农民的工作强度，使得农业生产更加高效。

精准施肥技术则依赖于土壤分析和作物营养需求的精确数据，为每一块土地提供恰到好处的养分。这种技术避免了肥料的过度使用，减少了化肥对环境的污染，同时也提高了作物的产量。

精准灌溉技术则通过监测土壤湿度和作物生长情况，实现了对农田的精确灌溉。这种技术不仅可以节约大量的水资源，还可以避免过度灌溉导致的土壤盐碱化问题，从而保护了生态环境。

在智慧农业中，通过物联网技术安装在农田里的传感器，可以实时监测土壤养分、温度、湿度等关键参数，并将数据传输到云平台进行分析。农业经理人可以根据这些数据及时调整施肥、浇水等管理措施，使农作物始终处于最佳生长状态。

例如，利用智能温室系统，可以根据作物生长的最佳环境参数进行实时调整，确保每一颗蔬果都能在最理想的条件下生长。这种精细化的管理方式，使得农产品的口感、色泽、营养价值等都能得到显著提升。从而提高了经济收益。高品质的农产品在市场上的竞争力更强，往往能卖出更高的价格。一项研究显示，采用智慧农业技术的农场，其农产品的平均售价可以提高20%以上。此外，通过精准的产量预测和市场分析，农民可以更好地调整种植结构，避免供过于求导致的价格下跌，进一步提高收入。

智慧农业的应用不仅限于上述的精准农业技术，还包括了农业物联网、大数据、人工智能等一系列先进技术。通过这些技术，农业经理人可以更加精确地了解农作物的生长情况，预测病虫害的发生，实现农业生产的智能化和精细化管理。

2. 改善生态环境

智慧农业通过科学合理的管理，减少农药和化肥的使用，降低对环境的污染，保护生态环境。这种精细化的农业管理方式提高了农作物的产量和质量，减少了对土壤、水源和生态系统的潜在危害。此外，智慧农业还通过引入先进的灌溉技术，如滴灌和喷灌，以减少水资源的浪费。与传统的漫灌方式相比，这些先进的灌溉技术能够更精确地控制水分供应，满足作物生长的需求，同时避免了对地下水和地表水的过度开采。

除了减少污染和节约资源外，智慧农业还促进了生态多样性的恢复和保护。通过合理的轮作和间作制度，智慧农业系统能够保护土壤肥力和生物多样性，提高农业生态系统的稳定性和抵抗力。智慧农业还鼓励农业经理人种植多种作物和植被，以增加生态系统的复杂性和多样性，从而提供更丰富的生物栖息地和食物来源。

3. 促进农民增收

智慧农业在提高农业生产效益，促进农民增收方面发挥了巨大的作用。这一变革不仅推动了农业科技的进步，更实现了农业生产方式从传统向现代的转型升级，为农民带来了实实在在的收益。

此外，智慧农业还推动了农产品电子商务的发展。通过互联网平台，农业经理人可以将自己的农产品直接销售给消费者，减少了中间环节，提高了销售效率。同时，电子商务平台也为农业经理人提供了更广阔的市场空间，使他们的产品能够销往更远的地方，实现了产销对接和增收的双赢局面。

4. 优化农产品流通

通过信息化手段，实现农产品的溯源、追溯和智能配送，提高农产品的流通效率。这一策略的实施，不仅能够保障农产品的质量与安全，同时也能够极大地提高农产品的流通效率，为农业经理人和消费者带来实实在在的好处。

信息化手段在农产品流通中发挥着重要作用。以牛肉为例，在传统的牛肉流通环节中，由于信息不对称、物流环节繁琐等问题，往往导致牛肉的新鲜度无法保证，同时也给消费者带来了食品安全方面的担忧。而通过信息化手段，可以实现牛肉的溯源和追溯，从养殖、加工到销售的每一个环节都能够被详细记录，从而确保牛肉的质量与安全。

在溯源方面，信息化手段通过给每头牛佩戴电子耳标，可以详细记录其生长、饲养、疾病治疗等信息，确保从源头控制牛肉质量。此外，构建全国性的农产品追溯系统，将牛肉流通的各个环节，包括屠宰、加工和销售，使得每个环节的信息都能被详细记录。一旦出现问题，系统能迅速定位并采取措施，保障消费者权益。这些信息还可通过互联网平台共享，使消费者了解牛肉的养殖和品质情况，增强消费信心。

在智能配送方面，信息化手段通过大数据分析、物联网技术等手段，实现对牛肉流通环节的智能化管理。通过分析销售数据、物流信息等，可以预测未来的市场需求，从而提前进行配送计划的制定，提高物流效率，确保牛肉的新鲜度。

二、智慧农业发展的现状及趋势

（一）智慧农业发展的现状

1. 政策支持

在全球化和信息化的大潮中，农业转型升级的迫切性愈发突显。我国政府深刻洞察到此趋势，对智慧农业的发展给予高度重视。这一战略方针在历年的中央一号文件中均有明确阐述，彰显了国家对于农业现代化发展的前瞻性规划和对科技创新在农业领域应用的坚定支持。

政府通过精心策划与实施一系列扶持政策，为智慧农业的蓬勃发展提供了坚实的支撑。这些政策不仅涵盖了技术研发与推广、基础设施建设、人才培养与引进等多个维度，而且注重政策的系统性与协同性，确保各项措施能够切实落地，产生实效。

2. 市场规模

《2024—2029 年中国智慧农业发展趋势分析及投资格局预测报告》显示，2022 年中国智慧农业市场规模达到 868. 63 亿元，同比增长约 26. 81%，2024 年我国智慧农业市场规模已超过 1 000 亿元。

这一数字不仅显示了当前智慧农业在中国的发展成果，更是对未来增长潜力的有力预示。智慧农业的迅猛增长，得益于物联网、大数据、人工智能等关键技术的突破与应用。

这些技术的融入，不仅极大地提升了农业生产的效率和质量，更为农业的可持续发展注入了新的活力。预计到2027年，中国智慧农业市场规模将突破1 214亿元，这一数字将刷新历史纪录，为中国农业带来全新的发展机遇。

智慧农业的崛起，不仅将推动中国农业产业的升级和转型，更将深刻影响全球农业市场。它将通过技术创新和模式变革，为农业生产提供更为高效、精准和可持续的解决方案，智慧农业将成为中国农业发展的新引擎，为农民增收、农业增效、农村振兴注入强大动力，进而提升全球农业的整体竞争力。

3. 技术应用

智慧农业技术应用，包括农业无人机服务、农机自动驾驶服务、智能化种植和畜牧养殖等。智慧农业作为现代农业的重要发展方向，其现状显示出技术应用正逐渐深入的趋势。智慧农业领域不断涌现出新的创新点，提升了农业生产的效率与质量。

在农业无人机服务方面，现代无人机技术已被广泛应用于农田监测、作物病虫害识别与防治、精准施肥与喷药等多个环节。无人机的高效率、高精度特性使农业生产中的许多传统作业方式得以革新，大幅降低了人力成本，同时提高了农业管理的精准度和效率。

农机自动驾驶服务则是智慧农业的另一应用。通过装备有高精度导航系统和智能控制装置的农机具，减轻了驾驶者的劳动强度，提高了作业的一致性和作业效率，实现了自动化、精准化的农田作业。

在智能化种植方面，物联网、大数据、云计算等现代信息技术的集成应用，使农业生产实现了从种子选择、播种、田间管理到收获全过程的智能化决策与管理。这种智能化的种植模式提高了作物的产量，优化了作物的品质，使农业生产更加符合市场需求，实现了经济效益和生态效益的双赢。

同时，在畜牧养殖领域，智慧农业技术通过智能化监测设备，可以实时监测动物的生长状态、健康状况等信息，为科学饲养和疾病防控提供了有力支持。智能化的畜牧养殖提高了养殖效率，增强了动物福利，促进了畜牧业的可持续发展。

4. 企业参与

因为智慧农业领域的蓬勃发展，带来了越来越多的上市公司开始涉足其中。在推动智慧农业进步方面，海芯华夏、吉峰科技、神州信息等企业已经走在了前列。它们借助大数据、云计算等现代信息技术，打造了功能强大的农业数据平台，为农业生产提供全面、精准的数据支持。这些平台能够实时收集、整理和分析各类农业数据，辅助农业经理人和农业企业做出更科学的决策，提升农业生产的效率和效益。

同时，这些上市公司也在无人机服务方面积极探索和创新，运用无人机技术执行农田监测、作物病虫害识别与防治、精准施肥与喷药等任务。这不仅极大提高了作业效率，还降低了人力成本，为农业生产的现代化和智能化提供了坚实支撑。

此外，这些企业在智能化种植、畜牧养殖等领域也进行了深入研究与广泛应用。通过整合物联网、大数据、人工智能等先进技术，实现了农业生产全过程的智能化管理与决策，有效提高了生产质量与效益，同时也促进了农业的可持续发展。这些上市公司的参与不仅推动了智慧农业的快速发展，也为农业生产的现代化和智能化提供了有力支持。

5. 面临的挑战

智慧农业在中国虽然起步较晚，但也面临着一些挑战。随着传统农业向现代农业的逐步转型，劳动力人口短缺成为制约其发展的核心问题。由于农村劳动力的外流和老龄化加剧，农业领域人才匮乏，这不仅削弱了农业生产的效率，更限制了智慧农业技术的广泛推广与应用。与此同时，农业经理人作为农业的新兴力量，尽管他们拥有较高的教育背景和对新技术的热忱，却普遍缺乏实践经验。这使得他们在面对复杂多变的农业环境时，难以做出科学合理的决策。因此，针对农业经理人的专业培训和实践指导极为紧迫，通过提升他们的实践能力与综合素质，更好地服务于智慧农业的发展。此外，智慧农业在发展过程中还面临着生产标准不统一的问题。由于缺乏统一的生产标准和规范，各地的智慧农业发展模式和水平参差不齐，难以形成有效的规模效应和协同效应。这不仅增加了农业生产的成本，还削弱了智慧农业的整体竞争力和可持续发展能力。因此，制定并推广统一的智慧农业生产标准，才能促进智慧农业的健康发展。

6. 数字化水平

中国作为一个农业大国，近年来在农业数字化转型方面取得了初步成效，数字化转型已成为提升产业效率、增强竞争力的关键。但仍面临渗透率低、转型滞后等问题。

通过引入智能农业装备、物联网技术、大数据分析等手段，农业生产、管理、销售等环节得以优化，有效提高了农业生产效率和质量。例如，精准农业技术的应用使得作物管理更加精细化，减少了资源浪费和环境污染。

尽管数字化转型在农业领域取得了一定的进展，但从整体上看，其渗透率仍然较低。这主要是由于传统农业生产模式的惯性思维、技术普及程度不高、资金投入不足等原因所致。未来还需要继续加大力度推动农业数字化转型，提高农业信息化水平。农业数字化转型的滞后不仅与技术因素有关，还与政策、市场、人才等多方面因素有关。首先，政策扶持力度仍需加强，应鼓励更多的企业和个人投入到农业数字化转型中。其次，农业数字化转型的市场需求尚未充分激发，农业经理人和消费者对于数字化技术的认知和应用意识有待提高。最后，农业数字化转型所需的人才储备不足，需要加强相关领域的培训和教育工作。

（二）智慧农业发展趋势

1. 智能化与数字化

智慧农业正朝着精细化、智能化、集约化、科学化的方向发展，以应对人口增长和耕地减少等严峻挑战。在这一发展趋势中，智能化与数字化将充当推动农业前进的双引擎。精细化作为智慧农业发展的基础，将通过应用高精度传感器、遥感技术、地理信息系统等先进技术，实现对土壤、气候、作物生长状况等细节的精准把控。这将极大地提高农业生产效率和质量，减少资源浪费。

智能化是智慧农业发展的核心，借助人工智能、大数据等前沿技术，实现农业生产自动化决策和智能化管理。农业经理人可借助智能分析，更为科学地进行种植、施肥、灌溉等农业生产活动，从而提高农业生产效益，降低生产成本。

集约化是智慧农业发展的重要途径，通过整合土地资源、优化生产布局、提高生产集中度，实现农业生产的高效集中。这有助于提高土地利用率，推动农业生产向规模化、专业化方向发展。

科学化作为智慧农业发展的保障，通过科学研究和技术创新不断提升农业生产技术水平。通过推广先进的农业技术和管理经验，智慧农业将推动农业生产方式的转型升级，提

高农业综合生产能力。

2. 技术融合

未来，智慧农业将聚焦互联网、物联网与大数据的深度整合，并构建涵盖大田种植、设施园艺、家畜水产养殖于一体的技术平台。该平台将实现农业生产全过程的智能化管理，从种子选择、播种、施肥、灌溉、病虫害防治到收获、加工、销售等各个环节，均能实现精准控制和优化。这将极大地提高农业生产的效率和质量，为农民带来更高的经济效益，推动农业产业转型升级。

作为现代农业的前沿领域，智慧农业正呈现出巨大的活力与潜力。在技术的推动下，智慧农业不仅极大地提升了农业生产效率，而且在确保食品安全、优化资源配置、促进可持续发展等方面发挥着关键作用。特别是在互联网、物联网和大数据等技术的深度融合中，智慧农业的发展趋势日益突显。

未来的智慧农业将更加重视技术间的融合与协同。互联网作为信息传递的核心，将实现农业信息的快速传播与共享，打破信息孤岛，为农业生产提供及时、准确的决策支持。

物联网技术借助传感器、智能设备等手段，实现农业环境的实时监测与调控，为作物生长创造最优条件。大数据技术则对海量农业信息进行深度挖掘与分析，揭示农业生产规律与趋势，为农业生产提供科学依据。

同时，智慧农业的发展也将促进相关产业链的发展，如智能设备制造、农业信息技术服务、农产品电子商务等，形成一个完整的智慧农业生态系统。这将为农业发展注入新的活力，推动农业现代化进程不断加快。

3. 产业链整合

智慧农业凭借信息技术的持续突破与融合，已逐渐成为推动农业生产、存储、运输、销售等各环节信息化水平提升的核心驱动力，实现全产业链的智能化管理。

在农业生产环节，智慧农业通过运用物联网、大数据、云计算等先进信息技术，实现农田环境、作物生长状况的实时监测与数据分析，为农业生产提供更为精准、高效的管理方式。此举不仅提升农作物产量与质量，还降低了生产成本。

在农业仓储环节，智慧农业借助智能仓储系统，实现农产品存储环境的智能调控，确保农产品品质和安全。同时，通过应用 RFID、无线传感网络等技术，实现农产品信息的可追溯与管理，为农产品质量安全监管提供有力支持。

在农业运输环节，智慧农业运用物联网、GPS 等技术，实现农产品运输过程的实时监控与调度，提升运输效率，降低运输成本。此外，通过智能分析运输数据，可预测运输需求，优化运输路线，进一步推动运输服务智能化水平。

在农业销售环节，智慧农业借助电子商务平台、农产品溯源系统等手段，实现农产品的在线销售与品牌推广。智慧农业拓宽了农产品的销售渠道，提升了市场竞争力，还为消费者提供了更为便捷、安全的购物体验。

4. 人才培养

智慧农业的崛起，对高素质农业生产管理人才的需求日益突显，构建新型职业农民教育系统已成为发展趋势。信息技术的高速发展和农业现代化的深入转型，推动着智慧农业成为农业领域的新兴发展方向。智慧农业使农业生产力有了巨大提升，给农业生产方式和管理模式带来了一次深刻变革。在这一过程中，高素质人才短缺将成为制约智慧农业发展的瓶颈，农业经理人的培养尤为关键。智慧农业的发展趋势必然与高素质人才培养的紧迫性紧密相连。

一方面，智慧农业的发展亟须农业经理人具备现代信息技术、农业工程、农业经济管理等多方面的知识和技能。需熟练操控智能农业设备，还需具备数据分析、决策制定和创新能力，以应对农业生产中复杂多变的环境和挑战。因此，现有的农业教育体系和人才培养机制亟待全面升级改造，以满足智慧农业对人才的需求。另一方面，智慧农业的推广普及将促使农业生产从传统的劳动密集型向技术密集型转变，对农业经理人的素质要求也将相应提升。农业经理人应具备丰富的农业生产经验，并具备学习新知识、掌握新技能的能力，以适应智慧农业的发展需求。因此，构建新型职业农民教育系统，提升农民群体整体素质，已成为推动智慧农业发展的关键环节。

智慧农业的发展离不开高素质农业生产管理人才的培养和新型职业农民教育系统的建立。唯有通过持续创新和完善，方能为实现智慧农业的可持续发展提供坚实的人才保障。

5. 国际合作

智慧农业，作为现代信息技术与农业生产深度融合的产物，正逐步改变着传统农业的生产方式，引领农业现代化的新风尚。深化智慧农业国际合作，有助于我国引入国外先进技术与管理经验，进一步促进智慧农业健康、快速发展。

全球信息技术的飞速发展使智慧农业成为农业现代化的标志。它通过整合物联网、大数据、云计算、人工智能等现代信息技术，实现农业生产智能化决策、精准化管理及高效化服务。智慧农业通过提升农业生产效率、降低资源消耗和环境污染，为消费者提供更为安全、健康的农产品。

国际合作可以帮助我国智慧农业技术体系丰富完善，如引入智能传感器、无人机巡航、精准灌溉等先进技术，促进农业科技创新。同时，借鉴国外智慧农业创新实践，激发国内农业科技创新活力。通过学习国外先进农业管理经验，如农业物联网平台建设、农业大数据应用、农业政策制定等，提升我国农业管理水平与效率。

国际合作对智慧农业的市场空间扩展起到了积极作用。我们应与国外企业深化合作，共同开拓国际智慧农业市场，进而提升我国智慧农业的国际竞争力。加强国内外政府、企业、科研机构之间的联系，建立长期稳定的国际合作机制，为双方合作提供坚实的制度支撑。

通过定期举办智慧农业国际论坛、展览、研讨会等活动，为国内外专家、学者和企业搭建交流学习的平台。同时，借助国际合作项目和访学交流，培养具备国际视野的智慧农业专业人才。鼓励国内外高校、科研机构与企业开展联合培养和科研合作，共同推动智慧农业技术的创新与发展。

智慧农业的发展势头强劲，我们应积极加强智慧农业的国际合作，引进国外先进的技术与管理经验，推动我国智慧农业的进一步发展。通过不断拓宽国际视野、加强技术交流和人才培养，将推动智慧农业迈向更高水平的发展阶段。

6. 可持续发展

智慧农业强调生态保护和资源的可持续利用，以推动农业绿色发展战略。其发展趋势以可持续发展为核心，引领绿色革命。科技进步不断推动智慧农业成为现代农业发展的重要方向，其高效、精准、环保的特点为农业可持续发展注入了新活力。

智慧农业通过集成物联网、大数据、云计算、人工智能等新一代信息技术，实现了农业生产环境的智能感知、决策、作业和管理。它能够精准监测土壤、气候、作物生长等数据，为农业生产提供个性化管理方案，从而提高了农业生产的精准度和效率。同时，借助无人机、智能农机等先进装备，智慧农业实现了农业生产的自动化和智能化，降低了人力成本，提升了作业效率。通过对农业数据的收集、整合和分析，智慧农业为农业生产提供了科学的决策支持，推动了农业生产的科学化和智能化。

智慧农业的发展不仅提升了农业生产的效率和质量，还为农业可持续发展提供了有力支持。它能够精确监测农业生产环境，及时发现和解决环境问题，减轻农业生产对生态环境的破坏，保护生物多样性，促进生态平衡。

同时，智慧农业通过智能决策和精准作业，实现了农业资源的合理利用和优化配置，减少了资源浪费，提高了资源利用效率，实现了资源的可持续利用。智慧农业以生态优先、绿色发展为导向，推动农业生产向绿色、低碳、循环方向发展，降低了农业面源污染，提高了农产品质量，保障了食品安全，实现了农业绿色发展战略。

未来，智慧农业将继续发挥其优势，推动农业绿色发展，为建设资源节约型、环境友好型社会作出更大的贡献。然而，智慧农业的发展也面临着技术普及、人才培养、政策支持等方面的挑战，需要政府、企业和科研机构共同努力，推动智慧农业持续健康发展。

第二节　农业物联网的应用

农业物联网，这个听起来可能有些陌生的词汇，实际上正在逐渐改变传统农业模式。它提高了农业生产的效率和品质，为农业的可持续发展提供了强大的技术支持。

传统的种植业往往依赖于农民的经验和天气状况，很难进行精确管理和控制。然而，农业物联网的出现，彻底改变了这一状况。通过物联网技术，可以实时监测土壤湿度、温度、养分含量等关键参数，为作物提供最适宜的生长环境。同时，利用无人机、智能农机等设备，还可以实现精准播种、施肥、灌溉等作业，大大提高种植业的生产效率和产量。

物联网技术在养殖业的应用同样非常广泛。例如，通过给动物佩戴智能耳标或项圈，可以实时监测它们的健康状况、运动量、食欲等数据，及时发现异常情况并进行处理。此外，物联网技术还可以帮助我们实现精准饲养，根据动物的需求和生长阶段，提供最合适的饲料和营养，降低饲养成本，提高肉蛋奶等产品的品质。

当然，农业物联网的应用远不止于此。它还可以帮助我们实现农业生产的智能化、自动化和远程化，降低人力成本，提高农业生产的抗风险能力。同时，通过大数据分析和挖掘，还可以为农业生产提供更精准的决策支持。

一、物联网在种植业的应用

物联网（IoT）技术在种植业中的应用是通过将传感器、设备、机器和系统连接到互联网，实现实时数据收集、监控和管理，从而提高农业生产的效率和质量。

（一）大田种植物联网应用技术

1. 监测和分析环境数据

物联网技术在农业领域展现出巨大的应用潜力。特别是在大型农田种植领域，引入物联网技术不仅提升了农业智能化水平，还为农业经理人提供了详尽、实时的作物生长环境数据，帮助他们更加精准地把握和理解作物生长条件。

农田环境因素对作物生长具有很多影响。土壤湿度、温度、光照强度和大气压力等参数，直接决定了作物生长速度和产量。在传统农业生产方式中，通常依赖经验和直观感受来判断，但这种方式准确性较低，实时性不足，难以满足现代农业精细化管理需求，物联网技术的应用则改变了这一现状。

通过在农田中部署各类传感器，物联网系统能够实时监测关键环境参数，并将数据传输至云端进行分析和处理。农业经理人只需通过手机或电脑等终端设备，便可随时查看环境数据实时变化，从而更准确地了解作物当前生长环境。这一基于物联网技术的环境监测方案，既提高了数据获取的效率和准确性，也为农业经理人提供了科学决策的依据。他们可以根据环境因素变化，及时调整灌溉、施肥等管理措施，确保作物在最适宜的环境下生长。

物联网技术还可与其他先进农业技术相结合，如精准灌溉、智能施肥等，进一步提高农田种植产量和品质。总之，物联网技术在农田种植领域的应用，为农业经理人提供了一种全新、高效、科学的种植方式。通过实时监测和分析环境数据，农业经理人能够更好地掌握作物生长状况，实现精细化管理，从而提高产量和品质。

2. 智能灌溉

通过物联网技术实时监测土壤温湿度、气象条件和作物生长状况，物联网智能灌溉系统能够收集并分析这些数据，精确判断作物当前水分需求。结合天气预报数据，系统还能够预测未来气象变化，从而提前调整灌溉策略。这样一来，既确保了作物在需要时获得充足水分，又避免了过度灌溉导致的资源浪费和土壤盐碱化等问题。

物联网智能灌溉系统的高度自动化和智能化优势在于通过无线传感器网络，它能实时感知土壤湿度变化。当土壤湿度低于设定值时，系统将自动触发灌溉设备，进行适量水分补充。同时，结合天气预报数据，系统还能够预测未来气象变化，如降水、温度等，从而适时调整灌溉计划，确保作物在最适宜的环境下生长。

此外，物联网智能灌溉系统还有助于节约和高效利用水资源。传统灌溉方式往往存在过度灌溉或灌溉不足的问题，这不仅浪费了水资源，还可能对作物生长产生不利影响。而物联网智能灌溉系统能根据作物实际需求进行精准灌溉，既避免了水资源的浪费，又提高了作物产量和品质。

3. 病虫害预警

在传统农业中，病虫害监测与预警主要依赖于农民的经验和定期巡查，这种方法效率较低，且往往无法在病虫害初期及时发现并采取措施，而导致严重的经济损失。

物联网技术的应用为解决这个问题提供了全新的途径。通过部署作物生长监测传感器和病虫害检测传感器，物联网技术能够实时监测作物生长状况和病虫害发生情况。这些传感器可安装在田间地头，通过无线传输技术将监测数据实时上传至云平台进行分析和处理。

云平台根据预设的算法和模型，对接收到的数据进行分析，一旦发现病虫害迹象，便立即触发预警机制，向农民发送预警信息。收到预警信息后，农民可根据具体情况及时采取防治措施，既可避免病虫害的扩散和加剧，又可有效减少农药使用量，提高农业可持续

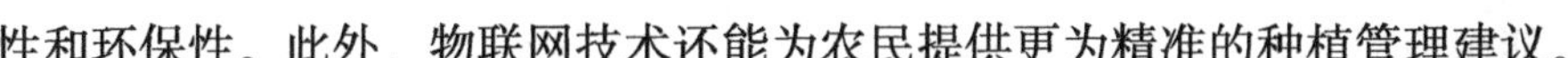

性和环保性。此外，物联网技术还能为农民提供更为精准的种植管理建议。

通过对作物生长数据的分析，物联网技术可为农民提供关于灌溉、施肥、病虫害防治等方面的专业建议，助力农民实现科学种植，提高作物产量和品质。

4. 农机导航与自动驾驶

通过运用北斗导航等先进科技，农机导航与自动驾驶系统能够实现高精度定位与导航。这一技术的应用，不仅极大地提升了农机的作业效率，还显著提高了土地资源利用率。在传统农业生产中，农机操作很大程度上依赖于驾驶员的经验与技能，作业精度和效率难以保证。如今，借助物联网技术的支持，农机可以实现自主作业，作业速度和精度均得到了前所未有的提升。

这种创新技术的应用，对于大田种植的现代化转型具有深远意义。它提升了农业生产的效率和品质，还为农业可持续发展创造了新的可能。

5. 产量预测与品质管理

物联网技术使得种植业从传统经验管理模式转向数据驱动决策。通过部署在田间的各类传感器，系统能够实时收集作物生长过程中的多种数据，如土壤湿度、温度、光照强度、CO_2 浓度等。这些数据不仅反映作物生长环境实时状态，还为产量预测提供了坚实基础。基于收集的大量数据，物联网技术结合先进数据分析算法，构建作物生长模型，从而预测未来一段时间内的产量。此类预测具有高准确度，且能提前发现潜在生长问题，为农业经理人提供及时决策支持。例如，当系统检测到土壤湿度不足，可及时提醒农业经理人灌溉，避免作物因缺水减产。

除产量预测外，物联网技术在品质管理方面也发挥了重要作用。通过分析作物生长数据，农业经理人能够了解作物生长状况、营养需求，进而制定更科学的施肥和喷药计划。这既提高了农产品品质，又降低了农药残留风险，为消费者提供更安全、健康的食品。此外，物联网技术还可与农产品追溯系统结合，实现农产品全程可追溯。消费者扫描产品二维码即可了解产地、生长环境、生产过程等信息，增强对农产品的信任和满意度。

（二）设施农业物联网应用技术

1. 温室环境控制

温室环境控制是设施农业的核心环节，涉及光照、温度、湿度及 CO_2浓度等多个因素。传统温室管理方式通常依赖于人工调节与经验判断，难以实现精确控制。物联网技术的应用则能够实现对这些环境因素的实时监测与智能调控，为作物生长提供更为精准且高效的支持。

通过部署各类传感器与执行器，物联网技术能够实时采集温室内的环境数据，如光照强度、温度、湿度、土壤水分及 CO_2浓度等。这些数据通过无线传输技术实时传输至数据中心，经分析处理后，控制系统会发出指令，自动调节温室内的环境条件。例如，当光照不足时，系统将自动启动补光灯；温度过高或过低时，系统会自动调节通风设备或加热设备，确保温室内的环境始终处于最佳状态。

物联网技术能够实现对温室环境因素的精确控制，避免了传统管理方式中的人为误差和时间延迟，为作物生长提供了更为稳定、适宜的环境。智能调控温室环境有助于减少不必要的能源消耗，降低运营成本。例如，夜间或阴雨天时，系统会自动降低光照和温度设定值，从而减少能源消耗。

最佳的生长环境有助于作物充分发挥生长潜力，提高产量和品质。物联网技术通过精准控制环境因素，为作物提供最佳生长条件，使作物生长更为健壮、产量更高、品质更好。物联网技术具有易于管理和扩展的特点。统一管理平台使得用户可轻松实现对多个温室的集中监控和管理。随着物联网技术的不断发展，未来还可实现更多智能化、自动化的功能扩展，为设施农业发展提供更广阔的空间。

2. 精准施肥

传统施肥方式通常依赖于经验与感觉，难以实现科学、精准。而设施农业物联网应用技术通过整合土壤传感器、作物生长监测设备及大数据分析系统，实现对土壤养分与作物营养状态的实时监测与数据分析。这些数据不仅揭示土壤的 pH 值、有机质含量、氮磷钾等关键养分指标，还能准确反映作物生长状态与需求。基于实时监测数据，物联网系统能够智能化地生成施肥建议，指导农业经理人进行精准施肥。

这种施肥方式既避免过量施肥导致的环境污染与土壤退化，又能确保作物在生长过程中获得适量营养支持，从而提高产量与品质。此外，精准施肥还能显著提升肥料利用率。通过精确控制施肥量与时间，减少肥料浪费、养分流失，使每份肥料都能发挥最大效益。这有助于降低农业生产成本，带来更多经济效益。

在精准施肥方面，设施农业物联网应用技术提高了肥料利用率、减少环境污染，促进了农作物健康成长，提升了产量与品质。

3. 作物监测

物联网技术通过传感器、数据分析以及智能设备等手段，构建了一套高效且智能的监测网络。这套网络能实时监测作物生长环境的关键参数，为病虫害的发生提供预警。一旦检测到异常数据，系统将立即触发预警机制，通知农户或农业经理人及时采取措施，有效遏制病虫害的扩散。

在作物生长监测方面，通过高清摄像头与传感器的协同作用，实现了对作物生长状态的实时监控，并为生长管理提供了宝贵的数据支持。在现代农业中高清摄像头能捕捉作物生长的各个细节，如叶片的颜色、形状，以及果实的大小和成熟度等。借助高清摄像头，农业经理人可以远程监控作物生长状况，及时发现并处理异常情况。

此外，传感器在作物生长监测中能实时监测土壤温度、湿度、光照强度、CO_2浓度等关键环境参数。这些数据有助于了解作物生长的环境状况，并为管理提供科学依据。例如，当传感器检测到土壤湿度过低时，可以自动启动灌溉系统，确保作物得到充足的水分。

物联网技术的应用使得作物生长监测更加智能化和精细化。通过实时采集和分析作物生长数据，农业经理人可以更准确地了解作物的生长状况，从而制定更科学、合理的生长管理策略。

4. 能源管理物联网技术

通过部署各类传感器和控制系统，物联网技术能够实时监测温室内部环境。这些传感器精确捕捉光照强度、温度、湿度等关键参数，并将数据传输至中央控制系统进行分析。据此，农户和管理人员可以针对性地调整温室的加热、通风和光照系统。

在光照管理方面，物联网技术能够根据天气状况和温室内部光照需求，自动调节遮阳帘和补光灯等设备，确保作物获得充足且适度的光照。此举不仅提高作物光合作用效率，还避免了过度光照或光照不足导致的能源浪费。

在加热和通风方面，物联网技术根据温室内部温度和湿度数据，自动调节加热设备和通风系统，确保温室内部环境始终处于适宜作物生长的状态。这种智能化调控方式既减少能源浪费，又提高温室的保温效果，进一步降低能源消耗。

通过物联网技术在能源管理方面的应用，设施农业不仅实现节能减排，还提升作物生长效率和质量。同时，这种智能化管理方式大大减轻农户和管理人员的工作负担，提高农业生产的自动化和智能化水平。因此，物联网技术在设施农业能源管理领域的应用将为农业生产的可持续发展注入新的活力。

5. 远程控制

过去，农户需亲临现场进行温室管理，既耗时又费力，且难以实时了解温室内的环境状况。如今，通过物联网技术与远程控制功能，农户轻松实现对温室内设备的操控，无疑极大提升了管理效率与智能化水平。

远程控制技术的实现，主要依赖于物联网传感器与云平台的应用。传感器实时监测温室内的环境参数，如温度、湿度、光照等，并将数据传输至云平台进行分析处理。农业经理人通过智能手机或电脑登录云平台，便可实时查看温室内的环境数据，并根据需求进行设备控制，如调整温室温度、控制灌溉系统等。此种数据驱动的管理方式，既提升了管理的精确性，又大幅减轻了农业经理人工作负担。

此外，远程控制技术的应用还为智能化管理提供了更多可能性。例如，设定自动化控制规则，温室设备可在不同环境下自动调整工作状态，实现节能减排与提高作物产量。云平台还具备数据分析和预测功能，助力农业经理人更好地了解作物生长规律与市场需求，为决策提供有力支持。

设施农业物联网应用技术的远程控制功能为现代农业带来了显著的变革与进步，有效提升了农业管理的效率与智能化水平，为农业企业创造了更为可观的经济效益，并显著增强了市场竞争力。

二、物联网在养殖业的应用

物联网技术在养殖领域中通过实时监测与数据分析，可以为养殖管理提供智能化解决方案，从而提升养殖效率及产品质量。一方面，物联网技术可以通过传感器和监控设备，实现养殖环境的全面监测。例如，通过温度传感器和湿度传感器，可以实时监测养殖场的温湿度变化，及时调整养殖环境，确保动物健康生长。同时，水质监测设备可以实时监测养殖水体的水质状况，预防水体污染和疾病的发生。另一方面，物联网技术还可以结合大数据分析和人工智能算法，对养殖数据进行深度挖掘和处理。通过对养殖过程中产生的海量数据进行分析，可以发现养殖过程中的规律和问题，为养殖管理提供决策支持。例如，通过分析动物的生长曲线和饲料消耗情况，可以优化饲料配方和投喂计划，提高饲料的利用效率。同时，通过对动物的健康状态和行为习性进行分析，可以及时发现异常情况，预防疾病的发生和传播。

此外，物联网技术还能够促进养殖业的可持续发展。通过智能监控和数据分析，实现对养殖资源的合理利用和环境保护。例如，通过精准控制养殖环境，可以减少能源消耗和废弃物排放；通过智能投喂系统，可以减少饲料浪费和环境污染。这些措施有助于降低养殖成本，提升养殖业的环保形象和社会责任感。

（一）畜禽散养物联网应用技术

1. 定位与追踪

借助 GPS 项圈或耳标，现代畜禽散养业实现了对散养畜禽的实时定位及移动轨迹追踪。在此背景下，畜禽散养的物联网应用技术，尤其是精准定位与轨迹追踪，已成为提高养殖效率、保障畜禽健康与安全的关键手段。GPS 项圈和耳标等先进设备，成为畜禽散养物联网应用技术的核心组成部分。这些设备通常融合了 GPS 定位芯片、无线通信模块及传感器等多种技术，能够实时采集并传输畜禽的位置信息和活动状态。佩戴于畜禽身上的这些设备，使得精准定位和移动轨迹追踪变得轻而易举。

实时定位技术使养殖人员能够准确掌握散养畜禽分布情况，进而合理安排饲养和管理，降低劳动力投入。移动轨迹追踪功能则有助于分析畜禽活动规律和习性，为制定更科学的饲养方案提供依据。实时定位与轨迹追踪技术有助于及时发现畜禽异常行为，如长时间静止、异常移动等，确保畜禽健康与安全。在疫病或紧急情况发生时，这些技术也有助于迅速定位并控制疫情传播。

畜禽活动数据可用于了解畜禽在不同时间段、不同区域的分布和需求，进而优化饲料、水源等资源配置。同时，这些数据为养殖场规划、扩建等决策提供有力支持。尽管 GPS 项圈和耳标在家畜散养物联网应用技术中具有巨大潜力，但仍需解决一些技术挑战，如设备续航能力、佩戴舒适性、信号覆盖范围等。利用 GPS 项圈或耳标实现对散养畜禽的实时定位和移动轨迹追踪，这一技术不仅提升了养殖效率、确保了畜禽健康与安全。

2. 健康监测

健康监测通过运用先进的传感器技术，对畜禽的生命体征进行严密监测，包括体温、心率等重要指标，从而实现对健康问题的及时发现与应对。在畜禽散养领域，物联网应用技术的运用已经成为提升养殖效率、保障畜禽健康的重要支撑。特别是在健康监测领域，物联网技术通过集成高效的传感器与数据分析系统，实现了对畜禽生命体征的实时监控与精准分析，为养殖业的稳健发展提供了坚实的技术支撑。

传统的健康监测方法往往依赖于人工观察与定期检测，这种方式效率较低，且容易遗漏一些潜在的健康问题。然而，物联网技术的引入，为这一领域带来了革命性的变革。通过在散养畜禽的圈舍或活动区域部署多种传感器，物联网系统能够实时采集畜禽的体温、心率、活动量等生命体征数据。这些数据经过无线传输技术实时上传至数据中心，并通过专业的数据分析软件进行深度处理，使养殖人员能够迅速获取畜禽的健康状态信息。

当畜禽出现体温异常、心率异常等健康问题时，物联网系统能够迅速触发预警机制，提醒养殖人员及时采取应对措施。这种实时监测与预警机制大大提高了健康问题的发现效率，为畜禽的及时治疗赢得了宝贵时间。此外，物联网健康监测系统还能够对畜禽的生长过程进行持续跟踪与分析，为养殖人员提供科学的饲养建议。通过不断优化饲养方案，有效提升畜禽的生长速度、降低疾病发生率，从而实现养殖效益的最大化。

3. 行为分析

在现代畜牧业中，畜禽散养模式因更贴近自然的饲养方式而备受瞩目。然而，这种模式亦对畜禽行为的监控和管理带来挑战。为此，需利用先进的物联网应用技术，尤其是行为分析技术，提高畜禽健康状况和生活习惯的评估效率。

基于物联网的传感器和数据采集系统，行为分析技术能够实时监测和分析畜禽的日常行为模式。这些传感器可安装在畜禽的生活环境，如饲料槽、水槽和休息区，收集大量关于畜禽行为的数据。借助行为分析，能深入理解畜禽的生活习惯，如每日活跃时间、进食量和饮水量等。这些数据为我们提供了关于畜禽健康状况的直接信息。例如，当畜禽进食量突然减少或活跃时间缩短，可能预示着患有疾病或受到环境压力影响。

行为分析还可助力优化饲养管理，提升畜禽福利和生产效率。通过分析畜禽行为模式，能确定最佳的饲养时间、饲料类型和饲养密度，满足畜禽生理和心理需求。然而，需注意的是，行为分析技术并非万能，须与其他健康管理手段相结合，如定期体检、疫苗接种和疾病治疗等，构建综合性的畜禽健康管理体系。

4. 环境监测

在畜禽散养过程中，环境监测技术通过集成前沿的传感器技术与先进的数据分析方法，实现了对养殖场周边环境因素，包括温湿度、空气质量等的实时监测。这一举措对于促进畜禽的健康生长与繁殖具有显著效果。

在畜禽养殖环节中，环境因素对畜禽的生长状况、繁殖能力及健康水平影响极大。诸如过高或过低的温度、湿度失衡以及空气质量恶化等问题，均可能导致畜禽出现生病、生长迟缓乃至死亡等不利情况。因此，实时监测并有效调控这些环境因素，对于提升畜禽养殖的整体效率、保障畜禽福利以及提升产品品质具有极其重要的现实意义。

物联网技术的广泛应用为解决上述问题提供了强有力的技术支撑。通过在养殖场周边合理布设温湿度传感器、空气质量监测仪等先进设备，能够实时收集并分析环境数据，进而准确掌握当前环境状况并预测未来的变化趋势。这些翔实的数据为养殖人员提供了科学的决策依据，有助于他们更加精准地调控养殖环境。

（二）家畜圈养物联网应用技术

1. 自动饲喂系统

自动饲喂系统能够依据预设程序，定时定量地向畜禽提供饲料，确保畜禽获得合理且均衡的营养摄入。这一系统通过精确计算每只畜禽的饲料需求，结合畜禽的生长阶段、品种及健康状况等因素进行个性化配置，实现精准饲养。

在物联网应用技术自动化饲养方案中，自动饲喂系统实时监控饲料库存，并在库存不足时自动报警，确保及时补充。同时，系统根据畜禽的摄食状况和生长曲线，自动调整饲料投放量和投放时间，满足不同生长阶段的需求。此外，自动饲料投放系统还具有节能环保的特点，通过精确控制饲料投放量，避免饲料浪费和畜禽过度摄食导致的健康问题，减少畜禽粪便的产生和环境污染。

智能投喂系统的核心在于利用传感器和数据分析技术，实现对畜禽饲养环境的实时监测和精准控制。牧原集团作为我国养殖业领军企业，积极探索利用先进技术提升养殖效益。在牧原集团的养殖场，各个养殖区域均安装了温湿度传感器、饲料量传感器等设备，实时采集养殖环境数据，并传输至中央管理系统。中央管理系统对接收到的数据进行分析，根据畜禽的生长阶段、品种、健康状况等因素，制定最合适的投喂计划。投喂计划通过智能投喂设备执行，确保畜禽得到适量的饲料。

通过智能投喂系统的应用，牧原集团在提高养殖效率、减少人工投喂时间和成本的同时，精确控制投喂量，降低饲料浪费量和环境污染。系统还能实时监测动物健康状况，及时发现并处理潜在问题，提高畜禽存活率和生产性能。此外，智能投喂系统还有利于可持续发展，减少饲料浪费和环境污染，提高养殖业的科技含量和智能化水平。

物联网在养殖业的应用为畜牧业带来诸多好处。通过物联网技术的应用，实现对畜禽饲养的精细化、智能化管理，提高饲料利用效率，优化动物生长环境，为畜牧业现代化发展注入新活力。

2. 环境智能控制

环境智能调控通过精准地自动调节圈舍内的温度、湿度、通风和光照等关键参数，为畜禽打造了一个更加舒适且健康的生长环境，从而优化了畜禽的生长条件，促进了其健康成长。

传统的圈养方式往往无法实现对环境因素的精准调控，而物联网技术的应用则彻底改变了这一现状。通过安装先进的传感器和执行器设备，可以实时监测圈舍内的环境参数，并根据预设的阈值自动调节相关设备，从而实现对环境因素的精准控制。

在温度控制方面，物联网技术能够根据畜禽的生长阶段和品种特性，自动调节圈舍内的温度，确保畜禽始终处于最适宜的生长温度范围内。这不仅可以提高畜禽的生长速度和健康状况，还能有效减少因温度波动导致的疾病发生。

在湿度控制方面，物联网技术通过实时监测圈舍内的湿度水平，并根据需要自动调节通风和加湿设备，确保湿度始终保持在适宜范围内。这有助于减少畜禽的应激反应，提高生产效益。

在通风控制方面，物联网技术能够根据圈舍内的空气质量、温度和湿度等参数，自动调节通风设备的运行状态，确保空气流通畅通，减少有害气体和细菌的滋生，降低畜禽呼吸道疾病的发生率。

在光照控制方面，物联网技术能够根据畜禽的光照需求和季节变化，自动调节圈舍内的光照强度和时长，促进畜禽的生产性能和生长发育，提高饲料利用率。

通过物联网技术的环境智能控制应用，畜禽圈养领域实现了对生长环境的精准调控和优化，不仅提高了畜禽的生长速度和健康状况，还提升了产量、品质和经济效益。

3. 疾病预防

疾病预防通过对畜禽生理参数与行为变化的监测，现代养殖业能够及时发现疾病征兆并采取相应措施。在畜禽健康、养殖效益及食品安全方面，疾病的预防与控制成为关键环节。传统畜禽疾病预防方法主要依赖人工观察与经验判断，但此类方法在时效性与准确性方面存在局限。物联网技术的发展为畜禽疾病预防带来了革命性变革。

畜禽圈养物联网应用技术整合了传感器、数据传输与数据分析等先进技术，实现对畜禽生理参数（如体温、心率、呼吸频率等）与行为变化（如食欲、活动量、社交互动等）的实时监测。这些参数与变化是反映畜禽健康状况的重要指标，一旦出现异常，系统将立即发出警报，提醒养殖人员采取措施。

物联网技术实现了24小时不间断监测，确保异常情况得到及时发现。传感器能够精确捕捉畜禽生理参数与行为变化，避免人为观察误差。系统在监测到异常数据时，能立即发出预警，为养殖人员提供宝贵处理时间。通过大数据分析，系统还为养殖人员提供科学决策支持，如调整饲养环境、优化饲料配方等。

畜禽圈养物联网应用技术在疾病预防方面的应用，既提高了疾病预防的准确性与时效性，也为养殖业的可持续发展提供了有力保障。随着技术的不断进步与应用范围的扩大，这一领域将迎来更加广阔的发展前景。

以温氏养猪为例，温氏集团作为中国领先的农业企业之一，积极探索物联网技术在养殖业的应用。在畜禽健康监测方面，温氏养猪采用了多种物联网技术，如无线传感器网络、RFID 标签、移动应用等，实现了对猪只健康状况的实时监测和数据分析。

首先，温氏集团在猪舍内部署了多种传感器，包括温度、湿度、氨气浓度等传感器，实时监测猪舍内部环境参数。这些数据通过无线传感器网络传输到数据中心，工作人员可以根据数据分析结果调整猪舍内部环境，确保生长环境的舒适度和健康度。

其次，温氏养猪还为每头猪只佩戴了 RFID 标签，标签中存储了猪的基本信息、饲养记录、疫苗接种记录等。在猪进入猪舍时，门口的读写器会自动读取 RFID 标签中的信息，并将数据传输到数据中心。工作人员可以通过移动应用查看每头猪的饲养记录和健康状况，及时发现异常情况并采取相应的处理措施。

通过物联网技术的应用，温氏养猪实现了对猪健康状况的实时监测和数据分析，提高了养殖效率、减少了疾病发生、提高了动物福利和产品质量。同时，这些技术还可以帮助工作人员及时发现并解决问题，确保猪的健康生长。

4. 繁殖管理

繁殖管理在现代畜禽养殖业中，繁殖管理决定了养殖效益和种群质量。特别是对于母畜禽发情周期的监测，物联网技术展现出了强大的优势，为提升繁殖效率提供了有力支持。物联网技术通过畜禽圈养环境中的各类传感器，实现了对环境参数、动物行为数据等实时信息的全面收集。这些传感器能够精确捕捉母畜发情周期中的体温、活动量、食欲等生理指标的细微变化，为养殖人员提供了宝贵的数据资源。通过对这些数据的深入分析处理，养殖人员能够制定出更加科学的繁殖计划，确保在最佳时机进行配种，从而提高受胎率和产仔数。此外，物联网技术还实现了远程监控和自动控制功能，使得养殖人员能够随时随地掌握圈养环境的状态，并根据实际情况及时调整饲养策略。

在母畜禽发情期间，通过合理调整圈舍内的光照、温度、湿度等环境因素，物联网技术为母畜创造了一个更加适宜的生活环境，进一步促进了繁殖效率的提升。物联网技术在畜禽圈养繁殖管理中的应用不仅显著提高了繁殖效率，还为养殖业的可持续发展注入了新的活力。

（三）水产养殖物联网应用技术

1. 水质监测

随着物联网技术的高速发展，其在各个领域中的应用日益广泛，尤其在水产养殖行业。物联网技术为水产养殖带来了一场革命性的变革，尤其在水质监测方面。通过物联网技术实时监测水体的关键指标，如溶解氧、pH 值、氨氮、亚硝酸盐等，以确保水质适宜，为水产养殖提供坚实保障。

水质是影响水产养殖成果的关键因素。优质的水质能为水生生物提供一个适宜的生长环境，促进其健康生长。相反，不良的水质可能导致水生生物生病、死亡，甚至引发整个养殖系统的崩溃。因此，实时监测和管理水质至关重要。

物联网技术在水质监测中的应用主要依赖于各种传感器和监测设备。这些传感器能够实时监测水体中的各项指标，并将数据传输至数据中心进行分析和处理。通过对这些数据的分析和处理，我们能及时发现水质问题，并采取相应措施进行调整和改善。相较于传统的水质监测方法，物联网技术具有更高的实时监测性和准确性。

传统的水质监测方法通常需人工取样、化验，费时费力，且难以实现实时监测。而物联网技术则可实现24小时不间断地监测，及时发现并解决问题，大大提高了水质管理的效率和准确性。同时，物联网技术还有助于我们更好地了解水生生物的生长状况和需求。通过对水质的实时监测和分析，可以了解水生生物的生长环境，为它们提供更加适宜的生长条件。这不仅有助于提高养殖效益，还可减少养殖过程中的环境污染和资源浪费。物联网技术在水产养殖领域具有广阔的前景和巨大潜力。通过实时监测水体的溶解氧、pH值、氨氮、亚硝酸盐等关键指标，可以确保水质适宜，为水产养殖提供有力保障。

2. 饲料投喂

基于鱼类的生长状况与摄食行为，物联网技术能够自动调整饲料类型及投喂量，在水产养殖行业中展现出日益重要的地位。尤其在饲料投喂这一关键环节，通过整合传感器、数据传输与分析系统以及自动化控制设备，物联网技术构建了智能投喂系统。此系统能够实时监测水质、鱼类生长状况及摄食活动，根据实时数据，精确分析鱼类当前所需的营养成分与摄食量，从而自动调整饲料类型及投喂量。此外，物联网技术还能根据养殖环境的变化，如气候变化、季节更替及生物群落变化等，对饲料投喂策略进行动态调整。这种智能化投喂方式既满足了鱼类生长需求，又避免了饲料浪费和环境污染，实现了可持续养殖发展。

值得关注的是，物联网技术在饲料投喂方面的应用能够与其他养殖场管理系统实现无缝对接，实现数据共享与协同。这使得养殖人员能更便捷地监控和管理整个养殖过程，及时发现并解决问题，确保养殖过程的高效与安全。综合考虑，物联网技术在水产养殖饲料投喂领域的应用提升了养殖智能化水平，提高了养殖效率和经济效益，为水产养殖业的可持续发展提供了有力支持。

3. 疾病管理

借助水下摄像头和传感器，在水产养殖领域，物联网技术助力鱼类健康状况的监测，预防疾病的发生。水产养殖业对环境条件高度敏感，如水质、温度和饲料管理等因素均会影响鱼类的生长和健康状况。传统的疾病管理方法主要依赖人工巡检和经验判断，这种方式效率较低，且难以在早期发现疾病症状，导致疾病迅速蔓延，给养殖户带来重大损失。

物联网技术的出现，为水产养殖疾病管理带来了前所未有的变革。通过在水下安装摄像头和传感器，可以实时监测水质、鱼类行为和生长状况，从而及时发现异常情况，预防疾病的发生。

水下摄像头可实时捕捉养殖池内的画面，通过图像识别技术，自动识别鱼类行为的异常，如游动缓慢、聚集等。这些异常行为往往是疾病发生的早期信号，捕捉到这些信息后，养殖户可以迅速采取措施，防止疾病扩散。

传感器则可实时监测水质参数，如温度、pH值、溶解氧等。当某个参数超出设定阈值时，系统会立即发出警报，提醒养殖户及时调整水质，从而预防疾病的发生。

物联网技术在水产养殖疾病管理中具有显著优势。首先，实现了实时监测，能够及时发现异常情况，弥补了传统巡检方式的盲点和滞后性。其次，数据的自动采集和分析，极大地提高了疾病管理的效率和准确性。最后，远程监控和管理使得养殖户可以随时随地了解养殖池内状况，作出及时决策。

物联网技术在水产养殖疾病管理中具有广阔的前景和巨大潜力。通过水下摄像头和传感器的监测，能够实时掌握鱼类的健康状况和水质参数，预防疾病的发生。

4. 生物安全管理

监控养殖场的生物安全状况，是防范外来病原体入侵的重要措施。随着水产养殖业的蓬勃发展，生物安全管理已成为确保养殖顺利进行、预防外来病原体侵害的关键环节。在这一背景下，水产养殖物联网应用技术的出现，为生物安全管理注入了新的活力。

水产养殖物联网应用技术通过集成传感器技术、数据传输技术和数据分析技术，实现了对养殖场的全面实时监控。这些传感器能够精确监测水质指标、温度、湿度、光照强度等关键环境因素，同时跟踪养殖生物的生长状态和行为模式。通过对这些数据的收集和分析，可以及时发现养殖环境中潜在的生物安全隐患，例如水质恶化、病原体滋生等问题。物联网技术的应用不仅限于对养殖环境的监测，还能通过智能分析和预警系统对外来病原体进行早期识别与预防。系统能够根据历史数据和当前环境状况，预测病原体可能入侵的时间和途径，从而提前采取防控措施，如加强水质管理、隔离病弱个体等。这种主动防御的方式，可以显著提高养殖场的生物安全水平，降低病原体入侵的风险。

通过物联网技术，养殖人员可以实现对养殖场的精准管理和决策。系统能够根据实时监测的数据，为养殖人员提供科学的养殖建议和管理方案，如调整饲料投喂量、优化水质调节措施等。这种精准的管理方式，不仅能提高养殖效率，还能减少资源浪费和环境污染。通过实时监控、智能分析和精准管理，该技术能够有效提升养殖场的生物安全水平，保障水产养殖业的健康发展。

5. 能效管理

物联网技术借助传感器、执行器、网络通信等手段，实现养殖环境的实时监控和智能调控。在水产养殖中，它能实时监测水质参数如 pH 值、溶解氧、水温等，确保养殖环境稳定适宜。同时，物联网技术还能实时监控养殖设备使用状态，优化水产养殖设备应用，如水泵、增氧机，以降低能耗。物联网技术在能效管理和设备优化方面，为能效管理提供有力支持。

能效管理是通过技术手段和管理措施提高能源利用效率、降低能源消耗。在水产养殖中，优化设备使用、降低能耗有助于降低成本、提高经济效益，减轻环境压力。

物联网技术可实时监测水池水位、水流速度等参数，根据需求智能调控水泵运行。在水位过高或水流速度过慢时，自动启动水泵排水或增氧；在水位过低或水流速度过快时，自动关闭水泵以节约能源。增氧机是水产养殖关键设备之一，其运行效率直接影响养殖效果。通过物联网技术，可实时监测水质中溶解氧含量，并根据溶解氧变化智能调控增氧机运行。

以某大型水产养殖企业为例，引入物联网应用技术进行能效管理后，企业成功实现水泵、增氧机等设备智能调控，实际运行中能耗降低 20%，养殖效果显著提升。

物联网应用技术在水产养殖领域具有广泛应用前景。通过实现了能效管理、优化设备使用，不仅可以降低能耗、提高经济效益，还有助于推动水产养殖业可持续发展。

以下是一个经典案例，展示了物联网在养殖业中的具体应用。一家大型水产养殖企业，在面临传统养殖方式下的环境监控困难、饲料投喂不准确以及疾病防治不及时等问题时，决定引入物联网技术，构建智能水产养殖系统。养殖企业在养殖池塘周围部署了多种传感器，包括温度传感器、溶解氧传感器、pH 值传感器等。这些传感器能够实时采集池塘中的环境数据，并通过物联网平台传输至云端数据库。云端数据库中的环境数据经过大数据分析和机器学习算法处理，能实时反映池塘环境的变化趋势。养殖人员可通过手机或电脑终端随时查看这些数据，并根据分析结果调整养殖环境，如调节水温、增加氧气供应等。系统根据养殖的水产生物的生长阶段和摄食需求，自动计算并调整饲料投喂量。通过智能投喂设备，实现定时、定量、精准投喂，避免饲料浪费和养殖生物过饱或过饿。物联网平台通过实时监测养殖水产生物的生长数据和池塘环境数据，能够预测养殖生物可能出现的疾病风险。一旦发现异常情况，系统将自动发送预警信息给养殖人员，以便及时采取措施进行防治。通过引入智能水产养殖系统，该企业实现了养殖环境的精准监控与调控，提高了养殖效率和水产品质量安全。同时，系统的自动化投喂和疾病预警功能，有效降低了养殖成本和疾病发生率。此外，物联网技术的应用还为企业提供了丰富的数据分析资源，帮助企业优化养殖策略、提高市场竞争力。

第七章　农耕文化的传承与发展

我国的农业活动始于大约一万年前，这一时期标志着人类从采集狩猎向农耕生活的转变。在中国，农业起源主要有两大源流：一是北方以种植粟和黍为主的旱作农业，二是南方以水稻种植为代表的稻作农业。考古发现如江西万年仙人洞、湖南道县玉蟾岩遗址和浙江浦江上山遗址等，均提供了早期稻作农业的证据。这些遗址中的炭化稻米、稻壳及农耕工具等，显示了当时先民已开始实践稻作农业。此外，珠江流域地区可能存在以种植芋头等块茎作物为特色的热带原始农业。这些活动共同推动了中国农业的早期发展，并为后续文明的形成奠定了基础。

农耕文化，作为中华民族悠久历史中的璀璨瑰宝，承载着炎黄子孙深厚的民族情感与智慧。它不仅是一种生产方式，更是一种生活哲学和文化传承。在这个快速发展的时代，我们更应珍视并传承这份独特的文化遗产。

农耕文化的核心在于尊重自然、顺应时节、和谐共生。古人通过观察天象、研究节气，总结出了一套完整的农耕智慧，使得中华大地上的农作物得以生生不息。这种对自然的敬畏与利用，体现了古人对于人与自然和谐相处的深刻理解。

在农耕文化的传承中，不仅要继承其物质层面的知识与技能，更要挖掘其精神层面的价值与意义。勤劳、节俭、稳重、谦逊等品质，都是农耕文化所孕育出的精神财富。

同时，也应看到农耕文化在当代所面临的挑战与机遇。随着科技的进步和现代化进程的加快，传统农耕方式在一定程度上受到了冲击。然而，这也为农耕文化的创新与发展提供了新的契机，可以通过引入现代科技手段，提高农业生产效率，同时保持对自然环境的尊重与保护。

此外，农耕文化还具有丰富的教育价值。通过参与农耕活动，人们可以亲身体验到劳动的乐趣与意义，培养起对土地和自然的深厚情感。这种教育方式不仅能够增强人们的体质和意志，还能够促进人们对传统文化的认同与传承。

农耕文化的传承与发展是一项长期而艰巨的任务。需要全社会共同努力，通过教育、实践、创新等多种方式，让这份宝贵的文化遗产在新的时代焕发出更加绚丽的光彩。

第一节　农耕文化的内容

农耕文化是以农业生产为中心而形成的民俗文化，它集合了各种民俗文化为一体，形成了独特的文化内容和特征。农耕文化的内容包括农事活动、农具使用、农艺技术、农作物种植等方面，同时也涉及与农业生产相关的语言、戏剧、民歌、风俗以及各类祭祀活动等。农耕文化因时、因地、因物制宜，遵循自然规律和农业生产的秩序和规范，强调人与自然的和谐共生，注重土地的保护和可持续利用。

农耕文化的体现与作用非常广泛。首先，农耕文化体现了人与自然的紧密结合关系，展现了勤劳、节俭、朴实的生活态度和价值观。其次，农耕文化中的传统农事技术和经验，为现代农业的发展提供了宝贵的借鉴和启示。最后，农耕文化中的传统节日和祭祀活动，也丰富了人们的精神生活，传承了民族文化和历史记忆。

农耕文化可以为乡村振兴提供道德引领，弘扬勤劳、淳朴、诚实、善良的价值美德，促进乡村社会的和谐发展。同时，农耕文化在乡村治理中也能发挥法治之外的作用，通过家风家训、文化传统、乡风民约等渠道，塑造人与自然、人与社会、人与人和谐发展的关系。

农耕文化是一种独特的文化现象，它体现了人类与自然的紧密关系，传承了民族文化和历史记忆，同时也为现代农业的发展和乡村振兴提供了重要的借鉴和启示。

一、农耕文化的实践原则

农耕文化，作为人类历史中最为悠久且持续至今的文明形态，其实践原则体现了对自然规律的深刻理解和尊重。这一文化形态，根植于对土地和自然的深厚情感，以及对人类生存方式的深刻理解。其基本原则可概括为“因时、因地、因物制宜”，这三个“因”字背后，蕴含了农耕文明对人与自然关系的深刻洞察。

首先，“因时制宜”体现了农耕文明对时间节奏的精准把握。农耕活动需顺应季节的更替，春耕、夏种、秋收、冬藏，每一个环节都需紧密衔接，不可有丝毫差错。这种对时间的尊重和利用，既是对自然规律的遵循，也是对人类生活节奏的调控。其次，“因地制宜”体现了农耕文明对地理环境的深刻认识。不同地区的土壤、气候、水资源等条件各有差异，农耕活动需根据这些条件来选择合适的农作物和耕作方式。这种因地而异的农耕策略，提高了土地的利用效率，也维护了生态平衡。最后，“因物制宜”强调了农耕文明对农业资源的合理利用。农耕活动需根据农作物的生长特性和需求，合理调配水、肥、土等资源，以实现农作物的优质高产。这种对资源的精细管理，提高了农业生产的经济效益，保护了土地资源的可持续利用。

农耕文化的实践原则，遵循了自然规律和农业生产的秩序和规范。在人与自然的关系上，农耕文明强调和谐共生，而非征服和掠夺。在土地利用上，农耕文明注重保护和可持续利用，而非过度开发和破坏。这种以和谐、可持续为核心理念的农耕文化，对于我们今天面临的生态环境问题和农业可持续发展问题，具有重要的启示和借鉴意义。

农耕文化的实践原则是人类对自然规律和农业生产秩序的深刻理解和运用。这种文化形态不仅塑造了我们的农业生产和生活方式，也为我们提供了面对未来挑战的智慧和策略。在追求现代化和科技进步的今天，我们更应珍视和传承这份宝贵的农耕文化遗产。

（一）顺应自然

农耕文化，其深层内涵中蕴含了一种至高的智慧——顺应自然。这种智慧不仅仅是对自然规律的简单遵循，更是一种深刻地理解与尊重，是人与自然和谐共处的哲学体现。

农耕文化强调，农业生产必须顺应时节和气候的变化。这是因为农作物的生长需要特定的气候条件，这种顺应是对自然力量的认同与利用。在农耕文化中，人们通过观察天象、感知季节更迭，来安排播种、收割等农事活动。这种对自然的敏感与敬畏，使农业生产与自然环境之间形成了一种动态的平衡。

这种平衡不仅体现在农业生产上，还体现在农耕文化对生活方式、社会结构乃至精神世界的塑造上。农耕文化中的人们，注重与自然的和谐共生，尊重每一个生命体，强调人与自然的相互依存关系。这种文化导向，使得人们在日常生活中也注重顺应自然，追求与自然环境的和谐共处。

在现代社会，随着科技的发展和工业化的推进，人类对自然的干预能力越来越强。然而，这种干预往往伴随着对自然环境的破坏和资源的过度消耗。在这样的背景下，农耕文化中的顺应自然智慧显得尤为珍贵。它提醒我们，在追求发展的同时，必须尊重自然、保护自然，实现人与自然的和谐共处。

顺应自然是农耕文化的核心智慧，也是人类与自然环境和谐共处的关键所在。在现代社会，需要重新审视这种智慧，将其融入我们的生产、生活和思考中，以实现人类与自然的和谐共生。

（二）尊重生命

尊重生命这一理念，早已超越了简单的道德层面，成为人类社会可持续发展的核心原则。在农业领域，这一原则显得更为重要。农业是国家经济的根本，更是生态环境的组成部分。因此，我们必须珍视土地和生物资源，追求可持续的农业实践。

土地是农业生产的载体，也是生态系统中不可或缺的一环。然而，长期以来，过度开发和滥用土地资源，导致土壤退化、水资源短缺、生物多样性丧失等一系列问题。这不仅影响了农业生产的效率和质量，更对整个生态系统的稳定性构成了严重威胁。因此，必须尊重土地的自然规律和承载能力，通过科学合理的耕作方式和土地利用模式，保护和恢复土地生态健康。

生物资源是农业生产和生态系统中不可或缺的一部分。然而，过度捕捞、滥用农药和化肥等行为，导致生物资源日益减少，生物多样性受到严重破坏。不仅影响了农业生产的可持续发展，更对整个生态系统的平衡和稳定造成了严重影响。因此，必须尊重生物资源的生长规律和生态价值，通过科学合理的农业管理技术和生态保护措施，保护和恢复生物资源的丰富多样性。

可持续的农业实践是实现农业发展和生态保护双赢的关键。通过推广生态农业、有机农业等可持续的农业模式，可以有效地减少对土地和生物资源的破坏，提高农业生产的效率和质量，同时也为生态环境的保护和恢复作出了积极贡献。这符合人类社会可持续发展的要求，体现了我们对生命和自然的尊重和敬畏。

（三）智慧与经验

在浩瀚的历史长河中，人类与农业的关系可谓是源远流长。然而，在这片广袤的土地上，农耕并非简单的播种与收获，而是一门融合了智慧与经验的学问。世代相传的农耕经验和智慧，是历代先民们用汗水和时间铸就的宝贵财富。这些经验和智慧，既是对土地、气候、作物生长规律的深刻认识，又是对于人与自然和谐共生的哲学思考。它们如同一盏盏明灯，照亮了农业生产的道路，引导着人们走向丰收的彼岸。

在农耕的过程中，智慧与经验相互交织，共同构成了农业生产的核心。农民通过观察天象、感知季节变化，精准地把握播种和收获的时机。他们熟知各种作物的生长习性，能够因地制宜地选择种植品种，实现土地资源的最大化利用，同时，还善于利用传统的农耕技术和工具，提高劳动生产率，确保农作物的产量和质量。

此外，世代相传的农耕经验和智慧还体现在对生态环境的保护，农民深知土地资源的有限性，因此在农耕过程中注重生态平衡，避免过度开垦。他们善于利用自然资源，如雨水、阳光、风力等，为农作物提供充足的生长条件，同时也维护了生态环境的稳定和健康。

在现代农业技术的快速发展下，传统农耕经验和智慧依然继续发挥着作用，为现代农业提供了丰富的实践经验和理论基础，帮助我们更好地理解和应对农业生产中的各种挑战。同时，这些经验和智慧也为我们提供了深刻的哲学启示，让我们更加珍惜自然资源，追求人与自然的和谐共生。

世代相传的农耕经验和智慧是农业生产中不可或缺的宝贵财富，不仅指导着农民们的实践活动，还为我们提供了深刻的哲学思考。在未来的农业发展中，应该继续传承和发扬这些经验和智慧，让它们继续照亮农业生产的道路，引领我们走向更加繁荣和可持续的未来。

二、农耕文化的体现与作用

农耕文化，作为中华民族悠久历史的重要组成部分，深刻体现了中华民族对自然环境的尊重与利用，以及对生活的热爱与智慧。它不仅是传统农作物与耕作方式的展现，更是传统农具与技艺的传承，以及农事节庆与习俗的体现。

（一）传统农作物与耕作方式

我国农耕文化的传统农作物种类繁多，如水稻、小麦、玉米、棉花等。这些农作物的种植，不仅满足了人们的日常生活需求，也形成了各具特色的地域文化。同时，传统的耕作方式，如轮作、间作、套种等，不仅提高了土地的利用率，也体现了人们对自然环境的敬畏与智慧。

传统农作物与耕作方式既体现了人类对自然的顺应与利用，也反映了各个地域的文化特色和历史积淀。水稻的种植需要精细的农田管理，包括适时灌溉、排水、施肥和除草等。在中国，水稻的种植技术经过几千年的发展和完善，形成了独特的稻田文化。每年春耕时节，农民会忙着犁田、插秧，期待着秋天的丰收。而在稻田中，还常常可以看到鱼、虾等水生生物与水稻共生，这种“稻鱼共生”的农业模式，既提高了土地利用率，又丰富了生物多样性。小麦，是另一种重要的传统农作物。与水稻不同，小麦的生长需要更多的阳光和干燥的环境。因此，小麦的种植主要集中在温带和寒带地区。小麦的种植技术包括选种、播种、施肥、灌溉、除草和收割等多个环节。在小麦的生长过程中，农民需要密切关注天气变化，以防止干旱、洪涝等自然灾害对小麦产量造成影响。

除了农作物的种植技术，传统的耕作方式也是农业实践中不可或缺的一部分。轮作，是一种古老而有效的耕作方式。通过在不同年份种植不同的作物，可以避免土壤养分的过度消耗，保持土壤肥力。同时，轮作还可以减少病虫害的发生，提高作物的产量和质量。灌溉，是农业生产中必不可少的环节。传统的灌溉方式包括渠灌、井灌、河灌等。这些灌溉方式虽然简单，但却能有效地满足作物生长所需的水分。传统农作物耕作方式不仅为人类社会提供了丰富的物质财富，还为我们留下了宝贵的文化遗产。

（二）传统农具与技艺

传统农具，如犁、耙、风车等，连同其制作与使用技巧，共同构成了我国农耕文化的历史遗产。这些工具和技艺不仅汇聚了历代农民的智慧和辛勤付出，更是见证了我国农业的演变历程，彰显了中华民族的聪明才智与创新精神。

犁作为最古老的农具之一，其历史可追溯至商周时期。犁的主要功能是翻耕土地，使土壤松软，以便农作物生长。犁的设计独特，结构精巧，既能节省人力，又能提高工作效率，充分展示了中国古代农业科技的高超水平。

耙是一种用于碎土和平地的农具。在犁耕之后，使用耙可以将大块土块破碎，使土地表面平整，有利于农作物播种与生长。耙的制作工艺精细，使用技巧独特，是农耕文化的重要组成部分。

风车是一种利用风力进行粮食筛选和扬谷的工具。风车设计巧妙，可利用风力将粮食中的杂质和空壳吹走，留下干净的粮食。风车的使用不仅提升了粮食品质，也大大提高了农民的生产效率。

这些传统农具与技艺的传承，实现了农业生产的高效与便捷，更重要的是，它们承载着中华民族的传统智慧和文化底蕴。这些农具的制作技艺与使用，需要农民长期实践与经验积累，它们是中国农业文化的瑰宝，也是中华民族传统文化的载体。然而，随着现代化进程的加速，许多传统农具与技艺逐渐淡出人们视野。年轻人对农业了解不足、兴趣缺失，导致传统农具与技艺传承面临困境。

鉴于传统农具与技艺的重要价值，应加大宣传和推广力度，使广大民众充分认识到其深远意义。同时，强化对传统农具与技艺的保护与传承工作，确保这些珍贵的文化遗产得以延续和传承。在农村地区，可以设立传统农具与技艺培训课程，邀请经验丰富的农户传授制作与使用技巧，为年轻人提供学习的机会。通过举办各类展览、演示和比赛等活动，展现传统农具与技艺的独特魅力，吸引更多公众关注和参与。此外，可通过政府补贴、文化基金等途径，为传统农具与技艺的传承提供必要的资金支持与保障。传统农具与技艺作为农耕文化核心组成部分，承载着中华民族的传统智慧和文化底蕴。我们有责任加强对它们的保护与传承，为中华文化的繁荣和发展贡献力量。

（三）农事节庆与习俗

农耕文化的魅力，深植于丰富多彩的农事节庆与习俗之中。诸如春耕节、夏至节、秋收节等节庆活动，不仅是对农事劳作成果的庆祝，更是对农耕文化传统的继承与发扬。同时，与农耕息息相关的各种习俗，如祈雨、祭地等，亦体现了人们对自然的敬畏与感恩之情。

农耕社会的农事节庆与习俗，承载着深厚的社会功能和精神寄托。这些节庆与习俗，不仅顺应了自然规律，更体现了对农业生产的热爱与尊重。它们以独特的方式，传承着农耕文化，彰显着乡村生活的独特魅力。

丰收节，作为农耕文化的重要组成部分，是对辛勤劳动与自然界恩赐的盛大庆祝。在这一天，村民们欢聚一堂，共庆丰收之喜。他们挥舞彩旗，敲锣打鼓，跳起欢快的舞蹈，以表达内心的喜悦与对大自然的感激之情。丰收节是对农作物丰收的庆祝，更是对人们勤劳、智慧与团结精神的赞颂。

祈雨仪式，是农耕社会在面对自然灾害时的一种精神寄托。在干旱季节，人们会举行庄重的祈雨仪式，向天空祈求雨水的降临，以保障农作物的生长与丰收。尽管这种仪式带有一定的迷信色彩，但它凝聚了人们对生活的热爱与对未来的希望。通过祈雨仪式，人们表达了对大自然的敬畏与感恩之情，同时也传递了对美好生活的向往与追求。

此外，农耕文化中还有诸多其他节庆与习俗，这些节庆与习俗均为农耕文化的瑰宝，通过世代相传的方式，传承着农耕文化的智慧与精神内涵。

在现代社会，随着城市化的不断推进和人们生活方式的改变，农耕文化逐渐淡化。然而，农事节庆与习俗仍在农村地区得以保留与传承。它们是农民生活的重要组成部分，也成为乡村旅游的吸引点。通过这些节庆与习俗，人们得以深入地了解农耕文化的魅力，感受乡村生活的宁静与美好。

农事节庆与习俗以其独特的方式传承着农耕文化的核心价值，展现着乡村生活的独特魅力。在现代社会，我们应更加珍视并传承这些传统节庆与习俗，使其在现代社会中焕发新的生机与活力。同时，也应深入挖掘农耕文化的内涵与价值，为现代社会的发展注入更多的文化力量与精神滋养。

第二节　农耕文化的传承与发展

农耕文化独特地展现人们了对自然与生活的深刻理解。在当今社会，传承与发扬农耕文化的价值不仅在于其悠久的历史，更在于它所蕴含的丰富生态智慧与和谐社会理念，为可持续发展提供了宝贵的启示。

农耕文化不仅体现了中华民族对土地和自然的敬畏与感恩，还展现了先民的智慧与创造力。保护并传承农耕文化，对于维护国家文化安全、弘扬民族精神具有深远的影响。从生态智慧的角度来看，农耕文化强调人与自然的和谐共生，倡导顺应自然、尊重自然。在生态环境日益恶化的当下，我们应当从中汲取智慧，推动绿色发展，促进人与自然的和谐共生。

农耕文化不仅关注人与自然的和谐，还强调人与人之间的互助合作与和谐相处。这种社会和谐理念能够维护社会稳定、促进社会发展。在现代社会，应当继续传承并弘扬这一理念，推动社会和谐发展。同时，农耕文化的发展也需与时俱进，实现现代化转型。在保留传统文化精髓的基础上，积极引入现代科技手段和管理理念，推动其创新发展，并加强国际交流与合作，扩大其在全球化背景下的影响力。

在农耕文化中，家庭和睦、邻里相亲、守望相助的社会关系得到着重强调。这种紧密的社会联系和互助合作的精神，促进了现代社会的人际关系、增进社会凝聚力。它有助于构建更加和谐美好的社会环境，让人们在相互关爱中共同成长。

农耕文化的传承价值体现在历史与文化遗产、生态智慧和社会和谐等多个方面。我们应珍视这份宝贵的文化遗产，通过教育、宣传和实践等多种途径，让农耕文化的智慧在新时代得到传承和发扬。这推动了人类文明的发展进步，还能共同创造一个更加美好的未来。农耕文化的传承与发展是一项长期且艰巨的任务，我们应秉持高度的文化自觉与文化自信，深入挖掘其价值内涵，推动其与现代社会的融合发展，为构建人类命运共同体贡献中国智慧与中国方案。

一、农耕文化的传承价值

农耕文化是人类文明的摇篮，作为人类历史长河中一颗璀璨的明珠，承载着深厚的历史底蕴，闪耀着独特的文化遗产、生态智慧和社会和谐的光芒。农耕文化孕育了世界各地多姿多彩的民族文化和民俗风情，见证了人类生产力的飞速发展，从远古的刀耕火种到现代的机械化耕作，都留下了无数珍贵的历史遗迹和文化遗产。这些宝贵的财富，不仅是人类文明的瑰宝，更是我们后人传承和发扬光大的重要资源。农耕文化作为中华文化的组成部分，承载着中华民族的思想智慧和精神追求，是历史上农业生产经验和技术积累的结晶，也是乡村社会的精神纽带和文化标识。

农耕文化强调人与自然的和谐共生，倡导顺应自然、尊重自然的生态理念，对现代社会面临的资源短缺、环境污染等问题具有重要启示作用。它提醒我们要与自然和谐共处，实现可持续发展。同时，农耕文化还着重强调了人与人之间的互助合作与和谐相处，在农耕社会中，人们相互依存、共同劳作，形成了紧密的社会联系和互助合作的氛围。这种社会和谐理念对于维护社会稳定、促进社会发展具有深远的意义。

当今社会应当更加珍视和传承农耕文化。通过教育、宣传和实践等多种途径，让农耕文化的智慧在新时代得到传承和发扬，深入挖掘农耕文化的价值内涵，推动其与现代社会的融合发展。同时，也应与时俱进，积极引入现代科技手段和管理理念，推动农耕文化的创新发展，让其在现代社会中焕发出新的生机和活力。农耕文化的传承价值主要体现在以下几个方面。

（一）历史教育价值

农耕文化蕴含着中华民族几千年的生产生活智慧，对教育后代了解和尊重历史、传承中华优秀传统文化具有重要作用。农耕文化体现了我们先祖们的生产生活智慧，是后代子孙必须珍视和传承的宝贵遗产。从历史教育价值的角度来看，农耕文化对于培养国人的文化认同感、历史责任感和民族自豪感具有不可替代的作用。

从农耕器具的发明到农事节气的掌握，从农田水利的建设到农业科技的进步，这些无不凝聚着先人的智慧与汗水。通过学习和传承农耕文化，可以深入了解中华民族的历史发展脉络，更加准确地把握历史的发展规律。

农耕文化还是一部生动的历史教科书。它记录了中华民族在与自然环境的长期斗争中，如何逐步适应、改造自然，创造出丰富多彩的物质文明和精神文明。通过学习农耕文化，可以更加深刻地认识到历史发展的曲折性、复杂性和规律性，从而增强对历史的理解和尊重。

农耕文化还蕴含着丰富的道德伦理和人生智慧。如“天人合一”的哲学思想、“勤劳节俭”的生活态度、“团结协作”的社会精神等，这些都是中华民族优秀传统文化的重要组成部分。通过学习和传承农耕文化，可以引导后代树立正确的世界观、人生观和价值观，为培养有理想、有道德、有文化、有纪律的公民奠定坚实的基础。

农耕文化具有不可替代的历史教育价值，应当积极挖掘和传承这一宝贵遗产，通过多种形式的教育活动，让更多的人了解、认识和尊重农耕文化，从而增强对中华民族优秀传统文化的认同感和自豪感。同时，也应当鼓励创新和发展，让农耕文化在新的时代背景下焕发出新的生机和活力。

(二) 社会凝聚力

农耕文化中的节庆活动、习俗和传统，能够增强乡村社区的凝聚力和归属感，促进社会和谐。农耕文化承载着丰富的历史、民俗和智慧，节庆活动、习俗和传统是文化遗产的展现，也是乡村社区凝聚力和归属感的源泉。

农耕文化中的节庆活动，如春耕节、秋收节等，不仅是农业生产周期的标志，也是乡村社区团结和协作的象征。这些活动通过集体参与、共同庆祝的形式，强化了社区成员之间的联系和互动，增进了相互理解和信任。人们在共同的节日氛围中，共同体验着农耕的艰辛与喜悦，共享着收获的成就与欢乐，从而形成了强烈的社区归属感和凝聚力。

农耕文化中的习俗和传统，如祭祀、庙会等，也是乡村社区凝聚力和归属感的体现。这些习俗和传统通过代代相传，成为乡村社区的共同记忆和文化认同。人们在遵循这些习俗和传统的过程中，不仅表达了对祖先的敬仰和对传统的尊重，也传递了社区的价值观和行为规范，从而增强了社区的凝聚力和稳定性。

因此，农耕文化的传承价值增强了社会凝聚力。通过保护和传承农耕文化中的节庆活动、习俗和传统，能够延续乡村社区的历史和文化，促进社区成员之间的团结和协作，增强社会的和谐与稳定。

(三) 生态文明

在生态文明建设中，农耕文化中的可持续农业理念，如有机肥使用、间作套种等传统技术，对推动生态文明建设和乡村振兴具有积极影响。农耕文化，作为人类历史长河中一种源远流长的文明形态，不仅承载着厚重的历史记忆，更是蕴含了丰富的智慧与可持续发展的理念。在现代生态文明建设的时代背景下，传承与发扬农耕文化显得尤为重要。

农耕文化中蕴含的可持续农业理念，为我们提供了一种与自然和谐共生的农业发展方式。其中，有机肥的使用便是这一理念的典型体现。通过利用农家肥、作物残渣等有机物质作为肥料，不仅能够有效提高土壤肥力，还能减少化肥对环境的污染，维护了土壤生态平衡。这种环保的农业方式，促进了生态文明建设。

间作套种是一种具有高度智慧的农业耕作模式。通过在同一块土地上种植不同种类的作物，能够充分利用光、热、水、土等自然资源，提高土地的产出效益。同时，间作套种还能有效防止土壤侵蚀、水土流失等生态问题，维护了农业生态系统的稳定与健康。

在乡村振兴的大背景下，通过挖掘和弘扬农耕文化中的可持续农业理念和技术，不仅能够推动农业生产的绿色转型，提升农产品的品质和附加值，还能增强农民的文化自信，促进乡村经济、文化、生态的全面发展。

农耕文化的传承价值在生态文明建设中得到了充分体现，应当深入研究和推广农耕文化中的可持续农业理念与技术，使其在推动生态文明建设和乡村振兴中发挥更大的作用，为构建人与自然和谐共生的美好未来贡献力量。

(四) 维护文化多样性

农耕文化的地方特色与多样性为文化创新提供了丰厚资源，有助于维护文化多样性并推动文化繁荣。作为人类文明的重要支柱，农耕文化不仅承载着丰富的历史底蕴，还展现了人类对自然环境的深刻理解与运用。其传承价值在于自身所蕴含的智慧与经验，以及为文化多样性作出的独特贡献。

文化多样性体现在不同地域、民族在长期历史演变中形成的独特文化风貌。农耕文化以鲜明的地方特色与丰富的多样性，为文化创新提供了源源不断的资源。这种资源既体现在物质层面，如农作物种植技术、农具改进等，也体现在精神层面，如农耕文化的哲学思想、价值观、艺术表达等。

农耕文化的地方特色使得各地农耕实践各具魅力。如江南水稻文化以精细农业耕作与优美水乡景观著称；黄土高原旱作农业以坚韧抗旱精神及独特耕作方式闻名。这些特色农耕文化丰富了人类文化内涵，也为文化创新提供了广阔舞台。

农耕文化的多样性体现在其包容并蓄积的品质上。在发展过程中，农耕文化不断吸收与融合其他文化元素，形成独具特色的文化体系。这种多样性不仅体现在农耕技术创新，还体现在农耕文化的精神内涵。精神内涵包括对自然的敬畏与感恩、对劳动的尊重与赞美、对社区的归属与认同。

农耕文化的传承价值在于其本身保护与传承，以及为文化多样性作出的贡献。地方特色与多样性为文化创新提供丰富资源，有助于维护文化多样性和促进文化繁荣。在全球化背景下，我们应重视农耕文化的传承与保护，使其在新时代焕发新的生机与活力，为人类文化多样性和文化创新作出更大贡献。

（五）推动国际文化交流

作为全球农业文化遗产的重要组成部分，农耕文化不仅承载着深厚的历史底蕴和独特的价值体系，更是人类文明发展的关键一环。其传承与发展对于推动国际文化交流、互鉴以及提升国家文化软实力具有至关重要的作用。

在全球化的今天，农耕文化的价值已超越地域与民族的界限，展现出广泛的国际交流意义。这种交流不仅有助于促进不同文化间的相互学习与融合，更能通过共享农耕智慧和实践经验，推动文化多样性的繁荣和人类文明的共同进步。

农耕文化作为一种独特的文化形态，蕴含了丰富的生态智慧、生产技能和社会组织经验。通过国际交流，各国可以深入了解彼此在农耕领域的优秀传统和实践成果，从而拓宽视野，增进相互理解。同时，这种交流也有助于打破文化隔阂，增进国际友谊，为构建和谐世界奠定坚实基础。

在提升国家文化软实力的过程中，农耕文化发挥着关键作用。作为中华民族的重要文化标识之一，农耕文化具有独特的魅力和吸引力。通过加强对其传承与发展的投入与支持，我们可以激发国民的文化自信，提升国家在国际舞台上的文化影响力，进而增强国家的整体竞争力。

为了实现农耕文化在国际交流中的价值最大化，我们需要采取切实有效的措施。一方面，要加强对农耕文化的研究与保护力度，深入挖掘其历史内涵和现实意义；另一方面，要推动农耕文化的创新发展，结合现代科技手段为其注入新的活力。此外，还应加强国际的合作与交流，共同推动农耕文化的传承与发展事业向前迈进。

二、信息时代农耕文化的发展

在当前信息爆炸的时代，农耕文化的发展并未被汹涌的科技浪潮所淹没，反而以一种更加独特而璀璨的方式，焕发出新的生机与活力。农耕文化，作为中华民族几千年的历史积淀，不仅承载着深厚的文化内涵与智慧结晶，更以其独特的生活方式和价值观，为世人所瞩目。

首先，信息时代的浪潮为农耕文化的传播打开了一扇前所未有的大门。借助互联网、大数据、人工智能等现代信息技术手段，农耕文化的传播途径变得前所未有的丰富与多样。它不再局限于传统的书籍、博物馆等有限渠道，而是通过网络视频、社交媒体、虚拟现实等多种方式，向世界的各个角落传递着农耕文化的独特魅力。这种跨越时空、地域的传播方式，使得农耕文化的影响力不断扩大，进一步增强了我们的文化自信，让更多的人了解并感受到农耕文化的深厚底蕴。

其次，信息时代也为农耕文化的创新提供了源源不断的动力。在现代科技的加持下，农耕文化的创新形式层出不穷，展现出令人惊叹的创造力。比如，通过智能农业技术的运用，传统农耕方式得到了改进和优化，农业生产效率和质量得到了显著提升。智能农业技术不仅提高了农产品的产量和品质，还使得农业生产更加环保和可持续。同时，通过文化创意产业的融合，农耕文化元素被巧妙地融入各种文化产品之中，如电影、音乐、旅游等，使得农耕文化以更加生动、形象的方式呈现在世人面前。这些创新实践不仅丰富了农耕文化的内涵，也为其注入了新的活力，使其在现代社会中焕发出新的光彩。

最后，信息时代还促进了农耕文化与现代文明的融合发展。在现代社会，随着工业化、城市化的快速推进，农耕文化所倡导的和谐、自然、生态等理念显得尤为珍贵。通过推广农耕文化中的生态理念，可以引导人们更加关注环境保护和可持续发展，推动社会向着更加绿色、健康的方向发展。同时，农耕文化中的社会管理经验也为我们提供了宝贵的启示。通过借鉴农耕文化中的和谐共处、互助互爱等精神，可以推动社会更加和谐稳定，营造出更加美好的社会环境。

因此，可以说信息时代为农耕文化的发展提供了新的机遇和挑战。应该充分利用现代信息技术的优势，推动农耕文化的传播、创新和融合发展，让农耕文化在新的时代背景下焕发出更加璀璨的光芒。同时，也应该保持对农耕文化的敬畏之心，尊重其历史价值和文化内涵，不断挖掘和传承农耕文化中的智慧和精髓，为中华民族的伟大复兴贡献力量。

（一）数字化保护

通过信息技术，我们正在进行农耕文化遗产的数字化保护，构建数据库，以实现资源共享和远程教学。在信息时代，农耕文化正面临重要转折点，既有机遇也充满挑战。如何借助信息技术为农耕文化注入活力，同时守护这份珍贵的遗产，成为我们亟须思考的问题。数字化保护作为创新方式，正展现其巨大潜力和价值。利用信息技术对农耕文化遗产进行全面数字化记录，转化为数字数据，建立详尽的数据库，不仅深化了对农耕文化的系统研究，也为传承提供了新途径。

通过数据库的建立，可以实现农耕文化资源的共享。无论是学者、研究人员还是普通公众，都可以通过网络平台，轻松获取到农耕文化的相关信息，进一步促进农耕文化的传播和普及。同时，数字化保护还为远程教学提供了可能。借助网络技术和虚拟现实技术，可以让更多的人在不受地域限制的情况下，学习到农耕文化的知识和技能，推动农耕文化的传承和发展。然而，数字化保护也面临着一些挑战。如何确保数字化信息的准确性和完整性，如何防止数字化信息的滥用和盗用，都需要我们进行深入的思考和有效的管理。因此，在推进数字化保护的同时，也需要建立起完善的管理机制和法律法规，为农耕文化的数字化保护提供坚实的保障。

信息时代为农耕文化的发展提供了新的机遇，也带来了新的挑战。数字化保护作为一种创新的保护方式，有着巨大的潜力和价值。我们应该抓住机遇，积极应对挑战，推动农耕文化的数字化保护，为农耕文化的传承和发展贡献我们的力量。

（二）网络传播

借助互联网平台，可以广泛传播农耕文化知识，提升公众对农耕文化价值和意义的理解与关注。在信息时代背景下，农耕文化的发展面临新的机遇与挑战。为了传承和弘扬这一独特的文化遗产，应积极利用互联网平台，推动农耕文化的网络传播，提升公众对其价值的认识和兴趣。

构建专门展示农耕文化的网站和在线平台，汇集丰富的农耕文化资料，包括历史背景、传统技艺、农具介绍等，为公众提供一站式的农耕文化知识库。通过多媒体形式，如视频、音频、图文等，生动展示农耕文化的魅力。例如，制作农耕纪录片、短视频、农事体验直播等，吸引公众关注并激发学习兴趣。

利用微博、微信、抖音等社交媒体平台，分享农耕文化相关内容，扩大影响力。同时，组织线上互动活动，如知识竞赛、话题讨论等，提高用户参与度。将农耕文化纳入国民教育体系，通过课堂教学、课外实践等途径，让学生从小了解农耕文化的价值，培养保护和传承的意识。

主流媒体应积极报道农耕文化相关内容，提高公众对其价值的认识和关注度。邀请农耕文化传承人、专家学者等进行访谈和讲座，为公众提供更多了解农耕文化的机会。组织线上线下相结合的农耕文化体验活动，如农耕体验营、农事节庆等，让公众亲身感受农耕文化的魅力，从而激发对农耕文化的兴趣和热爱。

结合现代审美和消费需求，开发具有农耕文化特色的文创产品、旅游纪念品等，满足公众对农耕文化的消费需求，进一步激发兴趣。通过充分利用互联网平台进行农耕文化的网络传播，并结合多种手段提高公众对其价值的认识和兴趣，可以有效推动农耕文化在信息时代背景下实现传承与发展。这不仅能够丰富人们的精神文化生活，还有助于保护和传承这一独特的文化遗产。

（三）智能农业

物联网和大数据等现代信息技术的运用，为智能农业的发展提供了可能，进而提高农业生产效率，同时保护和传承农耕文化。在此背景下，农耕文化发展面临前所未有的机遇与挑战。一方面，传统农耕方式面临资源短缺、效率低下等问题；另一方面，现代信息技术为农业生产带来革新，为农耕文化的传承与发展提供了新途径。

智能农业，作为信息技术与传统农业结合的产物，通过物联网技术实现农田信息实时监控，运用大数据分析指导农业生产决策，提高农业生产的精确度和效率。在智能农业模式下，农民能更精确地掌握农田环境和作物生长状态，实现精准施肥、灌溉、病虫害防治等作业，有效减少资源浪费和环境污染。

此外，智能农业的发展还为农耕文化的保护和传承提供新途径。通过数字化手段记录传统农耕技艺、农耕习俗等文化元素，使其在现代社会焕发新活力。同时，智能农业有助于农耕文化的传播与交流，让更多人了解和认识农耕文化内涵及价值，增强文化自信心和认同感。

在信息时代，借助智能农业这一创新模式，既能推动农业生产效率的提升，又能保护和传承农耕文化，实现农业生产与文化传承的双赢局面。

（四）乡村旅游

开展以农耕文化为主题的乡村旅游项目，如农耕体验、民俗节庆活动，以吸引游客，推动地域经济发展。在信息时代背景下，农耕文化作为人类文明的珍贵遗产，其丰富的历史内蕴和独特魅力逐渐为人们所认识并珍视。在乡村旅游发展中，农耕文化已成为不可或缺的要素。通过打造农耕文化主题的乡村旅游项目，既能吸引更多游客，也能有效推动地方经济持续健康发展。

农耕体验作为乡村旅游的亮点之一，使游客能够亲身参与农耕活动，体验传统农事乐趣。例如，游客可亲自耕种土地、收获作物，感受农耕的辛勤与喜悦。同时，结合当地农耕文化，举办各类民俗节庆活动，如农耕节、丰收节等，让游客在欢愉的氛围中深入了解农耕文化内涵。

在信息时代，可以利用互联网等现代信息技术手段，对农耕文化主题的乡村旅游项目进行广泛宣传，提升项目知名度和影响力。此外，还可借助现代科技手段，如虚拟现实、增强现实等，为游客提供更为丰富多彩的农耕文化体验。

信息时代为农耕文化发展带来新机遇。通过开发农耕文化主题的乡村旅游项目，既能带给游客独特的旅游体验，也能有效推动地方经济可持续发展。这既是对农耕文化的传承与弘扬，也是对乡村旅游产业的创新与提升。

（五）教育融合

在信息时代的大背景下，人类社会正步入一个全新的发展阶段。农耕文化，作为人类文明的基石，其重要性愈发突显。为深入贯彻落实对农耕文化的传承与弘扬，将农耕文化融入教育体系已刻不容缓。此举旨在培养新一代青少年对农业和传统文化的兴趣与尊重，从而推动农业可持续发展和传统文化的传承与创新。

农耕文化作为人类文明的重要组成部分，承载着丰富的历史记忆、智慧结晶与价值观体系。尽管在信息时代，农业生产方式和技术手段发生了翻天覆地的变革，但农耕文化所蕴含的生态理念、劳动精神以及与自然和谐共生的哲学思想依然具有不可替代的价值。

将农耕文化融入教育体系，既有助于学生深入了解农业知识，又能培养其环保意识、劳动习惯以及传统文化价值观。为此，教育部门要精心制定教学计划和课程大纲，将农耕文化纳入学校教育的课程体系中。课程内容应涵盖农业历史、农业生产技术、农业生态环境保护等多个方面，以全面展现农耕文化的独特魅力与深刻内涵。

此外，学校可积极组织实践活动，如带领学生参观农田、参与农业生产等，让学生亲身感受农耕文化的魅力。同时，教育者应注重培养学生的批判性思维和创新能力，引导他们思考如何将传统农业智慧与现代科技相结合，推动农业领域的创新发展。

将农耕文化融入教育体系对于信息时代的人才培养具有重要意义。通过教育融合，有望培养出既具备现代信息技术知识，又尊重并热爱农业和传统文化的新一代青少年，为社会的可持续发展注入新的活力与智慧。

（六）文化创新

倡导创新性转化和创造性发展，融合现代生活方式，推出农耕文化新产品，如文化创意产品、生态农产品等。在21世纪的信息时代，农耕文化并未因科技进步而式微，而是在新的时代背景下展现出新的活力。作为人类历史上最古老的文化之一，农耕文化承载了深厚的民族情感与智慧。在信息时代背景下，如何实现农耕文化的创新性转化和创造性发展，成为一项值得深入研究的课题。

文化创新是推动文化发展的核心动力。在信息时代，农耕文化的发展应紧跟时代步伐，通过创新方式将传统农耕智慧与现代科技、生活方式相结合，打造出具有时代特色的农耕文化新产品。运用现代设计理念与科技手段，将农耕文化元素融入文化创意产品中。例如，设计一系列以农耕文化为主题的创意产品，如图书、服饰、家居用品等，让人们在日常生活中体验农耕文化的魅力。

结合现代农业生产技术，开发高品质、高附加值的生态农产品。借助电商平台等现代销售渠道，将生态农产品推向更广泛的市场，满足消费者对健康、环保食品的需求。信息时代为农耕文化发展提供了前所未有的机遇。通过文化创新，农耕文化将在新时代背景下焕发新的活力。

（七）全球合作

协同加强全球农耕文化的保护与发展，分享经验，参与农业文化遗产的全球保护工作。伴随着信息技术的高速发展，我们步入了一个崭新的信息时代。在这个时代背景下，作为人类文明的重要组成部分，农耕文化的保护与发展显得尤为重要。在全球化的趋势下，加强国际协作、共享农耕文化保护与发展的经验，以及参与全球农业文化遗产的保护工作，已成为时代发展的必然选择。

农耕文化是人类在与自然长期相互作用中凝聚的智慧结晶，涵盖了丰富的农业知识、技艺和传统。在信息时代，这些珍贵的文化遗产面临着前所未有的挑战与机遇。一方面，传统农耕文化在现代化、城市化的影响下日渐式微；另一方面，信息技术为农耕文化的保护与传播提供了新的契机。面对农耕文化所面临的挑战，全球协作显得尤为关键。各国应共同努力加强农耕文化的保护与发展，通过经验分享、技术交流、项目合作等方式，推动农耕文化的传承与创新。

这种协作不仅有助于保护和传承农耕文化，还能促进农业可持续发展，为全球粮食安全与生态平衡作出积极贡献。在全球协作的过程中，共享农耕文化保护与发展的经验至关重要。各国应充分利用现代信息技术手段，建立农耕文化数据库、在线交流平台等，促进农耕文化资源的共享与利用。同时，通过举办国际研讨会、培训班等活动，加强各国在农耕文化保护与发展方面的沟通与协作。

全球农业文化遗产是人类农业文明的重要遗产，具有极高的历史、文化和科学价值。各国应积极参与全球农业文化遗产的保护工作，通过制定保护政策、设立保护基金、开展保护项目等方式，确保这些珍贵遗产得以传承与发展。同时，通过加强国际交流与合作，共同推动全球农业文化遗产保护事业的进步。

在信息时代，农耕文化的繁荣发展将继续依赖于全球协作的力量。我们期待各国能够携手共进，加强沟通与协作，共同推动农耕文化的保护与发展。在这个过程中，我们将不断总结经验、创新方法，为农耕文化的传承与创新贡献智慧和力量。

农耕文化在信息时代得到有效传承和发展，与现代文明相结合，焕发出新的活力。在全球化的背景下，农耕文化的传播与发展既面临机遇也面临挑战。要坚信农耕文化的未来是充满希望的。只要我们坚持创新与发展，加强国际交流与合作，利用现代科技手段，培养专业人才，注重可持续发展，就一定能让农耕文化在全球化的大潮中立足并发展，为人类的文明进步和中华民族的伟大复兴贡献力量。

第八章　相关法律知识

农业经理人作为农业企业的管理人员，其职责涵盖农业生产的规划、组织、指挥、协调以及监督等多方面内容。在履行这些职责的过程中，农业经理人必须深入了解和熟练掌握农业相关的法律法规，以确保农业生产活动的合法性和规范性。

学习农业相关法律有助于农业经理人提升法律意识和法治观念。法律意识是现代社会公民必备的基本素质。通过学习农业相关法律，农业经理人能够深入了解国家在农业领域的政策导向和法律法规要求，从而增强自身的法治观念，提高依法经营、依法管理的能力。

掌握农业相关法律有助于农业经理人有效规避法律风险。农业生产涉及诸多环节，如土地流转、农资购销、农产品质量安全等，这些环节都蕴含着潜在的法律风险。农业经理人通过学习相关法律，能够识别和评估这些风险，采取相应的风险防范措施，确保农业生产的顺利进行。

农业经理人学习农业相关法律还有助于维护农民合法权益。在农业生产中，既要保障农业生产的顺利进行，也要维护农民的合法权益。通过学习相关法律，能够更好地了解农民的权益和需求，从而在制定农业生产计划和政策措施时充分考虑农民的利益，促进农业生产的可持续发展。

学习农业相关法律有助于提升农业经理人的综合素质和竞争力。在现代社会，具备法律素养已经成为衡量一个职业人员综合素质的重要标准之一。通过学习相关法律，能够提升自己的专业素养和管理能力，还能够增强自己的综合素质和竞争力，为未来的职业发展打下坚实的基础。

农业经理人为了更好地履行自己的职责和使命，应该注重学习农业相关法律知识，不断提升自己的法律素养和法治观念，为农业生产的规范化、法治化提供有力保障。同时，农业经理人还应将法律知识应用于实际工作中，不断提高自己的管理水平和综合素质。

一、《中华人民共和国农业法》

（一）核心要义

《中华人民共和国农业法》（以下简称《农业法》）是为了稳定和完善以家庭承包经营为基础、统分结合的双层经营体制，赋予农民长期而有保障的土地使用权，维护农村土地承包当事人的合法权益，促进农业、农村经济发展和农村社会稳定，根据宪法而制定的法律。《农业法》是中国农业和农村经济的基本法律，旨在巩固农业的基础地位，深化农村改革，发展农业生产力，推进农业现代化，维护农民和农业生产经营组织的合法权益，增加农民收入，提高农民科学文化素质，促进农业和农村经济的持续、稳定、健康发展。它规定了农村和城市郊区的土地，除由法律规定属于国家所有的以外，属于集体所有，并明确了国有土地和集体所有土地的使用权可以依法转让。同时，该法还强调了保护耕地，禁止乱占耕地和滥用土地的行为。

（二）具体说明与案例

1. 农业生产经营体制

《农业法》中，明确推行了农村土地承包经营制度，这一制度作为中国农村改革历程中的重要里程碑，不仅为农民提供了稳定的土地权益保障，更极大地激发了农民群体的生产积极性与创造力。该制度的深入实施，有效确保了农民对承包土地享有长期的使用权，从而使其能够安心投身于农业生产活动，为农业生产力的发展奠定了坚实的基础。

农村土地承包经营制度的成功推行，在带给农民实实在在利益的同时，也极大地促进了农村经济的蓬勃发展。基于此，政府进一步鼓励农民自发成立专业合作经济组织，提升农业生产的规模化与现代化水平。这些组织通过整合农民资源，实现资源共享和优势互补，进而有效提升农业生产效率与市场竞争力。

在土地流转方面，江苏省部分地区率先实施土地流转制度。农民在保持土地承包权不变的前提下，将承包地流转给专业大户或农民合作社，实现土地的集中经营。这些专业大户或农民合作社凭借规模化经营的优势，大幅提升了农业生产效率，同时也为转出土地的农民带来了稳定的流转收益。

以山东省某地农民自发成立的小麦种植专业合作社为例，该合作社通过统一采购种子、提供技术指导、组织产品销售等一体化服务，极大地提升了小麦的种植效益与市场竞争力。农民通过合作社的运作，不仅提高了自身的收入水平，还增强了抵御市场风险的能力。

在农业产业化经营方面，河南省某县通过政策引导，鼓励农民与农业企业建立紧密的合作关系。这种“公司+基地+农户”的产业化经营模式，使农民能够依托企业的技术和市场优势，提高农产品的附加值，从而获得更稳定的收入来源。同时，企业也通过与农民的合作，获得了稳定的原料供应，实现了双方的互利共赢。

此外，农村集体经济组织在推动农业现代化方面亦发挥着举足轻重的作用。在浙江省的一些村庄，农村集体经济组织依托当地资源和优势，积极开发乡村旅游、农产品深加工等多元化经营项目。这些项目不仅为农民提供了更多的就业机会和收入来源，也促进了农村经济的全面发展。

这些生动的案例充分展现了农村土地承包经营制度和农民专业合作经济组织在推动农业现代化、提升农业生产效率和改善农民生活水平方面的积极作用。通过不断完善和优化这些制度，我们有信心实现农业与农村经济的可持续发展，为构建社会主义现代化强国奠定坚实的基础。

2. 农业生产优化

《农业法》在优化农业生产方面，明确提出了针对性的政策措施，通过调整农业生产结构，促进农业向更加优质、高产且高效益的方向转型升级，提升我国农产品的国际竞争力。

在东北地区依托政策扶持成功打造了一批优质粮食生产基地，大力推广具备高产、优质、抗病虫害特性的粮食品种，如超级稻等。同时，国家积极提供技术指导和培训服务，以提升农民种植管理水平，确保粮食产量稳定增长及品质不断提升。

而在西北地区，国家则充分结合当地的气候和土壤条件，积极推动特色农业的发展。例如，新疆的长绒棉、宁夏的枸杞以及内蒙古的畜牧业等，均获得了显著成效。国家通过提供优质种子、技术支持及市场信息服务，有效提升了这些特色农产品的市场竞争力，满足了市场的多样化需求。

此外，国家还积极推广“公司+基地+农户”的产业化经营模式。以山东省寿光市的蔬菜产业为例，企业负责提供种子、技术、销售等全方位服务，农户则按照标准化要求进行生产，形成了完整的产业链。这种模式不仅提高了蔬菜的品质和效益，也促进了农业的现代化发展。

在农业可持续发展方面，国家大力推广绿色防控和有机农业技术，减少化肥和农药的使用量。例如，江苏省太湖地区成功推广了生态农业模式，通过种植绿肥、采取生物农药等措施，有效提高了农产品的品质和市场竞争力，同时保护了生态环境，实现了可持续发展。

在农业科技创新方面，国家不断加强农业科技的研发和推广工作。以河北省为例，该地区成功推广了小麦免耕播种技术，有效降低了生产成本，提高了产量和效益，推动了农业科技的进步。

此外，国家还通过农产品地理标志和品牌认证等方式，提升农产品的知名度和影响力。如“赣南脐橙”“阳澄湖大闸蟹”等品牌，通过认证后获得了更广泛的市场认可，增强了农产品的市场竞争力。

在农产品出口方面，国家也给予了大力支持。以山东省的苹果出口基地为例，通过提高产品质量、建立国际标准等措施，成功拓展了国际市场，提升了中国农产品在国际市场上的竞争力。

在农产品购销政策方面，国家实行市场调节与宏观调控相结合的方式。通过建立中央和地方分级储备调节制度、完善仓储运输体系等措施，确保农产品市场的稳定运行。同时，对稻谷、小麦等重要粮食作物实行最低收购价政策，保障农民的种植积极性和农产品市场的稳定。

在农产品流通方面，国家支持建设了一批现代化的农产品批发市场。这些市场配备了先进的仓储和物流设施，为农产品的销售提供了稳定平台，并促进了价格形成机制的市场化。此外，国家还投资建设了冷链物流系统，减少了农产品在运输过程中的损耗，提高了产品品质。

在农业经营模式创新方面，国家鼓励发展“公司+基地+农户”模式，促进农产品的加工和流通。这种模式有效整合了企业和农户的资源优势，形成了从生产到销售的完整产业链，提高了农业的整体效益。

在农产品销售渠道拓展方面，国家积极支持农产品电商发展。通过阿里巴巴、京东等大型电商平台设立农产品销售专区，拓宽了农产品的销售渠道，为农民提供了更多的销售机会。

最后，在农业风险管理方面，国家推广了农业保险制度。通过种植收入保险和成本保险等保险产品，为农民提供了风险保障，减轻了自然灾害对农业生产的影响，降低了农民因价格波动或灾害带来的风险。同时，在一些农业大省如河南省，国家还支持建立农产品加工园区，吸引加工企业入驻，促进农产品的深加工和附加值提升。

这些措施共同作用，形成了一个多元化、高效和稳定的农产品流通与加工体系，保障了农产品的有效供给和市场的平稳运行，为我国农业的可持续发展奠定了坚实基础。

3. 粮食安全战略

国家高度关注粮食安全问题，通过实施一系列综合措施，提升粮食综合生产能力，稳步提高粮食生产水平，从而确保国家粮食安全。同时，建立健全耕地保护制度，对基本农田实施特殊保护措施，以维护农业生产的稳固基础。

粮食安全战略作为中国农业政策的核心部分，保障了国家粮食供应的稳定性和安全性。为实现这一目标，国家积极推动科研创新，通过种子改良、栽培技术创新及农业生产条件改善等手段，有效提升粮食单位面积产量。例如，中国农业科学院在种子改良领域取得显著成果，成功培育出多个具备高产量及抗病虫害特性的粮食作物品种。

此外，国家实行严格的耕地保护政策，确保耕地数量不减少、质量不下降。其中，耕地占补平衡制度的实施，有效确保了非农业建设占用耕地时，能够补充同等数量和质量的耕地。同时，对基本农田实施特殊保护政策，严格限制其非农用途，通过立法手段设立基本农田保护区，从而确保其主要用于粮食生产。

在粮食储备方面，国家建立了中央和地方两级粮食储备体系，调节市场供需、应对紧急情况。例如，国家粮食和物资储备局负责粮食储备工作，有效保障了市场供应的稳定性。同时，通过财政补贴、税收优惠及金融支持等政策手段，鼓励和保障粮食生产的顺利进行。针对自然灾害等风险因素，国家还利用农业保险等风险管理工具，为农民提供风险保障，降低粮食生产损失。

在必要时，国家会采取市场调控措施，如实施最低收购价政策，以保护农民利益、稳定粮食市场。此外，国家还注重加强农业科研和技术推广，提高农业生产效率。例如，推广节水灌溉技术等先进农业技术，提升水资源利用效率。同时，通过国际合作引进先进农业技术和管理经验，不断提升国内粮食生产能力。

为倡导节约粮食的理念，国家还积极采取措施减少粮食在生产、储存、运输和消费各环节的损失和浪费。这些综合措施共同构成了中国粮食安全战略的框架，从生产、储备、流通到消费的各个环节确保国家粮食安全，推动农业的可持续发展。通过实施法律法规和政策工具，中国不仅能够有效保障国民的基本粮食需求，还能够促进农业现代化和乡村振兴，同时有效应对潜在的粮食危机和市场波动。

4. 农业投入与支持保护

《农业法》明确指出，国家通过综合运用财政投入、税收优惠、金融扶持等多种手段，构建并强化农业支持保护体系，全力支持农民及农业生产经营组织发展农业生产，以提升农业的综合效益。

在财政投入方面，国家通过公共财政预算，对农业科研、技术推广、农业基础设施建设等领域进行资金扶持。特别值得一提的是，中央财政专门设立了农业综合开发资金，推动高标准农田的建设，为农业生产提供坚实的基础。

在税收优惠方面，国家针对农业生产、加工和销售等环节，实行了一系列税收优惠政策，以减轻农民和农业企业的税收负担。例如，对于从事农产品批发和零售的纳税人，国家实施了增值税减免政策，有效降低了其经营成本。

在金融扶持方面，国家充分利用政策性贷款、农业保险、信贷担保等手段，为农业提供全方位的金融支持。中国农业银行等金融机构积极提供优惠贷款服务，帮助农民解决购买农业生产资料等资金需求。同时，国家还实施了重要农产品最低收购价政策，确保农民种植收益的稳定性，进一步激发了农民的种植积极性。

此外，国家还通过实施种粮直补、良种补贴、农机购置补贴等政策措施，直接增加农民收入，提高其种粮积极性。这些补贴政策的实施，有效提升了农民的生产积极性，促进了农业生产的稳定发展。

在农业技术推广方面，国家加强农业技术推广服务体系建设，提高农业生产效率和产品质量。通过设立农业科技示范基地、推广先进的农业技术和种植模式等举措，不断提升农业生产的科技含量和附加值。

同时，国家还注重农业资源的合理开发与农业生态环境的保护。通过实施退耕还林还草项目等措施，既保护了生态环境，又为农民提供了可持续的经济收入来源。

此外，国家还积极推进农业信息化建设，运用互联网、大数据等现代信息技术手段，提高农业生产和管理水平。通过建立农产品市场信息服务平台、支持农业产业园区的建设等措施，为农民提供及时准确的市场信息和产业化经营平台，推动农业产业的转型升级和可持续发展。

国家通过一系列政策措施，建立起了一个完善的农业支持保护体系，旨在促进农业的可持续发展、提升农业竞争力、增加农民收入并保障国家粮食安全。这一体系的建立，为农业的持续健康发展提供了有力的制度保障和政策支持。

5. 农业科技与教育

《农业法》明确了国家对农业科技发展及农业教育的积极倡导，全面提升农业劳动者的文化技术素质，加速农业机械化和信息化进程，从而进一步增强农业的综合生产能力。

国家高度关注农业科技创新，通过构建和优化农业科技研发体系，诸如中国农业科学院等科研机构在作物遗传改良、病虫害控制及农业资源环境等多个关键领域都已取得显著的科研进展。同时，国家通过健全的农业技术推广体系，积极推进这些先进的农业技术在实际生产中的应用，如广泛实施节水灌溉技术和测土配方施肥技术，以提高农业生产效率和土地使用效率。

此外，国家还加强了对农业职业教育和农民技能培训的投入，以提升农民的科技文化素质。通过实施“新型职业农民培育工程”等举措，利用各类培训班和远程教育平台，提高农民的种植养殖技能，为农业现代化提供有力的人才支撑。

在农业机械化方面，国家鼓励和支持农业机械的广泛应用，以提高农业生产效率。例如，在东北粮食主产区，大型农业机械的推广显著减少了人力需求，提高了作业效率。

同时，国家还积极推动农业信息化进程，利用现代信息技术改造传统农业。通过建立农业大数据平台等措施，为农业生产经营提供精准的数据支持，提升农业决策的科学性和精准性。

在农业科技园区建设方面，国家积极推动农业科技成果的转化和应用。通过集中展示和推广农业新技术、新品种等方式，加快农业科技成果的产业化进程，促进农业现代化和产业升级。

此外，国家还积极开展国际农业科技合作，引进和消化吸收国外先进农业技术。通过与国际农业研究中心等机构的合作，引进耐旱、耐病等优良作物品种，为提升我国农业的综合生产能力和国际竞争力提供了有力支撑。

为培养和储备农业科技人才，国家还建立和完善了农业教育体系。在高等院校设置农业相关专业，培养农业科研、教育和技术推广人才。同时，通过开展农村成人教育等形式，普及农业科技知识，提高农村成人的文化水平和农业技能。

在保护农业科技成果方面，国家加强了知识产权保护措施。对新品种、新技术等给予专利保护，保障研发者的合法权益，激发农业科技创新的积极性和创造力。

政府通过一系列措施致力于提升农业科技水平和农业教育水平，推动农业现代化进程，提高农业的综合生产能力和国际竞争力，为实现农业强国目标奠定坚实基础。

6. 农业资源与环境保护

在农业发展过程中，我国始终强调合理利用资源，保护和改善生态环境。《农业法》在农业资源与环境保护方面明确规定了国家实行以预防为主、全面规划、综合防治为方针的水土保持工作。

以黄土高原地区为例，积极实施退耕还林还草政策，通过植树造林，有效减少水土流失现象。同时，实行最为严格的耕地保护制度，坚决禁止耕地资源被非法占用或滥用。例如，通过实施耕地占补平衡政策①，确保被占用的耕地得到及时有效地补充。

此外，大力推广农业生态保护措施，如有机农业、生态农业等，以减少化肥和农药的使用，保护农业生态环境，特别是生物防治技术的推广，有效降低了化学农药的使用量。同时，积极鼓励农民和农业生产经营组织合理利用农业资源，如水资源、土地资源等，以避免资源浪费。例如，通过推广节水灌溉技术，显著提高了水资源的利用效率。

在农业废弃物的资源化利用方面，积极推动家畜粪便等废弃物的转化利用，将其制成有机肥料，既解决了废弃物处理问题，又提供了优质的农业投入品。同时，还注重保护农业生物多样性，维护生态平衡，如保护农田周边的天然植被，为野生生物提供栖息地。

为了降低农业生产对环境的影响，加强了农业面源污染的防治工作，实施了农药、化肥减量行动，并推广精准施肥和精准施药技术。此外，还积极推动农村可再生能源的开发利用，如农村沼气工程，以减少对传统能源的依赖，降低环境污染。

为推动农业向绿色、循环、低碳方向转型，大力发展节水农业、节肥农业、节能农业等。同时，通过立法和政策引导，如《农业法》《中华人民共和国环境保护法》等法律法规的制定和实施，为农业资源与环境保护提供了坚实的法律保障。

7. 农民权益保障

《农业法》在保障农民权益方面，核心要义在于维护农民合法权益的不可侵犯性，并提供强有力的法律支持和政策扶持。农民的土地承包经营权受到法律的严格保护，任何单位和个人均不得非法剥夺或限制其权利。农民有权依据合同约定，自主决定承包土地的经营方式和收益分配方式。

同时，农民和农业生产经营组织有权拒绝任何形式的非法摊派和集资活动，意味着在缺乏明确法律依据的情况下，任何单位或个人均不得强制农民承担额外的经济负担。

此外，国家通过实施种粮直补、良种补贴、农机购置补贴等一系列政策，直接增加农

① 耕地占补平衡政策是“占多少，补多少”，即任何单位或个人在占用耕地进行非农业建设时，必须在其他地方补充同等数量和质量的耕地。

民的经济收入，降低生产成本。同时，推广农业保险，减轻自然灾害对农业生产的影响，为农民提供风险保障，降低意外损失。

为更好地维护农民权益，国家还提供免费或低成本的法律援助服务，帮助农民解决法律问题。农村法律服务站点为农民提供法律咨询和代理诉讼服务，帮助他们维护自身合法权益。

在提升农民素质方面，国家通过加强职业教育和技能培训，提高农民的科技文化素质和就业技能，增强他们的自我发展能力。同时，保障农民工的合法权益，包括工资支付、劳动条件和社会保险等，确保他们获得公平待遇。

此外，国家还鼓励农民积极参与乡村治理和农业政策制定过程，通过村民大会、村委会等渠道，让农民在决策中发出自己的声音，促进政策的民主化和科学化。

最后，国家通过实施最低收购价政策等措施，保护农民的种植收益，稳定市场价格，避免农民因市场波动而遭受损失。同时，推动农村土地制度改革，如土地流转制度等，进一步保障农民从土地中获得更多收益。

这些措施共同构成了对农民权益的全面保护体系，维护农民的合法财产权益，提高农民的生活水平，促进农业和农村的可持续发展。

8. 农村经济发展

《农业法》在推动农村经济发展方面，通过一系列政策举措，推动农村经济的全方位发展和农民收入的稳步增长。其中，乡镇企业的发展被视作农村经济发展的重要引擎，国家对此予以鼓励和扶持。

以江苏省为例，众多乡镇企业通过深度加工当地农产品，有效拉动了农业产业链的延伸与发展。同时，国家积极推动农业产业化的进程，倡导并实践“公司+基地+农户”等模式，以提升农业生产的组织化程度和市场化水平。山东省寿光市的蔬菜产业化经营便是其中的佼佼者，显著提升了蔬菜产业的整体竞争力。

此外，国家还通过发展非农产业，引导农业富余劳动力向其他领域转移。例如，四川省实施的“春风行动”便为农民工提供了更多的城市就业机会。乡村旅游的兴起，则将农村的自然风光与文化特色转化为实实在在的经济价值。浙江省安吉县凭借乡村旅游的发展，推动了农村经济的多元化和全面升级。

在信息化时代背景下，农村电子商务的兴起也为农产品销售打开了新的通道。以阿里巴巴的“农村淘宝”项目为例，该项目有效帮助农民拓宽了农产品的销售渠道，实现了线上线下销售的有机结合。

与此同时，农业科技创新在推动农业生产效率提升方面发挥了关键作用。国家通过设立农业科技示范园区，积极推广新品种、新技术，为农业生产注入了新的活力。

农村金融服务的改善也为农业和农村经济的发展提供了有力支撑。中国农业银行推出的“惠农贷款”等金融产品，为农民和农业企业提供了更加便捷、灵活的融资服务。

农村基础设施建设的不断完善，进一步改善了农民的生产生活条件。国家实施的农村饮水安全工程等重大项目，显著提升了农村居民的生活质量。

此外，农村土地制度的改革也激发了农村土地的潜力。以重庆市为例，其推行的土地流转制度有效促进了农业的规模经营和现代化发展。

最后，农村社会保障体系的建立健全，为农民提供了更加全面的生活保障。新型农村合作医疗制度等的实施，有效减轻了农民的生活压力，提升了其整体福祉。

9. 法律责任

对于违反《农业法》所规定之行为，将依法予以严厉的刑事追究或行政处罚，以确保农业法律法规的庄严性与权威性得以维护。对于擅自将耕地用于非农建设的行为，将依法追究相关责任，包括但不限于处以罚款、责令限期恢复耕地原状，情节严重者还将依法追究刑事责任。

若有关单位或个人非法剥夺或限制农民土地承包经营权，除需承担相应民事责任外，还将面临行政处罚。对于生产和销售假冒伪劣种子，侵犯农民权益之行为，将予以严厉的行政处罚，包括罚款、没收违法所得，情节严重者还将涉及刑事起诉。

对于生产、销售不符合国家质量安全标准之农产品，将责令停止违法行为，并处以罚款、没收违法所得等处罚措施。若有关单位或个人向农民非法集资或进行非法摊派，将依法惩处，包括责令退还非法集资款项、支付赔偿，并可能受到行政处罚。

针对破坏农业资源和环境之行为，如过量使用化肥农药、非法捕捞等，将依法追究相关责任，包括但不限于罚款、责令修复受损环境等。对于未按规定进行农产品检疫或检疫不合格仍进行销售之行为，将依法予以处罚。

对于侵犯农业植物新品种权等知识产权之行为，将依法追究法律责任，包括赔偿损失、行政处罚，严重侵权行为还将追究刑事责任。对于挪用、侵占农业项目资金之行为，将依法追究相关责任，可能包括追回资金、罚款、行政处分，严重违法者还将追究刑事责任。

对于未经批准擅自释放、种植转基因生物之行为，将依法予以处罚。通过明确上述法律责任，旨在维护农业法律法规之权威，切实保障农民合法权益，促进农业健康有序发展。

二、《中华人民共和国农产品质量安全法》

（一）核心要义

《中华人民共和国农产品质量安全法》（以下简称“农产品质量安全法”）确保了农产品的质量安全，切实维护广大公众的健康权益，推动农业与农村经济的稳健发展。该法明确规定，凡从事农产品收购的单位或个人，必须严格按照相关规定收取并妥善保存承诺达标合格证或其他质量安全合格证明。对于收购后的农产品进行混装或分装并销售的，亦需依照法律要求开具相应的承诺达标合格证。同时，农产品批发市场亦负有建立健全农产品承诺达标合格证查验等制度的责任，以确保农产品流通环节的质量安全。

（二）具体说明与案例

1. 农产品质量安全标准

《农产品质量安全法》的制定是为保障农产品的质量安全，维护公众健康并促进农业的可持续发展。在农产品质量安全标准方面，所有农产品生产、加工和销售活动均必须严格遵循这些具有强制性的标准。

在标准的制定与发布过程中，必须始终遵循国家相关法律法规的要求，以确保标准的科学性和权威性。在制定标准时，会对农产品质量安全风险进行全面评估，以识别和预防潜在风险，从而确保农产品的质量安全。

同时，在制定标准的过程中，必须充分听取农产品生产者、销售者和消费者的意见和建议，以确保标准的适应性和广泛接受度。此外，根据科技发展和市场需求对标准进行定期修订，以保持其时效性和适用性。

例如，福建省南平市某生态农业开发有限公司生产的菠菜在省级食用农产品质量监督抽检中发现多效唑残留超标，该公司因此违反了农产品质量安全标准的相关规定，受到了相应的处罚，包括没收违法所得和罚款。同样，厦门市某公司因种植的樱桃番茄中甲氨基阿维菌素苯甲酸盐超标而违反了农产品质量安全标准，被厦门市农业农村局依法予以处罚。这些案例充分展示了我国对农产品质量安全监管的严格性和具体性，任何违反质量安全标准的行为都将受到法律的严厉制裁。

2. 农产品产地管理

县级以上地方人民政府的农业行政主管部门，基于农产品的独特属性及其生产环境的考量，已明确并对外公布了禁止生产的特定区域。同时，针对农产品生产者，明确要求其在使用化肥、农药等生产资料时务必遵循合理原则，严防产地遭受污染。农产品产地管理作为《农产品质量安全法》的组成部分，其根本目的在于保障农产品的安全生产与优等质量。

各级农业行政主管部门结合农产品品种的特有性质及其生产区域内的大气、土壤、水体等环境要素的实际情况，审慎确定并公示不适宜特定农产品生产的区域范围。农产品生产者则被要求规范使用化肥、农药、兽药、农用薄膜等化工产品，以杜绝对农产品产地造成任何形式的污染。

政府还积极鼓励并支持农产品标准化生产的推行，致力于建立和完善农产品质量安全服务体系，从而持续提升农产品质量安全水平。

案例一：吉林省桦甸市农业农村局成功查处了一起涉及芹菜种植中使用禁用农药甲拌磷的违法案件。经查，菜农韩某某所种植的芹菜被检测出含有禁用农药残留，严重违反了农产品产地管理的相关规定。该案件已移送公安机关依法处理，并对违法行为人给予了相应的法律制裁。

案例二：漳州市龙海区农业农村局在农产品质量安全抽检过程中，发现某果蔬专业合作社所生产的荷兰豆样品存在氯虫苯甲酰胺含量超标的问题。该合作社因未严格遵循农产品质量安全标准，导致农产品农药残留超出法定限值，已被依法予以处罚。

上述案例充分彰显了农产品产地管理的重要性，再次强调农产品生产者必须严格遵守国家相关法律法规，科学合理使用农业投入品，确保农产品的安全与质量。通过实施这些管理措施，能够有效预防和减少农产品污染事件的发生，从而切实保障消费者的健康权益，促进农业的持续健康发展。

3. 农产品生产过程监管

国务院及地方农业行政主管部门承担着制定与推广农产品质量安全生产技术及操作规程的重要职责。为确保农产品生产过程的合规性，对农药、兽药等投入品实施严格监管，并定期开展监督抽查工作。

《农产品质量安全法》明确将农产品生产过程的监管置于核心地位，确保农产品自生产至消费全过程均严格遵循国家质量安全标准，保障人民群众的食品安全和身体健康。国务院及地方农业行政主管部门负责制定农产品质量安全的生产技术要求和操作规程，这些规程为农产品生产提供了明确的指导。

针对农药、兽药、饲料及饲料添加剂、肥料等农业投入品，实行严格的许可制度，并实施有效的监管措施。定期对可能危及农产品质量安全的投入品进行监督抽查，并公布抽查结果，以保障投入品的安全使用。

农产品生产企业和农民专业合作经济组织需建立农产品生产记录，详细记录农业投入品的使用情况。通过案例分析，如四川省大邑县农业农村局查处的草莓种植使用禁用农药案件，以及福建省南平市某生态农业开发有限公司生产的菠菜多效唑残留超标案例，均体现了国家对农产品生产过程监管的严格性和细致性。任何违反生产技术和操作规程的行为都将受到法律的严厉制裁。通过上述监管措施的实施，能够切实保障农产品的质量安全，维护广大消费者的健康权益。

4. 农产品包装与标识

《农产品质量安全法》对农产品的包装与标识设定了清晰的标准，为消费者提供了准确的产品信息，维护公众知情权，并增强农产品的可追溯性。生产经营者必须遵循法律规定，对农产品实施规范的包装，以防止污染、维持其新鲜度与质量。

同时，农产品必须附带明确的标识，包括产品名称、产地、生产日期、保质期、储存条件、质量等级、生产者或经营者信息等内容。通过这些包装与标识，农产品应能够完整追溯至其生产源头，包括使用的农业投入品、生产流程以及运输方式等。法律严禁对农产品的质量、来源、特性等进行虚假或误导性标识。对于有机产品、地理标志产品等特色农产品，还需遵循额外的标识要求。

例如，湖州市农业农村局在检查过程中发现，某农产品生产经营者未依法开具承诺达标合格证，违反了农产品标识的相关规定。此行为不仅可能影响农产品的追溯效果，还可能损害消费者的知情权。

通过上述规定，法律旨在确保农产品从生产到消费的每一环节均符合质量安全标准，同时为消费者提供清晰、透明的产品信息，切实保障其合法权益。对于违反农产品包装与标识规定的生产经营者，将依法追究其法律责任并予以相应处罚。

5. 监督检查机制

《农产品质量安全法》为农产品生产监管提供了全面的法律保障，确立了一套科学、规范的监督检查机制。该机制确保了农产品生产的各个环节均符合国家的质量安全标准，保障人民群众的食品安全和健康。

在监管实践中，县级以上地方人民政府农业农村主管部门积极履行职责，对农产品生产进行全方位的监督管理。主管部门定期开展日常检查，重点关注农产品产地环境是否符合标准，农业投入品的购买和使用是否合法合规，农产品生产记录是否真实完整等。同时，主管部门还定期或不定期地对农产品和农业投入品进行抽样检测，以评估其是否符合质量安全标准。

对于监督检查中发现的违法行为，主管部门将依法采取必要措施，包括但不限于查封、扣押问题产品和投入品，以及对违法生产经营者进行处罚。此外，主管部门还积极公开监督抽查结果，增加透明度，让消费者了解农产品质量安全状况，从而做出明智的消费选择。

同时，县级以上地方人民政府农业农村主管部门也鼓励消费者协会和其他社会组织或个人对农产品质量安全进行社会监督，积极提出意见和建议，有助于进一步推动农产品质量安全水平的提升，保护消费者的权益。

海南省保亭黎族苗族自治县综合行政执法局在农产品质量安全例行监测中，查处了文某某在豇豆种植中使用禁用农药乙酰甲胺磷的案件。通过严格的监督检查机制，该案件得到了及时查处，维护了农产品市场的公平竞争和消费者的健康权益。

县级以上地方人民政府农业农村主管部门通过实施严格的监督管理措施和完善的监督检查机制，确保了农产品生产的每一环节都符合法律要求和质量安全标准，不仅有助于保护消费者的健康和合法权益，也促进了农产品市场的健康发展。

6. 法律责任与案例

《农产品质量安全法》明确规定了农产品质量安全的法律责任，对违反法律规定的行为予以严厉处罚，确保了法律的严肃性和农产品市场的有序性。例如，湖州市南浔区某种植基地在销售水果农产品时，因未按规定开具承诺达标合格证，受到了湖州市农业农村局的批评教育并责令改正。然而，该基地再次违规，最终被依法处以 300 元的行政处罚。

再如，兰溪市胡某某在养殖鲫鱼和鳊鱼过程中，擅自使用了禁用兽药——孔雀石绿。经过复检，违规事实得到确认，但鉴于公安机关认定其行为不构成犯罪，最终由兰溪市综合行政执法局依法对胡某某处以 1 万元的行政处罚，并对违规产品进行无害化处理。又如，天台县某农业发展有限公司因销售的芹菜产品中阿维菌素残留量超标，被天台县农业农村局依法没收违法所得，并处以 3 000 元的行政处罚。

此外，青田县某专业合作社在白茶生产过程中，未按照农药标签标注的使用范围和剂量使用多菌灵农药，青田县农业农村局依法对该合作社处以 7 万元的行政处罚。

同样，菏泽某甲鱼养殖有限公司在乌鳢养殖过程中违规使用停用兽药氧氟沙星，菏泽市农业农村局依法对该公司养殖的乌鳢进行了无害化处理，并处以 1 万元的罚款。

这些案例充分展示了《农产品质量安全法》在实际监管中的强大执行力。通过对违法行为的严厉处罚，不仅保护了消费者的健康权益，维护了农产品市场的公平竞争秩序，同时也提高了农业生产者对法律规范的认知和遵守意识。

三、《中华人民共和国农村土地承包法》

（一）核心要义

《中华人民共和国农村土地承包法》（以下简称“农村土地承包法”）是保障农民土地权益、促进农村经济发展的重要法律。该法的主要目标是稳定和完善以家庭承包经营为基础、统分结合的双层经营体制，从而确保农民能够享有长期而有保障的土地使用权。

这部法律明确了农村土地承包的方式，即农村集体经济组织内部的家庭承包。这种承包方式不仅尊重了农村的传统习俗，也符合农业生产的实际需要。家庭承包使农民成为土地的主人，激发了他们的积极性和创造性，为农村经济的发展注入了源源不断的动力。

该法强调了国家实行农村土地承包经营制度的重要性。这一制度不仅为农民提供了稳定的土地权益保障，也为农村经济的可持续发展奠定了坚实的基础。通过实施这一制度，农民的土地权益得到了充分保护，他们能够更加放心地投入农业生产，推动农村经济的繁荣和发展。

此外，该法还对农村土地承包经营权的流转和保护进行了详细规定。在流转方面，法律允许农民在自愿、依法、有偿的原则下，将承包经营权转让给其他农户或集体经济组织，实现土地资源的优化配置。在保护方面，法律则通过一系列措施，如加强执法监督、建立纠纷解决机制等，确保农民的土地权益不受侵害。

值得一提的是，该法在实施过程中还注重与其他法律法规的协调配合，形成了一个完整的法律体系，不仅增强了法律的权威性和可操作性，也为农民提供了更加全面、更加有力的法律保障。

《农村土地承包法》的颁布和实施，对于维护农民土地权益、促进农村经济发展具有十分重要的意义。它为农民提供了稳定的土地权益保障，也为农村经济的持续发展注入了新的活力。

(二) 具体说明与案例

《农村土地承包法》为巩固并深化以家庭承包经营为核心的双层经营体制，切实保障农村土地承包经营当事人的合法权益，促进农业与农村经济的健康快速发展，进而维护社会的和谐稳定。

1. 家庭承包

家庭承包主要调节农户与农村集体经济组织之间的土地承包关系。依据相关法律规定，农户拥有依法承包本集体经济组织发包土地的权益。承包方在享有土地承包经营权的同时，有权自主经营或依法流转其承包地的土地经营权。然而，承包方亦负有保护土地并合理利用的义务，禁止将土地用于非农建设，除非依法获得批准。

在承包程序上，必须遵循公开、公平、公正的原则，并依法规范进行。以家庭承包为核心的土地承包关系，保障了农户作为村集体经济组织成员的基本权益。例如，某农户作为村集体经济组织的成员，依据《农村土地承包法》，有权依法承包本村集体经济组织发包的耕地，从而参与土地承包过程，并最终获取土地承包经营权。

在实际操作中，农户李某通过家庭承包方式获得耕地承包经营权后，因外出务工需要，依法将土地经营权流转给同村张某，由张某负责耕种。此类流转行为需遵循法定程序，并获得集体经济组织的认可。同样，农户王某承包林地后，需依法保护林地资源，禁止非法砍伐树木或改变土地用途进行非农建设。如需进行土地整理或开发，必须依法申请并获得相应批准。

在土地承包过程中，村集体经济组织应通过公开招标、村民会议等公开、公平、公正的方式，确定土地承包方案。例如，通过村民会议选举产生承包工作小组，负责拟订承包方案并公示，最终由村民会议审议通过。农户赵某与村集体经济组织签订土地承包合同后，发包方必须依法履行合同义务，不得擅自变更或解除与赵某的承包合同，即使村集体经济组织负责人发生变动。

此外，在家庭承包中，法律保障妇女与男子享有平等的土地承包权益。例如，在张某家庭中，张某的妻子亦应纳入土地承包经营权证中，享有与张某同等的土地承包经营权。这些实践案例充分展示了家庭承包法律框架在保护农户权益、规范承包行为方面的积极作用。

2. 其他方式承包

针对不宜采取家庭承包方式经营的土地资源，诸如荒山、荒沟等，应依据相关法律法规，采取招标、拍卖或公开协商等合法途径进行承包。在采取其他方式承包时，务必签订具备法律效力的承包合同，明确界定发包方与承包方各自的权利与义务。在同等条件下，本集体经济组织的成员应享有优先承包的权益。

对于通过招标、拍卖等方式合法取得的土地承包经营权，承包方有权依法进行流转，包括但不限于出租、入股或抵押等方式。但在此过程中，承包方必须严格遵守国家的相关法律、行政法规，尤其要注重保护土地资源，防止水土流失，积极维护生态环境的安全与健康。

《农村土地承包法》的明文规定，某村在面对不宜采取家庭承包方式的荒山时，决定通过公开招标的形式选择适合的承包方。招标过程公开透明，吸引了多个承包意向者的积极参与。最终，经过严格的评审和比较，一家具备相应资质且提出合理、可持续开发方案的农业开发公司中标，并与村集体经济组织签订了正式的承包合同。同时，某村一片地理位置和土壤条件较为特殊的荒沟，经村集体经济组织研究，决定采取拍卖方式进行承包。在拍卖过程中，各位竞拍者充分展示了各自的开发理念和实力，最终由一位致力于生态修复与开发的农户成功竞得承包权，并与村集体经济组织签订了承包合同。

此外，某村在另一片荒滩的承包问题上，采用了公开协商的方式，经过与多位潜在承包者的深入沟通与交流，最终选择了一位提出的开发方案最符合村庄可持续发展需求的农户作为承包方。

在荒山招标的案例中，本集体经济组织成员张某虽报价略低，但依据法律规定，其在同等条件下享有优先承包权。因此，若张某的承包方案具备可行性和合理性，村集体经济组织将优先考虑选择张某作为承包方。

在另一案例中，农户王某通过公开协商方式取得了一片荒沟的承包经营权。为更好地发挥土地资源的价值，王某选择与一家农业企业合作，将土地承包经营权作为资本入股，共同开展荒沟的开发利用，进行果树种植等农业生产活动。

在所有的承包合同中，承包方均承诺将严格遵守国家相关的环境保护法规，特别是在承包荒山的案例中，农业开发公司明确承诺将采取植树造林、水土保持等有效措施，防止水土流失，积极保护生态环境。这些实践案例充分展示了《农村土地承包法》在促进土地资源合理利用、保护承包方权益以及维护生态环境方面的积极作用。

3. 争议的解决和法律责任

《农村土地承包法》为解决土地承包经营纠纷提供了明确的法律途径，并详细规定了针对违法行为的处罚措施。当农户之间或农户与村集体经济组织之间因土地承包经营问题产生争议时，法律提供了多种解决途径。

当事人可以通过友好协商或调解来化解矛盾。协商和调解是解决土地承包经营纠纷的重要方式，有助于维护双方当事人的合法权益和农村土地承包关系的稳定。若经协商未能达成一致意见，当事人还可以选择向仲裁机构申请仲裁或直接向人民法院提起诉讼。仲裁和诉讼是解决土地承包经营纠纷的正式法律途径，可以确保纠纷得到公正、有效的解决。对于侵害土地承包经营权的行为，如干涉生产经营自主权、非法变更解除合同等，法律明确规定了应承担的民事责任。这有助于维护土地承包经营权的完整性和稳定性，保障农户的合法权益。此外，发包方违反法律规定的行为，如收回、调整承包地等，同样需要承担相应的民事责任，体现了法律对发包方行为的严格监管，确保其行为符合法律法规的要求。对于违法征收、征用土地或贪污挪用补偿费用的行为，法律更是予以严厉打击。一旦构成犯罪，将依法追究刑事责任，以维护土地承包经营秩序和农民权益。

除了解决纠纷和处罚违法行为外，《农村土地承包法》还规定了承包期限、土地承包经营权的保护、流转等内容。这些规定旨在维护农村土地承包经营秩序，保障农民权益，促进农业可持续发展。

《农村土地承包法》通过明确的法律途径和处罚措施，有效保障了农村土地承包经营秩序的稳定和农民的合法权益，为农业可持续发展提供了坚实的法律保障。

四、《中华人民共和国劳动法》

（一）核心要义

《中华人民共和国劳动法》（以下简称“劳动法”）是我国社会主义法律体系中的重要组成部分，为全面保护劳动者的合法权益，合理调整劳动关系，进一步建立和维护与社会主义市场经济相适应的劳动制度，从而有效促进我国的经济发展和社会进步。

该法详细规定了劳动者的各项权利和义务，确保劳动者在劳动过程中得到充分的尊重和保障。劳动者有义务完成劳动任务，这是劳动者最基本的职责，也是实现其自身价值和社会价值的重要途径。其次，劳动者有义务提高职业技能，不断提升自己的专业素养，以适应社会发展和企业需求的变化。此外，劳动者还需执行劳动安全卫生规程，严格遵守各项安全规定，确保自身和他人的生命安全。同时，劳动者还需遵守劳动纪律和职业道德，树立良好的职业形象，为企业和社会的发展贡献力量。

除了规定劳动者的权利和义务外，《劳动法》还对劳动合同的订立、履行、变更、解除和终止等内容进行了明确的规定。劳动合同是劳动者与用人单位之间确立劳动关系、明确双方权利和义务的重要法律文书。在订立劳动合同时，双方应遵循平等自愿、协商一致的原则，确保合同的合法性和有效性。在合同履行过程中，双方应严格遵守合同约定，确保劳动者的权益得到充分保障。当劳动合同需要变更、解除或终止时，双方应依法进行协商和处理，避免产生不必要的纠纷和损失。

《劳动法》的制定和实施，为劳动者提供了有力的法律保障，也为用人单位提供了明确的法律指引。它促进了劳动关系的和谐稳定，推动了我国经济的持续健康发展。同时，该法还体现了我国政府对劳动者权益的高度重视和关心，为构建和谐社会奠定了坚实的基础。

《劳动法》是一部具有深远意义的法律文件，它充分体现了我国社会主义法治精神，为劳动者的权益保障和我国经济的发展提供了坚实的法律保障。

（二）具体说明与案例

《劳动法》作为我国调整劳动关系、保障劳动者权益的基石性法律，其内涵丰富，涵盖了劳动合同与集体合同、工作时间与休息休假、工资制度、劳动安全卫生、女职工与未成年工特殊保护、职业培训、社会保险与福利、劳动争议处理以及法律责任等多个方面。

1. 工作时间和休息休假

国家实施劳动者每日工作时间上限为 8 小时，每周平均工作时间不超过 44 小时的工作制度。用人单位应确保劳动者每周至少获得一日休息。法定节假日及年假等制度保障了劳动者的休息休假权益。《劳动法》对工作时间和休息休假做出了明确规范。某公司遵循标准的8小时工作制，即员工每日工作时长为8小时，每周工作天数为5天，总计工作时间为40小时，此安排符合国家关于工作时间上限的法律规定。

为落实劳动者每周至少休息一日的规定，某餐厅制定了轮休制度。员工可在周六与周日中自行选择一天作为休息日，另一日则正常上班，并在后续得到相应的补休安排。某工厂在生产高峰时期需进行加班，工厂依法支付加班费，其中工作日加班工资为正常工资的150%，休息日加班工资为正常工资的200%，法定节假日加班工资则达到正常工资的300%。

国庆节期间，依据国家规定，劳动者享有7天的法定节假日。某公司严格遵守法律规定，允许员工在此期间休假，并支付正常工资。小李在一家公司工作满一年后，根据劳动法规定，享有5天的带薪年假；工作满十年后，年假天数增至10天。公司每年年初均会向小李明确年假天数，并在休假期间正常支付其工资。

在交通、铁路、航空等行业，可能会实施特殊的工作时间制度，如轮班制或不定时工作制。这些特殊制度需由用人单位依法申请并经相关部门批准后实施，且在执行过程中应充分保障劳动者的休息权益。对于因病需要休假的员工，根据劳动法规定，公司应给予相应天数的医疗期，并支付不低于当地最低工资标准80%的病假工资。

劳动法对工作时间和休息休假的规定实现了劳动者工作与休息的平衡，保障劳动者的身心健康，同时赋予用人单位一定的灵活性以适应不同工作性质和生产需求。

2. 工资

工资分配应当严格遵循按劳分配的原则，确保工资制度的公平性和公正性。用人单位有责任确保按时足额支付劳动者工资，不得无故拖欠或克扣，这是保障劳动者权益的重要一环。

《劳动法》作为劳动者权益的坚强后盾，明确规定了工资支付的相关条款。一家机械制造企业，在每月固定日期通过银行转账方式支付员工工资，无论节假日或周末均不例外，确保员工工资及时到账。

小王在一家广告公司任职，其工资结构包括基本工资与业绩提成。公司严格执行工资核算制度，确保小王的每一分努力都能得到应有的回报，从而激发其工作积极性。

然而，在某些特殊情况下，如企业面临资金周转困难时，工资支付可能会受到影响。此时，企业应依法向劳动者说明情况，并在资金状况好转后第一时间补发工资，以维护劳动者的合法权益。

劳动法对工资支付的规定保障了劳动者的合法权益，促进劳动关系的和谐稳定。企业应严格遵守相关法律法规，建立公平、公正的工资制度，为员工的辛勤付出提供应有的回报。

3. 劳动安全卫生

用人单位在维护劳动者权益的同时，也肩负着建立、健全劳动安全卫生制度的重任。根据《劳动法》的相关规定，用人单位必须严格执行国家劳动安全卫生规程和标准，为劳动者创造一个安全、健康的工作环境。

劳动安全卫生制度的重要性。劳动安全卫生制度关乎劳动者的生命安全和身体健康，直接影响着企业的生产效率和经济效益。一个完善的劳动安全卫生制度可以有效地预防职业事故和职业病的发生，减少因安全事故带来的经济损失和社会影响。因此，用人单位必须高度重视劳动安全卫生制度的建立与健全。

首先，用人单位应制定详细的劳动安全卫生规章制度，明确各项安全操作规范和工作流程。同时，要定期进行安全教育和培训，增强劳动者的安全意识和操作技能。此外，用人单位还应加强安全设施的建设和维护，确保各项安全设施的正常运行和有效性。

劳动安全卫生制度的执行。劳动者在工作中应严格遵守安全操作规程，杜绝违章指挥和冒险作业的行为。同时，用人单位应建立健全安全检查和监督机制，对劳动者的安全操作进行监督和指导。一旦发现安全隐患或违章行为，应立即采取措施予以纠正，确保劳动者的安全。

让我们通过一些具体的例子来说明劳动安全卫生制度在实际情况中的应用。比如，在建筑施工行业，由于工作环境复杂多变，劳动安全卫生问题尤为突出。为了确保劳动者的安全，施工单位应制定详细的安全施工方案，明确各项安全操作规范。同时，要定期对施工现场进行安全检查和评估，及时发现并消除安全隐患。此外，劳动者在工作中也应佩戴好安全防护用品，如安全帽、安全带等，确保自身的安全。

再比如，在化工企业，由于生产过程中涉及大量的有毒有害物质和高温高压等危险因素，劳动安全卫生问题同样不容忽视。化工企业应建立严格的安全管理制度和操作规程，对劳动者进行定期的安全教育和培训。同时，要加强生产设备的维护和检修，确保设备的正常运行和安全性。

通过以上例子可以看出，劳动安全卫生制度在各行各业中都发挥着重要作用。它要求用人单位采取一切必要措施，预防职业事故和职业病的发生，保护劳动者的生命安全和健康。同时，劳动者也有权利拒绝执行违章指挥和冒险作业，共同维护劳动安全卫生。

《劳动法》对劳动安全卫生有着严格的要求，用人单位和劳动者都应自觉遵守相关规定，共同营造一个安全、健康的工作环境。

4. 女职工和未成年工特殊保护

《劳动法》明确规定了对于女职工和未成年工（即年龄在 16~18 岁的劳动者）的特殊保护措施，以确保他们在工作过程中的健康和权益不受损害。这些特殊保护涵盖了女职工在经期、孕期、产期和哺乳期以及未成年工在工作时间、劳动强度和禁忌劳动等方面。

对于女职工来说，劳动法明确规定了她们在特殊生理时期应享有的权益。在经期，女职工有权享受适当的休息，以减少因生理变化带来的不适。同时，用人单位应当提供必要的卫生设施，为女职工创造一个舒适的工作环境。在孕期，女职工不仅享有法定产假，还可以在孕期进行产前检查并获得必要的医疗照顾。此外，产期和哺乳期的女职工同样享有充分的休息时间，以便她们能够照顾好自己和新生儿。

对于未成年工来说，劳动法规定了他们在工作时间、劳动强度和禁忌劳动等方面的特殊保护措施。首先，未成年工的工作时间受到严格限制，以确保他们有足够的休息和学习时间。其次，未成年工人不得从事过于繁重、危险或有害的劳动，以免对他们的身心健康造成损害。此外，劳动法还明确规定了未成年工禁忌从事的工作种类，如禁止他们从事有毒有害物质的作业、高处作业以及井下作业等。

这些特殊保护措施的实施，不仅体现了劳动法对女职工和未成年工权益的高度重视，也反映了社会对于劳动市场的公平性和人道关怀。通过为女职工和未成年工提供特殊保护，劳动法旨在减少他们在工作中可能面临的风险，保护他们的健康和权益，从而确保他们能够在一个安全、健康的环境中工作和生活。

总的来说，《劳动法》对于女职工和未成年工的特殊保护措施有助于维护他们的健康和权益，促进了劳动市场的公平性和可持续发展。然而，我们也应该认识到，这些特殊保护措施的实施仍然需要社会各界的共同努力和关注。只有我们共同关注并推动这些措施的落实，才能确保女职工和未成年工在工作中得到充分的保护。

5. 职业培训

在现代社会，职业培训已成为提升劳动者就业竞争力、适应市场变化的重要手段。根据《劳动法》的相关规定，用人单位应当建立起完善的职业培训制度，按照国家规定提取和使用职业培训经费，以确保劳动者能够享受到接受职业技能培训的权利。这一制度的建立不仅有助于提升劳动者的职业技能水平，还能增强其就业稳定性，促进个人职业发展。

在实际工作中，职业培训的应用广泛且效果显著。通过职业培训，劳动者可以学习到新的知识和技能，提高自身的专业素养。例如，在制造业领域，一些企业会组织员工参加技能提升课程，让他们掌握更先进的生产技术，提高生产效率和产品质量。这样的培训有助于企业提升竞争力，使劳动者在职业道路上获得更多机会。

职业培训还可以帮助劳动者适应市场变化，应对行业变革。通过参加职业培训，劳动者可以了解行业的最新动态和趋势，掌握新的技能和方法，更好地适应市场需求。例如，在IT行业，随着云计算、大数据等技术的普及，许多企业都在寻求具备这些技能的员工。通过参加相关培训，劳动者可以提升自己的技能水平，更好地适应市场需求。

此外，职业培训还有助于提升劳动者的就业稳定性和满意度。通过培训，劳动者能够不断提升自己的职业素养和技能水平，增加自己在就业市场中的竞争力。同时，职业培训还能使劳动者在工作中更加自信、从容，提高工作满意度和幸福感。

在提升劳动者技能、增强其就业稳定性和促进个人职业发展中，职业培训发挥着技能提升的作用。用人单位应依法建立和执行职业培训制度，为劳动者提供必要的培训资源和支持。同时，劳动者也应积极参与培训，不断提升自己的职业技能和素养，以更好地适应市场需求和实现个人价值。

6. 社会保险和福利

在《劳动法》中，对于社会保险和福利的相关规定有着明确的阐述。用人单位和劳动者都有义务依法参加社会保险，并按时足额缴纳保险费。这些规定确保了社会保险制度的正常运行，也为劳动者提供了可靠的保障。

假设有一位名叫小李的劳动者，他在一家制造企业工作。根据劳动法规定，小李所在的用人单位应当为他办理社会保险，并按时缴纳保险费。这些保险费包括了养老、医疗、工伤、失业和生育等方面的保险，确保了小李在面临各种风险时能够得到相应的经济支持。

在实际工作中，小李的用人单位严格遵守了法律规定，为他办理了社会保险，并按时缴纳了保险费。这使得小李在面临生病、工伤等风险时，能够得到及时的医疗救助和经济补偿。同时，在退休时，小李还能够享受到养老金的待遇，确保他的晚年生活得到基本保障。

此外，当小李与用人单位之间发生争议时，他可以通过多种途径来维护自己的权益。例如，他可以向劳动监察部门投诉，要求用人单位依法履行社会保险和福利方面的义务；或者通过劳动仲裁或诉讼等方式来维护自己的合法权益。这些途径为劳动者提供了有效的维权渠道，确保了他们的权益得到保障。

通过这个例子，我们可以看到《劳动法》中关于社会保险和福利的规定是如何在实际工作中得到应用的。这些规定为劳动者提供了全面的经济保障，促进了用人单位与劳动者之间关系的和谐稳定。同时，也体现了国家对劳动者权益的高度重视和保障力度。

社会保险制度的建立和实施对于保障劳动者的基本权益具有重要意义。它为广大劳动者提供了基本的经济保障，帮助他们应对生活中的各种风险和挑战。同时，用人单位也应当遵守法律规定，为员工办理社会保险并按时缴纳保险费，以确保劳动者的合法权益得到充分保障。

7. 劳动争议

劳动者与用人单位之间因权益问题产生的矛盾，一直是社会关注的焦点。在《劳动法》的框架下，我国为劳动者提供了一套完善的劳动争议解决机制，保障劳动者的合法权益，维护劳动关系的和谐稳定。

假设有一位名叫李四的劳动者，他与所在的单位因为薪资问题发生了劳动争议。在争议发生后，李四首先选择了向本单位的劳动争议调解委员会申请调解。调解委员会是一个设在用人单位内部的专门机构，通过协商、调解的方式解决劳动者与用人单位之间的纠纷。在调解过程中，调解委员会会听取双方的意见和诉求，并努力寻求双方都能接受的解决方案。然而，在本案例中，调解并未能成功解决争议。于是，李四决定向劳动争议仲裁委员会申请仲裁。仲裁委员会是一个独立的第三方机构，负责处理劳动者与用人单位之间的劳动争议。在仲裁过程中，仲裁委员会会组织双方进行听证，审查相关证据，根据事实和法律规定作出裁决。仲裁裁决具有法律效力，双方都应遵守。然而，对于仲裁裁决，李四还不满意。他认为仲裁裁决未能充分保障他的合法权益。于是，他决定向人民法院提起诉讼。在诉讼过程中，法院会对劳动争议进行全面审查，并依据事实和法律作出判决。在这个例子中，法院最终判决李四胜诉，要求用人单位支付相应的薪资差额。在获得胜诉判决后，李四的权益得到了维护。然而，如果用人单位拒不履行判决，李四还可以申请强制执行。强制执行是法院通过法律手段强制用人单位履行判决的一种措施。通过强制执行，可以确保劳动者的权益得到真正地实现。

通过这个例子，我们可以看到《劳动法》中关于劳动争议解决机制的规定在实际中的应用。这一机制为劳动者提供了一条清晰的维权路径，从调解到仲裁，再到法院诉讼和执行，每一个环节都体现了法律的公正和权威。同时，这一机制也强调了劳动者和用人单位都应积极参与劳动争议的解决，通过法定途径维护自己的权益。

此外，这个例子还展示了劳动争议解决程序的重要性。它不仅是劳动者维权的重要手段，更是维护劳动关系稳定、促进社会公平正义的重要保障。通过法律手段解决劳动争议，可以有效地平衡劳动者与用人单位之间的权益关系，减少社会矛盾和冲突。

最后，这个例子还强调了法院判决的权威性和强制执行力。法院作为司法机关，其判决具有最终性和强制执行力。通过判决的执行，可以确保劳动者的权益得到真正地实现，也维护了法律的尊严和权威。

《劳动法》中关于劳动争议解决机制的规定在实际中发挥了重要作用。它为劳动者提供了维权途径，促进了劳动关系的和谐稳定和社会公平正义的实现。因此，我们应该充分认识和重视这一机制的重要性，并积极推动其不断完善和发展。

8. 法律责任

用人单位与劳动者之间在劳动关系中，双方都需要遵守相关的法律法规，以确保各自的权益得到保障。根据《劳动法》的规定，用人单位在违反劳动法规定，侵犯劳动者合法权益时，必须承担相应的法律责任。同样，劳动者在违反劳动合同规定，给用人单位造成损失的情况下，也应当履行赔偿责任。

在现实中，有些企业为了追求利益最大化，可能会忽视劳动者的权益，如拖欠工资、超时加班、不提供必要的劳动保护等。这些行为都属于违反劳动法的行为，劳动者可以通过法律途径维护自己的合法权益。例如，某公司长期拖欠员工工资，员工多次与公司协商无果后，向劳动仲裁部门投诉。经过调查，劳动仲裁部门认定该公司确实存在拖欠工资的事实，遂裁定该公司支付拖欠的工资及相应的经济补偿。这一案例充分展示了用人单位在违反劳动法规定时，需要承担的法律责任。

另外，劳动者在违反劳动合同规定时，同样需要承担相应的赔偿责任。劳动合同是双方协商一致的结果，劳动者应当严格遵守合同中的约定。然而，在实际操作中，有些劳动者可能会因为各种原因违反合同约定，给用人单位造成损失。例如，某员工在未经公司同意的情况下擅自离职，导致公司项目进度受阻，产生了较大的经济损失。公司遂向法院提起诉讼，要求该员工承担赔偿责任。法院在审理后认定该员工确实存在违约行为，判决其向公司支付一定的赔偿金。

通过法律手段解决劳动争议，不仅可以有效地保护劳动者的合法权益，还可以规范用人单位的用工行为，从而维护劳动关系的和谐稳定。同时，追究违法责任也有助于提高法律的权威性和执行力，促进社会公平正义。在这个过程中，《劳动法》为用人单位和劳动者设定了明确的法律底线，使得双方在处理劳动争议时能够有法可依、有据可循。

《劳动法》中关于用人单位和劳动者法律责任的规定，在实际应用中具有广泛而深远的影响。它不仅能够保障劳动者的合法权益，还能够规范用人单位的用工行为，从而推动劳动关系的和谐稳定发展。同时，这也体现了我国法律对劳动者权益的高度重视和保障。

五、《中华人民共和国劳动合同法》

（一）核心要义

《中华人民共和国劳动合同法》（以下简称“劳动合同法”）是我国为了进一步完善劳动合同制度，确保劳动合同双方当事人的权利和义务得到明确界定，从而有效保护劳动者的合法权益，构建和发展和谐稳定的劳动关系而制定的重要法律。这部法律不仅为劳动者提供了有力的法律保障，也为用人单位提供了明确的操作指引，促进了劳动市场的健康发展。

在《劳动合同法》中，详细规定了劳动合同的订立、履行、变更、解除和终止等各个环节的相关内容。例如，在劳动合同的订立方面，法律要求用人单位必须与劳动者签订书面劳动合同，并明确双方的权利和义务，从而避免口头协议带来的不确定性。在劳动合同的履行过程中，法律对工作时间、休息休假、劳动报酬等关键内容进行了明确规定，保障了劳动者的基本权益。

此外，《劳动合同法》还明确了劳动合同应当具备的条款和劳动合同的法定内容。这些条款包括劳动合同的期限、工作内容和工作地点、劳动保护和劳动条件、劳动报酬等，为劳动合同的签订和履行提供了明确的法律依据。同时，法律还规定了劳动合同的商定内容，允许双方在遵循法律原则的前提下，根据具体情况进行灵活约定。

然而，值得注意的是，《劳动合同法》也严格规定了劳动合同的无效和解除条件。例如，当劳动合同存在违反法律法规、欺诈、胁迫等情形时，该劳动合同将被认定为无效。此外，当劳动合同双方协商一致或者出现法定解除条件时，劳动合同可以依法解除。这些规定维护了劳动合同的严肃性和有效性，防止任何一方滥用权利或违反法律规定。

《劳动合同法》是一部全面、细致的法律规范，保护了劳动者的合法权益，促进了劳动关系的和谐稳定。通过明确劳动合同的订立、履行、变更、解除和终止等各个环节的相关规定，以及严格规范劳动合同的无效和解除条件，该法为劳动市场的健康发展提供了有力的法律保障。

（二）具体说明与案例

《劳动合同法》系我国劳动法律体系中的核心法规，其目的在于确立劳动合同的订立、履行、变更、解除及终止等环节的规范化操作，确保劳动者的合法权益得到充分保障，进而推动劳动关系的和谐稳定与健康发展。

1. 劳动合同的订立

在建立劳动关系时，用人单位和劳动者必须遵循《劳动合同法》的规定，签订书面劳动合同。这份合同将详细规定合同期限、工作内容与地点、工作时间与休息休假、劳动报酬、社会保险、劳动保护、劳动条件以及职业危害防护等重要内容，确保双方权益得到切实保障。

张三加入了一家科技公司，担任软件工程师。他与公司签订的劳动合同中可能包含以下核心条款：

合同期限条款规定了双方劳动合同的起始和终止时间，例如，自××××年××月××日起至××××年××月××日止，为期×年。

工作内容与地点条款详细描述了张三在公司的具体职责，包括参与软件项目的开发、测试和维护等，并明确了工作地点的具体位置。

工作时间与休息休假条款规定了张三的工作时间安排，包括标准工时制度、加班制度以及享有的法定节假日和带薪休假的天数。

劳动报酬条款详细列出了张三的工资构成，包括基本工资、项目奖金、绩效奖金等，并明确了支付方式和支付周期。

社会保险条款要求公司依法为张三缴纳各项社会保险费用，如养老保险、医疗保险、工伤保险等，确保他享受到应有的社会保障待遇。

劳动保护条款强调了公司应提供必要的劳动保护措施和用品，如防护眼镜、防噪声耳塞等，以保障张三在工作中的安全与健康。

劳动条件与职业危害防护条款规定了公司应提供良好的工作环境和条件，包括通风设施、照明设备等，并定期进行职业危害监测和防护工作。

此外，劳动合同还可能包含其他重要条款，如保密协议、竞业限制等，以保护公司的商业秘密和技术秘密。

合同生效条款明确了劳动合同经双方签字或盖章后生效，并规定了合同的法律效力。合同文本条款指出，劳动合同一式两份，张三和公司各执一份，作为双方权益保障的重要依据。

通过这个案例，可以深刻认识到劳动合同在明确双方权利义务、保障劳动者权益以及维护用人单位合法权益方面的作用。劳动合同的规范订立不仅有助于建立稳定的劳动关系，还有助于预防和解决劳动争议，促进企业的和谐稳定发展。

2. 劳动合同的履行和变更

根据《劳动合同法》的相关规定，劳动合同作为双方共同遵循的法律文件，要求双方必须严格依照其明确条款，忠实履行各自的职责与义务。对于劳动合同的变更，必须建立在双方充分协商、达成一致意见的基础之上，且变更内容必须采用书面形式进行确认，以确保变更的合法性和有效性。

在此，我们对劳动合同履行和变更的相关规定进行进一步解读，强调用人单位与劳动者应严格按照劳动合同中约定的条款执行，切实保障双方的权益。用人单位有责任确保按时足额支付劳动者的工资，严禁任何形式的拖欠或克扣行为。同时，用人单位应提供符合国家标准的劳动安全卫生条件，为劳动者营造一个安全、健康的工作环境。此外，用人单位还需依法为劳动者缴纳社会保险费，确保劳动者的社会保障权益得到有效落实。

以张先生与某公司签订的为期三年的劳动合同为例，双方在合同中详细规定了工作内容、工作时间、薪酬水平等权利和义务。在合同履行过程中，张先生始终认真履行工作职责，按时完成研发任务；公司也按照约定每月按时支付张先生的工资，并为其缴纳社会保险。随着公司业务的发展，公司决定调整研发部门的组织架构，并希望张先生能够担任新的研发项目负责人。为此，公司与张先生进行了深入的沟通和协商，就新的工作职责、项目安排以及薪酬调整等方面达成了共识。随后，双方签订了一份书面的劳动合同变更协议，对变更后的工作内容、项目安排、薪酬水平等进行了明确约定。该变更协议经双方签字盖章后生效，成为原劳动合同的补充和修改。

通过上述案例，可以清晰地看到劳动合同履行和变更的法律程序。在此过程中，重要的是要确保任何合同的变更都经过双方的充分协商和同意，并以书面形式固定下来，从而有效保障双方的权益不受侵害。

3. 劳动合同的解除和终止

根据相关法律法规的明文规定，劳动合同的解除与终止是为切实维护劳动者的合法权益，并促进劳动关系的稳定与和谐。在劳动者与用人单位双方自愿、平等协商的基础上，劳动合同可以依法解除。当劳动者面临诸如用人单位未按时支付劳动报酬、未提供必要劳动保护或劳动条件等法定情形时，劳动者有权依法单方面解除劳动合同。同样，用人单位在劳动者严重违反劳动纪律或公司规章制度，或在试用期内表现不符合录用标准等情况下，亦有权依法单方面解除劳动合同。

在特定情况下，如生产经营面临严重困难等，用人单位可依法实施经济性裁员，以应对经济环境的变化。此外，当发生劳动者被依法追究刑事责任等特定情形时，用人单位亦有权依法解除劳动合同。

劳动合同的自然终止则发生在合同约定的期限届满时，除非双方依法约定续延。当劳动者达到法定退休年龄并开始享受养老保险待遇时，劳动合同亦自然终止。若用人单位因解散、破产或其他法定原因终止，劳动合同亦随之终止。劳动者死亡或被人民法院宣告死亡或失踪的，劳动合同亦告终止。在符合法律规定的其他特定情况下，如劳动者完全丧失劳动能力等，劳动合同亦将依法终止。

在劳动合同解除的过程中，若属用人单位单方解除，通常需依法向劳动者支付相应的经济补偿。同样，在劳动合同期满终止时，除法律规定的特定情形外，用人单位亦可能需支付经济补偿。

以王五与某公司签订的为期三年的劳动合同为例，若公司在合同到期时决定不与王五续签合同，则根据法律规定，公司需支付相应的经济补偿。若王五在合同期限内希望提前终止合同，应依照法定程序提前通知公司，通知期限应依据当地法律规定执行。若公司希望在合同期限内提前终止合同，必须提供合法依据，并可能需依法支付经济补偿。

通过上述规定，劳动合同法在确保劳动合同的灵活性与安全性，保障劳动者合法权益的同时，促进劳动关系的和谐稳定与持续发展。

4. 集体合同

集体合同是指工会或职工代表与用人单位之间，通过平等协商的方式，就劳动条件、劳动报酬等核心问题达成的书面协议。与单个劳动者与用人单位之间的劳动合同不同，集体合同代表整个职工群体的共同利益，维护广大职工的合法权益。

在协商集体合同的过程中，依法成立的工会或经民主程序选举产生的职工代表作为协商主体。集体合同涉及的内容广泛，包括劳动报酬、工作时间、休息休假、劳动安全卫生、社会保险和福利等与员工切身利益密切相关的重要事项。

即使个别劳动者未直接参与协商过程，一旦集体合同订立，即对用人单位和全体劳动者产生法律约束力。为确保协商过程的公开透明，职工对涉及自身利益的重大事项应享有充分的知情权和参与权。集体合同草案需经过职工代表大会或全体职工的讨论通过，并按照法定程序报送劳动行政部门审查备案，以确保其合法有效性。

集体合同通常设定一定的有效期限，到期后可根据实际情况进行续签或重新协商。以某市一家拥有1 000名员工的汽车制造厂为例，该厂虽未建立工会，但为改善员工待遇、促进劳动关系和谐，决定通过民主程序选举产生员工代表，与厂方进行集体协商。经过多轮协商，双方就工资增长、工作时间调整、加班补偿及带薪休假等核心议题达成共识，共同制定了集体合同草案。草案经全体职工讨论通过并报送劳动行政部门审查备案后，正式生效。

集体合同的生效，标志着厂方和全体员工需严格遵守合同规定，共同维护劳动关系的稳定和谐。集体合同不仅为员工提供了一个集体协商的平台，有助于解决共同关心的问题，更是推动劳动关系健康发展的重要保障。通过集体合同的实施，劳动者的权益得到了有效保障，劳动关系得到了进一步和谐与稳定。

5. 劳务派遣

劳务派遣是指劳务派遣单位依据相关法律法规，将劳动者派遣至用工单位从事相关劳动活动。在此过程中，劳务派遣单位必须与被派遣劳动者签订书面劳动合同，并依约支付劳动报酬，同时负责缴纳相应的社会保险费用。

以下将通过一个具体实例，来详细阐述劳务派遣相关规定的实际应用情况。张三，作为一名软件工程师，与某劳务派遣公司（以下简称“派遣公司”）签订了一份为期一年的固定期限劳动合同。根据合同约定，派遣公司将张三派遣至一家软件开发公司（以下简称“用工单位”）从事软件工程师岗位工作。

在劳动合同中，双方明确约定了派遣期限为一年，以及张三在用工单位的具体工作岗位和职责。派遣公司严格按照合同约定，每月按时向张三支付工资，且工资数额与用工单位同等岗位员工的工资水平保持一致，充分体现了同工同酬的原则。此外，派遣公司还为张三缴纳了包括养老保险、医疗保险、失业保险等在内的各项社会保险费用，切实保障了张三的社会保障权益。

在用工单位方面，他们为张三提供了必要的劳动保护措施，如适宜的工作场所、安全的工作设备等，以确保张三在工作过程中的劳动安全与健康。同时，用工单位也遵守了相关法律法规，对张三进行了必要的岗前培训，确保其能够胜任所从事的工作。

在合同期满后，张三与派遣公司可以根据实际情况协商是否续签劳动合同。若张三在用工单位遭遇不公平待遇或权益受到侵害时，派遣公司有责任及时介入，协助张三维护其合法权益。

值得注意的是，张三所从事的软件工程师岗位符合劳务派遣的适用范围，即属于临时性、辅助性或替代性的工作岗位。在签订劳动合同过程中，派遣公司严格遵守法律法规，未向张三收取任何费用，也未扣押其个人证件。

通过这一实例，我们可以看到《劳动合同法》中关于劳务派遣的相关规定在实际工作中的具体应用。这些规定保障了劳动者的合法权益，促进劳务派遣关系的合法化、规范化发展。同时，也提醒广大劳动者在面临劳务派遣相关问题时，应依法维权，维护自身合法权益。

6. 非全日制用工

非全日制用工是一种以小时为计酬基准的用工形式。在此形式下，劳动者在同一用人单位的平均每日工作时间应不超出四小时，每周的工作时间累计亦不得超过 24 小时。此种用工形式允许双方通过口头协议达成合作，展现出了用工方式的灵活性，为用人单位与劳动者之间建立了一种相对机动的工作关系。

根据《劳动合同法》之相关规定，非全日制用工的劳动者其报酬通常依据小时进行计算。在此模式下，劳动者于同一用人单位的每日工作时间平均应控制在四小时以内，每周的工作时间累计亦应保持在 24 小时以内。与全日制用工必须签署书面劳动合同的要求不同，非全日制用工可仅通过口头协议确立双方的权利义务关系。

以李四的情况为例，作为一名大学生，为增加收入，他选择在某便利店从事兼职工作。鉴于便利店工作时间灵活，适宜配合李四的学习安排，双方遂达成口头协议，约定以每小时 20 元的标准支付李四工资。李四每日工作 3 小时，每周工作 6 天，总工作时间为 18 小时，符合非全日制用工的工作时间限制。便利店根据口头协议向李四支付工资，即每天按三小时、每小时 20 元、工作六天的标准计算，共支付 360 元。

鉴于非全日制用工的特性，便利店可能不为李四缴纳社会保险，但具体情形还需结合双方协议及当地法律法规进行确定。李四可根据自身学习进度和个人时间安排，与便利店协商调整工作时间。此案例充分展示了非全日制用工如何适应劳动者与用人单位的实际需求，为双方提供了一种灵活的工作与雇佣模式。尽管非全日制用工可通过口头协议达成，但为了保障双方权益，建议双方明确约定工作内容、工作时间、报酬等关键条款，并在必要时辅以书面记录作为参考。

7. 法律责任

对于违反《劳动合同法》的行为，包括但不限于未依法签订书面劳动合同、拖欠员工薪资、违法解除劳动合同等情形，法律已明确规定相应的法律后果及责任承担方式。用人单位若违反法律规定，劳动者有权向劳动行政部门提出投诉，亦可根据法律程序申请劳动仲裁或向法院提起诉讼。

《劳动合同法》规范了用人单位与劳动者之间的权利义务关系，并设立了完善的法律责任机制，以确保法律得到切实有效执行。若用人单位未依法与劳动者签订书面劳动合同，根据法律规定，用人单位需承担支付劳动者双倍工资的法律责任作为赔偿。此外，若劳动者在用人单位工作满一年而仍未签订书面劳动合同，法律将视为双方已建立无固定期限劳动合同关系。

对于用人单位无故拖欠劳动者工资的情况，除需立即支付拖欠的工资外，还应承担支付相应赔偿金的法律责任。劳动者可向劳动行政部门投诉，要求用人单位支付拖欠的工资及赔偿。若用人单位违法解除劳动合同，劳动者有权要求用人单位支付违法解除劳动合同的赔偿金，该赔偿金的计算标准通常为劳动者在用人单位工作的年限乘以每年一个月工资。

劳动者若遭遇用人单位的违法行为，应先应尝试通过协商方式解决争议。若协商无果，劳动者可向劳动行政部门提出投诉，劳动行政部门将依法进行调查，并有权要求用人单位纠正违法行为。若争议无法通过行政手段解决，劳动者可向劳动争议仲裁委员会申请劳动仲裁。若劳动者对仲裁结果持有异议，或用人单位拒不执行仲裁裁决，劳动者有权向人民法院提起诉讼。

以王五为例，作为一名全职员工，他所在的公司已连续三个月未支付其工资。王五首先尝试与公司协商，要求支付拖欠的工资。若协商无果，王五向劳动行政部门投诉，请求介入调查并维护其合法权益。若劳动行政部门无法解决问题，王五可进一步向劳动争议仲裁委员会申请仲裁。若对仲裁结果不满意，王五最终可依法向人民法院提起诉讼，要求公司支付拖欠的工资及相应的赔偿。

此案例充分展示了劳动者在面对用人单位违反劳动合同法规定的行为时，拥有多种途径维护自身合法权益。劳动者应充分了解并行使自身权利，同时，用人单位亦应严格遵守法律规定，避免因违法行为而承担不必要的法律责任。

六、《中华人民共和国公司法》

（一）核心要义

《中华人民共和国公司法》（以下简称“公司法”）作为一部重要的法律文件，目的是全面规范公司的组织和行为，确保公司、股东和债权人的合法权益得到切实保障，从而维护社会经济秩序，推动社会主义市场经济的健康有序发展。该法不仅明确了公司的基本制度和原则，还详细规定了公司的设立、组织机构、经营管理、合并、分立、解散和清算等各个环节的具体操作和要求。

在公司的设立方面，《公司法》详细规定了设立公司的条件、程序以及所需提交的材料。这些规定有助于确保公司设立的合法性和规范性，防止非法设立或违规操作。同时，该法还对公司设立过程中的信息公开和透明度提出了要求，保障投资者的知情权和参与权。

在公司的组织机构方面，该法规定了公司的基本架构和权力配置。包括股东会、董事会、监事会等机构的职责和权力，以及公司高级管理人员的任职条件和职责。这些规定有助于确保公司内部治理结构的合理性和有效性，防止权力滥用和内部腐败。

在经营管理方面，《公司法》强调了公司的自主经营和自负盈亏原则。公司有权依法自主决定经营方针和投资计划，并承担相应的经营风险。同时，该法还规定了公司应当遵守的法律法规和行政法规，以及公司章程的约束，确保公司在经营活动中遵循法律和道德规范，维护公平竞争和市场经济秩序。

该法还涉及了公司的合并、分立、解散和清算等内容。这些规定为公司的重组、调整提供了法律保障和指导。同时，在清算过程中，该法也明确了清算组的职责和权力，以及债权人的权益保障措施，确保公司清算工作的顺利进行。

《公司法》作为一部全面规范公司组织和行为的法律文件，为公司的健康发展提供了坚实的法律保障。通过详细规定公司的设立、组织机构、经营管理，以及合并、分立、解散和清算等各个环节，该法确保了公司的合法性和规范性，维护了社会经济秩序和市场经济的发展。同时，该法也强调了公司应当遵守的法律法规和道德规范，为公司的长远发展奠定了坚实的基础。

（二）具体说明与案例

《公司法》是中国规范公司设立、运营、解散及清算等方面的重要法律。

1. 有限责任公司的设立

有限责任公司的设立，是根据我国《公司法》的规定，由两个以上股东共同投资，遵循法定程序，构建独立的企业法人实体。此过程的目的在于明确股东间的权益义务，保护投资者合法权益，并促进社会经济持续发展。公司章程作为规定公司组织架构及运营方式的基本法律文件，股东应在公司设立前，依据法律法规要求，制定并明确公司名称、住所、经营范围等内容。股东应按照公司章程的约定，向公司出资，出资形式包括货币、实物、知识产权等非货币财产，以及土地使用权等权益。股东出资应真实、合法，禁止虚假出资或借名出资。股东在完成出资后，需向工商行政管理部门申请设立登记，提交公司章程、股东身份证明、出资证明等文件。工商行政管理部门将对提交的文件进行审查，符合条件的，予以登记并颁发营业执照。

公司设立后，应依法刻制公司印章，如公章、财务章等，印章作为公司进行民事行为的凭证，应妥善保管。公司还需到银行开设公司银行账户，所有公司资金的收付、结算等业务，均应通过公司银行账户进行。公司设立后，应前往税务部门办理税务登记，如实申报公司收入、成本、费用等，税务登记是公司依法纳税的基础。公司设立后，根据经营需求，招聘员工并进行培训，依法与员工签订劳动合同，缴纳社会保险。在完成上述准备工作后，公司可启动生产经营活动，依法经营，诚信为本，确保产品质量，维护消费者权益。

有限责任公司的设立过程复杂且系统，需股东、管理层及相关部门共同努力，遵循法律法规要求，确保公司顺利运营。通过设立有限责任公司，有助于降低投资风险，激发社会投资活力，推动我国经济持续健康发展。

2. 有限责任公司的股权转让

在中华人民共和国的法律框架内，有限责任公司是一种重要的企业组织形式。有限责任公司的股东之间转让股权，是指持有公司股份的股东之间，依照公司章程或者股东之间的协议，相互协商一致后，可以自由地进行股权的买卖。这种转让不涉及公司外部，主要是股东之间的内部行为，通常不需要经过复杂的法律程序。

然而，当有限责任公司的股东打算将其持有的股份转让给公司外部的人士时，情况就有所不同了。为了保护公司和其他股东的合法权益，维护公司的稳定运营，法律规定了较为严格的外部转让程序。具体来说，股东对外转让股权时，必须得到其他股东过半数的同意。这是因为，股权的转让可能会影响到公司的经营决策和股东之间的利益平衡，因此需要通过多数股东的同意来确保公司的利益不会因此受到损害。

此外，其他股东在股权对外转让过程中还拥有优先购买权。这意味着，当一个股东打算将其股份转让给第三方时，其他股东有权在同等条件下先行购买这些股份。这一规定旨在防止股东之间的不当利益输送，确保公司的控制权不会因为股权转让而落入不当之人手中，同时也有利于维护公司现有的经营团队和管理结构。优先购买权的行使，需要其他股东在规定的时间内明确表示购买意愿，否则将视为放弃这一权利。

总之，有限责任公司的股东之间转让股权相对自由，但对外转让则受到较为严格的限制，这体现了我国法律对于公司治理结构稳定和股东权益保护的重视。通过设置必要的程序和条件，既保证了股东之间交易的灵活性，又维护了公司及全体股东的整体利益。

3. 股份有限公司的设立

股份有限公司，是指将公司全部资本均等地划分为等额股份，股东仅根据其所认购的股份对公司承担相应责任的一种公司形式。这种公司模式既确保了股东权益的分散化，也使得公司运营更为规范和透明。尤为值得强调的是，股东的责任仅限于其认购的股份额度，从而显著降低了股东的风险。

设立股份有限公司需满足若干条件。首先，发起人应符合法定人数要求。在我国，这一法定人数为五人以上。发起人不仅需达到一定数量，还应具备相应资格，如具备完全民事行为能力、无犯罪记录等。设立股份有限公司还需满足符合公司章程规定的出资要求。这意味着股东需按照章程规定，认缴一定股份，并全额缴纳股款，以确保公司拥有充足的资本开展生产经营活动。制定公司章程亦是设立股份有限公司的必要条件。公司章程作为公司的宪法，规定了公司的组织架构、运营方式、股东权益等。章程制定需遵循相关法律法规，并经股东大会审议通过。公司应具备明确的公司名称及相应的组织机构。公司名称应具备唯一性，不得与已存在公司名称相同或相似。组织机构包括董事会、监事会、经理等，各自负责公司不同事务，共同推动公司发展。

此外，设立股份有限公司还需具备固定的生产经营场所，该场所应满足公司生产经营需求，并配备相应设施和条件。

设立股份有限公司需满足一系列条件，包括发起人数量、出资要求、公司章程、公司名称及组织机构、生产经营场所等。只有当这些条件得到满足，公司方可正式注册成立并开展运营。这些条件的设定既确保了公司的合法性，也保障了公司的正常运营。

4. 股份有限公司的股份发行和转让

在我国，股份有限公司的股份转让是一个相对自由的过程，这意味着股东可以根据自己的需要和意愿，将其持有的股份转让给其他人。这种自由转让的特点有助于提高股份的流动性，使股东能够更加灵活地调整自己的投资组合。然而，这种自由并非无限制的，股份转让必须在依法设立的证券交易场所进行，这是为了确保交易的公开、公平和公正，防止非法交易和操纵市场价格的行为。

股份的发行是股份有限公司设立和运营的重要环节。根据我国证券法律法规的规定，股份的发行必须遵循一定的程序和条件。首先，公司需要向监管部门提交股份发行的申请，并提供相关的信息和材料。其次，监管部门会对公司的申请进行审查，确保公司符合发行股份的条件，如资本金要求、盈利能力等。最后，监管部门会核发股份发行的许可，公司才能进行股份的发行。此外，股份的发行还需要符合证券法律法规的其他规定，如信息披露、定价、分配等。这些规定的目的是保护投资者的合法权益，确保市场的公平和秩序。例如，公司在发行股份时，需要向投资者披露公司的基本情况、财务状况、盈利预测等信息，以便投资者做出明智的投资决策。同时，公司还需要按照规定的程序和比例分配股份，确保股东的权益得到保障。

总之，股份有限公司的股份转让和发行都需要依法进行，这是为了保护投资者的合法权益，维护市场的公平和秩序。股份有限公司的股东在享受股份转让的自由的同时，也必须遵守法律法规的规定，确保交易的公开、公平和公正。

5. 公司财务、会计制度

在现代企业管理中，财务、会计制度的建设与健全，对于企业的健康发展和规范运营具有至关重要的作用。公司必须严格依照法律、行政法规和国务院财政部门的各项规定，建立起一套完整、科学、合理的财务、会计制度，以确保公司财务信息的真实、准确、完整，并有效防范财务风险。

首先，建立健全的财务、会计制度是企业合规经营的基础。我国法律体系中，关于企业财务、会计的法律法规和规章制度相当完善，企业应当严格遵循这些规定，确保财务活动的合法性和规范性。同时，随着市场环境的变化和企业规模的扩大，企业还需要根据新的形势和需求，不断调整和完善自身的财务、会计制度，以适应发展的需要。

其次，完善的财务、会计制度有助于提升企业的管理水平和决策效率。通过建立健全的财务、会计制度，企业可以实现对财务活动的全面监控和管理，及时发现和解决存在的问题。同时，财务、会计制度还可以为企业决策者提供准确、可靠的财务信息，帮助他们做出正确的决策，从而推动企业的健康发展。

在财务、会计制度的建设过程中，企业应当注重以下几点：一是要加强内部控制，确保财务活动的合规性和安全性；二是要提高财务人员的专业素质和业务水平，确保财务信息的准确性和可靠性；三是要加强财务信息化建设，提高财务管理的效率和透明度。

最后，企业还应当在每一会计年度终了时编制财务会计报告，并依法经会计师事务所审计。这是企业对外展示自身财务状况和经营成果的重要方式，也是企业接受社会监督的重要途径。通过编制和审计财务会计报告，企业可以向投资者、债权人、政府部门等利益相关方提供真实、准确的财务信息，增强企业的信誉度和透明度。

综上所述，建立健全财务、会计制度对于企业的健康发展和规范运营具有重要意义。企业应当高度重视这一工作，不断完善和优化自身的财务、会计制度，以适应市场变化和企业发展的需要。同时，企业还应当加强内部控制和财务信息化建设，提高财务管理的效率和透明度，为企业的长远发展奠定坚实的基础。

6. 公司合并、分立、增资、减资

公司的组织结构调整和资本运作是公司发展过程中的重要环节。当公司面临合并、分立、注册资本的增减等变更情况时，必须严格遵循《公司法》所规定的程序和规定进行操作。这些程序包括但不限于：召开公司权力机构会议，如股东大会或董事会，进行决议。在此过程中，公司必须确保所有程序的合法性、合规性，并保障股东的合法权益得到充分尊重。

首先，关于公司的合并，这通常涉及两家或多家公司的协议，以实现资源整合、优势互补。合并过程中，必须拟定合并协议，明确合并各方的权利和义务，以及合并后的公司治理结构。此外，还需对合并后的公司注册资本进行重新确认，并按照规定的程序报请相关部门审批。

其次，公司的分立是指公司将其全部或部分资产、负债以及业务转移给新设立的公司或者另一家公司。分立过程中，公司同样需要召开权力机构会议进行决议，并制定分立协议，明确分立双方的权益。分立后，还需对新的公司进行注册资本的确认和登记。

再次，注册资本的增加是公司为了扩大经营规模、增强企业实力而采取的措施。增加注册资本需要根据公司章程的规定，经过权力机构决议，并依法进行公告和变更登记。相反，若因经营需要或其他原因，公司需减少注册资本，也必须依照相同程序进行，并确保对股东权益的影响降到最低。

最后，无论是合并、分立，还是注册资本的调整，往往都涉及重大利益调整，可能影响股东和员工的权益。因此，除了遵循法定程序外，公司还应充分沟通和协商，保障相关方的合法权益，确保公司变更的顺利进行。同时，根据《公司法》及相关法律法规的规定，这些变更行为可能还需要得到相关政府部门的批准，如工商行政管理局等，以确保公司变更的合法性和有效性。

公司在进行合并、分立、注册资本的增减等变更行为时，必须严格按照《公司法》规定的程序和相关法律法规行事，充分保护股东和员工的合法权益，同时确保公司的合法合规运营。

7. 公司解散和清算

公司的解散是指在特定原因下，公司终止经营活动并解除法律人格的过程。根据公司章程，每一家公司都设定有具体的营业期限，一旦期限届满，公司应依法进行解散。这种解散方式属主动为之，公司可根据自身发展需求，决定在达成预定目标后进行解散。若在公司运营过程中，股东会经过充分讨论并形成决议，认为公司继续存在已无必要或对公司及其股东利益产生不利影响，可通过超过 2/3 的股东同意来决定解散公司。此外，若公司违反法律法规，被相关部门吊销营业执照，意味着公司丧失合法经营身份，必须进行解散。还有如公司合并、分立等法律规定的情形，同样会导致公司解散。

公司决定解散后，需启动清算程序。清算是对公司财务状况进行彻底检查，妥善处理剩余资产，并了结所有公司事务的过程。清算程序主要包括以下几个步骤：首先，停止公司的营业活动，处理未完成的事务，如履行合同、结束业务关系等。其次，对公司所有资产进行清点、评估和变现，确保公司有能力偿还债务和分配剩余财产。最后，利用公司变现的财产清偿所有债务，包括税款、员工工资、供应商款项等。在偿还所有债务后，如有剩余财产，应按照公司章程或股东决议进行分配，通常按照股东的出资比例进行。整个清算过程须严格遵守相关法律法规，确保公平、公正地进行，以维护公司相关方的合法权益。

七、《中华人民共和国民法典》

（一）核心要义

《中华人民共和国民法典》（以下简称“民法典”）作为我国民事领域的基本法律，其出台与实施无疑为我国社会的和谐稳定提供了坚实的法治保障。这部法典的制定，旨在全面保护民事主体的合法权益，调整各类民事关系，进一步维护社会和经济秩序，使之更加适应中国特色社会主义的发展要求，并大力弘扬社会主义核心价值观。

在《民法典》中，明确规定了民事主体的人身权利、财产权利以及其他各类合法权益受到法律的保护，任何组织或个人都无权侵犯。这一规定不仅为公民的基本权利提供了坚实的法律保障，也为社会的公平正义提供了强有力的支撑。通过法律的明文规定，可以清晰地看到，我国法律对于民事主体权益的尊重和保护达到了前所未有的高度。

此外，《民法典》还强调了民事主体在民事活动中的法律地位一律平等。这一原则意味着，在民事活动中，无论是个人还是组织，都享有平等的法律地位，没有谁可以凌驾于法律之上。这一规定有效地防止了权力滥用和特权现象的出现，确保了社会的公平与正义。

同时，《民法典》还规定了从事民事活动应当遵循的一系列原则，包括自愿原则、公平原则、诚信原则等。这些原则不仅是民事活动的基本准则，也是维护社会秩序和稳定的重要保障。通过遵循这些原则，民事主体可以在法律允许的范围内自由地进行民事活动，实现自己的合法权益。

值得一提的是，《民法典》的制定还充分考虑了我国社会的实际情况和发展需求。在继承传统民法精髓的基础上，结合中国特色社会主义的实际，对民事关系进行了全面而细致的调整。这种调整不仅适应了我国社会的发展需求，也为我国社会的长远发展奠定了坚实的基础。

总的来说，《民法典》是一部具有里程碑意义的法律文件。它全面而系统地规定了民事领域的基本规则和原则，为民事主体的权益保护提供了坚实的法律保障。同时，它也为我国社会的和谐稳定和发展提供了有力的法治支撑。

（二）具体说明与案例

《民法典》是一部全面规范民事关系的法律，它由多个部分组成，包括总则、物权、合同、人格权、婚姻家庭、继承以及侵权责任等篇章。

1. 物权

物权，作为法律所赋予权利人对特定物享有的直接支配和排他性权利，其范畴涵盖了所有权、用益物权以及担保物权等多个方面。物权的设立、变更、转让及消灭，均须严格遵循法律程序，尤其涉及不动产物权时，通常需通过登记程序方得生效。我国《民法典》对于物权的种类、内容、保护手段以及物权的设立、变更、转让、消灭等均有详尽规定。

（1）所有权。以张先生购买住房为例，根据《民法典》规定，张先生作为住房的所有权人，依法享有对该住房的占有、使用、收益及处分等权利。张先生有权在住房内居住，亦可将其出租以获取收益，甚至将其出售。

（2）用益物权。李女士与某农场签订土地承包合同即是用益物权的体现。依据合同，李女士在约定期限内享有对农场土地的耕种及收获作物的权利。此种权利允许李女士使用土地，但并不赋予其土地所有权。

（3）担保物权。王先生因贷款需求与银行设立担保物权，以其名下汽车作为抵押物。若王先生未能如期偿还贷款，银行作为担保物权人，有权依法就抵押汽车优先受偿。

（4）物权的设立、变更、转让及消灭。以不动产登记为例，赵女士在继承房产后，需前往不动产登记机关办理登记手续，将房产登记至其名下，完成物权的设立。若赵女士决定出售该房产，则需与李先生共同前往登记机关办理房产转移登记，实现物权的转让。

（5）物权保护。刘先生邻居在共用墙壁上擅自开门，侵犯了刘先生的不动产权利。根据《民法典》，刘先生有权请求排除妨害，要求邻居恢复墙壁原状，或就因此造成的损失请求赔偿。

2. 合同

合同作为民事主体间设立、变更及终止民事权利和义务关系的法定协议，在《民法典》合同编中得到了详尽的规范。该编不仅规定了合同的订立程序、法律效力、履行要求、保全措施以及变更、转让与终止的条件，还针对不同种类的合同，如买卖合同、租赁合同、承揽合同等，进行了明确的细化和规定。

《民法典》合同编在合同法律关系的各个方面均进行了全面的阐述。首先，买卖合同方面，假设李先生在某电子商店购买了一台笔记本电脑，双方通过协商明确了商品的型号、价格、交付期限以及支付方式等条款，形成了具有法律约束力的买卖合同。若商家未能按约交付商品，李先生则有权依据《民法典》合同编的相关规定，要求商家承担违约责任。

其次，租赁合同方面，王女士与某房地产公司签订了一份为期一年的房屋租赁合同，其中详细规定了租金金额、支付周期、房屋维修责任等条款。若王女士在租赁期内需要提前解约，则必须依据合同中的相关条款进行处理，并可能因此承担相应的违约责任。

再次，承揽合同方面，某建筑公司承接了张先生的房屋装修工程，双方签订了详细的承揽合同，包括装修材料的选择、设计要求、工程进度安排以及付款方式等。若建筑公司未能按照约定的质量标准完成装修工程，张先生有权依据《民法典》合同编的相关规定，要求建筑公司承担相应的违约责任。

然后，在合同的订立与效力方面，赵先生与某软件开发公司经过电子邮件沟通达成一致意见后，以书面形式签订了软件开发合同。根据《民法典》合同编的规定，该合同自双方签字盖章之日起生效，双方均应严格履行合同约定的义务。

在合同的履行与保全方面，某公司与供应商签订了一份原材料供应合同，为确保合同的顺利履行，公司可采取支付保证金或采取履约保证保险等保全措施。

最后，在合同的变更、转让与终止方面，假设李女士因工作变动需搬家，无法继续使用原健身房的服务，她可与健身房协商变更合同内容，如转让会员资格或解除合同，并根据合同中的相关条款处理费用问题。

这些案例充分展示了《民法典》合同编在实际生活中的广泛应用，体现了合同法律关系对于维护当事人权益、促进交易安全的重要作用。

3. 人格权

人格权作为民事主体所享有的重要权利，涵盖了生命权、身体权、健康权、姓名权、肖像权、名誉权、荣誉权以及隐私权等诸多方面。《民法典》中的人格权编，对这些权利的内容进行了详尽的界定，并确立了相应的保护措施。

人格权的保护具有至关重要的意义，任何组织或个人均不得侵犯他人的人格权，否则将承担法律责任。在实际生活中，人格权的应用广泛而深入，为个体的尊严和基本权利提供了坚实的法律保障。

例如，当个体的生命权受到威胁时，法律将给予必要的保护，使受害者能够得到及时救助并追究肇事者的法律责任；当身体权受到侵犯时，如未经同意擅自进行手术，患者有权要求侵权者承担侵权责任；当健康权受损时，如因环境污染导致的健康问题，受害者有权要求污染者停止侵害并赔偿损失。

此外，姓名权、肖像权、名誉权、荣誉权以及隐私权的保护同样重要。任何未经允许使用他人姓名、肖像进行商业活动的行为，或散布虚假信息损害他人名誉的行为，或无故撤销他人荣誉称号的行为，或侵犯他人隐私的行为，都将受到法律的制裁。

《民法典》对于人格权的保护不仅体现在规定，更体现在实际执行中。当人格权受到侵犯时，受害者有权要求侵权者停止侵害、恢复名誉、赔礼道歉并赔偿损失等。这些措施的实施，旨在维护个体的基本权利，促进社会的和谐稳定。

《民法典》中的人格权编为个体的尊严和基本权利提供了全面的法律保障，体现了法律对个人权利的尊重和维护。同时，它也要求社会各方共同遵守法律规定，尊重他人的权利，共同维护社会的公平正义和法治秩序。

4. 侵权责任

侵权责任，指的是因侵犯他人民事权益而产生的法律责任。《民法典》中的侵权责任编详细规定了侵权行为的判定标准、责任承担方式、特殊责任主体的规定、产品责任、机动车交通事故责任、医疗损害责任等内容。此法旨在切实保障民事主体的合法权益，并对侵权行为实施法律制裁。

《民法典》中的侵权责任编，为民事主体提供了遭受侵害时的法律救济途径。

（1）关于侵权行为的认定。比如，某人因邻居宠物狗未加约束而遭受咬伤，此即构成侵权行为。根据《民法典》规定，宠物狗的主人应承担相应的侵权责任，包括赔偿受害者的医疗费用、精神损失等。

（2）关于责任承担方式。某超市因未尽到安全保障义务，导致顾客在店内摔倒受伤，超市应承担侵权责任。其承担责任的方式可能包括赔偿医疗费用、误工费等，以及改善安全措施，防止类似事件再次发生。

(3) 关于特殊责任主体的规定。某学校教师在教学过程中因疏忽大意造成学生受伤，根据《民法典》的相关规定，学校作为用人单位应承担侵权责任。若教师存在故意或重大过失，学校在承担责任后，有权依法向该教师追偿。

(4) 关于产品责任。若消费者购买的家用电器因设计缺陷引发火灾，造成财产损失和人身伤害，消费者有权要求生产者或销售者承担产品责任，赔偿相关损失。

(5) 关于机动车交通事故责任。在道路交通中，若一方驾驶员违反交通规则造成交通事故，导致对方人员受伤或财产损失，违规方应承担机动车交通事故责任，包括赔偿医疗费用、车辆修理费用等。

(6) 关于医疗损害责任。若病人在接受诊疗过程中因医务人员过失受到损害，病人及其家属有权要求医疗机构承担医疗损害责任，包括赔偿医疗费用、残疾赔偿金等。

(7) 关于网络侵权责任。此外，网络用户在网络平台发布不实信息，损害他人名誉的，被侵权人有权要求网络用户承担网络侵权责任，包括删除侵权信息、消除影响、恢复名誉以及赔偿损失等。

《民法典》的目的，在于维护民事主体的合法权益，确保侵权行为受到应有的法律制裁。上述案例充分展示了《民法典》侵权责任在现实生活中的应用，以及其对于维护社会秩序、促进公平正义的积极作用。

《民法典》自2021年1月1日起正式施行，该法典在整合原有民事法律的基础上，形成了一个更为系统、完整的民事法律体系，为我国民法领域的发展奠定了坚实的基础。

八、《中华人民共和国农民专业合作社法》

(一) 核心要义

《中华人民共和国农民专业合作社法》（以下简称“农民专业合作社法”）的出台，无疑为我国农民专业合作社的健康发展提供了坚实的法律保障。这部法律不仅明确了农民专业合作社的组织形式和运作规范，还为其发展提供了有力的政策扶持，从而有助于推动我国农业农村的现代化进程。

首先，从立法背景来看，农民专业合作社作为农村集体经济的一种新型组织形式，具有显著的优越性。它能够集中农民的力量，共同抵御市场风险，提高农业生产效益，促进农民增收。然而，在农民专业合作社的发展过程中，由于缺乏相应的法律规范，导致一些合作社在设立、运营、管理等方面存在诸多问题。为了解决这些问题，我国政府及时出台了《农民专业合作社法》，为合作社的健康发展提供了有力的法律支持。其次，该法详细规定了农民专业合作社的设立和登记程序。这有助于确保合作社的合法地位，防止非法组织的出现。同时，该法还明确了合作社成员的资格、权利和义务，为合作社的内部管理提供了依据。此外，该法还对合作社的组织机构、财务管理、合并、分立、解散和清算等方面进行了详细规定，为合作社的运作提供了明确的指导。

值得一提的是，该法还特别强调了农民专业合作社应当遵守的法律、行政法规和章程的规定。这意味着合作社在运作过程中，必须遵循国家的法律法规，不得违法经营。同时，合作社的章程作为合作社内部的“宪法”，具有极高的权威性。合作社成员必须遵守章程的规定，维护合作社的团结和稳定。

此外，该法还规定了农民专业合作社的扶持措施。政府将通过财政、税收、金融等方面的优惠政策，支持合作社的发展。这些扶持措施的实施，有助于降低合作社的运营成本，提高其市场竞争力，从而推动合作社的快速发展。

当然，任何法律都不能完全解决所有问题。《农民专业合作社法》虽然为合作社的发展提供了有力的法律保障，但在实施过程中仍会面临一些挑战和困难。例如，如何确保合作社的民主管理、防止内部腐败等问题仍需要进一步探讨和解决。

《农民专业合作社法》是我国农业农村发展进程中的一项重要法律成果。它为我国农民专业合作社的健康发展提供了坚实的法律保障，有助于推动农业农村现代化进程。同时，我们也应该看到，该法在实施过程中仍需要不断完善和优化，以更好地适应我国农业农村发展的需要。

（二）具体说明与案例

1. 设立和登记

农民专业合作社的设立与登记是一项规范且重要的法律程序，旨在确保其合法经营和有序发展。根据《农民专业合作社法》的规定，合作社的设立需满足一系列法定条件，包括成员数量、章程制定以及组织机构的设立等。同时，合作社还需向工商行政管理部门提交相关文件进行登记，以取得法人资格。

在设立过程中，成员数量是首要考虑的因素。农民专业合作社的成员必须达到法定数量，即至少五名，且成员必须符合法律规定的条件，主要是从事农业生产经营的农民。这一规定确保了合作社的成员基础广泛且符合农业经营的特点。

章程是合作社运营的基本准则。合作社的章程应详细规定合作社的名称、住所、业务范围、成员的权利与义务、组织机构及其职权、财务管理规则、盈余分配和亏损处理办法等重要事项。章程的制定有助于明确合作社的经营方向和管理规范，保障成员的权益，促进合作社的健康发展。

组织机构的建立是合作社运营的重要保障。合作社应设立成员大会、理事会和监事会等组织机构，以实现民主决策、有效管理和监督。成员大会作为最高权力机构，负责审议和决定合作社的重大事项；理事会和监事会则分别负责执行和监督合作社的日常运营活动。完成设立后，合作社需向工商行政管理部门提交登记申请。申请材料包括登记申请书、章程、成员名单及其出资额、法定代表人的任职文件和身份证明等。工商行政管理部门在审核通过后，将颁发营业执照，确认合作社的法人资格。

取得法人资格后，合作社将享有独立的法人地位，能够以自己的名义开展经济活动，并承担相应的法律责任。同时，合作社还需按照相关法律法规的规定，定期向登记机关报送年度报告，接受监督检查，确保运营的合规性和透明度。

值得注意的是，办理农民专业合作社登记的过程中，不得收取任何费用。这一规定旨在减轻合作社的经济负担，鼓励更多农民积极参与合作社的设立与发展。

农民专业合作社的设立与登记是一项严谨且必要的法律程序。通过遵循法定条件和程序要求，合作社能够确保其合法性和规范性，为成员提供法律保障，并推动农业产业的持续健康发展。

2. 成员

《农民专业合作社法》详细规定了农民专业合作社成员的构成、享有的权利及承担的义务。在成员构成方面，法律明确要求成员主体应以农民为主，且农民成员比例应不低于总成员数的80%，这充分彰显了合作社服务农民的宗旨。以设有100名成员的合作社为例，农民成员至少应占80名。

在权利方面，合作社成员享有表决权、选举权和被选举权，有权参与合作社的重大决策过程，通过投票表达意见并影响决策。同时，成员有权参与合作社管理机构如理事长、理事等的选举，并具备被选为管理机构成员的资格。此外，合作社的盈余分配亦遵循章程规定或成员大会决议，成员有权依据其贡献获得相应的盈余分配。例如，若农民成员通过合作社销售农产品实现了一定价值，且合作社年终有盈余可供分配，则该成员有权按其销售额占合作社总销售额的比例获得相应盈余。

在义务方面，合作社成员应严格遵守合作社的各项决议，包括成员大会、理事会和监事会的决策。同时，成员需遵循合作社章程，履行章程规定的各项义务，如按时按约向合作社出资或交付农产品等。成员出资形式可包括货币、实物、知识产权、土地经营权等合法形式，但须符合法律及章程规定。此外，成员对合作社的债务承担责任以其出资额和公积金份额为限，合作社则以其全部财产对债务承担责任。

这些规定旨在确保农民专业合作社的规范运作和健康发展，维护农民成员的合法权益，进而推动农业和农村经济的持续繁荣。

3. 组织机构

《农民专业合作社法》是我国针对农民专业合作社所制定的一部专项法律，该法全面且细致地规定了合作社的组织结构、运作机制，以及成员的权利与义务。在合作社的组织架构中，成员大会、理事会和监事会各自承担不同的职责，共同构成了合作社的治理体系。

成员大会作为合作社的最高权力机构，承担着决定合作社重大事项的重任。这包括但不限于修改合作社章程、选举理事会和监事会成员，以及决定合作社的合并、分立或解散等关键事务。通过成员大会的决策，确保了合作社在重大问题上的民主性和透明度。

理事会是合作社的执行机构，负责合作社的日常经营管理工作。理事会成员由成员大会选举产生，负责执行成员大会的决议，并代表合作社对外开展各项活动。理事会的设立，有助于确保合作社日常运营的规范性和高效性。

监事会则承担着监督合作社财务和经营活动的重要职责。监事会成员同样由成员大会选举产生，对合作社的运作进行全方位的监督，确保合作社的财务安全、经营合规，并防止内部腐败现象的发生。监事会的存在，是保障合作社健康发展的重要一环。

通过这些机构的设置和职责划分，《农民专业合作社法》旨在确保合作社的决策过程透明、民主，同时通过监督机制保障合作社的稳健发展。这有助于维护合作社成员的合法权益，促进农业经济的持续发展。

4. 财务管理

《农民专业合作社法》明确规定了合作社财务管理的相关要求，以确保合作社财务的清晰透明与资金安全。合作社应当建立健全的财务管理制度，为每位成员设立独立的财务账户，并依据法规要求提取公积金。此外，合作社还需编制详尽的年度业务报告、盈余分配方案及财务会计报告，并在成员大会上公开公布，以便所有成员能够全面了解合作社的经营成果与财务状况，进而提升合作社的透明度与成员的参与感。

合作社财务管理制度的构建通常涵盖财务规划、资金管理、成本控制、财务报告及审计等多个方面，旨在规范合作社的财务运作。为每个成员设立独立账户，旨在详细记录其出资、交易及盈余分配等财务活动，确保成员权益得到保障。同时，按规定提取公积金，既可用于弥补潜在亏损，也可用于扩大生产经营或转化为成员出资，进一步促进合作社的稳健发展。

年度业务报告、盈余分配方案及财务会计报告的编制与公布，不仅有助于合作社内部管理的规范与透明，也是向外界展示合作社经济实力与运营效率的重要途径。这些举措旨在通过强化财务管理，推动合作社的健康发展，维护成员权益，并提升合作社的整体信用度，进而吸引更多的外部投资，助力合作社实现可持续发展。

5. 合并、分立、解散和清算

《农民专业合作社法》对农民专业合作社的合并、分立、解散及清算等事宜作出了明确规定。合作社在成员共同意愿或其他合理因素驱动下，可依法进行合并或分立。合并或分立过程需遵循法定程序，包括成员大会决议、资产债务合理分配等，并应通知债权人，协商处理相关债务。

合作社在成员大会决议、经营困难、严重亏损或违反法规等情形下，可依法解散。解散时，须依法成立清算组，负责处理合作社财产与债务。清算组通常由合作社成员或相关人员组成，负责清算财产、债权与债务，并依照法定顺序与方式进行分配。

在清算过程中，合作社财产应优先用于支付清算费用、职工工资及社会保险费用等。剩余财产则依据成员出资比例或合作社章程规定进行分配。

整个合并、分立、解散与清算过程均须严格遵循《农民专业合作社法》及相关法律法规，确保过程公正合法，切实维护合作社成员及债权人的合法权益。

6. 农民专业合作社联合社

根据《农民专业合作社法》，多个合作社可以设立联合社，以扩大规模和提高市场竞争力。联合社同样需要登记，并有其组织机构和财务管理制度。多个农民专业合作社可以在自愿的基础上出资设立农民专业合作社联合社，以扩大生产经营和服务的规模，发展产业化经营，提高市场竞争力。联合社需要依法进行登记，并取得法人资格，领取营业执照，其登记类型为农民专业合作社联合社。

联合社应当有自己的名称、组织机构和住所，还需要制定并承认的章程，以及符合章程规定的成员出资。联合社以其全部财产对自身的债务承担责任，而联合社的成员则以其出资额为限对联合社承担责任。

此外，联合社的组织机构应包括由全体成员参加的成员大会，其职权包括修改联合社章程，选举和罢免联合社的理事长、理事和监事，决定联合社的经营方案及盈余分配，以及决定对外投资和担保方案等重大事项。联合社可以根据需要设立理事会、监事会或者执行监事，理事长和理事应由成员社选派的人员担任。

联合社的财务管理制度也非常重要，根据《农民专业合作社财务制度》，合作社（包括联合社）应建立健全财务管理制度，有序开展财务管理工作，如实反映财务状况。合作社应依照国家统一的会计制度规定进行会计核算，并且合作社理事长对本社的会计工作和会计资料的真实性、完整性负责。

这些规定旨在规范农民专业合作社联合社的组织和行为，保护其及其成员的合法权益，同时推进农业农村现代化。

7. 扶持措施

《农民专业合作社法》详尽地列明了多项扶持举措，旨在通过财政支持、税收优惠以及金融扶持等手段，全面促进农民专业合作社的稳健发展。国家财政将提供资金支持，包含直接补助和各类项目资助，以助力农民专业合作社的成长。农民专业合作社依法享有国家对农业生产、加工、流通、服务及其他涉农经济活动所规定的税收优惠，以减轻其经济负担。

国家政策性金融机构应采取多样化的方式，为农民专业合作社提供必要的资金支持。同时，鼓励商业性金融机构积极为农民专业合作社及其成员提供全方位的金融服务，以满足其多样化的金融需求。

为了降低农业生产风险，国家积极鼓励保险机构为农民专业合作社提供多样化的农业保险服务，并倡导农民专业合作社依法开展互助保险，以共同应对可能遭遇的风险。

在支持农业和农村经济发展的建设项目中，国家可委托有条件的农民专业合作社负责实施，以促进其参与到更为广泛的农村经济活动中。对于革命老区、民族地区、边疆地区和贫困地区的农民专业合作社，国家将给予优先扶助，以推动这些地区的经济社会发展。国家还通过财政支持、税收优惠以及金融、科技、人才扶持和产业政策引导等措施，鼓励和支持农民专业合作社不断推进农业农村现代化进程。此外，县级以上人民政府应建立农民专业合作社工作的综合协调机制，负责统筹指导、协调、推动农民专业合作社的建设与发展，确保其能够健康、有序地发展壮大。

这些扶持措施充分彰显了国家对农民专业合作社发展的高度重视，旨在通过全方位的支持措施，助力农民专业合作社提升自身可持续发展能力，增强市场竞争力，并切实保障其成员的合法权益。

8. 法律责任

《农民专业合作社法》对农民专业合作社的法律责任进行了明确且详尽的规定。对于任何侵占、挪用、截留、私分合作社财产或非法干预合作社经营活动的行为，均将依法追究法律责任。对于合作社提供虚假登记材料或财务报告的违法行为，也将依法予以严肃处理。

此外，该法严禁任何单位和个人侵犯农民专业合作社的财产权益，包括但不限于侵占、挪用、截留或私分合作社的资产。同时，任何单位和个人均不得非法干预农民专业合作社及其成员的生产经营活动，以确保合作社及其成员的合法权益得到充分保障。

在合作社登记、报送年度报告或财务会计报告等环节，若提供虚假材料或财务报告，将依法受到严厉惩处。此外，违反合作社章程、不按规定公开财务状况、不正当竞争等行为，亦将依法承担相应的法律责任。

对于违反法律规定的行为，法律明确了包括罚款、撤销登记、吊销营业执照等在内的处罚措施。若违法行为给农民专业合作社及其成员造成损失，违法行为人需依法承担民事赔偿责任。在违法行为构成犯罪的情况下，还将依法追究其刑事责任。

这些规定旨在切实保护农民专业合作社及其成员的合法权益，维护合作社的正常经营秩序，促进合作社健康、稳定地发展。

《农民专业合作社法》于2006年10月31日由第十届全国人民代表大会常务委员会第二十四次会议正式通过，并于2017年12月27日经第十二届全国人民代表大会常务委员会第三十一次会议进行了全面修订。该法自 2018 年 7 月 1 日起正式施行，为农民专业合作社的稳健发展提供了坚实的法律保障。

九、《农村集体经济组织法》

（一）核心要义

集体所有制经济是社会主义公有制经济的重要组成部分，农村集体经济组织是社会主义公有制经济在农村的重要实现形式。但不少地方的农村集体经济组织，存在着组织机构不健全、运行机制不完善、监督和管理制度不落实等问题，以致没能发挥出其应有的作用。制定农村集体经济组织法，是贯彻党中央决策部署，健全相应的法律制度，为促进农村集体经济发展壮大奠定良好法治基础的重大举措。

（二）具体说明

1. 体现四方面重要意义

制定《农村集体经济组织法》有利于以立法的方式促进宪法实施，巩固农村集体产权制度改革的成果，促进新型农村集体经济高质量发展，对于巩固完善社会主义基本经济制度和农村基本经营制度，对于维护好广大农民群众根本利益、实现共同富裕等具有重要意义。

一是制定《农村集体经济组织法》有利于巩固社会主义公有制、巩固和完善社会主义基本经济制度和完善农村基本经营制度。农村集体经济组织依照宪法的规定，实行家庭承包经营为基础、统分结合的双层经营体制，是维护农村土地集体所有、落实农村基本经营制度的重要组织保障。制定农村集体经济组织法，在坚持家庭承包经营基础性地位、调动广大农民积极性的同时，强调要充分发挥好农村集体经济组织的功能作用，为进一步巩固农村土地集体所有制、巩固和完善农村基本经营制度提供法治保障。

二是制定《农村集体经济组织法》有利于维护广大农民群众根本利益、实现共同富裕。实现好、维护好、发展好广大农民群众的根本利益是“三农”工作的出发点和落脚点。打赢脱贫攻坚战，农村集体经济组织在基层党组织领导下发挥了重要作用。在新时代实现共同富裕，最艰巨的任务是如何更快地提高广大农民的富裕程度，这同样离不开农村集体经济组织。制定农村集体经济组织法，明晰农村集体经济组织成员的权利义务和成员确认规则，规范农村集体财产的经营管理和收益分配制度，依法保护农民的土地承包经营权、宅基地使用权、集体收益分配权等财产权益，有利于推动构建归属清晰、权能完整、流转顺畅、保护严格的农村集体产权制度，形成既体现集体组织优越性又调动农民个体积极性的农村集体经济运行新机制，有利于让广大农民分享改革发展成果，促进农民共同富裕。

三是制定《农村集体经济组织法》有利于为健全农村治理体系、巩固党在农村的执政基础提供支撑和保障。农村集体经济组织是参与乡村治理的重要主体。随着城镇化推进和集体经济发展壮大，农民对公共服务和公益事业的需求会不断增加，在当前公共财政还难以全面覆盖农村的情况下，农村集体经济是支持农村公共事务和公益事业发展的有益补充。通过立法，促进新型农村集体经济发展，为农村社会事业发展提供支持。同时，从法律制度上规范农村集体经济组织运行管理，健全其法人治理结构，确保农村集体经济组织成员的知情权、参与权、表达权、监督权，有利于防止集体经济组织内部被少数人控制和外部资本侵占的现象，有利于妥善处理各种利益关系和社会矛盾，为推进城乡协调发展，健全乡村治理体系，巩固党在农村的执政基础提供重要支撑和保障。

四是制定《农村集体经济组织法》对宪法实施具有重要意义。我国宪法规定，农村集体经济组织实行以家庭承包经营为基础、统分结合的双层经营体制；集体经济组织在遵守有关法律的前提下，有独立进行经济活动的自主权；集体经济组织实行民主管理，依照法律规定选举和罢免管理人员，决定经营管理的重大问题；国家保护城乡集体经济组织的合法的权利和利益，鼓励、指导和帮助集体经济的发展。民法典明确农村集体经济组织是特别法人。农村集体经济组织法贯彻宪法关于农村集体经济组织的规定、原则和精神，突出体现农村集体经济组织作为我国社会主义基本经济制度重要主体的属性特征，合理规范农村集体经济组织的运行管理，促进宪法实施。同时，农村集体经济组织法也具体落实了民法典关于农村集体经济组织是特别法人的规定，有利于民法典的贯彻落实。

2. 包含七大主要内容

《农村集体经济组织法》共八章，依次为总则、成员、组织登记、组织机构、财产经营管理和收益分配、扶持措施、争议的解决和法律责任、附则，共六十七条。主要内容如下：

一是明确了农村集体经济组织的法律地位、组织原则、职能职责、特别法人地位、监管部门等。

二是吸收农村集体产权制度改革成果，参考司法实践和地方立法，明确了农村集体经济组织成员的定义、确认、退出及丧失规则，同时规定了农村集体经济组织成员的权利义务。

三是规定了农村集体经济组织的登记、合并、分立等事项。

四是规范了农村集体经济组织的组织机构。明确了农村集体经济组织成员大会、成员代表大会和理事会、监事会的组成、职权、议事规则和决策程序等，从法律制度上健全农村集体经济组织内部治理机制，保障农村集体经济组织运行顺畅，实现民主管理、民主决策。

五是规定了农村集体经济组织的财产经营管理和收益分配制度。明确了集体财产的主要范围，根据相关法律规定和农村集体产权制度改革实践经验，确定了对集体资源性财产、经营性财产、非经营性财产分别依法进行管理的原则，确定了集体收益分配的原则和顺序，明确集体经营性财产的收益权可以量化到成员，作为参与集体收益分配的基本依据，还对农村集体经济组织发展新型农村集体经济的途径，建立财务会计、财务公开、财务报告制度及审计监督等作了规定。

六是规定了扶持措施。从财政、税收、金融、土地、人才支持等方面，对扶持农村集体经济组织的政策措施作了原则规定。

七是明确了争议解决机制和法律责任。规定了农村集体经济组织内部争议的解决途径，明确了成员撤销诉讼制度，建立了成员代位诉讼制度，规定了相关违法行为的法律责任。

3. 亮点

（1）规范成员确认等成员身份权益保护问题。农村集体经济组织的成员确认等成员身份权益保护问题是农村集体经济组织法立法过程中的重点问题，受到广泛关注。经认真研究，反复修改完善，农村集体经济组织法从多个方面对上述问题作了系统性规定，以保障农村集体经济组织成员身份方面的合法权益。一是明确了成员定义和成员确认规则。该法对成员定义作出科学、合理的界定，并明确农村集体经济组织依据成员定义的规定确认农村集体经济组织成员，避免因较为宽泛、弹性的规定可能导致成员确认的条件不够清楚明确；明确因成员生育而增加的人员，农村集体经济组织应当确认为农村集体经济组织成员，因成员结婚、收养或者因政策性移民而增加的人员，农村集体经济组织一般应当确认为农村集体经济组织成员；明确规定，确认农村集体经济组织成员不得违反本法和其他法律法规的规定；授权省、自治区、直辖市人民代表大会及其常务委员会可以根据农村集体经济组织法，结合本行政区域实际情况，对农村集体经济组织的成员确认作出具体规定。二是完善了对成员确认的监督和救济措施。突出加强农村基层党组织的领导。明确成员的确认等需由成员大会审议决定的重要事项，应当先经乡镇党委、街道党工委或者村党组织研究讨论；加强政府监管。规定农村集体经济组织成员名册和农村集体经济组织章程应当报乡镇人民政府、街道办事处和县级人民政府农业农村主管部门备案。农村集体经济组织章程或者农村集体经济组织成员大会、成员代表大会所作的决定违反本法或者其他法律法规规定的，由乡镇人民政府、街道办事处或者县级人民政府农业农村主管部门责令限期改正。同时还明确地方人民政府及其有关部门未依法履行相应监管职责的，由上级人民政府责令限期改正；情节严重的，依法追究相关责任人员的法律责任；规定完善的权利救济途径。明确对确认农村集体经济组织成员身份有异议的，当事人可以请求乡镇人民政府、街道办事处或者县级人民政府农业农村主管部门调解解决；不愿调解或者调解不成的，可以向农村土地承包仲裁机构申请仲裁，也可以直接向人民法院提起诉讼。三是明确该法施行前农村集体经济组织开展农村集体产权制度改革时已经被确认的成员，该法施行后不需要重新确认，以利于此前未被依法确认为成员的当事人依据本法进行维权。

(2) 对妇女权益保护问题作了专门规定。值得注意的是，《农村集体经济组织法》还对妇女权益保护问题作了专门规定。这些规定有利于妇女在面临成员确认及成员身份丧失等问题时依法进行维权。一是明确妇女享有与男子平等的权利，不得以妇女未婚、结婚、离婚、丧偶、户无男性等为由，侵害妇女在农村集体经济组织中的各项权益。二是与妇女权益保障法相衔接，规定了检察公益诉讼制度，明确确认农村集体经济组织成员身份时侵害妇女合法权益，导致社会公共利益受损的，检察机关可以发出检察建议或者依法提起公益诉讼。此外，农村集体经济组织法的其他一些规则也有利于保护妇女的成员身份权益。例如，农村集体经济组织法规定，农村集体经济组织成员不因离婚、丧偶等原因而丧失成员身份。又如，根据农村集体经济组织法规定，农村集体经济组织成员结婚，只要是未取得其他农村集体经济组织成员身份的，原农村集体经济组织都不得取消其成员身份。

(3) 对公务员丧失农村集体经济组织成员身份问题作了规定。成为事业单位工作人员、国有企业员工或者聘任制公务员是否丧失农村集体经济组织成员身份，经同有关方面研究认为，事业单位情况复杂，有的也不是财政全额保障，且事业单位改革目前仍在进行中；国有企业用工形式也较为多样。实践中各地做法也不一样，有的规定只有公务员丧失成员身份，有的规定公务员和事业单位工作人员都丧失成员身份，还有的规定公务员、事业单位工作人员、国有企业员工都丧失成员身份。考虑到上述情况，国家立法宜保持适当的包容性，不对事业单位工作人员、国有企业员工丧失成员身份问题在法律上作统一规定，根据《农村集体经济组织法》第十七条第一款第五项的授权，可以由地方立法或者农村集体经济组织章程根据实际情况确定。此外，根据公务员法的规定，聘任制公务员的聘任合同期限为一年至五年，与一般公务员存在较大差别，不宜从法律上规定聘任制公务员一概丧失农村集体经济组织成员身份，因此农村集体经济组织法对此类公务员作了与一般公务员不同的制度安排，与事业单位工作人员、国有企业员工等人员一样，是否丧失成员身份，法律不作统一规定，根据农村集体经济组织法第十七条第一款第五项的授权，可以由地方立法或者农村集体经济组织章程根据实际情况确定。

（4）处理立法与农村集体产权制度改革的关系。2016 年，中共中央、国务院联合印发《关于稳步推进农村集体产权制度改革的意见》，部署从 2017 年开始，力争用 3 年左右时间基本完成农村集体资产清产核资，力争用 5 年左右时间基本完成经营性资产股份合作制改革。截至 2021 年年底，全国农村集体产权制度改革阶段性任务基本完成。农村集体经济组织法立法的一个重要考虑即是认真总结农村集体产权制度改革的实践经验，将其以法律形式固定下来。农村集体经济组织法关于成员确认的规则、集体财产的经营管理和收益分配规则等重要内容，均体现了对农村集体产权制度改革成果的确认和巩固。此外，为了做好法律实施前后的衔接，农村集体经济组织法在“附则”部分还专门明确了两个问题：一是明确本法施行后，之前已按国家规定登记的农村集体经济组织及其名称在法人登记证书有效期内继续有效；二是明确该法施行前农村集体经济组织开展农村集体产权制度改革时已经被确认的成员，该法施行后不需要重新确认。

总体来说，农村集体经济组织法对有共识的实践经验进行了提炼和确认，进一步巩固了农村集体产权制度改革的成果。对于目前还看不清、拿不准、尚未达成共识的做法，将留待实践进一步探索。

农业经理人作为农业领域的专业人才，其职责要求他们必须全面而深入地掌握相关法律法规的知识。这些法律法规不仅是农业经理人履行职责的重要依据，更是维护农民和农业企业合法权益、推动农业健康有序发展的有力保障。

在农业领域，涉及的法律法规众多，包括但不限于《农村土地承包法》《农业技术推广法》《农产品质量安全法》等。农业经理人需对这些法律法规有清晰的认识和准确地把握，以便在实际工作中能够依法办事，确保各项工作的合规性和合法性。

具体而言，农业经理人应熟悉各类农业合同的签订、履行和解除等环节的法律规定，确保农民的土地承包权益不受侵犯；应了解农业技术推广的政策支持、资金扶持等方面的法律规定，推动农业技术的广泛应用和普及；应掌握农产品质量标准、检验检测、市场监管等方面的法律规定，保障农产品质量安全可靠。

此外，农业经理人还应具备法律意识和法律思维，关注农业领域的法律动态和政策变化，及时调整管理策略和工作方法，善于运用法律知识解决实际问题，妥善处理各类法律纠纷和矛盾，维护农民和农业企业的合法权益。

为了提升农业经理人的法律素养和综合能力，相关部门和组织应加强培训和教育。通过举办培训班、研讨会等形式，向农业经理人传授法律法规知识和实践经验；通过案例分析、模拟演练等方式，提高农业经理人的法律应用能力和问题解决能力。

农业经理人作为农业领域的重要人才，应全面掌握相关法律法规知识，依法履行职责，为推动农业的健康有序发展贡献自己的力量。同时，相关部门和组织也应加强培训和教育，提升农业经理人的法律素养和综合能力。

主要参考文献

鲍士旦，2000. 土壤农化分析 . 北京：中国农业出版社.
陈仕林，2023. 数字乡村建设通论 . 北京：中国农业出版社.
姜会飞，段若溪，2018. 农业气象学 . 北京：气象出版社.
李秉龙，薛兴利，2015. 农业经济学 . 北京：中国农业大学出版社.
李崇光，2021. 农产品营销学 . 北京：高等教育出版社.
李燕凌，2019. 农村公共管理 . 北京：中国农业出版社.
骆世明，2017. 农业生态学 . 北京：中国农业出版社.
熊飞，王忠，2021. 植物生理学 . 北京：中国农业出版社.
徐建明，2019. 土壤学 . 北京：中国农业出版社.
张慧娜，2022. 智慧农业概论 . 北京：中国农业大学出版社.
张俊伶，2021. 植物营养学 . 北京：中国农业大学出版社.
钟甫宁，2011. 农业政策学 . 北京：中国农业出版社.

职业技能等级培训教材
高素质农民培训教材

农业经理人操作技能（中级）

胡　剑　主编

中国农业科学技术出版社

图书在版编目(CIP)数据

农业经理人.2，中级操作技能 / 胡剑主编.
北京：中国农业科学技术出版社，2025.5. --ISBN
978-7-5116-7397-8

Ⅰ.F302

中国国家版本馆 CIP 数据核字第 2025AF0066 号

责任编辑 闫庆健
责任校对 王 彦
责任印制 姜义伟 王思文

出 版 者 中国农业科学技术出版社
北京市中关村南大街 12 号 邮编：100081
电 话 (010) 82106632 (编辑室) (010) 82106624 (发行部)
(010) 82109709 (读者服务部)
网 址 https://castp.caas.cn
经 销 者 各地新华书店
印 刷 者 北京捷迅佳彩印刷有限公司
开 本 185 mm×260 mm 1/16
印 张 10
字 数 249 千字
版 次 2025 年 5 月第 1 版 2025 年 5 月第 1 次印刷
定 价 168.00 元(全 3 册)

《农业经理人操作技能（中级）》
编　委　会

主　编

胡　剑　兰州天衢职业培训学校

副主编

白艳丽　中农威特生物科技股份有限公司

张克泰　甘肃省职业能力建设指导中心

田　波　中国农业科学院兰州兽医研究所

编　委

王一平　甘肃农业职业技术学院

姜　奇　甘肃省农民教育培训工作总站

孟养荣　甘肃省农业机械化技术推广总站

霍文静　甘肃省植保植检站

何　伟　甘肃省农业生态与资源保护技术推广总站

刘卫红　甘肃省农产品质量安全检验检测中心

郭世乾　甘肃省耕地质量建设保护总站

李世成　甘肃省农业技术推广总站

彭　程　甘肃省畜牧技术推广总站

韩登武　甘肃省动物疫病预防控制中心

丁丰源　甘肃省渔业技术推广总站

李向东　甘肃省经济作物技术推广站

郁兴菊　兰州市农村广播电视学校

凌文波　兰州天衢职业培训学校

吕　丹　兰州天衢职业培训学校

目　录

第一章　计划制定

第一节　信息收集

一、农业信息化管理

（一）信息化基础知识

信息化涉及利用现代信息技术手段，包括计算机技术、通信技术和网络技术等，对信息资源进行开发、利用和管理，推动社会经济发展。在信息化时代背景下，信息已成为关键的生产要素和战略资源，信息技术的广泛运用显著提升了生产效率和决策质量。

（二）农业信息化的概念、特征、内涵及案例分析

农业信息化特指在农业生产、经营、管理和服务等各个领域广泛采用现代信息技术，实现农业生产的智能化、自动化、精准化和网络化。这一过程不仅包括农业生产资料的获取，还涉及农业生产过程的监控、农产品市场的分析以及农业管理决策的优化等多个方面。

农业信息化有以下一些特征：

（1）通过数字技术实现对农业信息的采集、存储、处理和分析。

（2）利用互联网和物联网技术，促进农业信息的互联互通。

（3）依托大数据和人工智能技术，实现农业生产的精准管理。

（4）通过智能设备和系统，达成农业生产的自动化和智能化控制。

农业信息化不仅涵盖农业生产过程的信息化，还包括农业经营、管理和服务的信息化。它利用现代信息技术手段提升农业生产效率、降低生产成本、优化资源配置、提高农产品质量和市场竞争力，从而推动传统农业向现代农业的转型。

（三）农业信息化的信息分类、区分标准及作用

根据信息的不同属性和特点，农业信息化信息分为以下几类：

（1）标准化信息。指遵循特定标准和规范的信息，如农业技术标准、农产品质量标准等。

（2）非标准化信息。指未遵循特定标准或规范的信息，如农民个人的种植经验、市场动态变化等。

（3）直接信息。指直接来源于农业生产、经营、管理和服务等过程中的信息，如作物生长数据、农产品价格等。

（4）间接信息。指通过分析、加工和处理得到的信息，如农产品市场趋势预测、农

业政策解读等。

（5）静态信息。指相对稳定、不经常变化的信息，如土地资源信息、农业基础设施信息等。

（6）动态信息。指实时变化、需要不断更新的信息，如气象数据、病虫害监测数据等。区分农业信息化信息的标准主要包括信息的来源、准确性、时效性、价值性和可获取性等方面。直接信息与间接信息的区分主要取决于信息是否直接来源于农业生产过程；标准化信息与非标准化信息的区分则依据信息是否遵循特定的标准和规范；而静态信息与动态信息的区分则基于信息的稳定性和变化性。

案例分析

以山东省滕州市的智慧农业云平台为例，该平台通过整合一系列数字信息化网络平台，包括云服务、云平台、云资源以及云保障等，成功实现农业静态数据与动态数据的统一管理。具体而言，智慧农业云平台利用先进的信息技术手段，集中存储和处理农业生产中的各种数据，有效打破传统农业中数据分散、难以管理的局面。

在生产经营主体管理方面，智慧农业云平台为农业生产经营者提供便捷的管理工具，使他们能够实时监控和管理农业生产过程中的各个环节。通过该平台，生产经营者轻松获取各种农业信息，如天气预报、土壤湿度、作物生长情况等，从而做出更加科学的决策。

在农业生产信息化管理方面，智慧农业云平台通过引入物联网、大数据和人工智能等先进技术，实现农业生产过程的智能化和自动化。例如，通过安装传感器和摄像头，平台实时监测农田的环境状况，自动调节灌溉和施肥设备，从而提高农业生产效率和作物产量。

在农业交易数据信息管理方面，智慧农业云平台为农产品交易提供透明、高效的交易平台。通过该平台，买卖双方实时获取农产品的供需信息、价格行情等数据，从而降低交易成本，提高交易效率。此外，平台还提供农产品追溯功能，确保农产品质量安全，增强消费者信心。

在涉农金融保险数据管理方面，智慧农业云平台为金融机构和保险公司提供丰富的农业数据资源。通过该平台，金融机构能更准确地评估农业贷款风险，为农民提供更加合理的贷款服务。同时，保险公司根据平台提供的农业数据，制定更加科学的保险产品，为农民提供更加全面的风险保障。

滕州市的智慧农业云平台在生产经营主体管理、农业生产信息化管理、农业交易数据信息管理以及涉农金融保险数据管理等方面发挥了重要作用，有效推动传统农业向信息化现代农业的转变。

二、农业生产组织信息化需求和信息收集

不同类型的农业信息化信息在农业生产、经营、管理和服务中发挥着不同的作用。标准化信息为农业生产提供技术指导和产品标准；非标准化信息则为农民提供丰富的实践经验和市场动态；直接信息帮助农民及时了解生产过程中的实际情况；间接信息则为农业决

策提供科学依据；静态信息为农业规划和基础设施建设提供基础数据；动态信息则帮助农民及时调整生产计划和应对市场变化。

（一）不同细分行业和经营主体的生产组织信息化需求

1. 不同细分行业

（1）种植业对信息化的需求主要体现在精准农业、智能灌溉、病虫害监测等领域。利用传感器、无人机等现代技术手段，收集土壤湿度、作物生长状况、病虫害发生情况等关键信息，从而实现精准施肥、灌溉和病虫害防治，进而提升农作物的产量和品质。

（2）畜牧业对信息化的关注点在于动物健康监测、精准饲养管理、饲料配方优化等方面。通过智能穿戴设备监测动物的健康状况，并运用大数据分析来优化饲养方案，有效提高动物福利和生产效率。

（3）水产业的信息化需求主要集中在水质监测、疾病预警、智能投饵等方面。通过水质传感器实时监测水质变化，并使用智能投饵系统提高饲料的利用率，有助于降低养殖成本。

2. 不同经营主体

（1）大型农场与农业企业通常需要构建一个全面的信息化管理系统，涵盖生产管理、财务管理、供应链管理等多个模块，实现资源的优化配置和高效运营。

（2）中小型农户可能更倾向于使用简单易用、成本较低的信息化解决方案，如手机App、微信小程序等，以便快速获取市场信息、农业技术和政策指导。

（二）不同细分行业和经营主体的生产组织信息的收集渠道

（1）各级政府农业部门定期发布农业政策、市场信息和技术指导等，是农业生产和信息收集的关键渠道。

（2）行业协会和合作社作为农业生产经营者的自律性组织，行业协会和合作社能够及时收集并发布行业动态、技术标准和市场信息，为成员提供全面服务。

（3）农业技术服务平台包括农业科技园区、农业技术推广站等，这些平台通过现场指导、技术培训和在线咨询等方式，为农业生产者提供技术支持和信息服务。

（4）农业网站、微信公众号、短视频平台等，是获取农业信息的重要补充渠道，能够实时更新市场动态、技术进展和成功案例。

（三）农业生产组织信息收集的一般性程序和方法

（1）依据生产和经营目标，确定所需信息的种类和范围。

（2）针对既定目标，挑选适宜的信息收集渠道，如政府部门网站、行业协会媒体、农业技术服务平台等。

（3）设定信息收集的时间节点、频率和方法，保证信息的时效性和准确性。

（4）依照计划执行信息收集任务，通过问卷调查、实地考察、数据监测等多种手段获取信息。

（5）对收集到的信息进行整理、归类和分析，提取有价值的信息并将其转化为决策支持。

（6）将分析结果应用于生产实践，并根据实际成效进行反馈和调整。

（四）信息采集表的编制

（1）表头设计涵盖品名、种类、主要产地等关键信息，便于后续管理和检索。

（2）依据信息搜集目标定制采集内容，如农作物的种植面积、产量、品种；农产品的价格、销售状况；动物的健康状况、饲养管理细节等。确保内容详尽、具体且具有典型性。

（3）以表格形式构建采集表，明确行、列的划分和字段的配置，保证表格结构条理清晰、便于填写和阅读。

（4）确立数据填写的标准，包括日期格式、数值单位、文本描述等，保证数据的精确性和统一性。

（5）设立信息采集表的审核流程，对完成的信息进行审核和反馈，确保信息的真实性和可信度。同时，根据反馈结果及时调整和改善信息采集表的设计和应用方式（表 1-1）。

表 1-1　种植企业农作物统计表

序号	品名	种类	主要产地	当前价格（元/斤）	价格波动范围（元/斤）	价格走势分析	种植面积（亩）	种植方式	主要种植季节	预计产量（斤/亩）	备注
1	番茄	茄科类	山东、河北、河南等地	3.2	0.7~1.3	价格会因地区、季节、品质等因素而有所不同		移栽	3月中旬至4月上旬，7月下旬		
2	线椒	茄科类	河南、陕西、甘肃等地	2.2	0.5~1.8			移栽	3月中旬至4月上旬		
3	小米冬瓜	瓜类	云南、四川、贵州等地	0.65	0.3~0.4			移栽	3月下旬至4月上旬，7月上旬至8月		
4	南瓜	瓜类						移栽	3月下旬至4月上旬，7月上旬至8月		
5	马铃薯	根茎类						直播	12月中旬至翌年1月下旬，7月上旬		
6	芋头	根茎类						直播	3月中旬至4月中旬		

1 斤=0.5 千克，1 亩≈667 平方米，全书同。

三、农业生产组织信息收集的发展趋势与创新

（一）智慧农业的概念、现状与发展

智慧农业构成智慧经济的关键部分，它依赖于物联网、云计算、大数据以及 3S（GPS、GIS、RS）技术等现代信息技术与农业生产的融合，实现对农业生产环境的智能感知和数据分析，从而推动农业生产管理的精准化和诊断的可视化。

目前，我国的智慧农业正处于一个快速发展的时期。随着科技的持续进步，智慧农业在农业生产中的应用变得越来越广泛，涵盖精准灌溉、病虫害智能监测、智能农机作业等多个方面。尽管如此，我国智慧农业的发展仍面临一些挑战，包括高素质农民的短缺、科研体系的不完善、基础设施的落后等，这些问题都需要在未来的发展中逐步解决。

未来，智慧农业将更加重视科技创新和模式创新。一方面，通过引入更先进的物联网、大数据、人工智能等技术，提升农业生产的智能化水平；另一方面，通过创新农业生产组织模式，推动农业产业链的整合和优化，提高农业生产效率和农产品质量。

（二）农业信息收集模式的创新趋势及案例分析

随着科技的不断进步，农业信息收集模式正在经历一场深刻的变革。传统上，农业信息收集主要依赖于人工调查和统计，这种方法不仅效率低下，而且容易受到主观因素的影响，导致数据的不准确。然而，随着信息技术的飞速发展，特别是物联网、大数据、云计算等技术的应用，农业信息收集模式正在向自动化、智能化、精准化的方向发展。在这一趋势下，农业信息收集模式的创新主要体现在以下几个方面：

1. 基于信息技术的高速化趋势

随着信息技术的持续进步，农业信息的收集速度和效率有望显著提高。通过构建高速且稳定的农业信息网络平台，能够实现农业生产数据的实时收集与分析，从而为农业生产和决策提供更加及时和精确的信息支持。

2. 基于传感器技术的精准化趋势

传感器技术在农业领域的应用正变得越来越普遍，它能够实时监测土壤湿度、温度、光照强度等多种环境参数，为农业生产提供精确的数据支持。例如，土壤湿度传感器有助于农民合理安排灌溉，从而提升水资源的使用效率；而光照传感器则能够为温室蔬菜种植创造最适宜的生长条件。

3. 基于物联网、大数据等的智能化趋势

物联网和大数据等技术的应用将促进农业信息收集向智能化方向的演进。通过建立农业大数据平台，能够实现对农业生产全过程的实时监测与管理，为农业生产提供更加智能化的决策支持。例如，运用物联网技术实时监控农田的生态环境，并及时发布自然灾害预警；利用大数据技术分析历史种植数据，为农业生产提供科学的种植规划和建议。

案例分析

某省农业技术推广部门引入自动虫情信息采集站，该系统通过夜间灯光吸引害虫，并利用高清摄像头捕捉害虫图像。随后，通过图像识别算法自动对害虫进行分类和计数，实现对虫害发生趋势的实时监测和预警。这一技术的应用不仅提升了虫害监测的效率和准确性，还有效减少了农药的使用量，推动农业的绿色发展。

基于物联网技术的智能灌溉系统能够依据农作物的需求以及降水量等关键数据实现自动化管理，有效防止水资源的浪费和减少劳动力的使用。此外，该系统能够与视频监控和操作控制系统相结合，对农田灌溉过程进行全方位的数据收集与分析，从而为农业生产提供更为科学的灌溉策略。

随着科技的持续发展，农业生产的信息收集领域也迎来创新的工具和模式。这些先进的技术手段显著提升了数据收集的效率和精确度，为农业生产的现代化管理提供坚实的支持。在这些创新工具中，卫星遥感技术的作物监测系统、物联网技术的农田环境监测设备，以及大数据分析的农业信息管理平台尤为突出。这些工具能够实时捕捉农田的土壤湿度、作物生长状况、病虫害发生情况等关键信息，并通过无线网络将数据传输至中央数据库，进行进一步的处理和分析。

（三）农业生产组织信息收集的新工具和新模式

1. 所使用的硬件设备

（1）传感器设备。涵盖土壤湿度传感器、温度传感器、光照传感器等，它们负责实时监测农田的环境参数。

（2）无人机。用于拍摄农田航拍图、监控作物生长状况以及病虫害的发生情况。

（3）智能农机。配备 GPS 导航、自动驾驶等技术的智能农机，能够执行精准作业和自动化管理。

2. 所使用的软件系统

（1）农业大数据平台。负责收集、存储和分析农业生产相关数据，为农业生产提供智能化的决策支持。

（2）农业物联网平台。将传感器、无人机、智能农机等硬件设备互联，实现对农业生产全过程的实时监测和管理。

（3）智能决策系统。基于大数据和人工智能技术，为农业生产提供精准的种植规划、病虫害防控等决策支持。

农业生产组织信息收集的发展趋势与创新将围绕智慧农业的概念展开，通过引入更先进的信息技术和硬件设备，推动农业信息收集向高速化、精准化和智能化方向发展。同时，通过创新农业生产组织模式和软件系统应用，提高农业生产效率和农产品质量，促进农业可持续发展。

四、农业设备作业信息化需求和信息收集

（一）不同细分行业和经营主体的设备作业信息化需求

在农业领域，各个细分行业和经营主体对设备作业的信息化需求各具特色。

1. 种植业

（1）种植户需要实时监控大棚内的温度、湿度、光照等环境参数，以便及时调整，确保作物生长的最佳环境。物联网传感器、智能控制系统等信息化技术在此领域得到广泛应用。

（2）根据土壤湿度和作物需水量，实现精准灌溉，减少水资源浪费。种植户能够远程监控和控制灌溉系统，提高灌溉效率。

（3）从播种到收割的全过程中，种植户需要机械设备的高效运行和精准作业。信息化技术帮助实现机械设备的远程监控、故障诊断和数据分析，从而提高作业效率和准确性。

2. 畜牧业

（1）养殖户需要实时监控动物的健康状况、生长情况和饲养环境。信息化技术如智能穿戴设备、环境监控系统等可以帮助实现这一目标，从而提高养殖效率和动物福利。

（2）信息化技术帮助畜牧业企业实现饲料的精准配方、加工过程的自动化控制和配送的精准化，确保饲料质量和降低成本。

3. 农业合作社与大型农场

（1）农业合作社与大型农场需要整合各类农业设备与资源，实现统一的管理和调度。利用信息化技术，构建一个综合管理平台，该平台能够实现设备的远程监控、作业计划的制定与执行、数据分析以及决策支持等功能。

（2）通过应用信息化技术，实现对作物生长的精准管理，包括精准施肥、精准用药等环节，从而提高农产品的产量和质量，同时降低生产成本。

（二）农业设备类信息的收集渠道和方法

1. 信息收集渠道

（1）政府机构和行业协会是获取最新农业设备政策、标准和市场信息的权威渠道，它们通常会发布这些重要信息。

（2）专业网站与平台如中国农业信息网、中国农业科技信息网等，这些平台提供了详尽的农业设备信息，涵盖设备类型、性能参数、市场价格等方面。

（3）直接与设备制造商和供应商联系，获取产品的详细信息和了解最新的技术动态。

（4）农业展会与技术交流会能够直观地观察各种农业设备的实物展示和技术演示，并有机会与专业人士交流经验和技术。

2. 信息收集方法

（1）通过搜索引擎输入关键词如“农业设备”“智能灌溉系统”等，搜集相关的网页、文章和报告资料。

（2）访问农业数据库或专业数据库，如中国知网、万方数据库等，检索相关设备的信息。

（3）通过发放问卷和进行访谈的方式，收集农业设备的使用者及潜在用户的意见和需求，探究设备在实际应用中遇到的问题及潜在的改进空间。

（4）直接前往现场考察农业设备的使用情况，获取设备性能、操作和维护等方面的第一手信息。

农业设备作业的信息化需求因行业和经营主体的不同而存在差异，收集农业设备类信息可以通过多种渠道和方法实现。随着信息化技术的持续进步，农业设备作业的信息化水平将不断提升，为农业生产带来更多的便利和提高效益。

五、农业技术支持信息化需求和信息收集

（一）不同细分行业和经营主体的技术类信息需求及作用

在农业领域，不同细分行业和经营主体对技术类信息的需求各具特色，这些需求对于推动农业现代化、提高生产效率和促进可持续发展具有重要作用。

1. 细分行业的技术类信息需求

（1）种植业重点研究作物种植技术、病虫害防治、土壤改良、灌溉与施肥技术等关

键领域，这些技术信息对于提升作物产量和改善品质极为关键。

（2）畜牧业专注于畜禽养殖技术、饲料配方、疾病防控、养殖环境控制等方面，确保动物健康、提升生产性能和产品质量。

（3）渔业重视水产养殖技术、水质管理、病害防治、饲料投喂等核心环节，维护水生生态系统的平衡，提高水产品产量和品质。

（4）农产品加工业关注加工技术、质量控制、产品包装与储存等关键环节，延长产品保质期、提升产品附加值和市场竞争力。

2. 经营主体的技术类信息需求

（1）个体农户更倾向于实用性强且易于操作的技术，如易于学习的种植和养殖技巧、成本效益分析等。

（2）农业合作社关注与规模化生产和品牌化经营相关的技术信息，如机械化作业、标准化生产流程、市场营销策略等。

（3）农业企业需求前沿的农业科技信息和管理经验，如智能化生产管理系统、精准农业技术、供应链管理等，提升整体竞争力和市场地位。

（二）农业技术类信息的传统收集渠道和创新方法

1. 传统收集渠道

（1）通过政府部门发布的农业政策、技术指南、示范项目等信息，掌握行业最新动态和技术趋势。

（2）农业院校和科研机构作为技术创新的摇篮，通过参与其研究项目和学术交流活动，能够获取前沿的农业技术信息。

（3）助农机构例如农技推广站、农村合作社等，这些机构直接服务于农户，提供技术支持，是获取实用技术信息的关键渠道。

（4）通过阅读专业书籍和参加行业会议，系统地学习农业技术知识，并与其他从业者交流经验。

2. 创新方法

（1）通过互联网搜索引擎，用户能够迅速检索到与农业相关的技术信息，包括作物栽培技术、病虫害防治方法等。搜索引擎汇集了庞大的信息资源库，便于用户根据个人需求进行筛选和获取。

（2）在农业相关的社交网络平台上，农户、农技人员和专家能够互相交流技术心得和经验，分享最新的技术成果和行业动态。社交平台以其实时性、互动性和强大的传播能力，促进技术信息的迅速传播和普及。

（3）针对特定农业领域的垂直内容平台，如农业技术网站、App 等，提供更为专业化和个性化的信息服务。用户根据自己的需求选择关注特定领域和话题，从而获得更加精确的技术信息。

不同细分行业和经营主体对农业技术类信息的需求各具特色，而传统收集渠道和创新方法各有优劣。为了更好地满足农户和农业企业的技术需求，应综合运用多种渠道和方法，确保技术信息的全面、准确和及时传播。

六、农业产品加工信息化需求和信息收集

（一）不同细分行业和经营主体产品加工过程产生的主要信息及其用途

在农产品加工过程中，不同的细分行业和经营实体会产生多种类型的信息，这些信息对于提高加工效率、确保产品质量、优化生产流程以及市场决策等方面发挥着重要的作用。

1. 粮食加工行业

（1）主要信息涉及原料质量（包括水分、杂质含量）、加工温度、湿度、时间、成品质量（如营养成分、口感）、设备运行状态等关键指标。

（2）用于监控原料质量，确保加工过程的稳定性和安全性；优化加工参数，提高产品质量和一致性；预测和防止设备故障，提高生产效率。

2. 果蔬加工行业

（1）主要信息包括果蔬成熟度、新鲜度、农药残留、加工温度、时间、添加剂使用情况、成品保质期等关键指标。

（2）确保原料安全可食用，满足消费者健康需求；优化加工工艺，保持果蔬的营养和口感；监控添加剂使用，确保产品符合安全标准；延长产品保质期，减少浪费。

3. 肉类加工行业

（1）主要信息涵盖原料来源、屠宰时间、加工温度、杀菌效果、成品品质（如颜色、口感、嫩度）、冷链运输温度等关键指标。

（2）追溯原料来源，确保产品安全；控制加工过程，减少微生物污染；优化成品品质，提升市场竞争力；确保冷链运输安全，防止产品变质。

4. 经营主体

对于不同类型的经营主体（如大型企业、中小型企业、合作社、家庭农场等），他们在产品加工过程中产生的信息在种类和详细程度上可能有所不同，但总体上都围绕着原料、加工过程、成品质量以及市场反馈等方面。这些信息对于经营主体来说，是制定生产计划、优化生产流程、提高产品质量和市场竞争力的关键依据。

（二）农产品加工类信息的传统收集方法和创新发展

1. 传统收集方法

（1）通过纸质表单或手写记录的方式，收集加工过程中的各项数据和信息。这种方法简单直接，但存在数据易丢失、难以统计分析等问题。

（2）利用传统的监测设备（如温度计、湿度计等）对加工环境进行监测，并人工记录数据。这种方法相对准确，但效率较低，且数据实时性不强。

2. 创新发展

随着信息技术的不断进步，农产品加工类信息的收集方法也在不断创新和完善。

（1）通过在加工设备、原料和成品上安装传感器，实时收集加工过程中的各项数据（如温度、湿度、压力等），并通过无线网络传输至数据中心进行统一处理和分析。这种方法显著提升了数据收集的效率和准确性，为实时监控和预警提供了可能。

（2）利用大数据技术，对收集到的海量数据进行深度挖掘和分析，揭示加工过程中的规律和趋势，为生产优化和决策支持提供科学依据。例如，通过分析加工温度与成品质

量的关系，优化加工参数，提升产品质量。

（3）借助云计算平台，实现加工数据的远程存储和共享。不同部门和人员随时随地访问和分析数据，提高数据利用效率和协同工作效率。

（4）通过引入人工智能技术，如机器学习、深度学习等，对加工过程进行智能化控制和优化。例如，利用机器学习算法预测加工过程中的异常情况，并提前采取措施进行干预；利用深度学习算法对成品质量进行自动检测和分级等。

农产品加工类信息的收集方式正在经历从传统的人工记录和设备监测向物联网、大数据、云计算和人工智能等现代信息技术的转变。这些创新技术不仅提升了数据收集的效率和精确度，还为加工过程的实时监控、优化以及决策支持提供了强有力的支撑。

七、农业产业化目标市场

（一）农业产业化目标市场的概念、分类与特点

农业产业化目标市场指的是在农业产业化经营过程中，依据市场需求和资源禀赋，选定并专注于开发的具有明确需求和巨大潜力的市场领域。这种市场选择不仅考虑当前的市场需求，还必须预测未来的市场动向，目的是最大化农业产业化的经济效益。

1. 农业产业化目标市场的分类

（1）按产品类型划分。包括粮食作物市场、经济作物市场、畜牧产品市场、水产品市场等。

（2）按市场需求划分。涵盖高端农产品市场、绿色有机农产品市场、特色农产品市场等。

（3）按地域划分。涉及本地市场、国内市场、国际市场等。

2. 农业产业化目标市场的特点

（1）农业产业化的目标市场选择以市场需求为导向，依据市场需求的变动灵活调整生产结构和经营策略。

（2）专注于特定市场领域进行专业化生产，提升产品质量和附加值。

（3）通过规模化经营降低成本，增强市场竞争力。

（4）重视品牌建设和推广，提升产品的知名度和美誉度。

（5）依据市场需求和资源禀赋，开拓多元化市场领域，分散经营风险。

（二）农产品商贸流通模式的分类、特点与发展趋势

1. 农产品商贸流通模式的分类

农产品商贸流通模式主要包括以下几种：

（1）传统流通模式。如农户+收购小贩+批发商+零售终端，此模式下农产品需经过多个环节流转，导致成本较高且效率低下。

（2）现代流通模式。如“农超对接”“电商直供”等，这些模式通过缩短流通环节，有效降低成本并提高效率。

（3）中介型流通模式。通过批发市场等中介环节进行农产品流通，此模式下价格形成机制较为复杂，但能够实现集中交易，从而提升效率。

（4）等级型流通模式。如“公司+农户”“合作社+农户”等，此模式下各参与主体

的组织化程度较高，价格形成主要依赖于交易双方的谈判能力。

2. 各类农产品商贸流通模式的特点

（1）种植类农产品。

① 传统流通模式：依赖中间商，流通环节众多，导致成本高昂，且存在信息不对称的问题。

② 现代流通模式：如“订单农业”，通过减少流通环节来提高农产品的附加值，但此模式要求生产过程必须标准化和规模化。

③ 中介型流通模式：通过集中交易，实现信息的高透明度，然而价格波动较大。

④ 等级型流通模式：通过稳定的合作关系，实现风险共担和利益共享，但此模式要求生产者和中介组织都必须具备较高的组织化程度。

（2）养殖类农产品。

① 传统流通模式：与种植类农产品类似，养殖类农产品对保鲜和运输的要求更为严格。

② 现代流通模式：如通过冷链物流直接供应超市，可以有效减少损耗，提升产品质量。

③ 中介型流通模式：同样面临价格波动的风险，但可以通过期货市场等金融工具进行有效的风险管理。

④ 等级型流通模式：通过建立稳定的合作伙伴关系，有助于确保产品质量和供应的稳定性。

（3）其他农业及涉农产品或服务。对于其他农业及涉农产品或服务（如农业技术咨询、农资供应等），其流通模式更加依赖于服务网络的构建和信息技术的应用，提升服务效率和覆盖范围。

3. 农产品商贸流通模式的发展趋势

（1）通过应用信息技术提升流通效率和降低成本，实现供需的精确匹配。

（2）促进农产品生产和流通的标准化进程，提高产品的质量和市场竞争力。

（3）强化品牌建设，增加产品的附加值和市场上的良好声誉。

（4）重视环境保护和可持续性发展，促进绿色农产品的生产和流通。

（5）开拓多元化的市场领域和流通渠道，分散经营风险并提升经济效益。

八、涉农经济组织商业模式和市场形态

（一）不同类型涉农经济组织的商业模式和销售机制

涉农经济组织的商业模式呈现多样化，其差异主要源于组织类型、资源禀赋以及市场定位的不同。

1. 企业+农户模式

（1）通过企业与家庭式小型农业生产组织建立合作关系。农民家庭承担种植和生产农产品的责任，而企业则负责农副产品的加工与销售。双方通过签订合作协议，明确各自的权益与责任。

（2）企业借助自身的市场渠道和品牌力量，将农户生产的农产品推向市场，实现生产与销售的有效对接。这种模式不仅有助于解决农户的销售难题，同时也可以确保企业能

够获得稳定的原材料供应。

2. 合作社+农户模式

（1）为了改善在市场中的不利地位，农户联合成立农业合作经济组织，也就是合作社。合作社负责指导农业经营和农业技术，以及负责生产资料和农副产品的采购、加工、销售等环节。

（2）合作社通过集体采购、统一销售等策略，增强农产品的议价能力和市场竞争力。此外，合作社还为农户提供技术和信息服务，推动农业生产的标准化和规模化。

3. 全产业链整合模式

（1）以中粮集团为代表的农业产业巨头，通过整合产业链的上游和下游资源，实现对整个产业链的全面覆盖。这种商业模式包括技术、信息、种子、金融服务、网络、渠道和终端等多个关键环节。

（2）全产业链的整合模式赋予企业在市场上更强的竞争力，使企业能够更有效地控制产品质量和成本。此外，通过采用多元化的销售渠道和品牌策略，企业能够广泛地覆盖市场，满足各类消费者的不同需求。

4. 稀缺资源利用模式

（1）通过利用独特的产地资源或产品特性，构建具有显著竞争优势的农产品品牌。例如，依云矿泉水依托阿尔卑斯山的特殊水源地，成功塑造了一个高端矿泉水品牌。

（2）通过精确的市场定位和高端的品牌形象，将稀缺资源转化为具有高附加值的产品。同时，采用网络营销、会员制度等策略，拓展销售渠道，增强品牌影响力。

（二）农产品市场销售端的变化发展趋势

1. B端市场

随着农产品供应链的不断完善，集中化采购在B端市场中的重要性日益突显。大型超市、餐饮企业等商业实体更倾向于与规模较大的农产品供应商或合作社建立长期稳定的合作关系，以保障产品品质和供应的连续性。同时，随着市场需求和消费者偏好的演变，B端市场对农产品的定制化需求正逐步增长。供应商必须依据客户的特定需求，提供量身定制的产品和服务。

2. C端市场

随着电子商务的迅猛发展，C端市场越来越依赖于电商平台来销售农产品。这些平台不仅为消费者提供了便捷的购物体验和丰富的产品选择，还满足了他们对多样化需求的追求。与此同时，品牌化消费的趋势也在不断上升，消费者对农产品品牌的关注日益增加。品牌化消费不仅确保产品的质量和安全性，还带来更高的附加值和更优质的消费体验。

3. 创新市场

涉农经济组织将更加注重跨界合作，通过与其他行业的合作实现资源共享和优势互补。例如，与旅游业联手打造农旅结合的旅游项目，或与科技行业合作利用物联网、大数据等技术提升农业生产效率。社区团购作为一种新兴的农产品销售模式，将逐渐在市场中占据重要地位。通过社区团购平台，消费者可以更方便地购买到新鲜、优质的农产品，同时享受更优惠的价格。

 九、农业市场与销售信息化需求和信息收集

（一）农业市场与销售信息的分类和用途

农业市场与销售信息根据不同的维度进行分类，常见的分类方式包括：

（1）直接信息指直接从农产品市场及销售活动中获取的第一手资料，如销售数据和交易记录等。

（2）间接信息指通过市场调查、分析和预测等方法获得的第二手资料，如市场分析报告和消费者行为研究等。

（3）静态信息指相对稳定且不易发生变化的信息，如农产品的基本属性和种植技术规范等。

（4）动态信息指随时间推移而不断更新的信息，如市场价格的波动和消费者需求的变化等。

这些信息在农业市场与销售中发挥着极其重要的作用，主要用途包括：

（1）通过分析市场需求和价格趋势，农民能够合理规划生产计划，避免因盲目种植而引起的供需不平衡。

（2）依据市场动态信息，调整销售策略，包括定价、促销活动等，增强农产品的市场竞争力。

（3）及时掌握市场变化信息，有助于农民和农产品企业提前进行风险预警并采取相应的应对措施，从而减少损失。

（二）农产品市场与销售类信息的传统收集渠道、创新收集方法及呈现形式

1. 传统及线下商贸流通体系

传统收集渠道包括农贸市场作为农产品交易的传统场所，是获取农产品销售信息的关键渠道。通过实地观察和与商贩的交流，掌握农产品的价格、销量等关键数据；农业合作社作为连接农民与市场的纽带，负责收集和整理农民的生产和销售信息，为农民提供市场指导；政府统计部门定期发布农产品生产和销售的统计数据，是获取宏观市场信息的重要途径。然而，传统收集渠道的信息多以纸质报告和口头交流的形式呈现，导致信息传递效率相对较低。

2. 电商、社交平台、互联网直播等新型营销体系

电商平台运用数据分析技术，能够实时追踪农产品的销售数据和消费者评价等信息，为农产品企业提供精确的市场分析。社交平台如微博、微信等，通过分析用户发布的内容和互动行为，能够揭示消费者的深层需求和偏好。此外，互联网直播通过直播带货的形式，使农产品企业能够直接与消费者互动，从而收集到消费者的反馈和建议。新型营销体系的信息呈现方式多为数字化和可视化，如数据报表、图表、视频等，这些形式的信息传递效率更高，更便于理解和分析。

（三）农业市场与销售大数据的获取及农业电商

随着大数据技术的不断进步，获取农业市场与销售大数据变得更为便捷和高效。通过整合来自电商平台、社交媒体、物联网等多源数据，能够构建一个全面的农业市场与销售数据体系。利用先进的数据分析技术对这些数据进行深入挖掘和分析，有助于揭示市场变化的内在规律和趋势。

农业电商作为新型营销体系的关键组成部分，正逐渐改变农产品的销售模式。借助电商平台，农产品能够跨越地理界限，直接触及全国乃至全球的消费者。同时，电商平台提供的数据分析工具使农产品企业能够精准掌握市场需求和消费者偏好，从而制定出更加科学合理的销售策略。此外，农业电商还能降低销售成本、提升销售效率，为农产品企业开辟更大的利润空间。

随着对农业市场与销售信息化需求的不断增长，信息的分类、收集、分析和应用对于农业产业的发展变得极为关键。随着大数据技术的持续发展和新型营销体系的不断涌现，农业市场与销售信息的获取和应用将变得更加便捷和高效。

十、农业信息标准化作业的内容和流程

（一）标准化信息单元在农业信息化管理中的作用和意义

标准化信息单元在农业信息化管理中的应用，实现了农业信息资源的有效整合与共享，从而提升信息资源的利用效率。标准化信息单元确保信息的准确性、可靠性和通用性，使得信息能够在不同部门和系统之间顺畅流通，进而支持农业生产的科学决策和精准管理。

标准化信息单元的作用和意义体现在：一是提高信息获取的完整性和及时性，确保信息在采集、加工、存储和传递过程中的完整性和及时性，为农业生产提供及时有效的信息支持；二是促进信息共享和协作，使不同部门和系统之间的信息共享成为可能，进而促进农业生产各环节之间的协作和配合；三是提升信息资源的利用效率，通过标准化信息单元，实现对信息资源的有效整合和管理，避免信息资源的重复建设和浪费，从而提升信息资源的利用效率。

（二）农业信息化管理对标准化信息的需求

农业信息化管理对标准化信息的需求主要体现在以下几个方面：

1. 标准化信息单元的筛选维度及数据格式

在筛选标准化信息单元时，需考虑以下维度和数据格式：筛选维度包括信息来源的可靠性、信息的时效性、信息的准确性、信息的全面性等。同时，根据农业生产的具体需求，明确信息的具体内容和范围。标准化信息单元的数据格式应遵循统一的标准和规范，促进信息的存储、处理和共享。例如，可采用 XML、JSON 等通用数据格式来表达信息单元的结构和内容。

2. 生产、设备、技术、加工、销售等主要职能部门的标准化信息单元建设需求

生产部门需求包括作物生长周期、土壤湿度、气象条件等与生产紧密相关的标准化信息单元。设备部门则需要涉及农业机械设备的使用情况、维护记录、性能参数等标准化信息单元。技术部门关注于农业技术研发、技术推广、技术应用效果等方面的标准化信息单元。加工部门需要关于农产品加工工艺、加工设备、加工质量等方面的标准化信息单元。销售部门则侧重于市场需求、销售价格、销售渠道等方面的标准化信息单元。

（三）信息筛选和数据处理的一般性流程和方法

信息筛选和数据处理的通用流程及方法涉及以下关键步骤：

1. 利用生产信息采集表

生产信息采集表是获取农业生产信息的关键工具之一。通过精心设计的信息采集表，

系统地搜集农业生产各阶段的信息，涵盖生产环境、生产过程和生产结果等方面。信息采集表的设计应遵循标准化原则，确保信息的准确性和可比性。

2. 应用软件工具及算法

通过软件工具和算法，实现对大量农业信息的自动化处理和分析。例如，数据挖掘算法能够从海量数据中提取有价值的信息；数据清洗算法有助于去除数据中的噪声和异常值；数据可视化工具则能将数据以直观的形式展现。

3. 类比、时序、差重等数据处理方法

类比、时序、差重等数据处理方法是信息处理中常用的技术。类比方法通过比较不同对象间的相似性来揭示潜在的联系和规律；时序方法通过分析数据随时间的变化趋势来预测未来的发展动向；差重方法通过对比不同数据集之间的差异来识别重要的变化和信息。

（四）信息数据可视化方法

信息数据可视化涉及将数据转化为图形或图像的展示方式，使得人们能够更直观地把握数据所蕴含的信息和模式。在农业信息化管理领域，常用的信息数据可视化方法主要包括以下几种：

（1）折线图。适用于展示数据随时间的演变趋势（图 1–1）。

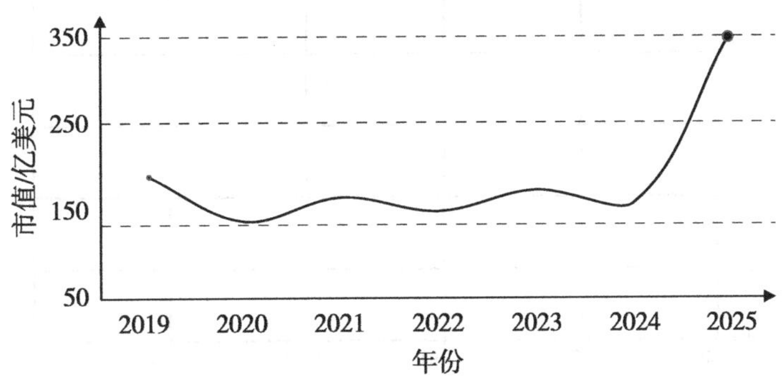

图 1–1 全球智慧农业市值

（2）柱状图。用于比较不同类别数据之间的差异（图 1–2）。

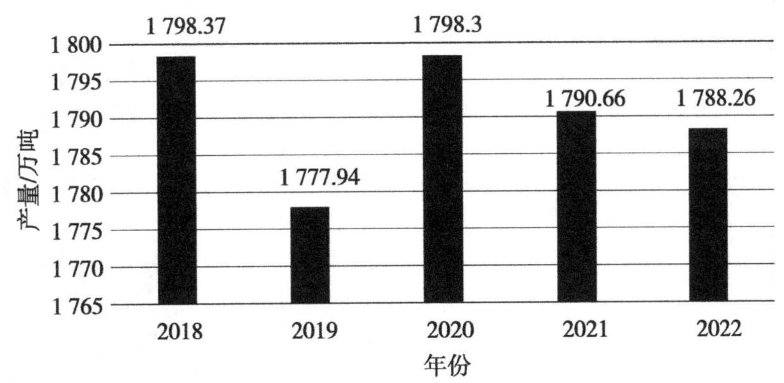

图 1–2 2018—2022 年我国马铃薯产量

（3）饼图。用于揭示数据的构成部分及其比例（图 1–3）。

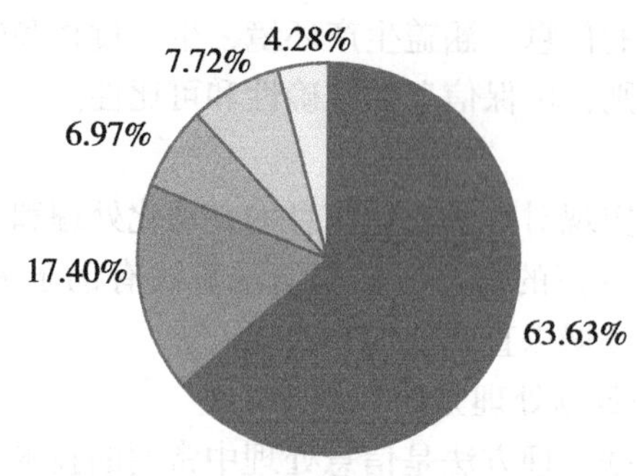

图 1-3　2021 年前三季度各分类产品营业收入饼图

（4）散点图。用于分析两个或多个变量之间的关联性（图 1-4）。

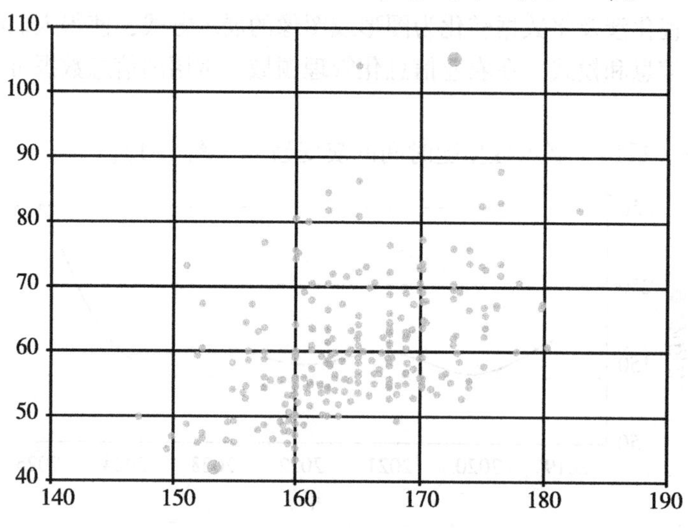

图 1-4　变量之间的关联性

（5）热力图。用于描绘数据在空间上的分布密度（图 1-5）。

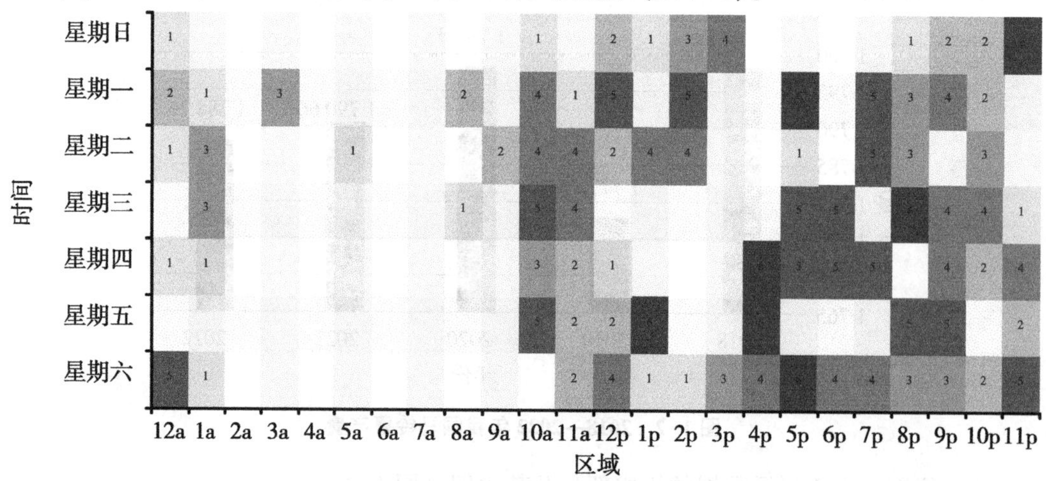

图 1-5　数据在空间上的分布密度

通过信息数据可视化方法，将复杂的农业信息以直观、易懂的方式呈现出来，为农业生产和管理提供有力的支持。

十一、农业生产组织的标准化信息单元建设

（一）生产组织类标准化信息单元的种类、特点与用途

在农业生产领域，构建生产组织类标准化信息单元对于提升农业生产效率、保障农产品品质以及推动农业的可持续发展具有重要作用。这些标准化信息单元种类多样，各具特色，并满足不同农业生产和管理的需求。

1. 组织结构标准化信息单元

组织结构的标准化清晰地定义了农业生产组织的结构框架，包括直线型、职能型、事业部型等多种组织形式。每种形式都拥有其独特的优势，直线型组织侧重于任务的完成和效率的提升；职能型组织强调专业化和标准化；事业部型组织则侧重于独立性和自主性。这些标准化的组织结构有助于农业生产者根据自身实际需求选择最合适的生产组织形式，从而优化资源配置并提高生产效率。

2. 生产流程标准化信息单元

生产流程标准化详细规定从种植、养殖到加工、销售等各个环节的操作流程和标准。这些标准的制定确保农产品生产的规范性和一致性。它们指导农业生产者遵循标准流程进行生产，减少操作失误，从而提升产品质量。

3. 技术管理标准化信息单元

技术管理标准化涉及农业生产中技术选择、应用及管理等领域的标准制定。这些标准通常建立在最新的科研成果和实践经验之上，为农业生产者提供技术支持和参考依据，促进农业技术创新与应用，进而提升农业生产效率和资源的使用效率。

4. 质量控制标准化信息单元

质量控制标准化确立了农产品在质量控制方面的标准和规范，涵盖产品检测、分级、包装等关键环节。这些标准确保农产品的质量能够满足市场需求和消费者期望，进而提升农产品的市场竞争力和附加值。

生产组织类标准化信息单元的建设，有助于农业生产者实现生产过程的规范化、标准化和科学化。通过遵循这些标准，农业生产者可以提高生产效率、降低生产成本、提高产品质量和附加值，从而增强市场竞争力，促进农业的可持续发展。

（二）不同细分行业和经营主体生产组织信息筛选和处理

1. 细分行业信息筛选和处理

针对各个细分行业，如种植业、畜牧业、渔业等，必须筛选并处理与各行业特性相匹配的生产组织信息。例如，种植业应专注于作物种植技术、土壤管理、病虫害防治等关键领域的标准化信息单元。畜牧业则应着重于畜禽品种选择、饲养管理、疾病防控等关键领域的标准化信息单元。渔业则应关注水产养殖技术、水质管理、饲料配方等关键领域的标准化信息单元。在筛选和处理这些信息时，应考虑行业特性与实际需求，挑选出适合的标准化信息单元以供推广和应用。

2. 经营主体信息筛选和处理

针对不同的经营实体（包括农户、合作社、农业企业等），必须筛选和处理与它们的

经营规模和模式相匹配的生产组织信息。例如，农户需要的是简单易行、成本低廉的标准化信息单元，比如简易的生产流程和技术指导。合作社则需要能够促进社员间协调生产、提升组织化水平的标准化信息单元，如合作社章程、管理制度等。而农业企业则需要能够支撑其规模化、产业化经营的标准化信息单元，如质量管理体系、供应链管理等标准。在筛选和处理这些信息的过程中，应充分考虑各经营实体的具体情况和需求，确保标准化信息单元的实用性和有效性。

十二、农业设备作业的标准化信息单元建设

（一）设备类标准化信息单元的种类、特点与用途

农业设备作业的标准化信息可细分为多个类别，主要包括但不限于以下几类：耕整地机械，如旋耕机、犁等，用于土地的翻耕和整理；播种机械，如播种机、插秧机等，用于种子的精准播撒和作物的种植；田间管理机械，包括中耕机、植保机械（如喷药机）等，用于作物生长期的田间管理和病虫害防治；收获机械，如联合收割机、采摘机等，用于农作物的收割和采摘；农产品加工机械，如烘干机、脱粒机等，用于农产品的初步加工处理。

农业设备作业的标准化信息特点包括各类农业设备均须遵循国家或行业制定的统一标准，确保设备性能、尺寸、接口等方面的兼容性和互换性。随着信息技术的进步，智能化技术如智能控制、远程监控等越来越多地被集成到农业设备中，从而提升作业效率和精准度。此外，标准化信息单元的建设使得农业设备能够更加高效地完成作业任务，有效降低人力成本和时间成本。

标准化信息单元在农业设备作业中的应用显著提升农业生产的效率。通过构建这些单元，农业设备得以更充分地发挥其性能，进而提高生产效率。推广和应用这些标准化信息单元，能够加速农业机械化的发展步伐，推动农业现代化进程。此外，它们的应用有助于实现精准农业和科学管理，确保农产品的质量和安全。

（二）不同细分行业和经营主体设备类信息筛选和处理

（1）明确需求。包括作业类型、作物种类、生产规模等。利用政府网站、行业协会、专业论坛等权威信息源进行筛选，获取相关的设备数据。对收集到的信息进行综合评估，评估内容包括设备性能、价格、售后服务等多个维度。

（2）分类整理。将收集到的设备信息按照种类、品牌、型号等进行归类整理，形成标准化的信息单元库；通过使用数据分析工具对信息单元库中的数据进行深入挖掘和分析，揭示潜在的市场趋势和需求变化；基于数据分析结果，为不同细分行业和经营主体提供科学合理的设备采购和使用建议。

（3）具体操作。建立信息交流平台，促进各细分行业和经营主体之间的信息共享，涵盖设备使用经验和技术创新，加强针对新型农业设备使用和维护的技术培训，提升操作人员的技术能力和安全意识，完善售后服务体系，确保能够及时解决用户在使用过程中遇到的问题和困难。

十三、农业技术支持的标准化信息单元建设

（一）技术类标准化信息单元的种类、特点与用途

技术类标准化信息单元在农业领域具有广泛的适用性，主要包括但不限于以下几类：农业技术标准，它涉及农作物种植、畜禽养殖、渔业生产、农产品加工等各个环节的技术规范、操作规程和质量标准；农业信息化标准，涵盖农业信息的采集、处理、传输、存储、服务等方面的标准，提升农业信息化水平；农业资源与环境标准，是针对农业资源利用、生态环境保护、农业废弃物处理等方面的标准；农业装备与设施标准，包括农业机械设备、农田水利设施、农业温室大棚等农业装备与设施的技术标准。

技术类标准化信息单元的特性包含以下几点：一是科学性，它们基于科学探究和实践知识，保障技术的前沿性和适用性。二是规范性，通过建立和执行统一的标准，对农业生产和管理行为进行规范化，提升生产效率和产品质量。三是可操作性，标准化信息单元提供明确的指导性和操作性，便于农民和农业企业理解和运用。四是动态性，随着农业科技的演进和市场需求的变动，技术类标准化信息单元必须持续更新和优化。

技术类标准化信息单元的用途包括为农民和农业企业提供科学、规范的指导，优化农业生产并提升效率和产品质量，通过推广和应用标准化信息单元，推动农业技术创新和成果转化，确保农产品安全，从生产到消费的全过程符合安全标准，保障消费者健康，推动农业可持续发展，促进农业资源合理利用和生态环境保护，实现农业与环境的协调发展。

（二）不同细分行业和经营主体技术类信息筛选和处理

在技术信息筛选过程中，不同的细分行业和经营主体必须明确自己的需求。基于这些需求，应确定所需技术信息的种类和范围。此外，选择可靠的信息源也很重要，应从政府农业部门、农业科研机构、行业协会、知名农业企业等权威渠道获取技术信息。获取信息后，还需进行质量评估，筛选和评估所获得的信息，确保其准确性、时效性和实用性。

在不同细分行业和经营主体的技术信息处理中，首先进行的是分类整理工作，即将筛选后的技术信息按照种类、用途等进行归类，以便于后续的查阅和应用。接着是提炼关键信息，从大量信息中提取出关键技术和实用经验，形成简洁明了的技术指南或操作手册。最后是转化应用，即将技术信息转化为具体的农业生产和管理措施，指导农民和农业企业进行实际应用。

案例分析

以智慧农业为例，其技术信息的筛选和处理流程如下：

1. 筛选阶段

从智慧农业相关的科研文献、政策文件、行业报告等多元渠道搜集技术信息，特别关注物联网、大数据、人工智能等前沿技术在农业领域的实际应用案例。

2. 处理阶段

对筛选出的信息进行细致分类和整理，提炼出适应于不同作物、不同区域的智慧农业解决方案，这些方案包括智能感知系统、智能决策支持系统、精准作业系统等。

3. 应用阶段

将处理后的技术信息转化为具体的实施计划，指导农民和农业企业构建智慧农业系统，实现农业生产环境的智能感知、智能预警、智能决策和智能分析等功能。

通过上述步骤，可以确保农业技术支持的标准化信息单元建设满足各细分行业和经营主体的实际需求，从而推动农业科技进步和产业升级。

十四、农产品加工的标准化信息单元建设

（一）产品加工类标准化信息单元的种类、特点与用途

在农业产品加工领域，构建标准化信息单元对于提升生产效率、确保产品质量以及推动信息共享发挥着至关重要的作用。这些标准化信息单元能够依据不同的加工阶段和具体需求进行细致的分类，主要包括以下几个关键方面。

（1）原材料信息单元涵盖农产品的种类、产地、收获时间、品质等级等基础数据，为产品加工提供必要的起始信息。

（2）加工工艺信息单元详细记录每道工序的工艺参数、设备要求、操作规范等，确保加工过程的标准化和一致性。

（3）质量控制信息单元包括加工过程中的质量检测标准、检测方法、不合格品处理流程等，确保最终产品的质量。

（4）包装与标识信息单元规定了产品的包装材料、包装方式、标签内容等，满足市场销售和消费者识别的需求。

（5）追溯信息单元建立从原材料到成品的全程追溯体系，包括批次号、生产日期、加工地点等信息，以便在出现问题时能够迅速进行追踪溯源。

这些标准化信息单元具备标准化、系列化、通用化等特点，能够提升设计的标准化水平，确保信息共享、互换、继承和重用的实现。产品加工类标准化信息单元的作用是为加工企业提供明确的生产指导，确保加工过程的规范化和标准化，通过标准化的质量控制信息单元，保障产品质量的稳定性和一致性；符合标准的产品更易获得市场认可，从而增强产品竞争力；促进产业链上下游企业间的信息共享，提升整个行业的运营效率。

（二）不同细分行业和经营主体的产品加工类信息筛选和数据处理

在进行产品加工类信息筛选时，不同的细分行业和经营主体应依据自身特点和需求，制定出恰当的筛选策略。普遍适用的筛选原则是明确筛选目标，根据行业特性及经营需求，界定所需筛选信息的种类和范围，从政府部门、行业协会、权威媒体等信誉卓著的渠道获取信息，保证信息的准确性和可靠性，借助专业的数据分析软件或平台，对搜集到的信息进行整理、分析和筛选，及时掌握行业发展趋势和最新政策，以便适时调整筛选策略。

数据处理是信息筛选的进一步发展和深化，其目的在于将筛选出的信息转化为具有价值的知识和决策支持。

数据清洗可以去除重复、错误、不完整等无效数据，提升数据的整体质量。根据信息单元的种类和特性，对数据进行有序的分类和整理，以便于后续的分析和应用。运用统计学、数据挖掘等技术手段，对已分类的数据进行深入的分析，揭示潜在的价值和规律。最终，数据可视化通过图表、报告等直观形式，将分析结果呈现出来，使得决策者能够更容易理解和运用。

对于不同的细分行业和经营主体，数据处理的具体方法和流程可能存在差异，但它们都应当遵循上述提到的基本原则和方法。

十五、农产品销售的标准化信息单元建设

（一）产品销售类标准化信息单元的种类、特点与用途

农产品销售的标准化信息单元涵盖产品基本信息、质量标准、包装规格、价格信息、销售渠道、物流信息、售后服务等多个方面。这些信息单元共同构成农产品销售过程中的标准化体系，目的是提升农产品的市场竞争力，确保消费者权益，推动农业产业的可持续发展。

农产品基本信息包括产品名称、产地、品种、生产日期、保质期等关键信息，为消费者提供了解产品的基础。质量标准依据国家或地方标准设定，包括产品质量等级、成分含量、安全指标等，确保产品质量的稳定性和可靠性。包装规格涉及产品的包装形式、尺寸、重量等，便于产品的储存、运输和销售。价格信息包括产品的销售价格、批发价、零售价等，是市场交易的重要参考依据。销售渠道涵盖线上电商平台、线下实体店、农贸市场等多种销售渠道，满足不同消费者的购买需求。物流信息包括产品的发货时间、运输方式、预计到达时间等，提高物流效率，降低运输成本。售后服务包括退换货政策、产品保修期限、客户服务热线等，保障消费者权益，提升品牌形象。

在农产品销售中，标准化信息单元的应用显著提升市场竞争力。通过构建这些单元，农产品能够更清晰地展示其品质、价格和服务优势，吸引更多的消费者。此外，标准化信息单元保护消费者权益，向他们提供详尽的产品信息，帮助他们做出更明智的购买决策，降低因信息不对称而产生的风险。同时，标准化信息单元的建立促进农业产业的可持续发展，有助于推动农业生产的规范化和标准化，提升农产品的整体质量，进一步增强市场竞争力，从而推动农业产业的可持续发展。

（二）不同细分行业和经营主体的产品销售类信息筛选和数据处理

农产品销售的标准化信息筛选涉及对农产品多样特性和市场需求的精确分类。以水果销售为例，品种、口感、甜度等关键属性应成为主要关注点；而在蔬菜方面，则应重视农药残留和营养价值等指标。从经营主体的视角出发，销售信息的分类同样需要精确，考虑到农户、合作社、农业企业等不同经营实体的需求，应筛选出与他们的销售策略和目标市场相适应的信息。农户可能更偏好了解产品的基础详情和定价，而农业企业则可能对市场渠道和物流配送的细节更感兴趣。

农产品销售的信息数据处理涉及的几个关键步骤是通过剔除重复、错误或不重要的信息，确保数据的准确性和有效性，将筛选后的信息按照标准化信息单元的要求进行整合，构建起一个完整的产品销售信息体系，利用数据分析工具和方法，对整合后的数据进行深入分析，揭示潜在的市场需求和消费者偏好，从而为销售策略的制定提供数据支持。最后，将分析结果应用于实际销售过程中，指导产品定价、渠道选择、促销活动等关键决策，提高销售效率和效果。

农产品销售的标准化信息单元建设是提升农产品市场竞争力、保障消费者权益和促进农业产业可持续发展的重要手段。通过科学的信息筛选和数据处理方法，构建完善的产品销售信息体系，为农业生产和销售提供有力支持。

十六、农业信息化营销和销售创新

（一）农产品销售和营销类信息的维度及内在联系

农产品销售和营销类信息涉及多个维度，这些维度之间存在着紧密的内在联系。农业产品销售和营销信息维度涵盖市场需求信息，包括消费者的购买意愿、需求偏好、价格敏感度等关键因素。这些信息直接塑造了农产品的销售策略和定价策略。产品供应信息则包括农产品的种类、数量、质量、产地等，这些信息对于制定生产计划、库存管理以及物流配送等方面具有重要影响。竞争对手信息涉及竞争对手的产品种类、价格、市场份额、营销策略等，了解这些信息有助于企业制定差异化的竞争策略。政策环境信息包括政府对农业的扶持政策、市场准入规定、质量标准等，对企业的战略规划和市场布局具有重要影响。

农产品销售与营销之间的内在联系涉及市场需求与产品供应之间的互动，市场需求信息指导产品供应的调整，确保产品种类、数量和质量能够满足消费者的需求。产品供应信息促使企业根据市场反馈进行产品优化和升级。市场需求与竞争对手之间的关系有助于企业制定针对竞争对手的差异化营销策略，从而在市场竞争中占据优势。

竞争对手的营销策略也会影响市场需求的变化。根据竞争对手的产品供应情况来调整自己的生产计划，确保在市场中保持竞争力。竞争对手的供应信息也可能为企业带来新的市场机会。最后，政策环境与所有维度之间的关系、政策环境都对农产品销售和营销的各个方面都具有重要影响。政府扶持政策可以降低企业成本、提高产品竞争力；市场准入规定和质量标准则规范了市场秩序，保障消费者权益。因此，企业需要密切关注政策环境的变化，以便及时调整自己的营销策略和销售计划。

（二）基于信息技术的农业信息化营销和销售模式及相关工具

随着信息技术的快速发展，农业信息化营销和销售模式已经成为提升农业竞争力的重要手段。

1. 信息化营销和销售模式

（1）通过电子商务平台，农产品能够直接触达消费者，突破传统销售渠道的局限。企业能够创建自己的电商店铺，展示产品详情、接收订单并组织物流配送。

（2）利用社交媒体平台（如微信、微博、抖音等）进行产品推广和品牌宣传。通过发布引人入胜的内容、与消费者互动以及运用大数据分析用户偏好等手段，提升产品的可见度和消费者的购买意向。

（3）借助大数据和人工智能技术，对消费者进行精准画像和需求分析，进而制定定制化的营销策略。例如，根据消费者的购买历史和偏好推荐相关产品或优惠活动。

2. 相关工具

（1）自动化信息和数据处理基本知识。

① 通过多种渠道，包括电商平台、社交媒体、市场调研等，收集原始数据。

② 对收集到的原始数据进行预处理，包括剔除无效数据、修正错误数据以及补充缺失的数据。

③ 采用统计学方法和机器学习技术对清洗后的数据进行深入挖掘和分析，提取有价值的信息和知识。

(2) 网络爬虫、数据库、算法模型及相关自动化数据处理工具。

① 网络爬虫是一种自动化工具，用于从互联网上抓取数据。常见的网络爬虫工具有Scrapy、Octoparse 等。

② 数据库是一种用于存储和管理数据的系统。常见的数据库包括 MySQL、MongoDB 等。

③ 算法模型是用于数据分析和预测的工具。例如，通过机器学习算法对消费者行为进行预测和分类。

(3) 搭建简单的信息数据收集筛选处理平台。企业能够借助现有的信息技术工具构建一个简易的信息数据收集和处理平台。平台集成数据采集、数据清洗、数据分析等多种功能，能够全面收集和处理农业产品销售及营销相关信息。利用该平台，企业能够实时掌握市场需求、产品供应情况、竞争对手动态以及政策环境等关键信息，从而为制定科学的营销策略和销售计划提供坚实的数据支持。

十七、市场调查与农业信息化管理

(一) 市场调查的概念、形式及其在农业信息化中的作用和意义

市场调查是指运用科学的方法，有目的地、有系统地收集、记录、整理有关市场营销信息和资料，分析市场情况，了解市场的现状及其发展趋势，为市场预测和营销决策提供客观的、正确的资料。市场调查的内容广泛，包括市场环境调查、市场基本状况调查、销售可能性调查等多个方面。

市场调查的形式多种多样，主要包括问卷调查、深度访谈、重点群体访谈、观察法、实验法等。其中，问卷调查是最常用的形式之一，通过编制问卷并对受访者进行采访，获取大量有关受访者观点、态度、行为等方面的信息。此外，深度访谈和重点群体访谈可以深入挖掘受访者的需求和期望，观察法则通过观察特定场景或行为来收集信息，实验法则通过设计实验来探索市场问题。

市场调查在农业信息化中有助于农业企业了解市场需求和消费者偏好，为产品开发和生产提供科学依据。通过收集和分析市场信息，农业企业可准确把握市场动态，制定符合市场需求的产品策略。市场调查可帮助农业企业评估竞争对手的实力和市场份额，为制定竞争策略提供参考。市场调查还有助于农业企业预测市场发展趋势，为制定长远的发展规划提供有力支持。

(二) 农业信息化管理对市场调查的需求、应用及案例

随着农业信息化的发展，农业企业对于市场调查的需求日益增加。农业信息化管理通过利用计算机、互联网等现代信息技术手段，实现对农业生产、经营、管理等各个环节的全面监测和数据分析。这种管理方式要求农业企业具备敏锐的市场洞察力和数据分析能力，以便及时捕捉市场变化并作出相应调整。因此，市场调查成为农业信息化管理不可或

缺的一部分。

1. 生产组织端市场调查

在生产组织端，市场调查有助于农业企业掌握生产资源的分布与供应状况，以及生产成本和效益等关键信息。这些数据对于生产计划的制定、资源配置的优化以及生产效率的提升至关重要。例如，通过分析当地的气候、土壤等自然条件和劳动力、资金等生产要素的供应状况，农业企业能够制定出科学的种植或养殖计划，从而提高农产品的产量和品质。

2. 市场销售端市场调查

在市场销售端，市场调查更加专注于消费者需求和市场动态。通过分析消费者的购买行为、消费习惯以及偏好等关键信息，农业企业能够制定出与市场需求相契合的产品营销策略和推广计划。此外，市场调查还能协助农业企业洞察竞争对手的产品特性与市场定位，从而制定出具有差异化的竞争策略。例如，通过了解消费者对特定农产品的需求和偏好程度，农业企业能够研发出满足市场需求的新品种或对现有产品进行品质上的提升。

以广西农业信息化为例，该地区建立从自治区到村级的“五级”联动信息服务体系，并通过多种渠道收集和分析市场信息。例如，广西农业信息网等门户和专业网站定期发布涉农信息，为农业企业提供丰富的市场信息资源。同时，广西还通过“三电合一”模式（即电话、电视和网络相结合）将信息服务延伸至农村基层，实现农业信息的“进村入户”。这些措施有效提升广西农业信息化水平，促进农业企业的发展和农民增收。

（三）市场调查的一般性方法、应用及创新模式

1. 常规的市场调查方法

常规的市场调查方法涵盖问卷调查、深度访谈、重点群体访谈、观察法和实验法等。这些方法各自具有独特的优势与局限性，适用于不同的调查对象和目标。例如，问卷调查便于收集大量标准化数据；深度访谈和重点群体访谈则更适合深入探究受访者的具体需求和期望；观察法适用于在特定场景或行为中观察以获取信息；而实验法则适用于对市场问题进行探索并验证相关假设。

2. 互联网/移动互联网在市场调查中的创新应用

随着互联网和移动互联网的广泛普及，市场调查的方式也在持续创新。例如，在线问卷调查已经成为一种便捷且高效的调查手段，它允许研究者通过电子邮件、社交媒体等渠道向受访者发送问卷并迅速收集数据。此外，社交媒体数据分析也逐渐成为一种新兴的市场调查工具，通过分析用户在社交媒体上的行为和言论，研究者能够洞察消费者的需求和偏好。同时，App 和大数据技术为市场调查开辟了新的途径。例如，开发专门的市场调查 App 实时收集用户的反馈和意见；而大数据分析则有助于深入挖掘市场趋势和消费者行为模式。

市场调查在农业信息化领域，通过采用科学的市场调查方法和工具，农业企业能够洞察市场需求和消费者偏好，从而为产品开发和生产提供坚实的数据支持；评估竞争对手的市场实力和份额，为制定有效的竞争策略提供重要参考；预测市场的发展趋势，为制定长期的发展战略提供有力的支撑。与此同时，随着互联网和移动互联网的广泛普及，市场调查的方式也在持续创新，为农业企业的发展带来新的机遇和挑战。

十八、农业生产组织端的市场调查问卷设计及信息处理

1. 生产组织端市场调查问卷的整体规划与调研目标设计

农业生产组织端的市场调查问卷设计应当全面涵盖农业生产组织（如农民专业合作社、农业企业等）的运营状况、市场需求、技术应用、政策影响等多个维度。问卷的总体规划需要明确调研的目标、范围、对象以及核心内容，保证调查结果的全面性和针对性。生产组织端市场调查问卷的设计目标旨在全面了解生产组织的现状，包括生产规模、产量、品种结构和技术应用水平。同时，分析市场需求，掌握市场对农产品的需求趋势、消费者偏好和价格敏感度。此外，评估竞争态势，了解竞争对手的生产能力、市场份额和营销策略。探索技术应用，调查农业新技术和新设备在生产组织中的应用情况及效果。最后，评估政策影响，分析政府政策对农业生产组织的影响，涵盖补贴政策、市场准入政策等。

2. 生产组织端市场调查问卷的问题设计、样本与方式选择、市场调查人员话术设计与培训

生产组织端市场调查问卷的设计涵盖多个关键维度，基础信息类问题包括生产组织的名称、类型、规模、地理位置等。运营状况类问题，涉及年产量、销售额、主要农产品种类、销售渠道等。市场需求类问题，包括目标客户群体、市场需求变化、消费者反馈等。技术应用类问题也极为关键，如采用的新技术、新设备、技术培训情况等。政策影响类问题同样重要，如享受的政策支持、政策变化对生产的影响等。问题设计应遵循简洁明了、逻辑清晰、避免引导性提问的原则，确保被调查者能够准确理解并真实回答。

样本与方式的选择应基于调研的目标和对象，挑选出具有代表性的农业生产组织作为样本。样本的数量需要足够大，确保调查结果的可靠性。调查方式可结合线上问卷、线下访谈、实地考察等多种方式。线上问卷有助于迅速收集大量数据，而线下访谈和实地考察则能够提供更深入、更具体的信息。

市场调查人员的话术设计要统一且规范，确保调查人员在与被调查者交流时能够清晰、准确地传达调研目的和问题。要对调查人员进行全面培训，涵盖调研目的、问卷内容、沟通技巧、数据记录等多个方面，提升调查效率和数据质量。

3. 生产组织端市场调查问卷的信息数据筛选与标准化处理方法

生产组织端市场调查问卷的信息数据筛选过程中，必须剔除无效数据，主要包括删除填写不完整、存在逻辑矛盾或明显错误的问卷数据。在筛选关键信息时，应依据调研目标，提取与农业生产组织的运营状况、市场需求、技术应用、政策影响等相关的关键信息。

生产组织端市场调查问卷的标准化处理方法包括数据清洗，即对收集到的数据进行筛选和整理，去除重复项、填补缺失值等。数据编码阶段，将文本数据转换为数值型数据，为数据分析做准备。随后是数据标准化，通过最小－最大标准化、Z-score 标准化等技术手段，确保不同量纲的数据能在统一标准下进行比较和分析。通过统计分析或数据挖掘技术深入分析处理后的数据，揭示农业生产组织的市场需求、竞争格局、技术应用等方面的规律和趋势。

遵循上述步骤，确保农业生产组织端市场调查问卷的设计科学合理、数据收集准确可靠、信息处理规范有效，从而为农业生产组织的决策提供有力支持。

 十九、农业产品销售端的市场调查问卷设计及信息处理

（一）产品销售端市场调查问卷的整体规划与调研目标设计

产品销售端市场调查问卷的整体规划应围绕产品的市场需求、消费者偏好、竞争对手情况、销售渠道效率以及市场趋势等关键要素展开。通过系统的调查，为企业提供全面的市场信息，支持产品策略、销售策略和市场推广策略的制定。

产品销售端市场调查问卷的设计目标需明确市场需求，确定目标市场对产品的需求规模、需求特性以及潜在的发展趋势。掌握消费者偏好，搜集消费者对产品的喜好、购买行为、支付意向和满意度等关键信息。分析竞争态势，探究竞争对手的产品特性、定价策略、市场占有率及营销方法。评估销售渠道，对不同销售渠道的效能、成本和市场覆盖进行分析，优化销售渠道的配置。预测市场动向，利用收集的数据分析市场的发展方向，为企业制定长期战略提供支持。

（二）产品销售端市场调查问卷的问题设计、样本与方式选择、市场调查人员话术设计与培训

产品销售端市场调查问卷的问题设计涵盖以下内容：基本信息类问题，包括受访者的年龄、性别、职业、收入等，以便进行样本分析。产品需求类问题，旨在了解受访者对产品的需求程度、使用频率、满意度等。购买行为类问题，用于探究受访者的购买渠道、购买决策因素、支付意愿等。竞争对比类问题，涉及询问受访者对竞争对手产品的评价、选择竞争对手产品的原因等。设置一些开放性问题，让受访者自由表达对产品、服务及市场的看法和建议。

产品销售端市场调查问卷的样本选取应基于调研目标，确保样本量、样本范围（如地区、年龄、性别等）和抽样方法（如随机抽样、分层抽样等）的适宜性。调查方法应结合线上与线下渠道进行。线上调查可利用社交媒体、电子邮件、在线问卷等工具执行；而线下调查则可采用面对面访谈、电话访问、邮寄问卷等多种方式。

市场调查人员的话术设计必须清晰、简洁、礼貌且专业，确保在调查过程中信息的准确传达和收集。话术应涵盖自我介绍、调研目的说明、问题询问、感谢语等关键环节。此外，应对调查人员进行专业培训，内容包括产品知识、调研技巧、沟通技巧、保密原则等，确保他们熟悉问卷内容、掌握调查方法并能准确记录调查结果。

（三）产品销售端市场调查问卷的信息数据筛选与标准化处理方法

产品销售端市场调查问卷的信息数据筛选必须剔除无效数据，包括删除那些填写不完整、逻辑矛盾或明显不符合实际情况的数据项，识别并剔除异常值，即那些极端或不符合常规的数据点，确保数据分析的准确性和可靠性。

产品销售端市场调查问卷的标准化处理方法包括进行数据编码，将问卷中的开放式问题转化为编码，从而将文字信息转换为可量化的数据，对收集的数据进行细致的清洗和整理，剔除重复值、缺失值等无效数据，运用统计学方法和数据分析工具对清洗后的数据进行描述性统计、相关性分析、回归分析等深入处理。通过数据分析步骤，揭示市场规律、发现潜在问题和机会。将数据分析结果整理成图表和文字形式，以便于理解和汇报。同时，根据分析结果提出具有针对性的建议和改进措施。

第二节 目标制定

一、农业市场调查数据的分析评价

（一）农业供求关系体系的划分维度和要素分析

农业供求关系体系是农业生产与市场之间复杂互动的产物，其构成维度和关键要素主要包括生产端、市场端和销售端三个主要方面。

生产端的三个核心要素分别是生产力、生产资料和生产关系，生产力涉及农业生产中各种生产要素（如土地、劳动力、资本、技术等）的有效组合与运用，决定农业生产的效率和产量。生产资料包括农业生产所需的所有自然资源（如土地、水源）、生产工具（如农具、机械设备）以及生产资料（如种子、化肥、农药等），它们构成农业生产的根基。

生产关系指的是在农业生产过程中形成的人际关系，涵盖农民与土地的关系、农民之间的协作关系以及农民与农业企业、政府等的关系，这些关系影响着农业生产的组织方式和效率。

市场端三要素包括商品、买方和卖方，商品，即农产品，作为农业市场中的交易对象，其种类、品质、价格等因素直接作用于市场需求和供给。买方包括消费者、加工企业、贸易商等农产品的购买者，他们的需求变化对农产品的市场价格和交易量产生影响。卖方涉及农产品的生产者或销售者，如农民、农业合作社、农业企业等，他们的生产能力和销售策略决定了农产品的供给量和市场格局。

销售端的三大核心要素涵盖人员、产品和渠道。人员要素涉及销售人员与消费者，其中销售人员承担着推广和销售农产品的责任，而消费者则是农产品的最终受益者。产品要素指的是农产品本身，其品质、包装、品牌等关键因素都会对销售成果产生重要影响。渠道要素则包括销售渠道和市场环境，具体涉及线上销售渠道（如电商平台）和线下销售渠道（如农贸市场、超市）以及市场环境（包括政策环境、竞争态势等）。

（二）生产端市场调查的定性和定量评价办法

生产端市场调查的定性评价方法包括访谈法和观察法。访谈法涉及与农民、农业专家、农业企业等进行深入交流，搜集有关农业生产现状、技术、成本、效益等方面的信息。观察法则直接对农业生产过程进行观察，从而获得关于生产环境、工具、流程等方面的数据。

定量评价方法包括问卷调查和统计分析法。问卷调查法涉及设计问卷并针对农民、农业企业等进行调查，收集有关农业生产规模、产量、成本、收益等方面的数据。统计分析法则利用统计软件对收集到的数据进行处理和分析，计算出生产效率、生产成本、生产效益等关键指标，并执行横向与纵向的比较分析。

（三）销售端市场调查的定性和定量评价办法

销售端市场调查的定性评价方法通常包括消费者访谈和竞争对手分析。通过与消费者的访谈，掌握他们对农产品的偏好、购买意愿、满意度等关键信息。而竞争对手分析则涉及评估对手的产品特性、定价策略、市场推广方法等，从而评估自身产品在市场中的定位和竞争力。

销售端市场调查的定量评价方法涵盖销售数据分析与市场份额分析，销售数据分析着重于搜集并分析销售数据，包括销售额、销售量、销售渠道占比等关键指标，以此评估销售成效和市场表现。市场份额分析则通过计算和分析市场份额，揭示产品在市场中的占有率及竞争地位。

（四）农业“产－供－销”链条内在联系的数据化分析评估

农业“产－供－销”链条的数据化分析评估构成农业市场调查的关键部分。通过搜集并分析生产、供给和销售各环节的数据，揭示农业“产－供－销”链条的内在联系及其动态变化。生产数据分析涵盖种植面积、产量、生产成本等关键指标，评估生产能力和效率。供给数据分析则包括库存量、供应量、价格等要素，评估市场供给状况和价格趋势。销售数据分析涉及销售额、销售量、销售渠道分布等数据，用以评估销售成效和市场表现。

综合数据的分析，能够全面评估农业“产－供－销”链条的运行状况，识别存在的问题和潜在风险，为农业生产及市场调控提供科学依据。此外，依据数据变化趋势进行预测和预警，可为农业企业和政府决策提供重要参考。

二、农业产业化项目可行性分析的基本理论和方法

（一）项目可行性分析的一般性方法

项目可行性分析是评估一个项目是否具有投资价值以及是否满足实施条件，这一过程通常涵盖市场分析、资源评估、财务分析和风险评估等多个维度。市场分析着重于研究市场需求、竞争格局和消费者行为，评估项目的产品或服务在市场上的受欢迎程度和潜在销售潜力。资源评估涉及对项目所需各项资源的评估，包括土地、资金、技术和劳动力等，确保项目拥有实施的基本条件。财务分析预测项目的投资成本、收益和现金流，计算关键财务指标如投资回报率和盈利能力，从而评估项目的经济效益。风险评估识别项目可能遭遇的各类风险，包括市场风险、技术风险、环境风险等，并制定相应的风险管理策略。

（二）农业产业化项目的类型、特点及案例分析

农业产业化项目以市场需求为导向，以经济效益为核心，通过整合各类生产要素，实现区域化布局、专业化生产、规模化建设、系列化加工、社会化服务和企业化管理，从而构建起一体化的经营体系。根据主导产业和产品的差异，农业产业化项目可细分为种植业项目、养殖业项目、农产品加工项目等。

农业产业化项目的特征包括市场化、区域化、专业化、规模化和一体化，市场化以市场需求为指引，强化产品的市场竞争力和销售渠道建设；区域化是指生产布局趋于集中，形成稳固的区域化生产基地；专业化涉及在生产、加工、销售和服务等环节实现专业化的分工；规模化意味着生产经营规模的扩大，增强辐射力和市场竞争力；一体化是指生产、加工、销售等环节紧密相连，形成一个完整的产业链。

（三）基于供求关系变化的项目可行性分析

供求关系是影响农业产业化项目可行性的重要因素之一。在进行项目可行性分析时，

必须密切关注市场供求关系的一系列变化趋势。包括需求变化的分析，如消费者对农产品的需求量增减、需求结构的调整等，预测未来市场需求的走向。供给变化的评估，涉及市场上同类农产品的供给状况，包括生产规模、生产效率、生产成本等，判断项目的竞争优势和市场潜力。价格变化的分析则需探讨农产品价格波动的规律及其影响因素，预测未来价格的走势，为项目的定价策略和盈利预期提供坚实依据。

（四）基于产业链协同的项目可行性分析

产业链协同是提升农业产业化项目竞争力的关键路径。在进行项目可行性分析时，必须从多个角度审视产业链协同，其中产业链整合涉及分析项目在产业链中的定位及其作用，评估项目与上下游企业间的合作与协同效应。资源共享着重于评估项目是否能有效利用产业链内的资源，如技术、资金、市场等，降低生产成本和提升运营效率。风险共担则分析项目与产业链内其他企业间的风险分担机制，确保项目在遭遇风险时能够获得必要的支持与协助。协同发展探讨如何通过产业链协同促进项目的可持续发展，涵盖技术创新、市场拓展、品牌建设等多个方面。

案例分析

在甘肃省定西地区，马铃薯种植产业化项目得到大力推广和发展。该项目通过一系列有效的措施，成功整合当地的土地资源，使得马铃薯得以规模化和专业化种植。项目团队对土地资源进行科学合理的规划和分配，确保马铃薯种植的高效利用。项目引进先进的种植技术和管理方法，提高马铃薯的产量和品质。项目还建立了完善的销售网络，使得马铃薯能够顺利进入市场，提高了产品的市场竞争力。

通过这些措施，定西地区的马铃薯种植产业化项目取得了显著的成效。马铃薯的生产规模不断扩大，品质也得到显著提升。不仅提高了马铃薯在市场上的竞争力，也为当地农民带来了实实在在的收益。农民通过参与马铃薯种植项目，收入得到显著增加，生活条件也得到改善。该项目不仅带动了当地经济的发展，还为农民提供了更多的就业机会，促进了社会稳定与和谐发展。

农业产业化项目可行性分析需要从多个角度进行综合评估，确保项目具备实施的基础条件和良好的发展前景。

三、农业生产型项目可行性分析

（一）生产型项目可行性分析的要点

在进行农业生产型项目的可行性分析时，必须综合考量众多因素，保障项目的顺利执行和长期可持续性。农业生产型项目的可行性分析关键点包括市场需求分析、资源条件分析、技术条件分析、经济可行性分析、政策环境分析、环境保护与可持续发展分析以及风险分析。

1. 市场需求分析

（1）评估目标市场对农产品的需求量及增长趋势。

（2）分析现有竞争者的市场地位、市场份额以及潜在的市场进入者。

（3）了解消费者对农产品的品质、安全、价格等方面的偏好。

2. 资源条件分析

（1）评估土地的质量、面积、地理位置等因素对项目的影响。

（2）分析水源的可靠性、水质状况及灌溉条件。

（3）考虑劳动力的可获得性、技能水平及成本。

3. 技术条件分析

（1）评估当前农业生产技术的先进性和适用性。

（2）分析项目是否具备技术创新和研发能力。

（3）考虑是否需要引进外部技术或进行技术培训。

4. 经济可行性分析

（1）对项目所需的投资进行详细估算，包括土地租赁、设备购置、种子、化肥等费用。

（2）预测项目的成本、收益及投资回收期，评估项目的盈利能力。

（3）考虑资金的来源和筹措方式，如自有资金、银行贷款、政府补助等。

5. 政策环境分析

（1）了解政府对农业项目的支持政策、补贴政策、税收优惠政策等。

（2）分析项目是否符合相关法律法规的要求。

6. 环境保护与可持续发展分析

（1）评估项目对环境的潜在影响，并提出相应的环保措施。

（2）考虑如何在项目中实现资源的节约和循环利用。

（3）制定项目的可持续发展战略，确保项目的长期稳定性和社会效益。

7. 风险分析

（1）分析市场需求变化、价格波动等可能带来的风险。

（2）评估技术失败或技术更新带来的风险。

（3）考虑自然灾害如干旱、洪涝等对项目的影响。

（4）分析项目管理不善可能带来的风险。

（二）不同细分行业和经营主体生产型项目可行性分析方法

对于不同细分行业和经营主体的农业生产型项目，其可行性分析方法在遵循上述要点的基础上，还需结合行业特点和经营主体的实际情况进行具体分析。

1. 种植业项目

（1）重点关注土地质量、水资源状况、作物品种选择及栽培技术。

（2）分析市场需求、价格走势及竞争态势。

（3）考虑病虫害防治、灌溉排水等技术措施。

2. 畜牧业项目

（1）评估养殖场的选址、布局及环境承载能力。

（2）分析畜禽品种选择、饲料供应及养殖技术。

（3）关注动物疫病防控、畜产品加工及销售渠道。

3. 农业合作社项目

（1）强调合作社的组织架构、管理机制及成员利益分配。

（2）分析合作社的市场竞争力、资源整合能力及服务能力。

（3）考虑合作社与农户之间的利益联结机制及带动效应。

4. 农业企业项目

（1）评估企业的财务状况、经营管理水平及市场竞争力。

（2）分析企业的技术创新能力、产品研发能力及市场拓展能力。

（3）考虑企业的品牌建设、营销策略及社会责任履行情况。

农业生产型项目的可行性分析是一个复杂而系统的过程，需要综合考虑多个方面的因素。通过科学的分析和评估，为项目的决策提供有力的支持。

四、农业销售型项目可行性分析

（一）销售型项目可行性分析的要点

农业销售型项目的可行性分析是一个全面评估项目是否值得投资和实施的过程。其核心要点主要包括以下几个方面：

1. 市场需求分析

通过市场规模分析和市场细分分析，掌握目标市场的总体规模及其增长趋势，从而评估项目的潜在市场潜力，揭示不同消费群体的需求差异，为产品定位提供坚实依据，深入研究竞争对手的市场占有率、产品特性、营销策略等，评估项目的竞争优势。

2. 产品分析

深入剖析产品特性，明确界定产品的核心竞争力与差异化优势，依据市场需求与成本结构，拟定适宜的价格策略，策划高效的销售渠道与营销策略，确保产品能够顺畅抵达目标市场。

3. 资源分析

评估项目所需的人力资源数量和质量，涉及管理人员、技术人员、销售人员等关键角色。分析项目的资金需求，包括启动资金、运营成本和市场推广费用等，并制定出合理的资金筹措计划。评估项目所需的技术支持和研发能力，确保项目在技术上的可行性。

4. 经济效益分析

详细评估项目的各项成本，涵盖固定成本与变动成本，依据市场需求和价格策略，预测项目的销售收入及利润，计算项目的投资回收期和内部收益率，以此评估项目的经济效益。

5. 风险评估

多个层面市场风险包括分析市场需求变化和竞争加剧可能引发的风险；技术风险涵盖评估技术实施的难度以及技术迭代更新可能带来的风险；财务风险则关注资金筹集和成本控制可能产生的财务风险。

（二）不同细分行业和经营主体销售型项目可行性分析方法

1. 种植业项目

通过深入分析土壤和气候条件来评估种植区域的土壤质量、气候特征以及适宜种植的作物种类。同时，进行产量和品质预测，基于作物特性和种植技术，预测作物的产量和品质。此外，分析销售渠道和品牌建设，规划农产品的销售渠道，包括批发市场、超市、电商平台等，并强化品牌建设。

2. 畜牧业项目

对养殖环境进行分析，评估养殖场的地理位置、环境条件以及防疫措施等。对养殖技术和管理水平进行评估，确保养殖效益和动物福利。同时，关注畜禽产品的市场需求和价格波动，制定合理的销售策略。

3. 农产品加工项目

确保原料供应的稳定性和质量安全；评估加工技术和设备的先进性与适用性；明确产品定位，加强品牌建设，提升产品的附加值。

4. 农民专业合作社项目

评估组织结构和管理制度，确保合作社的组织架构和管理制度的完善性，分析成员的参与度和利益分配机制，保证成员的积极参与和公平的利益分享，加强市场拓展和品牌建设，提升合作社在市场中的竞争力。

（三）基于新兴目标市场与创新商业模式的项目可行性分析

1. 新兴目标市场项目

（1）分析消费群体特征，深入探究新兴消费群体的年龄、性别、收入水平以及消费习惯等关键属性。

（2）分析消费需求变化，密切关注新兴消费群体在健康、环保、个性化等方面需求的演进。

（3）分析市场趋势预测，基于消费需求的演变和市场趋势的预测，明确项目的市场定位和发展战略。

2. 创新商业模式项目

（1）分析商业模式的创新点，明确项目的商业模式创新点，如互联网+农业、农产品电商、定制化生产等。

（2）评估商业模式的可行性，审视商业模式的可行性和可持续性，涵盖市场需求、技术支持和资金投入等方面。

（3）制定商业模式实施计划，拟定详尽的商业模式实施计划，包括市场推广策略、销售渠道建设、客户服务体系等。

通过上述分析，能够全面评估农业销售型项目的可行性，为投资者提供决策支持。同时，针对不同细分行业、经营主体以及新兴目标市场和创新商业模式的特性，应制定出具体的分析方法和策略，确保项目的顺利实施和成功运营。

五、农业产业化项目投资及发展趋势

（一）项目投资预测的基本知识

项目投资预测是评估农业产业化项目未来收益和风险的关键环节。它依托于对项目投资规模、市场需求、技术可行性、资源利用效率、财务状况等多维度的深入分析，预测项目的投资回报率、资金回收周期等核心指标。这一环节要求综合运用经济学、管理学、统计学等多学科的知识和方法。

（二）农业产业化项目投资的类型及一般性投资预测方法

农业产业化项目投资可根据投资内容和目标的不同，细分为多种类型，包括但不限于农产品加工项目投资、农业科技研发项目投资以及农业基础设施建设项目投资等。这些项目各自具有独特特点，因此在进行投资预测时，必须针对具体情况制定相应的策略。

1. 市场分析预测

通过分析市场需求、竞争态势、消费者行为等因素，预测项目产品的市场前景和潜在销售规模。

2. 技术评估预测

评估项目所需技术的先进性、成熟度和可替代性，以及技术引进或自主研发的成本和效益。

3. 资源评估预测

评估项目所需土地、水、劳动力等资源的可获得性、利用效率和成本。

4. 财务预测

基于以上分析，建财务预测模型，预测项目的投资成本、收入、利润和现金流等财务指标。

（三）农业产业化发展对农业项目投资预测的影响

1. 供求关系发展变化的影响要素

农产品的需求结构正变得日益多样化，消费者对农产品的质量、安全性和营养价值等方面的要求也在不断提升。这种需求的多样化和质量要求的提高，将对农业项目的投资预测产生深远的影响。供求关系发展变化的影响要素，包括消费者偏好的变化、技术进步、政策调整等，这些变化将对农业项目投资预测中的市场需求预测部分产生重大影响。因此，投资者必须更加密切关注市场需求的变化趋势，以便能够及时调整他们的投资方向和策略，从而确保投资决策的准确性和有效性。只有这样，投资者才能在不断变化的市场环境中保持竞争力，实现可持续的发展。

2. 产业链协同关系发展变化的影响要素

产业链上下游企业间的合作将日益紧密，形成一个更为紧密的产业网络。这种合作不仅有助于产业链各环节间有效沟通和资源整合，而且在很大程度上能够影响农业项目投资预测的关键方面，如资源利用效率、成本控制和风险管理等。投资者为了有效应对这些挑战和把握机遇，必须密切关注产业链的总体发展动向，并深入理解产业链上下游企业的运营机制和需求。通过深化与这些企业的合作，投资者实现资源的共享和优势互补，从而在市场波动和不确定性面前共同承担风险，以期达到更加稳定的投资收益。

3. 财务预测模型发展变化的影响要素

财务预测模型将持续经历改进与升级。未来的模型将更加专注于动态性和适应性，以便更有效地反映市场动态、技术发展和政策变动等关键因素的影响。投资者应密切关注财务预测模型的进展，适时对自身的预测工具进行升级和精细化，增强预测的精确性和可信性。

农业产业化项目投资预测是一个既复杂又关键的过程。投资者需要综合分析市场需求、技术评估、资源评估、财务预测等多个维度的因素，并结合农业产业化的发展趋势及其影响因素，进行科学而合理的预测。只有这样，才能确保农业产业化项目的顺利推进和长期可持续发展。

 六、农业生产型项目的投资预测及项目实施方案设计

（一）不同细分行业和经营主体生产型项目的投资预测

农业生产型项目涵盖多个细分行业，如种植业、养殖业、林业、渔业等，以及不同的经营主体，如家庭农场、农业合作社、农业企业等。每个细分行业和经营主体的投资预测需根据其特定条件进行详细分析。

1. 种植业投资预测

需综合考虑多个关键因素。土地成本是基础，包括土地租赁或购置费用以及土地改良的相关支出。种子与种苗的选择是关键步骤，应挑选产量高、抗病性强、适应性广的品种，并据此计算种子和种苗的费用。肥料与农药的使用应基于作物的具体需求和市场动向，预测化肥、有机肥和农药的用量及相应的成本。灌溉与排水系统也是重要考量，包括节水灌溉设施和排水设施的建设成本。农业机械的投入，包括耕作、播种、收割等机械，需根据经营规模和机械化水平进行预算。人工成本的预测应基于作物的生长周期和劳动力市场情况。

2. 养殖业投资预测

关键要素包括养殖场建设，涉及场地租赁、圈舍建设以及环保设施等费用。选择优质品种，并预测种苗费用与饲料成本。根据养殖种类和疾病防控需求，预测兽药和防疫费用。养殖设备的采购成本包括自动化喂养系统、温控系统、通风系统等。最后是人工成本，根据养殖规模和养殖技术需求进行预测。

3. 林业与渔业投资预测

包括林地或水域的租赁成本，必须考虑长期租赁的费用。种苗与鱼苗的采购费用需选择合适的品种，并预测相应的种苗和鱼苗成本。养护与管理成本包括施肥、修剪、病虫害防治、捕捞等各项费用。设备购置成本涉及渔船、网具、林业机械等投资。人工成本则根据养护和管理的需求进行预测。

4. 不同经营主体的投资预测

需考虑其经营模式和资金实力。家庭农场可能更注重自给自足和成本控制，而农业企业则可能更注重规模化和品牌建设。

（二）不同细分行业和经营主体生产型项目实施方案的设计

1. 种植业

种植业项目实施方案设计要点包括以下方面：在选址与规划上，精选适宜土地并实施科学合理的种植规划；在品种选择上，应依据市场需求与土壤条件挑选合适的作物品种；在技术引进方面，采纳先进的种植技术和设备是提升生产效率和产品质量的关键；在市场营销方面，构建稳定的销售渠道并重视品牌建设和市场推广是不可或缺的；在风险防控方面，制定病虫害防控和自然灾害应对策略是保障项目顺利进行的必要措施。

2. 养殖业

养殖业项目实施方案设计要点包括以下方面：在养殖模式选择上，根据养殖种类和市场需求，挑选出最适宜的养殖模式。通过温度控制、通风系统、排污设施等，营造出理想的养殖环境。科学配制饲料，确保营养均衡，降低疾病发生率。建立全面的防疫体系，

定期执行疫苗接种和疾病监测。采用环保养殖技术，减少废弃物排放，实现养殖业的可持续发展。

3. 林业与渔业

林业与渔业项目实施方案设计要点包括：维护生态环境，对林业和渔业资源进行合理开发和有效利用，引入先进的林业和渔业技术，提升生产效率和产品质量，通过深加工和品牌建设，拓展产业链并增加产品附加值，积极拓展国内外市场，拓宽销售渠道。在政策支持与合作方面，争取政府政策支持，并加强与其他企业及科研机构的合作。

4. 经营主体实施方案

不同经营主体的实施方案需依据其独特特点和市场需求来定制。例如，家庭农场专注于自给自足和生态循环农业的发展；农业合作社强化成员间的合作与资源共享，提升组织化水平；而农业企业则应着重于品牌建设和市场拓展，实现规模化经营。

农业生产型项目的投资预测及实施方案设计需综合考虑多个因素，包括细分行业特点、经营主体类型、市场需求、技术条件、资金实力等。通过科学合理的规划和设计，确保项目的顺利实施和可持续发展。

七、农业销售型项目的投资预测及项目实施方案设计

（一）不同细分行业和经营主体销售型项目的投资预测

农业销售型项目的投资预测涉及多个细分行业及经营主体，包括但不限于生态农业、智能农业、农业科技等。

1. 生态农业

生态农业强调可持续性和环保性，通过减少化肥和农药的使用，提升农产品的质量和安全性。在预测该领域的投资时，需要考虑以下因素，一是市场需求因素，随着消费者对健康食品需求的增加，有机农产品和绿色食品的市场需求持续增长；二是政策支持因素，政府对生态农业的扶持政策，如补贴、税收优惠等，将降低投资成本，提高投资回报；三是技术投入因素，生态农业需要较高的技术投入，如生态循环农业技术的研发和应用，将增加初期投资，但长期看有助于降低成本并提高收益。

2. 智能农业

智能农业通过应用大数据、无人机、精准农业等先进技术，显著提升了农业生产效率并减少了人力成本。在预测该领域的投资时，应考虑以下因素，智能农业技术的成熟度直接关系到投资成本和回报周期，技术越成熟，投资风险越低，回报也越稳定；智能农业设备如无人机、传感器等的初始成本较高，但随着技术的普及和规模化生产，预计成本将逐步下降；智能农业的发展依赖于专业技术人才的支持，人才储备的充足程度将对项目的实施效果和投资回报产生重要影响。

3. 农业科技

农业科技涵盖农业育种、生物技术、农业机械等多个领域，是推动农业现代化的关键力量。尽管农业科技的研发投入巨大，但成果显著，如新品种的研发和推广将带来显著的经济效益。农业科技成果的知识产权保护状况影响投资者的信心和投资决策。而农业科技产品的市场推广能力将直接影响其市场份额和投资回报。

（二）不同细分行业和经营主体销售型项目实施方案的设计

针对上述不同细分行业和经营主体，设计销售型项目的实施方案时，应充分考虑市场需求、技术可行性、资源投入及风险控制等因素。

（1）在进行市场调研与分析时，必须明确项目的目标市场。涉及对消费者群体进行细致的划分和研究，了解他们的需求、偏好和购买行为。深入分析市场需求，评估市场规模、增长潜力以及消费者需求的变化趋势。此外，对竞争情况进行全面分析也很重要，包括了解竞争对手的优势和劣势，以及他们在市场中的地位和策略。

在明确目标市场的基础上，产品定位显得尤为关键。产品定位需要综合市场需求和竞争情况进行考量，确定产品的核心价值和独特卖点。包括分析目标消费者的需求，识别市场中的空白点或未被充分满足的需求，从而制定出差异化策略。差异化策略体现在产品的功能、设计、价格、品牌、服务等多个方面，目的是使产品在竞争激烈的市场中脱颖而出，吸引并留住目标消费者。通过精准的产品定位和有效的差异化策略，项目在目标市场中占据有利地位，实现可持续的发展。

（2）在项目规划与设计阶段，技术方案的制定应依据项目需求，挑选适宜的农业技术，并拟定周密的技术实施计划。生产流程的设计需确保流程合理，保障产品的质量和生产效率。销售渠道的建立则应致力于打造稳定的销售网络，涵盖线上电商平台、线下实体店以及合作伙伴等多元化渠道。

（3）在资源投入与预算方面，组建一个由技术人员、销售人员、管理人员等组成的专业的项目团队，制定详尽的财务预算，覆盖设备采购、研发投入、市场推广等各项费用，加强与科研机构、高校等建立合作关系，以便获取必要的技术支持和咨询服务。

（4）风险控制与应对措施需密切关注市场动态和消费者需求的变化，及时调整产品和销售策略。同时，加强技术研发和知识产权保护是降低技术风险的关键。此外，建立财务预警机制，及时发现并应对潜在的财务风险。

（5）在项目实施与监控方面，通过建立项目管理机制来确保项目管理上的顺利推进，按照既定计划执行，通过定期跟踪项目进度，确保各项任务能够按时完成，定期对项目的成效进行评估，涵盖市场反馈、经济效益等多个维度，及时调整项目策略。

通过以上方案的设计和实施，有效降低投资风险，提高项目的成功率和投资回报。

八、农业项目经营计划编制

（一）农业项目经营计划的基本结构、要素和编制重点

农业项目经营计划通常包括前言、项目背景与目标、市场分析、技术方案、组织与管理、财务计划、风险评估与应对措施、实施进度安排以及附录等部分。

农业项目经营计划的要素涵盖项目背景与目标，明确项目的起源、目的、意义及预期达成的目标。市场分析包括市场需求分析、竞争环境分析、目标客户群体分析等，评估项目的市场潜力和可行性。技术方案阐述项目的技术路线、关键技术点、创新点及实施方案等，确保项目的技术可行性。组织与管理方面，介绍项目团队的组织结构、人员配置、职责分工及管理机制等，确保项目的高效运作。财务计划包括投资估算、资金筹措、成本预算、收入预测及财务效益分析等，评估项目的经济效益，识别项目可能面临的风险因素，

并提出相应的预防和应对措施，降低项目风险。制定详细的项目实施时间表，明确各阶段的任务、责任人及完成时间，确保项目按计划推进。

农业项目经营计划的编制重点包括明确性和具体性，即经营计划应当明确且具体，避免使用模糊和笼统的表述，确保所有相关方对项目有清晰的理解。可行性分析涉及深入的市场调研和技术论证，确保项目的市场和技术可行性。合理估算项目所需资源，并明确资源的来源及保障措施，确保项目的顺利实施。风险评估与应对措施需要全面识别项目风险，并制定切实可行的应对策略，降低项目失败的可能性。考虑到项目实施过程中可能遇到的不确定性因素，经营计划应具备一定的灵活性，以便能够根据实际情况进行必要的调整。

（二）农业项目年度经营目标的构成要素及内在关系

农业项目的年度经营目标通常涵盖经济、市场、技术、管理以及可持续发展等多个方面。经济目标包括利润增长率、成本控制目标、销售收入等关键指标，直接体现项目的经济效益。市场目标则关注市场份额的提升、客户满意度的提高以及品牌知名度的增强，这些都是衡量项目市场竞争力的重要因素。技术目标着重于技术创新、技术引进与消化吸收、技术人才培养等方面，为项目的持续发展提供必要的技术支持。管理目标涉及团队建设、管理制度的完善、流程优化等，提升项目的管理水平和运营效率。可持续发展目标包括环境保护、资源节约、社会责任等，这些指标反映了项目的长期价值和社会责任感。

这些目标彼此关联、相互促进，共同构成农业项目年度经营目标的完整体系。其中，经济目标处于核心地位，市场目标和技术目标是实现经济目标的关键手段，管理目标则提供了必要的保障。与此同时，可持续发展目标是项目长期发展的基础。通过达成这些目标，农业项目不仅能够实现经济效益，还能增强市场竞争力、提升技术实力和管理水平，确保可持续发展。

九、农业项目年度生产目标制定

（一）农业项目生产目标制定的参考指标及其内在关系

在制定农业项目生产目标时，必须参考一系列关键指标，这些指标不仅映射出农业生产的实际状况，而且彼此之间相互关联，共同构成生产目标的基础。

1. 主要参考指标

包括产量指标、质量指标、成本控制和市场指标，产量指标是衡量农业生产目标的直接标准，涵盖粮食、蔬菜、水果等主要农产品的预期产量。产量指标是评估农业生产规模和效益的关键。随着农业现代化的推进，农产品质量日益受到重视。质量指标涉及农产品的口感、新鲜度、营养价值以及是否达到安全标准等。成本控制是农业生产的关键环节，成本指标包括种子、化肥、农药等直接生产资料成本，以及人工成本、土地租金等间接成本。市场指标揭示了农产品的市场需求和价格动向，包括市场需求量、价格预期、竞争格局等，对制定生产目标具有指导作用。农业技术的提升是增强农业生产效率和质量的核心。技术指标涵盖种植技术、灌溉技术、病虫害防治技术等方面。

2. 主要参考指标之间的内在关系

主要包括产量与质量的关系表明，高产并不总是等同于高质，然而高质量的产品往往能够实现更高的市场价值。因此，在设定生产目标时，必须平衡产量与质量的关系，确保在提升产量的同时不损害产品质量。有效的成本控制直接关系到农业生产的盈利性，在制定生产目标时，应充分考虑市场变动对成本的影响，并探索通过技术创新与管理优化来降低成本的方法。市场指标同样为成本控制提供指导，如根据市场需求调整生产结构、选择高效益的产品等。农业技术的进步能够显著提升农产品的产量和质量。因此，在制定生产目标时，应关注农业技术的发展趋势和应用前景，积极引入和推广先进的种植技术和设备。产量、质量、成本和市场等指标相互联系、相互作用。在制定生产目标时，需要综合考量这些指标之间的内在联系，确保生产目标的全面性和可行性。

（二）不同细分行业和经营主体年度生产目标的制定方法

1. 不同细分行业年度生产目标的制定方法

（1）种植业基于当地的气候条件、土壤特性以及市场需求，选择适宜的作物种类和品种。设定清晰的产量和质量目标，并研究如何通过科学种植技术、合理施肥以及病虫害防治等策略实现这些目标。

（2）畜牧业针对不同种类的养殖动物及其生长周期，制定合理的存栏量、出栏量和繁殖率等生产目标。同时，需关注饲料成本、疫病防控以及市场需求等因素对生产目标的潜在影响。

（3）渔业根据水域资源状况和市场需求，挑选合适的养殖品种和规模。设定具体的产量和质量目标，并考虑通过优化养殖技术、改善养殖环境等手段来提升生产效益。

2. 不同经营主体年度生产目标制定方法

（1）在设定生产目标时，农户应全面评估自身的资源和能力，包括土地规模、劳动力数量、资金状况等因素。同时，应结合市场的需求和价格趋势，选择那些市场反响良好的产品进行生产。

（2）农业合作社在制定生产目标时，应充分利用集体的力量，整合成员的资源和技术。通过统一规划、统一采购、统一销售等措施，降低生产成本，提升市场竞争力。此外，合作社还应重视品牌建设和市场营销策略的制定与执行。

（3）农业企业在确立生产目标时，应更加侧重于市场导向和科技创新。通过市场调研和预测分析来确定市场需求和价格趋势；通过引入先进的技术和设备来提升生产效率和产品质量；通过优化供应链管理和销售渠道建设，确保产品顺利销售并实现盈利目标。

农业项目年度生产目标的制定需要综合考虑多个因素和指标之间的内在关系，并根据不同细分行业和经营主体的实际情况采取有针对性的制定方法。

十、农业项目年度销售目标制定

（一）农业项目销售目标制定的参考指标及其内在关系

在设定农业项目的年度销售目标时，必须综合考虑多个关键参考指标，这些指标之间相互关联，共同构成销售目标制定的基础。销售目标制定的关键参考指标主要包括市场规模与需求方面的指标，需掌握目标市场的整体规模以及当前和未来的需求趋势，这是销售目标制定的基础。市场规模决定了潜在的销售空间，而需求趋势则指示了市场增长的方向。行业趋势与竞争格局指标，需分析行业整体的发展趋势以及竞争对手的情况，包括竞争对手的市场份额、产品特点、销售策略等。有助于企业把握市场机会，规避潜在风险，并制定具有竞争力的销售目标。产品竞争力指标，需评估企业自身产品的竞争力，包括产品的质量、价格、差异化程度以及市场接受度等。产品竞争力直接影响销售目标的实现难度和速度。渠道覆盖率与分销能力指标，需分析现有渠道的覆盖率和分销能力，以及拓展新渠道的可能性。渠道是连接产品和消费者的桥梁，其覆盖率和分销能力直接影响销售目标的达成。团队能力与执行力指标，需评估销售团队的能力、经验和执行力。一个高效的销售团队能够更有效地推动销售目标的实现。

销售目标的设定关键在于参考多个核心指标之间的内在联系。市场规模和需求构成销售目标设定的基础和前提，它们决定销售目标的最高限额和潜在增长空间。行业趋势和竞争格局则指导销售目标的定向和策略制定，企业必须根据市场的动态调整销售目标，维持其竞争优势。产品的竞争力是实现销售目标的核心，企业需通过增强产品吸引力来提升市场竞争力，从而推动销售增长。渠道的覆盖范围和分销能力是确保销售目标实现的必要条件，企业应持续扩大和优化销售渠道，提高分销效率，支持销售目标的完成。团队的能力和执行力是实现销售目标的核心动力，企业必须打造一支高效且专业的销售团队，确保销售目标的顺利达成。

（二）不同细分行业和经营主体年度销售目标的制定方法

在制定不同细分行业的年度销售目标时，需特别留意以下要点：对于种植业，销售目标应基于作物种类、种植面积、产量预测及市场需求等因素来设定。同时，必须考虑气候、病虫害等自然因素的影响，并制定相应的风险应对策略。在畜牧业，销售目标的制定应依据养殖种类、存栏量、出栏率及市场需求等因素。关键因素如饲料成本和疾病防控需得到关注，确保养殖效益和销售目标的实现。至于水产业，销售目标的设定应考虑养殖水域、养殖品种、产量预测及市场需求等因素。同时，应制定管理措施来应对水质、病害等环境因素对养殖的影响。

在制定不同经营主体的年度销售目标时，必须特别考虑以下关键点。对于农民专业合作社而言，应综合考虑合作社的具体情况，如成员规模、土地资源和资金实力等，来设定年度销售目标。同时，应重视合作社的内部管理和品牌建设，提升产品的附加值和市场竞争力。家庭农场则应根据其经营规模、种植或养殖的种类、技术水平等因素来制定年度销售目标。重点放在成本控制和精细化管理上，提高经营效率和盈利能力。至于农业企业，应结合企业的战略规划、市场定位和产品线等因素来设定年度销售目标。注重市场调研和产品开发，优化销售渠道和营销策略，实现销售目标的快速增长。

在设定年度销售目标的过程中，各经营主体必须遵循以下步骤和方法。在数据收集与分析阶段，需搜集市场、行业、竞争对手以及自身经营状况等关键数据，并进行详尽的分析。在销售策略制定阶段，依据数据分析结果，拟定出针对性强的销售策略，涵盖产品策略、价格策略、渠道策略和促销策略等。在设定销售目标时，应结合企业实际情况与市场状况，确立具体且可量化的销售目标，如销售额、市场份额、渠道覆盖率等。目标分解方面，将年度销售目标细化至季度、月度乃至周、日，并进一步分解至各个销售区域、产品线或销售人员。在跟踪与调整阶段，定期监控销售目标的达成情况，及时发现并解决问题，采取相应措施进行调整。同时，根据市场动态和企业经营状况的变化，适时更新销售策略和目标。

第三节　目标分解

一、农业项目生产计划编制及信息化管理应用

（一）生产计划的基本结构、要素和编制重点

农业项目的生产计划通常包括目标设定、资源分配、时间安排、风险评估与应对措施等几个核心部分。这些部分相互关联，共同构成一个完整的生产计划体系。

生产计划的要素涵盖以下几个方面：在目标设定上，需要明确具体的生产目标，包括产量、质量、成本等，这些目标应与市场需求、资源状况及企业发展战略保持一致。在资源分配上，涉及土地、种子、化肥、农药、劳动力、资金等关键生产要素的合理配置，确保生产活动的顺畅进行。在时间安排上，应根据农作物的生长周期、季节变化以及市场需求等因素，合理规划播种、施肥、灌溉、收割等生产活动的时间节点。在风险评估与应对措施上，要对生产过程中可能遭遇的自然灾害、病虫害、市场波动等风险进行预测和评估，并制定相应的应对策略。

生产计划的编制需聚焦以下关键点。市场调研应深入洞察市场需求，确保生产目标与之相符。资源优化需通过科学管理和技术创新，提升资源使用效率，降低生产成本。时间管理要求合理规划生产时间，保证农作物在最适宜的生长期内获得充分的照料与管理。风险防控则需构建健全的风险防控体系，增强应对紧急情况的能力。

（二）不同细分行业和经营主体的生产计划编制方法

种植业生产计划的编制方法需关注以下要点。目标设定应依据土地和气候条件以及市场需求，确立适宜的产量与质量目标。资源分配需根据作物生长的具体需求，合理配置种子、化肥、农药等生产资料，并妥善安排劳动力。时间安排应依据作物生长周期及季节变化，制定详尽的种植计划，涵盖播种、施肥、灌溉、病虫害防治等各环节的时间规划。风险评估需对潜在的自然灾害（如干旱、洪涝）和病虫害进行预测和评估，并制定相应的预防和应对策略。

养殖业生产计划的编制方法需关注以下要点。目标设定应基于市场需求和养殖条件，确立恰当的养殖规模和产出目标。资源分配需合理配置饲料、兽药、养殖设备等生产资料，确保养殖环境的适宜性。时间安排应依据动物的生长周期和繁殖规律，制定详尽的养殖计划，涵盖饲养管理、疫病防控、繁殖配种等各环节的时间规划。风险评估则需对潜在的疫病、饲料短缺等风险进行预测和评估，并制定相应的应对策略。

生产计划的编制方法在不同经营主体间存在显著差异。家庭农场的生产计划编制倾向于灵活性和实用性，它们通常依据家庭成员的劳动力状况和土地资源条件来制定计划。此外，家庭农场在成本控制和市场适应性方面也表现出特别的关注。农业合作社的生产计划编制则更侧重于规模效益和资源整合。合作社往往组织专家进行市场调研和风险评估，制定更为科学和合理的生产计划。合作社还通过集中采购生产资料、统一销售农产品等措施来降低生产成本和增强市场竞争力。至于农业企业，其生产计划编制过程更为复杂和精细。企业通常会设立专门的生产管理部门或团队，负责生产计划的编制和执行。在制定计划时，企业会综合考虑市场需求、资源状况、技术水平、成本控制等众多因素，并运用先进的生产管理方法和信息化手段来提升生产效率和产品质量。

（三）农业项目生产计划在信息化管理中的应用与创新

在农业项目生产计划的编制过程中，信息化管理通过引入信息化管理系统或软件平台，实现生产数据的实时采集、分析和处理，为生产计划的制定提供科学依据。此外，信息化管理提升生产过程的透明度和可控性，同时降低管理成本并提高管理效率。

具体来说，信息化管理在农业项目生产计划编制中的应用包括以下几个关键方面。利用物联网、传感器等先进技术手段实时收集生产数据（如土壤湿度、光照强度、作物生长状况等），并使用数据分析软件对数据进行处理和分析，为生产计划的制定提供坚实的数据支持。依据数据分析结果和市场预测信息，对生产计划进行调整和优化。例如，根据作物生长需求和市场需求调整种植结构、优化施肥灌溉计划等。通过信息化管理系统实现对生产过程的实时监控和管理。例如，使用视频监控技术监控养殖场动物的生长状况；利用无人机对农田进行巡查和病虫害监测等。此外，通过信息化手段强化供应链管理，实现生产资料的集中采购和农产品的统一销售。利用大数据分析技术预测市场需求变化，并提前调整生产计划，满足市场需求。

农业项目生产计划的编制与信息化管理的应用是提升农业生产效率、降低成本以及增强市场竞争力的关键策略。在制定生产计划的过程中，必须全面考虑市场需求、资源状况和技术水平等关键因素；而在信息化管理方面，则应重点关注数据采集与分析、生产计划的优化、生产过程的监控以及供应链管理等关键环节的应用与提升。

二、动态市场条件下农业项目生产计划的优化

（一）动态市场条件下生产计划的可变条件及案例分析

在动态市场条件下，农业项目的生产计划面临多种可变条件，这些条件不仅影响生产决策的制定，还直接关系到项目的成功与否。

在动态市场条件下，生产计划的可变条件主要包括市场需求的波动、资源供应的不稳定性以及技术的快速更新。市场需求是农业生产计划的关键参考，它随着消费者偏好的转变、市场竞争的激烈化以及全球经济环境的变动而呈现出动态变化的趋势。例如，消费者对有机和绿色农产品的偏好日益增长，促使农业生产者必须及时调整他们的生产策略，增加产品的产量。农业生产所依赖的土地、水资源、种子、化肥和农药等，受到天气条件、政策调整和国际市场变化等因素的影响，存在显著的波动性。资源供应的不足或过剩都会直接影响到农业生产计划的实施。例如，在干旱年份，水资源的短缺可能会限制灌溉计划的执行，进而影响作物的产量。至于技术更新迭代，现代农业科技的迅猛发展为农业生产带来新的机遇。新技术、设备和管理方法的出现，显著提高农业生产效率和产品质量。然而，技术更新的速度往往超出生产者的预期，他们必须不断学习和适应新技术，优化他们的生产计划。

案例分析

以兰州地区的百合种植项目为例，该项目在动态市场条件下进行了生产计划的优化。通过对市场进行深入的调研和详细的数据分析，项目团队准确地预测了市场对有机百合的需求增长趋势。基于预测结果，项目团队对种植结构进行调整，不仅增加了有机百合的种植面积，还引入更多品种的有机百合，满足不同消费者的需求。同时，为了应对水资源短缺的风险，项目团队引入先进的节水灌溉技术，并加强水资源的循环利用，确保在干旱条件下仍能保持稳定的生产。此外，项目团队还积极与科研机构合作，引进和推广先进的种植技术和设备，从而显著提高了百合的产量和品质。通过这些措施，该项目不仅成功满足了市场需求，还实现了经济效益和社会效益的双赢，为当地农业发展树立了良好的示范效应。

具体来说，兰州地区的百合种植项目在面对不断变化的市场需求时，采取一系列创新措施来优化生产计划。项目团队通过广泛的市场调研，收集大量关于消费者偏好的数据，并结合历史销售数据进行深入分析。这些分析帮助团队准确地预测有机百合的市场需求增长趋势，从而为种植计划的调整提供科学依据。项目团队根据预测结果，对种植结构进行优化，不仅扩大有机百合的种植面积，还引入多种不同品种的有机百合，满足市场上多样化的需求。这一举措不仅增加了产品的多样性，还提高了市场竞争力。

为了应对水资源短缺的挑战，项目团队引入先进的节水灌溉技术，如滴灌和喷灌系统，这些技术能够有效减少水的浪费，提高水的利用效率。同时，项目团队还加强水资源的循环利用，通过建立雨水收集系统和废水处理设施，确保在干旱条件下仍能保持稳定的生产。这些措施大大提高了项目的可持续性，减少了对环境的影响。

此外，项目团队还积极与科研机构合作，引进和推广先进的种植技术和设备。通过与农业专家的合作，项目团队引入智能化的种植管理系统，实现对种植过程的精准控制。技术的应用显著提高百合的产量和品质，使得产品在市场上更具竞争力。同时，项目团队还注重对种植人员的培训，提高整体的种植水平，确保项目的顺利实施。

通过这些综合措施，兰州地区的百合种植项目不仅成功地满足了市场需求，还实现了经济效益和社会效益的双赢。项目的成功为当地农业发展树立了良好的示范效应，带动周边地区的农业现代化进程，促进当地经济的发展和农民收入的增加。

（二）生产计划的优化思路和方法

在动态市场条件下，优化农业项目生产计划需要遵循以市场需求为导向，根据市场变化灵活调整生产计划。通过市场调研和数据分析，准确把握市场需求的变化趋势和消费者的偏好变化，为生产计划的制定提供科学依据。合理配置土地资源、水资源、种子、化肥、农药等生产要素，提高资源利用效率。通过引进新技术、新设备和管理模式，降低生产成本，提高生产效率和产品质量。加强科技创新和推广应用力度，推动农业产业转型升级。通过引进和培育新品种、新技术和新装备，提高农产品的产量和品质，增强市场竞争力。最后，注重生态环境保护和资源节约利用，推动农业绿色可持续发展。通过推广绿色农业技术和管理模式，减少化肥、农药等化学物质的使用量，降低农业生产对生态环境的污染和破坏。

具体优化方法包括建立科学的需求预测模型和分析机制，利用历史数据和市场趋势来预测未来市场需求的变化。通过市场调研和数据分析等手段，获取准确的市场信息，为生产计划的制定提供坚实依据。根据市场需求和资源供应情况的变化，及时调整生产计划。通过实时监控和评估生产过程中的关键指标和数据信息（如产量、质量、成本等），及时发现潜在问题和风险点，并采取相应措施进行应对和调整。加强供应链协同和资源整合力度，提高供应链的响应速度和效率。通过与供应商建立长期合作关系、共享生产计划信息等方式，确保原材料的稳定供应和质量的可靠性；通过优化物流流程和配送方式，降低物流成本和提高物流效率；通过建立安全库存制度，应对突发情况和市场需求波动的影响。建立健全的风险管理和应急预案体系，确保生产计划的连续性和稳定性。通过评估生产过程中的潜在风险并制定相应的应对措施；定期组织模拟演练，提高团队应对突发状况的能力；建立应急物资储备和调配机制，确保在紧急情况下能够及时获得所需资源支持。

三、农业项目销售计划编制及信息化管理应用

（一）销售计划的基本结构、要素和编制重点

农业项目销售计划的基本结构通常包括以下几个部分：封面与目录提供计划的基本信息和内容概览，引言部分简述销售计划的背景、目的和重要性，市场分析部分包括对市场需求、竞争对手、市场趋势等方面的深入分析，产品策略部分明确农产品的定位、优势及差异化策略，销售目标部分设定具体的销售数量、销售额及市场份额等目标，销售策略部分制定销售渠道、促销活动、价格策略等具体执行方案，预算与资源配置部分估算销售活动所需的成本，并规划资源分配，执行与监控部分明确执行计划的时间表、责任人及监控机制。最后，总结与评估部分对销售计划的执行效果进行总结和评估，以便后续改进。

农业项目销售计划的构成要素主要包括以下几个方面：根据地理、人口、心理等因素对市场进行细分，明确目标市场，选择具有潜力和吸引力的细分市场作为目标市场，确定农产品在目标市场中的定位，如高品质、绿色健康等。规划线上线下相结合的销售渠道，确保产品能够顺畅地到达消费者手中，制定吸引消费者的促销活动，如打折、赠品、广告等，根据市场定位、成本及竞争对手情况制定合理的价格。组建专业的销售团队，负责销售计划的执行和监控。

农业项目销售计划的编制重点包括深入理解市场，通过市场调研和数据分析准确把握市场需求和竞争态势，设定具体且可量化的销售目标，如销售额、市场份额等。基于市场分析和目标设定，拟定切实可行的销售策略和行动方案，合理配置人力、物力、财力等资源，确保销售计划的顺利实施，建立有效的执行机制和监控体系，确保销售计划的执行效果。

（二）不同细分行业和经营主体的销售计划编制方法

不同细分行业的销售计划编制方法各有其侧重点。在种植业中，重点放在农产品的产量、品质以及季节性上，制定出适应市场需求的生产和销售计划。畜牧业则侧重于分析畜禽养殖的成本、疾病防控和市场需求，从而制定出科学的养殖和销售计划。水产业考虑的是水产养殖的生态环境、品种选择和市场变化，制定出合理的水产品销售计划。至于农产

品加工业，则依据原材料供应、加工技术、市场需求等因素，来制定加工产品的销售策略和计划。

对于不同的经营主体，农户销售计划编制应依据自家农产品的特性，制定出小规模且灵活的销售策略，重视口碑营销和社区销售的途径。农业合作社则需整合多户农户的资源，进行统一的生产和销售规划，实现规模效应的销售策略。而农业企业则应运用现代企业管理的理念，制定全面的销售计划，涵盖市场定位、品牌建设、渠道拓展等多个方面。

（三）农业项目销售计划在信息化管理中的应用与创新

信息化管理在销售计划中的应用主要涵盖以下几个方面：市场数据的收集与分析主要依赖于信息化手段，实现精准的市场分析和预测；销售渠道管理通过电商平台、社交媒体等信息化渠道进行，拓展销售渠道并提高销售效率；客户关系管理着重于建立客户数据库，并通过 CRM 系统维护客户关系，提升客户满意度和忠诚度；库存管理运用 ERP 系统来实现库存的实时监控和预警，避免库存积压和缺货现象。

信息化管理在销售计划中的创新应用包括运用大数据技术深入挖掘和分析市场数据，揭示潜在的市场机会和消费者需求。利用 AI 技术预测市场趋势，为销售计划的制定提供科学依据。将区块链技术引入农产品销售过程，实现产品追溯和防伪，增强产品信誉度。构建智能供应链系统，实现生产、加工、销售等环节的无缝衔接和高效协同。

四、动态市场条件下农业项目营销与销售计划的优化

（一）动态市场条件下营销与销售计划的可变条件分析

在动态市场条件下，农业项目的营销与销售计划面临着众多可变因素，这些因素对计划的制定和执行具有显著影响。

农产品的供求关系直接影响市场价格和销售策略。随着消费者对健康、绿色、有机食品需求的增加，农产品市场的供求结构也发生了变化。农业企业需要密切关注市场动态，灵活调整生产计划和销售策略，适应市场需求。

政府政策对农业项目的影响不容小觑。包括农业补贴、税收政策、环保法规等在内的政策变化都可能对农业项目的成本、生产和销售产生影响。企业需要关注政策动向，及时调整经营策略。

现代农业技术的快速发展为农业项目带来新的机遇和挑战。农业企业需要关注新技术的发展，如智能农业、精准农业等，以提高生产效率和产品质量，增强市场竞争力。

随着生活水平的提高，消费者对农产品的品质、口感、营养等方面的要求也在不断提高。农业企业需要关注消费者需求的变化，通过市场调研和产品开发，满足消费者的个性化需求。

（二）产销联动、以销定产和订单农业模式对营销与销售计划的影响及案例分析

产销联动、以销定产和订单农业模式在动态市场条件下对农业项目的营销与销售计划产生了深远影响。通过加强生产和销售的协调，实现农产品的快速流通和高效销售。这种模式有助于减少库存积压，降低物流成本，提高资金周转率。例如，某农业企业通过建立农产品电商平台，实现线上销售与线下配送的有机结合，显著提升销售效率和客户满意度。根据市场需求来确定生产计划和产品种类，避免盲目生产和产品过剩。这种模式有助

于降低市场风险，提高生产效益。例如，某蔬菜种植基地根据超市和餐饮企业的订单需求，合理安排种植品种和规模，实现农产品的精准生产和销售。再者，根据市场需求预先订购农产品，农民按照订单进行种植或养殖，有助于实现产销双赢。订单农业通过减少中间环节，优化农产品供应链，提高农产品的质量和安全。例如，某有机农场与多家高端餐厅建立长期合作关系，根据餐厅的订单需求进行有机蔬菜的种植和销售，既保证了农产品的销售渠道和价格稳定，又满足了消费者对高品质食品的需求。

案例分析

兰州安宁红艺社区，作为陇货精品——白凤桃的原产地，近年来在集体经济合作社的推动下，成功实施产销联动、以销定产和订单农业模式，显著提升了白凤桃的市场竞争力和农民的收入水平。

依托其得天独厚的地理条件和丰富的果树资源，红艺社区大力发展白凤桃产业。社区内的 108 亩土地种植了 96 个品种的桃子，其中 70% 为白凤桃。通过举办桃花节、蟠桃会等推广活动，不仅提高了白凤桃的知名度，还增强了消费者对产品的信任和认同感。同时，社区积极塑造“安宁白凤桃”这一品牌形象，通过精心的包装设计和宣传文案，强调其健康美味、新鲜实惠的特点。

红艺社区将白凤桃产业与旅游、休闲、观光、采摘、农家乐等相结合，形成了一个多功能的产业基地。在夏秋季节，农家乐常常客满，游客在享受采摘乐趣的同时，也促进了白凤桃的销售。此外，社区还通过电商平台和社交媒体进行线上推广，吸引外地消费者购买，进一步拓宽了销售渠道。

红艺社区集体经济合作社采用以销定产模式，即根据市场需求来安排生产。通过收集和分析销售数据，合作社能够准确预测白凤桃的市场需求，并据此制定生产计划。这种模式有效避免了生产过剩和库存积压的问题，降低了生产成本和市场风险。

在销售过程中，合作社密切关注市场动态和消费者反馈，及时调整生产计划。例如，根据季节变化、消费者口味偏好等因素，合理调整种植结构和品种搭配，确保产品始终符合市场需求。

红艺社区积极探索新鲜直达的订单农业产销模式。消费者通过线上平台预订白凤桃，合作社按订单需求种植、采摘并直接送至消费者手中。这种模式缩短了传统农业产销链路的时间和环节，降低了中间环节的成本，提高了产品的品质和安全性。

为了满足不同消费者的个性化需求，合作社还提供定制服务。消费者根据自己的喜好选择桃子的品种、规格和包装方式等。定制服务不仅提升了消费者的购物体验，还增加了产品的附加值和竞争力。

合作社将采取多元化的营销策略来推广白凤桃。包括线上推广（如电商平台、社交媒体等）、线下推广（如参展、促销活动等）以及口碑营销等。通过多渠道的宣传和推广，提升产品的知名度和美誉度。

合作社积极拓展销售渠道，包括与超市、生鲜店、电商平台等建立合作关系，拓展产品的销售范围。同时，与果汁生产商、餐饮企业等合作，将白凤桃的应用范围扩展到更广泛的领域。

为了提升消费者的满意度和忠诚度，合作社将优化售后服务体系。提供专业的客户咨询服务，解答消费者的疑问和需求；积极处理消费者投诉，确保消费者的权益得到保障。同时，通过定期回访和满意度调查等方式，不断改进和优化服务质量。

兰州安宁红艺社区集体经济合作社通过白凤桃产销联动、以销定产和订单农业模式的实施，成功提升了白凤桃的市场竞争力和农民收入。

（三）营销与销售计划的优化思路和方法

针对动态市场条件下的农业项目，优化营销与销售计划的思路和方法主要包括：通过定期的市场调研和数据分析，了解市场需求和消费者偏好的变化，为制定和调整营销与销售计划提供数据支持。根据市场动态和竞争态势的变化，灵活调整生产计划和销售策略。例如，在市场需求旺盛时增加产量和销售渠道；在市场竞争加剧时加强品牌建设和差异化竞争。通过品牌建设提高农产品的知名度和美誉度，增强市场竞争力。企业通过广告宣传、产品包装、服务质量等方面入手，打造具有特色的品牌形象。拓展销售渠道和建立稳定的合作关系，提高农产品的市场覆盖率和销售效率。企业利用电商平台、社交媒体等新兴渠道进行线上销售；同时，加强与超市、餐饮企业等传统渠道的合作，实现线上线下相结合的销售模式。建立良好的客户关系管理系统，加强与客户的沟通和互动，了解客户需求和反馈意见，提高客户满意度和忠诚度。企业定期举办客户活动、提供优质的售后服务等方式来加强客户关系管理。在动态市场条件下，农业项目的营销与销售计划需要密切关注市场动态和消费者需求的变化，灵活调整策略和优化计划；同时加强品牌建设、优化销售渠道和注重客户关系管理等方面的工作，提高市场竞争力和销售效益。

 五、农业项目经营管理目标分解和责任协调落实

（一）农业项目生产经营目标分解的原则及信息化准备工作

1. 整分合原则、一致性原则的概念和应用

整分合原则构成现代管理活动的核心，它指导管理者在全面规划的同时明确分工，并在分工的基础上实现有效的整合。在农业项目生产经营目标的分解过程中，整分合原则的运用表现在明确农业项目的总体目标和战略方向，如提高农业生产效率、增加农产品产量和质量、促进农民增收等。将总体目标细化为具体、可操作的子目标或任务，并分配给不同的部门、团队或个人，确保每个部分都有明确的工作内容和责任。分解后需加强各部门、团队和个人之间的沟通与协作，确保各子目标之间的协调一致，共同推动总体目标的实现。

一致性原则要求农业项目生产经营目标在分解过程中保持与总体目标方向一致，内容上下贯通。具体而言，在目标方向的一致性上，各子目标必须紧密围绕总体目标展开，确保方向上的高度一致性。在内容的连贯性上，各子目标之间应相互衔接，形成一个完整、有机的目标体系，避免出现脱节或矛盾。

为了贯彻整分合原则和一致性原则，农业项目必须进行信息化的前期准备。建立一个完善的信息系统，包括构建一个农业项目信息管理系统，实现项目信息的集中存储、共享和管理。通过加强智能农机装备、物联网技术、遥感监测等在农业生产、经营和管理中的运用，提升农业生产的智能化程度。对农业项目团队进行信息化培训，增强其信息素养和

数字技能，确保他们能够有效地使用信息化工具进行目标分解、任务执行和绩效评估等工作。

2. 限制性条件和因素的分析与应用

在农业项目生产经营目标的分解过程中，必须全面考虑各种限制性条件和因素，包括自然条件、技术条件和经济条件等。这些因素可能会对目标的实现产生负面影响，因此，提前进行识别和分析是必要的。气候、土壤和水源等要素对农业生产有着显著的影响，它们的限制作用在目标分解时必须得到充分的考虑。技术水平和设备状况同样是关键的限制因素。技术落后或设备陈旧可能会导致生产效率低下或产品质量不达标。至于经济条件，资金状况和市场动态也是目标分解时必须考虑的因素。资金不足可能会限制生产规模的扩展或新技术的采纳；而市场需求的波动则可能影响产品的销售情况。

针对限制性条件和因素，采取以下策略进行应对。对限制性因素进行细致的风险评估，确定它们对目标实现的影响程度和发生的可能性。基于风险评估的结果，制定相应的应对策略和预案，减轻或消除限制性因素的潜在影响。在项目实施过程中，持续监控限制性因素的变化，并根据实际情况对目标分解方案进行适时调整。

3. 协调平衡原则及工作分解结构（WBS）等方法的应用

协调平衡原则强调在农业项目的生产经营目标分解过程中，必须重视各子目标之间的相互协调与平衡，确保各部分的协同进步，共同促进整体目标的达成。合理规划各子目标的时间节点和进度安排，保证各项工作的有序展开，防止时间上的冲突或延误，根据各子目标的实际需求，合理分配包括人力资源、物质资源和财务资源在内的各种资源，确保资源的有效利用和产出的最大化，关注所有参与方的利益诉求和差异，通过沟通和协调，达成利益共识和平衡。WBS 是一种将项目总体目标逐层细化为更具体、更细小任务的方法。在农业项目的生产经营目标分解中，应用 WBS 有助于项目团队更清晰地掌握各项任务的具体内容和责任归属。构建 WBS 时，应依据项目总体目标和战略方向来构建 WBS 框架，并将总体目标逐层细化为具体任务或工作包，将分解后的任务或工作包指派给相应的部门、团队或个人，并明确其责任和工作要求，通过 WBS 框架对各项任务的进度进行监控和管理，确保所有工作能够按计划顺利推进。

（二）信息化管理在主要职能部门协调落实中的应用案例分析

案例分析

甘肃农垦集团有限责任公司（以下简称“甘肃农垦集团”），作为甘肃省内领先的农业综合企业，近年来在信息化管理领域取得了显著成就，尤其是在促进主要职能部门之间的协调与执行方面，信息化技术发挥了关键作用。随着农业现代化的推进，甘肃农垦集团面临着提高生产效率、优化资源配置、强化安全生产等多重挑战。为了应对这些挑战，集团决定全面推行信息化管理，利用信息化技术促进主要职能部门之间的协调与执行，从而提升整体运营效率和管理水平。

甘肃农垦集团构建了一个统一的信息化平台，将财务、生产、销售、安全等关键职能部门整合其中。该平台不仅实现数据的即时共享，还提供强大的数据分析功能，为管理层提供有力的决策支持。

通过信息化管理，集团对关键职能部门的业务流程进行优化。例如，在财务与采购部门的协作中，实现采购订单的在线审批和支付流程的自动化，显著提升审批效率和资金流转速度。同时，销售与生产部门之间也实现订单的即时传递和生产计划的动态调整，确保产品的及时供应。

安全生产是农业企业的核心。甘肃农垦集团利用信息化技术，建立全面的安全生产管理体系。通过部署监控摄像头、传感器等设备，实现对生产现场的实时监控和预警。同时，通过信息化平台，安全管理部门实时查看各生产单位的安全生产状况，及时发现并处理安全隐患。此外，集团还定期举办安全生产培训和演练，提高员工的安全意识和应急处理能力。

信息化管理为甘肃农垦集团的决策提供科学依据。通过大数据分析和数据挖掘技术，集团能够深入研究和分析市场趋势、生产成本、产品质量等关键指标。分析结果不仅为管理层的决策提供有力支持，还帮助集团及时调整经营策略和优化资源配置。

经过一段时间的实施和推广，甘肃农垦集团的信息化管理取得了显著成效。主要职能部门之间的协调与执行更加顺畅高效，生产效率和产品质量显著提升。同时，安全生产管理水平也得到加强，为企业的稳定发展提供坚实保障。此外，信息化管理还推动企业的数字化转型和智能化升级，为企业的长远发展奠定坚实基础。

信息化管理在甘肃农垦集团主要职能部门的协调与执行中的应用取得了显著成效。这一案例不仅展示了信息化管理在农业企业中的重要作用和价值，也为其他企业提供了有益的借鉴和参考。

六、农业项目信息化管理中的岗位目标制定和考核

（一）农业项目生产经营岗位目标制定的原则、标准及一般性方法

农业项目生产经营岗位目标制定的原则包括科学性、系统性、量化性和动态性。科学性指的是目标的制定必须基于科学的市场调研、行业分析以及企业实际情况，确保目标的合理性和可行性；系统性意味着将总目标分解至各个岗位，确保每个岗位的目标与整体目标紧密相连，形成一个完整的系统；量化性指的是尽可能将目标具体化，以便于考核和评估；动态性指的是根据市场环境、政策变化以及项目进展，及时调整目标，保证日标的适应性和有效性。

农业项目生产经营岗位目标的设定应遵循 SMART 原则和平衡计分卡（BSC）。SMART 原则包括具体性（Specific）、可测量性（Measurable）、可实现性（Achievable）、相关性（Relevant）及时限性（Time-bound）。BSC 则从财务、客户、内部流程、学习与成长四个维度出发，确保目标的全面性和平衡性。

农业项目生产经营岗位目标的设定一般性方法有以下几种：

1. 岗位责任的职能分解与目标设定

通过分析各岗位的职能特点，明确其在项目中的角色和功能。依据项目总体目标，将相关职能目标细化至各个岗位，确保每个岗位都有明确的职责和任务。

2. 业绩导向型目标制定与岗位责任分配

将项目经营性目标（如产量、收入、利润等）细化至各个生产经营岗位。依据各岗

位的重要性及贡献度，实施加权分配目标，确保激励措施与责任承担相匹配。

3. 过程导向型目标制定与岗位责任分配

专注于提升管理体系的运作效率与成效，设定旨在增强管理效能的目标。将目标细化至各个管理职位，强调过程控制与管理流程的优化。

（二）信息化管理在经营岗位目标优化和考核中的应用案例分析

案例分析

一、企业背景

山东诸城市对外贸易集团有限公司（以下简称“诸城外贸”），作为国家重点企业和全国农业产业化经营的龙头企业，始终在农业国际化和现代化进程中扮演着关键角色。公司资产达30亿元，拥有2万名员工，旗下拥有60家直属企业和17家中外合资企业，是全国最大的肉鸡、玉米淀粉、天然色素生产出口基地。近年来，诸城外贸积极回应国家信息化建设的号召，将信息化管理融入企业日常经营，特别是在经营岗位目标优化和考核方面取得了显著成果。

二、信息化管理的引入

面对激烈的市场竞争和不断变化的市场需求，诸城外贸认识到传统管理方式已无法满足企业发展的需求。为了提高管理效率，优化经营岗位目标，实现精准考核，公司决定引入信息化管理。通过构建完善的信息管理系统，实现数据的实时采集、处理与分析，为企业的战略决策和日常运营提供有力支持。

三、信息化管理在经营岗位目标优化中的应用

1. 数据驱动的岗位目标设定

诸城外贸利用信息管理系统，收集并分析历史数据、市场趋势及客户需求等信息，为各经营岗位设定科学合理的目标。通过数据驱动，企业能够更准确地预测市场变化，调整生产计划，优化资源配置，确保岗位目标的合理性和可行性。

2. 实时监控与动态调整

信息管理系统能够实时监控各经营岗位的工作进度和绩效表现，为管理层提供及时的反馈。一旦发现偏离目标的情况，企业能够迅速采取措施进行动态调整，确保岗位目标的顺利实现。这种实时监控和动态调整的能力，显著提升企业的应变能力和市场竞争力。

四、信息化管理在考核中的应用

1. 量化考核指标的建立

诸城外贸利用信息管理系统，将各经营岗位的考核指标进行量化处理。通过设定明确的量化标准，企业能够更客观、公正地评价员工的绩效表现。同时，量化考核指标也有助于员工明确自己的工作方向和目标，激发其工作积极性和创造力。

2. 自动化考核流程

信息管理系统实现了考核流程的自动化处理。员工只需按照系统提示提交相关数据和材料，系统即可自动完成考核评分和结果汇总。不仅大幅提高考核效率，还减少人为因素的干扰，确保考核结果的公正性和准确性。

3. 反馈与改进机制

通过信息管理系统，诸城外贸建立完善的反馈与改进机制。员工可实时查看自己的考核结果和反馈意见，并根据需要进行自我改进和提升。同时，管理层根据考核结果和反馈意见，对经营岗位的目标和考核指标进行持续优化和完善。

五、成效与启示

经过几年的实践，诸城外贸在信息化管理取得了显著成效。企业的管理效率得到大幅提升，经营岗位的目标设定更加科学合理，考核流程更加公正透明。不仅激发了员工的工作积极性和创造力，还为企业的发展注入新的活力。

诸城外贸的成功案例为其他农业企业提供了有益的启示。在信息化时代，农业企业应积极拥抱信息化管理，利用现代信息技术手段优化经营岗位目标、提升管理效率、实现精准考核。只有这样，才能在激烈的市场竞争中保持不败之地，实现可持续发展。

思考题

1. 简述不同细分行业和经营主体的生产组织的信息收集渠道。

2. 设计一个信息收集的表格。

3. 基于信息技术的高速化、传感器技术的精准化和物联网和大数据技术的智能化趋势，描述农业信息收集模式创新趋势，并对具体案例进行分析。

4. 叙述农产品商贸流通模式的分类、特点和发展趋势。

5. 叙述农业项目生产计划编制及信息化管理应用中，针对不同细分行业和经营主体的生产计划编制方法。

第二章　组织管理

第一节　生产要素组织

一、农业生产基地概述

（一）农业生产基地、产业集群及产业带的概念、构成要素、政策环境及发展历程

农业生产基地指的是那些具备特定农业生产条件，并且能够集中连片进行某类或几类农产品生产的区域。这些区域通常自然资源丰富、生产条件优越、技术基础扎实，是确保国家粮食安全和重要农产品有效供给的关键基础。

农业产业集群则是在一定地理范围内，围绕某一主导产业（如种植业或养殖业），众多具有共性与互补性的相关企业、农户、专业合作组织以及科研机构等，通过复杂的网络关系紧密相连，形成一个具有强大且持续竞争优势的空间集聚体。

农业产业带是基于资源禀赋、生产条件、市场需求等多重因素，在更广阔的区域内形成的具有鲜明地域特色和较强竞争力的农业生产区域。

它们的构成要素各有特色。农业生产基地的构成要素主要包括土地、水资源、气候条件、农业基础设施、农业科技、农业劳动力等。而农业产业集群的构成要素更为复杂，除了上述要素外，还包括龙头企业、专业合作组织、农产品加工企业、物流运输企业、科研机构及金融机构等。农业产业带的形成则依赖于区域间的资源禀赋差异、市场需求变化以及政策引导等因素。

近年来，国家对农业生产基地、产业集群及产业带的发展给予极大的关注，并出台一系列扶持政策。例如，通过财政补贴、税收优惠、金融支持等手段，鼓励龙头企业、农民合作社等新型农业经营主体参与农业生产基地建设；通过制定产业发展规划、加强基础设施建设、推动科技创新等措施，促进农业产业集群的形成和发展；同时，通过加强区域合作、推动产业融合等方式，打造具有竞争力的农业产业带。

我国农业生产基地、产业集群及产业带的发展经历了从单一生产向多元化、规模化、集约化转变的过程。随着农业科技的进步和市场需求的变化，农业生产逐渐从传统的家庭经营向现代农业转变。农业生产基地、产业集群及产业带作为现代农业发展的重要载体，其规模不断扩大、功能不断完善、竞争力不断增强。

（二）我国农业生产基地的特点、困境及破解路径

我国农业生产基地展现出鲜明的区域特色、较大的生产规模和坚实的技术基础。各地根据自身的资源条件和市场需求，发展出具有地方特色的农业生产基地。随着现代农业的

进步，这些基地逐步实现了标准化、品牌化和信息化，从而提升了农产品的质量和市场竞争力。

尽管我国农业生产基地取得了显著的成就，但仍然存在一些挑战。例如，基础设施的相对落后制约了农业生产效率的提升；农业科技创新能力不足，难以满足现代农业发展的需求；农产品市场信息不对称，使得农民在市场交易中处于不利地位。

为了加强基础设施建设，应当增加对农业生产基地基础设施的投资，提高农业生产的机械化和信息化水平。加强农业科技的研发和推广，提升农产品的科技含量和附加值，建立和完善农产品市场信息体系，增强农民获取市场信息的能力和水平，鼓励龙头企业、农民合作社等新型农业经营主体参与农业生产基地的建设和管理运营工作。

（三）农业生产基地在农业产业化、信息化发展中的角色和作用

在农业产业化过程中，农业生产基地构成了其核心。通过实施集中连片的农业生产模式，能够促进规模化经营和标准化生产，从而降低生产成本并提升产品质量。此外，农业生产基地能够吸引新型农业经营主体如龙头企业等的入驻，构建起完整的产业链条和利益联结机制，进一步推动农业产业化的发展。

农业生产基地在农业信息化进程中扮演着关键角色。通过采纳信息化技术和管理方法，农业生产过程能够实现精准监测和智能化管理，进而提升农业生产效率和产品质量。同时，农业生产基地还充当农产品信息收集和发布的平台，为农民提供及时、准确的市场信息和技术指导服务。

在农业现代化的推进中，农业生产基地占据着重要的地位和作用。通过加强基础设施建设、推动科技创新、完善市场信息体系以及培育新型农业经营主体等措施的实施，进一步发挥农业生产基地的优势和潜力，促进农业产业化和信息化的深入发展。

二、中外农业生产基地的发展现状和特点分析

（一）国内农业生产基地、产业集群及产业带的现状、问题、发展趋势及案例分析

中国的农业生产基地、产业集群及产业带近年来取得了显著的发展。自改革开放以来，农村责任制的实施极大地解放了农村生产力，推动农业生产的快速发展。目前，国内已经形成多个农业产业集群和产业带，如小麦大省河南的面食深加工产业集群、内蒙古的乳业产业集群、重庆的榨菜产业集群以及海南的椰子产业集群等。产业集群在地理上相对集中，通过专业化分工和协作，实现生产效率和市场竞争力的提升。

然而，国内农业产业集群的发展仍面临一些挑战。农业产业集群起步较晚，发展规模较小，大部分集群以中小型企业为主，缺乏大型主导企业；农业生产基地的配套设施不完善，管理不规范，导致生产效率低下；农业产业集群内企业间的合作机制不健全，缺乏统一的管理模式和品牌效应，难以形成有效的集体竞争力。

未来，国内农业生产基地、产业集群及产业带的发展将呈现以下趋势：随着土地流转政策的推进和农业现代化的加速，农业生产将向规模化、集约化方向发展，提高生产效率和降低成本。现代农业科技的广泛应用将推动农业生产方式的变革，提高农产品的产量和质量。物联网、大数据等技术的应用将实现农业生产的智能化管理。通过提升产品品质和品牌形象来增强市场竞争力。同时，市场化运作将促进农业产业链的整合和优化。

案例分析

陇西县首阳中药材交易市场，作为甘肃省乃至全国知名的中药材集散地，其发展历程与产业集群的崛起和转型紧密相关。

一、背景介绍

陇西县首阳中药材交易市场始建于1992年，位于甘肃省定西市陇西县首阳镇。2010年，甘肃江能医药科技集团投资2.6亿元进行市场搬迁重建，打造了一个集中药材采购销售、现货交易、信息发布、仓储物流四大功能为一体的现代化中药材交易市场。市场占地面积10万平方米，可容纳3 000多商户从事中药材原药、饮片等的交易，年交易量达10万吨，年交易额超过30亿元。

二、产业集群的形成与发展

1. 资源禀赋与区位优势

陇西县地处黄土高原、青藏高原和西秦岭交会地带，独特的地理位置和气候条件孕育了丰富的中药材资源。首阳中药材交易市场依托这一资源优势，吸引了大量中药材种植户、加工商和采购商，逐渐形成中药材产业集群。

2. 政策扶持与基础设施建设

近年来，定西市和陇西县政府高度重视中药材产业的发展，出台了一系列扶持政策，包括资金补贴、税收优惠、技术培训等。同时，加强基础设施建设，如道路管网、污水处理、仓储物流等，为产业集群的发展提供有力保障。

3. 产业链整合与升级

随着市场的发展，中药材产业链不断整合与升级。从源头种植到精深加工，再到仓储物流、市场交易，各环节紧密相连，形成了完整的产业链。特别是通过引入现代仓储物流技术和电子商务平台，实现中药材产业的高效运转和线上线下融合。

三、产业集群的发展趋势

1. 标准化与品牌化

未来，陇西县首阳中药材交易市场将继续推进中药材标准化种植和加工，提升产品质量和附加值。同时，加强品牌建设，打造具有影响力的中药材品牌，提升市场竞争力。

2. 数字化与智能化

随着信息技术的快速发展，中药材产业集群将加速向数字化和智能化转型。通过运用大数据、物联网、区块链等先进技术，实现中药材种植、加工、仓储、物流、交易等全环节的数字化管理，提高运营效率和市场响应速度。

3. 国际化与多元化

面对全球中药材市场的广阔前景，陇西县首阳中药材交易市场将积极拓展国际市场，加强与国外采购商和经销商的合作与交流。同时，推动中药材产品的多元化开发，满足不同消费者的需求。

4. 绿色化与可持续化

在发展过程中，陇西县首阳中药材交易市场将坚持绿色发展理念，注重生态环境保护。通过推广绿色种植技术、节能减排等措施，实现中药材产业的可持续发展。

四、结论

陇西县首阳中药材交易市场的成功实践表明，产业集群的形成与发展离不开资源禀赋、政策扶持、基础设施建设、产业链整合与升级等多因素的共同作用。随着标准化、品牌化、数字化、智能化、国际化、多元化和绿色化等趋势的深入推进，陇西县首阳中药材交易市场的产业集群将焕发出更加蓬勃的生命力，为中药材产业的繁荣发展作出更大贡献。

（二）发达国家农业生产基地、产业集群及产业带的发展现状、趋势及案例分析

农业发达国家，如美国、法国和荷兰，已经拥有高度成熟的农业生产基地、产业集群和产业带。这些国家的农业产业集群在地理上集中，配备了完善的基础设施和高效的管理模式。例如，法国的波尔多葡萄酒产业集群、荷兰的花卉和蔬菜产业集群，以及美国加州的葡萄酒产业集群，都是全球知名的农业产业集群。农业发达国家在农业生产基地、产业集群和产业带的发展趋势上主要体现在：随着全球对环境保护和可持续发展的日益重视，农业发达国家更加注重农业生产的生态效应和可持续性，科技创新是推动农业产业集群持续发展的核心。农业发达国家不断加大科技投入，推动农业生产的智能化、精准化和高效化，农业发达国家的农业产业集群更加注重国际化发展，通过拓展国际市场和加强国际合作等方式来提升自身的竞争力。

案例分析

美国爱荷华州，作为全球知名的玉米种植产业带之一，其玉米产业不仅在国内占据举足轻重的地位，而且在全球农业市场中也具有显著的影响力。接下来我们将以爱荷华州玉米种植产业带为例，分析国外产业带的发展趋势，探讨其背后的驱动因素及未来展望。

得益于其肥沃的土地、适宜的气候条件以及先进的农业技术，爱荷华州已成为美国玉米种植的核心区域。近年来，该州的玉米产量持续稳定增长，不仅满足国内市场需求，还大量出口至国际市场。随着农业科技的不断进步和种植密度的提高，爱荷华州的玉米单产水平也显著提升，进一步巩固了其在全球玉米市场中的领先地位。

技术创新是推动爱荷华州玉米种植产业带持续发展的关键动力。近年来，该州积极引进和应用先进的农业技术，包括精准农业、生物技术和智能农机等，有效提升了玉米种植的效率和质量。例如，通过提高种植密度和优化种子品种，爱荷华州的玉米单产水平显著提高。智能农机和无人机等现代农业装备的应用，也极大地减轻农民的劳动强度，提高农业生产效率。

在全球对气候变化和环境保护日益重视的背景下，爱荷华州玉米种植产业带正积极向可持续发展和绿色农业转型。该州鼓励农民采用环保的种植方式，减少化肥和农药的使用量，降低农业生产对环境的影响。同时，通过推广有机农业和生态农业等新型农业模式，爱荷华州玉米种植产业带在追求经济效益的同时，也注重生态效益和社会效益的协调发展。

为了进一步增强产业竞争力，爱荷华州玉米种植产业带正积极推动产业链的延伸和

多元化发展。该州不仅重视玉米的种植和加工环节，还积极发展玉米深加工产业，如乙醇生产、饲料加工和食品加工等。通过产业链的延伸和多元化发展，爱荷华州玉米种植产业带实现了从原料到产品的全链条覆盖，提高了产业附加值和市场竞争力。

随着全球化的加速推进，爱荷华州玉米种植产业带也积极参与国际贸易合作。该州利用自身的玉米种植优势，积极开拓国际市场，与多个国家和地区建立稳定的贸易关系。通过国际贸易合作，爱荷华州玉米种植产业带不仅扩大了市场份额，还提高了自身的国际知名度和影响力。

未来，爱荷华州玉米种植产业带有望继续保持稳健的发展态势。随着农业科技的不断进步和全球市场的不断拓展，该产业带有望实现更高水平的增长和更广泛的国际合作。同时，随着可持续发展和绿色农业理念的深入人心，爱荷华州玉米种植产业带也将更加注重生态效益和社会效益的协调发展，为全球农业可持续发展做出更大的贡献。

美国爱荷华州玉米种植产业带作为国外产业带发展的典型案例，其发展趋势体现了技术创新、可持续发展、产业链延伸和全球化合作等重要特征。这些特征不仅推动了该产业带的持续健康发展，也为其他国家和地区的农业产业发展提供有益的借鉴和启示。

中外农业生产基地、产业集群以及产业带的发展现状和特点存在差异。国内的农业生产基地在迅速发展的同时，仍面临一些挑战需要解决；与此同时，农业发达国家则依靠其成熟的发展模式和技术优势保持其领先地位。展望未来，随着全球农业产业的持续发展和变革，各国的农业生产基地、产业集群及产业带的发展趋势将趋向于更加多元化和协同化。

三、农业产业化发展对生产基地的影响及应对策略

（一）传统农业生产基地在产业化发展趋势中的挑战

随着农业产业化进程的推进，传统农业生产基地面临的主要挑战是向市场化导向的转变。生产基地必须更紧密地与市场接轨，依据市场需求调整种植结构和生产规模。但是，许多传统生产基地仍然缺乏市场信息和销售渠道，导致生产与市场需求脱节，进而造成产品滞销。

农业产业化不仅追求经济效益的提升，还强调社会效益的重要性。传统生产基地通常只关注产量和经济效益，而忽略生态效益和社会效益。在产业化的趋势下，生产基地需要实现经济效益、生态效益和社会效益的平衡发展。

农业产业化还强调发展重点产业和核心产品，提高农产品的附加值和市场竞争力。然而，传统生产基地往往产品种类繁多、规模小、品质参差不齐，难以形成具有市场竞争力的重点产业和核心产品。

此外，农业产业化要求实现第一、第二、第三产业的融合，构建完整的产业链。但传统生产基地往往只关注种植环节，而忽视加工、销售等环节，导致产业链的不完整和附加值的低下。

随着信息技术的迅猛发展，农业生产也逐步向信息化、智能化、无人化方向转型。然而，传统生产基地通常缺乏这些先进技术和管理模式，导致生产效率低下和成本高昂。

（二）农业生产基地的发展路径及意义

通过土地流转和合作经营等模式，实现农业生产的规模化经营。这种做法有助于降低生产成本，提升生产效率，并增强市场竞争力。规模化经营同样促进了农业机械化和信息化的普及与应用。

精致农业专注于提升农产品的品质和附加值。通过引入优质品种、推广先进的种植技术、加强品牌建设等措施，提高农产品的品质和附加值，不仅满足了消费者对高品质农产品的需求，还提升了农业生产基地的市场竞争力。

智慧农业和设施农业是现代农业发展的关键方向。利用物联网、大数据、人工智能等前沿技术，实现农业生产的智能化和精准化管理。设施农业通过建立温室、大棚等设施，优化了农业生产环境，进而提高农产品的产量和品质。这些措施有助于提升农业生产效率和市场竞争力。

休闲农业和创意农业代表农业与旅游业、文化产业等领域的融合创新。通过开发农业旅游资源、组织农业节庆活动等手段，吸引游客前来观光、体验和消费，不仅拓展了农业生产基地的功能和业务范围，还提高了经济效益和社会效益。

（三）"大循环""双循环"模式对农业生产基地的影响及应对策略

"大循环"和"双循环"模式强调国内市场和国际市场的互动和融合。对于农业生产基地来说，意味着需要更加关注国内外市场需求的变化和趋势，及时调整生产结构和产品结构。同时，"大循环"和"双循环"模式也要求农业生产基地加强与其他产业的融合和协作，形成完整的产业链和供应链。

在当前的背景下，农业生产基地应采取以下应对策略，加强市场研究，密切关注国内外市场需求的变化趋势，并及时调整生产结构和产品结构；提升产品质量和附加值，通过引进优质品种、推广先进种植技术、加强品牌建设等手段，提高农产品的品质和附加值；加强产业链协作，与加工企业、销售企业等建立紧密的合作关系，形成完整的产业链和供应链。推进信息化、智能化建设，应用物联网、大数据、人工智能等先进技术，提高农业生产效率和管理水平；拓展多元化业务，发展休闲农业、创意农业等混合业态，拓展农业生产基地的功能和业务范围。

通过实施上述策略，农业生产基地能够更好地适应"大循环"和"双循环"模式的发展需求，从而实现经济效益、生态效益和社会效益的和谐统一。

四、种植类农业生产基地状况评估

（一）种植类农业生产基地的特点、运营模式及关键运营指标

1. 粮食类作物种植生产基地

粮食类作物种植生产基地的特点是规模化生产，即种植基地通常拥有较大的规模，满足市场需求。采用机械化种植、收割和管理以提高生产效率。此外，品种选择也是关键，根据地区气候和土壤条件选择适宜的粮食作物品种。

粮食类作物种植生产基地的运营模式主要包括两种。一是订单农业，通过与加工企业或销售商签订种植合同，按照合同规定进行生产；二是合作社模式，农户通过合作社组织起来，共同进行生产、销售和管理。此外，还有部分农场采取自产自销的方式，直接面向

市场销售粮食产品。

粮食类作物种植生产基地的关键运营指标包括产量、成本、市场价格和品质等方面。单位面积产量是衡量生产效益的重要指标，成本包括种子、化肥、农药、机械租赁、劳动力等成本，粮食的市场价格直接影响基地的收入，粮食的品质决定了产品的市场竞争力。

2. 蔬果类作物种植生产基地

蔬果类作物种植生产基地的特点涵盖了满足市场的需求，这些基地通常会种植多种蔬菜和水果，展现出种植的多样性；蔬果类作物对生长环境有着较高的要求，因此需要实施精细化的管理措施；不同的蔬果具有各自的生长周期和季节特性，使得基地的运营具有明显的季节性特征。

蔬果类作物种植生产基地的运营模式包括采摘体验、直销模式、线上销售等，一些基地提供游客采摘体验服务，吸引消费者，基地通过超市、农贸市场等渠道直接将产品销售给消费者，利用电商平台进行产品销售，拓展销售渠道。

蔬果类作物种植生产基地的关键运营指标包括产量与品质，它们直接影响产品的市场接受度和售价。采摘期要合理安排采摘时间，确保产品的新鲜度。不同的销售渠道价格差异较大，需要合理选择以优化收益。

3. 其他经济作物种植生产基地

（1）特点。

①高附加值：即经济作物通常具有较高的经济价值。

②技术密集：意味着种植过程中需要较高的技术投入。

③市场需求波动大：受国际市场、政策等多种因素影响。

（2）运营模式。

①订单农业：即与加工企业签订种植合同，降低市场风险。

②出口导向：指部分基地专注于出口市场，对品质要求更高。

③深加工：意味着部分基地拥有深加工能力，从而提高产品附加值。

（3）关键运营指标。

①产量与品质，这两者直接影响产品的市场竞争力。

②由于经济作物种植成本较高，需严格控制成本。

③关注市场动态，及时调整种植计划。

（二）种植类生产基地评估报告的编制方法

种植类生产基地评估报告的编制方法需要明确评估目的与范围，包括确定评估的具体目标、对象及范围，如土地面积、作物种类、生产模式等。必须收集基础数据，通过实地调查、访谈、查阅相关资料等方式，收集基地的土地质量、种植技术、产量、成本、市场价格等基础数据。分析评估指标是必要的，包括根据种植类生产基地的特点和运营模式，选取合适的评估指标，如产量、品质、成本、市场价格、销售渠道等。评估方法的运用，包括采用市场比较法、成本法、收益法等多种方法，对收集到的数据进行分析处理，得出评估结果。评估报告的编制包括将评估结果整理成报告，涵盖基地概况、评估方法、评估结果、问题与建议等内容。最后，需要进行审核与反馈，对评估报告进行审核，确保数据的准确性和评估的客观性，并向相关方反馈评估结果，为基地的后续发展提供参考依据。

通过上述方法，能够科学且全面地评估种植类农业生产基地的状况，为投资者、经营者和管理者提供有力的决策支持。

五、养殖类农业生产基地状况评估

（一）养殖类农业生产基地的特点、运营模式及关键运营指标

1. 畜禽类养殖生产基地

畜禽类养殖生产基地通常具备规模化、集约化、标准化的特征。这些基地通过科学的管理和先进的养殖技术，确保畜禽高效且健康地成长。基地内设施齐全，涵盖养殖场舍、饲料储存与加工区、疫病防控区等，为畜禽提供优良的生长环境。

畜禽类养殖生产基地的运营模式呈现多样性，涵盖“公司+农户”模式、家庭农场模式、合作社模式等多种形式。这些模式通过整合资源和共享利益，有效提升了养殖效率和产品质量。与此同时，一些规模较大的养殖企业采纳全产业链的运营模式，该模式包括饲料生产、养殖、屠宰加工、销售等多个环节，从而实现产业的一体化经营。

畜禽类养殖生产基地的关键运营指标主要包括养殖规模、饲料转化率、疫病防控能力、养殖成本及产品质量与安全性等诸多方面。养殖规模如生猪的存栏量和出栏量，反映了基地的生产能力；饲料转化率即饲料投入与畜禽增重的比例，体现了养殖效率；通过疫苗接种、环境消毒等措施来降低疫病发生率。养殖成本包括饲料、兽药、人工、设备等各项开支，这些因素影响养殖效益；产品质量与安全性，通过检测肉类产品的营养成分、药物残留等指标，确保产品符合安全标准。

2. 水产类养殖生产基地

水产养殖生产基地通常建立在丰富的水域资源之上，如湖泊、河流和海洋。基地通过科学规划和合理布局，实现水产品的集约化和生态化养殖。基地内的设施包括养殖池塘、网箱、水质净化系统等，确保水产品能在优良的水质环境中健康成长。

水产类养殖生产基地的运营模式涵盖池塘养殖、网箱养殖、工厂化养殖等多种形式。这些模式的选择基于水域条件、市场需求以及养殖品种的特性。此外，一些养殖基地还采纳了循环水养殖技术，提升水资源的使用效率和养殖的经济效益。

水产类养殖生产基地的关键运营指标包括养殖面积与产量，反映了基地的生产规模和产出能力；通过检测水体的温度、pH 值、溶解氧等指标来确保水质符合养殖要求；饲料投喂量与投喂效率影响水产品的生长速度和养殖成本；通过水质调控、药物防治等措施来降低病害发生率；检测水产品的营养成分、重金属含量等指标，确保产品符合安全标准。

3. 其他特种养殖类生产基地

特种养殖类生产基地通常专注于养殖具有特殊经济价值或药用价值的动物或植物，如蜜蜂、蚕、蝎子、鹿等。基地通过精细化管理和特色养殖技术，致力于生产高附加值的产品。

特种养殖类生产基地的运营模式相当灵活，能够根据市场需求以及养殖品种的特性进行选择。一些基地采取“公司+基地+农户”的模式，通过订单农业和技术指导，促进周边农户的共同繁荣发展。

其他特种养殖类生产基地的关键运营指标涵盖多个方面，养殖品种与规模体现了基地的特色及其生产能力；养殖技术与管理水平则影响着产品的产量和质量；市场需求与价格决定了产品的销售渠道和经济效益；而成本控制与盈利能力则通过优化养殖技术和管理手

段来降低成本，提升盈利能力。

（二）养殖类生产基地评估报告的编制方法

在撰写养殖类生产基地评估报告时，应遵循以下步骤和方法：

1. 确定评估的目标和范围

依据评估需求，明确评估的具体目标和范围，如对基地的经营状况、环境影响、可持续发展能力等进行评估。

2. 搜集基础数据和信息

通过实地考察、问卷调查、查阅文献资料等手段，获取养殖基地的基本情况、生产数据、环境状况等信息。

3. 对关键运营指标进行分析

利用收集的数据和信息，深入分析养殖基地的养殖规模、饲料转化率、疫病防控能力、产品质量与安全性等关键运营指标。

4. 评估经营状况和环境影响

基于关键运营指标的分析结果，对养殖基地的经营状况和环境影响进行评估。评估内容包括生产效益、成本控制、市场竞争力、环境影响等。

5. 提出改进建议和发展方向

根据评估结果，针对养殖基地面临的问题和不足，提出切实可行的改进建议和发展方向。建议应有助于养殖基地的可持续发展。

6. 撰写评估报告

将评估的目标、范围、方法、过程、结果和建议等内容整合成评估报告。报告应具有清晰的结构、严密的逻辑和准确的数据。

六、综合型农业生产基地及产业集群、产业带状况评估

（一）农业产业集群、产业带的类型和特点

农业产业集群和产业带是现代农业发展的重要形式，它们通常基于特定的资源禀赋、区位优势和市场需求，形成具有明显产业特征和竞争优势的区域性经济群体。

1. 农业产业集群和产业带类型

（1）资源依托型如东北的玉米带、云南的鲜花带等，这些区域依靠丰富的自然资源和独特的气候条件，发展特色农产品，形成产业链。

（2）通过专业市场或批发交易中心带动生产，形成农产品流通产业集群，如山东寿光的蔬菜批发市场集群。

（3）龙头企业带动型以核心企业为向导，实现农副产品精深开发和高科技创新集合，如双汇品牌附带的猪肉加工厂。

2. 农业产业集群和产业带特点

（1）农业产业集群涉及众多相关产业服务部门和组织，产业链长，易产生新的分工环节。

（2）农户是农业产业集群的重要参与单位，为集群内的企业提供产品和原料，同时需要企业和组织的产前、产中和产后服务。

（3）需要强有力的组织代表众多农户的利益，将分散的农户组织起来，与龙头企业、服务组织和政府机关等进行集体谈判。

（4）农业产业集群的发展带动了地方基础设施的配套和完善，提升了政府的公共服务水平。

（5）农业产业集群具有强烈的文化根植性，地方文化色彩浓厚，各具特点。

（二）综合型农业生产基地的运营模式和关键运营指标

1. 综合型农业生产基地的运营模式：

（1）以核心产业产品为主导、其他业态相配套的运营模式。在核心产业的选择上，倾向于那些在市场上具有竞争力和发展潜力的主导产业，如茶叶、水果等。围绕核心产业，发展加工、销售、物流、研发、休闲等相关产业，形成一个完整的产业链闭环。在关键运营指标方面，关注产品产量、品质、市场占有率、加工附加值、游客数量等关键数据。

（2）综合型多业态并行发展的运营模式。同时发展多种农业产业，包括种植业、养殖业、加工业、旅游业等，实现多元化经营；利用区域内的资源禀赋，实现资源的优化配置和共享；关注各业态的产值、利润、劳动力利用率、资源利用效率等。

（3）以农企结合为核心的产地扶贫和乡村振兴发展模式。通过龙头企业带动，与农户建立紧密的利益联结机制，如“龙头企业+合作社+基地+农户”的模式；通过产业发展带动农民增收，实现脱贫致富和乡村振兴。关键运营指标包括农民人均收入、贫困人口减少数、产业扶贫项目成功率、乡村振兴效果等。

2. 综合型农业生产基地的关键运营指标

核心产品的产量和品质是衡量生产基地运营效果的关键指标。产品在市场上的占有率反映了生产基地的市场竞争力和品牌影响力。通过深加工提高农产品的附加值，从而增加经济效益。劳动力利用率反映了生产基地对人力资源的利用效率和管理水平。资源利用效率，包括水资源、土地资源、能源等的利用效率，是衡量基地可持续发展能力的重要指标。

（三）综合型农业生产基地评估报告的编制方法

明确评估的目的和范围，包括确定评估的目标、对象、范围、时间等，确保评估工作既具有针对性又具备可操作性。

收集资料和信息是评估过程中的关键步骤，通过实地考察、问卷调查、文献查阅等多种方式来完成，目的是搜集基地的基本情况、运营状况、市场环境等相关的资料和信息。确定评估指标和方法是评估工作的核心，需要根据评估的目的和范围来选择合适的评估指标和方法，如财务指标、市场指标、技术指标等。通过实地考察和数据分析对基地的运营状况进行全面评估，发现存在的问题和潜在的优势，基于评估结果，编写详尽的评估报告，报告应涵盖评估的目的、方法、过程、结果、问题、建议等内容。

审核和反馈环节不可或缺，对评估报告进行审核，确保评估结果的准确性和客观性，并将评估结果反馈给相关部门和单位，为基地的改进和发展提供参考依据。

七、农业生产要素的分类及功能分析

农业生产是人类社会的基础活动之一，涉及多个关键要素，这些要素共同作用于农业生产过程，影响农产品的产量和质量。

（一）自然资源要素分析

自然资源主要包括土地、水、气候、生物资源等。其中，土地作为农业生产的基础，其肥沃程度、地形地貌和土壤结构对农作物的生长具有直接影响；水资源是农作物生长不可或缺的要素；气候资源，包括光照、温度、湿度等，也直接影响农作物的生长周期和产量。

土地为农作物提供生长的空间和养分，其肥沃程度直接影响农作物的产量和质量。水是农作物进行光合作用、蒸腾作用等生命活动所必需的，也是农业灌溉的重要资源。气候影响农作物的生长周期、病虫害发生情况以及产量和质量。

（二）生产资料要素分析

生产资料要素主要包括种子、化肥、农药、农机具等。生产资料是农业生产过程中的关键辅助工具，有助于提升农作物的产量和品质。种子作为农作物生长的起点，其品质直接决定了农作物的生长潜力和最终产量。化肥和农药补充土壤中的养分，防治病虫害，确保农作物的健康生长。农机具能够减轻农民的劳动强度，提升农业生产效率，如耕作机械、收割机械等。

（三）劳动力要素分析

劳动力构成农业生产中的关键能动因素，涵盖从事农业生产的农民、农业技术人员等群体。劳动力是农业生产活动的直接执行者，其数量和质量对农业生产效率产生直接影响。农业技术人员通过提供技术支持和指导，帮助农民解决生产过程中的问题，从而提升农业生产水平。

（四）资本要素分析

资本要素主要包括农业生产中的资金投入，涵盖购买生产资料、建设农业基础设施、引进新技术等所需的资金。资本为农业生产提供必要的物质基础和资金支持，是确保农业生产持续进行的关键保障。合理的资本投入能够优化农业生产结构，提升农业生产效率，增加农民收入。

（五）科技要素分析

科技要素涵盖农业科技研发、技术推广、信息技术应用等多个方面。科技作为推动农业生产进步的关键动力，其作用不容小觑。通过农业科技研发，能够培育出更优良的品种、增强作物的抗病性、改善土壤质量。技术推广则确保先进的农业技术能够广泛传播至农民群体，从而提升他们的生产技能和整体水平。信息技术在农业领域的应用，如精准农业和智能农业，不仅能够提升农业生产效率和管理水平，还能够实现农业生产的智能化和高效化。

农业生产要素的分类及其功能分析对于深入理解农业生产过程和提升农业生产效率至关重要。在实际操作中，必须充分考虑各要素间的相互作用与影响，合理配置和高效利用资源，促进农业生产的可持续发展。

八、农业生产要素的组合原理及效益分析

（一）农业生产要素的组合模式、原理和规律

农业生产要素的组合是指为了获得农业产出，将土地、劳动力、资本、科学技术等要素以一定方式结合在一起的过程。这一过程在制度层面和技术层面都表现出不同的原理和规律。

1. 制度层面的农业生产要素组合

制度层面的农业生产要素组合主要随着社会形态的演变而演变。在不同的社会经济制度背景下，农业生产要素的组合方式呈现出差异。例如，在封建社会中，土地和劳动力构成农业生产的核心要素，相比之下，资本和科学技术的投入则相对有限。然而，在现代市场经济体系下，资本和科学技术的投入显著增长，成为推动农业生产的关键力量。此外，管理、政策等制度因素也在农业生产要素的组合中扮演着关键的角色。

2. 技术层面的农业生产要素组合

技术层面的农业生产要素组合更加注重各要素间的技术关联和效率问题。该组合具有以下主要特征：

（1）农业生产中的各个要素通常是相互依赖的，难以完全独立。如土地和劳动力在农业生产中是不可或缺的，它们的结合才能产生农业产出。

（2）不同要素在农业生产中的作用大小是不均等的。某些要素可能对产出有较大影响，而其他要素的作用则相对较小。

在组合生产要素时，需要根据各要素的作用大小进行合理配置。一定条件下，某些生产要素之间可以相互替代。例如，在劳动力不足的情况下，通过增加机械化的投入来替代部分劳动力。但需要注意的是，这种替代通常受到技术条件、成本效益等因素的限制。

农业生产要素的组合不是简单的加总，而是具有系统性的功能。各个要素之间相互作用、相互影响，共同决定农业生产的整体效果。

随着农业生产条件的变化和技术的进步，农业生产要素的组合比例也会发生变动。例如，在科技水平提高的情况下，资本和科学技术的投入比例可能会增加，而劳动力和土地等传统要素的投入比例可能会减少。

（二）农业生产要素组合的经济效益和社会效益分析

1. 规模报酬、边际报酬变化等财务效益指标

规模报酬是指在其他条件不变的情况下，企业内部各种生产要素按相同比例变化时所带来的产量变化。在农业生产中，规模报酬的变化分为递增、不变和递减三个阶段。当生产要素投入量增加时，如果产量增加的比例大于生产要素增加的比例，则称为规模报酬递增；如果产量增加的比例等于生产要素增加的比例，则称为规模报酬不变；如果产量增加的比例小于生产要素增加的比例，则称为规模报酬递减。农业生产中应追求规模报酬递增或不变的状态，提高经济效益。

边际报酬是指在其他条件不变的情况下，增加一单位某种生产要素投入所带来的额外产出。在农业生产中，随着生产要素投入量的增加，边际报酬往往会呈现递减的趋势。这是因为当生产要素投入量达到一定水平后，再增加投入量所带来的产出增加量会逐渐减

少。因此，在农业生产中需要合理控制生产要素的投入量，避免边际报酬递减带来的经济损失。

2. 边际技术替代率、劳动和资本边际替代率等运营效率指标运营效率分析

边际技术替代率是指在产量保持不变的前提条件下，增加一种生产要素的数量与可以减少的另一种生产要素的数量之比。在农业生产中，由于不同生产要素之间的技术替代关系，通过调整生产要素的投入比例来提高运营效率。例如，在劳动力成本上升的情况下，可通过增加机械化的投入来替代部分劳动力，从而降低生产成本并提高运营效率。

劳动和资本是农业生产中的两个重要因素。它们之间的边际替代率反映了在产量保持不变的情况下，增加一单位劳动投入减少多少单位的资本投入（或相反）。通过合理调整劳动和资本的投入比例，实现资源的最优配置并提高运营效率。

3. 就业率、环境友好度等社会效益评估指标社会效益评估

（1）农业生产的发展对于促进就业具有重要意义。通过发展现代农业、提高农业生产效率等方式，创造更多的就业机会并缓解农村就业压力。因此，在评估农业生产要素组合的社会效益时，就业率是一个重要的指标。

（2）农业生产与环境保护密切相关。在农业生产中应注重生态环境的保护和可持续发展。通过采用生态农业、循环农业等模式，减少对环境的污染和破坏并提高环境友好度。因此，在评估农业生产要素组合的社会效益时，环境友好度也是一个重要的指标。

农业生产要素的组合原理及效益分析涉及多个方面和层次。通过合理组合农业生产要素并优化其配置比例，实现农业生产的经济效益、运营效率和社会效益的全面提升。

九、农业生产资料的分类、功能及应用标准

（一）农业生产资料的分类、功能及应用标准

1. 设备、设施等用于农业生产的劳动资料

用于农业生产资料中的设备、设施主要包括农机设备、灌溉设备、农业机械（如拖拉机、收割机）、电气设备以及各种配件等。这些设备和设施极大地提高了农业生产的效率和产量。农机设备，如拖拉机、播种机、收割机等，能够替代人力执行大规模的耕种、播种、收割等作业，显著提升劳动生产率。灌溉设备，如滴灌系统、喷灌系统等，能够精确控制灌溉水量和灌溉时间，确保作物获得充足的水分，从而提高农业产量。电气设备，包括发电机、水泵等，为农业生产提供必要的电力支持。

农业生产设备和设施的应用必须遵循国家的相关标准和规范，确保设备的安全性、可靠性和高效性。同时，农民在操作设备和设施时，也应接受适当的培训，提升他们的操作技能和安全意识。

2. 土地、种子、养殖类种苗等农业生产的劳动对象

土地，作为农业生产中最基本的生产资料，为种植各类作物提供必需的土壤、水分和养分。种子，在农业生产中扮演关键角色，其品质直接关系到农产品的品质和产量。养殖类种苗，涵盖畜禽种苗、水产种苗等，构成养殖业的基础。为了保障农业的可持续发展，土地应得到合理利用，防止过度开发和污染。选择优质种子品种，确保遗传稳定性和高产性。养殖类种苗则应选用健康、无病的品种，并配合科学的饲养管理，保证养殖产品的产量和质量。

（二）新型农业及其生产经营模式的生产资料扩展和特点分析

1. 观光/休闲农业等新型业态的跨界类生产资料

观光农业和休闲农业等新型业态将农业与旅游业相结合，形成跨界类的生产资料。生产资料包括观光设施（如农家乐、农业体验园）、旅游服务设施（如民宿、餐厅）以及相关的旅游产品和活动。

跨界类生产资料的特点涵盖多元化、互动性和可持续性。多元化特点体现在生产资料横跨农业、旅游、文化等多个领域，形成多样化的产品和服务；互动性特点尤为显著，特别是在观光农业和休闲农业中，游客的参与和体验被置于重要位置，通过设计互动性的活动和项目来吸引游客；可持续性特点强调新型业态对生态环境保护的重视，以及在促进农业与旅游业可持续发展所取得的成就，实现两者的双赢局面。

2. 大数据、算法等信息化技术类新型生产资料

随着信息技术的不断发展，大数据、算法等信息化技术已成为新型农业的重要生产资料。这些技术能够实时监测农业生产环境、分析作物生长状况、预测产量和病虫害等，为农业生产提供精准的数据支持和决策依据。

这些技术类新型生产资料的特点包括以下几点：

（1）精准性体现在信息化技术能够提供精准的数据支持，帮助农民实现精准种植、精准施肥和精准灌溉等。

（2）高效性则通过数据分析和算法优化，信息化技术显著提升了农业生产的效率和产量。

（3）智能性则源于智能农机和智能农业系统的应用，使得农业生产变得更加智能化和自动化。

3. 智能软、硬件产品等新型工具类生产资料

新型工具类生产资料涵盖智能软硬件产品等，包括智能农机、智能灌溉系统、智能温室等。这些产品能够取代传统的手动和机械工具，实现农业生产的智能化和自动化。

新型工具类生产资料的特点涵盖以下几点：

（1）自动化特性使得智能软、硬件产品能够自动执行农业生产中的各项任务，显著降低人力需求。

（2）集成化特性表现在这些产品通常融合了多种功能和技术，实现农业生产多个环节的集成化操作。

（3）易操作性特点意味着智能软、硬件产品的操作界面设计友好，易于学习和使用，使得农民能够轻松掌握和运用这些工具。

4. 细分市场及长尾需求的新型劳动对象类生产资料

随着农业市场的不断细分和消费者需求的多样化，一些针对细分市场及长尾需求的新型劳动对象类生产资料应运而生。生产资料包括特色作物种子、珍稀养殖种苗等。

新型劳动对象类生产资料的特点涵盖以下几点：

（1）生产资料拥有独特的遗传特性和品质特征，能够满足特定市场和消费者的需求。

（2）由于其独特性和稀缺性，生产资料通常具有较高的附加值和市场价值。

（3）生产资料的研发和生产以市场需求为指导，注重产品的创新和市场竞争力。

农业生产资料的分类、功能及应用标准包括设备、设施、土地、种子等多个方面。随

着新型农业及其生产经营模式的演进，农业生产资料的范围也在持续扩大和更新。新兴的生产资料展现出多元化、精准性、高效性和智能性等特征，为农业生产的现代化和可持续发展提供强有力的支撑。

十、种植类农业生产要素配置及生产资料定额制定

（一）种植类不同细分行业的生产要素配置和生产资料定额制定

在种植类农业中，不同细分行业（如水稻种植、小麦种植、蔬菜种植、果树种植等）因其作物特性和生产环境的不同，其生产要素配置和生产资料定额制定也存在显著差异。

一般性的生产要素配置包括土地、种子/种苗、化肥与农药、灌溉与排水、排水设施、劳动力等。

土地作为种植业的基础，不同作物对土地的需求各异。例如，水稻依赖于水田，小麦则需旱地，而果树则需适宜的地形和土壤条件。

优质的种子或种苗是高产、优质的基础，其选择应基于当地气候、土壤条件及市场需求。合理施用化肥和农药是提高作物产量和品质的关键，但必须注意控制用量避免环境污染。不同作物对化肥和农药的需求量和种类也存在差异。

灌溉是种植业生产的关键环节，应根据作物的需水特性和当地水资源状况来制定合理的灌溉制度。排水设施对于防治涝灾和保障作物生长同样重要。

劳动力，作为种植业生产中的核心因素，其投入量应根据作物生长周期、劳动强度及机械化程度等因素来确定。

生产资料定额的制定需要综合考虑作物生长需求、市场价格、资源供应状况以及生产效率等多个因素。以水稻种植为例，其生产资料定额可能包括每亩土地所需的种子量、化肥施用量、农药使用量、灌溉用水量以及劳动力投入量等。定额的制定必须基于科学的试验数据和经验总结，确保农业生产的高效性和可持续性。

（二）种植类不同经营主体的生产要素配置和生产资料定额制定

1. 家庭农户

家庭农户通常规模较小，生产要素配置相对简单。其土地、种子、化肥、农药等生产资料主要来源于自有或购买，劳动力则以家庭成员为主。在机械化程度较低的情况下，家庭农户可能更多地依赖传统农具和手工劳动。

家庭农户的生产资料定额制定可能较为灵活，根据家庭劳动力数量、土地资源状况及市场需求等因素进行调整。其定额制定可能更加注重成本控制和自给自足。

2. 农业合作社

农业合作社通过集中土地、资金、劳动力等关键生产要素，实现规模化和专业化生产。其生产要素配置更侧重于资源整合和效率提升，可能采用先进的农业技术和机械化设备，提高生产效率和产品质量。

农业合作社的生产资料定额制定可能更加规范化和科学化，基于合作社成员的共同利益和市场需求进行制定。其定额制定可能更加注重资源节约和环境保护，实现可持续发展。

3. 农业企业

农业企业通常规模较大，其生产要素配置更为复杂和精细。土地、资金、技术、劳动力等要素可能通过市场化手段进行配置，实现资源的最优利用。企业可能采用先进的农业技术和设备，提高生产效率和产品质量，同时注重品牌建设和市场拓展。

在农业企业中，生产资料定额的制定可能更为严格和精细，基于成本核算、市场需求和产品质量等因素进行。定额制定可能更加注重经济效益和社会效益的平衡，实现企业的可持续发展。

种植类农业生产要素的配置以及生产资料定额的制定，必须依据不同细分行业和经营主体的特性进行差异化安排，保障农业生产的高效性、可持续性以及经济效益的最大化。

十一、养殖类农业生产要素配置及生产资料定额制定

（一）养殖类不同细分行业的生产要素配置和生产资料定额制定

养殖类行业通常包括养猪、养牛、养鸡、养鸭、养鱼等多种细分行业。每种行业因其生物特性和市场需求的不同，在生产要素配置和生产资料定额制定上也有所差异。

养殖行业的生产要素配置通常包括以下几个方面。土地与场地的配置应根据养殖动物的种类和规模进行合理规划。例如，养猪业需要建设适宜的猪舍，养鸡业则需建设鸡舍，并且要考虑到通风、采光、排污等关键条件；根据动物的营养需求制定科学的饲料配方，确保动物能够摄取到充足的营养。同时，还需关注饲料的来源、质量和成本效益；选择优质的种源是提高繁殖效率的关键。对于那些需要人工授精或胚胎移植的养殖行业，还需配备相应的技术和设备；建立完善的疾病防控体系，包括疫苗接种、环境消毒、疫情监测等措施。最后，技术与设备的引进也是提高养殖生产效率和管理水平的重要因素，应引进先进的养殖技术和设备。

养殖行业的生产资料定额包括饲料、兽药与疫苗、水电与燃料以及劳动力的合理配置。饲料定额是依据动物的生长阶段和营养需求来制定的，详细规定每日、每周、每月的饲料用量和种类。兽药与疫苗定额则是基于疾病防控计划，确定兽药和疫苗的采购和使用量。水电与燃料定额是根据养殖场的具体情况来设定的，旨在控制水电和燃料的消耗。劳动力定额则是根据养殖规模和劳动强度来合理安排劳动力资源，确保劳动力的高效利用。

（二）养殖类不同经营主体的生产要素配置和生产资料定额制定

1. 家庭农场与农户

家庭农场与农户生产要素配置是以家庭为单位，利用自有土地和劳动力资源，进行小规模养殖。生产要素配置相对简单，主要关注饲料、兽药、种源等基本需求。生产资料定额制定是根据养殖规模和经验，制定相对灵活的生产资料定额。由于规模较小，定额制定可能更加依赖于经验判断。

2. 合作社与集体经营

合作社和集体经营通常规模较大，生产要素配置更为复杂。需要统一规划土地、饲料、种源等资源，并引入先进的养殖技术和设备。生产资料定额制定涉及制定详细的生产

资料定额表，包括饲料、兽药、水电、劳动力等各项资源的消耗定额。定额制定更加科学、规范，并注重成本控制和效益提升。

3. 农业企业

通常在企业化经营中展现出较大的规模和较高的管理水平。生产要素的配置更加精细化和专业化，涵盖土地租赁、饲料采购、种源引进、疾病防控等多个方面。生产资料定额的制定是通过建立严格的生产资料定额制度，并利用信息化手段进行精细化管理。定额的制定基于市场需求、生产成本和效益分析等多个因素的综合考量，确保生产活动的有序进行和经济效益的最大化。

养殖类农业生产要素的配置和生产资料定额的制定，必须基于对不同细分行业和不同经营主体实际情况的细致分析。通过科学合理的配置生产要素和制定生产资料定额，能够有效提升养殖效率和管理水平，进而推动养殖业的可持续发展。

十二、综合型农业生产要素配置及生产资料定额制定

（一）不同综合型农业生产经营模式的生产要素配置和生产资料定额制定

1. 家庭联产承包责任制

主要依赖于家庭拥有的土地、劳动力以及简单的生产工具。随着现代农业的进步，一些家庭可能会采用小型农业机械、化肥、农药等现代化生产要素。生产资料的定额制定则是基于家庭耕地面积、土壤肥力、作物种类、气候条件等多种因素，合理确定化肥、农药、种子等生产资料的用量，确保农业生产的高效性和可持续性。

2. 家庭农场制

拥有较大规模的土地拥有权，使得家庭农场能够采纳更多现代农业技术和设备，例如大型农业机械、智能化灌溉系统、温室大棚等。此外，家庭农场还重视提升劳动力的素质和技能。生产资料定额的制定是基于农场的经营规模、作物种类、种植模式等多种因素，制定更为精细化的生产资料定额，优化生产成本并最大化产出效益。

3. 中型农业股份公司

具备完善的组织架构和管理体系，能够集中资源实现规模化和标准化生产。生产要素包括大面积的土地、先进的农业机械以及专业的农业技术人员等。生产资料的定额制定则依据公司的经营战略、市场需求、作物生长周期等多种因素，确保科学合理的生产资料配置，从而保障生产流程的顺畅和产品的市场竞争力。

4. 大型农业股份公司

拥有雄厚的资金实力和先进的技术水平，使得它们能够实现农业生产的全面机械化和智能化。生产要素配置涵盖了大规模的农场、高效的农业机械、先进的生物技术、精准的农业信息服务等方面。生产资料定额制定则是基于公司的整体经营目标和市场需求预测，制定出详尽的生产资料定额计划，确保生产过程的精准控制和产品质量的持续提升。

5. 国际农业合作公司

跨国界的农业生产和合作，使得生产要素配置更加多元化和国际化。除了传统的土地、劳动力、资金等基本要素外，还可能涵盖国际先进的农业技术、管理经验、市场信息等。生产资料定额制定则是基于国际市场趋势、合作方的具体需求以及当地的资源条件，

制定出既具有前瞻性又具备可操作性的生产资料定额计划，推动国际农业合作的顺利进行和共同繁荣。

（二）不同类型的综合型农业经营主体的生产要素配置和生产资料定额制定

1. 农民合作社

组织农民共同生产和销售，实现资源的共享与互补。生产要素包括合作社成员的土地、劳动力、小型农业机械等。生产资料定额制定则是基于合作社的经营计划和作物种植情况，制定统一的生产资料采购和分配计划，降低生产成本并提升市场竞争力。

2. 农业企业

拥有较大的生产规模和较强的经济实力，使它们能够引入更多的现代农业技术和设备。生产要素配置涵盖大规模的农场、先进的农业机械、专业的技术人员等关键资源。生产资料定额制定则是基于企业的生产计划和市场需求预测，制定出详尽的生产资料定额计划，确保生产过程的顺利进行和产品的市场竞争力。

3. 农业服务组织

提供农业生产过程中的关键支持性服务，如技术服务、信息服务和物资供应。这些配置包括专业技术人员的部署、先进信息平台的建设以及稳定物资供应渠道的建立。生产资料定额制定则依据服务对象的需求和农业生产的具体条件，制定出灵活且多样化的供应计划和服务方案，满足农业生产的多元化需求。

不同类型的综合型农业生产经营模式以及不同类别的综合型农业经营主体，在生产要素的配置和生产资料定额的制定上展现出各自的差异性。在制定相关计划方案时，应充分考虑它们的独特特点和需求，并结合实际状况来制定科学且合理的计划。

十三、农业信息化对生产要素优化配置的影响及应对

（一）农业产业互联网的发展模式、趋势及案例分析

农业产业互联网的发展模式主要集中在“互联网+农业”，通过引入互联网技术和思维，对农业产业链进行优化，进而提升农业生产效率和产品质量。具体模式包括电商平台模式，如“淘宝村”“京东农场”等，这些模式将农产品的销售从线下转移到线上，拓宽了销售渠道，增加了农民的收入。智能化生产模式则利用物联网、大数据等技术，实现对农田环境和作物生长状态的实时监测，为农民提供精准的种植方案。全产业链发展模式则借助互联网的力量，推动农业从单一的生产环节向产后加工、销售、服务等环节拓展，形成一个完整的产业链发展体系。

农业产业互联网的发展趋势主要向着深化融合，创新驱动的方向发展。随着信息技术的飞速发展和全球经济的不断融合，农业产业互联网正逐步成为推动农业现代化、提升农业生产效率、促进农业可持续发展的关键力量。

随着物联网、人工智能等技术的不断进步，农业生产正逐步迈向更加智能化和自动化，显著降低了劳动强度并提升了生产效率。大数据技术的应用使农业生产更加精准和科学化，通过分析数据来预测市场需求，并指导农民调整种植结构和产品种类。至于产业链的整合，互联网+农业的模式将推动产业链各环节的融合，实现从种子选择、种植管理、加工处理到销售的全流程闭环管理，从而降低成本并提高整体效率。

案例分析

在甘肃省永昌县，贝贝南瓜作为一种改良后的沙漠南瓜品种，因其低需水量、出色的固土防沙效果非常适合在沙漠地区种植。然而，过去这种高品质的南瓜却遭遇了严重的市场销路问题，导致农户种植的积极性不高，种植面积受限。

随着电子商务的迅猛发展，阿里巴巴旗下的聚划算平台洞察到贝贝南瓜的市场潜力，并与当地农户以及创业大学生李斐展开合作。聚划算利用其广泛的影响力和先进的数据分析能力，帮助贝贝南瓜进行精准的市场定位和推广。

通过聚划算平台，贝贝南瓜能够直接接触到广大消费者，打破传统的销售模式，极大地拓展了销售渠道。消费者直接在平台上订购，享受到原产地直采的优质南瓜，而农户则无需再依赖中间商，减少了流通环节，从而提高了收益。

在品牌化和差异化营销方面，聚划算为贝贝南瓜定制了专属的宣传策略，突出了其独特的种植环境、口感和营养价值。同时，通过包装设计和产品故事等手段，提升贝贝南瓜的品牌形象和附加值。使得贝贝南瓜在竞争激烈的市场中脱颖而出，成为广受欢迎的网红产品。

随着销售渠道的拓展和农产品附加值的提升，永昌县的农户们获得了实质性的收益。贝贝南瓜的种植面积从最初的500亩迅速增长到2 450亩，不仅推动了当地农业的发展，还促进了农民的收入增加。李斐等创业青年也通过电商平台实现了自己的创业梦想，成为乡村振兴的典范。

在这个过程中，电商平台还发挥品牌化和差异化营销的重要作用。通过数据分析和消费者画像，聚划算帮助贝贝南瓜找到精准的目标消费群体，并进行有针对性的营销推广。同时，电商平台还利用其技术优势，为贝贝南瓜提供全方位的品牌支持和营销服务，帮助其打造具有地方特色的农产品品牌。

甘肃省永昌县的贝贝南瓜通过电商平台的助力，成功实现销售突破和产业升级。该案例不仅为当地农户带来了可观的经济收益，还为其他地区的农产品销售提供了有益的借鉴和启示。

（二）农业信息化、智能化对生产要素配置模式的影响及应对

农业信息化和智能化对生产要素配置模式的影响体现在优化资源配置上。通过提升信息获取和处理的效率，农业信息化和智能化使得农业生产要素（如土地、劳动力、资本等）得到更加高效的配置。智能化设备和技术的应用减少了劳动强度，并提升了生产效率，从而使得农业生产更加高效和精准。此外，农业信息化和智能化还促进了产业升级，推动农业产业链的升级和转型，促进农业与第二、第三产业的融合发展。

农业信息化和智能化对生产要素配置模式的应对，需加强基础设施建设，加大对农业信息化和智能化基础设施的投入，如建设农业物联网、大数据中心等，为农业生产提供有力支撑，鼓励农民使用智能农业设备和技术，如无人机、自动灌溉系统等，提高农业生产的智能化水平，加强农业信息化和智能化人才的培养和引进，提高农民的信息素养和科技水平，为农业产业升级提供人才保障。

1. 云技术的应用和影响

云技术通过提供计算资源、存储资源和应用服务，为农业信息化和智能化提供了强大的技术支持。例如，借助云计算平台，实现对农业大数据的存储、处理和分析，为农业生产提供精准决策支持。云技术的应用不仅降低了农业信息化和智能化的成本，还提高了数据处理和应用的效率，从而促进农业生产的智能化和精准化。

2. 区块链技术的应用和影响

区块链技术在农产品追溯和供应链金融等领域的应用，提升了农产品的透明度和可信度，同时降低了供应链风险。通过应用区块链技术，消费者对农产品的信任度得到增强，促进农产品的销售和品牌建设。此外，区块链技术的运用也提升了供应链金融的效率和安全性，为农业产业的发展注入更多资金支持。

3. 基于大数据的柔性供应链应用、影响及局限性

基于大数据的柔性供应链能够依据市场需求和供应状况灵活调整生产计划与库存管理，从而提升供应链的响应速度和灵活性。应用柔性供应链有助于降低库存成本和风险，同时增强供应链的效率和竞争力。此外，它还促进了农业与二、三产业的深度融合，推动农业产业的升级和转型。然而，大数据的获取和处理需要较高的技术和成本投入，且数据的质量和准确性对柔性供应链的效果至关重要。此外，柔性供应链的成功运作依赖于供应链各环节之间的紧密协作和信息共享，缺乏这些条件将难以实现高效运作。

十四、农业生产周期的特点和要素分析

（一）农业生产周期的概念和特点

农业生产周期涵盖从开始种植到收获，再到下一季种植的整个循环。这一周期有几个显著特征：

1. 季节性和周期性特征

农业生产深受自然环境和气候条件的影响，表现出明显的季节性和周期性。不同作物和动物对气候、光照、温度、湿度等条件有不同的需求，决定了它们的种植或养殖必须在特定的季节进行，并遵循一定的周期规律。例如，水稻的种植和收获通常在夏季和秋季，而小麦则在秋季播种，春季收获或者是春季播种，夏季收获。

2. 连续性特征

农业生产周期中的各个阶段紧密相连，形成一个连续的生产流程。从土地准备、播种、田间管理到收获、加工、销售，每一个环节都是相互依赖的。这种连续性要求农民在农业生产中必须保持高度的责任感和耐心，确保每个环节的顺利进行。

3. 地域性特征

由于不同地区的自然环境和气候条件存在显著差异，农业生产具有明显的地域性特征。不同地区的作物种类、种植制度、养殖方式等都有所不同。这种地域性特征使得农业生产具有多样性和复杂性，也要求农民在农业生产中必须充分考虑当地的实际条件，因地制宜地制定生产计划。

（二）农业生产周期的要素分析

1. 主要种植作物的生产周期要素分析

主要种植作物的生产周期要素涵盖种子选择、播种时间、田间管理（包括灌溉、施

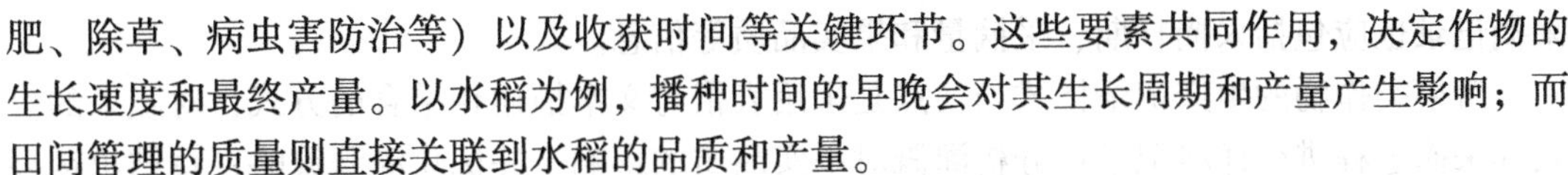

肥、除草、病虫害防治等）以及收获时间等关键环节。这些要素共同作用，决定作物的生长速度和最终产量。以水稻为例，播种时间的早晚会对其生长周期和产量产生影响；而田间管理的质量则直接关联到水稻的品质和产量。

2. 主要养殖产品的生产周期要素分析

主要养殖产品的生产周期要素包括品种选择、养殖环境（如温度、湿度、光照等）、饲料供应和疾病防控等。这些要素对养殖产品的生长速度和品质具有决定性影响。例如，在养猪过程中，品种的选择决定猪的生长速度和肉质；养殖环境的控制对猪的健康和生长效率是不可或缺的；饲料供应的充足与否直接影响猪的体重和产肉量。

3. 新型生产对象及生产模式的生产周期要素分析

随着农业科技的不断进步和农业生产方式的创新，涌现出许多新型的生产对象和生产模式。新型生产对象和模式的生产周期要素也呈现出一定的特殊性。

新型生产对象，如设施农业中的无土栽培蔬菜和水果，其生产周期要素涵盖基质选择、营养液配方、光照控制、温度和湿度调节等。这些要素共同作用，决定无土栽培作物的生长速度和品质。

至于新型生产模式，比如循环农业和生态农业，它们的生产周期要素不仅包括传统农业生产中的要素，还扩展到资源循环利用、生态环境保护等领域。例如，在循环农业中，通过合理规划和利用农业资源，实现废弃物的资源化利用和生态环境的改善；而在生态农业中，则着重于保护生态环境和生物多样性，通过生态调控手段减少化肥和农药的使用量，从而提高农产品的品质和安全性。这些新型生产模式对农业生产周期的要素提出更高的要求和挑战。

十五、种植类农业生产记录分析及总结报告编制

（一）种植类生产记录的内容、格式、要点及分析整理

1. 粮食类作物的生产记录

种植日期指的是作物播种的确切日期。种植地点包括农田的具体位置、土壤类型、气候条件等详细信息。种植品种明确指出所种植的品种，包括品种名称、特性（如抗病性、适应性等）。种植面积记录了每个品种的种植面积及其所占比例。播种方式描述了播种方法，如机械播种或人工播种，并指明所使用的机械或工具。生长过程记录了包括根系生长、叶片生长、开花、结果等关键生长阶段。施肥状况详细记录了肥料种类、施肥时间、施肥量以及施肥后的作物反应。病虫害防治记录了病虫害的发生时间、种类、防治方法及效果。收割记录包括收割日期、收割方式、产量及品质检测等信息。

粮食类作物的生产记录采用表格形式，便于数据的统计与分析。而文本描述则详细记录了关键生长阶段和特殊事件，增强记录的可读性。生产记录的要点及分析整理，目的是分析作物生长周期与气候、土壤条件之间的关系，并识别影响产量的关键因素。通过施肥记录，评估肥料的效果，并优化施肥方案。此外，总结病虫害防治经验，有助于提高作物的抗病虫能力。

2. 蔬果类作物的生产记录

蔬果类作物的生产记录内容与粮食类作物相似，但更注重于记录开花、结果以及果实成熟等关键阶段。此外，还需详细记录灌溉情况，涵盖灌溉时间、灌溉量以及灌溉方法。

采摘记录也应包括采摘日期、采摘量和果实品质等信息。

蔬果类作物的生产记录格式与要点是采用表格与文本描述相结合的方式，对蔬果的生长和采摘过程进行详尽记录；分析灌溉对果实品质的影响，并优化灌溉策略；总结出蔬果采摘的最佳时期和方法，提升果实的商品价值。

3. 其他经济作物的生产记录

其他经济作物的生产记录内容应根据各类作物的独特属性，详细记录其生长和管理的关键点。例如，对于茶叶、花卉等特定经济作物，需详细记录采摘、修剪、病虫害防治等关键环节。记录格式与要点应依照经济作物生产管理的标准，设计具有针对性的记录表格。分析各种管理措施对作物生长和品质的具体影响，优化生产管理方案。

（二）农业信息化对种植类电子生产记录的要求和总结报告编制规范

农业信息化对种植类电子生产记录要求确保数据采集的准确性和稳定性，保障数据的真实性和可靠性；通过实施数据加密和传输保护措施，确保数据在传输和存储过程中的安全无虞；在信息化平台上构建农业数据库和相应的信息化平台，实现生产记录的统一管理和分析；利用大数据和人工智能技术，为农业生产提供智能决策支持。

在编制种植类电子生产记录的总结报告时，要确保报告结构清晰，包括标题、引言、正文、结论和建议等部分；对生产记录中的数据进行详尽的统计分析，揭示潜在的规律和趋势；汲取农业生产过程中的成功经验和教训，并据此提出具体的改进建议。此外，图表展示也是关键，通过图表直观地呈现关键数据和分析结果，增强报告的可读性；严格遵守农业生产记录的规范性和真实性原则，确保报告内容的真实性和可靠性。

应用农业信息化能够显著提升种植类农业生产记录的精确度和效率，为农业生产决策提供更加科学和合理的支持。此外，规范化的总结报告编制也为农业生产的持续改进和优化提供坚实的保障。

十六、养殖类农业生产记录分析及总结报告编制

（一）养殖类生产记录的内容、格式、要点及分析整理

1. 畜禽类产品的生产记录

畜禽类产品的生产记录应详尽地覆盖从动物的出生、饲养、繁殖、疾病防治直至销售的整个流程。具体记录内容应包括但不限于出生记录需详细记录小动物的出生日期、性别、体重、父母编号等信息；饲养记录应记录每日或定期的饲料投喂量、饲料种类、剩余量以及饮水情况；繁殖记录需包含母畜的发情日期、配种日期、孕检情况、预产期以及产仔详情等；疾病防治记录应详细记录动物的发病日期、症状、诊断结果、用药情况、治疗效果及兽医签名等；免疫记录需记录免疫时间、疫苗名称、生产厂家、批号、免疫方法及剂量等；销售记录应记录销售日期、品种、数量、销售目的地及检疫情况等（表2-1至表2-4）。

畜禽类生产记录采用表格形式，便于数据整理和统计。每个记录项应明确标注日期、时间、动物编号、操作员签名等关键信息。

畜禽类生产记录要点及分析整理应确保数据的准确性，要求记录必须无误且未经涂改或伪造。同时，记录的时效性也不容忽视，必须及时完成，防止遗漏任何关键信息。此

外，定期对记录数据进行统计分析是必要的，有助于掌握动物的生长状况、饲料的利用率以及疾病的发病规律等，从而为科学管理提供坚实的数据支持。

表 2-1 牛群生产记录表

序号：　　　____年

新入场牛						新编号	育肥开始		育肥结束		总增重	日增重	销售		备注
日期	牛号	性别	年龄	体重	来源		日期	体重	日期	体重			日期	体重	

表 2-2 免疫接种记录表

序号：　　　____年

牛号	年龄	牛舍	预防疾病	接种时间			免疫次数	选用疫苗	接种办法		接种头数	反应情况	执行
				年	月	日			剂量	途径			

表 2-3 日常消毒记录表

序号：　　　____年

消毒时间			消毒对象	消毒剂名称及用量	消毒方法	执行人员	备注
年	月	日					

表 2-4 销售记录表

序号： ______年

销售日期	类别	销售头数	耳标	销售单价（元/kg）	销售总重量（kg）	销售去向	执行人	检疫结

2. 水产类产品的生产记录

水产类产品的生产记录重点关注多个关键环节，包括水质、苗种放养、饲料投喂、用药、疾病防治以及销售等。水质记录需每日监测并记录水温、pH 值、溶解氧、氨氮等关键水质指标。苗种放养记录应详细记载放养日期、数量、规格和来源。饲料投喂记录则包括每日或定期的饲料投喂量、种类及剩余量。用药记录需详细记录用药日期、药品名称、用量、用药方法和效果。疾病防治记录应包括发病日期、症状、诊断结果、治疗措施及效果。销售记录则需记录销售日期、品种、数量、销售目的地及检疫情况等。

水产类生产记录亦可采用表格形式，便于数据的整理和统计。每个记录项应明确标注日期、时间、操作员签名等关键信息。水质监控是影响水产品生长的关键因素，需定期检测并记录。饲料管理涉及合理投喂饲料，提高饲料利用率，减少浪费。疾病防控则要求及时发现并处理疾病问题，减少损失。

3. 其他特种养殖产品的生产记录

其他特种养殖产品的生产记录需要根据特定养殖对象的特性进行定制化管理。通常，这些记录应包括动物的生长状况、饲料投喂、疾病防治、繁殖及销售等多个详细信息。记录应采用表格形式，确保数据的准确性和时效性。要点及分析整理主要是针对性管理，即根据养殖对象的特性制定相应的管理措施；数据积累则是指长期积累养殖相关数据，为科学管理和技术创新提供坚实基础。

（二）农业信息化对养殖类电子生产记录的要求和总结报告编制规范

农业信息化对养殖类电子生产记录的要求主要体现在以下几个方面：

（1）利用电子设备进行生产记录，实现数据的自动化采集和存储。

（2）建立养殖信息数据库，实现数据的实时共享和远程访问。

（3）运用大数据分析技术对养殖数据进行智能分析和预测，为科学决策提供依据。

（4）确保养殖数据的安全性和保密性，防止数据泄露和滥用。

农业信息化在养殖类电子生产记录的总结报告编制规范中，对报告结构提出明确要求，包括引言、养殖概况、生产记录分析、问题与建议、结论等部分。采用图表、曲线图等直观形式展示养殖数据，方便理解和分析；深入探讨养殖过程中出现的问题及其成因，并提出具有针对性的解决策略；基于分析结果，提出改进措施和未来的发展方向，为养殖业的可持续发展提供参考；报告应使用准确、简洁、清晰的语言，避免使用含糊和有歧义的表述。

十七、综合型农业生产记录分析及总结报告编制

（一）综合型农业生产记录的内容、格式要点及分析整理

综合型农业生产记录是农业生产企业和农民专业合作经济组织在生产过程中，对农业投入品使用、植物病虫草害防治、收获、储藏、销售等各个环节进行详细记录的文档。基本信息包括农产品名称、种植（养殖）面积、地理位置、生产者信息等。农业投入品使用情况详细记录了使用的农药、化肥、种子、饲料等农业投入品的名称、来源、用法、用量、使用及停用日期。有助于确保投入品使用的科学性和安全性。田间管理包括种植（养殖）过程中的主要农事活动，如施肥、灌溉、病虫害防治等，以及活动的具体时间、方法和效果。病虫草害防治记录了病虫草害的发生时间、种类、受害程度及防治措施，包括使用的农药种类、用量、时间等。收获与储藏记录了农产品的收获日期、数量、质量、储藏方式及储藏条件等。销售与追溯记录了农产品的销售去向、数量、价格及可追溯信息，如追溯二维码、检测结论等。

综合型农业生产记录格式要求严格遵循规范性，所有生产记录必须按照统一格式详细填写，不得使用任何简写或缩写形式。记录内容必须真实可靠，严禁任何形式的伪造或篡改。记录应包含所有关键信息，保证信息的全面性和完整性。记录应设计得便于追踪，确保农产品的质量安全。

综合型农业生产记录分析整理需谨慎对待。在对综合型农业生产记录进行分析整理时，应特别关注投入品使用情况的分析，深入探讨投入品使用的合理性、科学性和安全性，并评估其对农产品质量和产量的影响。特别是要评估防治措施的有效性，总结防治经验，并提出改进建议；依据收获记录，分析农产品的产量和质量变化，识别影响因素，并提出相应的改进措施；分析农产品的销售情况和市场需求，为调整生产结构和销售策略提供有力依据。

（二）农业信息化对综合型农业生产电子生产记录的要求和总结报告编制规范

农业信息化对综合型农业生产电子生产记录的要求主要体现在：

（1）电子化记录要求农业生产记录实现电子化，以便于数据的存储、查询和分析。

（2）实时更新要求电子生产记录能够实时更新，确保数据的时效性和准确性。

（3）数据共享通过农业信息平台实现生产数据的共享，提高数据利用率和决策支持能力。

（4）可追溯性要求电子生产记录应具备可追溯性，确保农产品的质量安全。

报告结构需清晰，应包含引言、正文、结论和建议等部分。报告中的数据必须准确无误，且应源自可靠的电子生产记录。深入分析是必须的，通过对生产记录的深入分析，揭示农业生产的趋势和特点，并提出具有针对性的建议。图表的恰当运用是必要的，它能有效展示数据和分析结果，增强报告的可读性和直观性。最后，结论必须明确，以便为农业生产提供科学依据和决策支持。

通过农业信息化手段，编制综合型农业生产记录的分析与总结报告将变得更加高效、准确和全面，从而为农业生产提供有力的支持。

第二节　岗位设置

一、涉农经济组织的组织形式及特点分析

（一）涉农经济组织的概念、分类维度、经营模式及职能特点

涉农经济组织是指参与农业产品的加工、销售、研发、服务等活动，以及农业生产资料的生产、销售、研发、服务活动的各类组织。这些组织在农村经济中发挥着重要作用，是推动农业现代化、促进农民增收的重要力量。

涉农经济组织可从多个维度进行分类，按照组织形式可分为农民专业合作经济组织、农业企业、农业社会化服务组织等。按照经营内容，它们涉及农业、林业、畜牧业、副业、渔业等多个领域。而按照功能定位，则包括生产型、加工型、销售型、服务型等不同类别。

涉农经济组织的经营模式呈现多样性，主要包括以下几种："公司+农户"模式通过公司与农户的紧密合作，实现农产品的规模化生产和市场化销售。合作社模式则是农民自愿联合组成合作社，共同经营、共享收益，提高农产品的市场竞争力。农工商综合体模式将农业生产与农产品加工、销售等环节紧密结合，形成一体化经营。

涉农经济组织的主要职能特点包括服务性，即其核心职能在于为农民提供生产、加工、销售等环节的服务，助力解决他们在生产经营中遇到的问题。经济性体现在涉农经济组织作为市场经济的参与者，追求经济效益是其关键目标之一。社会性则强调涉农经济组织在促进农村经济发展和增加农民收入的同时，还肩负着社会责任，比如保护生态环境和维护农民权益等。

（二）现代企业的组织发展方向及其对涉农经济组织发展的影响

现代企业的组织发展方向主要包括以下几个方面：

生产立体化通过科技手段和管理创新，实现生产过程的立体化、精细化，从而提高生产效率和产品质量。业态综合化指的是企业不再局限于单一业态，而是向多元化、综合化方向发展，形成产业链上下游的紧密合作。市场多元化与外向化则是指企业积极开拓国内外市场，实现市场的多元化和外向化，提高市场竞争力。

现代企业的组织发展方向对涉农经济组织产生深远的影响，推动其转型升级，随着现代农业的发展，涉农经济组织必须不断进行转型升级，适应市场需求的变化。现代企业的组织发展方向为涉农经济组织提供转型升级的方向和路径。此外，现代企业的创新理念和创新模式促进了涉农经济组织的创新发展，涉农经济组织可通过引入新技术、新设备、新管理模式等手段，实现创新发展。同时，现代企业的市场多元化与外向化战略有助于涉农经济组织开拓更广阔的市场空间，提升市场竞争力。通过加强品牌建设和营销推广等手段，涉农经济组织的知名度和美誉度也得到提高。

现代企业的组织发展方向对涉农经济组织产生了积极的影响，推动了涉农经济组织的转型升级和创新发展，提升其市场竞争力。

二、涉农经济组织的职能部门及岗位设置

（一）传统职能部门划分、产业化信息化新型职能部门及案例分析

涉农经济组织的职能部门划分，既包括传统的职能部门，也包括随着农业产业化和信息化的发展，出现的新型职能部门。

（1）在传统上，生产组织类职能部门将生产管理部定位为主要负责农业生产的全过程管理，涵盖种植、养殖、田间管理等环节，确保农作物的生长和养殖动物的健康。然而，新型的划分是智慧农业管理中心，该中心运用物联网、大数据等先进技术对农业生产进行智能化管理，目的是提升生产效率和产品质量。例如，通过传感器监测土壤湿度、光照强度等环境参数，自动调节灌溉、施肥等作业。

（2）设备作业类职能部门的传统划分是机械作业部，主要负责农业机械设备的使用、维护和保养，确保农业生产中的机械化作业顺利进行。而新型划分则是智能农机研发中心，主要负责研发和推广智能农机设备，例如无人驾驶拖拉机、智能收割机等，提高农业生产的自动化水平。

（3）技术支持类职能部门传统上的分工是技术部，主要承担农业技术研发、推广及应用工作，解决农业生产过程中的技术难题。而新型的分工模式下，数字农业研发中心则主要运用大数据、云计算等先进技术，对农业生产数据进行深度分析，为农业生产提供更为精准的技术支持。

（4）产品加工类职能部门的传统上划分是加工部，主要负责农产品的加工处理，包括清洗、分级、包装等环节，提升农产品的附加值。而新型的划分方式则是将农产品精深加工研发中心定位为专注于农产品的精深加工和技术研发，致力于开发具有高附加值的产品，满足市场多元化的需求。

（5）产品销售类职能部门传统上的传统上分工是销售部，主要负责农产品的销售工作，涵盖市场调研、渠道拓展、客户维护等方面。而新型的分工模式是电商销售部，主要通过电商平台进行农产品的在线销售，突破地域限制，进一步拓宽了销售渠道。

（6）市场品牌类职能部门传统划分是市场部，主要负责市场调研、品牌策划和推广工作，提升农产品的品牌知名度和美誉度。新型划分是品牌运营中心，主要结合数字化营销手段，如社交媒体、短视频等，进行品牌故事传播和消费者互动，增强品牌忠诚度。

（7）财务、人力、行政等支持类职能部门传统上划分是财务部主要负责公司的财务管理和会计核算工作；人力资源部主要承担公司的人力资源管理和员工培训任务；行政部则主要负责公司的日常行政事务管理和后勤保障工作。而新型的职能划分则包括财务共享服务中心，它通过数字化手段实现财务流程的自动化和智能化管理，从而提高财务管理效率；人力资源数字化转型中心利用大数据和人工智能技术优化招聘、培训和绩效管理等人力资源流程；行政智能化管理中心通过物联网和智能设备实现办公环境的智能化管理，提升员工的工作体验。

（二）涉农经济组织岗位设置的原则和方法

1. 传统设置原则与方法

确保最低数量、强化有效配合、追求业务平衡、实现整体协同。在传统岗位设置中，

最低数量原则致力于在保障工作顺畅进行的同时，精简岗位设置，进而控制人力成本。有效配合原则则突显了各岗位间协作与紧密配合的重要性，共同高效完成既定任务。业务平衡原则则强调依据业务需求与岗位特性，合理分配任务与资源，保障各岗位工作量的均衡性。整体协同原则则指引各岗位围绕公司核心目标开展工作，通过协同合作，推动公司的长远发展。

2. 信息化、智能化背景下岗位优化策略与途径

在信息化、智能化的大潮中，岗位优化成为重要议题。通过引入智能技术，如人工智能、大数据等前沿手段，能够对岗位配置与工作流程进行深度优化，显著提升工作效率与质量。同时，基于业务发展的实际需要与技术革新的必然趋势，岗位合并与重组成为关键举措，整合功能相似或相近的岗位，削减冗余，提升整体效能。此外，灵活用工制度的推行，如兼职、临时用工等模式，为我们提供应对季节性或突发性用工需求的有效方案。而持续的培训与技能提升，则是确保员工能够紧跟信息化、智能化时代步伐，胜任新时代工作要求的重要途径。

三、涉农经济组织的组织层级管理幅度及优化

（一）现代企业组织层级和管理幅度设置的一般性原则、方法及其相互关系

组织层级的设置原则主要遵循清晰性，确保组织结构层次分明，便于信息流通和决策执行。灵活性原则允许组织根据外部环境的变化和内部发展需求灵活调整其层级结构。高效性原则通过减少不必要的层级来提高决策效率和执行速度。

管理幅度的设置方法主要遵循平衡原则，即在确保管理者能够有效控制和协调的前提下，合理确定管理幅度。能力匹配原则根据管理者的能力和经验，适当调整管理幅度，确保管理效能最大化。业务特点原则考虑不同业务领域的复杂性和工作量，设置相应的管理幅度。

组织层级与管理幅度之间的相互关系主要遵循反比例关系，即通常情况下，管理幅度越大，所需的管理层级就越少；反之，管理幅度越小，所需的管理层级就越多。这种关系受到多种因素的制约，如管理者的能力、业务特点、组织文化等。相互影响原则指出管理幅度和管理层级之间存在相互影响的关系。在调整组织层级时，需要考虑管理幅度的变化；同样，在调整管理幅度时，也需要考虑组织层级的适应性。

（二）涉农经济组织的组织层级和管理幅度设置策略

为了满足核心产业和产品的需求，涉农经济组织应聚焦核心，根据其核心产业和产品需求设定相应的组织层级和管理幅度。对于核心产业和产品，应加强管理层级，确保资源的有效配置和决策的及时性。灵活调整意味着随着市场需求的变化，组织应迅速调整其层级和管理幅度，适应新的市场环境和业务需求。

针对不同经营主体的独特特性和局限性，差异化策略的制定为各种类型的经营实体（如农民专业合作社、农业企业等）量身打造适宜的组织结构层级和管理范围。例如，农民专业合作社可能更注重成员参与和民主决策，因此在组织结构设计上可能倾向于扁平化。增强管理能力则涉及加强管理者的培训和能力提升，扩大管理范围和提高决策效率，有效应对经营主体的特性与局限性。

在应对产业化发展与产业链整合时，优化层级是关键。在农业产业化发展和产业链整合过程中，应优化组织层级结构，减少不必要的层级，提高决策效率和执行力。强化协同则是加强各层级之间的协同合作，确保产业链各环节之间的顺畅衔接和高效运转。

面对信息化、智能化的发展趋势，利用技术是提高组织层级和管理幅度灵活性与高效性的有效途径。例如，通过建立信息化管理系统，实现信息的快速传递和共享；通过引入智能决策支持系统，提高决策的科学性和准确性。培养人才是加强信息技术和智能化人才的培养和引进，为涉农经济组织的信息化、智能化发展提供有力支持。

涉农经济组织的组织层级和管理幅度设置需要综合考虑多种因素，并根据实际情况进行灵活调整和优化。通过科学合理地设置组织层级和管理幅度，提高涉农经济组织的运营效率和市场竞争力，推动其持续健康发展。

四、涉农经济组织的人员需求和选择标准

（一）现代农业企业发展对人员的要求及选择标准

现代农业企业对员工的品德要求极高。品德高尚是员工融入企业文化、与企业共同发展的基石。员工应具备良好的职业道德，诚实守信，勤勉尽责，尊重他人，注重团队合作。企业更倾向于选择那些有责任感、有担当、能够为企业利益着想的员工。

人文素养是员工内在素质的重要体现，能够影响员工的思维意识和行为举止。创新精神与能力是现代农业企业需要员工具备的，推动企业的技术进步和产品创新。自主学习能力是随着科技的快速发展，员工需要不断学习新知识、新技能，适应企业的变化和发展。实践能力强是员工应具备将理论知识转化为实际操作的能力，满足现代农业企业的生产和管理需求。

专业技能是员工应具备与岗位相关的专业技能，如农业技术、农业工程、农业经济等方面的知识。管理能力是对于中层及以上管理人员，还需具备较强的组织协调能力、决策能力和领导能力。信息技术能力是随着农业信息化的推进，员工需要掌握一定的信息技术能力，如数据处理、软件开发、硬件运行维护等。

（二）不同细分行业和经营主体的人员需求和选择标准

在不同细分行业和经营主体中，人员需求和选拔标准展现出明显的多样性。通常，具备相关职业技能等级证书的人员应该得到优先考虑。以种植业为例，企业通常寻找那些持有农艺工、园艺工、肥料配方师等相关证书且拥有丰富作物栽培知识和技能的员工。这些员工必须精通各种作物的种植技术，涵盖土壤管理和水分调节等关键环节。病虫害防治同样是种植业员工必须掌握的核心技能，他们需要获得农作物植保员职业技能等级证书，以识别和应对各种农作物可能遭遇的病虫害问题，确保作物的健康生长。至于养殖业，企业更偏好那些对动物营养学有深入理解并取得饲料配方师证书的员工。这些员工需要了解不同动物的营养需求，制定出科学的饲料配方，以保障动物的健康和生产性能。同时，疫病防控知识也是养殖业员工不可或缺的，他们需取得动物疫病防治员和动物检疫检验员的职业技能等级证书，以便能够及时发现和处理各种动物疫病，防止疫情蔓延，确保养殖业的稳定发展。

对于合作社、家庭农场等经营主体而言，其人员需求和选择标准可能更注重员工的实

践经验和管理能力。这些经营主体通常规模较小，资源有限，因此需要员工具备较强的综合能力，能够在实际工作中灵活应对各种问题。实践经验丰富意味着员工能够迅速适应不同的工作环境和任务，解决实际操作中遇到的各种技术难题。而管理能力则体现在员工能够合理安排生产计划，协调团队合作，提高整体工作效率。此外，良好的沟通能力和创新意识也是这些经营主体所看重的，员工需要能够与农户、客户等多方进行有效沟通，同时具备一定的创新思维，不断改进生产技术和管理方法，提升经营效益。

（三）农业信息化管理主要职能部门的人员需求和选择标准

农业信息化管理的主要职能部门涉及信息收集、经济预算分析、数据处理、软件开发、硬件运行维护、通信保障、系统分析与管理等多个方面。农业信息化管理的核心人员需求横跨多个专业领域。

信息收集人员专注于搜集农业市场、政策、技术等信息，为企业的决策提供坚实的数据支持。经济预算分析人员需具备财务分析和预算管理的专业技能，负责编制企业的经济预算和进行财务分析。数据处理人员应熟悉数据处理技术和方法，能够高效地处理农业数据，为决策提供有力的数据支撑。软件开发人员需具备软件开发的专业能力，能够根据企业需求定制开发农业信息化相关软件。硬件运行维护人员负责农业信息化硬件设备的日常运行和维护工作，确保设备的稳定运行。通信保障人员则需确保农业信息化网络通信的顺畅与安全。系统分析与管理人员应具备系统分析和管理的能力，能够对企业信息化系统进行有效的规划、建设和管理。

在选拔农业信息化管理的主要人员时，标准包括多个方面。相关职能部门的人员应具备与岗位相关的专业技能知识和相关领域的实践经验，以便能够迅速适应岗位需求。同时应具备较强的学习能力，能够快速掌握新技术和新方法。此外，团队协作能力也是关键，应注重团队合作，能够与不同部门的人员进行有效沟通和协作。

涉农经济组织在人员需求和选择标准上应综合考虑品德、素质和技能等多个方面，确保企业能够招聘到符合要求的员工，推动企业的持续发展。

五、涉农经济组织人员招聘

针对涉农经济组织的人员招聘，可以从现代企业实施人员招聘的一般性方法、模式、途径和工具出发，结合涉农经济组织的特定需求，来探讨各类人员的招聘策略和方法。

（一）现代企业实施人员招聘的一般性方法、模式、途径和工具

招聘的一般方法涵盖线上和线下两种途径。线上招聘主要通过招聘网站、社交媒体平台、企业官网等渠道发布职位信息，吸引求职者投递简历。线下招聘则包括参加招聘会、校园招聘、人才市场等活动，以便与求职者进行直接交流。内部推荐鼓励现有员工推荐合适人选，利用内部人脉资源提升招聘效率。而猎头服务则针对高端职位，可委托专业猎头公司寻找合适的人才。

招聘模式多样，传统招聘模式主要以简历筛选和面试为流程。能力测评模式则通过技能测试和性格测试等手段，全面评估求职者的能力和素质。人才储备模式则侧重于建立人才库，预先储备潜在候选人，应对未来的人才需求。

招聘途径包括专业招聘网站，如智联招聘、前程无忧等，这些平台能够覆盖广泛的求

职者群体。社交媒体，如微信、微博、Linked In 等，也被用来发布招聘信息，利用社交网络的广泛连接。校园招聘是通过与高校合作，吸引应届毕业生加入公司的有效方式。此外，定期参加人才市场招聘会，为公司提供了与求职者面对面交流的机会。

招聘工具包括 ATS（Applicant Tracking System），它用于简历管理、面试安排以及跟踪应聘者的进度。在线测评工具则用于执行技能测试和性格测试，提升招聘过程的效率和质量。视频面试工具，如 Zoom 和腾讯会议，支持远程面试，从而节省时间和成本。

（二）涉农经济组织人员招聘的策略和方法

生产组织类人员招聘策略应着重考察实践经验和操作技能，优先考虑那些拥有农业生产、养殖或种植经验的候选人。招聘方法包括参加线下招聘会、人才市场等，吸引经验丰富的农业从业者；同时，与农业院校合作，开展校园招聘活动也是有效途径。

设备作业类人员招聘策略应重视专业技能和机器操作能力，寻找那些熟悉农业机械设备操作的候选人。招聘方法应包括在招聘网站上发布职位信息，吸引具备相关技能的求职者；同时，通过内部培训和技能提升计划，培养现有员工成为合格的设备作业人员。

技术支持类人员招聘策略应注重专业背景和创新能力，选择那些具备农业技术或相关领域专业知识的候选人。招聘方法应通过线上招聘网站和社交媒体平台广泛发布招聘信息；并与高校、科研机构建立合作关系，吸引优秀的毕业生加入。

产品加工类人员招聘策略应重视加工技能和质量意识，选择那些具备农产品加工经验和质量控制能力的候选人。招聘方法应包括参加农产品加工行业的招聘会，与行业内从业者建立联系；同时，通过内部培训和技能竞赛等方式，提升员工的加工技能和质量意识。产品销售类人员招聘策略应注重沟通能力和市场敏感度，选择那些具备销售经验和市场开拓能力的候选人。招聘方法应利用招聘网站和社交媒体平台发布销售职位招聘信息；并与农产品销售企业建立合作关系，吸引有经验的销售人员加入。

市场品牌类人员招聘策略应注重品牌策划和市场推广能力，选择那些具备市场营销和品牌管理经验的候选人。招聘方法应通过线上招聘网站和猎头服务寻找合适的候选人；并与广告公司、营销机构等建立合作关系，吸引专业人才加入。

财务、人力、行政等支持类人员招聘策略应注重专业性和责任心，选择那些具备相关专业知识和工作经验的候选人。招聘方法应通过招聘网站和社交媒体平台发布职位信息；并与财务、人力、行政等领域的专业机构建立合作关系，吸引专业人才加入。

涉农经济组织在人员招聘过程中应根据不同职位的需求和特点制定相应的招聘策略和方法，并充分利用现代招聘工具和技术手段提高招聘效率和质量。

六、涉农经济组织的用工特点与人才梯队建设

（一）涉农经济组织的用工特点及应对策略

1. 用工特点

（1）专业人才、复合人才、职业经理人短缺问题。涉农经济组织在用工常面临专业人才、复合人才及职业经理人的短缺。主要是由于农业领域的特殊性，要求从业者不仅具备专业知识，还需具备跨学科的综合能力，以及适应现代农业企业管理的职业经理人素养。然而，目前市场上符合条件的人才相对较少，难以满足涉农经济组织的快速发展

需求。

（2）本地化用工、人才来源多元化需求及人才流动性差问题。涉农经济组织往往依赖于本地化用工，有助于降低用工成本并促进农村经济发展。然而，这也导致人才来源的单一化，难以满足组织对多元化人才的需求。同时，由于农村地区的经济发展水平、基础设施及生活环境相对落后，人才流动性较差，难以吸引和留住高素质人才。

（3）城乡差距及人才工作、生活相关制度配套问题。城乡之间的经济、文化、教育等差距导致涉农经济组织在吸引和留住人才方面面临诸多挑战。特别是在工作、生活等相关制度配套方面，如社会保障、住房、子女教育等，与城市相比存在明显不足，进一步加剧人才流失的问题。

（4）收入增长慢、人才结构老龄化问题。由于农业产业的特殊性和市场竞争的激烈性，涉农经济组织的收入增长相对缓慢，难以提供具有竞争力的薪酬待遇，导致高素质的年轻人才不愿进入农业领域，而现有的人才队伍则逐渐老龄化。人才结构的失衡不仅影响组织的创新能力和市场竞争力，还加剧用工难的问题。

2. 应对策略

（1）强化人才培养与引进。涉农经济组织应加强与高校、科研机构的合作，共同培养符合现代农业发展需求的专业人才和复合型人才。同时，通过提供具有竞争力的薪酬待遇和职业发展机会，吸引和留住高素质的职业经理人。

（2）优化人才配置与流动机制。应建立健全的人才配置与流动机制，促进人才在城乡之间的合理流动。通过实施轮岗、挂职锻炼等方式，提高人才的综合素质和适应能力。同时，加强与外部人才市场的联系和合作，拓宽人才来源渠道。

（3）完善制度配套与激励机制。应完善与人才工作、生活相关的制度配套措施，如社会保障、住房、子女教育等。通过提供全方位的制度保障和激励措施，提高人才的归属感和满意度。同时，建立科学的绩效考核和激励机制，激发人才的积极性和创造力。

（4）推动农业现代化与产业升级。通过引进先进的农业技术和设备，推动农业现代化和产业升级。提高农业生产的效率和质量，增加涉农经济组织的收入来源和盈利能力。将为组织提供更好的发展平台和更广阔的成长空间，从而吸引和留住更多高素质的人才。

（二）涉农经济组织的人才梯队建设策略

1. 制度和组织体系保障

为了确保人才梯队建设的顺利进行和持续发展，必须建立健全的人才选拔、培养、使用和管理标准，并通过相应的制度保障和组织体系支持，包括明确各级人才的职责和成长路径，以及提供必要的资源和环境。

2. 现代职业经理人制度

引入现代职业经理人制度，强化对职业经理人的选拔、培养和考核流程。通过市场机制和竞争机制的引入，提升职业经理人的专业能力和管理水平。同时，建立完善的激励和约束机制，确保职业经理人能够最大限度地发挥其潜力，为企业创造更大的价值。

3. 冗余招聘策略和人员汰换机制

实施冗余招聘策略，即在招聘过程中适度超编录用人才，预防人才流失和岗位空缺带来的风险。同时，建立严格的人员汰换机制，对不符合组织要求或无法胜任工作的人员进行及时的淘汰和替换。有助于保持组织的活力和竞争力，确保人才梯队建设的持续优化和升级。

第三节 会务组织

一、涉农经济组织的会务需求目标及特点分析

（一）现代企业会务组织的流程、要素分析及注意事项

现代企业会务组织是一个复杂而系统的过程，其目的在于确保会议或活动的顺利进行，并实现预期目标。

会务组织的基本流程包括明确会议的目的、主题、时间、地点以及参与人员；制定详细的会议议程和预算，邀请嘉宾和参会人员，并发送会议通知；预定会议场地、设备（如投影仪、音响等），安排住宿、餐饮和交通事宜；准备会议资料，如 PPT、手册等；会场布置，确保所有设备运行正常；接待参会人员，并引导他们就座；控制会议流程，确保会议按预定议程顺利进行；收集会议反馈，整理会议记录；评估会议的整体效果，并总结经验教训。

会务组织的核心要素涵盖多个方面。首先是人员，包括会务人员、参会人员以及嘉宾等，必须明确各自的职责和分工。其次是物资，涉及会议所需的各种设备、资料和餐饮等，这些物资需要提前准备就绪。此外，合理安排会议的时间表，确保会议的高效进行。最后，场地选择也不容忽视，必须挑选适宜的地点，保证会议环境的舒适性。

会务的组织需重视与参会各方保持顺畅的沟通，确保信息的准确传递。同时，细节管理也要注意，包括签到、座次安排等环节，提升参会体验。此外，制定应急预案应对可能出现的突发状况也是必不可少的。

（二）涉农经济组织常见的会务形式、会务目的及形式

生产相关类会务形式涵盖生产培训会、技术交流会、安全生产会议等。会务的核心目标是增强农户或合作社成员的生产技能，传播最新的农业技术和生产经验，并强调安全生产的重要性以预防生产事故的发生。会务形式的特点在于注重实践操作和案例分析，邀请农业专家或技术人员进行现场指导，并重视互动环节，鼓励提问和讨论。

销售、市场、品牌相关的会务形式包括产品推介会、市场营销培训会、品牌发布会等。会务的主要目标是推广农产品，拓展销售渠道，提升合作社或企业的市场营销能力，塑造品牌形象，以及提高品牌知名度。会务的形式特点在于强调产品特性和市场定位，邀请行业专家或营销专家进行分享，并注重与潜在客户的互动和沟通。

产业链协同整合及异业合作相关的会务形式包括产业链合作论坛、异业合作洽谈会等。会务的主要目的是促进产业链上下游企业之间的协同合作，拓展合作领域，实现资源共享和优势互补，推动农业产业化和现代化的发展。会务形式的特点在于强调行业内的资源整合和共享，邀请产业链各环节的企业代表参与，并注重合作项目的展示和洽谈。

涉农经济组织的会务需求具有多样性和复杂性，需要根据不同的会务目的和形式制定相应的会务组织方案，确保会议的顺利进行和预期目标的实现。

二、涉农经济组织会务策划设计

在涉农经济组织的会务策划设计中，需要综合考虑多个要素和注意事项，确保会务活动的顺利进行和成功执行。

（一）会务策划设计的要素和注意事项

会务目标分析是首要任务，必须明确会务活动的目标，如增强组织凝聚力、推广新产品、技术交流、政策宣贯等。目标细化涉及将总体目标分解为可操作的子目标，如设定参会人数、媒体曝光度、合作意向书签订数量等具体指标。

会务规模、受众及相关资源的确定是确保会务活动成功的关键。规模的确定基于目标设定，包括参会人数、场地大小等关键因素。明确目标群体，可能包括农民、农业企业、政府部门、科研机构等，并深入了解他们的需求和期望。资源整合则根据受众和资源情况，高效地整合场地、设备、嘉宾、媒体等关键资源。

会务筹备及前期资源、人员、物料的协调准备工作包括制定详尽的筹备计划，列出具体的筹备工作清单，涵盖场地布置、设备调试、资料准备等方面。资源协调涉及与场地提供方、设备供应商、餐饮服务商等合作伙伴的协作，确保所有必需资源的及时到位。人员分工明确会务团队成员各自的职责，包括接待、引导、技术支持等。物料准备包括会议资料、宣传材料、礼品等物料的准备。

会务流程设计及应急预案的制定特别强调流程设计的重要性，涵盖从签到、开场、主题演讲、交流互动到闭幕等关键环节的清晰规划。同时，应急预案的制定旨在应对可能发生的突发状况，例如设备故障、交通拥堵等问题。

会务人员的安排、责权划分及考核涉及根据会务需求合理配置人员岗位，确保每个环节都有明确的责任人。责权的明确划分旨在界定各岗位人员的职责与权限，防止责任混淆。考核机制的建立则用于评估会务团队的工作表现，并据此进行相应的奖励。

会务前期、中期、后期的传播需求确定及传播计划执行主要包括以下步骤。传播需求分析是基于会务目标和受众需求来确定传播内容和渠道。传播计划制定涉及创建详细的传播计划，涵盖宣传文案、发布时间、发布渠道等要素。执行与评估阶段是依据计划执行传播工作，并对传播效果进行评估，以便及时调整传播策略。

（二）涉农经济组织会务执行的要素和注意事项

会议前的准备工作主要集中在会前的最终检查上，确保场地布置、设备调试、资料准备等任务的顺利完成。嘉宾邀请与确认环节则专注于确认嘉宾的出席情况，并安排专人负责接待。至于参会者的通知，则是通过邮件、短信等多种方式，向参会者传达会议的具体信息。

在会议执行过程中，重点关注现场管理，包括确保签到、引导、安全保障等工作的顺利进行，保障会议的顺利开展，安排技术人员在现场提供必要的技术支持，及时解决设备故障等问题。此外，互动环节的组织有助于提升参会者的参与度和满意度。

会后要整理会议资料、照片、视频等素材，为后续传播和存档做准备。反馈收集是通过问卷、访谈等方式收集参会者的反馈意见，为下次会议提供参考。总结评估是对会务工作进行总结评估，分析得失，提出改进措施。

（三）涉农经济组织会务策划、设计案例

案例名称：全国农业科技创新大会

会务目标：展示农业科技创新成果，促进农业科技交流与合作。

会务规模：参会人数 500 人，包括农业企业代表、科研机构专家、政府部门官员等。

会务筹备：

场地选择：选择交通便利、设施齐全的会议中心作为会场。

嘉宾邀请：邀请国内外知名农业科技专家和企业代表作为演讲嘉宾。

物料准备：制作会议手册、宣传海报、纪念品等物料。

会务流程：

签到注册：设置电子签到系统，提高签到效率。

开幕式：由主办方领导致开幕词，介绍会议背景和目的。

主题演讲：邀请嘉宾进行主题演讲，分享农业科技创新成果。

展览展示：设置展览区，展示农业科技成果和产品。

交流互动：组织圆桌论坛、茶歇交流等环节，促进参会者之间的交流与合作。

闭幕式：总结会议成果，颁发优秀论文奖等奖项。

应急预案：

设备故障：准备备用设备，确保会议顺利进行。

突发情况：设置医疗急救点和安全出口，确保参会者的人身安全。

传播计划：

前期宣传：通过农业类媒体、社交媒体等渠道发布会议信息，吸引关注。

现场直播：通过直播平台对会议进行实时直播，扩大影响力。

后期报道：整理会议亮点和成果，发布在媒体和官方网站上，供更多人了解。

通过以上策划和执行，全国农业科技创新大会取得圆满成功，不仅展示了农业科技创新成果，还促进了农业科技交流与合作。

三、涉农类会议及会务组织的发展趋势和创新模式

（一）现代企业会议及会务组织的创新发展趋势

1. 数据化管理趋势和相关工具应用

在现代企业会议及会务组织中，数据化管理已成为不可逆转的趋势。通过专业的会议管理系统，企业能够实时追踪会议参与人数、会议时长、互动频率等关键数据，并对数据进行深入分析，评估会议效果并优化后续会议策略；基于大数据分析，企业构建智能化决策支持系统，为会议策划、执行及评估提供科学依据。例如，通过分析参会人员的偏好和反馈，优化会议议题和议程设置；数据化管理还促进了会议的个性化服务。通过了解参会者的需求和偏好，为企业提供更加精准和贴心的服务，如定制化的会议资料、个性化的日程安排等。采用 CRM 系统、ERP 系统以及专业的会议管理软件等工具，实现会议数据的全面管理和分析。

2. 线上、非接触会议及 AR、VR 等多媒体技术的应用趋势和相关工具应用

随着科技的不断进步，线上会议、非接触式会议以及 AR（增强现实）、VR（虚拟现实）等多媒体技术逐渐成为会议及会务组织领域的关键创新方向。线上会议利用视频会议软件和云会议平台等工具，使得企业能够便捷地组织远程会议，实现跨地域的即时沟通与协作。这种会议形式不仅降低了费用，还提升了效率和灵活性。非接触会议在疫情期间等特殊情况下，成为确保会议顺利进行的关键措施。通过实施无人化签到、无接触式餐饮等措施，企业能够保障与会者的安全与健康。参与者通过佩戴 AR/VR 设备，能够沉浸式地参与会议，与演讲者进行互动和交流。这些技术不仅提升了会议的趣味性和吸引力，还增强了参与者的参与感和归属感。

（二）涉农类会议及会务组织的创新发展应对策略、工具及相关案例分析

1. 创新发展应对策略

针对涉农类会议及会务组织的创新发展，应对策略主要包括加强信息化建设，利用现代信息技术手段，如大数据、云计算、物联网等，提升会议及会务组织的信息化水平。通过构建会议管理系统和线上会议平台，实现会议数据的实时追踪与分析，从而提高会议效率和效果。针对涉农领域的特点和需求，积极推广线上会议和非接触会议形式，利用视频会议软件、云会议平台等工具，实现跨地域的实时交流和协作，降低会议成本并提高灵活性。此外，融合多媒体技术，如 AR、VR 等，引入涉农类会议中，为参会者提供沉浸式体验。通过展示农业科技成果、农产品展示等内容，增强参会者的参与感和归属感，进而提升会议的影响力和传播力。

2. 工具应用

在涉农类会议及会务组织的创新发展中，采用的主要工具有视频会议软件如 Zoom、腾讯会议等，它们支持多人在线实时交流和协作。云会议平台如钉钉、企业微信等，提供一站式的会议管理服务，涵盖会议策划、执行、评估等环节。AR/VR 设备则为参会者提供沉浸式的体验设备和技术支持。

案例分析

杨凌农高会是一个典型的涉农类会议及会务组织创新发展的案例。农高会以“培育农业新质生产力”为主题，聚焦于服务创新驱动、保障粮食安全、乡村振兴以及国家重大外交战略。通过线下线上融合、馆内馆外结合、国内外联动的方式，设置多个展馆和展区，吸引众多参展商和观众参与。同时，本届农高会还举办了多场高规格、高层次的国际交流活动，以推动农业科技创新和国际合作。

在会务组织过程中，杨凌农高会充分利用数字化技术和大数据分析技术，构建了数字化会务平台和大数据分析系统，实现会议注册、日程安排、展商管理、观众服务等功能的一站式管理。同时，通过引入 VR 技术，为观众提供沉浸式的参观体验。创新工具和手段的应用，不仅提升了会务组织的效率和便捷性，还增强了参会的趣味性和互动性，为杨凌农高会的成功举办提供了有力保障。

陕西杨凌农高会通过明确战略定位、推动产业集聚、加大资金技术投入、注重国际

交流等创新发展应对策略，以及数字化会务平台、VR技术、大数据分析等创新工具的应用，实现涉农类会议及会务组织的创新发展。这些经验和做法对于其他涉农类会议及会务组织具有重要的借鉴意义和推广价值。

四、涉农类会务组织和会议协调

（一）现代会议常见问题及解决方法

1. “人”的问题

与会者参与度低，导致会议氛围沉闷。会议时间过长，使与会者感到疲劳，从而影响效率。责任分工不明确，导致任务执行不力。具体解决方法包括提高参与度，采用小组讨论、提问环节等互动方式，激发与会者的积极性。精简会议时间，优化会议流程，减少不必要的讨论和重复，确保会议高效进行。明确责任分工，制定详细的任务分解方案，明确责任单位和具体人员，确保任务得到有效执行。

2. “物”的问题

会议资料准备不足，会影响讨论的效果。会议设备故障，如投影仪、音响等出现问题，会影响会议的进程。具体的解决方法包括充分准备资料，即提前准备会议所需的资料和文档，并确保其完整性和准确性。检查设备，即在会议前对设备进行全面检查，确保其正常运行，并准备备用设备应对突发状况。

3. “场”的问题

会场布置不合理，会影响与会者的舒适度。会场设施不完善，如座位、照明、空调等存在问题。解决这些问题的方法包括根据会议规模和需求合理布置会场，确保与会者的舒适度；提前检查会场设施，确保座位、照明、空调等设备正常运行，满足会议需求。

（二）会议协调技巧、应用场景及作用

1. 人员协调技巧

明确角色与职责，确保每位参与者都清晰了解自己的定位，以便更有效地参与讨论和决策。加强沟通则涉及会议前的准备，通过与与会者的沟通和交流，掌握他们的需求和期望，从而确保会议的顺利进行。在应用场景中，如涉农政策解读会议，需要确保政策制定者与执行者之间能够进行有效沟通。而在农业技术推广会议中，则需协调技术人员与农民之间的合作，促进技术的普及。提高会议效率意味着要确保每位与会者都能积极参与讨论，避免时间的浪费。增强合作效果则依赖于明确的角色和职责分配，促进各方之间的有效合作。

2. 内容协调技巧

制定详尽的议程，确保会议讨论聚焦于核心议题，防止偏离主题。提前准备会议材料，确保所有必需的资料完整且准确，便于与会者参考。在农业项目评审会议中，协调评审专家与项目申报单位之间意见的交流。在农产品营销策略会议中，协调营销团队与农户之间的意见，制定有效的营销策略。其作用在于确保讨论的有序进行：通过精心制定议程和准备材料，确保会议讨论井然有序。此外，提高决策质量则依赖于充分的讨论和交流，形成更加科学合理的决策。

3. 场地、设备、流程等协调技巧

确保场地布置的合理性与设备的正常运行。制定详尽的会议流程，包括签到、议程安排、讨论环节、总结发言等，是确保会议顺利进行的关键。在涉农类大型展览会议中，协调展览场地、展品布置和观众引导等工作是应用场景之一。对于农业技术培训班，协调培训场地、设备和师资力量是必要的，确保培训效果。此外，提升会议形象需要专业的场地布置和设备支持，增强会议的专业性和形象。为了确保会议的顺利进行，详细的会议流程安排是避免会议过程中出现混乱和延误的有效手段。

涉农类会务组织和会议协调需要关注“人”“物”和“场”三个方面的问题，并采取有效的解决方法和协调技巧。通过合理的安排和协调，确保会议的顺利进行和高效沟通，推动涉农工作的顺利开展。

五、涉农类会务组织降费增效技巧及相关工具使用

（一）现代会议会务的成本预算构成及关键指标分析

现代会议的会务成本预算通常涵盖多个方面，这些成本不仅直接影响会议的举办效果，还决定了会务组织的经济效益。成本预算的主要构成包括场地租赁费用，需根据会议规模、场地位置及设施条件来确定；设备租赁费用，如音响、投影仪、视频会议设备等；人力资源成本，包括会务人员的工资、培训费用及福利等；宣传推广费用，用于会议宣传、邀请函制作及寄送等；食宿费用，涉及参会人员的餐饮及住宿费用；材料费用，包括会议资料、礼品、文具等费用。

关键指标分析应关注的方面包括成本效益比，通过对比会议的投入与产出，评估会议的经济效益；计算每位参会人员所分摊的成本，评估会议成本的合理性；分析设备租赁的效率和成本效益，避免浪费；通过参会人员的反馈，评估会议的整体效果及成本投入的合理性。

（二）经济高效会务组织执行的技巧、工具及案例分析

1. 节约人员成本

组建专业团队，挑选经验丰富的会务人员，他们应具备全面的技能，提升工作效率并减少人力需求；采用信息化手段，如会议管理软件和在线协作工具，实现会务工作的自动化和数字化，从而降低人力成本；外包非核心业务，将部分非核心会务工作委托给专业机构，集中资源专注于核心业务，进而提高整体效率。

2. 节约时间成本

制定详尽的会务计划，明确关键时间节点和责任分配，避免因会议延期或准备不充分而造成的时间浪费。合理安排议题和时间分配，避免冗长且无效的讨论，从而提升会议效率。通过视频会议、在线投票等现代会议工具，减少与会人员的物理移动时间，进一步提高会议效率。

3. 总体投入产出比预估分析和提升

在会议筹备阶段，必须进行详尽的成本预算，明确各项费用的投入和预期收益，为决策提供坚实依据。通过对比会议的实际投入与产出，进行投入产出比分析，评估会议的经济效益。分析成本构成和收益来源，识别降低成本和提高收益的关键因素。基于投入产出比分析的结果，制定相应的优化策略。例如，调整会议规模、优化场地租赁、提高设备利

用率等，降低成本并提升效益。

案例分析

在筹备某涉农类会议的过程中，组织者采取一系列创新的数字化会议模式，降低人力和物力成本。通过在线平台制作并推送邀请函，确保邀请过程的高效和便捷。此外，电子资料的分发方式取代传统的纸质资料，不仅节约打印和分发的时间，还减少纸张的使用，进一步降低了负担。为了简化签到流程，组织者还引入二维码签到技术，参会者只需扫描二维码即可完成签到，大大提高了签到效率。

在会议进行过程中，组织者充分利用视频会议工具，使得参会人员无需长途跋涉即可参与远程讨论和决策。这种方式不仅减少了参会人员的物理移动时间，还提高了会议的灵活性和效率。此外，组织者还详细列出了会议的各项费用，包括场地租赁、设备租赁、餐饮服务等，并进行细致的投入产出比分析。通过优化会议规模、选择性价比高的场地租赁方案等策略，成功地降低成本，同时提高会议的经济效益。

这一案例不仅展示了数字化会议模式在涉农类会务组织中的应用，还为其他类似会议的筹备提供了有益的借鉴和参考。通过创新的筹备方式和精细化的成本管理，涉农类会议组织者可更好地应对各种挑战，提高会议的效率和效益。

思考题

1. 叙述农业产业化发展对生产基地的影响及应对策略。

2. 叙述种植类农业生产基地的特点、运营模式以及关键运营指标。

3. 从自然资源要素、生产资料要素、劳动力要素、资本要素及科技要素方面，对农业生产的要素和功能进行分析。

4. 涉农经济组织应设置哪些部门和岗位？简述各部门和岗位的主要职责。

5. 从生产组织类、设备作业类、技术支持类、产品加工类、产品销售类和市场品牌类几个方面，简述涉农经济组织人员招聘的策略和方法。

第三章　目标控制

第一节　计划控制

一、农业生产管理的流程、内容和特点分析

（一）农业生产管理流程的概念、类型、组成部分及内容要素

农业生产管理流程涵盖对农业生产各环节的计划、组织、指导、控制和协调，确保活动的高效、有序和可持续性，提升农产品的产量、质量和经济效益。该流程可根据不同标准进行分类，如按作物种类分为粮食作物和经济作物生产管理流程，或按生产方式分为传统和现代农业生产管理流程。现代农业管理更强调科技应用和精细化管理，增强生产效率和产品质量。

1. 农业生产管理流程

（1）土地准备涉及清理耕地、翻耕土壤、施肥、灌溉和排水等，为作物生长创造理想土壤环境。

（2）选择优质品种，进行种子处理，提升发芽率和抗病虫害能力，并依据作物种类及气候条件确定播种时间和方式。

（3）田间管理包括施肥、灌溉、除草、病虫害防治等，确保作物正常生长。此阶段需密切监控作物生长状况，及时应对不利因素。

（4）作物成熟时进行收获，并使用适当方式和设备进行加工、分级、包装、储存和运输，满足市场需求。

（5）通过批发市场、零售店、电商平台等渠道销售农产品，并收集市场反馈来指导未来生产。

2. 农业生产管理流程的内容要素

（1）依据市场需求、气候条件、土壤状况等因素，制定科学合理的生产计划，明确种植品种、面积、时间等。

（2）合理分配土地、劳动力、资金、种子、肥料等生产要素，确保生产活动顺利进行。

（3）积极引入先进农业技术和管理经验，如精准农业、智能农业等，提升生产效率和产品质量。

（4）建立完善的质量管理体系，对生产全过程进行严格控制，确保农产品质量和安全。

（5）重视农业生产中的环境保护，减少化肥、农药等化学物质使用，降低对生态环

境的污染。

（6）建立风险管理机制，预测和防范自然灾害、病虫害等风险，降低农业生产风险。农业生产管理流程是一个复杂而系统的工程，需要各环节的紧密配合和科学管理。通过持续优化管理流程和提升管理水平，促进农业生产的可持续发展和经济效益的提高。

（二）种植业生产管理的流程、内容和特点分析

1. 种植业生产管理的流程

在项目规划阶段，需明确种植目标、作物种类、种植面积和种植时间等要素。土地准备阶段包括土地整理、施肥、灌溉等必要的准备工作。播种与育苗阶段应遵循种植计划，进行播种和育苗工作。田间管理阶段则需执行包括除草、病虫害防治、灌溉、施肥等在内的田间作业。在作物成熟后进行收获，并进行必要的加工处理。销售与反馈阶段涉及将农产品销售给市场，并收集市场反馈，为下一轮种植提供参考。

2. 种植业生产管理的内容

种植技术的选择应基于作物的特性和当地的气候条件，确保选用适宜的种植方法；资源管理涉及合理分配土地、水资源以及肥料资源，实现资源的高效利用；病虫害防治需要采取包括生物防治和化学防治在内的多种措施，有效控制病虫害的发生；质量安全管理要求建立农产品质量追溯体系，确保农产品的质量和安全得到保障。

种植业生产管理的特点涵盖植物所展现的生物性，包括生长、发育、繁殖等生物特性，要求特定的生长环境。地域性则源于不同地区的种植条件差异，使得种植业具有鲜明的地域特色。季节性体现在种植业生产活动显著受到季节变化的影响，必须根据季节更迭调整生产策略。

（三）养殖业生产管理的流程、内容和特点分析

1. 养殖业生产管理的流程

在项目规划阶段，明确养殖目标、种类、规模和时间等关键要素；在场地准备阶段，涉及养殖场建设、设备购置以及饲料的准备；在引进种苗阶段，从正规渠道引进健康种苗，确保养殖质量。在日常管理阶段，包括饲料投喂、疾病防治和环境控制等日常管理工作。在出栏与销售阶段，养殖周期结束后进行出栏操作，并将养殖产品销售给市场。最后，在总结与反馈阶段，对养殖过程进行总结分析，并收集市场反馈，为下一轮养殖提供参考。

2. 养殖业生产管理的内容

养殖技术的选择应基于养殖种类和当地的气候条件，选用最适宜的技术；确保动物的营养需求得到充分满足，强化疾病监测和防治措施，减少疾病的发生率，通过调节养殖环境，为动物创造一个适宜的生长条件。

养殖业生产管理的特点包括个体化，即每组动物的生产状态和需求各异，要求管理必须具有针对性。规模化是现代养殖业的主流，以大规模生产为核心，自然带来了较大的管理挑战。复杂化体现在养殖业生产管理涉及众多环节，需要全面而周到的考虑。而精细化则追求高效益、高品质以及可持续发展，要求实现从头至尾的全程精细化管理。

（四）其他涉农行业生产管理的流程、内容和特点分析（以农产品加工业为例）

1. 其他涉农行业的生产管理流程

原料采购应直接从农户或种植基地获取农产品原料。原料处理包括对农产品原料进行彻底的清洗、细致的分拣和精确的切割等步骤。生产加工则需严格按照产品工艺要求进行。质量检验环节要对加工后的产品进行严格的质量检验，确保产品质量达标。包装与储存阶段要对产品进行适当的包装，并储存在适宜的环境中保持品质。销售与配送环节则涉及将产品销售给市场或客户，并提供相应的配送服务。

2. 其他涉农行业的生产管理内容

生产工艺管理需制定并优化生产工艺流程，提升生产效率。原料质量管理应确保原料质量满足生产需求。产品质量控制则需建立完善的质量控制体系，保障产品质量的稳定性。库存管理则要求合理控制库存水平，降低库存成本。

3. 其他涉农行业的生产管理特点

农产品加工业对原料的依赖性较强，必须确保原料的稳定供应，农产品加工业受农产品季节性影响显著，需要根据季节变化调整生产计划，农产品加工业需要较高的技术水平和设备投入，市场需求对农产品加工业的发展具有决定性影响，因此必须密切关注市场动态。

二、农业生产计划和流程管理的协同要点及实施方法

在农业生产中，生产计划与流程管理的协同是保证生产高效、有序进行的关键。

（一）种植业生产计划和流程管理的协同要点及方法

1. 协同要点

市场需求与种植规划的协同应基于市场需求的实时变化，科学地规划作物种类、种植面积及播种时间，确保农产品供应与市场需求的一致性。土壤条件与作物选择的协同需综合考虑土壤类型、肥力、水分等关键因素，选择适宜的作物品种，并采取土壤改良措施，改善作物的生长环境。技术管理与生产流程的协同应采用先进的种植技术和管理方法，如精准施肥、节水灌溉、综合病虫害防治等，优化生产流程并提高生产效率。

2. 实施方法

市场调研与预测应定期进行，准确掌握市场需求的动态，为种植规划提供可靠的数据支持，对种植区域的土壤进行深入分析，并根据分析结果采取针对性的土壤改良措施，增强土壤的肥力，积极引入先进的种植技术和设备，并对农民进行系统的培训，提升种植管理的整体水平，制定一套包括播种、施肥、灌溉、病虫害防治、收割等所有关键环节的标准化生产流程，确保整个生产过程的规范化和一致性。

（二）养殖业生产计划和流程管理的协同要点及方法

1. 协同要点

品种选择与市场需求协同应当依据市场需求和当地环境条件，精心挑选适合的养殖品种，确保产品供应与市场需求的精准对接。饲料供应与营养管理协同需要科学配制饲料的种类和比例，合理规划喂食频率和喂食量，保证养殖动物能够摄取到充足的营养。疾病防治与环境管理协同则需强化疾病预防措施，维护养殖环境的清洁卫生，从而降低疾病发生

的风险。

2. 实施方法

市场调研与品种选择需通过市场调研来掌握市场需求，并结合当地环境条件挑选适合的养殖品种。饲料配方与营养管理应依据养殖动物的生长阶段和营养需求，制定出科学的饲料配方，并实施有效的营养管理。疾病防控与环境卫生则要求建立全面的疾病预防体系，定期执行消毒和清洁措施，维持养殖环境的清洁与卫生。流程标准化需要制定涵盖选种、饲养、疾病防治、出栏等各环节的标准化养殖流程，确保养殖操作的规范化和一致性。

（三）其他涉农行业生产计划和流程管理的协同要点及实施方法

1. 协同要点

资源整合与利用协同应充分利用当地资源，包括土地、水源、气候等，实现资源的合理配置和高效利用。技术创新与产业升级协同需积极引进和研发新技术，促进产业升级和转型，进而提升农业生产效率和产品质量。环境保护与可持续发展协同则应重视环境保护和可持续发展，降低农业生产对环境的不良影响，达成农业与环境的和谐共存。

2. 实施方法

资源评估与规划要求对本地资源进行全面的评估，并制定出科学且合理的资源利用方案。技术创新与推广应当加强技术革新和研发工作，积极推广新技术与新方法，提升农业生产效率和品质。环境保护措施需要制定相应的环境保护策略，减少化肥、农药等化学物质的使用，并推广生态农业与有机农业模式。培训与宣传应当对农民进行技术培训和环保宣传，提高农民的环保意识和技能水平。

农业生产计划与流程管理的协同是提升农业生产效率和质量的关键所在。通过实施合理的市场调研、土壤分析、技术引进和流程标准化等措施，确保农业生产的有序进行和可持续发展。同时，注重环境保护和可持续发展也是农业生产中不可忽视的重要方面。

三、农业生产组织的形式、要素及其实施和管理方法

（一）种植业生产组织的形式、要素及实施和管理方法

种植业生产组织的形式多样，家庭农场通常由一家人或几家人合作经营，以自给自足为主，灵活性高，经营成本低，适合小规模种植。合作社是由多个农户组成的集体经济组织，通过集体经营和资源共享来实现经济效益最大化，规模较大，生产效率较高。农民专业合作社是在合作社基础上发展而来，由具有特定技能的农民自愿组成的经济组织，可实现专业化生产和市场化经营，提高农民收入水平。公司化经营是由公司或企业经营和管理，规模较大，可实现规模化生产和市场化经营，能够利用先进的管理和技术手段提高生产效率和质量。“公司+协会+农户”模式是通过专业开发公司的引领，农民专业协会的组带作用，以及众多专业农户的参与，形成经济共同体，实现共赢。“合作组织+农户”模式是以社区合作组织或农民专业协会为枢纽，将分散的农户集合起来，进行技术合作、信息交流、融资、销售服务、运输等方面的合作，实现规模经营和产销一体化。

土地是种植业生产的基础，为作物提供生长所需的土壤、水分和养分。种子是植物生长发育的起始点，其质量和适应性直接影响到作物的产量和质量。水资源是植物生长的必

需条件，对作物的生长速度和抗病虫能力有着重要影响。肥料是提供作物所需养分的重要来源，有效地提高土壤的肥力，促进植物的养分吸收和生长发育。农药是用来防治农作物病虫害的化学药剂，保护农作物不受害虫侵害，但使用时需注意安全和环保问题。

种植业生产的实施和管理方法包括科学的种植规划与布局，结合当地气候、土壤、水资源等自然条件，合理规划种植区域，精选作物品种，优化种植结构。土壤管理与施肥技术涉及加强土壤保护，合理利用土地资源，规范施肥技术，提高肥料利用率，减少农业面源污染。水资源管理与节水灌溉要求合理利用水资源，推广节水灌溉技术，提高灌溉效率，加强水利基础设施建设。农药与化肥使用强调科学合理使用农药和化肥，严格执行农药使用安全间隔期，降低农药残留，减少环境污染。植物保护与病虫害防治需要加强植物保护意识，采用物理、生物和化学等多种措施，综合防治病虫害。农产品质量安全与追溯体系要求严格执行农产品质量安全法规，建立农产品质量追溯体系，确保农产品质量安全。农业机械化与信息化要积极采用现代农业机械设备，提高农业生产效率，加强农业信息化建设，提高农业信息技术应用水平。

（二）养殖业生产组织的形式、要素及实施和管理方法

1. 养殖业生产组织的形式

家庭农场养殖是以家庭为单位进行养殖活动，规模较小，但灵活性强。合作社养殖是多个养殖户联合组成合作社，共同进行养殖生产，实现资源共享和规模效益。企业化养殖是由企业投资和管理，进行大规模、专业化的养殖生产，利用先进技术和设备进行高效生产。“公司+农户”模式是公司与农户建立合作关系，公司提供技术支持、市场信息和销售渠道等资源，农户负责具体养殖工作，实现双赢。

2. 养殖业生产的要素

养殖场地为动物提供适宜的生活和生长环境；养殖动物涵盖各种畜禽和水生动物；饲料为动物提供必要的营养和能量来源；水源确保动物的饮水需求和养殖环境的湿度控制；防疫设施预防和控制动物疾病的发生和传播。

养殖业生产的实施和管理方法需合理规划养殖场地，根据养殖动物的种类和数量，确保动物拥有足够的活动空间和优良的生长环境。科学饲养管理要求制定科学的饲养管理制度，合理安排饲料种类和投喂量，满足动物的营养需求和促进其健康生长。建立完善的疫病防控体系，定期进行疫苗接种和疾病检查，保障动物的健康。环境控制需要调节养殖环境的温度、湿度、光照等要素，为动物创造适宜的生长条件。市场销售环节，应及时掌握市场动态和消费者需求，制定合理的销售策略和价格体系，确保养殖产品的顺畅销售。

（三）其他涉农行业生产组织的形式、要素及实施和管理方法

其他涉农行业的生产组织形式、要素以及实施和管理方法也各具特色。例如，农产品加工、农业服务等行业拥有其独特的生产组织结构、关键要素和管理策略。这些行业通常包含多个环节和众多参与者，因此必须综合考虑市场需求、资源分配、技术创新等多方面因素，制定出恰当的生产组织和管理策略。以农产品加工行业为例，通过建立标准化的生产流程和严格的质量控制体系，确保产品的质量和安全；而农业服务行业则通过提供专业的技术服务和市场信息，来辅助农业生产者的商业活动。

四、农业生产控制的目标、方式及其管理和优化方法

在农业生产控制中，种植业、养殖业以及其他涉农行业的目标、方法及其管理和优化方法各有其特点。

（一）种植业生产控制的目标、方法及其管理和优化方法

种植业生产控制的主要目标是提升农作物的产量与品质，同时降低成本增强经济效益，并致力于实现农业的可持续发展，保护生态环境。控制方法包括通过合理耕作、轮作和施肥等措施改善土壤结构和肥力，为作物生长创造理想条件；采用节水技术如滴灌、喷灌等，科学控制水量和灌溉频率，提高水资源的利用效率；结合生物防治、物理防治和化学防治，减少农药使用量，降低对环境的污染。管理和优化方法涉及精准农业技术，利用物联网、大数据等现代信息技术实现农业生产环境的实时监测和精准管理，提升资源利用效率。此外，品种改良通过选育和推广高产、优质、抗病虫害的新品种，进一步提高农作物的产量和品质。农业废弃物资源化利用推广技术，如秸秆还田、畜禽粪便发酵等，减少环境污染并提高资源的利用率。

（二）养殖业生产控制的目标、方法及其管理和优化方法

养殖业生产控制的目标旨在提升养殖动物的生产性能与产品质量，同时降低养殖成本增强经济效益。此外，预防和控制疾病是关键，确保动物的健康。实现目标的方法包括选种与育种，即选择适应当地气候和环境的优良品种，并进行科学的选育和繁殖，提高养殖动物的生产性能；根据养殖动物的不同生长阶段，科学调配饲料种类和比例，确保营养均衡；建立完善的疾病防控体系，定期进行消毒和防疫，及时发现和处理疾病。养殖业生产控制的管理和优化方法包括引入自动化设备，如自动投饲机、环境控制系统等，提高生产效率和减轻劳动强度；利用现代信息技术实现养殖数据的实时监测和分析，为生产管理提供科学依据；推广生态养殖模式，如林下养鸡、稻田养鸭等，实现资源循环利用，降低环境污染。

（三）其他涉农行业生产控制的目标、方法及其管理和优化方法

其他涉农行业的生产控制目标在于增强农产品加工的品质与价值，强化对农产品质量安全的监督，并促进农业与第二、第三产业的深度整合。采用先进的农产品加工技术提高加工效率和质量，同时增加产品的附加值。为了确保农产品质量安全，需要建立完善的监管体系，并加强农药残留、重金属等有害物质的检测与控制。农业与第二、第三产业的融合则涉及推动农业与旅游、文化、教育等产业的共同发展，拓展农业产业链并提升农业的综合效益。至于管理和优化方法，品牌建设是关键，通过加强农产品品牌建设，提升产品的知名度和美誉度，增强市场竞争力。积极拓展国内外市场，扩大销售渠道，提高销售量。技术创新也是重要的一环，鼓励和支持农业技术创新，推动科技进步，从而提高农业生产效率和产品质量。

农业生产控制的目标、方法及其管理和优化策略需依据不同行业和具体情况来制定和执行。借助科学的管理与优化手段，能够提升农业生产效率和品质，促进农业的可持续发展。

五、农业生产管理流程的梳理方法及创新趋势

（一）流程梳理的概念、步骤和常用方法

流程梳理涉及对农业生产管理各环节的分析、整理、优化与改进。通过这一过程，能够识别并解决生产瓶颈和无效环节，从而提高农业生产的效率和效益。

流程梳理的步骤是明确流程目标和范围，即确定农业生产管理的具体目标和需要梳理的流程范围，涵盖种植、养殖、收获、加工、销售等环节；绘制流程图，利用图形化手段展示农业生产管理的各个步骤和流程路径，并标注每个环节的名称、时间、责任人等关键信息；通过问卷调查、访谈、现场观察等方法，识别农业生产管理流程中的问题，例如资源浪费、效率低下、信息不对称等；针对识别的问题提出改进方案，如简化流程环节、改进信息传递方式、引入新技术等；将优化后的流程固化，制定详尽的标准化操作规程，确保农业生产管理的规范化和标准化。

流程梳理常用方法包括问卷调查法，该方法通过设计问卷来收集农业生产管理人员和一线工作人员的意见和建议，从而揭示流程中存在的问题和瓶颈。访谈法则涉及对关键人员进行深入访谈，获取更详细和具体的信息，以便更准确地诊断问题。现场观察法则是通过实地观察农业生产管理的运作情况，记录并分析流程中的问题和瓶颈。最后，流程仿真法通过计算机模拟或实际操作模拟农业生产管理流程，评估不同优化方案的效果，选择最佳方案。

（二）基于三层信息化管理架构的生产流程管理模式创新实施方法及案例分析

三层信息化管理架构通常包括表现层（客户端）、应用层和数据层。在农业生产管理中，这一架构能够支撑从前端数据采集、中端数据处理到后端数据分析的全链条信息化管理。

1. 基于传感器、智能终端等硬件的管理前端创新

智能传感器涉及在农田中部署多种类型的传感器，如土壤湿度传感器和温度传感器，传感器能够实时监测农田的环境参数，为精准种植提供必要的数据支持。而智能终端则指的是利用智能手机、平板电脑等智能设备，实现农业生产管理的远程监控和实时数据采集。

2. 基于企业资源计划（ERP）、制造执行系统（MES）、过程控制系统（PCS）等应用系统的管理中端创新

ERP 系统整合了农业生产管理中的财务、供应链、人力资源等关键信息，为农业生产提供全方位的管理支持。MES 系统专注于对农业生产过程的精细化管理，提供实时的生产数据和状态信息，助力管理者作出基于数据的科学决策。PCS 系统则通过过程控制系统，实现对农业生产设备的自动化控制和优化调度，从而提升生产效率。

3. 基于大数据、AI 等信息数据技术的管理后端创新

大数据分析涉及对农业生产管理过程中收集的大量数据进行深入挖掘和分析，揭示潜在的规律和趋势，并为农业生产决策提供支持。AI 则运用智能算法对农业生产过程进行智能化管理和优化，包括智能预测病虫害的发生和智能推荐种植方案等。

案例分析

在数字化转型的浪潮中，一家大型农场紧随时代步伐，与知名新零售巨头盒马鲜生携手合作，共同探索并实践了一种基于三层信息化管理架构的农业生产管理模式。这一创新不仅显著提升农场的生产效率与产品质量，还为盒马鲜生的供应链注入新的活力，共同推动农业与零售业的深度融合。

前端：智能感知，精准监测

该农场的前端部署多种先进的智能传感器和智能终端设备，构建起一张覆盖全农场的智能监测网络。这些设备能够实时、准确地监测农田的土壤湿度、温度、光照强度、CO_2 浓度等关键环境参数，以及作物的生长状态、病虫害情况等。通过远程数据采集系统，所有监测数据都能即时传输至农场的管理中心，为后续的决策提供坚实的数据基础。

中端：系统集成，精细化管理

在中端层面，农场引入ERP、MES和PCS等先进的应用系统，实现对农业生产资源的全面整合和过程的精细化管理。ERP系统帮助农场实现财务、采购、库存等管理职能的集成与优化；MES系统则负责生产执行层面的任务分配、进度跟踪和质量控制；而PCS系统则直接控制农田的灌溉、施肥、病虫害防治等具体作业过程，确保每一项操作都能精准执行。通过系统的协同工作，农场的生产流程更加顺畅，资源利用效率显著提升。

后端：数据分析，智能决策

在后端，农场充分利用大数据和AI技术，对前端采集的海量数据进行深度挖掘和分析。通过构建智能算法模型，农场能够精准预测作物的生长周期、产量潜力以及可能遇到的病虫害风险。基于预测结果，农场制定出更加科学合理的种植方案、病虫害防治策略以及市场销售策略。同时，农场还与盒马鲜生建立紧密的合作关系，共享数据资源，共同优化供应链管理。盒马鲜生凭借其强大的数据分析能力和消费者洞察能力，为农场提供更加精准的市场需求和消费趋势预测，帮助农场实现农产品的精准投放和高效销售。

通过这一基于三层信息化管理架构的农业生产管理模式的创新实践，该农场取得了显著的成效。生产效率大幅提升，生产成本显著降低；农产品品质得到显著提升，满足消费者对优质、安全、健康食品的需求；同时，通过与盒马鲜生的深度合作，农场还成功打开了更广阔的市场空间，实现农产品的优质高产和高效销售。

该农场将继续深化与盒马鲜生的合作，共同探索更多数字化转型的可能性。通过持续的技术创新和管理优化，推动农业生产向更加智能化、精准化、高效化的方向发展。

六、涉农经济组织工作计划管理的要点和常见问题

（一）不同细分行业和经营主体工作计划管理的原则、内容和方法

工作计划管理的原则是明确性，即工作计划的目标和内容必须明确具体，以便于执行和监控。可行性，意味着计划应基于现实情况和可用资源，确保其可实施性。灵活性，考虑到农业生产和市场的不可预测性，工作计划应具备一定的灵活性，适应可能出现的变

化。系统性，即从整体角度出发，确保不同部门和环节的工作计划相互协调，构成一个统一的系统。

工作计划管理的内容涵盖目标设定，该过程依据行业特性与经营主体的实际情况，确立明确且可量化的具体目标。任务分解环节将总体目标细分为多个具体任务，并指定明确的责任人和完成时间。资源分配则涉及合理配置人力、物力、财力等资源，确保计划的顺利执行。此外，风险评估是对潜在风险进行预测和评估，并制定相应的应对策略。

工作计划管理的方法涵盖 PDCA 循环，该循环通过计划（Plan）、执行（Do）、检查（Check）、行动（Act）四个阶段不断优化工作流程。甘特图的运用则在于展示任务的时间进度和责任人，利于监控和协调。而 KPI 考核则涉及设定关键绩效指标（KPI），对计划执行情况进行量化评估。

（二）农业信息管理中主要职能部门的工作计划管理

信息采集部门计划内容需明确信息采集的范围、频率和方式。利用现代信息技术手段，如物联网、大数据等，提升信息采集的效率和准确性，定期评估信息采集的质量和效果，并及时调整计划。

信息分析部门计划内容涵盖确立信息分析的目标、方法与流程。采用统计学和数据挖掘等技术，对收集到的信息进行深入分析，揭示其潜在价值。分析结果将以报告形式呈现，为决策过程提供坚实的支持。

信息发布部门计划内容涵盖了确定信息发布的内容、渠道、时间等方面。采用的方法包括利用多种渠道（如网站、社交媒体、短信等）发布信息，确保信息传播的广泛性和及时性。同时，收集用户反馈也是计划的一部分，目的是不断优化信息发布策略。

（三）涉农经济组织工作计划管理的常见问题、解决方法及案例分析

常见问题主要包括目标不明确，即工作计划缺乏具体的目标和指标，导致在执行过程中方向不明确。资源分配不均指的是在资源有限的情况下，未能合理分配资源，从而影响计划的实施效果。执行力不足则是指计划制定后未能得到有效执行，最终导致计划无法实现。

解决方法是在制定计划时，明确目标并充分考虑实际情况，设定具体且可量化的指标；优化资源分配，根据任务的重要性和紧急性合理配置资源，确保关键任务获得优先支持；加强执行力，建立完善的执行机制，明确责任人及责任追究制度，确保计划的顺利实施。

案例分析

某农业合作社在生产计划管理方面临一系列的问题，在制定生产计划的过程中，未能充分考虑市场需求和资源状况，导致生产计划与实际情况的脱节。为解决这一问题，合作社重新制定生产计划，进行市场调研，深入了解市场需求，结合自身的资源状况（包括土地、资金、劳动力等），制定了一个切实可行的生产计划。此外，合作社引入 PDCA 循环机制，持续对计划进行调整和优化。经过调整后的生产计划更加贴合市场需求和资源状况，合作社的生产效率和经济效益得到显著提升。

七、涉农经济组织工作计划管理信息化和相关工具应用

（一）工作计划跟进和管理中的信息化思维、手段和工具应用

在涉农经济组织的工作计划跟进和管理中，引入信息化思维、手段和工具是提升工作效率和管理水平的关键。

1. 信息化思维

数据驱动决策依赖于收集和分析大量数据，实现对工作计划的精细化管理和优化。通过利用数据分析的成果来制定和调整计划，提升决策的准确性和科学性。流程标准化则通过信息化手段，将工作计划的制定、执行、监控和反馈等环节标准化，确保工作流程的顺畅和高效。协同合作强调加强组织内部及跨组织间的协作，利用信息化工具实现资源共享和信息互通，从而提高团队的整体效能。

2. 信息化手段

项目管理软件应采用专业的项目管理工具（如 MS Project、Trello 等），对工作计划的各个阶段进行精细化管理。软件支持任务分配、进度跟踪、资源调度等功能，从而提高管理效率。在线协作平台利用钉钉、企业微信等工具，实现团队成员间的实时沟通和文件共享，有助于减少信息传递的延迟和误解，进而提升协同工作的效率。自动化工具的引入，如 RPA、AI 助手等，可自动化处理重复性高、劳动强度大的任务，不仅减轻了人工负担，还提高了工作的准确性和效率。

3. 信息化工具

任务分配与跟踪通过项目管理软件或在线协作平台实现，将工作计划拆解为具体任务，并指派给相应的团队成员。系统自动监控任务进度，并及时提醒相关人员确保任务按时完成。数据分析与报表功能利用数据分析工具对工作计划的执行情况进行详尽分析，产生各种报表和图表。报表有助于管理者迅速掌握工作进展和识别问题，为决策提供坚实依据。风险预警与应对则通过信息化手段构建风险预警系统，实时监控可能干扰工作计划执行的风险因素，并进行预警。一旦识别出潜在风险，系统将自动启动应急响应机制，保障工作计划的顺畅实施。

（二）涉农经济组织工作计划信息化监管的特点、信息化工具选用及案例分析

1. 信息化监管的特点

实时性允许对工作计划进行实时跟踪和监控，确保管理者能够及时掌握工作进展和识别存在的问题。准确性体现在通过数据分析工具对工作计划执行情况进行深入分析，准确反映工作进展和成效，为决策提供坚实的数据支持。信息化监管能够自动化处理大量数据和信息，减轻人工负担，从而提高工作效率和准确性。透明性则是信息化手段使得工作计划的执行过程更加透明，有助于减少信息不对称和误解，进而增强组织内部的信任和协作。

2. 信息化工具

通常选择项目管理软件，项目管理软件是涉农经济组织进行工作计划信息化监管的关键工具。它支持任务分配、进度跟踪、资源调度等功能，并能生成各类报表和图表供管理者参考。数据分析工具，如 Excel、SPSS 等，能够帮助管理者深入分析工作计划的执行情

况，识别潜在问题和优化空间。在线协作平台则实现团队成员之间的实时沟通和文件共享，有助于提升工作效率和协作效果。

案例分析

某农业企业为了进一步提升生产效率和优化生产流程，决定引入智能化生产计划管理系统。这一系统集成了生产计划的制定、资源的调度、进度的跟踪等多项关键功能，通过运用大数据分析和人工智能算法，对生产计划进行智能化的调整和优化。这样一来，企业能够更加灵活地应对各种生产情况，提高生产计划的科学性和准确性。

此外，智能化生产计划管理系统还具备实时监控生产过程中的关键数据指标的功能。例如，系统可实时监控设备的运行状态、原料的消耗情况以及其他重要的生产数据。当系统检测到某些关键指标出现异常时，会自动产生预警信息，及时通知管理者，从而帮助管理者迅速做出决策，避免生产过程中可能出现的问题。

通过实施智能化生产计划管理系统，该农业企业显著提高了生产效率，减少生产过程中的浪费，有效控制了生产成本。同时，系统的智能化管理还提高了生产过程的透明度，使管理者能够更全面地掌握生产情况，进一步提升企业的整体管理水平。

第二节　质量控制

一、涉农经济组织的生产组织技术规程管理与实施

（一）技术规程的实施和管理原则

在涉农经济组织中，技术规程的实施和管理是确保农业生产高效、安全、可持续的重要环节。

1. 组织和制度保障

为了建立一个完善的组织架构，涉农经济组织应当设立专门的技术管理部门，负责技术规程的制定、实施和监督。此外，需要制定详尽的规章制度，明确技术规程的具体内容、操作流程、责任分工及奖惩措施，确保技术规程的权威性和可执行性。

2. 岗位职责设置和考核

明确岗位职责意味着为每个职位设定明确的技术规程执行标准，确保每位员工都清楚自己的工作职责和要求。实施绩效考核则涉及将技术规程的执行情况纳入员工的绩效评估体系中，对那些执行不力的员工进行问责，并对表现突出的员工予以奖励。

3. 专人专用、管控分离

实施专人负责制意味着对于关键技术环节，必须指定专门人员负责，确保技术规程得到精确执行。实现管控分离则要求在技术规程的实施过程中，决策权、执行权和监督权应当分离，从而保障技术规程的公正性和有效性。

4. 相关培训机制设置

开展定期培训意味着组织员工参与技术规程的培训与考核，提升员工的技术水平和执

行力。建立长效培训机制则涉及将技术规程培训融入企业的长期发展规划中，确保员工能够持续地学习并掌握新技术和新方法。

（二）农业生产技术规程的类型、形式和作用

综合型规程整合了农作物种植、养殖、加工等多个环节的技术要求和管理规范。专项型规程则专注于某一特定作物或养殖品种，提供详尽的技术操作指导。标准化规程依据国家标准或行业标准制定，具有权威性和普遍适用性。规程的表现形式多样，包括文字说明、图表展示、视频教学等，帮助员工更准确地理解和掌握相关知识。

农业生产技术规程的主要作用在于规范生产行为，确保农业生产过程中的每个环节都遵循既定的技术规程，从而减少人为错误和资源浪费。提高生产效率是通过科学的技术指导和管理，提升农作物的产量和品质，同时降低生产成本。保障产品质量安全则是确保农产品满足国家和行业的质量安全标准，维护消费者权益。推动农业现代化则是促进农业技术的创新和应用，推动农业向现代化、智能化的方向发展。

（三）不同细分行业生产组织类技术规程的管理要点

1. 种植业

种子的选择与处理应优先考虑优质且抗病性强的种子，并实施科学的种子处理方法，提升种子的发芽率和幼苗的成活率，实行合理的轮作制度，深翻土壤，改善土质，同时采用科学的施肥技术，确保土壤肥力和生态平衡，采取综合性的防治措施，减少化学农药的使用，保护和维护生态环境。

2. 畜牧业

品种选择与饲养管理应当优先考虑优良品种，并实施科学的饲养管理策略，提升动物的生产性能和增强其抗病能力。饲料配制与营养调控需要依据动物的生长阶段和营养需求进行，确保饲料的科学配比，从而保障营养的均衡摄入。疾病防控与卫生管理则要求构建完善的疾病预防控制体系，并强化卫生管理措施，降低疾病的发生率和传播风险。

3. 水产业

水质管理与调控需定期进行水质检测，并依据检测结果调整管理策略，确保水质的优良状态，挑选健康且生长迅速的苗种，并适当控制放养密度，提升存活率，采取一系列综合措施来预防疾病，并科学地投喂饲料，从而增强养殖的经济效益。

二、涉农经济组织的设备作业技术规程管理与实施

（一）设备作业技术规程在农业生产中的作用

设备作业技术规程在农业生产中不仅是确保农业生产效率和质量的基础，也是推进农业现代化进程的关键因素。

提高生产效率可通过制定和执行设备作业技术规程来实现，有助于规范农业生产中设备的操作和使用，减少无效和重复劳动，从而显著提升生产效率，保障生产安全是通过明确设备的安全操作规程和注意事项，有助于预防因操作不当导致的安全事故，确保操作人员的人身安全及设备的安全运行，提升产品质量是通过规范的设备作业技术规程，确保农业生产过程中的每个环节都遵循既定的标准和流程，有效提高农产品质量和市场竞争力，促进资源节约是通过优化设备作业流程和技术参数，减少不必要的资源消耗和浪费，实现

农业生产的可持续发展，推动技术创新是设备作业技术规程的制定和实施，需要不断引入新技术、新工艺和新设备，从而推动农业技术的持续创新和发展。

（二）不同细分行业设备作业类技术规程的管理要点

1. 种植业

播种与施肥需明确播种机的操作规范、播种深度和施肥量的控制标准，确保种子的均匀分布和肥料的合理施用，制定灌溉设备的操作规程和排水系统的维护标准，确保农田水分的合理调控，规范植保机械的使用方法和药物配比，确保病虫害防治的有效性和安全性。

2. 畜牧业

饲养管理着重于制定饲养设备的操作规程和饲养管理标准，涵盖饲料投放、饮水供应、环境控制等环节，确保牲畜的健康成长。疾病防控则侧重于明确兽医设备的使用方法和疾病防控流程，确保疫情的及时发现和有效控制。粪便处理关注于规范粪便处理设备的操作规程和维护标准，实现畜牧废弃物的资源化利用和环境保护。

3. 渔业

捕捞作业需制定详尽的捕捞设备操作规程及安全作业标准，保障捕捞作业的安全与效率。明确养殖设备的操作规范和维护标准，包括水质调控、饲料投喂、疾病防控等环节，确保水产品的品质和产量。规范水产品加工设备和保鲜设施的操作规程及维护标准，保证水产品的加工质量和保鲜效果。

4. 农机服务

对于农机服务组织来说，管理设备作业技术规程的要点更为广泛且复杂，设备选型与配置必须依据农业生产的需求，合理选择和配置农机设备，确保设备的适用性和经济性。操作规程的制定需要为每台设备编制详尽的操作规程和维护保养标准，确保设备的正确使用和长期稳定运行。定期对农机操作人员进行培训和考核，提升他们的操作技能和安全意识；同时，还需加强设备管理人员的专业培训和管理能力提升。信息化管理则要求引入信息化管理系统，实现对农机设备的远程监控和数据分析，从而提高设备管理的科学性和精准性。

设备作业技术规程在农业生产中扮演着重要的角色。各个细分行业应依据其独特性，制定并完善相应的管理要点，从而促进农业生产的规范化、标准化以及现代化发展。

三、涉农经济组织的产品加工技术规程管理与实施

（一）产品加工技术规程在农业生产中的作用

产品加工技术规程通过规范生产过程，为农产品加工提供了明确的标准和规范，确保生产过程的科学性和合理性。遵循这些规程可最大限度地减少人为操作失误，从而提高生产效率和产品质量。

保障产品质量和安全是规程中的重要内容，它详细规定了原材料的选择、加工流程、质量控制标准等，确保农产品加工过程中的每一个环节都符合安全和质量要求。不仅有助于提升产品的市场竞争力，还能有效保护消费者权益。

推动技术创新是产品加工技术规程的另一重点，鼓励企业采用先进的生产技术和设

备，通过技术创新提高产品的附加值和市场竞争力。同时，规程的更新和完善也促进了整个行业的技术进步和发展。

促进资源节约和环境保护是合理的加工技术规程的又一关键方面，有助于减少生产过程中的资源消耗和废弃物排放，推动农业生产的绿色化和可持续发展，对于保护生态环境、实现农业与环境的和谐共生具有重要意义。

（二）不同细分行业产品加工类技术规程的管理要点

由于农业生产涉及众多细分行业，如粮食加工、果蔬加工、畜禽加工等，每个行业的产品加工技术规程都有其独特的管理要点。

1. 粮食加工行业

原料采购与管理要严格把控原料质量，选择符合国家标准和企业要求的原料供应商，加强原料入库前的验收和检验。加工过程控制要按照既定的加工工艺流程进行生产，严格控制加工温度、湿度、时间等关键参数，确保产品质量稳定。质量控制与检测要建立完善的质量检测体系，对成品进行严格的质量检测和抽样检验，确保产品符合国家标准和企业要求。

2. 果蔬加工行业

采摘与保鲜要制定科学的采摘计划，确保果蔬在最佳成熟度时采摘，并采用有效的保鲜措施延长果蔬的保鲜期。清洗与分级要对采摘后的果蔬进行彻底的清洗和分级处理，去除杂质和不合格品，提高产品整体质量。加工与包装要根据产品特性选择合适的加工方式和包装材料，确保产品在加工和运输过程中不受污染和损伤。

3. 畜禽加工行业

屠宰与分割要严格按照卫生标准和操作规程进行屠宰和分割处理，确保产品卫生安全。冷藏与冷冻要对加工后的畜禽产品进行及时的冷藏或冷冻处理，抑制微生物的生长和繁殖，延长产品保质期。追溯与记录要建立完善的追溯体系和生产记录制度，确保产品的来源可追溯、去向可查询。

4. 通用管理要点

人员培训与管理需强化对生产人员的培训与管理力度，提升员工的专业技能与素质水平，确保他们能够熟练掌握并严格执行产品加工技术规程。设备维护与保养应定期对生产设备进行维护和保养，保证设备的良好运行状态，满足生产需求。安全与卫生管理必须加强生产现场的安全与卫生管理，确保生产环境达到卫生标准和安全要求，预防安全事故和卫生问题的发生。

产品加工技术规程各个细分行业应依据自身特性，制定并完善相应的技术规程和管理要点，确保产品的质量和安全，同时提升生产效率和市场竞争力。

四、涉农经济组织的产品质量控制技术规程管理与实施

（一）产品质量控制技术规程在农业生产中的作用

在农业生产领域，产品质量控制技术规程不仅是确保农产品质量安全的关键手段，也是提升农产品市场竞争力的核心要素。

1. 确保农产品质量安全

农产品的质量安全直接关联到消费者的健康与生命安全。通过执行产品质量控制技术

规程，规范农业生产中的各项操作流程，降低或消除农药残留、重金属污染等潜在风险，确保农产品在种植、养殖、加工等各个环节均达到安全标准。

2. 提升农产品品质

产品质量控制技术规程通常涵盖对农产品品质的具体要求和相应的控制措施。严格遵守规程，能够激励农业生产者采用科学的种植、养殖和加工技术，从而提升农产品的外观、口感、营养价值等品质属性，满足消费者对高品质农产品的追求。

3. 促进农业可持续发展

产品质量控制技术规程同样强调对农业生态环境的保护。通过合理施肥、科学用药、减少污染等措施，减轻农业生产对环境的不良影响，促进农业与环境的和谐共存，不仅有助于农业生产的长期稳定发展，也有利于生态环境和生物多样性的保护。

4. 增强市场竞争力

在市场经济的背景下，农产品的市场竞争力在很大程度上取决于其质量和安全性。通过实施产品质量控制技术规程，生产出满足市场需求的高品质农产品，提高产品的附加值和市场售价，从而增强农产品在市场上的竞争力。

（二）不同细分行业产品质量控制类技术规程的管理要点

在涉农经济组织的不同细分行业中，产品质量控制类技术规程的管理要点各有侧重。

1. 种植业

种子管理必须确保种子来源的可靠性、品种的纯正性以及质量的合格性。建立并完善种子生产和经营的档案记录，实现种子品质的可追溯性；采取科学的施肥方法、合理的灌溉措施以及有效的病虫害防治策略。同时，要严格遵守农药使用的安全间隔期，降低农药残留。采收和贮藏环节，要在最佳时机收获农产品，避免机械损伤和污染。采用科学的贮藏方法，保持农产品的新鲜度和品质。

2. 养殖业

饲料管理必须确保饲料来源的可靠性、营养的全面性以及安全性。建立并完善饲料采购和使用的档案记录，实现饲料质量的可追溯性。养殖环境的管理应致力于保持环境的清洁、卫生和无污染状态。定期对养殖场所进行消毒和防疫措施，降低疾病的发生率。遵守兽药使用的相关规定，合理选择兽药品种和剂量。同时，确保兽药使用的安全间隔期，减少兽药残留。

3. 农产品加工业

原料管理必须严格控制原料质量，确保其满足加工需求。建立并完善原料采购、验收、储存的档案记录，实现原料质量的可追溯性，制定科学合理的加工工艺和操作规程，确保加工过程的规范性、安全性以及无污染。同时，加强加工设备的维护和保养，防止设备对产品的污染。对于成品管理，需对成品执行质量检验和包装标识，确保成品质量达到标准。此外，建立并完善成品销售的档案记录，实现成品质量的可追溯性。

涉农经济组织在产品质量控制技术规程的管理与实施过程中，应依据各细分行业的特点，制定出具体的管理要点和措施，确保农产品从生产到销售的每一个环节均满足质量安全标准。

五、涉农经济组织生产流程规范化要求及实施方法

（一）生产流程规范化的作用、要求及实施方法

生产流程的规范化在涉农经济组织中不仅能够提升生产效率，降低运营成本，同时确保了产品质量，增强了员工的工作积极性以及组织的整体竞争力。通过规范化管理，各个生产环节得以遵循既定的标准和流程，有效避免了人为因素的干扰和随意操作，进而提高了生产效率和产品质量。

标准化操作流程必须明确每个生产环节的具体操作步骤，并编写详尽的操作手册，确保每位员工都能依照标准流程执行任务，培训与考核环节应定期对员工进行培训，确保他们熟悉标准操作流程并掌握必要的操作技能。同时，应建立绩效考核机制，将员工的操作表现与奖惩制度相结合，激励员工遵循规范化管理要求。此外，建立监控与反馈机制要求对生产流程进行实时监控和反馈，以便及时发现并解决问题。通过定期检查、数据分析、客户反馈以及内部沟通等手段，维持规范化管理的有效性并促进持续改进。

制定规范需要确立详尽的生产流程规范，涵盖各环节的操作标准、时间要求、质量标准等。组织员工参与规范化管理培训，确保每位员工都充分理解并熟悉相关规范，在生产过程中要严格遵守规范，并加强监督力度，确保每个环节均符合规范要求，及时收集生产过程中的反馈信息，对出现的问题进行深入分析，并采取相应的改进措施，持续优化生产流程的规范化管理。

（二）不同细分行业实施生产流程规范化的管理要点分析

制定详尽的种植计划，涵盖种植品种、种植时间、种植密度等关键要素，确保生产过程的有序性，强化田间管理措施，包括合理施肥、适时灌溉、有效防治病虫害等，保障农作物的健康生长，收获与加工环节应遵循统一的收获标准和加工流程，确保农产品的质量和安全。

制定科学的养殖计划，涵盖养殖品种、养殖密度、饲料配方等关键要素，确保养殖效益最大化；建立完善的疾病预防和控制体系，强化动物健康监测和疾病防治措施；确立严格的屠宰和加工流程，保障畜产品的质量和安全。

农产品加工行业的重点在于原料采购，必须建立稳定的采购渠道，保障原料的质量和供应的连续性。加工流程的制定需要详细规范，涵盖原料处理、加工工艺、包装标准等方面，确保产品的品质和安全。质量控制环节应构建完善的质量管理体系，对整个加工过程实施全面监控，确保产品达到相关标准和要求。

农产品销售行业应着重于以下三个关键领域。为了实现销售渠道的多元化，必须构建一个包含线上与线下渠道的综合销售网络，确保产品的顺畅流通。加强品牌推广，从而提高产品的知名度和美誉度。提升客户的满意度，确保能够及时响应并解决客户的问题和反馈。

涉农经济组织在生产流程规范化方面，需制定详尽的规范，加强员工培训，严格执行并监督规范。同时，应根据各细分行业的特点，制定相应的管理要点。通过实施这些措施，能够提升生产效率，降低生产成本，确保产品质量，并增强组织的整体竞争力。

 六、涉农经济组织生产组织管理办法的制定

在制定涉农经济组织生产组织管理办法时，需要综合考虑农业生产的特点、管理需求以及不同细分行业的特殊性。

（一）农业生产组织管理办法的内容、格式及编写注意事项

明确目标与原则，确立管理办法的制定目的、基本原则和适用范围，如促进农业生产效率、保障农产品质量、保护生态环境等，详细规定组织结构与职责，阐述农业生产组织的架构、各部门职责及人员配置，确保生产活动的有序进行，制定生产计划与安排，包括作物种植、畜禽养殖、水产养殖等的布局、品种选择、时间安排等，实现科学合理的生产计划。此外，明确生产技术与标准，包括生产技术要求、操作规程、质量标准和检验方法，确保农产品的质量和安全。规范资源管理与利用，对土地、水、肥料、农药等农业资源的管理和使用进行规范，促进资源节约和循环利用。制定安全管理与应急措施，包括安全生产制度、应急预案和事故处理流程，确保生产过程中的安全。建立监督与考核机制，包括生产监督机制和绩效考核体系，对生产活动进行定期检查和评估，确保管理办法的有效执行。

农业生产组织管理办法的格式应当确保标题明确、简洁地概括管理办法的核心内容，目录部分需要列出管理办法的章节和条款，以便于查阅，正文部分则应按照逻辑顺序逐条详细阐述管理办法的具体内容，附录部分应包含相关的法律法规、技术标准、图表等辅助材料。

农业生产组织管理办法的编写需确保合法合规，即管理办法的内容必须符合国家和地方的相关法律法规。此外，管理策略必须具备可操作性，应当具体而明确，便于实施和执行。考虑到农业生产的不确定性和多样性，管理办法应具备一定的灵活性。在制定过程中应广泛征求相关部门、专家和农户的意见和建议。最后，管理办法应随着农业生产的发展和国家政策的调整而不断完善。

（二）不同细分行业生产组织管理办法的规范化要点分析

种植业管理办法的规范化要点涉及品种选择与布局，应基于市场需求、土壤条件和气候条件等因素，以科学方法选择作物品种和规划种植布局，强化土壤肥力监测，并合理施肥，防止土壤退化，推广绿色防控技术，减少化学农药的使用。

畜禽养殖业管理办法的规范化要点是确保养殖环境的卫生条件良好，满足动物福利的要求；饲料与兽药管理需严格执行，防止药物残留；必须建立完善的疫病防控体系，并定期进行疫病监测和疫苗接种。

水产养殖业管理办法的规范化要点涉及水域管理，需合理规划养殖区域以保护水域生态环境。加强技术研究与推广，提高苗种质量，推广健康养殖技术，减少养殖过程中的病害发生。

涉农经济组织生产组织管理办法的制定需要综合考虑农业生产的特点和不同细分行业的特殊性，确保管理办法的合法合规、可操作性和灵活性。同时，还需要根据农业生产的发展和国家政策的调整不断完善管理办法的内容。

七、涉农经济组织设备作业管理办法的制定

（一）农业设备作业管理办法的内容、格式及编写注意事项

农业设备作业管理办法应全面覆盖设备管理的各个方面，包括但不限于设备选型与采购、安装调试、使用操作、维护保养、安全检查、故障处理、报废更新等。设备选型与采购必须明确选型标准和原则，确保所选设备满足农业生产需求，并考虑性能、价格、售后服务等多方面因素。安装调试环节需要规定设备安装调试的程序和要求，保证设备能够正常且安全地投入使用。制定详尽的操作规程，明确操作人员职责、操作步骤、注意事项及应急措施。建立设备维护保养制度，规定保养周期、保养内容、保养方法及保养记录的管理。定期进行设备安全检查，及时发现并消除安全隐患，确保设备处于良好状态。制定故障处理流程，明确故障报告、故障诊断、故障修复及故障预防措施。最后，报废更新环节要规定设备报废的条件、程序和更新标准，确保设备更新换代的科学性和合理性。

农业设备作业管理办法的格式应当规范、清晰，便于查阅和执行。封面应包含管理办法的名称、编号、制定单位、生效日期等关键信息。目录应列出管理办法的主要章节和条款。正文应根据上述内容要求逐条编写，确保条理清晰、逻辑严密。最后，附录应包括相关图表、操作规程等辅助材料。

农业设备作业管理办法的编写要明确性要求管理办法必须具体明确，避免使用含糊不清的表述，可操作性要求各项规定应具备实际操作性，便于执行和检查，管理办法应基于农业设备管理的科学原理和实践经验，确保其合理性。此外，管理办法应定期修订，适应农业设备技术和管理的发展变化，此外，管理办法必须符合国家法律法规和相关政策的要求。

（二）不同细分行业设备作业管理办法的规范化要点分析

种植业设备作业管理的规范化要点涉及设备选型，必须考虑作物种类、种植面积、地形地貌等关键因素，确保选择最适宜的种植机械设备，如播种机、收割机、灌溉设备等。在使用操作环节，需要制定详尽的设备使用操作规程，保证操作人员能够正确且安全地使用设备。鉴于种植设备的特殊性，应制定专门的维护保养制度，包括定期进行清洗、润滑、更换易损件等措施。

畜牧业设备作业管理的规范化要点，首先是设备选型应综合考虑养殖规模、动物种类、饲养环境等关键因素，选择适宜的畜牧机械设备，如饲料加工设备、挤奶设备、粪污处理设备等。加强设备的卫生维护，定期进行清洗和消毒，预防疾病的传播。定期对设备进行安全检查，确保无漏电、漏气等安全隐患。

渔业设备作业管理的规范化要点涉及设备选型，需要根据养殖品种、养殖规模、水质条件等因素，选择适合的渔业机械设备，如增氧设备、捕捞设备、水质监测设备等，作业环境的安全性是关键关注点，特别是要防止设备漏电导致的水体污染和人员触电事故。维护保养也不容忽视，应定期对设备进行维护保养，确保其在恶劣的养殖环境中仍能正常运行。

不同细分行业的农业设备作业管理办法应根据各自的特点和需求进行规范化制定，确保设备的安全、高效运行，促进农业生产的可持续发展。

八、涉农经济组织技术支持管理办法的制定

（一）农业技术支持管理办法的内容、格式及编写注意事项

农业技术支持管理办法的内容应当全面且具体，涵盖技术支持的各个阶段。总则部分需明确管理办法的目的、适用范围以及基本原则。组织架构与职责部分应详细阐述技术支持管理机构的设置、职责分配及人员配置。技术支持服务内容部分要具体阐述服务内容、服务范围及服务标准。技术支持流程部分需规定申请、审批、实施、反馈及评估等流程。培训与考核部分应建立技术支持人员的培训计划和考核机制，确保技术水平和服务质量。知识库与文档管理部分要建立技术支持知识库，并规范文档管理，确保信息的准确性和时效性。保密与安全管理部分需制定保密制度，加强系统和数据的安全防护措施。监督与评估部分应建立监督机制，定期对技术支持服务进行评估，持续改进服务质量。

农业技术支持管理办法的格式应规范、清晰，便于查阅和执行。一般包括标题、目录、正文、附件等部分。正文部分应按章节、条款顺序编写，条理清晰，逻辑严密。

农业技术支持管理办法的编写应针对农业经济组织的特点和需求，确保内容具有针对性和实用性，条款应具体明确，便于执行和操作，避免模糊、笼统地表述，管理办法应符合国家法律法规、政策规定及行业标准。在制定过程中应充分考虑技术发展趋势和市场需求，确保管理办法的科学性和前瞻性。最后，建立反馈机制，及时收集用户意见和建议，对管理办法进行修订和完善。

（二）不同细分行业技术支持管理办法的规范化要点分析

种植业技术支持管理办法的规范化要点应聚焦于病虫害防控，重点制定病虫害的识别、预防和治疗等方面的技术支持流程和服务标准。针对不同作物制定相应的种植技术规范和操作规程，确保作物的产量和质量。制定土壤检测、改良和施肥等方面的技术支持方案，提升土壤的肥力。

畜牧业技术支持管理办法的规范化要点应关注疫病防控，制定动物疫病预防、诊断和治疗等方面的技术支持流程和服务标准，针对不同畜禽制定养殖技术规范和操作规程，确保养殖效益。制定饲料配方、储存和使用等方面的技术支持方案，提高饲料的利用率。

渔业技术支持管理办法的规范化应重视水质管理，制定水质检测、调节和改善等方面的技术支持方案，确保养殖环境的安全；针对不同鱼类制定养殖技术规范和操作规程，提高养殖产量和质量；制定鱼类疾病预防、诊断和治疗等方面的技术支持流程和服务标准。农产品加工与营销技术支持管理办法的规范化应关注加工技术，制定农产品加工技术规范和操作规程，确保加工产品的质量，提供农产品市场分析、品牌建设和销售渠道拓展等方面的技术支持服务，制定农产品物流运输、储存和保鲜等方面的技术支持方案，降低损耗率。

不同细分行业的农业技术支持管理办法应根据各自的特点和需求进行规范化制定，确保技术支持服务的有效性和针对性。

九、涉农经济组织产品加工管理办法的制定

（一）农业产品加工管理办法的内容、格式及编写注意事项

农业产品加工管理办法的内容应当全面而具体，总则部分要明确管理办法的制定目

的、适用范围、基本原则等。企业设立与资质要求应规定农产品加工企业的设立条件、需具备的生产条件和技术设备、应办理的营业执照、税务登记、环保审批等手续。

生产管理部分应涉及生产场所的卫生、安全、环保要求，加工车间的布局与工艺流程，关键控制点的监控和检测，以及食品添加剂的使用规定等。原材料采购与管理部分应建立原材料采购制度，明确采购的农产品应符合的质量标准和食品安全要求，强调对原材料的检验、验收和可追溯性。产品质量控制部分应建立产品质量检验制度，对生产的产品进行出厂检验，确保产品质量符合相关标准。

包装与标识部分应规定产品包装应符合的标准和规定，确保产品在运输、储存和销售过程中的质量安全，同时明确产品标识的清晰、准确、完整。储存与运输部分应建立产品储存和运输管理制度，确保产品在储存和运输过程中的质量安全。人员管理与培训部分应规定从业人员应具备的专业知识和技能，强调健康检查与培训教育的重要性。监督与处罚部分应明确农业行政主管部门的监督职责，对不符合管理办法要求的企业进行处罚，保障消费者权益和公众健康安全。

管理办法的格式应规范、清晰。标题要直接反映管理办法的主题，章节应根据内容需要，将管理办法划分为若干章节，每个章节下设若干条款。条款应具体阐述管理要求，条款之间逻辑清晰，便于理解和执行。附录如有必要，可附上相关表格、流程图等辅助材料。

编写管理办法时需注意确保法律依据充分且合法，制定的管理办法应与相关法律法规和政策要求保持一致。管理办法应具备高度的可执行性，以便企业和监管部门能够顺利实施，考虑到不同细分行业和企业的具体情况，允许根据实际需要进行适当的调整。最后，监督与反馈机制的建立是确保管理办法有效执行和持续改进的关键，应设立有效的监督机制和畅通的反馈渠道。

（二）不同细分行业产品加工管理办法的规范化要点分析

食品加工行业管理办法的规范化要求严格控制原料采购、验收和储存环节，确保原料品质的新鲜度和无污染状态。生产流程和关键控制点必须明确，符合食品安全规范。添加剂的使用应严格遵守相关规定，包括种类、使用范围和剂量，避免违规使用。

农产品初加工行业管理办法的规范化通过实施分级分类处理，提升产品价值。采用科学的保鲜技术，延长农产品的保鲜期限。同时，应注重环保和可持续性，妥善处理废弃物和污染物。

特色农产品加工行业管理办法的规范化强调品牌建设，包括品牌塑造和营销策略，提升产品的市场知名度和竞争力。保护和传承特色工艺，确保产品风味和品质的独特性。确保产品市场准入符合行业标准和要求。

涉农经济组织产品加工管理办法的制定应综合考虑不同细分行业的具体情况和需求，确保管理措施的科学性、合理性和实际操作性。

十、涉农经济组织产品质量控制管理办法的制定

（一）农产品质量控制管理办法的内容格式及编写注意事项

总则部分需明确制定管理办法的目的、适用范围、基本原则及法律依据，如依据

《中华人民共和国农产品质量安全法》《中华人民共和国食品安全法》等，组织机构与职责部分应明确各级政府及农业相关部门的职责分工，包括农业农村主管部门、市场监督管理部门等，以及涉农经济组织的内部质量控制管理机构及其职责。

质量控制标准与要求部分要详细列出农产品从生产到销售各环节的质量控制标准，涵盖种植、养殖、加工、包装、储存、运输等各个环节的具体要求。检测与检验部分需规定农产品质量检测机构的资质要求、检测项目、检测方法、检测频率及结果处理等，确保农产品质量符合相关标准。风险监测与预警部分要建立农产品质量安全风险监测制度，明确风险监测计划、监测内容、监测方法、风险预警及应急处理措施。监督管理部分应制定农产品质量安全监督管理制度，包括监督抽查、投诉处理、违法行为查处及责任追究等。宣传与培训部分要强调农产品质量安全知识的宣传普及和从业人员培训的重要性，提高全社会的质量安全意识。附则部分要包括管理办法的解释权、生效日期及修改程序等。

管理办法的制定必须严格遵守国家法律法规，确保各项条款的合法性和合规性，质量控制标准与要求应基于科学研究和实际生产经验，确保既符合质量安全要求又具有可操作性，管理办法应涵盖农产品质量控制的各个方面和环节，确保无遗漏、无死角，各项条款应明确具体，避免模糊表述和歧义，便于执行和监督，管理办法应具有较强的可操作性，便于涉农经济组织、政府部门及检测机构等各方执行和操作。随着国家法律法规的修订和农业生产技术的发展，管理办法应适时进行修订和完善，确保其时效性和有效性。

（二）不同细分行业产品质量控制管理办法的规范化要点分析

种植业产品质量控制管理办法的规范化制定需明确种植品种的选择原则、种子质量要求及种子管理措施。随后，农田环境控制要求规定农田土壤、水源等环境条件的监测与控制要求，确保农产品产地环境的安全，农业投入品管理要加强对农药、肥料等农业投入品的使用管理，确保合理使用并防止污染，收获与储存环节要规定农产品的收获时机、储存条件及储存期限等要求，确保农产品的新鲜度和品质。

养殖业产品质量控制管理办法应关注养殖环境控制，明确养殖场的选址、布局、卫生条件及防疫要求等，饲料与兽药管理要规定饲料和兽药的选择、使用及残留控制要求，确保养殖产品的安全性，养殖过程管理要对养殖动物的饲养管理、疾病防治及养殖档案管理等进行规范，屠宰与加工环节要规定屠宰加工场所的卫生条件、屠宰加工流程及产品质量控制要求。

农产品加工业产品质量控制管理办法的规范化制定涉及原料控制，明确原料的采购、验收及储存要求，确保原料质量符合加工要求，加工过程控制要规定加工工艺流程、操作规范及质量控制点等要求，确保加工过程的安全卫生，产品检验与标识要明确产品检验项目及检验方法、产品标识及包装要求等，追溯体系建立要建立农产品加工产品的追溯体系，确保产品来源可追溯、质量可控制。

十一、农产品质量认证的内容特点及相关政策法规

（一）农产品质量认证的概念、类型、作用及发展历程

农产品质量认证是一个对农产品进行检测、评价并授予合格认证的过程。通过对外观和内在质量特性的检测与评估，确保农产品满足特定的质量标准和安全规范。

农产品质量认证涵盖多种类型，包括有机认证，它对农产品的种植和加工过程实施严格管理，保证产品的无污染和无添加剂特性。绿色认证评估农产品在生产过程中的环境友好性。

农产品质量认证在提升产品质量、增强消费者信任、推动市场发展等方面扮演着关键角色。获得认证的农产品能够得到权威机构的认可，增强市场竞争力，并促进供应链优化和市场健康增长。

随着公众对农产品质量和安全的关注日益增加，农产品质量认证制度也在不断完善。近年来，国家对农业生产的重视和消费者对品质要求的提高，促使认证类型和范围不断扩大。

（二）我国农产品质量认证的特点及相关政策法规

我国农产品质量认证的特点在于全程质量控制，是我国农产品质量认证的核心所在。它强调从土地到餐桌的全程质量控制原则，即从产地环境条件、生产过程（包括种植、养殖和加工）到产品包装、运输、销售的每一个环节，都实行全过程现场认证和管理。多元化认证体系的形成，是基于认证机构和认证标准的差异，我国农产品质量认证构建了包括有机认证、绿色认证、无公害认证和地理标志认证等多种形式的认证体系。政府主导与市场推动相结合，意味着政府在推动农产品质量认证方面扮演着关键角色，同时市场也通过消费者需求的变化促进农产品质量认证的发展。

相关政策法规包括《中华人民共和国认证认可条例》，该条例是我国认证认可工作的基础法规，它明确了认证认可的基本制度、管理架构和监督机制。《绿色食品标志管理办法》详细规定了绿色食品的认证、标志使用和管理等方面，确保绿色食品的权威性和公信力。

（三）“三品一标”质量认证的概念、内容作用和申请使用规范

“三品一标”是指无公害农产品、绿色食品、有机农产品和农产品地理标志的统称。是政府主导的安全优质农产品公共品牌，代表了当前及未来一段时间内农产品生产和消费的主流产品。它不仅为消费者提供更高品质、更安全的农产品选择，也推动了农业产业的可持续发展。

“三品一标”质量认证的内容详尽而严格。无公害农产品，作为其中的一员，其产地环境、生产过程和产品质量均需满足国家制定的相关标准和规范。经过严格的认证程序，合格的农产品将获得认证证书，并有权使用无公害农产品标志，标志着它们未经加工或仅经过初步加工，即可安全食用。目前，无公害农产品认证已暂停。

绿色食品，则更进一步，它们产自优良的生态环境，遵循绿色食品标准生产，实行全程质量控制。这样的严格管理，确保了产品的安全性和优质性。获得绿色食品标志使用权的产品，不仅是消费者的放心之选，也是农业生产者对产品质量的自豪象征。

有机农产品，则是遵循有机农业原则和有机农产品生产方式及标准生产、加工的农产品。通过有机食品认证机构的严格认证，为消费者提供了另一种高品质、环保的农产品选择。

农产品地理标志，则是一种特殊的农产品标志。它标示着农产品来源于特定的地域，其品质和相关特征主要取决于该地域的自然生态环境和历史人文因素。这种独特的标志，

不仅保护了农产品的地域特色，也提升了农产品的市场竞争力。目前，地理标志登记工作暂停。

“三品一标”质量认证的作用不容忽视。它有助于提高农产品的市场竞争力，促进农业区域经济的发展。同时，它也有助于保护各地独特的产地环境，提升独特的农产品品质，满足消费者对安全优质农产品的需求。

在申请“三品一标”质量认证时，申请人需要遵循相关法规和标准进行申请和审核。需要向认证机构提交申请材料，并接受现场检查、产品检测等环节的严格审核。一旦获得认证证书，申请人需要按照相关规定使用认证标志，并接受认证机构的持续监督和管理。这样的严格管理，确保了“三品一标”农产品的高品质和安全性。

十二、农产品质量认证体系的特点、作用及实施方法

（一）我国常见农产品及食品质量认证体系的特点、作用和实施要点

我国常见农产品及食品质量认证体系展现出多方面的显著特点。

1. 综合性强

这一体系不仅覆盖了农产品的种植、养殖环节，还深入到加工和销售等全过程，确保从田间到餐桌的全程质量控制。

2. 标准化

通过制定统一的标准和规范，对农产品的质量要求进行明确和具体化，为评估和核查提供便利。

3. 体系化

该体系由多个环节组成，包括管理体系、流程控制体系、设施设备体系、人员素质体系等，这些环节相互关联、相互支撑，共同保障质量控制的有效实施。

4. 追溯性

我国农产品及食品质量认证体系要求农产品生产过程进行全程追溯，意味着每一批次农产品的来源、加工流程和运输情况都能被清楚地了解，为消费者提供了更加透明和可靠的信息。

5. 持续改进和追求卓越性

通过监测、评估和反馈等手段，不断发现问题并进行改进，确保认证体系的科学性和有效性。

该认证体系通过实施严格的农产品质量认证流程，确保产品满足国家及行业规定的质量标准，有效降低农产品的质量问题和安全风险。同时，获得认证的农产品能够证明其品质可靠，增加消费者信任，进而提升农产品的市场竞争力，促进销售和增长。此外，该体系还推动了农业的可持续发展，要求采用环保、可持续的生产方式，促进农业生产的可持续性并保护了生态环境。对于农产品出口而言，获得质量认证也是进入国际市场的重要通行证之一，有助于农产品在国际市场上获得更好的竞争力和市场份额。

为了有效实施农产品及食品质量认证体系，要制定和完善标准，根据国内外市场需求和行业发展情况不断修订和完善认证标准，确保其科学性和适用性，加强监管和检测工作，建立健全农产品质量安全监管体系并加强农产品质量检测力度，确保认证结果的准确性和可靠性。同时还需要推广认证服务并加强培训和宣传工作，通过政策引导和市场机制

鼓励农产品生产者和加工企业积极参与认证并提高其认证意识和技术水平；同时加强对消费者的宣传和教育力度提高其对认证产品的认知度和信任度。

（二）海外主要市场农产品及食品质量认证体系的特点、作用和实施要点

1. 美国市场农产品及食品质量认证体系的特点

美国市场农产品及食品质量认证体系实行了一种成熟的质量安全管理模式，这种模式注重农产品从农田到餐桌的全过程管理，确保每个环节都符合高标准的质量安全要求。为实现这一目标，美国设立专门的行政主管部门，如美国农业部（USDA）、国家环境保护署（EPA）和食品和药品管理局（FDA），这些机构负责质量安全管理的各项工作，从源头到终端进行全面把控。

美国建立了严格的法律法规体系，为农产品及食品质量认证工作提供了坚实的法律保障。这一体系涵盖了农产品生产、加工、销售等各个环节，确保认证工作的合法性和有效性。通过制定和完善相关法律法规，美国进一步规范了农产品市场，提升消费者对农产品的信任度。

认证体系有效保护了消费者的权益。通过严格的认证流程，消费者可购买到质量安全可靠的农产品和食品，从而免受不合格产品的危害。这种保障不仅提升了消费者的购买信心，也促进了市场的健康发展。认证体系有助于促进国际贸易。随着全球化的深入发展，国际贸易已成为各国经济发展的重要推动力。而符合国际标准的认证体系则成为美国农产品进入国际市场的重要通行证。这种体系不仅提升了美国农产品的国际竞争力，也为其在全球市场中赢得更多机会和认可。

为确保认证体系的有效实施，美国制定和执行严格的标准。这些标准不仅符合国际和国内市场需求，还体现了对农产品质量安全的严格要求。通过执行标准，美国确保了农产品从生产到销售的各个环节都符合规定要求。美国政府对农产品生产、加工和销售环节进行全方位的监管，严厉打击违法违规行为。严格的监管措施不仅保障了认证体系的权威性和有效性，也维护了市场的公平和秩序。

美国市场农产品及食品质量认证体系具有成熟的管理模式、严格的法律法规体系以及有效的实施措施。这些特点共同构成了美国农产品质量安全的重要保障体系，为消费者提供了放心、可靠的农产品和食品。

2. 日本

日本在农产品安全和质量管理方面注重源头控制，强调在农产品生产的全过程中实施严格的质量控制与安全管理措施，确保从源头把控农产品的品质。日本建立完善的农产品检验检测体系，通过实施严格的检验检测制度，对农产品进行全面、细致的检测，从而确保农产品的质量安全，让消费者能够放心食用。

这些特点和措施在提升农产品品质和增强消费者信任方面发挥了重要作用。一方面，通过实施认证体系等措施，日本推动农产品品质的提升和品牌建设，使得农产品在国际市场上具有更高的竞争力和知名度。另一方面，获得认证的农产品能够增强消费者对产品的信任度，提高消费者的购买意愿和满意度，从而进一步促进农产品市场的繁荣和发展。

为了确保这些特点和措施得到有效实施，日本政府加强对农产品生产者的生产指导和培训，通过提供专业知识、技能和经验等方面的支持，帮助生产者提高生产技能和质量管理水平，另外日本政府不断完善农产品检验检测体系，加强检验检测能力建设，提高检验

检测水平和效率，确保农产品的质量安全得到全面保障。同时，日本政府还注重加强与其他国家和地区的合作与交流，共同推动农产品质量安全管理水平的提升和进步。

3. 加拿大

加拿大在农产品质量认证体系中极其注重环境保护，这一理念在农产品质量认证体系中得到充分体现，强调资源的可持续利用，致力于减少农业生产对环境的负面影响。加拿大积极与国际标准接轨，不仅提升了其农产品在国际市场上的竞争力，还确保了其农产品的品质和安全性能够赢得全球消费者的信赖。

加拿大的农产品质量认证体系在促进农业可持续发展和扩大出口市场发挥着重要作用。通过这一体系，加拿大推动农业生产的可持续性和环境友好型发展，实现经济效益与生态效益的双赢。同时，符合国际标准的认证体系为加拿大农产品打开了更广阔的国际市场，有助于提升加拿大农产品的国际知名度和影响力。

为了确保农产品质量认证体系的有效实施，加拿大采取了多项措施。他们积极推广环保技术，鼓励农产品生产者采用更加环保的生产方式和技术手段，减少对环境的污染和破坏。此外，加拿大还加强国际合作与交流，积极参与国际农产品质量认证的合作与交流活动，借鉴国际先进经验和技术成果，不断提升自身认证体系的水平和国际认可度。

第三节　成本控制

一、涉农经济组织产品成本的构成要素及特点分析

（一）不同细分行业涉农产品成本的概念分类和特点

涉农经济组织的产品成本因行业细分而呈现出多样化特征，主要涉及农作物生产、林业生产、牧业生产及渔业生产等多个领域。这些行业在涉农产品成本的概念分类和具体特点上各具特色。

在农作物生产中，成本结构相对复杂，主要包括种子、肥料、农药、农机具、水电费以及劳动力等直接材料成本和直接人工成本。此外，农田基础设施的维护、机械设备的折旧等制造费用也是不可忽视的一部分。农作物生产的特点在于其生产周期较长，且深受自然条件的影响，如气候、土壤等，这些因素使得农作物生产具有显著的季节性特征。

林业生产的成本构成同样具有独特性。除种植、养护等直接成本外，林业生产还涉及林地租赁、林木病虫害防治、防火等费用。这些费用的存在反映了林业生产周期长、投资回报慢的特点，但同时也彰显了其显著的生态效益。

牧业生产的成本主要包括饲料、兽药、畜舍建设及维护、劳动力等。牧业生产受气候、疫情等外界因素的影响较大，且由于市场价格波动等因素，其市场风险也相对较高。

渔业生产的成本构成则包括鱼苗、饲料、养殖设备、水质管理以及劳动力等。由于水域环境的特殊性，渔业生产受季节变化、水域环境等因素的影响较大。同时，水产品的易腐性也对保鲜和运输提出了较高的要求。

不同细分行业的涉农产品成本在概念分类和特点上各有侧重，要求我们在进行成本管理和控制时，必须充分考虑各行业的特殊性和差异性。

（二）涉农产品成本的构成要素、关键指标和特点分析

1. 生产组织成本构成要素

生产组织成本涵盖为组织农产品生产所必需的各项开支，涉及生产计划的制定、生产调度、劳动力组织等方面。其核心指标包括劳动生产率、生产周期、生产规模等。这些成本要素直接关系到农产品的生产效率和成本控制。

2. 设备作业成本构成要素

设备作业成本指的是在农产品生产过程中，使用机械设备所产生的费用，包括农机具的购置、折旧、维修、燃油等支出。其核心指标涵盖设备利用率、作业效率、能耗水平等。设备作业成本的水平直接影响农产品的生产成本和品质。

3. 技术支持成本构成要素

技术支持成本是指为农产品生产提供技术援助所产生的费用，包括技术研发、技术培训、技术咨询等。其核心指标包括技术普及率、技术贡献率、技术创新能力等。技术支持成本在提升农产品产量和品质、降低生产成本方面发挥着关键作用。

4. 产品加工成本构成要素

产品加工成本是指在农产品加工处理过程中产生的费用，包括加工设备的购置、折旧、维修、包装、运输等。其核心指标包括加工效率、加工品质、加工成本率等。产品加工成本的高低直接关系到农产品的附加值和市场竞争力。

5. 质检品控成本构成要素

质检品控成本是指为确保农产品质量而产生的费用，包括质量检测、品质控制、追溯体系建设等。其核心指标包括检测合格率、品质稳定性、追溯覆盖率等。质检品控成本在保障农产品安全、提升品牌形象方面扮演着重要角色。

6. 产品销售成本构成要素

产品销售成本是指将农产品推向市场所涉及的费用，包括销售渠道建设、广告宣传、促销活动等。其核心指标包括销售渠道效率、市场占有率、品牌影响力等。产品销售成本的水平直接影响农产品的销售量和销售利润。

7. 品牌营销成本构成要素

品牌营销成本是指为提升农产品品牌知名度和美誉度而产生的费用，包括品牌策划、品牌传播、品牌维护等。其核心指标包括品牌知名度、品牌忠诚度、品牌溢价能力等。品牌营销成本在提升农产品附加值和市场竞争力方面具有显著作用。

8. 其他成本构成要素

除了上述主要成本构成要素外，涉农经济组织还可能面临土地租金、农业保险费用、环保费用等其他成本。这些成本因企业具体情况和农业生产特点的不同而有所差异，但同样对农产品的总成本产生重要影响。

涉农经济组织的产品成本构成要素繁多且错综复杂，各要素间彼此关联并相互作用。为了有效地控制成本并提升经济效益，涉农经济组织必须强化对各项成本要素的管理与分析，并制定出科学且合理的成本控制策略。

 二、农业产业化、市场化创新对产品成本的影响及分析方法

（一）现代农业发展对产品成本构成形式与要素的影响

在现代农业的发展过程中，产品成本的构成形式与要素受到显著影响，具体体现在以下几个方面：

1. 规模化、集约化发展对成本产生深远影响

通过扩大生产规模，农业生产者能够更有效地利用土地资源、劳动力、机械设备等生产要素，实现资源的优化配置。这种发展模式不仅提高生产效率，还显著降低单位产品的固定成本和变动成本。例如，大型农场通过规模化种植粮食作物，统一采购种子、化肥等生产资料，降低了采购成本；同时，机械化作业减少了人工费用，进一步降低了生产成本。

2. 专业化、标准化发展也是降低成本的重要途径

专业化生产使农业生产者能够集中优势资源，专注于某一领域的生产，从而提高生产效率。而标准化生产则通过规范生产流程，减少了浪费，提高了产品质量的一致性。这种发展模式不仅提升了农产品的品质，增强了市场竞争力，还降低了生产成本。例如，某地区通过推广标准化种植技术，显著提升了农产品的品质，获得更高的市场认可度和价格优势。同时，标准化生产还减少因品质不一导致的损耗和退货问题，进一步降低生产成本。

3. 信息化、智能化发展也为农业生产带来革命性的变化

精准农业、智能灌溉等技术的应用，使农业生产更加高效、精准。通过物联网、大数据等技术手段，农业生产者能够实时监测农田环境，进行数据分析，实现精准施肥、灌溉等作业。这种发展模式不仅减少资源浪费和环境污染，还降低生产成本。

虽然个性化、定制化发展在农产品领域相对较少见，但在某些高端农产品或特色农产品中已有应用。这种发展模式能够满足消费者对农产品的多样化需求，提高产品附加值。然而，它也可能增加生产成本。例如，某些地区推出的定制化农产品礼盒，虽然成本较高，但能够吸引高端消费群体，提高产品利润。

现代农业的发展过程中，产品成本的构成形式与要素受到多方面的影响。通过规模化、集约化、专业化、标准化、信息化、智能化发展以及个性化、定制化发展等途径，农业生产者可有效降低生产成本，提高经济效益。

（二）基于新兴目标市场与创新商业模式的涉农产品成本分析策略

在成本控制与管理的实践中，有几种重要的分析方法被广泛应用，它们分别是对比分析法、连锁替代法以及相关分析法。这些方法各具特色，共同为企业的成本控制策略提供有力的支持。

对比分析法是一种通过对比不同条件下的成本差异来找出成本控制关键点的方法。它不仅仅局限于产品之间的对比，还涵盖不同生产方式、市场策略下的成本分析。例如，在对比规模化生产与散户生产的成本时，可以清晰地看到规模化生产在成本控制上的优势；而在对比传统销售渠道与电商销售渠道时，则能发现更适合新兴目标市场的销售策略。然而，值得注意的是，在应用对比分析法时，必须确保所对比的对象具有可比性，如生产规

模、生产条件、市场环境等因素应尽量保持一致，确保分析结果的准确性。

连锁替代法则是一种深入分析影响产品成本各因素及其影响程度的方法。它通过逐一替换影响成本的因素，如原材料价格、人工成本、机械设备费用等，来观察这些因素对产品成本的具体影响。这种方法有助于企业准确地识别成本控制的关键环节，并采取相应的措施进行改进。但同样地，在应用连锁替代法时，也需要确保各因素之间的独立性，即替换某一因素时，其他因素应保持不变，避免对分析结果的干扰。

相关分析法则是通过收集和分析大量数据来揭示产品成本与各种因素之间相关关系的方法。它帮助企业识别出影响产品成本的关键因素，并预测其变化趋势。例如，通过分析原材料价格波动对产品成本的影响程度，企业可以制定出更加合理的采购策略来降低原材料成本。然而，在应用相关分析法时，必须确保数据的真实性和可靠性，并选择合适的分析方法（如线性回归、非线性回归等）来准确揭示相关关系。同时，还需要注意防范虚假相关和虚假回归的问题，确保分析结果的准确性和有效性。

对比分析法、连锁替代法以及相关分析法都是企业在进行成本控制与管理时不可或缺的工具。它们各有特点，相互补充，共同为企业的成本控制策略提供了有力的支持。

三、涉农经济组织产品直接成本和间接成本的构成要素及特点分析

（一）直接成本与间接成本的概念、分类和特点

直接成本指的是那些能够直接归属到产品生产成本中，并与产品生产过程直接相关的费用。这些费用通常能够清晰地追溯到特定的产品或服务上，是生产过程中的直接消耗。而间接成本则是指那些不能直接计入产品生产成本，但对于产品生产过程来说却是必不可少的成本。这些成本通常与整个生产过程或企业运营相关，而非特定于某一产品或服务。直接成本主要包括原材料成本，即生产产品所需原材料的购买成本，是产品制造过程中的直接物质消耗。原材料构成产品的基础，其质量和成本直接影响产品的最终质量和市场竞争力。直接劳动成本，指的是直接参与产品生产的工人的工资和福利。工人是生产过程中的核心力量，他们直接操作生产设备，将原材料转化为成品。他们的技能和效率直接决定产品的生产效率和品质。直接费用则包括直接用于生产活动的各项费用，如能源费用（电力、燃气等）和设备折旧等。这些费用虽然不直接转化为产品，但它们是生产过程不可或缺的一部分，对生产的顺利进行和产品成本的构成有着重要影响。

间接成本则涵盖更广泛的范围。管理费用涉及企业管理人员的薪酬、办公费用等，这些费用虽然不直接用于产品生产，但对于企业的整体运营和管理至关重要。它们确保了企业能够高效、有序地运行，为生产活动提供有力的支持和保障。间接成本主要包括销售费用，如广告费、运输费等，是用于推广和销售产品的费用。这些费用虽然不直接计入产品成本，但它们对于提高产品的市场知名度和销量，增强企业的市场竞争力具有重要作用。财务费用则涉及企业的融资和资金运作，如利息支出、汇兑损失等。这些费用反映企业的资金状况和融资能力，对于企业的稳健运营和可持续发展具有重要意义。折旧费、维护修理费也是间接成本的重要组成部分。这些费用用于维护和更新生产设备，确保生产过程的顺利进行和产品的持续生产。它们是企业长期发展的必要投入，也是产品成本的重要构成部分。安全与环境费用也是现代企业不可或缺的一部分。这些费用用于确保生产过程中的安全和环境保护，符合社会对企业履行社会责任的期望和要求。它们不仅有助于保障员工

的生命安全和身体健康，也有助于维护企业的社会形象和声誉。

直接成本的特点在于与产品生产直接相关，直接性使得直接成本在追踪和核算上相对简便。这一特性使得企业能够清晰地了解产品成本的构成，从而为企业进行成本控制提供有力的支持。直接成本的高低直接关系到产品的单位成本，其增加或减少都会直接影响产品的售价和盈利能力，因此，直接成本是成本控制中不可忽视的重要方面。

间接成本则展现出与直接成本截然不同的特点，间接成本通常不易直接计入产品成本中，而是与整个生产过程或企业运营紧密相关。由于这种间接性，间接成本需要通过合理的分配方法分摊到各个产品中，确保成本计算的准确性。此外，间接成本的发生并不局限于某个特定产品，而是与整个生产过程息息相关。这一特点要求企业在控制间接成本时，必须综合考虑整个生产过程和企业的整体运营状况，实现成本的有效控制。

（二）涉农经济组织各类成本构成要素中的直接成本和间接成本

在涉农经济组织中，产品成本的构成同样包括直接成本和间接成本。直接成本涵盖农业生产资料成本，如种子、化肥、农药等直接用于农产品生产的原材料费用，这些费用可以直接计入特定农产品的生产成本。此外，直接人工成本涉及农民或农业工人的工资和福利，他们直接参与农产品的种植、养殖等生产过程。直接机械作业成本包括用于农业生产的机械设备折旧、燃油费等，这些费用也可以直接计入产品成本。

间接成本，包括管理费用，是农业企业管理人员的薪酬、办公费用等，这些虽然不直接投入生产环节，但对于企业的日常运营和农产品的生产过程却是不可或缺的。销售费用涵盖农产品销售环节中的广告费、运输费等，这些费用对于农产品的市场推广和销售起到积极作用，但它们通常不能直接归属到某个特定农产品的成本中。财务费用则涉及企业在融资、投资等活动中产生的利息支出、汇兑损失等，这些费用对于企业的资金管理极为重要，但它们也需要合理分摊至各个产品成本中。

涉农经济组织产品成本的构成中，直接成本和间接成本各有其特点和构成要素。在成本管理和控制过程中，需要准确区分和核算两类成本，以便更好地制定成本控制策略和经营决策。

四、涉农经济组织产品成本的核算方法及常见问题

（一）涉农产品成本核算的内容、程序、方法、应用条件及案例分析

成本核算内容涉农产品成本核算的内容主要包括直接成本和间接成本两部分。直接成本涉及与农产品直接相关的成本，如种子、肥料、农药、饲料等直接用于生产的物资消耗成本以及劳动力成本。间接成本则包括与农产品相关但不直接用于生产的成本，如农机设备的折旧、修理费用、水电费用、管理人员的工资等。

涉农产品成本核算的程序涉及归集农业生产费用，即将生产过程中产生的各项费用进行汇总，包括直接费用和间接费用。接下来是分配农业生产费用，即将汇总的费用按照特定的方法和标准分配至各个成本计算对象。最后是计算农产品成本，依据分配后的费用来计算各个成本计算对象的成本。

涉农产品成本核算的方法主要包括品种法、分批法和分步法，品种法是以产品品种作为成本计算对象来归集生产费用，计算产品成本。这种方法适用于大批量单步骤生产的企

业，或者虽属于多步骤生产但不要求计算半成品成本的小型企业。分批法，也称为订单法，是以产品的批次或订单作为成本计算对象来归集生产费用，计算产品成本。它主要适用于单件和小批的多步骤生产。分步法是按产品的生产步骤归集生产费用，计算产品成本。这种方法适用于大量或大批的多步骤生产。

涉农产品成本核算的应用条件涵盖企业规模与生产方式的差异，这些差异决定了成本核算方法的选择。例如，大批量单步骤生产的企业更适合采用品种法，而单件和小批量的多步骤生产则更适合采用分批法。此外，成本计算对象的不同也会对成本核算方法的选择产生影响，比如根据产品品种、批次或生产步骤进行成本计算。

案例分析

假设有两家涉农企业。

A企业是一家大型农产品加工企业，主要从事大批量、单步骤的农产品加工，如大米的加工。由于生产流程相对简单且产品品种单一，A企业更适合采用品种法进行成本核算。在品种法下，成本计算对象就是产品的品种，即大米。企业会将生产过程中发生的所有费用，按照大米这一成本计算对象进行归集和分配，从而计算出大米的单位成本。

B企业则是一家小型农产品定制加工企业，主要根据客户的要求进行单件或小批量的多步骤农产品加工，譬如果酱的制作。由于生产流程复杂且产品品种多样，B企业更适合采用分批法进行成本核算。在分批法下，成本计算对象是产品的生产批次，即每一批果酱。企业会将同一批次果酱生产过程中发生的所有费用进行归集和分配，从而计算出该批次果酱的单位成本。

通过这两个例子可以看出，涉农企业在选择成本核算方法时需要考虑企业规模、生产方式以及成本计算对象的差异。只有选择适合的成本核算方法，企业才能更准确地计算出产品的成本，为企业的经营管理提供有力的决策支持。

值得注意的是，除了品种法和分批法外，还有其他成本核算方法，如分步法、作业成本法等。涉农企业在选择成本核算方法时，应根据自身的实际情况进行综合考虑和选择。通过采用品种法和分步法这两种不同的成本核算方法，企业可以更加准确地核算出各种农产品的成本。准确的成本核算不仅有助于企业合理定价，提高市场竞争力，还能为企业的经营管理提供有力支持。通过对成本的详细分析，企业可以发现生产过程中的潜在问题，及时调整生产策略，优化资源配置，从而提高整体生产效率和经济效益。

（二）不同细分行业涉农产品成本核算的常见问题和解决方法

种植业成本核算中常见的问题包括成本归集不完整，通常是由于部分间接费用未能准确分配到各种农产品上。此外，成本计算不准确的问题也较为普遍，主要是因为农产品种类繁多，生长周期各异，使得成本计算变得复杂且容易出错。

为解决这些问题，需要完善成本归集制度，确保所有与生产相关的费用都能准确归集到各个成本计算对象中，采用先进的成本核算方法，例如引入智能化成本核算系统，显著提高成本核算的准确性和效率。

畜禽饲养费用分摊不均，主要是由于畜禽饲养周期长且费用分摊复杂，容易导致成本计算不准确。副产品成本处理不当，即在畜禽饲养过程中产生的副产品未能得到正确处理，会影响主产品成本的计算。解决方法包括合理分摊饲养费用，依据畜禽饲养周期和产量等因素，合理分摊饲养费用；正确处理副产品成本，将副产品成本从总成本中扣除，确保主产品成本计算的准确性。

渔业成本核算中常见问题是捕捞费用分摊复杂，因为渔业生产涉及多个环节，导致捕捞费用分摊变得复杂。此外，水产品分类不明确也是一个问题，由于不同种类和规格的水产品成本计算差异较大，分类不明确会导致成本计算混乱。解决方法是明确捕捞费用分摊原则，需要根据捕捞环节和产量等因素来确定；细化水产品分类，对水产品进行细致分类，确保不同种类和规格的水产品成本计算的准确性。

（三）农业信息化对涉农产品成本核算模式的改进及相关工具

农业信息化对涉农产品成本核算模式的改进体现在引入先进的信息技术和管理手段，显著提升涉农产品成本核算的效率和准确性。信息化手段实现数据的自动采集和处理，有效减少人工操作，从而提高成本核算的效率。同时，智能化成本核算系统的应用，使得成本数据的计算和分摊更为精准，进而提升成本核算的准确性。此外，信息化手段还优化了成本管理流程，实现成本控制的实时化和精细化。

在涉农产品成本核算中，农业信息化常用的工具包括智能化成本核算系统。该系统能够自动采集和处理生产过程中的各项数据，实现成本的精准计算和分摊。企业资源计划（ERP）系统整合企业资源，实现成本数据的集中管理和共享，从而提高成本核算的效率和准确性。大数据分析平台通过对海量成本数据进行挖掘和分析，揭示成本控制的薄弱环节和潜在问题，为成本管理提供有力支持。

农业信息化在涉农产品成本核算中通过优化成本核算模式和引入先进的相关工具，实现成本核算的精确化、实时化和高效化。

第四节　市场控制

一、农产品市场环境构成要素作用及发展趋势

（一）农产品宏观和微观市场环境的内容特点、主导因素及发展趋势

农产品宏观市场环境的特点在于其复杂性和多维性，它主要由经济、政治、社会文化、技术以及自然环境等宏观因素构成。这些因素相互作用，共同对农产品市场产生广泛而深远的影响，构成农产品市场运行的基础和背景。

经济因素，作为宏观环境中的关键组成部分，如 GDP 增长、消费者收入水平、通货膨胀率等，对农产品的需求量和购买力具有直接的制约作用。在经济繁荣时期，消费者购买力增强，农产品需求随之增加；而在经济不景气时，需求可能会受到抑制。

政策因素，包括政府的农业政策、贸易政策、环保政策等，是农产品市场发展的重要导向。政策的制定和实施能够直接影响农产品的生产、流通和消费环节，对农产品市场产生深远的影响。

社会文化因素，随着社会进步和文化多元化而不断变化，消费者偏好、健康意识、饮食习惯等社会文化因素的变化进一步影响农产品的市场需求结构，促使农产品市场不断适应和满足消费者的新需求。

技术因素，特别是农业科技的发展，是推动农业现代化和可持续发展的关键力量。智能农机、精准农业、生物技术等现代科技的应用，不仅提高农产品的产量和质量，还推动了农产品市场的创新和发展。发展趋势表明，在全球经济一体化的大背景下，农产品市场将更加注重国际化、绿色化、智能化和高效化。政府将加大对农业的支持力度，推动农业现代化和可持续发展，应对全球市场的挑战和机遇。

微观市场环境的特点在于其具体性和直接性，与宏观环境形成对比。它主要涵盖农产品市场内部的供求关系、竞争格局、消费者行为等关键因素。这些因素的变动会直接影响农产品的价格、销售量以及市场份额。在主导因素中，供求关系尤为关键，农产品的产量、库存和消费者需求量的波动是影响价格的主要因素。供过于求时，价格可能下降；反之，则可能上升。市场上同类农产品的数量、品质、价格和营销策略等因素决定其市场竞争力。农产品企业必须通过提升产品质量、降低成本、创新营销策略等手段来增强自身的竞争力。至于消费者行为，消费者的购买意愿、购买能力和习惯等直接作用于销售量。因此，农产品企业需要密切关注消费者需求的变化，并及时调整产品结构和营销策略，满足消费者的需求。在发展趋势上，随着消费者健康意识的提高和购买力的增强，农产品市场将更加重视品质、安全和健康。同时，市场竞争将变得更加激烈，农产品企业必须不断创新和提升竞争力，确保在市场中保持竞争优势。

（二）农产品长期和短期市场环境的内容特点、主导因素及发展趋势

农产品长期市场环境的特点在于其主要涵盖宏观经济政策、科技发展趋势、社会文化变迁等长期性因素。这些因素对农产品市场产生的影响既深远又稳定。长期经济发展规划和农业政策等，对农产品市场的长期发展起着指导性作用。科技发展趋势，如农业科技的进步和信息化技术的普及，将促进农产品市场的转型与升级。社会文化变迁，包括人口结构的变动和消费者价值观的转变等，这些因素将塑造农产品市场需求和消费结构的变化。农产品短期市场环境的特点在于其主要受季节性因素、市场波动和突发事件等短期因素的影响。这些因素对农产品市场的作用通常具有突发性和不确定性。在主导因素中，季节性因素，如农产品的生产周期和季节性需求变化，会直接影响市场供应和价格。市场波动，包括供求关系的变动和价格的波动，会直接影响销售量和市场份额。突发事件，如自然灾害和疫情，可能会对农产品市场造成短期冲击。发展趋势表明，农产品市场需密切关注市场动态，灵活应对市场变化，确保市场的稳定供应和有序运行。

（三）农产品市场营销环境的分析模型和分析方法

农产品市场营销环境的分析模型包括 PESTEL 分析，该方法从政治（Political）、经济（Economic）、社会（Sociocultural）、技术（Technological）、环境（Environmental）和法律（Legal）六个维度对农产品市场营销的宏观环境进行剖析。同时，SWOT 分析则从优势（Strengths）、劣势（Weaknesses）、机会（Opportunities）和威胁（Threats）四个角度评估农产品企业的内部条件和外部环境（图 3-1）。

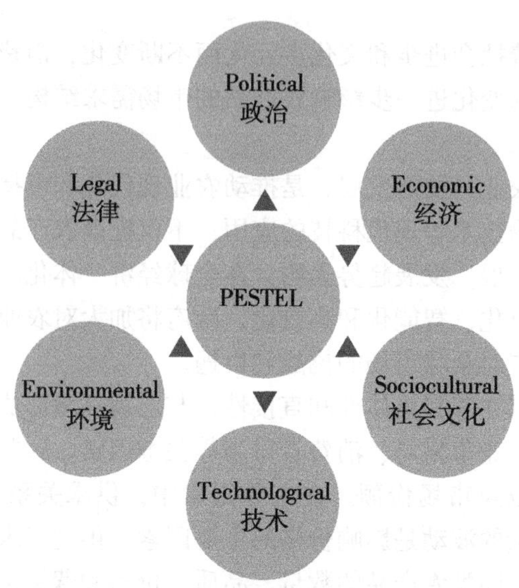

图 3-1　农产品市场营销环境的分析模型

农产品市场营销环境的分析方法包括环境 - 威胁矩阵分析，该方法将农产品市场所面临的环境因素与威胁因素相结合，评估它们对市场的影响力及相应的应对策略(图 3-2)。

出现环境威胁的可能性

潜在环境威胁的影响程度	大	小
大	Ⅰ 面临严重的环境危机；应处于高度重视状态，严密监视和预测其发展变化趋势，积极采取相应的对策	Ⅱ 一旦出现会带来特别大的危害；制定相应的措施。力争避免危害
小	Ⅲ 应予以重视，准备相应的对策措施	Ⅳ 不必担心，但应注意观察其发展变化，是否有向其他象限发展变化的可能

图 3-2　环境威胁矩阵图

市场-机会矩阵分析则专注于分析市场机会与农产品企业资源能力的匹配程度，从而确定企业应如何利用市场机会并制定相应的方向和策略（图 3-3）。

机会-威胁矩阵分析，亦称为 SWOT 矩阵分析，通过将市场机会与威胁以及企业的内部优势与劣势进行组合分析，帮助企业制定战略选择和行动计划（图 3-4）。

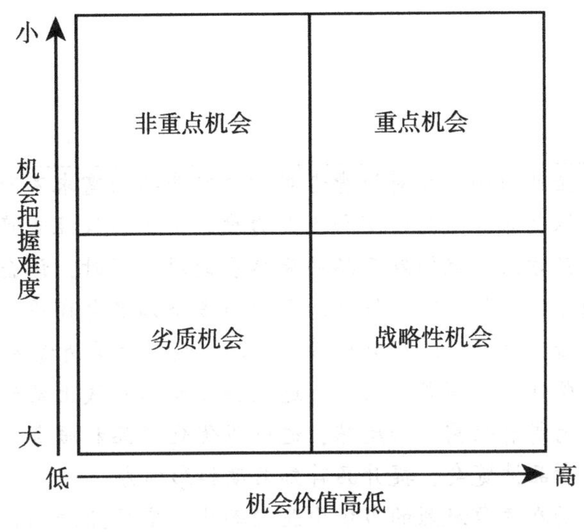

图 3-3 市场机会矩阵图

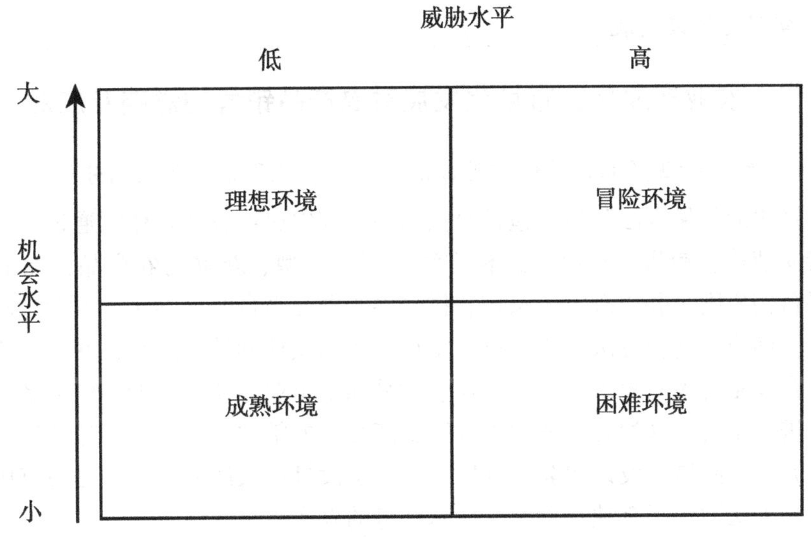

图 3-4 机会威胁矩阵图

（四）农产品市场环境对涉农经济组织产品营销的影响及案例分析

农产品市场环境对合理配置市场营销资源的影响显著，其变化直接作用于涉农经济组织对市场营销资源的分配。例如，市场需求的增长可能促使企业增加营销投入，扩大市场份额；而市场竞争的加剧则可能迫使企业优化营销渠道和策略，提升市场竞争力。

农产品市场环境的变化对精准制定市场营销策略具有重要影响。在消费者健康意识提升的背景下，企业需重视农产品的品质与安全，推出绿色、有机等健康产品；市场竞争的加剧则要求企业创新营销手段，如通过网络营销、直播带货等方式吸引消费者。

农产品市场环境的变化对高效推动市场战略决策也有着深远的影响。涉农经济组织需依据市场环境的变化及时调整市场战略，如调整产品结构、优化供应链管理等，确保企业的长期稳定发展。

案例分析

以某绿色农产品企业为例，面对消费者对健康农产品的需求不断增长，该企业迅速调整市场战略，加大绿色农产品的研发和生产力度。企业不仅注重产品质量，还积极采用有机种植和环保生产方式，确保农产品的天然和健康。同时，该企业通过网络营销和直播带货等新型营销手段，扩大市场份额。企业与多个知名电商平台合作，开设官方旗舰店，并定期在各大社交平台上进行直播带货活动，吸引大量消费者的关注和购买。

该企业还注重品牌建设和消费者互动，通过社交媒体和线上活动，与消费者建立良好的互动关系，了解消费者的需求和反馈，进一步优化产品和服务。企业还积极参与各类农产品展会和健康食品博览会，提升品牌知名度和影响力。

最终，该企业成功在竞争激烈的市场中脱颖而出，实现业绩的快速增长。这一案例充分说明了农产品市场环境对涉农经济组织产品营销的重要影响。市场需求的变化直接影响企业的市场战略和营销手段，只有及时调整和创新，才能在激烈的市场竞争中占据有利地位，实现可持续发展。

二、农业产业化、市场化发展对农产品销售的影响及应对

（一）不同细分行业产品销售的常见方法、技巧、适用条件及案例分析

农产品销售的常见方法和技巧包括直接销售，即农民或农业合作社通过农贸市场、路边摊点直接向消费者销售农产品。这种方法适用于小型、新鲜的农产品，如蔬菜、水果等。电商平台销售则是利用淘宝、京东、拼多多等电商平台开设网店，或参与农村电商项目，进行线上销售。这种方法适用于有一定规模和品质控制的农产品，便于物流运输和储存。供应链合作是与大型超市、餐饮企业、食品加工企业等建立长期合作关系，通过稳定的供应渠道进行销售。这种方法适用于大宗农产品，如粮油、肉类等。品牌建设是通过注册商标、提升产品品质、设计包装、推广营销等手段打造农产品品牌，提高市场认知度和竞争力。这种方法适用于有独特资源或技术优势的农产品。

农产品销售的成功往往依赖于一系列适用条件的有效满足，并通过实际案例得到验证。农村电商销售的成功依赖于几个关键条件，农产品的种类繁多、品质上乘、易于物流配送和储存。这些条件共同奠定了农村电商销售的坚实基础。农产品种类的多样性能够迎合消费者的不同口味和需求，而高品质的产品则增强市场竞争力。物流配送和储存的便利性确保产品能够高效地到达消费者手中。以陕西眉县的猕猴桃为例，该地区不仅猕猴桃品种丰富、口感鲜美，而且得益于其优越的地理位置，物流运输和储存条件十分便利。通过淘宝等电商平台的销售，眉县猕猴桃实现从产地直达消费者的无缝链接，有效减少中间环节，降低成本，进而增加农民的收入。这一案例生动地展示了农村电商销售在农产品市场中的巨大潜力。

供应链合作的适用条件包括农产品产量大、品质稳定，且满足企业采购标准。这些条件为农产品与企业之间建立稳定的供应链合作关系提供了基础，从而促成双方共赢的局

面。例如，某大型连锁超市与农户签订合作协议，专门采购优质大米。这种合作模式能够确保超市货源的稳定性和品质的一致性，同时提升农户的收入和种植积极性。通过供应链合作，农户能够更加专注于农产品的种植和生产，而超市则能够获得稳定且优质的农产品供应。这一案例证明供应链合作是农产品销售中一种有效的合作模式。

（二）农业产业化、市场化发展对销售模式的影响及应对

规模化和集约化的发展对销售模式产生了影响，并带来提高生产效率、增加产品供应量、降低成本以及增强市场竞争力的积极效应。这些变化有利于推动标准化生产和管理，进而提升产品品质。为应对这些影响，应推动土地流转和农业合作社的发展，实现规模经营。同时，引进现代农业技术和管理模式，也是提高农业生产效率的关键措施。

专业化和标准化的发展对销售模式产生了积极影响，包括提升农产品的附加值和品牌影响力，有助于满足消费者对品质和安全的需求，进而增强市场竞争力。为应对这些变化，应推广标准化的生产技术和规程，并建立农产品质量安全追溯体系。同时，加强品牌建设和推广活动，提高产品的知名度和美誉度。

信息化和智能化的发展对销售模式产生了影响，并且提出应对策略。这些影响包括提高农业生产管理和销售的精准度，减少信息不对称所带来的风险。此外，它们促进了农产品销售的线上化和便捷化，从而扩大了市场覆盖面。为应对这些变化，建议建设农业信息化平台，提供市场信息、生产指导和技术支持。同时，推广智能农业设备和系统，实现精准种植、养殖和管理。

个性化和定制化发展对销售模式的影响及应对策略包括满足消费者多样化和个性化的需求，从而提高产品的附加值，有助于增强市场细分能力，提升品牌忠诚度。为应对这些影响，企业应深入进行市场调研，了解消费者需求，并进行产品差异化开发。此外，开展定制化服务，如提供特定包装、定制配送时间等，也是有效的应对措施。

农业产业化、市场化发展对农产品销售模式产生深远影响。通过规模化、集约化、专业化、标准化、信息化、智能化以及个性化、定制化的发展路径，不断提高农产品的市场竞争力和附加值，推动农业产业升级和农民增收致富。

三、农产品市场信息的创新应用

（一）农产品市场信息的分类、内容、特点、处理原则和使用方法

农产品市场信息的分类涉及多个维度，主要包括以下几类：依据信息来源，可以划分为内部信息和外部信息。内部信息主要源自企业内部的管理系统和业务经营系统；而外部信息则涵盖政府法律、文化环境、科技动态、供求状况、人口因素等多方面内容。按照信息产生的过程，信息被划分为原始信息和加工信息。原始信息指的是基层单位的原始记录、原始单据、票证等；加工信息则是在原始信息的基础上，经过筛选和加工处理后形成的信息。根据信息的时间属性，分为过去信息、现在信息和未来信息，它们分别反映已经发生的、正在进行的以及预测未来的经济活动。

农产品市场信息内容丰富，覆盖多个方面。一是农产品的供需情况。二是竞争对手分析，包括市场容量、市场份额等数据。三是营销策略详情，涉及市场战略、方针和目标。四是物资供应信息，包括生产资料供应商、供应地点、时间、质量等。五是产品销售信

息，如市场营销计划、组织结构、销售合同的签订、修改和执行等，也是不可或缺的部分。

农产品市场信息的特点包括：客观性，即信息源自农产品市场的经营活动，能够客观地反映其发展和变化；价值性，指的是信息的实用性和时效性决定了其价值的高低；传递性，意味着信息从信息源发出，通过信息渠道传递后才能被接收、处理和应用；多样性，即信息内容丰富多彩，包括生产、消费、供给、需求等多个方面。

处理农产品市场信息时应确保信息的准确无误，避免误导决策。时效性要求及时收集和处理信息，保证信息的时效性。全面性涉及广泛收集各类信息，确保信息的全面性和完整性。针对性则根据实际需求，有针对性地收集和处理信息。

农产品市场信息的运用主要包括分析，即对搜集到的信息进行深入的解析，揭示其背后的模式和趋势，基于分析结果，制定出科学合理的决策方案，将决策方案付诸实践，并在执行过程中持续监控和调整，收集执行过程中的反馈信息，用于评估决策的效果，并指导未来信息的收集和处理。

（二）农产品市场信息的内容扩展、创新应用及案例分析

随着信息技术的持续进步和广泛应用，农产品市场信息的范畴也在不断拓展。除了传统的供应、需求、价格等信息之外，还包括农产品质量追溯信息，该信息通过应用物联网、区块链等先进技术，实现农产品从生产到销售的全链条追踪。通过大数据分析消费者购买行为和偏好，为农产品的生产和销售提供精确的指导。及时收集和分析国家及地方的农业相关政策法规信息，为农业生产提供政策上的支持和保障。

农产品市场信息的创新应用主要体现在数字化平台建设，涉及构建一个农产品市场信息的数字化平台，实现信息的快速收集、处理和共享。智能预警系统利用大数据和人工智能技术进行构建，及时预测市场波动和风险。精准营销策略基于消费者行为数据和分析结果，提高农产品销售效率和客户满意度。

以某农产品电商平台为例，该平台通过以下方式创新地应用农产品市场信息，构建信息库，整合各类农产品市场信息资源，形成全面的信息库。利用大数据分析消费者购买行为和历史数据，为消费者提供个性化推荐服务。运用区块链技术实现农产品质量追溯功能，增强消费者对产品的信任度和满意度。基于市场信息和消费者行为分析结果制定精准营销策略和促销活动方案，提升销售效率和品牌影响力。这些创新应用不仅提高农产品市场信息的利用效率和价值，还促进了农产品市场的健康发展和乡村振兴战略的深入实施。

四、涉农经济组织在信息化发展趋势下的营销与销售创新

（一）营销创新的主体、分类、作用及一般性过程和方法

涉农经济组织，涵盖农民专业合作社、家庭农场、农业企业等，是营销创新的主导力量。这些组织通过整合内部资源和运用信息化手段，持续推动营销模式的创新，适应市场的变化和消费者的需求。营销创新从多个维度进行分类，包括产品创新、服务创新、渠道创新、价格创新、品牌创新等。这些创新方式相互关联，共同构建涉农经济组织营销创新的整体框架。对于涉农经济组织而言，营销创新具有提升市场竞争力、增加销售收入、扩大市场份额、提升品牌形象等关键作用。通过创新，组织能够更有效地满足消费者需求，

提高客户满意度和忠诚度，从而在激烈的市场竞争中脱颖而出。

营销创新通常涉及一系列过程和方法。市场调研是关键步骤，它深入分析市场需求、消费者偏好以及竞争对手的状况，为创新活动提供必要的数据支持；根据市场调研的结果，制定出创新策略，明确创新的方向和目标；整合内外部资源，包括人力、物力、财力等，确保创新活动得到充分的资源保障；依照创新策略，具体执行各项创新活动，确保创新目标的实现。最后，效果评估阶段对创新成果进行评估，总结经验教训，为未来的创新活动提供参考依据。

（二）农产品营销创新的思路、方法、发展趋势及案例分析

农产品营销创新应聚焦于提升产品附加值、满足消费者需求、增强品牌竞争力等核心目标。通过创新营销思路，推动农产品从传统的销售模式向现代化、信息化、品牌化方向发展。

农产品营销创新的方法涵盖多个层面。市场主体和市场战略创新包括引入现代企业管理理念，提高涉农经济组织的运营效率和市场竞争力。通过制定差异化市场战略，实现对特定消费群体的精准营销；营销策略创新体现在采用多元化营销策略，如内容营销、社交媒体营销、直播带货等，拓宽营销渠道；强调农产品的绿色、有机、健康等特性，满足消费者对高品质生活的追求。

价格策略创新基于市场需求和成本结构，制定合理的价格策略，如差异化定价、捆绑销售等。利用大数据分析，精准预测市场趋势，并灵活调整价格策略。渠道策略创新着重于拓展线上线下相结合的销售渠道，如电商平台、社区团购、直播带货等。加强与超市、餐饮等行业的合作，实现农产品的直供直销。

促销策略创新在于开展多样化的促销活动，如打折、赠品、优惠券等，吸引消费者购买。利用社交媒体、短视频等平台进行病毒式传播，提高品牌知名度和美誉度。品牌传播策略创新着重于打造具有地方特色和文化内涵的农产品品牌，提升品牌附加值。通过线上线下相结合的方式，加强品牌宣传和推广，提高品牌知名度和影响力。

农产品营销创新的发展趋势预示着未来市场将更加侧重于数字化、智能化以及个性化的进步。通过利用大数据、物联网等先进技术，营销效率和用户体验将得到显著提升。与此同时，绿色有机农产品市场预计将经历快速增长，消费者对于高品质农产品的需求亦将持续上升。

以某有机蔬菜品牌为例，该品牌严格遵守有机农业标准，致力于生产高品质的蔬菜，并塑造了独特的品牌形象与文化。在营销策略上，该品牌充分利用电商平台和社交媒体进行广泛宣传与推广，并开展多元化的促销活动，吸引消费者购买。通过这些策略，该品牌成功提高了市场知名度和影响力，赢得了消费者的广泛认可与信赖。

（三）农产品创新营销的常用工具及使用方法

农产品创新营销目标市场分析类工具有大数据分析平台，通过利用大数据分析平台收集和分析市场数据，了解消费者需求和市场趋势。市场调研问卷设计并发放市场调研问卷，收集消费者对农产品的偏好和意见。

农产品创新营销流量和获客类工具有社交媒体平台，通过利用微信、微博、抖音等社交媒体平台进行品牌宣传和推广，吸引潜在客户。搜索引擎优化（SEO）是通过优化网站

内容和结构，提高搜索引擎排名，吸引更多流量。

客户互动及客户关系维护类工具有客户关系管理系统（CRM），通过利用 CRM 系统记录客户信息、购买历史和互动记录，进行精准营销和客户关系维护。在线客服系统是提供在线客服服务，及时解答客户疑问和解决问题。

农产品创新营销内容生产类工具有内容创作平台，如微信公众号、知乎等，用于发布农产品知识、种植故事等内容，吸引用户关注。视频制作工具，如抖音、快手等短视频平台，用于制作和发布农产品种植、采摘等过程的短视频内容。

农产品创新营销数据挖掘、洞察及决策类工具有商业智能（BI）工具，通过利用 BI 工具对收集到的数据进行深度挖掘和分析，为决策提供数据支持。数据可视化工具是将数据以图表、图形等形式进行可视化展示，帮助决策者更直观地理解数据背后的信息。

五、涉农经济组织市场营销方案的制定、实施及优化

（一）营销方案的内容、特点、作用及一般性撰写原则与方法

涉农经济组织的市场营销方案应涵盖市场分析、目标市场定位、产品策略、价格策略、渠道策略、促销策略、营销预算、实施计划及效果评估等多个方面。该方案的特点在于其针对性，专为农村市场和特定农产品的特点量身定制。此外，方案的灵活性高，需要根据季节变化、政策调整和市场需求等因素进行灵活调整。同时，方案的整合性要求涉及多个部门和环节，需要进行整体规划和协调。

营销方案的作用在于明确营销方向和目标，指导营销活动的有序进行，有助于提高市场占有率和品牌影响力。

撰写营销方案时应遵循按照逻辑顺序进行策划，先分析市场背景，再明确目标，最后制定策略。简洁朴实原则强调突出重点，避免冗长，确保方案易于理解和执行。可操作原则要求方案具有实际操作性，便于实施和监控。创意新颖原则则要求结合创新元素，提升方案的吸引力和竞争力。

（二）不同细分行业和经营主体制定营销方案的模式、方法、注意事项及案例分析

种植业的重点在于提升农产品的品质、品牌建设和销售渠道的拓展。养殖业则侧重于养殖技术的提升、食品安全保障以及增强消费者信任。渔业关注的是捕捞技术的改进、保鲜技术的创新以及市场需求的动态变化。

农民合作社通过集体优势统一品牌、包装和销售策略。农业企业则致力于强化供应链管理，提高产品的附加值和品牌影响力。市场营销的方法包括进行市场调研以掌握消费者需求、竞争对手情况和市场趋势。差异化定位则根据产品的特性和市场需求来确定。多渠道营销策略结合线上和线下渠道，扩大销售范围。在市场营销时，需要注意确保方案的针对性和可操作性，关注政策变化和市场风险，并加强与消费者和合作伙伴的沟通与合作。

以某农民合作社为例，该合作社通过实施一系列有效的策略，成功地将本地的特色农产品推向城市市场。统一品牌标识，使得产品在市场上具有更高的辨识度；改进农产品的包装设计，使其更加吸引消费者的目光；采取统一的销售渠道，确保产品能够顺利进入城市市场。

通过这些措施，合作社不仅提升了产品的附加值，还显著提高了农民的收入水平。农

民不再仅仅依靠传统的销售方式，而是通过合作社的统一品牌和包装，将农产品以更高的价格销售给城市消费者。这样一来，农民们得到更高的经济回报，生活水平也得到显著提升。此外，合作社的成功经验也为其他农民提供借鉴，推动整个地区农业产业的发展。

（三）基于新兴目标市场与创新商业模式制定营销方案的模式、方法、注意事项及案例分析

新兴目标市场，尤其是年轻消费群体，注重产品创新和包装设计，并通过社交媒体进行推广。高端市场则强调品质、健康和环保，采用高端销售渠道和定价策略。创新商业模式，如线上到线下（O2O）模式，结合线上线下，提供便捷的购物体验。社群营销则通过建立消费者社群，增强用户黏性和忠诚度。

在制定新兴目标市场与创新商业模式的营销方案时，方法包括精准营销，利用大数据和人工智能技术实现精准推送和个性化服务，与其他行业或品牌跨界合作，拓展销售渠道和增强品牌影响力。

在制定营销方案时，需确保商业模式与市场需求相匹配，关注新兴技术的应用及其安全性，并加强品牌建设以及提升消费者信任度。

某农业企业成功地运用O2O的商业模式，通过线上平台进行产品预订，同时结合线下实体店的体验服务，吸引大量年轻消费者的关注。这种创新的营销方式不仅提升品牌的知名度，还显著增加了市场份额。

具体来说，该企业通过建立一个便捷的线上预订系统，让消费者轻松地在互联网上浏览产品信息、下单购买，并选择合适的提货时间。与此同时，线下实体店则提供丰富的体验活动，如农场参观、亲手采摘等，让消费者能够亲身体验农产品的新鲜和品质。这种结合线上便捷性和线下互动性的模式，极大地满足年轻消费者对购物体验和品质生活的追求。

通过O2O模式，该农业企业不仅成功地吸引大量年轻消费者的目光，还进一步提升品牌的市场影响力。年轻消费者群体的加入，使得该企业在激烈的市场竞争中脱颖而出，市场份额稳步上升。这种创新的商业模式不仅为企业带来可观的经济效益，也为整个农业行业的发展提供新的思路和方向。

（四）涉农经济组织市场营销方案的实施优化及案例分析

涉农经济组织市场营销方案的实施优化组织、制度与流程的实施保障和优化方向包括建立专门的营销团队并明确职责分工，完善营销管理制度和绩效考核机制，简化审批流程，提高决策效率。

实施主体的管理模式与协同工作模式的保障和优化方向涉及加强对营销团队的管理和培训，提升专业能力；加强与其他部门和合作伙伴的沟通与协作，形成合力。

销量目标导向模式及相关绩效评估机制的实施保障和优化方向包括根据市场需求和企业实际情况设定销量目标；建立绩效评估机制，定期对营销活动进行绩效评估，及时调整策略，优化激励机制，指根据绩效评估结果，对营销团队进行奖励和激励。

某涉农经济组织通过一系列有效的措施，显著提升其营销活动的执行效率和效果。具体来说，该组织对自身的组织架构进行全面的优化和完善，确保各部门之间的协调和沟通更加顺畅；制定一系列相关制度，包括明确的职责分工、规范的操作流程以及严格的质量

控制标准，从而为营销活动的顺利进行提供坚实的制度保障。

此外，该组织还对现有流程进行深入的优化，剔除冗余环节，简化操作步骤，提高工作效率。通过这些措施，营销团队能够更加高效地执行各项营销策略，迅速响应市场变化，从而在激烈的市场竞争中占据有利地位。

为了进一步激发营销团队的积极性和创造力，该组织还设定明确的销售目标，并建立完善的绩效评估机制。通过定期的绩效评估，团队成员能够清晰地了解自己的工作表现和改进方向，从而不断调整和优化自己的工作方法。同时，绩效评估机制还与奖励机制相结合，对于表现优异的团队成员给予相应的物质和精神奖励，进一步激发他们的工作热情和创新精神。

通过这些综合措施的实施，该涉农经济组织成功地实现销量的稳步增长。营销团队在高效执行营销策略的同时，不断开拓新的市场渠道，提升产品和服务的竞争力，最终在市场中取得显著的成绩。

思考题

1. 简述种植业生产计划流程管理的协调要点及方法。
2. 简述养殖业生产组织的形式、要素及实施和管理办法。
3. 简述其他涉农行业生产控制的目标、方法及管理和优化方法。
4. 涉农经济组织工作计划管理的常见问题及解决方法，并对具体案例进行分析。
5. 简述农产品质量认证体系的特点、方法以及实施办法。

第四章　内外协调

第一节　内部协调

一、组织内部人际关系分析

（一）现代管理学中的人际关系学说及其对企业管理的影响

1. 人际关系学说的发展历史与典型案例

人际关系学说的发展历程可追溯至20世纪初期，特别是霍桑实验之后，由埃尔顿·梅奥等提出的理论。该学说强调，工人不仅仅是经济人，更是社会人，他们的行为不仅受到经济利益的驱动，还受到社会和心理因素的影响。例如，霍桑实验通过改变照明条件等变量，揭示了工人生产效率的变化并非完全由物质条件所决定，而是与工人的社会心理需求紧密相关。

2. 现代企业内部人际关系的种类、影响因素及一般性的维护和改善方法

现代企业内部人际关系的种类繁多，主要包括上下级关系、同事关系、跨部门关系等。这些关系的影响因素包括工作分配、权力斗争、个人冲突、文化差异等。为了维护和改善这些关系，企业采取鼓励有效沟通，促进员工之间的理解和信任，减少误解和冲突；强化团队协作，建立共同目标，增强合作精神，减少不必要的竞争；定期组织团队建设活动，增强团队凝聚力，促进员工之间的非正式交流；实施公平透明的绩效评估，确保评价公正，减少因不公平待遇引起的矛盾；关注员工情感需求，通过关注员工的情感需求，提高员工的工作满意度和忠诚度。

3. 经济、社会、技术等外部因素变化对现代企业内部人际关系的影响及应对策略

经济、社会、技术等外部因素的变动会对现代企业内部人际关系产生深远的影响。例如，经济衰退可能导致企业内部竞争加剧，员工压力增大，进而影响人际关系。社会文化的演变，包括多元化和包容性的增强，要求企业更加注重员工间的平等和尊重。技术的进步，如信息化和智能化，可能改变员工的工作方式和角色定位，影响人际关系。

面对这些变化，企业可通过加强经济预测和风险管理，以便提前预见经济波动并制定相应的应对措施，从而减轻对员工心理的影响。推动多元文化，促进员工之间的文化交流与理解，构建一个包容性的企业文化。提供技术培训，帮助员工适应技术进步，减少因技术变革引起的焦虑和不安。灵活调整组织结构，根据外部环境的变化适时优化组织架构和工作流程，更好地适应市场需求。

（二）涉农经济组织内部人际关系的构成维度、常见问题及应对策略

1. 生产组织、设备作业、技术支持、产品加工和产品销售等不同职能部门的内部人

际关系

涉农经济组织内部的人际关系错综复杂，不同职能部门间存在不同的关系类型。例如，生产组织部门与设备作业部门之间需要密切协作，确保生产顺利进行；技术支持部门与产品加工部门之间需要频繁沟通，解决生产中的技术难题；产品销售部门则需要与生产组织部门保持紧密联系，确保产品供应与市场需求相匹配。

为了维护部门间的人际关系，企业通过明确部门职责，确保各部门了解自己的职责范围和工作目标；加强跨部门沟通，建立有效的跨部门沟通机制，促进信息共享和协作；制定共同目标，将各部门的工作目标与企业整体目标相结合，增强部门间的协同作战能力。

2. 性别、年龄、地域、学历等差异化个体间的内部人际关系

涉农经济组织内部员工在性别、年龄、地域、学历等方面存在差异，这些差异可能会导致员工间的沟通障碍和矛盾。为改善关系，企业可以倡导平等和尊重，建立一个平等的企业文化，鼓励员工相互尊重和理解；提供培训和发展机会，针对不同员工的需求，提供个性化的培训和发展机会，帮助员工提升自我价值和职业竞争力；组织团建活动，通过团建活动增强员工间的相互了解和信任，减少因差异带来的隔阂。

3. 信息化、智能化发展过程中的差异化个体及职能部门的内部人际关系

随着信息化和智能化的不断进步，涉农经济组织的生产方式与管理模式正经历着根本性的变革。这些变革有可能导致一些员工和职能部门在适应新技术方面遇到困难，从而引发人际关系方面的问题。为了有效应对这些挑战，企业通过加强技术培训，帮助员工掌握新技术和新方法，提升他们的适应能力和工作效率；根据信息化和智能化的发展需求，调整组织架构和工作流程，确保各部门和岗位之间的高效协作；关注员工在新技术环境下的心理状态，提供必要的心理支持和辅导，协助员工平稳过渡。

二、组织内部人际沟通管理

（一）现代管理学中人际沟通的特点、要素、分类及功能

人际沟通的特点包括目的性，即沟通总是有明确的目的，无论是传递信息、表达情感还是协调行动。象征性体现在沟通内容可能通过语言、文字、肢体语言等多种符号进行传递，这些符号都具有象征意义。关系性意味着人际沟通不仅仅是信息的传递，还涉及沟通双方关系的建立和维护。互动性表明沟通是一个双向互动的过程，需要双方共同参与和反馈。可塑性指的是人际沟通的方式和效果可随着情境、对象、时间等因素的变化而调整。统一的、近似的编码系统和译码系统是为了确保沟通的有效性，沟通双方需要采用相似的编码和译码系统，以便准确理解对方的意思。

人际沟通的要素包括信息发出者，即信息的发起者和传递者，负责将思想、情感或信息编码后传递给接受者。信息是沟通的具体内容，可以是语言、文字、图像、声音等多种形式。通道是信息传递的媒介或路径，如面对面交谈、电话、电子邮件等。信息接受者是接收并解码信息的人，负责理解并回应信息发出者的意图。反馈是信息接受者对信息的反应或回应，是沟通互动的重要组成部分。

人际沟通的分类包括按照沟通线路分类，如下行沟通（上级对下级）、上行沟通（下级对上级）和平行沟通（同级之间）。按照沟通方式分类，包括语言沟通（口头和书面）和非语言沟通（肢体语言、面部表情、声音等）。按照沟通方向分类，包括单向沟通

和双向沟通。单向沟通指信息从一方传递到另一方，没有反馈；双向沟通则包括信息的传递和反馈过程。

人际沟通的功能包括心理功能，即满足人们的社交需求，维持自我认知和情感平衡。社会功能是建立和维护人际关系，促进社会和谐与稳定。决策功能是通过信息共享和意见交流，帮助个人和组织做出更明智的决策。

（二）现代企业人际沟通管理的理论基础

现代企业在人际沟通管理的理论基础上，主要汲取来自管理学、心理学和社会学等多个学科的精华。在这些理论中，管理沟通理论尤其强调沟通在企业管理中的核心地位，认为有效的沟通是企业取得成功的关键因素。这一理论认为，通过顺畅的信息传递和理解，提高团队协作效率，增强员工的归属感和满意度，从而推动企业目标的实现。

与此同时，心理学理论在人际沟通管理中也扮演着重要角色。它关注沟通过程中的心理机制，包括认知过程、情感反应和动机等。心理学理论帮助管理者理解员工的心理状态，识别沟通中的障碍，从而采取相应的策略来优化沟通效果。例如，通过了解员工的认知偏差，管理者可以设计更有效的信息传递方式，确保信息的准确理解和执行。

社会学理论则从宏观角度探讨沟通在社会结构和社会关系中的作用。它关注权力关系、群体行为和文化差异等因素对沟通的影响。社会学理论揭示沟通在维护社会秩序和推动社会变革中的重要性。在企业管理中，社会学理论的应用有助于管理者理解组织内外部的社会关系网络，处理好员工之间的互动和冲突，促进组织文化的形成和发展。

现代企业人际沟通管理的理论基础是多学科交叉融合的结果。通过综合运用管理学、心理学和社会学的理论，企业可以构建一个高效、和谐的沟通环境，从而在激烈的市场竞争中占据有利地位。

（三）涉农经济组织内部人际沟通管理的策略、技巧和准则

涉农经济组织内部人际沟通管理的策略包括明确沟通目标，即在沟通前明确沟通的目的和期望结果，确保沟通具有针对性和有效性；建立信任关系，通过真诚、公正和透明的沟通方式建立信任关系，为后续的沟通合作奠定基础；促进信息共享，鼓励员工积极分享信息、交流经验和知识，提高组织的整体效能。

倾听技巧强调积极倾听对方的意见和需求，理解对方的立场和感受，以便更好地回应和解决问题。表达技巧要求清晰、简洁地表达自己的意思和观点，避免产生误解和冲突。反馈技巧则是及时给予对方反馈，肯定对方的努力和成果，指出存在的问题并提出改进建议。

沟通准则包括尊重不同背景、文化和性格的员工之间的差异，以包容和开放的心态进行沟通；在沟通中保持诚实守信的原则，不撒谎、不隐瞒真相，建立和维护良好的信誉和形象；不断反思和总结沟通经验，发现问题并寻求改进措施，提高沟通效果和组织绩效。

三、组织应对内部人际关系发展趋势的管理策略和方法

（一）现代企业内部人际关系与人际沟通管理的发展趋势及案例分析

在现代企业中，内部人际关系与人际沟通管理正经历着显著的变化，这些变化主要体现在以下几个方面：

1. 战略化趋势

随着企业竞争的加剧，内部人际关系的构建和管理不再仅仅是人力资源部门的职责，而是上升到企业战略层面。企业开始认识到，良好的内部人际关系能够增强团队凝聚力，提升员工满意度和忠诚度，进而促进企业的整体发展。谷歌公司以其独特的“以人为本”的企业文化著称，其内部人际关系管理高度战略化。谷歌公司通过提供丰富的员工福利、灵活的工作制度以及鼓励创新的工作环境，成功吸引全球顶尖人才，并保持高度的员工满意度和忠诚度。

2. 信息化趋势

随着信息技术的飞速发展，企业内部沟通方式发生翻天覆地的变化。电子邮件、即时通讯工具、企业社交平台等信息化手段已成为企业内部沟通的主要方式。这些工具不仅提高沟通效率，还使得沟通更加便捷和透明。微软公司利用其强大的 IT 技术，构建了全球范围内的企业社交平台。员工在平台上分享工作心得、交流技术难题、参与团队建设活动等，极大地促进内部信息的流通和人际关系的建立。

3. 人性化趋势

现代企业越来越注重员工的个人发展和情感需求，强调在管理中体现人文关怀。企业开始关注员工的心理健康、工作生活平衡以及职业发展规划等方面，努力营造一个温馨、和谐的工作环境。星巴克公司以其独特的“第三空间”理念闻名于世。在星巴克公司，员工被视为最重要的资产之一。公司不仅提供优厚的福利待遇，还注重员工的职业发展和情感关怀。星巴克公司通过举办各种团建活动、提供心理咨询服务等方式，增强员工的归属感和幸福感。

4. 弹性化趋势

随着远程办公和灵活工作制度的兴起，企业内部人际关系的弹性化趋势日益明显。企业开始允许员工根据自己的实际情况选择工作地点和时间，以更好地平衡工作和生活。这种弹性化的管理方式有助于提升员工的工作效率和满意度。IBM 公司是全球最早推行远程办公制度的企业之一。通过引入先进的远程协作工具和灵活的工作制度，IBM 公司成功实现全球范围内的无缝协作。这种弹性化的管理方式不仅提高员工的工作效率和满意度，还降低了企业的运营成本。

（二）涉农经济组织面向新趋势的沟通管理策略、方法和工具

1. 基于数据的量化沟通管理

利用大数据和人工智能技术，对涉农经济组织的内部沟通进行量化分析。通过收集和分析沟通数据（如沟通频率、沟通内容、沟通效果等），发现沟通中的问题和瓶颈，并制定相应的改进措施。采用数据分析软件（如 SPSS、Excel 等）对沟通数据进行处理和分析；利用社交媒体监测工具（如 Hootsuite、Brandwatch 等）跟踪和分析员工在社交媒体上的言论和情绪变化。

2. 以快速决策为目标的导向式沟通管理

在涉农经济组织中建立快速响应的沟通机制，确保信息能够迅速传递和反馈。通过明确沟通目标和责任分工，减少沟通层级和冗余环节，提高沟通效率和决策速度。采用敏捷管理方法（如 Scrum、Kanban 等）来组织项目沟通和决策过程；利用即时通讯工具（如钉钉、企业微信等）实现快速沟通和信息共享。

3. 基于目标与关键成果法（OKR）的个性化和弹性化沟通管理

将 OKR（Objectives and Key Results）引入涉农经济组织的沟通管理中，通过设定明确的目标和关键成果指标来指导沟通方向和评估沟通效果。同时，根据员工的个人特点和需求进行个性化沟通管理，确保沟通内容贴近员工的实际需求和工作场景。使用 OKR 管理工具（如 Tita、Worktile 等）来设定和跟踪沟通目标和关键成果指标；通过定期的一对一沟通、团队会议等方式了解员工的个人需求和工作进展，实现个性化沟通管理。同时，根据员工的工作状态和生活情况调整沟通方式和频率，实现弹性化沟通管理。

四、涉农经济组织员工培训制度的建立和执行

（一）现代企业员工培训制度的目的、内容和种类

现代企业员工培训制度的核心目的在于增强员工的专业技能、综合素质和创新能力，满足企业发展的需求，提升组织绩效，并强化企业的市场竞争力。培训内容广泛，包括专业技能培训、管理能力培训、创新思维培训以及企业文化和职业道德教育等多个方面。具体而言，培训可能涉及新技术和新知识的传播，管理理论的实际应用，创新思维的培育，以及企业价值观和职业道德的塑造。员工培训形式多样，涵盖入职培训、在职培训、转岗培训、晋升培训等。入职培训主要帮助新员工熟悉企业文化、规章制度和岗位职责；在职培训则针对现有员工的工作需求，提升技能和更新知识；转岗培训和晋升培训则分别针对岗位变动和职位晋升的员工，提供相应的培训和指导。

（二）涉农经济组织员工培训制度的建立

1. 组织体系化建设

涉农经济组织在构建员工培训制度时，首要任务是建立一个完善的组织体系。涉及明确培训管理部门的职责与权限，制定详尽的培训计划与预算，以及确立培训效果评估机制等关键步骤。通过体系化建设，确保培训工作的有序进行和持续优化。

2. 不同细分行业、经营主体及职能部门专业性的联系

涉农经济组织涵盖农业种植、畜牧业养殖、农产品加工等多个细分行业，以及合作社、企业等不同经营主体。因此，在设计培训制度时，必须充分考虑这些行业的特点和经营主体的差异性，同时也要顾及各职能部门的专业需求。通过加强与行业协会、科研机构和高校的合作，引入外部专家资源，为不同细分行业和经营主体提供更加定制化的培训服务。

（三）组织员工培训

1. 财务、师资、日程安排

确保培训经费的充足和合理使用是财务安排的关键，需要制定详尽的预算和使用计划。选聘经验丰富的培训师，保证培训质量，邀请行业专家、学者及杰出企业家参与授课和经验分享。日程安排应考虑员工的工作时间和学习需求，合理规划培训时间和地点，确保培训活动不会干扰企业的日常运营，同时满足员工的学习需求。

2. 内部培训资源与外部培训资源的协调整合

应充分利用企业内部的培训资源，包括内部讲师、培训教材和实践基地等。同时，积极引入外部资源，如行业协会、专业培训机构和高等教育机构，实现资源的有效整合和互

补优势。通过内外部资源的协调整合，提升培训效果和资源利用的效率。

3. 信息化时代员工培训内容与形式的新趋势及实践

随着信息化时代的到来，培训内容需要不断更新和扩展。除了传统的专业技能和管理知识，还应加强信息技术、大数据、人工智能等新兴领域的知识培训。同时，注重培养员工的创新思维和跨界合作能力。在培训形式上，应采用线上与线下相结合、理论教学与实操训练相结合的多样化方式。利用网络平台和在线教育资源，提供灵活多样的学习方式和渠道；通过案例分析、模拟演练和实地考察等方式，增强培训的互动性和实效性。

涉农经济组织在构建和实施员工培训体系时，必须充分顾及行业特性与企业需求，打造健全的组织架构，强化与内外部资源的协调与整合，并且不断创新培训内容与形式，适应信息化时代的发展需求。

五、团队建设制度的建立和执行

（一）现代企业团队建设的一般性方法和技巧

现代企业团队建设是确保企业持续发展和竞争力的关键。

（1）确保每个团队成员都清楚并认同团队的目标和愿景。目标应遵循 SMART 原则，即具体、可衡量、可达成、相关性强、具有时限性。定期回顾和更新目标，确保它们与公司整体战略保持一致。

（2）营造一个开放、包容和透明的沟通环境，让团队成员能够自在地表达自己的观点和想法。倾听并理解团队成员的意见和建议，尊重他们的多样性。在团队成员遇到困难时给予支持和鼓励，展示对他们的信任和关心。公平公正地对待每个团队成员，确保决策和资源分配的公正性。

（3）根据团队成员的技能、兴趣和经验，为他们分配明确的角色和责任。设定具体的责任和目标，确保每个角色都有其独特的价值。定期评估和调整角色和责任分配，适应团队和项目的发展。

（4）定期对团队成员的工作进行反馈，指出优点和需要改进的地方。及时反馈，避免拖延，增强员工的自我认知和调整能力。以建设性的方式提供反馈，并鼓励员工主动寻求反馈。认可和赞赏团队成员的努力和成就，提高他们的自信心和工作动力。

（5）提供领导力培训和培养计划，帮助团队成员发展出色的领导能力。鼓励团队成员参与决策过程，增强他们的责任感和归属感。

（6）定期召开团队会议，建立畅通的沟通渠道。鼓励团队成员之间的知识和经验分享，优化工作流程。举办团队建设活动，增强团队凝聚力和协作能力。

（二）现代企业团队建设规章制度的形式、内容要点及案例分析

规章制度框架应明确团队建设的目标、原则、职责和权限，涵盖团队成员的招募、培训、考核和激励机制，以及团队沟通和合作的具体规定，团队冲突解决和决策流程。具体条款应包括明确的角色分工和责任要求，绩效考核标准和流程，奖惩措施和晋升机制，以及培训和发展的机会和途径。

以 ABC 公司为例，该公司成功构建了高效团队，主要通过确立培养一个高效、积极且相互支持的团队目标，有效应对市场竞争。通过内外部渠道精选优秀人才，并提供专业

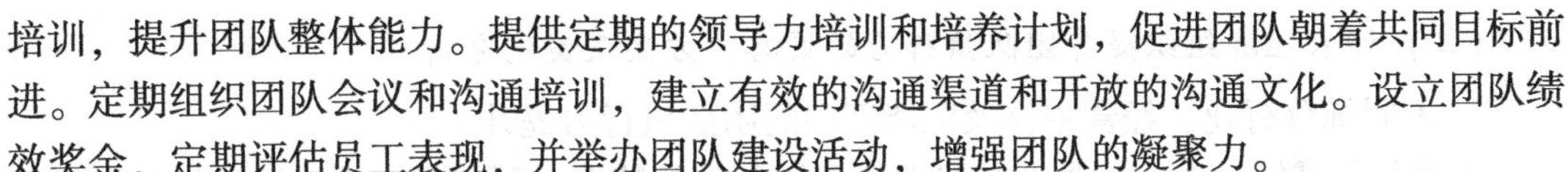

培训，提升团队整体能力。提供定期的领导力培训和培养计划，促进团队朝着共同目标前进。定期组织团队会议和沟通培训，建立有效的沟通渠道和开放的沟通文化。设立团队绩效奖金，定期评估员工表现，并举办团队建设活动，增强团队的凝聚力。

（三）涉农经济组织建立与执行团队建设制度的策略和方法

在构建团队建设制度时，涉农经济组织应确立其核心目标，即提升农业生产效率、增加农民收入以及推进农业现代化进程。该制度应适用于农业合作社、家庭农场和农业企业等多种类型的涉农经济组织。

农业合作社的制度要点应包括强化成员间的互助合作精神，共同面对市场风险。必须设立清晰的决策和利益分配机制，并加强技术培训与市场信息的共享。家庭农场则需重视家庭成员间的协作与分工，建立科学的生产管理和财务管理制度，引入现代农业技术和设备以提升生产效率。至于农业企业，应借鉴现代企业管理的先进理念，构建完善的团队建设体系，强调目标导向和绩效管理，引入职业经理人及专业团队，提高企业管理的整体水平。

组织形式需设立专门的团队建设管理部门或委员会，负责制度的制定与执行。鼓励跨部门合作和资源共享。从目标设定、角色分工、沟通合作、培训发展等多个维度着手。定期开展团队建设活动和绩效评估是必要的。配备专业的团队建设管理人员和培训师，并提供必要的培训场地和设备支持。同时，引入先进的信息技术和管理工具，提高团队建设的效率和质量。

六、提升团队执行力的策略和方法

在现代企业管理中，增强团队的执行力对于提升企业的运营效率、增强竞争力以及加快市场反应速度具有直接影响。

（一）现代企业高效团队执行力的构成与培养

1. 行为要素

确立明确的目标与期望，确保每位团队成员都对团队的总体目标、个人职责以及预期成果有清晰的理解。这有助于统一团队的行动方向。建立一个良好的沟通机制，鼓励团队成员间的信息共享和协作，减少误解和冲突，从而增强团队的凝聚力。鼓励团队成员不断吸收新知识和技能，提升个人能力，适应不断变化的工作环境和要求。培养团队成员的责任感和使命感，使他们认识到自己的工作对团队和企业的重要性，进而更加积极地投入工作。

2. 组织与制度要素

为优化组织结构，企业需依据其战略目标与业务特性设计合理的组织架构，确保信息流通无阻且决策过程高效。同时，完善规章制度是必要的，包括制定明确、公正的规章制度，界定工作流程、岗位职责以及奖惩机制，为团队成员提供明确的行为准则和决策依据。建立有效的激励机制，例如，绩效考核、奖金制度以及晋升机会等激励措施，能够有效激发团队成员的积极性和创造力。同时，文化建设同样不容忽视，应营造积极向上的企业文化，强调团队精神、创新精神和客户导向，增强团队成员的归属感和认同感。

（二）涉农经济组织提升团队执行力的策略、方法及案例分析

1. 不同细分行业、经营主体及职能部门的团队执行力提升

细分行业需针对农业、林业、渔业等不同领域的特性，制定具有针对性的执行力提升策略。以农业为例，可强化技术培训，提升农民的种植和养殖技能；加强森林资源的保护与管理。对于经营主体，如农民合作社、家庭农场、农业企业等，应根据各自的经营模式和规模，实施差异化的执行力提升措施。例如，农民合作社可加强内部管理和组织建设；家庭农场则可注重技术引进和品牌建设。同时，职能部门应针对不同部门（如生产部、销售部、财务部等）的职责和要求，制定明确的执行力提升计划。例如，生产部门可优化生产流程管理，提高生产效率；销售部门则应加强市场调研和客户关系管理。

2. 农业信息化、智能化发展趋势下的团队执行力提升

信息技术的应用涉及运用现代技术手段，如物联网、大数据、云计算等，提升农业生产和管理的效率。通过数据分析和预测，为团队提供决策支持，从而增强执行力。引入智能化设备，如智能农机和无人机，取代传统的人力劳动，减少劳动强度，同时提高作业的精度和效率。此外，加强团队成员对智能化设备的操作培训，确保设备能够得到充分利用。

3. 组织形式、目标市场与商业模式变化中的团队执行力提升

组织结构的调整必须依据市场动态和企业发展的需求，及时进行优化。例如，构建跨部门的协作团队或项目小组，适应复杂且多变的市场环境。明确目标市场定位，深入理解市场需求和竞争格局。依据目标市场的特性，制定相应的营销策略和产品方案，增强市场反应速度和提升客户满意度。商业模式的创新需要持续地探索和实践，降低成本、提升效率或创造新的价值点。通过商业模式的创新，促进团队执行力的增强和企业的持续发展。

4. 针对性别、年龄、地域、学历等差异化个体的团队执行力提升

差异化培训应依据团队成员的性别、年龄、地域和学历等不同特点来制定个性化的培训计划，满足他们各自的学习需求和发展目标。多元化团队的构建需要吸纳具有不同背景和专业知识的人才，通过团队成员间的互补和协同合作来提升整体的执行力。同时，构建一个具有包容性的企业文化环境，重视每位团队成员的个性和独特性。通过建立基于相互尊重、信任和支持的人际关系网络，进一步增强团队的凝聚力和执行力。

第二节　外部协调

一、涉农经济组织外部环境的构成与分析评估方法

（一）现代企业外部环境的构成、内容及特点分析

现代企业外部环境的构成复杂且多变，主要包括宏观外部环境和微观外部环境两大类。宏观外部环境中的政治环境涉及国家的政治制度、权力机构、方针政策、政治团体和政治形势等，这些因素直接影响企业的生产经营活动；社会环境包括社会结构、社会风俗和习惯、信仰和价值观念、行为规范、生活方式、文化传统、人口规模与地理分布等，这

些因素的形成和变动对企业的投资决策、产品改进与革新等产生深远影响；经济环境是构成企业生存和发展的社会经济状况及国家的经济政策，如社会经济结构、经济体制、发展状况、宏观经济政策等，通常衡量经济环境的指标有国内生产总值、就业水平、物价水平、消费支出分配规模、国际收支状况，以及利率、通货供应量、政府支出、汇率等国家货币和财政政策等；技术环境是指企业所处的环境中的科技要素及与该要素直接相关的各种社会现象的集合，包括国家科技体制、科技政策、科技水平和科技发展趋势等。技术环境对企业能否及时调整战略决策，获得新的竞争优势至关重要。

微观外部环境中的产业环境包括产品生命周期、产业结构（如五种竞争力分析）、市场结构与竞争、市场需求状况、产业内的战略群体以及成功关键因素等。这些因素直接影响企业在产业中的竞争地位和盈利能力。市场环境主要涉及市场需求与竞争状况，包括市场需求的决定因素、需求价格弹性、市场细分、目标市场选择等。市场环境的变化直接影响企业的市场策略和产品销售。

（二）涉农经济组织外部环境分析的基础知识与技能准备

在“十三五”期间，国家针对农业、农村、农民（三农）问题的政策导向和重点任务，涵盖了农业现代化、农村基础设施建设、农民增收等多个方面。具体来说，国家通过一系列政策措施，推动农业现代化进程，提升农业生产效率和质量；同时，大力推进农村基础设施建设，改善农村居民的生活条件，提高农村地区的公共服务水平；此外，国家还致力于增加农民收入，通过多种途径和措施，帮助农民提高收入水平，改善生活条件。

进入“十四五”时期，国家对农业和农村发展的最新规划及战略部署，包括乡村振兴战略、农业绿色发展、农村综合改革等关键领域。乡村振兴战略旨在全面提升农村地区的经济、社会、文化和生态水平，实现农村地区的全面振兴；农业绿色发展则强调在农业生产过程中，注重生态保护和可持续发展，推动农业向绿色、低碳、循环的方向发展；农村综合改革则涉及农村土地制度、产权制度、金融制度等多个方面的改革，旨在激发农村发展的内生动力，提高农村地区的整体发展水平。

通过对不同细分行业、经营主体、目标市场变化发展趋势的回顾与展望，分析农业各细分行业的发展现状、趋势以及面临的挑战和机遇；同时关注不同类型农业经营主体的经营模式和发展趋势，预测目标市场的需求和竞争态势。

农业产业化发展对主要职能部门的影响与展望包括探讨农业产业化发展对农业管理、技术推广、市场营销、金融服务等职能部门的影响和挑战，以及未来可能的发展趋势和应对策略。

（三）涉农经济组织外部环境要素的分析评估方法

宏观环境要素的分析评估涉及对政治环境中国家政策的稳定性和连续性的考察，以及政策对农业支持的力度和方向的分析，评估社会文化因素对企业投资决策和产品定位的影响。经济环境的分析则利用经济指标来探究宏观经济环境对企业经营活动的潜在影响。技术环境的关注点在于农业科技的发展趋势和创新动态，以及技术变革对企业竞争力的影响。

微观环境要素的分析评估在产业环境上运用产业生命周期理论、五种竞争力分析等工具，评估企业在产业中的竞争地位和盈利能力。在市场环境上，通过市场需求分析、市场细分、目标市场选择等方法来制定有效的市场策略。在具体分析过程中，运用 SWOT 分析、PESTEL 分析等模型及相关工具进行系统性评估，帮助企业更好地应对外部环境的变化和挑战。

二、涉农经济组织外部环境动态监控与优化策略

（一）现代企业外部环境动态性特征及相关策略优化的案例分析

现代企业所面临的外部环境日益复杂且充满动态变化，涵盖政治、经济、社会、技术、环境等多个宏观环境层面，以及行业和市场环境。这些外部环境的变动不仅影响企业的日常运营和发展，还对企业的战略规划和执行提出了严峻的挑战。为了有效应对这些挑战，企业必须构建一套完善的外部环境动态监控体系，并依据监控结果及时调整和优化其策略。

以中国移动通信集团公司为例，从“十五”计划到“十四五”计划期间，中国移动根据外部环境的变动进行多次战略创新。这些创新涉及适应市场需求的技术升级、服务创新以及市场拓展等方面。通过持续的调整和优化战略，中国移动成功应对了市场竞争和技术变革的挑战，维持其持续发展的趋势。

（二）涉农经济组织针对外部环境的动态监控、反馈与优化策略

涉农经济组织作为农村经济的关键组成部分，其外部环境同样呈现出动态性特征。为了维持竞争力并确保可持续发展，涉农经济组织必须构建有效的监控、反馈与优化策略。

1. 不同细分行业、经营主体、目标市场的外部环境指标分析

在细分行业分析中，农业种植需关注气候变化、政策扶持、市场需求变化等关键指标。农产品加工则需关注原材料价格、加工技术、食品安全标准等要素。农业服务需关注农民需求、服务创新、政策支持等指标。在经营主体分析中，农民合作社需关注合作社成员利益、管理机制、市场对接能力等要素。农业企业需关注市场竞争力、技术创新、供应链管理等指标。在目标市场分析中，国内市场需关注消费者需求变化、政策导向、竞争格局等要素。国际市场则需关注国际贸易政策、汇率变动、国际市场需求等指标。

2. 人力资源与组织保障

建立专业的外部环境监控团队，负责收集、分析和解读外部环境信息。同时，加强员工培训和技能提升，提高组织对外部环境变化的适应能力。完善组织结构和决策机制，确保外部环境监控结果能够及时传递到决策层。建立跨部门协作机制，确保各部门能够协同应对外部环境的变化。

3. 信息化策略与工具保障

通过运用大数据、云计算等现代信息技术手段，提升对外部环境监控的效率和准确性。建立一个外部环境信息数据库，实现信息的集中管理和共享。采用专业的市场调研工具来收集和分析市场环境信息。同时，利用社交媒体、行业论坛等渠道，掌握行业趋势和竞争对手的最新动态。此外，开发或引进先进的信息化管理系统，提高组织的管理效率和决策水平。

涉农经济组织要有效应对外部环境的动态变化，建立完善的监控机制、加强人力与组织保障以及运用信息化策略和工具。通过这些措施的实施，涉农经济组织能更加敏锐地捕

捉外部环境变化的信息，及时调整和优化策略，从而实现可持续发展。

三、涉农经济组织客户关系的类型与特点分析

（一）现代农业企业客户关系的定义、内容与重点类型

现代农业企业客户关系是指农业经济组织（如农业企业、合作社等）在运营过程中，通过各种互动和策略与其客户（包括农民、农业生产资料供应商、农产品消费者等）之间建立、维护和改善的关系。这种关系不仅限于买卖交易，还包括技术支持、市场信息交流、售后服务等多方面内容。

现代农业企业客户关系的内容丰富多样，农产品的销售与农业生产资料的采购是客户关系的基础。技术支持是提供农业技术咨询、培训等服务，帮助客户提高生产效率和产品质量。市场信息交流是分享市场动态、价格信息、新品种推广等，增强客户的市场适应能力和竞争力。售后服务是解决客户在使用过程中的问题，提供持续的支持和服务。

战略客户是与农业经济组织有长期合作关系的核心客户，对组织的业绩有重要影响。优质客户是在产品质量、服务满意度等方面表现优异的客户，是组织口碑传播的重要力量。潜力客户是具有发展潜力和合作意向的新客户，是组织未来业务增长的重要来源。

（二）现代农业企业客户关系的概念延伸与发展趋势

广义的客户关系是涉及所有与农业经济组织运营效益相关的各方，包括客户、供应商、合作伙伴、媒体、政府等。狭义的客户关系特指农业经济组织与最终消费者或生产资料使用者之间的直接关系。

在现代农业不断进步和发展的背景下，客户关系、公共关系、媒体关系、政府关系、供应商关系以及竞争者关系的分化与统一变得越来越复杂且相互交织在一起。一方面，这些关系各自具有独特的属性和作用，它们在现代农业的生态系统中扮演着不同的角色。客户关系关注的是与消费者之间的互动和沟通，确保产品和服务满足他们的需求；公共关系则致力于塑造和维护企业形象，赢得公众的信任和支持；媒体关系则通过与各种媒体渠道的合作，传播企业的信息和价值观；政府关系则涉及与政府机构的沟通和协调，确保企业的运营符合法律法规；供应商关系则关注与供应商的合作与协调，确保原材料和资源的稳定供应；竞争者关系则涉及与同行业其他企业的竞争与合作，共同推动行业的发展。另一方面，这些关系之间又相互影响、相互促进，共同构成一个完整的生态系统。客户关系的成功可以提升企业的市场竞争力，进而影响公共关系和媒体关系的开展；良好的公共关系和媒体关系增强企业的品牌形象，进而吸引更多的客户和供应商；与政府的良好关系为企业提供稳定的政策环境，促进企业的长期发展；稳定的供应商关系确保生产效率和产品质量，进而提升客户满意度；而竞争者关系的良性互动则推动整个行业的创新和进步。

因此，在现代农业的发展过程中，企业需要全面考虑这些关系的分化与统一，通过有效的管理和协调，确保它们在相互独立的同时，又能形成合力，共同推动企业的可持续发展。

社交媒体和互联网技术的普及使得客户之间的交流和互动更加便捷，客户关系的建立和维护不再局限于传统的面对面方式。离散化是客户需求的多样化和个性化使得传统的客

户关系模式难以满足市场需求，客户关系逐渐呈现出离散化的趋势。农业经济组织需要更加注重细分市场和精准营销。

根据客户的不同需求和偏好提供定制化的产品和服务，建立统一的客户关系管理平台，整合各类资源和信息，提高管理效率和服务水平，通过提供增值服务（如金融、物流等）提升客户价值和企业竞争力，利用互联网和大数据技术实现客户关系的网络化管理和精准营销，关注客户需求的每一个细节，提供超越客户期望的服务体验。

（三）涉农经济组织客户关系的类型、特点及案例分析

在细分行业和经营主体的客户关系管理方面，种植业需特别关注种子、化肥、农药等关键生产资料的供应以及农产品的销售；客户关系因此呈现出明显的季节性和周期性特征。养殖业则需着重于饲料、兽药、养殖技术等；客户关系相对稳定，但对技术的要求较高。农产品加工业需关注原材料采购、生产加工及销售环节；客户关系涉及上下游多个环节，需协调各方利益。

在不同目标市场的客户关系方面，本地市场客户关系紧密且稳定，重视口碑传播和本地化服务。外地市场客户关系相对疏远，但市场潜力巨大，需注重品牌建设和渠道拓展。国际市场客户关系复杂多变，需深入了解当地法律法规、市场需求和文化习惯。

在创新商业模式的客户关系方面，通过线上平台连接农户与消费者，实现农产品的直供直销；客户关系具有快速响应、灵活多变的特点。通过众筹方式筹集资金，用于农业生产或农产品开发；客户关系具有高度的参与感和互动性。

在产业化发展趋势与产业链整合及扁平化趋势下的客户关系方面，随着农业产业化的推进，产业化发展使得客户关系逐渐从单一的买卖关系向产业链上下游的紧密合作转变。通过整合产业链资源提高整体效率；协调产业链上各环节的利益和诉求，减少中间环节以降低成本。例如，某农业种植企业通过建立与农户的紧密合作关系，实现农产品的稳定供应和质量控制。企业为农户提供技术培训、种子化肥等生产资料支持，并承诺按照市场价格进行产品回收。这种合作模式不仅提高农户的生产积极性和技术水平，还为企业提供稳定的原材料来源和销售渠道。通过长期的合作和互动，企业与农户之间建立了深厚的信任和依赖关系。

某农产品加工企业通过与电商平台的合作，成功打开线上销售渠道并提升品牌知名度。电商平台利用自身流量和资源优势为企业提供产品展示和销售服务，并通过大数据分析等手段帮助企业精准把握市场需求和客户偏好。企业则根据市场需求调整产品结构和服务内容满足客户需求。通过双方的合作和共同努力，企业实现了销售业绩的快速增长和客户满意度的持续提升。

四、涉农经济组织客户关系管理系统的部署与实施

（一）客户关系管理（CRM）系统的概念、作用、特点、建立和应用条件及基本框架

CRM 系统是一种利用信息技术来优化企业与现有及潜在客户之间互动方式的工具。它协助企业收集、分析和管理客户信息，提高客户满意度、忠诚度以及企业的整体盈利能力。

CRM 系统通过提供个性化服务和精准营销来提升客户满意度，通过自动化销售流程

来提高销售效率，通过建立长期稳定的客户关系来增强客户忠诚度，以及通过提供数据分析和报告来优化决策支持。

CRM 系统的特点包括集成性，即整合企业内多个部门的信息，形成统一的客户视图；智能化，即利用 AI 和数据分析技术实现自动化和个性化服务；可定制性，即根据企业需求进行定制开发，满足特定业务场景；以及可扩展性，即支持随着企业业务的发展进行功能扩展和升级。

建立和应用 CRM 系统需要明确需求，即企业需明确 CRM 系统的目标和业务需求；技术支持，即具备相应的 IT 基础设施和技术能力；数据基础，即拥有一定的客户数据积累和分析能力；以及人员培训，即对员工进行 CRM 系统操作和维护的培训。

CRM 系统的基本框架通常包括客户信息管理，集中管理客户信息，包括联系方式、购买历史、偏好等；销售管理，跟踪销售过程，记录销售数据，优化销售策略；市场营销，制定和执行市场活动，评估营销效果；客户服务，记录客户反馈，提供客户支持和解决方案；数据分析，利用数据分析工具，发现业务机会和改进空间。

（二）涉农经济组织应用 CRM 系统的条件、要点及案例分析

涉农经济组织在应用 CRM 系统时，组织需具备相应的信息化基础设施和专业人员，有明确的 CRM 系统应用目标，例如提高客户满意度、优化销售流程等，同时拥有一定量的客户数据和交易记录。

涉农经济组织应用 CRM 系统的关键要点包括根据组织的特定需求进行 CRM 系统的定制开发，整合线上线下客户数据，形成统一的客户视图，确保员工能够熟练操作 CRM 系统，从而提升工作效率，并根据应用效果对 CRM 系统进行持续的优化和升级。

案例分析

某大型农产品电商企业，其业务范围覆盖农产品的种植、加工、销售以及客户服务等多个环节。随着业务规模的不断扩张，企业面临着客户信息管理混乱、销售效率低下、客户流失率高等挑战。为了增强市场竞争力，该企业决定引入 CRM 系统，实现客户关系的精细化管理。

该农产品电商企业通过 CRM 系统实现客户信息的集中管理。系统整合了客户信息、交易记录、沟通历史等数据，构建了全面的客户画像。销售人员可以随时访问数据，了解客户的购买习惯、偏好和需求，从而提供更加个性化的服务。

基于 CRM 系统提供的客户画像，企业制定针对不同客户群体的个性化营销策略。例如，对于高频购买用户，企业推出会员制度，提供积分兑换、专属优惠等福利；对于潜在购买用户，企业则通过邮件、短信等方式推送个性化的产品推荐和促销信息。这些策略有效提高了客户的购买转化率和复购率。

CRM 系统还帮助企业提升销售效率。系统提供自动化的销售流程管理工具，包括线索分配、任务提醒、销售预测等功能。销售人员根据系统提示进行有针对性的跟进工作，显著提高工作效率。同时，系统还提供销售数据分析功能，帮助企业实时了解销售业绩和市场趋势，为制定更精准的销售策略提供有力支持。

通过 CRM 系统，企业能够更好地了解客户需求和反馈。系统提供客户反馈管理功能，实时收集和处理客户意见和建议。企业根据客户反馈及时调整产品和服务，提升客户满意度。此外，CRM 系统还提供客户服务自动化工具，如自动回复、智能客服等，能够快速响应客户咨询和投诉，进一步提升客户满意度和忠诚度。

引入 CRM 系统后，该农产品电商企业取得显著成效，客户信息管理更加规范、高效，客户画像更加精准；个性化营销策略有效提高客户购买转化率和复购率；销售效率大幅提升，销售业绩稳步增长；客户满意度和忠诚度显著提升，企业品牌形象得到重塑。

CRM 系统在农产品电商中的应用为企业带来显著的优势和效益。通过实现客户信息的集中管理、个性化营销策略的制定、销售效率的提升以及客户满意度和忠诚度的提高，企业能够更好地应对市场挑战，提升竞争力。

（三）涉农经济组织部署实施 CRM 系统的策略和方法

1. 主流第三方 CRM 系统的应用实践

选择合适的系统应基于企业需求，挑选功能全面且易于集成的第三方 CRM 系统，将现有的客户数据迁移到 CRM 系统中，保证数据的完整性和准确性。遵循系统提供商的指导，完成 CRM 系统的部署与配置。此外，需要对员工进行系统操作和维护方面的培训，确保系统的顺畅运行。

2. 自主开发 CRM 系统的条件、预算、周期及其他基本常识

自主开发 CRM 系统所必需的条件包括构建一个健全的 IT 团队、确保有充分的时间和预算。自行开发 CRM 系统通常涉及较高的成本，包括人员费用、硬件和软件的购置成本等。开发周期则依据系统的复杂性和企业需求而定，可能需要数月到数年不等。自主开发 CRM 系统要求对业务需求和技术架构有深刻的理解，保证系统能够支持企业未来长期的发展。

3. 不同细分行业和经营主体应用 CRM 系统的条件

农业电商所选用的 CRM 系统必须具备线上交易和物流管理功能，以便助力实现精准营销和提升客户服务水平。农业合作社所选用的 CRM 系统需要整合成员信息并优化服务流程，CRM 系统有助于提高管理效率。农产品加工企业所选用的 CRM 系统则需要管理供应链和客户信息，CRM 系统能够优化销售预测和生产计划。

4. CRM 系统的应用与农业信息化、产业化发展趋势的联系与结合

CRM 系统是农业信息化的重要组成部分，它通过数字化手段提升农业企业的管理水平。RM 系统有助于优化资源配置和市场营销策略，推动农业企业向规模化、品牌化方向发展。

涉农经济组织在部署实施 CRM 系统时，需根据自身条件和业务需求选择合适的策略和方法，充分利用 CRM 系统的优势提升企业的竞争力和盈利能力。

五、涉农经济组织客户关系拓展与维护的能力建设

（一）现代企业客户关系拓展、管理与维护的能力构成、评价指标及影响因素

现代企业客户关系拓展、管理与维护的能力主要体现在对市场分析能力的掌握，要求企业能够准确分析市场趋势，识别潜在客户群体，并深入理解客户需求。企业需要通过数

据分析和市场调研，对客户进行精准识别和分类，实施差异化服务。沟通能力包括书面和口头沟通技巧，以及倾听和反馈能力，这些都是建立和维护良好客户关系的基础。服务设计与创新能力要求企业根据客户需求和市场变化，设计并优化服务方案，提升客户满意度和忠诚度。危机处理能力是企业在客户关系出现危机时，能够迅速响应并妥善处理问题，降低负面影响的关键。

现代企业客户关系拓展、管理与维护的能力评价指标通常包括过程指标、结果指标和投入产出指标。过程指标，如客户接触频率、服务质量、投诉处理效率等，反映客户关系管理的过程和效率。结果指标，如客户数量、销售额、客户保留率、客户转介绍率等，揭示客户关系管理的实际成果。投入产出指标，如人力成本、技术成本、营销成本等与客户满意度、销售收入、市场份额等产出的比例关系，用以衡量客户关系管理的经济效益。现代企业客户关系的拓展、管理和维护能力受到多种因素的影响。激烈的市场竞争态势和政策法规的变化等外部环境因素会对客户关系的拓展与维护产生影响。就组织内部因素而言，企业文化、组织结构、管理制度、人员素质等内部因素同样会对客户关系管理产生重要影响。数字化和智能化技术的发展为管理客户关系提供新的工具和方法，但同时也带来新的挑战。

（二）涉农经济组织客户关系管理能力建设的组织与制度保障

在职务与职能部门的设置上，涉农经济组织应当设立专门的客户关系管理部门或岗位，负责规划和执行客户关系的拓展、管理与维护工作。同时，必须明确各岗位的职责和权限，确保客户关系管理工作的顺畅进行。

在流程设置与优化方面，客户识别与分类流程需要建立一套科学的客户识别与分类机制，根据客户需求和市场变化动态调整客户分类。服务提供流程应进行优化，确保服务的高效性和客户的满意度。投诉处理流程则需要建立一个快速响应的投诉处理机制，确保客户投诉能够得到及时有效的解决。

针对社交化、离散化、个性化与细节化客户关系的发展趋势，制度创新应采取以下措施，社交化客户关系管理应利用社交媒体等渠道加强与客户的互动和沟通，提升客户的参与度和忠诚度。个性化服务则需要根据客户的个性化需求提供定制化的服务方案，从而增强客户体验。细节化关注则应注重客户关系的细节管理，如通过节日祝福、生日礼物等小举动，提升客户的感知价值。

（三）涉农经济组织客户关系拓展、管理与维护人员的素质建设

1. 主要客户关系管理对象的管理与维护流程、礼仪等相关要求

针对不同类型的客户（如大客户、中小客户、潜在客户等），制定差异化的管理与维护流程。强调在客户关系管理过程中的礼仪规范，如礼貌用语、着装要求等，树立专业形象。

2. 正式与非正式环境下的书面和非书面沟通技巧

掌握正式场合下的书面报告、邮件等沟通技巧，确保信息传递的准确性和专业性。在非正式环境下，善于运用口头表达、肢体语言等非书面沟通技巧，拉近与客户的关系。

3. 沟通与谈判心理学及其在客户关系管理实践中的应用

了解客户的心理需求和期望，运用心理学原理指导沟通和谈判过程。通过有效的沟通

技巧和策略，引导客户做出有利于双方的合作决策。

4. 应对社交化、离散化、个性化与细节化客户关系的常用工具及其使用技巧

熟练运用社交媒体、客户关系管理软件等工具进行客户关系管理。掌握数据分析技巧，从海量数据中提取有价值的信息以指导客户关系管理工作。

5. 客服流程、话术、注意事项、考核标准及其管理要点

制定完善的客服流程，确保客户服务的高效性和规范性。设计专业的客服话术，提升客户满意度和忠诚度。注意在客服过程中的细节管理，如语气、态度等，营造良好的沟通氛围。建立科学的考核标准和管理机制，对客户关系管理人员进行定期考核和培训，提升其专业能力和服务水平。

六、涉农经济组织客户关系拓展与维护的创新思路和方法

（一）企业获客途径和模式创新及案例分析

在涉及农业经济的组织中，创新获客途径和模式显得尤为关键，因为这直接关系到市场份额的扩大以及竞争力的提升。为了实现这一目标，创新思路不可或缺，其中数字化营销是一个重要的方向。通过利用互联网平台，如农业电商平台和社交媒体等，实施精准的营销策略，从而有效吸引目标客户群体。这种策略不仅能够提高营销效率，还能更好地满足客户需求。此外，合作联盟的建立也是创新获客途径的重要组成部分。通过与农业合作社、农业科技公司等建立战略合作伙伴关系，实现资源共享，共同拓展市场。这种合作模式不仅能够降低运营成本，还能通过合作伙伴的资源和渠道，进一步扩大客户基础。

定制化服务是另一个创新获客的重要途径。通过深入了解客户需求，提供定制化的农业解决方案，显著增强客户的忠诚度。这种服务不仅能够满足客户的个性化需求，还能通过高质量的服务，提升客户满意度，从而在激烈的市场竞争中脱颖而出。

案例分析

某电商平台通过全面整合农产品供应链，为农民提供一个便捷的销售渠道，使他们能够直接将新鲜、优质的农产品销售给消费者。与此同时，该平台也为消费者提供丰富的农产品选择，确保他们能够购买到高质量的产品。为进一步扩大市场影响力，该平台采取多种推广方式，包括线上推广和线下体验店。通过线上推广，平台利用社交媒体、搜索引擎优化和网络广告等手段，吸引大量潜在客户。线下体验店则为消费者提供了一个亲身体验农产品的机会，增强了他们的购买意愿。这些策略的成功实施，使得该平台成功吸引大量客户和供应商，进一步巩固其在市场中的地位。

（二）企业—客户互动形式创新及案例分析

企业与客户之间的互动方式显著影响客户的满意度和忠诚度。创新的互动思路包括线上线下融合，即通过结合线上平台和线下活动来提升客户的体验。通过建立客户社群并利用社群内的互动和分享来增强客户的黏性和品牌忠诚度。根据客户需求提供定制化服务，如定制化的农业技术培训、一对一咨询服务等。

案例分析

某农业科技公司充分利用互联网平台，在线上提供全面而详细的农业技术咨询服务。该公司聘请一批经验丰富的农业专家，通过在线聊天、视频会议和电子邮件等方式，为农民解答各种农业技术问题，帮助他们解决实际生产中的难题。此外，该公司还定期举办线下技术培训班，邀请知名农业专家和教授进行面对面授课，分享最新的农业技术和研究成果。培训班不仅涵盖种植、养殖、病虫害防治等传统农业技术，还包括现代农业技术如智能农业、精准农业等前沿领域。

同时，该公司还积极组织农产品展销会，为农民提供一个展示和销售自己产品的平台。展销会上，展示他们的优质农产品，吸引更多的采购商和消费者前来参观和购买。通过这种方式，农民不仅能够增加收入，还能提高自己产品的知名度和市场竞争力。

通过线上线下融合的方式，该公司不仅提高了客户的满意度，还成功拓展了市场份额。线上咨询服务使得农民随时随地获取技术支持，而线下培训班和展销会则为他们提供更多的交流和合作机会。全方位的服务模式，使得该公司在农业技术服务领域赢得了良好的口碑，吸引了大量客户参与和支持。随着客户基础的不断扩大，公司的市场份额也在稳步增长，进一步巩固了其在行业中的领先地位。

（三）目标客户行为模式变化发展方向的数据化洞察及案例分析

随着科技的进步，目标客户的行为模式持续演变。通过数据化的分析来洞察这些变化和发展趋势，企业能够制定更为精确的营销策略。通过收集和分析客户的交易数据、浏览历史、社交媒体活动等信息，揭示客户的偏好和需求。同时，利用人工智能技术进行预测，预见到客户未来的行为模式和需求的转变。

某农业电商平台通过深入分析和挖掘大数据，详细研究了客户的购买记录和浏览行为。经过细致的分析，他们发现客户对有机农产品的需求正在逐渐增加。这一发现促使公司迅速调整其产品策略，适应市场的变化。

为了更好地满足客户的需求，公司决定增加有机农产品的种类和供应量。他们积极与有机农产品的供应商建立合作关系，确保能够提供多样化的有机产品。此外，公司还加大对有机农产品的宣传力度，通过各种渠道向客户介绍有机农产品的优势和特点。

通过这些措施，公司成功地满足了客户对有机农产品的需求，并且在市场中占据有利地位。销售额也随之显著提高，公司的整体业绩得到显著提升。这一成功案例充分展示了大数据分析在商业决策中的重要性，以及及时调整产品策略对市场竞争力的积极影响。

（四）客户关系管理技术和工具创新及案例分析

客户关系管理的效率和成效的提升，离不开技术与工具的创新。创新策略包括引入先进的 CRM 系统，实现客户信息的集中管理和深入分析。智能化服务则涉及运用人工智能技术，提供诸如智能客服和智能推荐等服务。此外，移动化办公通过开发移动 CRM 应用，使得管理者能够随时随地进行客户关系的维护和管理。

某农业电商平台充分利用人工智能技术，为用户提供一种智能客服服务。客户通过语音或文字的方式与智能客服进行互动，从而轻松获取所需的产品信息以及解答各种疑问。

智能客服不仅显著提高服务的效率，还有效地降低人力成本。与此同时，该平台还配备智能推荐系统，根据客户的购买历史和浏览行为，智能地推荐相关产品。这一功能极大地提升了客户的购买体验，进而提高销售额。

思考题

1. 从现代管理学的人际关系、发展历史、现代企业内部人际关系及经济、社会、技术等外部因素对组织内部的人际关系进行分析。

2. 从战略化趋势、信息化趋势、人性化趋势及弹性化趋势等方面对组织应对内部人际关系发展趋势的管理策略和方法进行分析。

3. 从宏观环境要素和微观环境要素方面对涉农经济组织外部环境的构成进行分析。

4. 从涉农经济组织客户关系拓展、管理与维护人员的素质建设、主要客户关系管理对象的管理与维护流程、礼仪等相关要求、正式与非正式环境下的书面和非书面沟通技巧等方面对客户关系拓展与维护的能力进行分析。

主要参考文献

鲍士旦，2000. 土壤农化分析 . 北京：中国农业出版社.

陈仕林，2023. 数字乡村建设通论 . 北京：中国农业出版社.

姜会飞，段若溪，2018. 农业气象学 . 北京：气象出版社.

李秉龙，薛兴利，2015. 农业经济学 . 北京：中国农业大学出版社.

李崇光，2021. 农产品营销学 . 北京：高等教育出版社.

李燕凌，2019. 农村公共管理 . 北京：中国农业出版社.

骆世明，2017. 农业生态学 . 北京：中国农业出版社.

熊飞，王忠，2021. 植物生理学 . 北京：中国农业出版社.

徐建明，2019. 土壤学 . 北京：中国农业出版社.

张慧娜，2022. 智慧农业概论 . 北京：中国农业大学出版社.

张俊伶，2021. 植物营养学 . 北京：中国农业大学出版社.

钟甫宁，2011. 农业政策学 . 北京：中国农业出版社.

职业技能等级培训教材
高素质农民培训教材

农业经理人

操作技能（高级）

胡 剑 主编

中国农业科学技术出版社

图书在版编目(CIP)数据

农业经理人.3，高级操作技能／胡剑主编．
北京：中国农业科学技术出版社，2025.5.--ISBN
978-7-5116-7397-8

Ⅰ.F302

中国国家版本馆 CIP 数据核字第 2025Q9M891 号

责任编辑 闫庆健
责任校对 王 彦
责任印制 姜义伟 王思文

出 版 者 中国农业科学技术出版社
北京市中关村南大街 12 号 邮编：100081
电 话 (010) 82106632 (编辑室) (010) 82106624 (发行部)
(010) 82109709 (读者服务部)
网 址 https://castp.caas.cn
经 销 者 各地新华书店
印 刷 者 北京捷迅佳彩印刷有限公司
开 本 185 mm×260 mm 1/16
印 张 12.25
字 数 300 千字
版 次 2025 年 5 月第 1 版 2025 年 5 月第 1 次印刷
定 价 168.00 元(全 3 册)

《农业经理人操作技能（高级）》
编　委　会

主　编

胡　剑　兰州天衢职业培训学校

副主编

田　波　中国农业科学院兰州兽医研究所

白艳丽　中农威特生物科技股份有限公司

张克泰　甘肃省职业能力建设指导中心

编　委

王一平　甘肃农业职业技术学院

姜　奇　甘肃省农民教育培训工作总站

孟养荣　甘肃省农业机械化技术推广总站

霍文静　甘肃省植保植检站

何　伟　甘肃省农业生态与资源保护技术推广总站

刘卫红　甘肃省农产品质量安全检验检测中心

郭世乾　甘肃省耕地质量建设保护总站

李世成　甘肃省农业技术推广总站

彭　程　甘肃省畜牧技术推广总站

韩登武　甘肃省动物疫病预防控制中心

丁丰源　甘肃省渔业技术推广总站

李向东　甘肃省经济作物技术推广站

郁兴菊　兰州市农村广播电视学校

凌文波　兰州天衢职业培训学校

吕　丹　兰州天衢职业培训学校

目　录

第一章　计划制定

第一节　信息收集

一、农业项目信息的分类和选择

（一）农业项目信息中的标准化信息和非标准化信息

在对农业项目信息进行分类和选择时，可以从标准化信息与非标准化信息的视角进行探讨，并进一步分析农业项目信息化管理在不同类型信息选择上的标准。

1. 标准化信息

标准化信息是指遵循一定标准或规范，具有统一格式和描述方式的信息。这类信息通常易于处理、存储和共享。在农业项目中，标准化信息包括作物种植标准、农机设备操作规范、农产品质量标准、销售合同模板等。这些信息有助于确保农业生产、加工、销售的各个环节都符合既定的标准和要求。

2. 非标准化信息

非标准化信息则是指那些没有统一格式或描述方式，具有多样性和复杂性的信息。这类信息可能因地域、气候、作物种类等因素而异。在农业项目中，非标准化信息可能包括具体的土壤条件、气候条件、病虫害发生情况、农产品市场供需状况等。这些信息对丁制定个性化的农业生产计划、调整销售策略等具有重要意义。

（二）农业项目信息化管理对不同类型信息的选择标准

1. 生产组织类信息

（1）选择标准。关注信息的时效性和准确性，确保生产计划的合理性和可行性。例如，根据土壤条件、气候条件等信息制定种植计划，根据作物生长周期和市场需求调整生产计划。

（2）应用。通过信息化管理系统，实时监测生产进度，协调生产资源，提高生产效率和组织管理水平。

2. 设备作业类信息

（1）选择标准。注重信息的实时性和精确性，确保农机设备的正常运行和高效作业。例如，监测农机设备的运行状态、作业效率、故障情况等。

（2）应用。利用物联网、大数据等技术，实现农机设备的远程监控和智能调度，提高设备利用率和作业效率。

3. 技术支持类信息

（1）选择标准。强调信息的专业性和实用性，确保技术支持的有效性和针对性。例如，提供作物病虫害防治技术、施肥灌溉技术等。

（2）应用。通过信息化管理平台，整合专家资源，为农户提供在线咨询和技术指导服务，提高农业生产的技术水平和经济效益。

4. 产品加工类信息

（1）选择标准。关注信息的规范性和可追溯性，确保农产品加工过程的安全性和产品质量。例如，加工工艺流程、产品质量标准、食品安全检测等。

（2）应用。利用信息化手段，建立农产品加工过程的质量监控体系，实现加工过程的透明化和可追溯性，提高产品的市场竞争力和消费者信任度。

5. 产品销售类信息

（1）选择标准。注重信息的市场敏感性和实时性，确保销售策略的针对性和有效性。例如，市场需求变化、竞争对手动态、价格走势等。

（2）应用。通过信息化管理平台，实时掌握市场动态和消费者需求变化，制定灵活多样的销售策略和推广方案，提高产品的市场占有率和销售额。

农业项目信息化管理在选择不同类型信息时，需要根据信息的特性和应用需求制定相应的选择标准，确保信息的有效性和实用性。同时，还需要不断引入新技术和新方法，提高信息化管理的水平和效率。

二、农业项目标准化信息的检索途径和方法

（一）信息检索的原理、工具和常用方法

1. 信息检索的原理

信息检索（Information Retrieval，IR）是用户进行信息查询和获取的主要方式。它涉及用户根据需要，采用一定的方法，借助检索工具，从信息集合中找出所需信息的过程。广义的信息检索包括信息的存储与检索两个环节，即将信息按一定方式组织和存储起来，并根据用户的需要找出相关信息。

2. 检索工具

检索工具主要包括搜索引擎、专业的文献检索数据库、行业标准化数据库等。这些工具通过索引、标签、分类目录等方式对信息进行组织和归纳，用户通过输入关键词、使用高级检索语法等方式进行查询。

3. 常用检索方法

（1）关键词检索。在检索框中输入关键词，系统会返回与关键词相关的结果。

（2）布尔逻辑检索[①]。利用布尔运算符（如 AND、OR、NOT）组合多个关键词，提高检索的准确性和相关性。

（3）字段检索。通过限定特定的字段（如标题、作者、出版日期等）进行检索，缩小检索范围。

（4）高级检索。利用检索系统提供的高级检索功能，构造复杂的检索式，进行精确检索。

① 也称作布尔逻辑搜索，是指利用布尔逻辑运算符连接各个检索词，然后由计算机进行相应逻辑运算，以找出所需信息的方法。

（二）农业项目标准化信息检索的一般性途径和方法

1. 一般性途径

包括书籍、文献、档案等传统检索途径。

（1）图书馆查询。前往图书馆，利用图书馆的馆藏资源，通过目录、索引等方式查找相关书籍、文献和档案。

（2）期刊检索。查阅农业领域的专业期刊，获取最新的研究成果和标准化信息。

（3）参考工具书。利用农业标准汇编、手册等参考工具书，快速查找所需的标准化信息。

2. 行业标准化数据库等电子化检索途径和方法

（1）行业标准化数据库等电子化检索途径。

①专业数据库：访问农业行业的标准化数据库，如中国农业科技文献数据库、中国农林文献数据库等，获取权威的标准化信息。

②政府网站：浏览农业农村部、国家标准化管理委员会等政府部门的官方网站，查找相关政策法规、标准文件等。

③搜索引擎：利用搜索引擎（如百度、谷歌等）的高级搜索功能，输入相关关键词，从互联网上获取丰富的标准化信息。

（2）行业标准化数据库等电子化检索方法。

①直接检索：在数据库或搜索引擎的检索框中直接输入关键词进行检索。

②分类检索：根据数据库的分类目录或主题分类进行检索，逐步缩小检索范围。

③高级检索：利用数据库提供的高级检索功能，构造复杂的检索式，进行精确检索。

④布尔逻辑组合：利用布尔运算符组合多个关键词或检索条件，提高检索的准确性和相关性。

（二）不同类型标准化信息的检索方法及注意事项

1. 不同类型标准化信息

（1）国家标准。通过国家标准化管理委员会的官方网站或相关数据库进行检索。

（2）行业标准。访问行业协会、学会等机构的官方网站或数据库进行检索。

（3）地方标准。浏览地方政府或相关部门的官方网站进行检索。

（4）国际标准。访问国际标准化组织（ISO）等机构的官方网站或数据库进行检索。

2. 注意事项

（1）明确检索需求。在进行检索前，需要明确自己的检索需求，包括所需信息的类型、范围、时间等。

（2）选择合适的检索工具。根据检索需求选择合适的检索工具，如专业数据库、搜索引擎等。

（3）构造准确的检索方式。在构造检索方式时，需要选择合适的关键词和检索条件，确保检索结果的准确性和相关性。

（4）评估检索结果。对检索结果进行评估，筛选出符合需求的信息，并进行整理、保存和利用。

通过以上途径和方法，可以有效地检索到农业项目标准化信息，为农业项目的实施和管理提供有力支持。

三、农业项目非标准化信息的检索途径和方法

（一）现代搜索引擎技术的发展历史、类型及原理

1. 发展历史

现代搜索引擎技术的发展大致经历以下几个阶段：

（1）分类目录时代（人工时代）。是搜索引擎的初期形态，主要通过人工编辑分类目录来提供信息检索服务。

（2）文本检索时代。随着互联网的快速发展，搜索引擎开始自动获取和排序大量网页信息，实现海量数据的自动处理。

（3）整合分析时代。搜索引擎不仅提供简单的信息检索，还开始整合各种资源，提供更为立体和全面的搜索结果。

（4）用户中心时代。以移动互联网为标志，搜索引擎更加注重用户的个性化需求，提供精准搜索服务。

（5）生活生态圈搜索时代。随着物联网技术的发展，搜索引擎开始涉足实体搜索，为用户提供更加丰富的搜索体验。

2. 类型

根据搜索引擎提取数据的方法，将搜索引擎系统分为以下几大类：

（1）全文搜索引擎。如 Google、百度等，它们通过机器手（Spider 程序）到各个网站收集、存储信息，并建立索引数据库供用户查询。

（2）目录索引类搜索引擎。这类搜索引擎虽然具有搜索功能，但严格意义上更接近于按目录分类的网站链接列表。

（3）元搜索引擎。元搜索引擎本身不存储数据，而是将用户的查询请求同时发送给多个搜索引擎，然后将结果整合返回给用户。

3. 原理

全文搜索引擎的主要工作原理包括以下几个步骤：

（1）搜集器。负责在互联网中搜索并下载页面，然后沿着页面的对外链接继续搜寻，不断重复搜索下载过程。

（2）索引器。对下载的网页进行页面分析，包括关键词提取、重复页面消重、链接分析、计算网页重要程度等，之后对网页进行索引。

（3）检索器。在巨大的索引库中检索与用户查询相关的网页，评估网页与用户查询的相关度程度，并据此对查询结果进行排序后返回给用户。

（二）农业项目非标准化信息检索的一般性途径和方法

1. 全文索引型搜索引擎在农业项目非标准化信息检索中的应用

由于农业项目涉及的信息种类繁多、形式多样，且往往具有非标准化的特点（如地域性、时效性、专业性等），因此全文索引型搜索引擎能够通过其强大的搜索能力和广泛的索引范围，帮助用户快速找到相关信息。用户通过输入关键词、短语或句子等方式，在搜索引擎中进行查询，并获得与农业项目相关的网页、文档、图片等资源。

2. 信息检索算法、自然语义分析等技术在农业项目信息智能化检索和选择中的应用

信息检索算法和自然语言处理技术正逐步应用于农业项目信息的智能化检索和筛选。这些技术助力搜索引擎更精准地解读用户的查询意图，从而提升检索结果的准确性和相关性。例如，利用自然语言处理技术对用户的查询语句进行语义分析，能够识别出查询中的关键词、短语以及它们之间的逻辑联系；而信息检索算法则能快速匹配和排序索引库中的数据，找出与用户查询意图最为匹配的网页或文档。技术的应用使得农业项目信息检索过程更加智能化和高效。

（三）不同类型标准化信息的检索方法及注意事项

1. 检索方法

（1）分类途径。利用分类名和分类号进行检索，是获取标准化信息的一种有效方法。用户根据信息的类型或领域选择合适的分类途径进行检索。需要注意的是，分类途径的检索结果可能较为宽泛，用户需要进一步筛选和过滤以获取所需信息。

（2）题名（篇名）途径。对于具有明确标题或名称的标准化信息，用户通过题名（篇名）途径进行检索。这种方法检索结果较为准确但可能不够全面。

（3）主题词/关键词途径。利用主题词或关键词进行检索，是获取标准化信息的常用方法。用户需要根据信息的主题或内容选择合适的关键词进行检索。需要注意的是，关键词的选择要准确、具体且具有一定的代表性。

（4）著者途径。对于某些重要的标准化信息来源（如权威机构、专家学者等），用户可通过著者途径进行检索。这种方法能够帮助用户快速找到由特定作者或机构发布的标准化信息。

2. 注意事项

在检索不同类型标准化信息时，用户还需要注意以下几点：

（1）确保检索工具的权威性和可靠性。

（2）合理使用布尔逻辑运算符（如 AND、OR、NOT）来组合多个检索词以提高检索效率。

（3）注意检索结果的时效性和准确性，及时筛选和更新信息。

（4）尊重知识产权和版权规定，合法合规地使用检索到的信息。

四、农业项目信息数据的标准化、结构化呈现

在农业项目信息数据的标准化和结构化展示方面，电子表格（如 Excel）是一个功能强大且灵活的工具，它能够高效地管理和分析项目中的各种数据。

（一）电子表格的类型、结构及一般性的创建和应用方法

1. 电子表格类型

电子表格通常指的是在电子计算机上运行的表格处理软件，如 Microsoft Excel、WPS 等。这些软件允许用户创建、编辑、格式化、计算和呈现数据。

2. 结构及一般性创建方法

（1）结构。电子表格由行、列和单元格组成，每个单元格包含文本、数字、公式或图表等。通常，第一行或前几行用作表头，定义列的名称和含义。

（2）创建方法。

①打开软件：启动 Excel 或 WPS 等电子表格软件。

②创建新工作表：在软件中新建一个工作表。

③定义列名：根据需求，在第一行定义各列的名称，如“日期”“任务”“负责人”等。

④输入数据：从第二行开始，逐行输入相关数据。

⑤格式化：根据需要，使用字体、颜色、边框等工具对表格进行格式化，提高可读性。

⑥应用公式和函数：利用 Excel 的内置公式和函数对数据进行计算和分析。

（3）应用方法。

①数据筛选和排序：快速找到特定数据或按一定顺序排列数据。

②图表生成：将数据转换为图表，如柱状图、折线图等，更直观地展示数据趋势。

③数据分析：使用 Excel 的数据分析工具对数据进行深入分析和挖掘。

（二）农业项目信息化管理中主要电子表格类型及创建使用方法

1. 生产组织管理类

（1）类型。生产计划表、人员安排表等。

（2）创建使用方法。

生产计划表。列出每种作物的种植时间、预计收获时间、所需资源等。使用条件格式来突出显示即将到期的任务（表 1–1）。

表 1–1 生产计划表

序号	品名	种植时间	田间管理措施	收获时间	销售计划	备注

人员安排表。记录每个团队成员的任务分配、工作时间和地点等。使用数据验证功能确保输入数据的准确性（表 1–2）。

表 1–2 人员安排表

星期	时间	姓名	工作任务	工作地点	主要事项	备注

2. 设备作业管理类

（1）类型。设备使用记录表、维修保养计划表等。

（2）创建使用方法。

设备使用记录表。记录设备的使用时间、操作人员、使用状态等信息。利用公式计算设备的使用率（表 1–3）。

表 1-3 设备使用记录表

序号	设备名称	设备编号	设备型号	所属部门	使用时间	使用人	设备状态	备注

维修保养计划表。根据设备的使用情况和维护手册制定维修保养计划。设置提醒功能以确保按计划进行维护（表 1-4）。

表 1-4 维修保养计划表

序号	设备名称	保养时间	保养内容	注意事项	保养人	备注

3. 技术支持管理类

（1）类型。技术支持请求表、问题解决记录表等。

（2）创建使用方法。

技术支持请求表。记录用户的技术支持请求、问题描述和请求时间等。使用筛选功能快速定位未解决的问题（表 1-5）。

表 1-5 技术支持请求表

日期	问题描述	紧急程度	姓名	部门	联系电话	备注

问题解决记录表。记录问题的解决过程、解决时间和解决方案等。使用图表展示问题的类型和解决效率（表 1-6）。

表 1-6 问题解决记录表

日期	问题描述	解决方案	处理结果	满意程度	记录人	备注

4. 产品加工管理类

（1）类型。原材料入库表、加工进度表等。

（2）创建使用方法。

原材料入库表。记录原材料的到货时间、数量、供应商等信息。使用 SUM 函数计算总库存量（表 1-7）。

表 1-7 原材料入库表

序号	日期	名称	规格型号	单位	数量	单价	入库单号	供应商名称	联系人	电话	收货人	验收结果	备注

加工进度表。记录每个加工阶段的开始和结束时间、负责人和完成情况等。使用甘特

图直观展示加工进度（表1-8）。

表1-8　加工进度表

ID	任务名称	开始日期	结束日期	持续时间	完成	日期										
						1	2	3	4	5	……	26	27	28	29	30
1	品种选择	1-Now	1-Now	1.0日	100.00%											
2	种子处理	2-Now	3-Now	2.0日	100.00%											
3	育苗	4-Now	8-Dec	35.0日	7.10%											

5. 产品销售管理类

（1）类型。销售订单表、客户反馈表等。

（2）创建使用方法。

销售订单表。记录客户的订单信息、购买产品、数量和金额等。使用VLOOKUP函数查找客户信息（表1-9）。

表1-9　销售订单表

序号	日期	订单编号	产品名称	规格型号	数量	单价	客户名称	联系电话	备注

客户反馈表。记录客户对产品和服务的反馈意见、满意度和建议等。使用条件格式突出显示负面反馈以便及时处理（表1-10）。

表1-10　客户反馈表

序号	日期	反馈类型	反馈内容	解决方案	客户名称	联系电话	满意程度	其他建议	备注

通过合理设计电子表格的结构和创建方法，并在农业项目信息化管理中灵活应用表格类型，能够显著提高项目管理的效率和质量。

五、农业项目信息数据的可视化呈现

（一）数据可视化的概念、应用及相关工具

数据可视化涉及将大量且复杂的数据集通过图形、图像、动画等直观形式呈现，能够迅速且准确地把握数据所蕴含的信息和模式。在农业项目领域，数据可视化技术帮助农业经理人更透彻地理解项目进展，及时识别问题，并据此作出基于数据的决策。

数据可视化在农业项目中的应用范围广泛，涵盖农作物生长监测、病虫害预警、水资源管理、设备作业监控、产品销售分析等多个方面。借助可视化技术，农业经理人能够实时跟踪项目状态，优化资源分配，从而提升农业生产效率和产品质量。

市场上存在多种数据可视化工具，如Tableau、Power BI、FineBI、Echarts等。这些工

具提供多种图表类型和强大的数据处理功能，使用户能够迅速实现数据的可视化展示。在选择适合农业项目的可视化工具时，需要综合考虑项目特定需求、数据量大小以及团队的技术能力等因素。

（二）农业项目信息数据可视化的应用场景和用途

1. 生产组织类信息

（1）应用场景。农作物种植布局、生产计划安排、劳动力分配等。

（2）用途。通过可视化技术，清晰地展示农作物的种植分布、生长周期、劳动力需求等信息，帮助农业经理人合理安排生产计划，优化资源配置。

2. 设备作业类信息

（1）应用场景。农机设备作业状态、维护保养记录、故障预警等。

（2）用途。通过可视化技术，实时监控农机设备的作业状态，及时发现并解决故障问题，提高设备利用率和作业效率。同时，还能对设备的维护保养记录进行可视化分析，为设备的长期使用提供科学依据。

3. 技术支持类信息

（1）应用场景。农业技术推广效果、农民技术培训情况、技术支持团队工作进展等。

（2）用途。通过可视化技术，直观地展示农业技术推广的效果和农民技术培训的情况，帮助农业经理人评估技术推广的成效并制定相应的改进措施。也可以对技术支持团队的工作进展进行可视化跟踪，确保技术支持工作的及时性和有效性。

4. 产品加工类信息

（1）应用场景。农产品加工流程、加工效率、产品质量检测等。

（2）用途。通过可视化技术，清晰地展示农产品加工流程的各个环节以及加工效率和产品质量等关键指标，有助于农业经理人及时发现加工过程中的问题并采取相应的解决措施，提高产品加工效率和产品质量。

5. 产品销售类信息

（1）应用场景。农产品销售数据、市场需求分析、销售渠道管理等。

（2）用途。通过可视化技术，直观地展示农产品的销售数据、市场需求趋势以及销售渠道的分布情况等信息。帮助农业经理人更好地了解市场动态和消费者需求，制定更加精准的营销策略和销售计划。

（三）农业项目信息数据可视化的实现方法

1. 传统静态可视化方法

传统静态可视化方法主要通过图表（如柱状图、折线图、饼图等）和图像（如地图、照片等）来展示数据。这种方法简单易行，适用于数据量不大且变化不频繁的场景。在农业项目中，通过绘制农作物的种植分布图、生长周期图等静态图表来展示生产组织类信息。

2. 基于程序的动态可视化方法

基于程序的动态可视化方法通过编程技术实现数据的实时更新和动态展示。这种方法具有更高的灵活性和实时性，适用于数据量较大且需要实时更新的场景。在农业项目中，通过编写程序来实时监控农机设备的作业状态、分析产品销售数据等，并通过动态图表或仪表盘等形式展示这些数据。

3. 具体实现步骤

（1）数据采集。需要收集农业项目中的各类信息数据，包括生产组织、设备作业、技术支持、产品加工和产品销售等方面的数据。

（2）数据预处理。对收集到的数据进行清洗、转换和整合等预处理工作，确保数据的准确性和一致性。

（3）数据分析。利用统计分析、数据挖掘等方法对预处理后的数据进行分析，发现数据中的规律和趋势。

（4）可视化设计。根据分析结果和数据特点选择合适的可视化工具和图表类型进行可视化设计。

（5）实现与展示。通过编程或可视化工具可将设计好的可视化图表或仪表盘实现，并展示出来供用户查看和分析。

农业项目信息数据的可视化呈现是一个复杂而重要的工作。通过合理选择和运用数据可视化工具和方法，帮助农业经理人更好地理解和利用项目数据资源，提高农业生产效率和产品质量。

六、农业项目信息数据整理

（一）数据整理、数据结构与数据模型的基本知识

1. 数据整理

数据整理是数据处理的重要环节，将收集到的原始数据进行系统化、条理化的处理，便于后续的分析和应用。在农业项目信息数据整理中，包括对数据的清洗（如去除重复项、修正错误数据）、转换（如数据格式的统一）、排序、编码等步骤。

2. 数据结构

数据结构是计算机存储、组织数据的方式，它反映数据元素之间的逻辑关系。在农业项目信息管理中，常用的数据结构包括线性表、树、图等，这些结构有助于高效地存储和访问数据。

3. 数据模型

数据模型是对现实世界数据特征的抽象表示，它定义了数据的组织方式和操作规范。在农业项目信息系统中，数据模型通常包括概念模型、逻辑模型和物理模型，这些模型共同构成信息系统的数据架构。

（二）不同类型非标准化信息的标准化处理方法

在农业项目信息数据整理中，经常会遇到各种非标准化的信息，如文本描述、图片、视频等。为了实现信息的有效管理和利用，需要对这些非标准化信息进行标准化处理。以下是一些常见的处理方法：

1. 文本信息的标准化

（1）关键词提取。利用自然语言处理技术，从文本中提取出关键词或主题词。

（2）文本分类。根据文本内容将其归类到预定义的类别中。

（3）文本编码。将文本信息转换为计算机可识别的编码格式。

2. 图片和视频信息的标准化

（1）格式统一。将图片和视频转换为统一的格式，如 JPEG、PNG、MP4 等。

（2）元数据①提取。从图片和视频中提取出有用的元数据（如拍摄时间、地点、作者等）。

（3）内容分析。利用图像识别和视频分析技术，对图片和视频的内容进行解析和描述。

3. 数值信息的标准化

（1）数据清洗。去除异常值、缺失值等。

（2）数据转换。将不同量纲②的数据转换为同一量纲（如通过标准化、归一化等方法）。

（3）数据编码。将数值信息转换为编码形式，便于存储和检索。

（三）农业项目信息数据整理的一般性方法和步骤

1. 归纳法和演绎法在农业项目信息数据整理中的应用

（1）归纳法。从具体的数据实例中提炼出一般性的规律或结论。在农业项目信息数据整理中，通过归纳法分析不同项目的数据特征，从而总结出项目的共性和差异。

（2）演绎法。基于一般性的前提推导出具体结论。在农业项目信息数据整理中，利用已有的理论或模型（如农业生产模型、市场需求预测模型等），结合具体项目的数据，推导出项目的预测结果或优化方案。

2. 农业项目信息数据的收集、检索、选择、审核、分组、汇总、统计和保管流程

（1）收集。通过多种渠道（如实地调研、网络爬虫、数据库查询等）收集农业项目相关的信息数据。

（2）检索。利用信息检索技术，从大量数据中快速定位到所需的信息。

（3）选择。根据项目的需求和目标，选择有价值的信息数据进行进一步处理。

（4）审核。对收集到的信息进行审核，确保数据的准确性、完整性和时效性。

（5）分组。将信息数据按照一定的逻辑或规则进行分组，便于后续的分析和管理。

（6）汇总。将分组后的信息进行汇总，形成综合性的数据报告或图表。

（7）统计。运用统计学方法对数据进行分析，揭示数据背后的规律和趋势。

（8）保管。建立完善的信息数据保管制度，确保数据的安全性和可追溯性。同时，还需要定期对数据进行备份和恢复测试，防止数据丢失或损坏（图 1-1）。

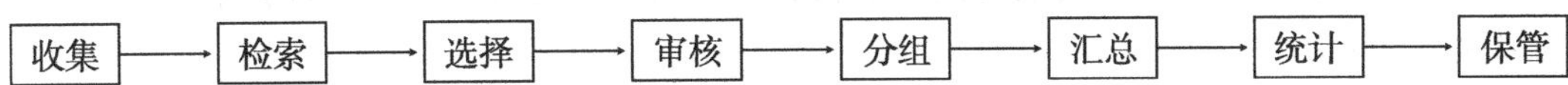

图 1-1 农业项目信息数据整理步骤

---

① 元数据（Metadata），又称中介数据、中继数据，为描述数据的数据（Data About Data），主要是描述数据属性（Property）的信息，用来支持如指示存储位置、历史数据、资源查找、文件记录等功能。

② 量纲（Dimension）是指物理量的基本属性。七个基本量的量纲分别用长度 L、质量 M、时间 T、电流强度 I、温度 K、物质的量 n 和光强度 J 表示。

七、农业项目信息数据整理模式与应用创新

（一）信息整理与管理软件及相关技术

1. Excel 等关系型二维表

在农业项目信息数据整理中，Excel 等关系型二维表因其简单易用、功能强大而被广泛应用。这类工具通过构建表格，将农业项目中的各类信息如种植面积、产量、投入成本、销售数据等，以行和列的形式进行整理和存储。利用 Excel 的筛选、排序、计算等功能，方便地进行数据分析和处理，为农业项目的决策提供数据支持。

2. 数据整理算法与关系型数据库

随着农业项目数据量的不断增加，传统的 Excel 表格难以满足大规模数据管理的需求。此时，数据整理算法和关系型数据库成为重要的数据管理工具。数据整理算法包括数据清洗、数据转换、数据集成等步骤，用于将原始数据转化为可用于分析的高质量数据。而关系型数据库则通过表结构来存储和管理数据，支持复杂的数据查询和分析操作，如 SQL 查询、报表生成等。这些技术可以显著提高农业项目信息数据管理的效率和准确性。

（二）农业项目信息数据管理模式与创新应用

1. 针对农业物联网等海量动态数据的多维数据处理技术

随着农业物联网技术的进步，农业生产过程中产生大量动态数据，包括土壤湿度、温度、光照强度等环境参数，以及作物生长状态等信息。为了高效处理庞大的动态数据集，必须采用多维数据处理技术。这种技术涉及构建数据仓库、运用数据挖掘和数据分析算法等手段，对数据执行清洗、整合、分析和挖掘操作，揭示数据背后的模式和趋势。例如，通过分析历史气象数据和作物生长数据，预测未来的气候变化和作物生长趋势，从而为农业生产提供科学的决策支持。

2. 针对智慧农业智能信息数据处理的机器学习算法等技术

机器学习算法在智慧农业领域的应用正变得越来越普遍。通过训练机器学习模型，能够实现对农业数据的自动化分析和处理。例如，在病虫害预测方面，机器学习算法能够利用历史病虫害数据和当前环境参数进行分析，从而预测未来病虫害的发生概率和趋势；而在作物产量预测方面，通过分析作物生长数据和气象数据等，机器学习算法可以预测未来的作物产量。这些技术的应用显著提升了农业生产的智能化水平，并有助于降低农业生产的风险和成本。

3. 其他基于农业物联网、大数据的 AI、BI 应用及创新趋势

（1）人工智能（AI）在农业中的应用。AI 技术在农业领域的应用极为广泛，涵盖智能农机、智能灌溉、智能温室等多个方面。结合物联网技术和大数据分析，AI 能够实现农业生产的精细化管理，从而提升农业生产效率和产品质量。

（2）商业智能（BI）在农业中的应用。BI 工具在农业项目信息数据管理中发挥着关键的作用。这些工具能够将农业数据转化为直观的图表和详尽的报告，从而帮助农业经理人准确把握农业生产状况和市场趋势。此外，BI 工具还提供数据钻取、切片等高级分析功能，助力农业经理人深入探索数据背后的信息。

（3）创新趋势。随着大数据、物联网、人工智能等技术的持续进步，农业项目信息数据管理将变得更加智能化和精准化。例如，通过建立农业大数据平台，实现农业生产全链条的数据采集和共享；利用机器学习算法优化农业生产决策流程；通过区块链技术确保农产品质量的可追溯性。

八、农业项目市场调查的目标及信息数据需求

（一）市场调查方案的设计目标和研究分析模型

1. 设计目标

市场调查方案的设计目标是全面且深入地了解农业项目的市场现状、发展趋势以及潜在机遇，为项目决策提供科学依据。设计目标包括但不限于：

（1）宏观趋势分析。掌握农业市场的整体发展趋势，包括政策环境、技术进步、消费者行为变化等。

（2）运营透视。通过定量研究，深入剖析农业项目的运营效率、成本控制、市场定位等关键环节。

2. 研究分析模型

（1）定性研究模型。主要采用案例分析法、文献综述法等，对农业市场的宏观趋势进行描述和解释，识别关键影响因素和潜在风险。

（2）定量研究模型。运用统计分析、回归分析、时间序列分析等方法，对农业项目的运营数据进行量化处理，评估项目的市场表现、盈利能力及发展潜力。

案例分析

农业项目市场调查案例分析：绿色蔬菜种植园

一、设计目标

本案例针对“绿色蔬菜种植园”农业项目，设计了一套市场调查方案，全面而深入地掌握该项目的市场现状、发展趋势及潜在机会，为项目决策提供科学依据。具体设计目标包括：

1. 了解当前农业市场的整体发展趋势，特别是绿色蔬菜市场的政策环境（如政府对生态农业的支持政策）、技术进步（如智能灌溉、病虫害生物防治等）以及消费者行为变化（对健康、环保食品需求的增长）。

2. 通过定量研究方法，深入分析绿色蔬菜种植园的运营效率、成本控制、市场定位等关键环节，评估其市场竞争力和可持续发展能力。

二、研究分析模型应用

1. 定性研究模型

（1）精选国内外成功的绿色蔬菜种植项目作为研究案例，深入剖析其成功的关键因素、运营模式和市场策略，为本项目提供有价值的借鉴和参考。同时，对失败案例进行关注，提炼经验教训，规避潜在的风险。

(2) 广泛搜集和审阅国内外关于绿色农业、蔬菜种植、市场趋势等领域的文献资料，系统地梳理农业市场的宏观发展趋势，并识别影响绿色蔬菜市场的关键因素，包括政策导向、技术创新、消费者偏好等。

(3) 成功案例显示，注重品牌建设、采用绿色生产技术和实施精准营销策略是提升市场竞争力的关键。消费者对于有机的绿色蔬菜需求日益增长，且愿意为高品质产品支付溢价。政策支持和技术创新为绿色蔬菜种植提供良好的发展环境。

2. 定量研究模型

(1) 搜集并整理绿色蔬菜市场的销售数据、价格数据、消费者偏好数据等，执行描述性统计分析，掌握市场的基本状况。

(2) 借助回归分析模型，探究绿色蔬菜销量与价格、季节、促销活动等因素之间的关联性，预测市场需求的未来变化趋势。

(3) 通过分析历史销售数据的时间序列，揭示市场的周期性和季节性规律，为生产计划和市场策略的制定提供数据支持。

(4) 数据分析结果。春季和秋季的绿色蔬菜销量较高，这与消费者的饮食习惯和季节变化紧密相关。价格敏感度分析揭示，尽管消费者对高品质绿色蔬菜表现出一定的价格接受度，但价格仍然是影响购买决策的关键因素。促销活动能显著提升销量，然而，必须注意避免过度促销可能对品牌形象造成的损害。

三、结论与建议

基于上述定性和定量研究分析，针对绿色蔬菜种植园项目提出以下建议：

1. 重视品牌形象的塑造与传播，提升产品的知名度和美誉度。

2. 引进先进的生产技术和管理方法，提高生产效率和产品质量，加强成本控制，保持价格的市场竞争力。

3. 依据市场需求和消费者偏好，明确市场定位，制定具有差异化的营销策略，包括产品差异化、价格差异化、渠道差异化等。

4. 密切关注国家政策和行业动态，及时调整战略方向；增加技术创新的投入，提升产品附加值和市场竞争力。

5. 建立风险预警机制，对潜在的市场风险、技术风险、自然风险等进行识别、评估和控制，确保项目的稳健发展。

(二) 不同类型农业项目市场调查的目标及信息数据需求

1. 生产端市场调查

(1) 掌握农业投入品的供应动态、成本开支、效率表现和技术水平等关键指标，为改善生产布局和增强生产效率提供有力的参考依据。

(2) 搜集农业投入品的市场价格和供应动态，分析土地和水资源等生产资源的使用效率，评估农业技术的实施情况及其成效，以及追踪生产成本的结构和演变趋势。

2. 销售端市场调查

(1) 掌握农产品市场需求、消费者偏好、销售渠道及竞争态势等关键信息，为制定销售策略、拓展市场提供有力支持。

(2) 农产品市场需求量及变化趋势，消费者购买行为及偏好分析，销售渠道的覆盖情况及效率，竞争对手的市场份额、产品定价及营销策略。

（三）农业项目市场调查方法的优化及相关影响

1. 对产品及品牌升级的优化

通过市场调查，深入了解消费者对农产品品质、口感、包装等方面的需求，为产品升级指明方向。分析竞争对手的品牌策略，制定具有差异化的品牌传播方案，提升品牌知名度和美誉度。

2. 对运营流程改进的优化

通过运用数据分析工具，识别出运营流程中的瓶颈和浪费环节，据此提出相应的改进措施。同时，引入先进的生产技术和管理模式，有助于提升生产效率和产品质量。

3. 对财务指标改善的优化

通过市场调研，预测项目的市场前景和盈利能力，为投资决策提供坚实依据。同时，监控项目的运营成本和收入状况，及时调整经营策略，确保项目的财务状况保持健康。

4. 对市场调查方法的优化

（1）通过结合问卷调查、访谈、观察和数据分析等多种手段，增强调查的精确度和全面性。

（2）借助大数据、人工智能等先进技术，提升数据收集、处理及分析的效率。

（3）构建市场调查的长期机制，定期监测市场趋势和消费者需求的演变，为项目运营提供持续的反馈和支持。

九、农业生产端市场调查方案设计

（一）生产端市场调查方案的目标、要素和设计方法

1. 目标

（1）掌握当前农业生产的技术水平、产量、品质、成本等基本情况。

（2）明确市场对农产品的需求趋势、价格变动、消费者偏好等。

（3）识别农业生产中可能遇到的风险因素，如自然灾害、市场波动等。

（4）为农业经理人提供科学的决策依据，优化资源配置，提高生产效率。

2. 要素

（1）调查对象涵盖农户、农业合作社、农业企业等各类生产主体。

（2）调查内容包括生产规模、技术水平、产量、品质、成本、销售渠道、市场需求等多个方面。

（3）调查方法采用问卷调查、深度访谈、焦点小组讨论、现场观察、竞品分析等多种方式。

（4）通过统计软件对收集到的数据进行整理、分析和解释。

3. 设计方法

（1）依据农业生产的特点与需求，确立调查的具体目标和范围。

（2）依据调查目标制定问卷内容，确保问题的全面性、准确性及易于理解。

（3）根据农业生产的地域分布、规模大小等要素，挑选出具有代表性的样本。

（4）采取适当的调查方法，例如线上或线下问卷、访谈等，收集数据。

（5）利用统计软件对数据进行整理和分析，提炼出有价值的信息和结论。

（6）将分析结果以书面形式展现，包括数据、图表和结论，为决策提供支持。

（二）不同细分行业和经营主体市场调查方案的设计方法

1. 细分行业调查方法

（1）种植业重点调查作物种类、种植面积、产量、品质、种植技术、病虫害防治等。

（2）畜牧业关注畜禽种类、养殖规模、饲料成本、疾病防控、销售渠道等。

（3）渔业调查养殖品种、养殖环境、饲料投入、捕捞技术、市场供需等。

2. 经营主体调查方法

（1）农户。通过访谈和问卷调查，深入了解农户的生产规模、技术水平、生产成本以及销售渠道等方面的信息。

（2）农业合作社。对合作社的组织结构、运营模式、生产规模、技术推广和品牌建设等方面进行详细调查。

（3）农业企业。关注企业的生产流程、技术创新、市场布局、供应链管理和风险管理等关键领域。

（三）生产端市场调查信息数据在农业项目信息化管理中的应用

1. 应用方式

（1）依据市场需求与生产能力，拟定科学且合理的生产计划，优化资源配置。

（2）运用物联网技术实时追踪生产过程中的关键指标，包括土壤湿度、气象条件、作物生长状况等，及时识别并解决出现的问题。

（3）依托市场调查数据，评估农业生产过程中可能遇到的风险，并制定相应的应对策略，减少潜在损失。

（4）向农业经理人提供详尽的市场信息和数据分析结果，辅助其作出基于数据的科学决策。

2. 信息化管理平台

（1）集成各种传感器和智能设备，实时采集农业生产过程中的数据。

（2）运用大数据和人工智能技术，对采集到的数据进行深入处理和分析，提取有价值的信息。

（3）基于数据分析的结果，为农业经理人提供决策支持服务，包括生产计划的制定、风险管理、市场预测等。

（4）建立一个农业生产信息共享平台，促进生产者与消费者、供应商、服务商之间的信息交流和合作。

农业生产端市场调查方案设计应明确目标、要素和设计方法，针对不同细分行业和经营主体设计合适的调查方案，并将调查信息数据应用于农业项目信息化管理中，提高农业生产效率和市场竞争力。

十、农业销售端市场调查方案设计

（一）销售端市场调查方案的目标、要素和设计方法

农业销售端市场调查的主要目标是深入探究农产品在市场中的销售状况、消费者需

求、竞争对手状况以及市场趋势，制定更为有效的销售策略和市场营销计划。

调查对象应广泛，涵盖消费者、销售渠道（包括批发商和零售商）、竞争对手、农业企业以及行业专家等多个层面。调查内容需全面，通过搜集市场需求量、消费者购买偏好、消费能力等关键信息，了解销售渠道的销售状况、合作模式、费用结构等；分析竞争对手的产品定位、价格策略、市场占有率、营销手段等，并预测市场趋势，通过历史数据和当前市场动态来预判未来市场的发展方向。调查方法需多样，涉及问卷调查、访谈、实地考察、网络调研等多种手段。

在设计调查方法时，首要任务是明确所需信息和待解决的问题。制定调查问卷或访谈大纲，确保问题设置合理且能有效收集到有价值的信息。接着，确定样本数量和抽样策略，保证样本的广泛性和代表性。数据收集过程中采用多种手段，确保数据的完整性和精确性。

数据分析阶段，运用统计分析技术和数据可视化工具，对收集的数据进行整理和深入分析，揭示潜在的模式、趋势和见解。最后，撰写报告，将分析结果以书面形式展现，包括数据、图表、结论，并提出相应的建议和策略。

（二）不同细分行业和经营主体销售端市场调查方案的设计方法

1. 细分行业

（1）种植业重点关注农作物的产量、品质、价格以及市场接受度。通过实地考察和农户访谈了解种植技术和成本，通过市场调研了解消费者需求和购买习惯。

（2）畜牧业关注畜禽的养殖规模、品种、饲养成本及市场供需情况。通过走访养殖场和屠宰场，了解生产流程和市场销售环节。

（3）水产业关注水产品的养殖环境、养殖技术、捕捞量及市场价格。通过实地考察和渔民访谈，了解生产成本和市场波动情况。

2. 经营主体

（1）大型农业企业关注其品牌策略、市场布局、销售渠道和营销策略。通过访谈企业高管和销售人员，深入了解企业的运营情况和市场战略。

（2）中小农户关注其生产规模、销售渠道、成本控制和盈利能力。通过问卷调查和访谈，深入了解农户的实际状况和需求。

（3）电商平台关注其平台运营情况、用户画像、销售数据和营销策略。通过数据分析工具和网络调研，深入了解平台的运营状况和市场需求。

（三）销售端市场调查信息数据在农业项目信息化管理中的应用

1. 数据采集与整合

通过运用信息化工具如 ERP 系统（企业资源计划系统）、CRM 系统（客户关系管理系统）等来收集销售端市场调研的数据，并进行综合处理。通过执行数据清洗和校验流程，确保数据的精确性和可信度。

2. 数据分析与预测

运用先进的大数据分析技术和数据挖掘工具对销售端市场调查的数据进行深度挖掘，发现市场趋势和潜在需求。通过整合历史数据与当前市场动态，预测市场未来的发展动向，为农业项目决策提供有力支持。

3. 营销策略制定与优化

依据销售端市场调查的成果，农业经理人能够制定更为精准的营销策略。通过剖析消费者的需求与购买习惯，调整产品定位和价格策略；通过掌握竞争对手的营销策略和市场占有率，制定出差异化的竞争策略。同时，运用信息化手段，对营销策略进行持续的优化和调整。

4. 渠道管理与优化

通过分析销售端市场调查所收集的信息数据，对销售渠道进行精细化管理和优化。深入了解各销售渠道的销售状况、合作模式及费用结构，评估渠道的效率和效益。依据市场需求和渠道特性，调整和优化渠道布局及合作模式，从而提升销售渠道的整体效率和效益。

5. 信息化平台建设与推广

通过运用信息化手段构建农业项目信息化管理平台，将销售端市场调查的数据信息整合进平台管理。借助平台的数据共享和协同作业功能，提升项目管理的效率和精确度。同时，利用该信息化平台推广农业项目和产品，增强市场影响力和提升知名度。

第二节　目标制定

一、农业项目市场调研和竞争市场分析

（一）市场调研与竞争市场分析的一般性模型和方法

1. 行业内竞品和竞品企业分析

（1）通过识别并深入分析市场上的主要竞争对手及其产品，涵盖市场定位、产品特性、价格策略、市场份额等方面，对比竞品与自身产品的优势与劣势，制定出差异化的市场策略。

（2）深入探究竞品企业的运营模式、财务状况、技术研发能力、品牌影响力等方面，评估其市场竞争力和潜在威胁。

2. 新进入者竞争分析

（1）分析潜在新进入者可能带来的竞争压力，涵盖其资金实力、技术储备以及市场渠道等方面。

（2）评估进入者可能采取的市场策略，以及这些策略对现有市场格局的潜在影响。

3. 替代品竞争分析

（1）识别并分析市场上可能存在的替代品，涵盖其性能、价格、消费者接受度等方面。

（2）评估替代品对现有产品的潜在威胁，以及消费者在不同产品之间的选择偏好。

4. 供应商威胁要素分析

（1）分析供应商的市场地位、议价能力、产品质量稳定性等。

（2）评估供应商变动可能对项目成本、供应链稳定性等方面的影响。

5. 购买者威胁要素分析

（1）分析购买者的议价能力、需求变化、购买偏好等。

（2）评估购买者行为对项目定价、市场份额等方面的影响。

6. 市场调研与市场竞争的价格因素和非价格因素

（1）价格因素。研究市场价格变动趋势、竞争对手的价格策略等，制定合理的定价策略。

（2）非价格因素。包括产品质量、品牌形象、售后服务、技术创新等，这些因素同样影响市场竞争力。

（二）农业项目目标市场的基本分类及调研分析方法

1. 针对 B 端用户的目标市场

B 端用户主要指农业企业、合作社、农产品加工商等。通过深入的调研分析，探究 B 端用户的需求和痛点，包括但不限于成本控制、生产效率提升、供应链优化等方面。同时，分析 B 端用户的市场规模和增长潜力，评估其市场价值。此外，通过问卷调查、访谈等手段，收集 B 端用户的反馈和意见，指导产品开发和市场策略的制定。

2. 针对 C 端用户的目标市场

C 端用户主要指消费者，涵盖个人消费者和家庭消费者。通过调研分析，探究 C 端用户的消费习惯、购买偏好以及支付能力。同时，分析 C 端用户对于不同农产品种类、品质、价格等方面的需求变化。此外，通过社交媒体、电商平台等渠道收集 C 端用户的反馈和评论，洞察市场趋势和消费者口碑。

（三）不同细分行业和经营主体在市场调研与竞争市场分析上的差异

1. 细分行业差异

（1）种植业重点关注作物种类、种植技术、土地资源等因素。

（2）畜牧业关注畜种选择、养殖技术、饲料供应、动物健康等方面。

（3）渔业关注水域资源、养殖技术、捕捞方式、水产品加工等。

2. 经营主体差异

（1）大型农业企业拥有较强的资金实力和技术储备，注重市场份额和品牌影响力。在市场调研中更关注竞争对手的动态和行业趋势。

（2）中小农户资源有限，更注重成本控制和销售渠道拓展。在市场调研中更关注市场需求和消费者偏好。

（3）合作社和联合体通过集体力量实现资源共享和风险共担。在市场调研中更关注成员需求和市场整合能力。

农业项目的市场调研和竞争市场分析需要结合行业特点、目标市场特性和经营主体差异进行综合分析，制定切实可行的市场策略和产品方案。

二、农业项目销售预测的策略和方法

（一）销售预测的一般性模型和方法

销售预测是基于历史数据、市场趋势、消费者行为等多种因素，对未来一段时间内销售情况进行预测的过程。在农业项目中，销售预测的一般性模型和方法主要包括：

1. 定量方法

（1）通过分析历史销售数据的时间序列，识别销售趋势和季节性模式，进而预测未来销售情况。

（2）利用统计方法，建立销售量与各种影响因素（如价格、促销活动等）之间的数学模型，预测未来销售量。

2. 定性方法

（1）市场调研。通过问卷调查、访谈等方式，收集消费者需求、竞争对手情况等信息，结合专家判断进行预测。

（2）德尔菲法①。通过专家小组反复讨论和反馈，逐步收敛预测结果，提高预测的准确性。

3. 组合方法

结合定量和定性方法，综合利用多种数据来源和分析工具，进行综合预测，提高预测的全面性和准确性。

（二）主要农业项目销售模式及其关键要素分析

1. 传统销售模式

（1）代理商营销模式。代理商营销模式的核心要素包括代理商的选择与管理、渠道控制、价格体系等。其特点在于依赖代理商团队进行市场拓展，而企业则主要负责产品供应和品牌维护。相比之下，经销商（分销商）营销模式的关键要素则涉及经销商的选择与培训、渠道优化、库存管理等。这种模式适用于市场竞争激烈、需要快速响应市场的农业项目，企业直接与经销商互动，增强市场控制力。

（2）直营模式。直营模式的核心要素涵盖品牌建设、客户关系管理、物流配送等方面。其显著特点是企业直接与消费者互动，削减中间环节，从而提升市场响应速度和增强客户满意度。

2. 创新销售模式

（1）互联网销售。互联网销售的核心要素包括电子商务平台的建设、物流配送体系的完善以及网络营销策略的实施。其显著特点是能够跨越地理界限，降低运营成本，并提升销售效率。

（2）社交媒体销售。社交媒体销售的核心要素包括社交媒体账号的运营、内容营销以及社群建设。其显著特点是利用社交媒体平台与消费者建立互动关系，从而提升品牌曝光度和增强用户黏性。

（3）智能化销售。智能化销售的核心要素包括构建智能化销售系统、进行数据分析与挖掘以及实施精准营销策略等，其显著特点是借助大数据和人工智能技术，实现销售流程的自动化和智能化，从而提升销售效率和增强客户满意度。

（三）不同细分行业和经营主体的销售预测特征和方法

1. 细分行业特征

（1）种植业受气候、病虫害等自然因素影响较大，销售预测需重点关注这些因素的

---

① 德尔菲法，也称专家调查法，1946 年由美国兰德公司创始实行，其本质上是一种反馈匿名函询法，其大致流程是：在对所要预测的问题征得专家的意见之后，进行整理、归纳、统计，再匿名反馈给各专家，再次征求意见，再集中，再反馈，直至得到一致的意见。

变化。

（2）畜牧业市场需求相对稳定，但受疫情、政策等因素影响，销售预测需考虑这些因素对市场的潜在影响。

（3）水产业季节性特征明显，同时受水资源、环保政策等因素制约，销售预测需综合考虑这些因素。

2. 经营主体特征

（1）大型企业拥有完善的销售网络和渠道控制力，销售预测可侧重于市场趋势和消费者行为的分析。

（2）中小企业资源有限，销售预测需更加注重成本控制和市场反应速度的提升。

（3）农户直接面对消费者或批发商，销售预测需更加关注当地市场需求和价格变动情况。

农业项目的销售预测需求综合考量多种因素与方法，依据项目的具体状况和市场需求来制定适当的预测策略。同时，鉴于科技的持续进步和市场环境的不断变化，农业项目的销售模式及预测方法亦需持续创新与完善。

三、农业项目实施的组织和计划

（一）农业项目实施的一般性规划思路和方法

农业项目实施的一般性规划思路和方法主要包括以下几个方面：

1. 明确目标和定位

首先必须明确农业项目的总体目标和定位。涉及确定项目的核心任务、预期目标以及其在农业发展全局中的战略地位。例如，项目的目标可能包括提升农产品的产量、改善农产品的质量、推进农业现代化进程，以及促进农民收入的增长等。

2. 进行市场调研

在项目启动之前，彻底的市场调研是不可或缺的。掌握市场的需求、竞争环境、消费者喜好等数据，对于确定项目的生产规模、产品布局以及市场定位极为重要。

3. 制定详细规划

根据目标和市场调研的情况，制定详尽的项目规划，涵盖项目选址、建设内容、投资规模、资金来源、时间规划等关键要素。此外，项目执行的具体步骤、职责分配以及监管体系的建立也同等重要。

4. 整合与配置资源

在实施农业项目的过程中，必须整合各类资源，如土地、资金、技术和人才等。通过适当的资源配置，确保项目的顺利推进。此外，确立并优化项目管理流程同样重要，以保障项目能够遵循既定计划顺利进行。

5. 风险评估与应对措施

在项目实施过程中，可能会遭遇各种风险，包括自然风险、市场风险、技术风险等。因此，实施风险评估并制定相应的应对措施极为关键，目的是减轻这些风险对项目可能产生的影响。

（二）以销定产模式在农业项目实施规划中的应用案例分析

以销定产模式（Sales-Driven Production Model）是一种基于市场需求来制定生产计划

的供应链管理策略。在农业领域，这一模式尤为关键，因为它有助于减少农产品滞销的风险，提高农业生产的效率与效益。

案例分析

楚昌农牧公司坐落于甘肃省武威市凉州区和平镇，是一家集肉牛、肉羊、肉鸡、蛋鸡等畜禽养殖、加工与销售于一体的现代化农业企业。该公司占地面积超过1 000亩，配备先进的养殖设施和生产技术，为消费者提供高品质的畜禽产品。近年来，凭借其生产的优质清真黄牛肉产品，楚昌农牧公司在市场上赢得了极佳的声誉。

在推行以销定产模式之前，楚昌农牧公司进行了详尽的市场调研与分析。通过深入了解消费者的需求、购买习惯以及市场趋势，公司明确了分割牛肉产品的目标消费群体和市场定位。此外，公司还依据历史销售数据和市场预测，制定了周密的销售计划和目标。

基于市场调研结果，楚昌农牧公司制定以销定产的生产计划。公司依据销售计划和市场需求，合理规划肉牛养殖规模、屠宰量以及分割牛肉产品的种类和数量。这种生产策略不仅确保产品能够满足市场需求，还有效避免因生产过剩而导致的库存积压和资源浪费。

为了确保以销定产模式的顺利实施，楚昌农牧公司对供应链进行了全面优化。公司加强与上游供应商的合作，确保饲草料、兽药等生产资料的稳定供应；同时，公司还加强了与下游销售商和消费者的沟通，及时掌握市场需求变化，调整生产策略。此外，公司还建立了完善的物流配送体系，确保产品能够及时、安全地送达消费者手中。

在实施以销定产模式的过程中，楚昌农牧公司始终将产品质量置于首位。公司构建了严格的质量管理体系，对养殖、屠宰、分割、加工等各个环节实施全程监控，确保产品满足食品安全标准并符合消费者需求。同时，公司亦重视品牌建设，通过提升产品质量和服务水平，树立鲜明的品牌形象，增强品牌知名度和美誉度。

通过实施以销定产的策略，楚昌农牧公司成功降低了库存积压的风险。公司依据市场需求来规划生产，确保产品能够迅速售出，从而避免生产过剩所引发的库存积压和资金占用问题。

以销定产模式使楚昌农牧公司的生产流程更加顺畅和高效。公司依据市场需求调整生产计划，减少不必要的生产和加工环节，从而提高生产效率和资源利用率。

通过实施以销定产的模式，楚昌农牧公司能够更迅速应对市场需求的变化，并推出满足消费者需求的产品。这种模式带来的灵活性，使得公司在市场竞争中更具优势，能够吸引更多的消费者和客户。

以销定产模式也有助于推动楚昌农牧公司的可持续发展。通过优化供应链、提升生产效率和产品质量，公司能更有效地满足市场需求和消费者期望，进而实现经济与社会效益的双重丰收。

综上所述，可以清晰地看到以销定产模式在农业项目实施规划中的关键作用。通过进行市场调研与分析、制定生产计划、优化供应链以及实施质量控制与品牌建设等策略，楚昌农牧公司成功地实现以销定产的目标，提升了生产效率和市场竞争力，为公司的可持续发展打下坚实的基础。

（三）信息化管理在农业项目实施规划中的应用案例

案例分析

甘肃元生农牧科技有限公司，是一家以科技创新为驱动力的综合性农牧企业，在农业项目的实施规划中成功地融入信息化管理。这一做法不仅提升了生产效率，还促进了资源的优化配置和可持续发展。

甘肃元生农牧科技有限公司坐落于甘肃省永昌县，是一家集养殖、加工、销售于一体的现代化农牧企业。该公司专注于奶绵羊的规模化、智能化养殖，运营着一个智慧牧场，目前养殖的奶绵羊数量已超过 4 万只。得益于信息化管理的推进，公司成功实现了从传统粗放养殖模式向现代化、智能化养殖模式的转型。

甘肃元生农牧科技有限公司的智慧牧场体现了信息化管理在农业项目实施规划中的典范应用。牧场中的每只羊均佩戴电子耳标，拥有独一无二的“身份证”，使得对羊群生长信息的实时监控和记录成为可能。借助电子显示屏，管理人员能够直观地掌握温度、湿度、氨气浓度、光照强度等环境参数，以及羊群的产奶量等关键数据。详尽的数据为牧场管理提供了坚实的科学支撑，确保羊群在最适宜的环境中健康成长。

在智慧牧场中，自动饲喂系统能够根据每只羊的生长发育阶段和营养需求，自动调整饲喂方案，并通过全自动供料系统精准供给营养饲草料。精准营养管理方式不仅提升饲料的利用率，还有效降低了养殖成本。同时，系统还能实时监测羊群的健康状况，及时发现并处理疾病问题，确保羊群的整体健康水平。

智慧牧场的挤奶大厅配备了先进的智能挤奶设备，设备能够识别电子耳标，并自动记录每只羊的产奶量、挤奶时间等关键数据。这些信息随后实时上传至智能管理系统，为牧场管理提供宝贵的数据支持。同时，这些数据也为乳制品的后续加工和销售环节提供重要依据。此外，智能挤奶设备还能迅速将新鲜挤出的奶冷却至 4℃ 以下，有效减少细菌繁殖的风险。

甘肃元生农牧科技有限公司通过构建信息化管理平台，实现对牧场内各项数据的整与分析，为管理层提供决策支持。借助该平台，管理人员能够实时掌握牧场的运营状况，

涵盖羊群数量、健康状况、产奶量等关键指标。此外，平台还配备了预警机制，能够迅速识别并解决潜在问题，保障牧场的稳定运营。

通过应用信息化管理，甘肃元生农牧科技有限公司在农业项目的实施规划方面取得了显著的成就。一方面，提升了生产效率和管理水平，同时降低了养殖成本；另一方面，产品质量和市场竞争力也得到提升，为企业创造了更多的经济效益。随着信息技术的持续进步和农业领域的深入发展，甘肃元生农牧科技有限公司计划继续深化信息化管理在农业项目实施规划中的应用，推动农业现代化进程的持续发展。

甘肃元生农牧科技有限公司的信息化管理应用案例充分展示了信息技术在农业项目实施规划中的关键作用。通过实施智慧牧场建设、自动化饲喂系统、智能挤奶系统和信息化管理平台等措施，公司成功实现了从传统粗放养殖模式向现代化、智能化养殖模式的转变。这一转变不仅提升了生产效率和管理水平，还为企业带来显著的经济效益和社会效益。

四、农业项目实施任务书的拟定

在农业项目实施任务书的编制阶段，信息化管理要素显得极为关键，它贯穿于项目的整个执行过程，涉及生产、设备、技术、加工和销售等多个领域。

（一）信息化管理要素及其拟定方法

1. 生产组织管理要素

生产组织管理的核心要素涉及农业生产过程中的多个关键方面，包括计划制定、资源调配、进度控制和质量控制。在方法拟定方面，首先需明确生产目标，随后依据市场需求、资源状况和技术能力，制定详尽的生产计划，包括作物种植计划、养殖规模设定以及生长周期的规划。为了提高资源利用的效率，要对土地、水资源、肥料、种子及农药等生产资源进行合理分配。进度控制需制定详尽的生产进度表，明确各阶段任务和时间节点，并执行实时监控与适时调整。质量控制则需要建立一套完善的农产品质量监测体系，确保农产品达到国家和行业标准。

2. 设备作业管理要素

设备作业管理的核心要素涵盖对农业机械设备的使用、维护和更新等关键方面的关注。在制定设备作业管理策略时，设备选型与采购应基于农业生产的需求，挑选适宜的农业机械设备，并据此制定设备采购计划。对于设备的使用与维护，必须建立一套完善的设备使用规程和维护保养计划，确保设备能够持续保持良好的运行状态。同时，设备更新与升级方面，应密切关注行业发展趋势，及时对农业机械设备进行更新和升级，提升生产效率和作业质量。

3. 技术支持管理要素

技术支持管理要素内容涵盖农业技术的引进、推广、应用等多个方面。技术支持管理的拟定方法包括以下几点：一是技术引进，积极吸纳国内外先进的农业技术和管理经验，提升农业生产的技术水平；二是技术推广，通过培训、示范等手段，将新技术和新方法普及至广大农户和农业企业；三是技术应用，鼓励和支持农户及农业企业采纳新技术，从而提高农业生产效率和产品质量。

4. 产品加工管理要素

产品加工管理要素内容涵盖对农产品加工、包装、储存等环节的关注。在产品加工管理的拟定方法中，加工流程的设计应依据农产品的特性和市场需求，制定出合理的加工流程，确保产品的质量和安全性。对于包装与标识，需要制定统一的包装标准和标识规范，提升产品形象和品牌价值。此外，储存管理应建立科学的储存管理制度，确保农产品在储存过程中保持其新鲜度和品质。

5. 产品销售管理要素

产品销售管理要素的内容涵盖农产品的销售渠道、销售策略、售后服务等多个方面。在拟定产品销售管理方法时，应积极拓展线上线下销售渠道，扩大农产品的销售范围。销售策略的制定需要依据市场需求和竞争态势，设计灵活多样的策略以增强市场竞争力。同时，完善售后服务体系，解决客户在使用过程中遇到的问题，有助于提升客户满意度。

（二）不同细分行业和经营主体项目实施任务书编制

对于不同的细分行业和经营主体，项目实施任务书的编制应有所侧重和区别。

1. 种植业项目实施任务书编制

种植业项目实施任务书的编制需特别关注土地整治、种子选育、灌溉施肥、病虫害防治等关键环节。在编制过程中，应着重考虑作物的生长周期和气候条件，合理规划生产计划，保障作物的健康生长和最终的丰收。

2. 养殖业项目实施任务书编制

在制定养殖业项目实施任务书时，应着重考虑饲料供应、疫病防控、环境控制等多个关键领域。在编制任务书的过程中，必须确保饲料的质量与安全得到保障，加强疫病的监测和防控措施，并为动物提供一个适宜的生长环境。

3. 农产品加工项目实施任务书编制

农产品加工项目实施任务书的编制应特别关注加工工艺流程、产品质量控制以及食品安全等关键领域。在编制过程中，必须严格遵循国家和行业标准，确保加工生产的质量与安全性。

4. 农业合作社或家庭农场项目实施任务书编制

农业合作社或家庭农场项目实施任务书的编制应重点关注成员管理、资源共享、利益分配等关键领域。特别是编制过程中应着重构建完善的组织管理制度和利益分配机制，确保成员的权益得到充分的保障和实现。

农业项目实施任务书的拟定必须充分考虑信息化管理的要素，结合各细分行业及经营主体的特性进行编制。通过科学合理的任务书编制与实施，能够有效推动农业项目的顺利进行和高效运作。

五、农业项目的生命周期和经营管理节点

（一）产品和项目生命周期的概念、特征与判断标准

1. 产品和项目生命周期的概念

产品生命周期指的是一个产品从概念构思、设计、测试、生产、销售、使用直至最终退出市场的整个过程。这一过程通常涵盖引入期、成长期、成熟期和衰退期四个阶段。而项目生命周期则涉及项目从启动、规划、执行、监控直至收尾的一系列连续过程。它更侧重于项目的管理和控制，确保项目能够按时、按质、按预算完成。

2. 产品和项目生命周期的特征与判断标准

产品生命周期的特征包括四个阶段：

（1）引入期。产品首次进入市场的阶段，需要大量资源投入以进行市场推广和品牌建设。

（2）成长期。产品开始获得市场的认可，销量迅速增长，此时企业需要扩大生产规模以满足日益增长的市场需求。

（3）成熟期。产品的销量达到顶峰，市场竞争变得更为激烈，企业必须持续进行创新以维持其市场份额。

（4）衰退期。产品开始逐渐退出市场，销量下降，企业需要考虑对产品进行升级或从市场中撤出。产品生命周期的判断主要依据市场销量、市场份额、竞争态势等因素。

项目生命周期的特征涵盖几个关键方面：

（1）项目生命周期由一系列清晰定义的阶段构成，每个阶段都具有其特定的任务和

目标。

（2）项目的进程具有不可逆性，意味着一旦项目进展到下一阶段，就无法返回到前一阶段重新开始。

（3）每个项目都具有独特性，包括其目标、范围、资源和约束条件。项目生命周期的评估则基于项目阶段的完成情况、目标的达成程度以及资源的投入情况等关键因素。

（二）不同细分行业和经营主体的项目生命周期特征与经营管理节点

1. 农业项目生命周期特征

（1）启动阶段。明确项目目标、范围、预算以及关键关系人，进行项目立项和初步规划。

（2）规划阶段。在这一阶段，将制定详尽的项目计划，涵盖时间表、成本预算、资源分配以及质量标准等方面。

（3）执行阶段。依据项目计划，开展各项任务，包括土地准备、种子采购、种植管理、病虫害防治等。

（4）监控阶段。持续监控项目的进度、质量和成本，确保项目按既定计划推进，及时调整以纠正偏差。

（5）收尾阶段。完成项目交付，进行项目总结和评估，释放项目资源。

2. 不同细分行业和经营主体的经营管理节点

（1）种植业。种植业经营管理的关键节点包括种子的选择、播种的时机、灌溉的管理、施肥的策略以及病虫害的防治等多个方面。特别需要关注的是天气变化对作物生长的影响，以及市场需求的波动。

（2）畜牧业。畜牧业经营管理的关键节点包括品种选择、饲料管理、疾病防控以及养殖环境控制等多个方面。特别需要注意的是动物的健康状况和市场价格的波动。

（3）农业合作社和家庭农场。农业合作社和家庭农场的经营管理节点涵盖成员招募、财务管理、销售渠道拓展等多个方面。特别需要注意的是组织结构的稳定性以及成员的参与度。

（三）不同细分行业和经营主体项目全生命周期信息化管理策略

1. 信息化管理策略

（1）通过运用现代信息技术，构建一个覆盖项目全生命周期的信息化管理系统，实现项目信息的集中化管理和实时更新。

（2）通过信息化管理系统，收集并整合项目各阶段的数据，进行深入分析，提供项目决策的科学依据。

（3）通过运用信息化管理系统进行风险预警和应对，能够及时识别项目中的潜在风险，并采取有效的控制和解决措施。

（4）通过信息化管理系统对项目资源进行优化配置，提高资源利用效率并降低项目成本。

2. 具体策略

（1）种植业。种植业项目全生命周期信息化管理运用物联网技术对作物生长环境进行监测，实现精准灌溉和施肥。同时，通过大数据分析市场需求和价格趋势，帮助制定科学的种植计划。

（2）畜牧业。养殖业项目全生命周期信息化管理通过智能穿戴设备监测动物的健康状况，及时发现疾病并迅速进行治疗。同时，利用信息化管理系统对饲料配方和养殖环境进行优化控制。

（3）农业合作社和家庭农场。农业合作社和家庭农场通过构建全生命周期的信息化管理系统，优化了成员信息的管理，进而提高了招募和管理成员的效率。同时，利用财务管理软件，实现对财务收支的精准管理和深入的财务分析。此外，通过运用电商平台，成功拓宽销售渠道，增强产品的市场竞争力。

六、农业项目经营管理节点的目标制定

（一）流程管理与节点管理的一般性思路和方法

1. 经营管理目标制定中 SMART 原则及其应用实例

SMART 原则概括了目标设定的核心要素，它由五个英文单词的首字母构成，分别代表具体（Specific）、可量化（Measurable）、可执行（Actionable）、相关性（Relevant）和时限性（Time-based）。

（1）具体性。例如，将“提高农产品质量”这一模糊目标具体化为“在一年内将苹果种植基地的优质果率提升至 90%”。

（2）可量化性。设定明确的衡量标准，如“每个季度进行一次质量检测，确保每次检测中优质果率不低于 85%”。

（3）可执行性。通过引入先进的种植技术、优化灌溉和施肥方案等措施，确保目标的实现具有可行性。

（4）相关性。将提升农产品质量与市场需求、品牌建设等战略目标紧密相连，确保这些目标对公司整体发展产生积极影响。

（5）时限性。明确设定目标完成的时间节点，如“在一年内达成上述目标”。

2. 基于信息化管理思维及相关工具制定经营管理目标与策略

随着信息化时代的到来，农业项目的经营管理也应当充分利用信息化工具和技术。

（1）通过收集和分析农业生产过程中的各类数据（包括气象数据、土壤数据、作物生长数据等），为经营管理提供科学依据。

（2）构建农业项目的信息化管理平台，实现项目信息的集中化管理和实时共享，从而提升管理效率。

（3）通过运用物联网技术，实现对农业生产环境的智能监控，及时发现并预警潜在问题，确保项目的顺利进行。

（4）加强对项目团队成员的信息化培训，提升他们对信息化工具和技术的应用能力，促进项目管理的信息化进程。

（二）不同细分行业和经营主体的年度工作目标制定和信息化管理

对于不同的细分行业和经营主体，年度工作目标的设定和信息化管理应当有所区别。

1. 种植业

重点关注作物的产量、品质以及市场竞争力等关键目标，通过运用信息化技术来优化

种植结构、提升种植技术和管理水平。

2. 养殖业

专注于动物健康、生长速率和饲料转化效率等关键指标，通过信息化管理手段实现精准养殖、疾病预警以及成本控制。

3. 农产品加工业

重点关注产品质量、生产效率以及市场占有率等关键目标，通过采用信息化技术来优化生产流程，提升生产效率和产品质量。

4. 信息化管理

针对各行业的独特需求，开发或选用适当的信息化管理工具和系统，如 ERP 系统、CRM 系统等，实现项目信息的集中化管理和实时共享。

（三）不同细分行业和经营主体的中期经营目标制定和信息化管理

农业项目中期经营目标的制定应更加注重战略性和可持续性。

1. 战略规划

结合行业发展趋势与市场需求，制定具有前瞻性的中期经营目标，例如扩大生产规模、拓展市场渠道、提升品牌影响力等。

2. 资源配置

依据中期经营目标，合理分配人力资源、物质资源和财务资源，确保各项目标的顺利实现。

3. 信息化管理

通过运用信息化工具强化项目管理和监控流程，能够及时识别并解决潜在问题，从而确保中期经营目标的顺利实现。

4. 绩效评估

构建一套科学的绩效评估体系，定期对中期经营目标的实现情况进行评估和调整，确保这些目标始终与市场需求和企业发展战略保持同步。

农业项目经营管理节点的目标设定应充分考虑 SMART 法则和信息化管理思维的运用，同时根据各个细分行业和经营主体的特性，制定出具体的目标和策略。

七、农业项目经营管理流程的监控、考核和优化

（一）项目管理中的复盘思维和一般性方法

复盘思维在农业项目管理中发挥着重要作用，它有助于项目团队总结经验教训，并优化后续项目的管理流程。

（1）明确项目初期的目标、期望结果和计划，确保复盘过程中不偏离主题。

（2）对照项目目标，分析实际执行结果，找出亮点和不足。

（3）深入探讨成功或失败的原因，特别是失败时要从主观和客观两方面进行剖析。

（4）基于分析结果，提炼经验教训，制定未来改进计划和行动方案。

通过这四个步骤，项目团队能够系统地审视项目的执行过程，识别潜在问题，并探索解决方案，进而持续提升项目管理的水平。

（二）动态市场环境对不同细分行业和经营主体项目节点管理的影响

动态市场环境对农业项目的节点管理产生显著影响，要求不同细分行业和经营主体必

须灵活应对。

（1）市场需求的迅速变化迫使农业项目必须及时调整其产品结构和生产计划，适应消费者的需求。可能会导致项目的关键节点发生调整，如提前或推迟收获期、调整销售渠道等。

（2）随着行业竞争的加剧，农业项目必须在成本控制、产品质量和营销策略等方面持续进行优化。项目团队需要密切关注竞争对手的动态，并灵活调整项目计划，应对市场的各种挑战。

（3）国家政策和法规的调整对农业项目具有重要影响。例如，环保政策的收紧可能要求项目团队加强环境治理和生态保护，进而影响项目的节点安排。

因此，农业项目在节点管理方面必须具备高度的灵活性和适应性，以应对不断变化的市场环境所带来的挑战。

（三）农业项目信息化管理对流程与节点的监控、考核和优化

农业项目信息化管理通过运用信息技术手段，实现项目流程的实时监控、精准考核和持续优化。

1. 生产组织管理流程与节点

（1）利用物联网技术实时监测农田环境、作物生长状况等关键指标，确保生产活动按计划进行。

（2）根据监测数据调整灌溉、施肥等作业计划，提高生产效率和产品质量。

（3）通过数据分析评估生产组织效率、成本控制效果等关键指标，为优化管理提供依据。

2. 设备作业管理流程与节点

（1）利用传感器和远程监控系统实时掌握设备运行状态和作业效率。

（2）根据设备使用情况和维护计划，合理安排维修和保养工作，确保设备始终处于良好状态。

（3）根据生产任务和设备性能优化设备调度方案，提高设备利用率和作业效率。

3. 技术支持管理流程与节点

（1）建立技术支持知识库，整理和归档常见问题及解决方案，方便技术人员快速查找和应用。

（2）通过在线平台提供技术支持服务，及时解决生产过程中的技术问题。

（3）定期组织技术人员参加培训和学习交流活动，提升团队整体技术水平。

4. 产品加工管理流程与节点

（1）利用视频监控和传感器技术实时监控产品加工过程中的关键参数和指标。

（2）通过数据分析对产品质量进行精准控制，确保产品符合相关标准和要求。

（3）根据加工过程中的数据和反馈，不断优化加工流程，提高加工效率和产品质量。

5. 产品销售管理流程与节点

（1）利用大数据和人工智能技术分析市场动态和消费者需求变化为销售策略制定提供依据。

（2）通过信息化手段优化销售渠道布局和管理提高销售效率和客户满意度。

（3）建立完善的客户服务体系及时响应客户需求和反馈提升品牌形象和客户忠诚度。

信息化管理在农业项目中发挥着关键作用，特别是在流程监控、节点考核以及优化方面。通过采用信息技术，实现项目流程的透明化、精准化和智能化管理，有助于提高项目管理水平，并促进农业项目的可持续发展。

八、目标与流程管理模式及主流信息化工具

（一）现代企业项目目标与流程管理模式及主流信息化工具

1. 现代企业项目目标与流程管理模式

现代企业项目目标与流程管理模式强调项目的系统化、标准化和信息化管理。这种模式通过明确项目目标、制定详尽的项目计划、合理分配资源、监控项目进度以及进行风险管理，确保项目能够按时、按质、按量完成。在农业项目中，这种模式同样适用，有助于提升农业企业的项目管理效率，优化资源配置，降低项目风险。

2. 主流信息化工具

在农业项目目标制定和管理中，信息化工具起到关键作用。

（1）PingCode 作为一款全流程管理软件，PingCode 支持敏捷开发、瀑布开发等多种项目管理模式，并集成多种企业管理工具。它提供工单、需求、规划、开发、测试等全生命周期的管理功能，非常适合需要高度灵活性和定制性的农业项目。

（2）Worktile 是一个企业级协作平台，专注于提升组织的项目管理效率和团队协作。它提供任务管理、项目跟踪、数据统计和报表、实时协作工具等功能，适用于各种规模的企业，特别是需要跨部门协作和多项目管理的农业企业。

（3）建米农业工程项目管理系统，该系统整合了项目目标管理、需求管理和质量管理等功能，帮助用户有效地规划、执行和监控农业建设项目。其自动化和集成的管理功能能显著提高工作效率，降低错误率，适用于需要高效管理多个复杂农业工程项目的企业。

（4）开创云数字农业管理平台，通过整合先进技术与传统农业，开创云实现农业管理的数字化和智能化。它提供大数据分析、云感知系统、云管家系统等功能，支持从种植到销售的全过程管理，帮助农业经理人提高产量和效率。

（二）单人单机类信息化工具在农业项目目标管理中的应用

单人单机类信息化工具，如 Excel、Word 等办公软件，在农业项目目标管理中也发挥着一定的作用。这些工具虽然功能相对简单，但胜在普及率高、易于上手，能够满足一些基础的数据记录、文档编写和报告生成需求。然而，随着项目规模的扩大和复杂度的增加，这些工具可能无法满足更高层次的项目管理需求。

（三）各类线上协同工具在农业项目目标管理中的应用

1. 线上协同工具的优势

线上协同工具具有实时性、共享性和协作性等特点，能够打破地域和时间的限制，实现项目团队成员之间的无缝沟通和协作。在农业项目目标管理中，线上协同工具能够帮助项目团队更好地分配任务、跟踪进度、共享信息和资源，从而提高项目管理的效率和效果。

2. 具体应用案例

（1）Trello 采用看板和卡片的方式来组织任务，适合小型团队或个人进行项目管理。

在农业项目中，使用 Trello 来跟踪种植计划、施肥灌溉任务等。

（2）Agworld 提供了一个中心化的数据枢纽，帮助农业从业者整合各种农场操作数据。该平台支持从田间直接访问和管理数据，确保数据的安全存储和便捷访问。在农业项目目标管理中，Agworld 帮助项目团队实时监控作物生长状况、分析生产数据并作出科学决策。

现代农业项目的目标设定与流程管理模式，以及主流信息化工具的应用，对于提升农业项目管理的效率、优化资源配置以及降低项目风险具有至关重要的作用。随着科技的持续进步，预计未来将有更多先进的信息化工具被整合进农业项目的目标管理之中，从而推动农业项目管理朝着更加智能化、精准化和高效化的方向发展。

第三节 目标分解

一、涉农经济组织的工作分析和规划

（一）企业岗位工作分析和规划的一般性方法

企业岗位工作分析和规划是组织管理中关键的一环，它涉及对岗位职责、工作内容、任职资格等方面的详细剖析与规划。对于涉农经济组织而言，这一过程同样不可或缺，确保组织内部各岗位的高效运作和协同配合。

1. 明确组织目标与战略

涉农经济组织必须明确其长期目标和短期战略，是岗位工作分析和规划的基础。通过理解组织的发展方向和核心任务，更有针对性地设计岗位结构和职责分配。

2. 岗位梳理与分类

对组织内部所有岗位进行全面梳理，依据工作性质、职责范围等要素进行细致分类。有助于明确辨识不同岗位间的界限与联系，为后续的分析和规划奠定坚实基础。

3. 岗位职责分析

针对每个职位，需深入分析其职责范围、工作标准以及关键绩效指标等要素。这一分析过程必须充分吸纳职位相关员工的意见，确保分析结果的精确度和实用性。

4. 任职资格确定

依据岗位职责分析的结果，明确每个岗位的任职资格要求，涵盖学历、专业、工作经验、技能等多个方面。将有助于为组织招聘和选拔合适的人才提供坚实依据。

5. 制定岗位规划

在明确岗位职责和任职资格的基础上，制定岗位规划。包括岗位设置、人员编制、培训计划、晋升路径等方面的内容。通过科学的岗位规划，优化组织的人力资源配置，提高整体运营效率。

（二）不同细分行业和经营主体的岗位工作分析与规划

在涉农经济组织中，鉴于行业特性和经营主体的多样性，岗位工作分析和规划必须根据实际情况进行制定。

1. 农业合作社

（1）管理人员负责合作社的日常运营和决策制定，必须精通农业管理、财务管理、

市场营销等多个领域的知识与技能。在岗位规划方面，重点强化管理人员的培训，提升其全面素质和决策制定的能力。

（2）合作社的技术支持和咨询服务由技术人员提供，服务内容涉及种植、养殖、病虫害防治等多个领域。在岗位规划方面，合作社引进和培养技术人员，促进技术革新和产业的升级。

（3）销售人员主要负责农产品的销售与市场拓展工作，必须具备优秀的沟通技巧和市场分析能力。在岗位规划上，目标是扩展销售渠道，加强品牌建设，增强农产品在市场上的竞争力。

2. 农业企业

（1）生产人员承担农产品种植、养殖及加工任务，要求具备深厚的农业操作知识和技能。在岗位布局上，优化生产流程，提高生产效率和产品质量。

（2）研发人员负责新品种和新技术的研发与推广，必须具备卓越的科研能力和创新意识。在岗位规划方面，应增加研发投入，促进技术创新和产业升级。

（3）财务人员负责企业的财务管理和财务分析工作，必须具备扎实的财务知识和专业技能。在岗位规划上，强化财务管理和风险控制，确保企业稳健发展。

3. 家庭农场

（1）农场主全面负责农场的管理，涉及生产计划的拟定、员工和财务的管理等任务。在岗位规划方面，注重提升农场主的综合能力和管理技巧，推动农场向更大规模和更高效率的方向发展。

（2）生产工人主要承担具体的农业生产任务，包括种植、养殖、灌溉等。在岗位规划方面，应强化对生产工人的培训和管理，提升生产效率和产品质量。

（3）技术人员负责为农场提供技术支持与咨询服务，确保农业生产的顺利进行。在岗位规划方面，引入或培养技术人员，为农场提供持续的技术支持和创新动力。

在进行岗位工作分析和规划时，涉农经济组织必须充分考虑行业特点和经营实体的具体状况，运用科学的方法和工具进行细致的分析和规划，优化人力资源配置并提升组织的运营效率。

二、涉农经济组织工作计划的资料收集和内容编制

（一）企业工作计划的主体结构、内容及编制方法

1. 主体结构

（1）前言或背景分析。简要介绍当前市场环境、政策导向、企业现状等，为制定计划提供依据。

（2）目标设定。明确企业在未来一段时间内要达成的具体目标，包括生产目标、销售目标、财务目标等。

（3）策略规划。为实现目标而制定的具体策略和措施，涵盖市场策略、产品策略、生产策略等。

（4）任务分配。将策略细化为具体任务，并分配至各个部门或个人。

（5）时间规划。为各项任务设定明确的时间节点和完成期限。

（6）资源需求。评估完成计划所需的人力、物力、财力等资源，并制定相应的资源

调配计划。

(7) 风险评估与应对措施。识别潜在风险，并制定相应的应对措施。

(8) 监督与评估。建立监督机制，定期对计划执行情况进行评估和调整。

2. 内容及编制方法

(1) 内容方面将围绕上述主体结构进行详细阐述。例如，在目标设定部分，需明确设定产量、销售额、利润率等具体指标；而在策略规划部分，则需详细说明开拓市场、提升产品质量、降低成本等具体措施。

(2) 在编制方法方面，采用 SWOT 分析（优势、劣势、机会、威胁）等工具，对企业内外部环境进行全面的分析；同时，运用 SMART 原则（具体、可测量、可达成、相关性、时限性）来设定明确的目标；此外，还采用项目管理的方法，将计划细分为可管理的任务，并明确责任人和时间节点。

（二）信息化管理对不同类型工作内容要素的资料收集与选择

在涉及农业的经济团体中，采用信息化手段进行管理对于提升操作效率和改善资源的配置具有关键意义。针对工作内容的不同要素，资料搜集和选择的方法也需有所区别。

在生产管理方面，利用物联网、大数据等技术，实时收集生产过程中的关键数据，如土壤湿度、光照强度、作物生长状况等，为生产决策提供坚实依据。同时，建立生产管理系统，实现生产计划的制定、执行、监控和调整。

销售管理方面，通过 CRM 系统收集客户信息，深入分析客户需求和购买行为；利用电子商务平台和社交媒体等渠道，拓展销售渠道；建立销售数据分析系统，对销售数据进行实时监控和分析，为销售策略调整提供有力支持。

财务管理方面，采用 ERP 系统等财务管理软件，实现财务数据的自动化处理和分析；建立预算管理、成本控制和财务分析等模块，提高财务管理的效率和准确性。

人力资源管理方面，利用 HRMS 系统（人力资源管理系统）进行员工信息管理、招聘、培训、绩效考核等工作；建立员工数据库和人才库，为企业发展提供人力资源支持。

在资料收集与选择过程中，应注重数据的真实性和准确性，确保信息化管理系统的有效运行。同时，根据企业的实际情况和需求，选择合适的信息化工具和平台。

（三）不同细分行业和经营主体工作计划编制和工作任务分配

1. 细分行业工作计划编制

(1) 种植业重点放在作物种植计划、病虫害防治、土壤改良以及灌溉排水等方面的工作；制定科学合理的种植方案，提升作物的产量和品质。

(2) 畜牧业专注于畜禽养殖规划、饲料管理、疫病防控等关键领域；同时推广高效养殖技术，提升畜禽养殖的整体效益。

(3) 农产品加工业负责制定加工生产计划、原料采购计划以及产品质量控制计划等；同时加强产品研发和技术创新，提升产品的附加值。

(4) 农业服务业提供农业技术咨询、农机租赁、农产品销售等服务；依据市场需求和服务对象的特性，制定定制化的服务方案。

2. 经营主体工作任务分配

(1) 企业高层负责制定总体规划和战略；监督计划执行并适时调整。

（2）生产部门执行生产计划；管理生产现场和生产线；确保生产安全与质量。

（3）销售部门开展市场开发和产品销售；维护客户关系和销售渠道；收集市场信息和客户反馈。

（4）财务部门管理资金和财务规划；制定预算和成本控制方案；进行财务分析和提供决策支持。

（5）人力资源部门负责员工招聘、培训、绩效考核；建立人才激励机制和企业文化。在任务分配过程中，应重视任务的合理性和可行性，确保各部门和个人能够高效地完成各自的任务。同时，强化部门间的沟通与协作，形成协同效应，共同促进企业的发展。

三、涉农经济组织工作任务与企业资源的模块化管理

（一）企业工作任务与相关资源的模块化管理模式及作用

模块化管理模式将企业的管理工作细分为功能、流程、任务等不同的模块或单元，并通过制度化、标准化、流程化的管理方法对每个模块进行管理。在涉农经济组织中，这种模式尤为关键，因为它有助于组织更有效地应对农业环境的复杂性和多变性，提升管理效率，减少运营成本，并确保业务的持续发展。

模块化管理模式的优势主要体现在以下几个方面：

1. 提高工作效率

通过将工作任务细化至各个模块，并为每个模块设定明确的职责与任务，模块化管理模式减少工作中的交叉与重复，从而提高工作效率。

2. 降低管理风险

通过对各个模块实施规范化、标准化和流程化管理，增强了管理的透明度和监督力度，有效降低了管理风险。

3. 优化资源配置

模块化管理模式有助于企业更合理地分配资源，确保资源在各模块间得到高效利用，避免资源浪费。

4. 增强市场适应性

模块化管理模式使企业能够灵活调整各模块的工作内容和方式，更好地适应市场变化，从而提升竞争力。

（二）不同细分行业和经营主体的企业资源模块化管理

涉农企业在不同细分行业和经营主体的企业资源模块化管理方面，展现出多样性和灵活性。

1. 涉农企业细分行业差异

涉农企业广泛分布于种植、养殖、农产品加工、农业服务等多个细分行业。这些行业在资源需求、经营模式、技术应用等方面存在显著差异，因此，在模块化管理方面也需要采取不同的策略。

（1）种植行业的企业通常关注土地、水资源、种子、化肥等资源的有效管理。在模块化管理中，设立土地资源管理模块、水资源管理模块、种子与化肥采购模块等，以实现资源的优化配置和高效利用。

（2）养殖企业则更侧重于饲料、兽药、养殖环境、动物健康等方面的管理。模块化管理包括饲料采购与管理模块、兽药使用与管理模块、养殖环境监控模块、动物健康管理模块等，以确保养殖过程的科学性和安全性。

（3）农产品加工企业需要关注原料采购、生产加工、质量控制、市场营销等环节。在模块化管理中，设立原料采购模块、生产加工模块、质量控制模块、市场营销模块等，以提高加工效率和产品质量。

（4）农业服务企业则可能包括农机租赁、技术咨询、农产品销售等多元化业务。模块化管理包括农机租赁服务模块、技术咨询与培训模块、农产品销售与推广模块等，以满足不同客户群体的需求。

2. 经营主体差异与模块化管理

涉农企业的经营主体包括家庭农场、农民专业合作社、农业企业等多种类型。这些经营主体在规模、组织结构、资源禀赋等方面存在差异，因此，在模块化管理方面也需要因地制宜。

（1）家庭农场通常规模较小，资源有限。在模块化管理中，注重资源的集约利用和成本控制。例如，设立家庭财务管理模块、土地与水资源管理模块等，以实现家庭农场的可持续发展。

（2）农民专业合作社具有组织化、规模化的特点。在模块化管理中，强调合作与共享。例如，设立合作社财务管理模块、社员权益保护模块、农产品销售与推广模块等，以促进合作社的稳健发展和社员利益的保障。

（3）农业企业通常规模较大，资源丰富，且具有较强的市场竞争力。在模块化管理中，注重战略规划和资源整合。例如，设立企业战略规划模块、人力资源管理模块、技术研发与创新模块等，以提升企业的核心竞争力和市场占有率。

3. 模块化管理的实施策略

（1）各模块之间应明确职责与分工，避免重复劳动和资源浪费。同时，各模块之间应建立有效的沟通机制，确保信息的及时传递和共享。

（2）涉农企业应充分利用现有资源，通过模块化管理实现资源的整合与优化配置。例如，通过集中采购、共享设施等方式降低成本，提高效率。

（3）为了提高模块化管理的效果，涉农企业应加强对员工的培训和技术支持。通过培训提高员工的专业素养和操作技能，通过技术支持提升企业的生产效率和产品质量。

（4）为了激发员工的工作积极性和创造力，涉农企业应建立有效的激励机制和绩效考核体系。通过设立奖励机制、晋升机会等方式激励员工积极参与模块化管理，并通过绩效考核对员工的工作表现进行客观评价。

涉农企业在不同细分行业和经营主体的企业资源模块化管理方面需要因地制宜、灵活应变。通过明确职责与分工、注重资源整合与优化配置、强化培训与技术支持以及建立激励机制与绩效考核等措施，推动涉农企业的持续发展和市场竞争力提升。

4. 农业种植行业案例

黄羊河农场，作为甘肃农垦系统的重要组成部分，自1953年成立以来，已发展成为一家集农、工、商于一体，产、加、销一条龙的现代农业企业。其成功之道，在很大程度上得益于农业种植行业企业资源的模块化管理。

黄羊河农场在土地资源管理上，实施了高标准农田建设项目，通过土地整理和大田节水项目的实施，建成规模化农田 8 万余亩，实现水肥一体化和高效节水灌溉。这一策略不仅显著提高了土地的综合利用率和产出率，还降低了农业生产成本。例如，通过节水项目的建设，农场亩均用水量控制在 300 立方米以内，较传统灌溉方式节水率超过 50%，节水综合水平在全省领先。此外，农场还通过“大条田+大林带+硬化田间油路”的建设模式，实现耕地的规模化、机械化作业，进一步提高农业生产效率。

黄羊河农场注重农业技术的引进与推广，通过构建从“车间”到“田间”的生产服务体系，实现农业技术的模块化应用。农场积极推广使用小流量滴灌带、物联网智能化灌溉系统等现代农业技术，提高农业生产的智能化和精准化水平。同时，农场还组建多个项目团队，如马铃薯、辣椒、中药材等，团队在农业种植、病虫害防治、田间管理等方面积累了丰富的经验和技术优势，为农场的可持续发展提供有力支撑。

黄羊河农场在人力资源管理上，采取模块化的管理模式。农场通过推行项目团队经营管理，将人力资源按照不同的种植项目和业务领域进行划分，实现人力资源的优化配置。这种管理方式不仅提高了田间标准化管理能力，还增强了农艺技术和现代农业建设水平。同时，农场还注重员工的培训和技能提升，通过定期组织技术培训和交流活动，提高了员工的业务能力和综合素质。

通过实施资源模块化管理，黄羊河农场的农业生产效率得到显著提升。农场的整体耕、种、收全程机械化率达到 90%以上，形成玉米、蔬菜、马铃薯三大主栽作物轮作倒茬的良好局面。同时，农场的土地亩均产值达到 8 000 元以上，亩均利润超过 1 200 元。黄羊河农场在资源模块化管理的推动下，经济效益实现稳步增长。近年来，农场经济指标连创新高，累计实现营业收入数十亿元，利润也大幅增加。特别是甜糯玉米产业已成为农场的主导产业之一，产品远销日本、韩国、澳大利亚等国家和欧洲等地，为农场带来可观的经济效益。

黄羊河农场在做好自身发展的同时，还积极发挥示范带动作用。农场的节水灌溉技术和高效农业生产模式为周边村镇提供了宝贵的经验借鉴，推动了区域农业生产的转型升级和可持续发展。

黄羊河农场通过实施资源模块化管理策略，在农业种植行业中取得显著成效。其成功的经验表明，企业资源的模块化管理是提高农业生产效率、实现经济效益稳步增长的有效途径。随着农业技术的不断进步和市场竞争的日益激烈，黄羊河农场将继续深化资源模块化管理模式的应用和推广，为现代农业的可持续发展作出更大的贡献。

5. 畜牧养殖行业案例

畜牧养殖作为农业的核心部分，在推动国家经济增长方面具有显著作用。随着科技的飞速发展和管理方法的革新，畜牧养殖企业开始采纳资源模块化管理，以期提升生产效率、减少成本并改善产品质量。

甘肃圣越农牧发展有限公司（以下简称“圣越农牧”），作为庆阳市和镇原县通过以商招商方式引进的福建圣农控股集团旗下的重要企业，近年来在肉鸡产业领域取得显著成绩。该企业通过实施资源模块化管理，不仅提升了生产效率，还确保了产品质量和安全，为行业树立了标杆。

圣越农牧是一家集饲料加工、种鸡养殖、种蛋孵化、肉鸡饲养、肉鸡加工、产品销售于一体的肉鸡生产、加工企业。自2018年圣农集团入驻镇原县并接管甘肃中盛农牧发展有限公司以来，该公司便迅速推进了1.2亿羽白羽肉鸡全产业链项目，并在全产业链模式上取得显著进展。

在资源管理上，该公司采用模块化划分的方式，将整个企业运营流程细分为若干模块，包括饲料加工模块、种鸡养殖模块、种蛋孵化模块、肉鸡饲养模块、肉鸡加工模块以及产品销售模块。每个模块都有明确的职责和目标，实现分级别管理，各负其责。

饲料加工模块负责饲料的原料采购、加工和配送。通过全封闭的传送系统和计算机监控，实现从原料投放到成品饲料的自动化操作，确保饲料的质量和安全性。

种鸡养殖模块负责种鸡的饲养和管理。通过科学的饲养技术和精细化的管理，提高种鸡的成活率和产蛋率。

种蛋孵化模块配备先进的孵化设备和技术，实现孵化流程的全自动化高效精准控制，提高了孵化率和雏鸡质量。

肉鸡饲养模块负责肉鸡的日常饲养和健康管理。通过智能化的养殖设备和管理系统，实现对肉鸡生长环境的精准控制，提高了肉鸡的生长速度和健康水平。

肉鸡加工模块负责肉鸡的屠宰、分割、包装等深加工环节。通过全程流水线作业和严格的品质控制，确保产品的安全性和口感。

产品销售模块负责产品的市场推广和销售。圣越农牧凭借高品质的产品和稳定的供应链，成功与麦当劳等大型快餐企业建立长期战略合作伙伴关系，产品销售遍及全国各地并具备出口资质。

通过模块化划分，该公司将复杂的生产流程细化为若干相对独立的模块，每个模块都有专门的管理团队负责，提高整体的管理效率。

模块化管理使得每个生产环节都能得到精细化的控制和管理，从而确保产品的质量和安全性。例如，在饲料加工模块中，通过计算机监控和自动化操作，确保饲料原料的纯净度和加工过程的规范性；在肉鸡加工模块中，通过全程流水线作业和严格的品质控制，确保产品的卫生标准和口感。

模块化管理有助于实现资源的优化配置和合理利用。通过专业化的管理和运营，每个模块都能实现高效运作，从而降低整体的运营成本。同时，模块之间的协作和配合也有助于减少资源浪费和重复劳动。

圣越农牧通过实施资源模块化管理，在肉鸡产业领域取得了显著成绩。该企业通过模块化划分和精细化控制，提高了管理效率、产品质量和安全性，并降低了运营成本。未来，随着市场竞争的加剧和消费者需求的不断变化，圣越农牧将继续深化模块化管理的应用和创新，推动企业持续健康发展。

6. 农产品加工行业案例

农产品加工行业作为农业产业链的关键部分，其资源管理和运营模式的优化对于提高产品质量、增强市场竞争力具有至关重要的作用。

甘肃自强生态农林科技有限公司成立于2012年，坐落于甘肃省张掖市临泽县，是一家集红枣种植、收购、科技研发、生产加工、销售于一体的现代化农产品加工企业。公司创始人程金军凭借持续的努力，成功将科研成果转化为产品，促进临泽红枣产业的高质量发展。目前，该公司已成为行业内的领军企业，拥有尖端的生产线和丰富的管理经验。

甘肃自强生态农林科技有限公司在生产资源管理方面实施模块化管理策略。公司依据生产流程的不同阶段，将生产资源细分为若干独立模块，如原料采购模块、生产加工模块、质量检测模块等。每个模块均由专业团队负责，确保各环节高效协同运作。这种模块化管理不仅提升了生产效率，还有效降低了生产成本，从而增强了企业的市场竞争力。

在人力资源管理方面，公司重视员工的培训与技能提升，并构建完善的人力资源管理体系。依据员工的专业技能和岗位需求，公司将员工细分为不同的专业模块，如技术研发模块、生产管理模块、市场营销模块等。每个模块都设有清晰的职责和目标，使员工能在各自的模块中充分发挥个人专长，为企业的成长贡献力量。此外，公司还设立激励机制和晋升路径，激发员工的工作热情和创新潜能。

随着信息化时代的到来，甘肃自强生态农林科技有限公司积极引入现代信息技术，实现信息资源的模块化管理。公司构建了综合信息平台，整合并共享企业的生产、销售、财务等各环节的信息资源。通过平台的数据分析和挖掘功能，企业能够迅速掌握市场动态和客户需求，为决策提供有力支持。此外，公司还运用物联网、大数据等先进技术手段，实现了生产过程的实时监控和预警，确保产品质量和安全。

甘肃自强生态农林科技有限公司的成功归功于其先进的资源模块化管理策略。在生产资源管理领域，公司通过模块化分工与协作，显著提升了生产效率和产品质量；在人力资源管理方面，公司重视员工培训与激励，有效激发员工的工作积极性和创造力；在信息资源管理方面，公司运用现代信息技术手段，实现信息资源的整合与共享，为企业的决策提供坚实支持，共同推动企业的快速发展与壮大。

甘肃自强生态农林科技有限公司的成功案例证明，在农产品加工行业中，企业资源的模块化管理是一种高效的管理策略。通过模块化的分工与协作，企业能够提升生产效率、降低运营成本，并增强在市场中的竞争力。此外，重视员工培训与激励，以及信息资源的整合与共享，同样是企业取得成功的重要因素。

模块化管理模式在涉农经济组织中的应用，不仅提高管理效率和市场适应性，还优化了资源配置和降低了管理风险。不同细分行业和经营主体的企业根据自身特点和需求，灵活采用模块化管理模式，实现业务的可持续发展和竞争力的提升。

四、涉农经济组织任务分配和资源调度

在农业经济组织的任务分配和资源调度过程中，企业内部职能部门对于确保组织的高效运作、目标实现以及整体绩效的提升起着决定性作用。通过深入分析模式和方法，能够更透彻地理解这些职能部门在传统管理框架下的运作机制。与此同时，信息技术的飞速进步使得信息化管理模式成为企业职能部门优化资源配置、提升决策效率的关键途径。在这一模式下，各职能部门如何利用技术创新和流程优化来实现更高效的资源调度和任务分配，进而提升整个涉农经济组织的市场竞争力和响应速度，是一个值得深入探讨的问题。

(一) 企业职能部门任务分配与资源调度的一般性模式和方法

1. 一般性模式

(1) 组织必须确立其总体目标和阶段性目标，确保所有部门都对组织的方向和预期有清晰的认识。

(2) 依据组织的业务范围和实际需求，将工作细分为不同的职能部门，如生产、设备、技术、加工、销售、品牌、财务、人力资源等。

(3) 将总体目标细化为具体的任务，并将任务分配给相应的职能部门。每个部门需进一步明确任务的具体内容和完成的标准。

(4) 对组织内外的资源进行全面评估，涵盖人力资源、物质资源、财务资源等，并根据任务需求进行合理分配。

(5) 各部门根据分配的任务和资源执行工作，同时建立监控机制，确保任务的顺利进行和资源的有效利用。

(6) 定期对任务执行情况进行评估，并根据评估结果进行反馈和调整，确保组织目标的顺利实现。

2. 一般性方法

(1) 将大型项目拆分为若干子项目，并分配给不同的部门或团队进行管理。通过运用项目管理工具和方法，确保项目按时、按质、按量完成。

(2) 依据任务的紧迫性和重要性进行排列，优先完成那些既重要又紧迫的任务。

(3) 在资源有限的条件下，通过合理的规划与调整，确保各部门之间资源的均衡分配。

(二) 涉农经济组织不同职能部门任务分配和资源调度的信息化管理模式

1. 生产组织类职能部门

(1) 通过生产管理系统（如 ERP、MES 等）来制定生产计划，并将生产任务细化至各个生产单元或生产线。

(2) 实时监控生产进度和库存状况，依据需求调整生产资源及人员配置。

2. 设备作业类职能部门

(1) 依据设备类型、性能以及生产需求，拟定设备作业计划，并将其指派给相应的操作人员。

(2) 通过设备管理系统（如 CMMS、EAM 等）实施设备维护、保养以及故障排除工作，保障设备的稳定运行。

3. 技术支持类职能部门

(1) 依据技术需求和问题类别，将技术支持任务指派给相应的技术人员或团队。

(2) 通过技术管理平台或专家系统，实现远程技术支持与解决方案的提供，从而提升技术支持的效率和成效。

4. 产品加工类职能部门

(1) 依据加工工艺和生产计划，将加工任务合理地分配至对应的加工设备和人员。

(2) 通过优化加工流程，合理安排加工顺序及批量，确保加工效率和产品质量。

5. 产品销售类职能部门

(1) 依据市场需求和销售目标，拟定销售策略，将其指派给销售团队或个人。

（2）通过 CRM 系统和市场分析工具，实时监控销售进程与市场趋势，及时优化销售策略和资源分配。

6. 品牌营销类职能部门

（1）依据品牌定位与营销策略，策划品牌推广及营销活动方案，并指派给相应的团队或个人。

（2）通过运用数字化营销工具（如社交媒体、搜索引擎优化等），实现品牌推广以及营销活动的执行与监控。

7. 财务管理类职能部门

（1）依据财务管理制度和流程，将各项财务管理工作合理地分配至不同的岗位或团队。

（2）通过运用财务管理软件（如 ERP 系统中的财务模块）来处理和分析财务数据，从而为组织提供决策支持。

8. 人力资源及其他支持类职能部门

（1）依据组织的人力资源需求与内部管理规定，拟定人力资源管理计划及支持服务计划。

（2）通过人力资源管理信息系统（HRIS 系统）以及内部管理系统（如 OA 系统），实现对员工信息的管理、招聘与培训流程、绩效考核等关键任务的执行，从而为组织提供全面的人力资源支持和管理服务。

涉农经济组织在任务分配和资源调度方面必须充分利用信息化手段和方法，提升管理效率和效果。通过建立信息化管理模式下的跨职能部门协同工作机制和信息共享平台，实现资源的优化配置和高效利用，为组织的可持续发展提供坚实的支撑。

五、涉农经济组织的 ERP 管理系统应用

（一）ERP 管理思想的概念、发展历史及案例分析

1. ERP 管理思想的概念

企业资源计划（Enterprise Resource Planning，ERP）是一种集成化管理信息系统，它通过整合企业内部的各种资源（如人力资源、财务资金、物料库存、生产计划等），提供一个集成的平台，促进跨部门的数据共享和流程协调，提高业务效率，优化资源利用，进而提升企业的整体竞争力和效益。

2. ERP 的发展历史

ERP 系统的发展历史可追溯至 20 世纪 60 年代，其演进过程主要涵盖以下几个关键阶段：

（1）MRP 系统。最初主要面向制造业，用于处理简单的订单和库存管理，更多地服务于会计和财务领域，提高物料管理的效率和准确性，减少库存积压和浪费。

（2）MRP Ⅱ 系统。随着企业管理需求的增长，MRP 系统逐步演进成为制造资源计划（Manufacturing Resource Planning，MRP Ⅱ）系统。MRP Ⅱ 系统以物料需求计划为核心，扩展对销售订单、采购、库存管理以及财务和会计的集成管理功能，从而使得系统开始具备跨部门的信息集成能力。

（3）ERP 系统。在 MRP Ⅱ 系统的基础上，ERP 系统正式诞生。该系统集成了更多复

杂的功能模块，如人力资源管理、客户关系管理等，实现跨地区、跨部门乃至跨公司的信息整合。

（4）云 ERP 的崛起。随着云计算技术的迅猛发展，云 ERP 概念应运而生。云 ERP 支持多端接入和云部署，有效降低企业的 IT 成本，同时提升了系统的灵活性和可扩展性。

（5）智能化与数据分析。ERP 系统不断整合新技术，如人工智能、大数据分析等，实现更加智能化的管理决策和数据分析功能。

3. ERP 案例分析

在农业领域，ERP 系统的应用也取得显著成效。例如，一家农业企业通过引入 ERP 系统，实现对种植、生产、加工、销售等全过程的信息化管理。该系统通过实时监控物流运输情况、快速响应出现的问题，并对交通路线、仓储运作等大数据进行分析，全面提升农业物流的管理水平。同时，ERP 系统还能够帮助企业制定精准的生产计划，优化资源利用，降低生产成本，提高农产品的市场竞争力。

（二）主流 ERP 管理系统的结构、布局和操作

1. 主流 ERP 管理系统的结构

（1）财务管理包括总账、应收账款、应付账款、固定资产管理等多个子模块，实现对企业财务数据的全面管理和深入分析。

（2）生产管理包括生产计划、生产调度、物料需求计划（MRP）、车间管理、质量管理等子模块，帮助企业优化生产流程，提高生产效率。

（3）销售管理包括客户管理、订单管理、合同管理、销售预测、销售分析等子模块，提升客户服务水平，增强客户满意度。

（4）库存管理包括库存控制、物料管理、仓库管理等子模块，实现库存的合理控制，降低库存成本。

（5）人力资源管理包括人事管理、工资管理、考勤管理、培训管理、绩效考核等子模块，提高人力资源管理水平。

（6）供应链管理包括供应商管理、采购管理、物流管理等子模块，实现供应链的整体优化。

2. 布局和操作

（1）系统采用模块化设计，各模块之间既相互独立又相互关联，方便用户根据实际需求进行选择和配置。

（2）系统提供图形化界面，操作直观简便，降低用户的学习成本。

（3）系统支持流程化操作，用户根据业务流程进行逐步操作，提高工作效率。

（4）系统支持数据的实时集成和共享，确保各部门之间的数据一致性和准确性。

（三）涉农经济组织的 ERP 管理系统应用案例

1. 基于不同规模经营主体

（1）小型农业合作社能够借助 ERP 系统整合种植计划、采购管理、库存管理、销售管理等核心功能，从而提升合作社的运营效率和管理水平。

（2）对于大型农业企业而言，需要更为复杂的 ERP 系统来实现跨部门、跨地区乃至跨公司的数据共享与流程协调。系统通常整合了财务管理、生产管理、供应链管理等多个

模块，全面覆盖企业的各项业务。

2. 基于不同目标市场的业务类型

（1）对于那些专注于出口的农业企业来说，ERP 系统必须支持多语言和多货币等特性，适应国际贸易的复杂需求。此外，系统还应具备强大的销售预测和订单管理功能，使企业能够更有效地应对市场的波动。

（2）对于主要面向国内市场的农业企业而言，ERP 系统需要更加重视供应链管理和库存管理等功能，确保产品能够及时供应给国内消费者。

3. 基于传统和创新商业模式

（1）传统商业模式。在这一模式下，农业企业主要依赖线下渠道进行产品销售。ERP 系统能够协助这些企业实现生产、库存、销售等环节的信息化管理，从而提升运营效率。

（2）创新商业模式。随着电子商务和移动互联网的迅猛发展，越来越多的农业企业开始采纳创新商业模式，如电商平台、直播带货等。企业需要借助 ERP 系统来实现线上线下的数据整合与协同工作，以便更有效地应对市场变化并提升客户体验。

ERP 管理系统在涉农经济组织中的应用展现出广阔的前景和显著的价值。通过引入 ERP 管理系统，涉农经济组织能够实现业务流程的规范化和信息化，从而提高运营效率和管理水平，进一步增强企业的竞争力和市场地位。

六、涉农经济组织工作计划的效果评价及改进

（一）现代企业工作或经营计划的效果评价与改进方法

在现代企业环境中，工作或经营计划的效果评价及改进是持续提升企业竞争力的关键环节。

1. 建立评估指标体系

基于工作计划的目标，设定明确的评估指标，如时间、成本、质量、市场份额等。这些指标应能够全面反映计划执行的效果。

2. 数据收集与分析

通过问卷调查、面谈、日常记录等方式收集相关数据，并根据建立的指标体系进行分析。数据应准确、客观，能够真实反映计划执行的实际情况。

3. 对比分析

将实际执行情况与计划设定的指标进行对比，找出差距和原因。这一步骤是评估效果的关键，有助于企业发现问题并制定改进措施。

4. 反馈与沟通

评估结果应及时向相关人员反馈，包括执行人员、管理层和利益相关者。通过沟通，共同讨论改进措施，确保改进措施的有效性和可行性。

5. 制定并实施改进措施

针对评估结果中的问题，制定具体的改进措施，并明确责任人和时间表。实施过程中应加强监督，确保改进措施得到有效执行。

6. 持续改进与监督

工作计划的执行效果评估应是一个持续的过程。企业应定期进行评估，并根据评估结

果及时调整和改进工作计划，以适应不断变化的市场环境。

（二）不同细分行业和经营主体工作计划的效果评价和改进方法

对于涉农经济组织而言，不同细分行业和经营主体的工作计划效果评价和改进方法具有一定的特殊性。

1. 小型农业生产者

（1）重点关注生产者的生产效率、成本控制、产品质量等方面。同时，还应评估生产者对市场需求的适应性、技术创新能力和市场营销能力等方面。例如，通过第三方质量检测和客户反馈来评估产品质量。

（2）小型农业生产者应采取改进措施。通过引进先进的农业技术和设备，提高生产效率，减少生产成本。加强与科研机构的合作，提升产品的技术创新能力，开发符合市场需求的新品种或改良现有品种。通过参加农业展会、建立在线销售平台等方式，增强市场营销能力，拓宽销售渠道。建立完善的质量管理体系，确保产品质量稳定，满足消费者需求。通过这些措施，小型农业生产者可以提升自身竞争力，实现可持续发展。

2. 农业合作社

（1）重点关注组织内部管理制度的完善性、运行机制的规范性、成员之间的凝聚力以及组织对当地农业经济发展的推动力。同时，还应评估组织在人才引进、技术创新、市场营销等方面的表现。

（2）加强组织内部管理培训，提升成员的业务能力和团队协作精神。同时，积极引进和培养人才，鼓励技术创新，并通过市场调研来优化产品和服务，增强市场竞争力。此外，农业合作社应定期组织成员进行交流和学习，以提高整体的凝聚力和对外部变化的适应能力。

3. 农业龙头企业

（1）重点评估企业的市场份额、销售额、利润率等财务指标，以及企业在产业链中的地位、品牌影响力等。同时，还应关注企业与上游农户的利益联结机制、产品质量和创新能力等方面。

（2）农业龙头企业应制定相应的改进措施。通过市场调研和分析，制定科学的销售策略，以提高市场份额和销售额；进行成本结构的优化，提高利润率；加强与上游农户的合作，建立稳定的利益联结机制，确保原材料供应的稳定性和质量；加大研发投入，提升产品创新能力，增强品牌影响力。通过这些措施，农业龙头企业在激烈的市场竞争中保持领先地位，实现可持续发展。

涉农经济组织在制定工作计划时，应充分考虑不同细分行业和经营主体的特点，建立科学的评估指标体系，加强数据收集与分析，及时发现问题并制定改进措施。通过持续改进和优化工作计划，不断提升组织的竞争力和适应能力。

七、涉农经济组织的经费类型与管理

（一）企业经费的主要项目构成与管理方法

企业经费，特别是在涉农经济组织中的经费，涵盖多个方面。

1. 经费的主要项目构成

（1）办公费用涵盖日常办公必需的文具、打印复印、通信、水电等开支。

（2）生产费用包括与生产直接相关的材料、设备、劳动力等成本。

（3）销售费用涉及在产品销售过程中产生的包装、运输、广告、展览等费用。

（4）管理费用是企业为组织和管理生产经营活动所产生的各项费用，如行政管理部门职工薪酬、物料消耗、低值易耗品摊销、办公费和差旅费等。

（5）财务费用包含企业为筹集生产经营所需资金而产生的筹资费用，包括利息支出、汇兑损益等。

2. 管理方法

（1）制定详尽的年度经费预算，明确各项费用的使用计划和限额。

（2）建立严格的经费审批流程，确保每一笔费用的支出都经过合理的审批。

（3）对各项费用进行成本核算，分析费用支出的合理性和效益性。

（4）设立专门的监督机构或聘请第三方审计机构，对经费的使用情况进行监督和审计，防止经费的滥用和浪费。

（二）涉农经济组织的各类型经费管理策略及注意事项

1. 生产组织类经费

（1）依据生产计划合理配置生产组织相关经费，确保生产活动的顺畅进行。同时，强化对生产过程中物料消耗、劳动力成本等各项费用的管控，提升生产效率。

（2）为防止生产过程中的浪费现象，确保经费的合理使用，应定期对生产组织类经费的使用情况进行评估和调整。

2. 设备作业类经费

（1）定期对设备进行维护和保养，确保其正常运行并延长使用寿命。合理规划设备的作业时间，提升设备的使用效率。

（2）为避免设备过度使用或闲置，应减少不必要的设备费用开支。同时，关注设备的技术更新与升级，提升生产效率和产品质量。

3. 技术支持类经费

（1）增加对技术研发与技术引进的投资，提升企业的技术水平和创新能力。同时，强化对技术人员的培训与管理，提高他们的专业素养和技能水平。

（2）确保技术支持类经费的专款专用，防止资金被挪作他用。密切关注技术发展的最新动态，及时调整技术支持类经费的使用方向。

4. 产品加工类经费

（1）根据市场需求和产品特性，合理分配产品加工类经费。强化对产品加工流程中的质量与成本控制。

（2）为防止产品加工过程中的浪费现象，提升产品加工效率，应定期对产品加工相关的经费使用情况进行评估和调整。

5. 产品销售类经费

（1）制定科学合理的销售策略和销售预算。加强对销售渠道的拓展与维护，提升产品销售量。

（2）避免过度投入销售费用，确保销售费用的合理性和效益性。定期对产品销售类经费的使用情况进行评估和调整。

6. 品牌建设和营销类经费

（1）加大对品牌建设和营销的投入，提升品牌的知名度和美誉度。制定科学且合理的品牌建设和营销策略。

（2）确保品牌建设和营销类资金的专项使用，防止资金被挪用。密切关注市场动态和消费者需求，及时调整品牌建设和营销策略。

7. 人力资源及其他后勤类经费

（1）合理配置人力资源，提升其使用效率。加强对员工的培训与管理，从而提高他们的工作积极性和满意度。

（2）确保人力资源及其他后勤类经费的合理使用，防止资源浪费。定期对人力资源及其他后勤类经费的使用情况进行评估和调整。

涉农经济组织的经费管理涵盖众多方面和环节，要求企业依据自身的实际情况，制定出合理的经费管理策略和方法，确保经费的合理运用和效益最大化。

八、涉农经济组织的经费使用计划编制

（一）企业经费使用计划编制的一般性思路和方法

涉农经济组织在制定经费使用计划时，必须遵循一套系统化、科学化的思路和方法，保障经费的有效运用和组织目标的顺利达成。

1. 明确目标与需求

（1）涉农经济组织需确立经费使用的总体和具体目标，目标应与组织的发展战略及年度计划保持一致。

（2）对组织内部的各项经费需求进行全方位评估，涵盖生产、研发、市场推广、人才培养等多个方面，确保经费分配的合理性。

2. 收集信息与数据

（1）通过分析行业发展趋势、市场需求的变动以及竞争对手的状况，为制定经费使用计划提供坚实的数据支持。

（2）对组织内部的财务状况、资源分配以及历史经费使用情况进行详尽审查，确保经费使用计划的可行性和长期可持续性。

3. 制定预算与计划

（1）依据既定目标和需求，拟定一份详尽的财务预算，涵盖各项开支的金额、时间安排以及负责人员等信息。

（2）将预算进一步拆解为具体的执行方案，明确资金分配的细节和实施步骤，保证计划的实用性和操作性。

4. 审批与调整

（1）经费使用计划须经过组织内部相关部门的审批，确保计划的合规性和合理性。

（2）在计划执行过程中，根据市场变化、项目进展等实际情况，及时对经费使用计划进行调整和优化。

5. 监督与评估

（1）设立专门的监督机构或岗位，对经费使用情况进行全程监督，确保经费的合规使用。

（2）定期对经费使用效果进行评估，总结经验教训，为未来的经费使用计划提供参考。

（二）不同细分行业和经营主体企业经费使用计划编制

对于不同细分行业和经营主体的涉农经济组织，经费使用计划的编制应依据各自的特色和需求进行个性化设计。

1. 农业种植企业

（1）在种子、化肥、农药等生产资料的采购上，以及农田基础设施建设和灌溉系统升级方面进行重点投资。

（2）依据市场需求和价格波动，调整种植结构和品种选择，保障农产品的市场竞争力和经济效益。

2. 农产品加工企业

（1）通过增加对生产设备和工艺技术的投资，提升产品的质量和附加值。

（2）强化品牌宣传与推广活动，提高品牌的知名度和美誉度，扩大市场份额。

3. 农业服务型企业

（1）提供新型农业技术服务、农业金融服务等，满足农民的多元化需求。

（2）强化专业技术人才的培养和引进，从而提升服务质量和水平。

4. 农业合作社和家庭农场

（1）通过集中采购生产资料，有效降低采购成本，并增强议价能力。

（2）引入并推广先进的农业技术和管理经验，提升生产效率和经济效益。

在编制经费使用计划时，涉农经济组织必须充分考虑行业特性及经营主体的需求，遵循普遍的思路和方法，确保经费的有效利用和组织目标的顺利达成。

思考题

1. 从现代搜索引擎技术的发展历史、农业项目非标准化信息检索的一般性途径和方法以及不同类型标准化信息检索的方法和注意事项方面阐述农业项目非标准化信息检索的途径和方法。

2. 从生产组织类信息、设备作业类信息、技术支持类信息、产品加工类信息和产品销售类信息方面阐述农业项目信息数据可视化的应用场景和用途。

3. 综合分析农业项目信息数据管理的模式与创新应用。

4. 具体分析农业生产端市场调查方案的设计流程。

5. 从行业内竞品和竞品企业、新进入者竞争、替代品竞争、供应商威胁要素、购买者威胁要素分析、市场竞争的价格因素和非价格因素方面分析市场调研与竞争市场分析的一般性模型和方法。

6. 阐述不同细分行业和经营主体的销售预测特征和方法。

第二章 组织管理

第一节 生产要素组织

一、农业产业化的土地流转模式、内容及特点分析

（一）土地流转的概念、背景和改革发展历程

土地流转，也称作土地使用权流转，指的是拥有土地承包经营权的农户将土地经营权（使用权）转让给其他农户或经济组织，同时保留其承包权的行为。此类流转方式有利于实现土地资源的优化配置和高效利用。

1. 背景

自20世纪80年代初，中国农村实行家庭联产承包责任制以来，农民取得土地的经营权，极大地激发他们对农业生产的热情。然而，随着经济的持续发展和社会的不断进步，传统的家庭经营模式逐渐显现出土地资源分散、利用效率低下等问题。为了应对挑战，国家开始推动土地流转政策的实施，实现农业生产的规模化和产业化。

2. 改革发展历程

（1）在20世纪90年代，一些地区开始尝试土地流转，但规模有限且方法相对单一。

（2）进入21世纪，国家相继颁布多项政策文件，包括《关于深化改革严格土地管理的决定》（2004年）和《关于引导农村土地经营权有序流转发展农业适度规模经营的意见》（2014年）等，这些政策为土地流转提供了政策支持和法律保障。

（3）近年来，各地在土地流转实践中不断创新，如实施“股份+合作”模式、宅基地换住房、承包地换社保等，这些创新进一步促进了土地流转的进程。

（二）土地流转的主要模式、内容及特点

1. 主要模式

（1）土地互换。农户之间为了耕种便利和满足各自需求，会进行土地承包经营权的简单交换。这种做法有助于土地的集中连片，促进规模化经营。

（2）土地出租。农户将土地出租给大户、业主或企业法人等承租方，并约定出租期限和租金支付方式。出租方按年度获得实物或货币形式的租金，而承租方则获得一定期限的土地经营权。

（3）土地入股。农户将土地承包经营权作价入股，成立股份公司或合作社。农民通过土地承包权拥有公司股份，并根据股份获得分红。这种模式产权明确、利益直接，有助于推动农业产业化和集约化经营。

（4）反租倒包。村集体从农户手中流转土地，然后统一出租或转包给大户或企业。这种模式有助于解决土地细碎化问题，提升土地利用效率。

2. 内容及特点

（1）土地流转涉及土地经营权的转让、出租、入股等多种形式，满足不同农户和企业的需求。

（2）土地流转具有灵活性高、收益稳定、风险可控等特点。农户根据自身情况选择合适的流转方式，确保土地收益最大化。

（三）土地流转对农业现代化、产业化发展的作用和意义

（1）土地流转有助于土地集中连片，实现规模化经营，不仅可以提高农业生产效率，还可以降低生产成本，增强农业竞争力。

（2）土地流转有助于农业企业可以获得更多的土地资源，进行产业化经营，有助于延长产业链条，提高农产品附加值，推动农业产业升级。

（3）土地流转为农民提供了多样化的增收途径。农民通过出租土地获得租金收入，也可以通过入股获得分红收入，有助于增加农民收入，提高生活水平。

（4）土地流转有助于实现土地资源的优化配置。通过市场调节和政策引导，将土地资源配置到生产效率更高的经营主体手中，提高土地资源的利用效率。

（5）土地流转有助于解决农村剩余劳动力问题。土地流转后，农民从土地中解放出来，从事其他产业或进入城市务工。有助于缓解农村就业压力，维护农村社会稳定。

土地流转是农业现代化和产业化发展的重要途径。通过土地流转政策的实施和创新模式的探索，推动农业向规模化、产业化、集约化方向发展，实现农业增效、农民增收和农村繁荣。

二、农村土地流转政策法规沿革、办理程序及注意事项

（一）农村土地流转涉及的主要政策、法律法规

农村土地流转涉及的核心政策和法律法规主要包括《中华人民共和国农村土地承包法》和《农村土地承包经营权流转管理办法》等。法律法规和政策详细规定了农村土地承包经营权的流转方式、流转原则、流转合同的签订以及流转后各方权益的保障等关键内容。具体而言，土地流转必须遵循依法、自愿、有偿的原则，确保流转的土地不改变其农业用途，并且流转期限不得超出原承包期的剩余年限。

（二）农村土地流转的办理程序及注意事项

1. 办理程序

（1）提出申请。土地流出方需向村民小组或村民委员会提交申请，并填写流转申请书，其中应包含土地的基本信息、流转方式、流转期限等详细内容。而土地流入方则应向乡（镇）土地流转服务站提出申请，并填写土地流转申请表，明确提出所需面积、地类要求、流转期限等具体要求。

（2）审核与登记。流出方的土地情况必须经过村民委员会或村民小组的同意，并完成相关手续后方可进行登记。乡（镇）土地流转服务站会对流入方的经营能力和经营项目进行审核，审核通过后方能进行登记。

（3）流转价格评估。流转土地的价格由流转双方当事人通过协商来确定，或者委托乡（镇）土地流转服务站进行评估。

（4）信息发布与洽谈。乡（镇）土地流转服务站依据评估结果和双方提供的信息进行信息发布，并组织双方进行平等的洽谈。

（5）签订合同。流转双方在达成一致意见后，会签订一份统一文本格式的土地流转合同，并进行鉴证和归档。

2. 注意事项

（1）确保土地流转过程遵循相关法律法规和政策要求。

（2）土地流转必须基于双方自愿，严禁强迫或阻碍行为。

（3）流转土地时不得改变其农业用途，确保耕地保护红线不被逾越。

（4）在签订土地流转合同时，应详细规定双方的权利与义务，保证合同的合法性与有效性。

（5）加强对土地流转后各方权益的保护，特别注重维护农民的合法权益，防止其受到侵害。

3. 种植业土地流转

在处理种植业土地流转事宜时，特别强调保护耕地质量的重要性，确保流转后的土地依然适宜农业生产，并满足农业可持续发展的标准。此外，还应密切关注作物的市场需求和经济效益，保障流转双方能够实现合理的经济收益。

4. 养殖业土地流转

养殖业土地流转过程中，必须特别重视环保问题，确保养殖活动不会对周围环境产生污染。同时，还应考虑养殖场的规模、布局以及设施设备等要素，保障养殖活动的顺畅进行和动物福利的维护。

5. 综合及异业混合经营的土地流转

对于涉及综合及异业混合经营的土地流转，必须实施更为周密的规划与管理。在流转过程开始之前，应彻底评估土地的综合使用价值，并制定出切实可行的经营计划与方案。此外，还应重视不同经营方式之间的相互作用和协调问题，保证整体经营效益达到最大化。

（三）农村土地流转的区域差异、常见纠纷和解决方法

1. 区域差异相关问题

农村土地流转在不同地区可能存在差异，这些差异主要受到当地经济发展水平、产业结构、土地资源状况等多种因素的影响。因此，在土地流转过程中，必须充分考虑区域差异因素，制定出符合当地实际情况的政策和措施。

2. 所有权、经营权相关问题

土地流转涉及所有权与经营权的分离问题。在流转过程中，必须明确双方的权利与义务关系，并签订规范的合同以保障各方权益。同时，需关注土地流转后的管理和维护问题，确保土地资源的可持续利用。

3. 产业升级相关问题

土地流转是促进产业升级的关键途径之一。在这一过程中，必须充分考量产业升级的需求与趋势，制定出与当地实际条件相契合的产业升级规划和方案。同时，也应关注产业

升级对当地经济和社会发展可能产生的影响，并据此制定相应的支持政策和措施。

4. 环保相关问题

在土地流转的过程中，特别需要关注环保问题。流转前，应对土地进行环境评估，并制定相应的环保措施；流转后，则应加强对土地使用的监管和管理，确保不会对周边环境造成污染和破坏。

5. 产业扶贫与乡村振兴相关问题

土地流转对于促进产业扶贫和乡村振兴具有显著影响。在流转操作中，必须深入考虑贫困和乡村地区的现实状况及发展诉求，制定出与当地条件相契合的产业扶贫和乡村振兴策略与计划。同时，强化政策的普及和培训工作也极为关键，有助于增强农民对土地流转的理解和参与意愿，确保产业扶贫和乡村振兴任务的顺利实施。

农村土地流转牵涉众多方面的问题与因素，必须全面考量并拟定相应的政策与措施，确保流转过程的顺利进行及各方权益的充分保障。

三、农村土地流转对商业模式创新的影响及应对

（一）基于土地流转模式创新的商业模式创新

1. 生产管理模式创新

土地流转推动了农业生产管理模式的创新。传统上，农业生产以家庭为基本单位，面临规模小、效率不高的挑战。通过土地流转，土地资源得以向专业大户、农业合作社或农业企业集中，促进了规模化和集约化的经营方式。新兴的经营主体通过采纳先进的农业生产技术和设备，实现生产过程的标准化和智能化管理，从而提升农业生产效率和产品质量。例如，转包托管模式允许农户将土地承包给专业农业经营者或合作社，由他们进行统一的经营和管理。在这种模式下，农户能够专注于其他经济活动，而专业经营者则能享受规模经营带来的效益，提供更专业、高效的农业服务。这种生产管理模式的创新不仅提升了土地资源的利用率，还促进了农业技术的普及和应用。

2. 信贷金融模式创新

土地流转促进农村信贷金融模式的创新。随着土地经营权的流转，农户能够将土地经营权作为抵押物，从而从金融机构获得贷款支持。这一变革打破了传统农村信贷中抵押物不足的难题，为农户开辟了更多融资途径。同时，金融机构针对土地流转后新兴的经营主体，推出更加灵活的信贷产品和服务，满足他们多元化的资金需求。例如，在政府购买服务模式中，政府能够通过购买服务的形式，将农村土地资源流转给专业农业经营者或合作社进行管理与经营。在这种模式下，政府还可引导金融机构为经营主体提供信贷支持，促进农业生产的持续发展。

3. 运营和销售模式创新

土地流转推动农业运营和销售模式的创新变革。通过土地流转，新型经营主体能够整合更多土地资源，依据市场需求开展规模化种植与养殖。此外，他们还能够借助电商平台、农产品批发市场等多元化渠道，拓宽农产品的销售网络，促进农产品的品牌化和标准化销售。例如，农业龙头企业模式，通过与农民签订合作协议，实现土地流转经营。这些企业通常拥有更先进的农业技术、更高效的管理经验和更强大的市场渠道，能够为农民提供更优质的服务和更稳定的收入。他们还能够利用自身的品牌优势，推动农产品的品牌化

销售，从而提高农产品的附加值。

4. 跨界经营模式创新

土地流转促进跨界经营模式的创新。随着土地资源的集中和农业生产效率的提高，农业与其他行业的融合变得可行。例如，农业与旅游业的结合催生了乡村旅游、休闲农业等新兴业态；农业与互联网的结合则推动农村电商、智慧农业等新型商业模式的发展。跨界经营模式不仅丰富了农业的功能和内涵，还促进了农村经济的多元化发展。例如，农民通过参与农村旅游、农产品电商等新形式，进一步拓宽收入来源，提高生活水平。

（二）涉农经济组织经营发展战略与土地布局实施方向

1. 规模化、集约化、标准化

涉农经济组织在制定经营发展战略时，应重视规模化、集约化和标准化的实施。通过土地流转，促进土地资源的集中使用，推动农业生产向规模化方向发展。同时，应积极引入先进的农业技术和设备，提升农业生产效率和质量，实现集约化经营。此外，还应强化农业生产的标准化管理，确保农产品的质量和安全。

2. 专业化、特色化、精致化

涉农经济组织在土地布局实施方向上应注重专业化、特色化和精致化。依据市场需求和资源禀赋，挑选适合当地发展的农业产业和品种，实现专业化生产。同时，应重视农产品的特色化和精致化开发，提升农产品的附加值和市场竞争力。例如，通过发展有机农业、特色种植等产业，打造具有地方特色的农产品品牌。

3. 产业融合和产业链增值

涉农经济组织应当重视产业融合与产业链增值。通过促进农业与其他行业的融合，拓展农业的功能与内涵，促进农村经济的多元化发展。同时，强化农业产业链的构建与拓展，实现农产品的深加工与综合利用，提升农产品的附加值与经济效益。例如，发展农产品加工业、农村电商等产业，推动农业产业链的延伸与增值。

农村土地流转对商业模式创新产生深远的影响。通过创新土地流转模式，能够促进农业生产管理、信贷金融、运营销售以及跨界经营等领域的创新；同时，涉农经济组织在制定经营发展战略和土地布局实施方向时，应重视规模化、集约化、标准化以及专业化、特色化、精致化和产业融合等方向的发展。这些措施的实施将有助于推动农村经济的持续健康发展。

四、农业生产基地建设中生产经营用地类型和特点分析

（一）农业生产经营用地的类型和特点

1. 直接农业生产经营用地

（1）类型。

①耕地：主要用于种植农作物，如小麦、玉米、稻谷等。作为农业生产的基础，耕地的肥力、水资源和气候条件直接决定了农作物的产量和品质。

②林地：主要用于林木的种植和培育，涵盖用材林、经济林、薪炭林和防护林等类型。林地不仅提供木材和果实，还发挥着重要的生态功能，比如保持水土、防风固沙等。

③草地：主要用于畜牧业，可进行放牧或割草作业。草地是畜牧业的关键资源，其质

量和面积对畜牧业的发展具有直接影响。

④农田水利用地：包括水库、水渠、堤防等水利设施所占用的土地。这些设施直接服务于农业生产，为农田提供必要的灌溉和排水服务。

⑤养殖水面：主要用于水产养殖，如池塘、湖泊等。养殖水面是渔业生产的关键场所，其水质和面积直接关系到水产品的产量和品质。

（2）特点。

①直接服务于农业生产过程：是农业生产中不可或缺的组成部分。

②直接关系到农产品的产量和质量：对农业生产的稳定性和可持续性具有重要影响。

③涵盖不同类型的土地和设施：满足农业生产的多样化需求。

2. 间接农业生产经营用地

（1）类型。

①渠道和道路用地：涵盖各级固定的排灌渠道以及道路等用地。这些设施为农业生产提供便捷的交通和灌溉条件。

②农村居民点、晒谷场、仓库等设施：为农业生产提供必需的生活和仓储支持，确保农业生产的顺畅进行。

（2）特点。

①尽管不直接参与农业生产过程，但这些间接用地为农业活动提供了不可或缺的支持和保障。

②若缺少间接用地，农业生产将面临重大影响。

③这些用地在满足农业生产需求的同时，也兼顾了农村居民的生活和休闲需求。

（二）农业生产基地建设中的土地规划和管理

1. 用地指标和规划手续办理

在农业生产基地建设过程中，必须确立适当的土地使用标准，并依据土地利用总体规划来规划布局。规划手续的办理涉及向相关部门提交申请、接受审查以及获得批准等步骤。具体的流程包括申报、受理、初审、测图、设计、审批、发证等环节，确保规划的科学性和合法性。

2. 高标准农用地的规划建设

高标准农用地建设是提升农业生产效益和确保粮食安全的关键措施。在规划和建设过程中，必须重视农田基础设施的完善，涵盖灌溉、排水、道路、防护林等关键设施的建设。同时，还需强化耕地质量的提升，通过科学施肥、土壤改良等方法增强耕地的肥力。此外，保护农田生态环境亦不可忽视，应减少农业面源污染，促进农业的可持续发展。

3. 设施用地的规划建设和管理

设施用地对于农业生产而言是必不可少的，它包括用于作物种植、畜禽养殖以及水产养殖的各种设施。在进行规划和建设时，必须依据农业生产的实际需求，对设施用地进行适当的布局，保证用地的合理性和科学性。同时，强化对设施用地的管理也是关键，涉及设施用地的使用、保养和升级等方面，目的是确保用地的高效利用和长期可持续性。

4. 土地规划建设管理与环保政策实施

在农业生产基地的建设过程中，土地规划与环保政策的实施紧密相连。在规划与建设阶段，必须重视环保政策的贯彻执行，确保农业生产活动不会对环境造成污染和破坏。具体的措施包括强化农业生产用地的环境监测、推广生态农业技术、以及减少化肥和农药的使用量等。此外，建立完善的环保管理机制和监管体系也是确保环保政策得以有效实施和执行的关键。

农业生产基地建设涉及多种类型的生产经营用地，这些用地具有多样性和重要性。在进行土地规划和管理时，必须重视用地指标的确定、规划手续的办理、高标准农用地的规划与建设、设施用地的规划与管理，以及环保政策的执行等关键方面，促进农业生产的可持续发展并确保国家粮食安全。

五、种植类农业生产基地的选择、规划和生产资料管理

（一）种植类生产基地生产经营用地的选择、规划、建设策略和方法

1. 粮食作物类

（1）选择。

①优选土层深厚、肥沃且具备良好保水保肥能力的地块。土壤类型应与所种植粮食作物的生长需求相匹配，如小麦和玉米等作物适宜在排水性能良好的壤土或砂壤土中种植。

②根据作物的生长习性和当地的气候条件进行适宜选择，确保作物能在当地气候条件下顺利生长。

③选择靠近水源或灌溉设施完善的地块，满足作物生长过程中对水分的需求。

（2）规划。

①依据市场需求、土壤条件、气候条件等关键因素，精心规划种植结构，实施作物轮作与套种策略，提升土地使用效率和农业产出效益。

②构建完善的水利设施、道路网络以及农田防护林等基础设施体系，为粮食作物的健康成长创造优越的环境条件。

（3）建设策略和方法。

①选定地块：将经历一系列土地整理工作，涵盖深耕深松、土地平整、以及清除杂草和石块等措施。

②构建一个完善的灌溉系统：包括水源工程、输水管道和灌溉设备等，确保作物在生长期间的水分需求得到满足。

③建设田间道路：便于机械作业和农产品的运输。

2. 蔬果作物类

（1）选择。

①蔬果作物对土壤条件有着较高的要求，应选择土壤肥沃、富含有机质且排水良好的地块。同时，应避免选择土壤污染严重的区域。

②根据蔬果作物的生长习性和当地的气候条件进行适宜选择，确保作物能在适宜的气候条件下健康成长。

③由于蔬果作物对水分的需求较大，建议选择靠近水源或具备完善灌溉设施的地块。

（2）规划。

①依据蔬果作物的种类及其生长习性，进行合理的种植区域规划，减少作物间的相互干扰。

②设计科学的灌溉和排水系统，满足作物生长期间的水分需求，并预防积水引发的根部病害。

③对于需要设施栽培的蔬果作物，如温室大棚等，应预先规划好设施的布局及相应的配套设施。

（3）建设策略和方法。

①通过增加有机质含量和改善土壤结构，有效提升土壤的肥力。

②依据规划方案，建设温室大棚等农业设施，确保其结构合理且耐久性强。

③构建全面的病虫害监测和防治体系，运用生物防治与化学防治相结合的策略，减少农药的使用量，同时保护生态环境。

3. 其他经济作物类

（1）选择。

①依据市场需求与经济效益进行筛选，确保所种植的经济作物拥有稳定的销售渠道和较高的经济回报。

②根据经济作物的生长特性及需求条件进行挑选，保证作物能在当地的气候、土壤和水资源环境中健康成长。

（2）规划。

①依据经济作物的生长周期及市场需求，精心设计种植模式，如采用间作、套种等方法，提升土地使用效率和产出效益。

②周密规划经济作物的加工与销售流程，确保产品能够迅速完成加工并上市销售，从而增强经济效益。

（3）建设策略和方法。

①强化农田水利和道路等基础设施的建设，为经济作物的生长创造优越的环境条件。

②加大技术培训和推广的力度，提升农民的种植技术和管理水平，保障经济作物的产量和品质。

（二）种植类生产基地核心生产资料的规划管理策略及管理方案制定

1. 管理策略

（1）通过运用科学的管理方法和技术手段，对生产基地的种植过程实施精细化管理，以提升生产效率和产品质量。

（2）通过合理配置土地、水资源和肥料等资源，降低资源浪费和环境污染，促进资源的可持续利用。

（3）重视生态环境的保护，减少化肥和农药等化学制品的使用，推广生物防治和有机耕作等环保型农业技术。

2. 管理方案制定

（1）依据市场需求、气候条件、土壤状况等关键因素，制定出科学且合理的生产计划，明确作物种类、种植面积、播种时间等关键指标。

（2）构建详尽的生产档案系统，记录作物生长过程中的关键数据和信息，为生产管理提供坚实的数据支撑。

（3）定期为农民举办技术培训课程，提升他们的种植技能和管理能力，确保作物生长期间的各项技术措施得以正确执行。

(4) 构建全面的质量管理体系，对生产基地的种植过程实施全程监控和管理，确保农产品的质量和安全。

(5) 积极推广绿色生产技术和管理方法，减少化学农药和化肥的使用，提升农产品的品质和市场竞争力。

六、养殖类农业生产基地的选择、规划和生产资料管理

(一) 养殖类生产基地生产经营用地的选择、规划、建设策略和方法

1. 畜禽类

(1) 选择策略。

①畜禽类生产基地应远离居民区、工业区、交通干线等潜在污染源，确保养殖环境的清洁与无污染。此外，基地位置应便于防疫管理和物流运输。

②应选择地势较高、排水系统良好、通风干燥的区域，减少洪涝灾害的风险和控制疾病传播。同时，需评估土壤和水源等自然条件是否适宜畜禽的健康成长。

③必须熟悉并严格遵守国家和地方关于畜禽养殖的相关政策法规，确保选址满足环保和防疫等标准。

(2) 规划策略。

①依据市场需求和资源条件，科学规划养殖规模，推进规模化和集约化养殖，提升生产效率和经济效益。

②确保养殖场内各功能区域（如生活区、生产区、隔离区、无害化处理区等）布局得当，降低交叉感染的可能性。

③构建完备的养殖设施，涵盖畜禽舍、饲料仓库、防疫设施、无害化处理设施等，保障畜禽生长环境的舒适性和安全性。

(3) 建设方法。

①依据规划方案，逐步开展土地平整、设施建设、设备安装等工程。

②确保所有建筑材料均达到质量标准，施工过程严格遵守相关标准和规范。

③在建设过程中重视环境保护，实施有效措施以降低对环境的负面影响。

2. 水产类

(1) 选择策略。

①选择水质清澈、无污染、溶氧量充足的水域作为水产养殖基地。

②评估水域的生态环境是否适宜水产养殖，包括底质、水温、光照等因素。

③确保水产养殖基地交通便捷，有利于物流运输和市场销售。

(2) 规划策略。

①依据水域条件与市场需求，挑选适宜的养殖模式，如池塘养殖、网箱养殖、流水养殖等。

②精心规划养殖品种与密度，达到生态循环与经济效益的最优化。

③构建完备的养殖设施，涵盖池塘、网箱、增氧机、投饵机等必要设备。

(3) 建设方法。

①依据养殖模式和品种需求，精心设计池塘、网箱等养殖设施的结构与布局，实现科

学化管理。

②重视环保建设，运用生态养殖技术，降低养殖废弃物对水体的污染程度。

③强化养殖过程中的安全管理措施，保障人员与设备的安全无虞。

3. 其他特种养殖类

对于其他特种养殖类别（如蜜蜂、蚕桑、蝎子等），其选择、规划和建设策略与方法与畜禽类和水产类养殖相似，但必须根据特定养殖对象的特性和需求进行相应的调整。例如，蜜蜂养殖应选择蜜源丰富且环境宁静的地点；蚕桑养殖则需挑选土壤肥沃、气候适宜的区域；而蝎子养殖则需要干燥、通风良好且具备防逃措施的设施。

（二）养殖类生产基地核心生产资料的规划管理策略及管理方案制定

1. 规划管理策略

（1）依据市场需求和趋势，合理规划养殖规模与品种结构。

（2）充分利用现有资源，优化资源配置，提升资源利用效率。

（3）积极引进和应用新技术、新设备，提升生产效率和产品质量。

（4）建立健全的质量控制体系，实现养殖过程的标准化管理。

2. 管理方案制定

（1）依据市场需求与资源状况，拟定详尽的生产计划，涵盖养殖规模、品种选择、饲料供应及防疫策略等关键要素。

（2）确立全面的管理制度，包括饲料管理、兽医保健、环境管理等关键领域的规定与操作流程。

（3）定期为养殖人员提供技术和管理培训，提升其专业技能和管理能力。

（4）构建监督检查体系，定期对养殖活动进行审查，确保各项制度和计划得到切实执行。

（5）建立完善的养殖记录档案系统，详细记录养殖过程中的各项数据和情况，为管理和决策提供坚实的数据支持。

七、综合型农业生产基地的选择、规划和生产资料管理

（一）综合型农业生产基地生产经营用地的选择、规划、建设策略和方法

1. 异业混合经营型

（1）选择策略。

①选择交通便利、水源充足、土壤肥沃且适宜多种作物生长的区域。同时，考虑周边市场需求和物流条件，确保产品能够高效流通。

②评估基地周边的生态环境，选择无污染或污染较小的区域，保障农产品的绿色、有机品质。

（2）规划方法。

①依据异业混合经营的需求，基地被划分为若干功能区，包括种植区、养殖区、加工区、仓储区以及生活区等。这些区域既保持独立性，又便于相互协作。

②规划并建设必需的生产设施，如温室大棚、灌溉系统、养殖舍和加工车间等。同时，注重环保和可持续发展，选用节能和环保的建筑材料及技术。

（3）建设策略。

①依据资金、技术及市场需求等因素，逐步推进基地建设与运营。初期阶段，重点打造核心区域及关键设施，随后逐步扩展规模并提高品质。

②在种植与养殖领域，选择多样化作物与动物进行综合经营，分散风险并增强整体效益。同时，探索发展农产品加工和乡村旅游等相关延伸产业。

2. 产业融合、产业链延展增值类

（1）选择策略。

①选择具有一定产业基础和资源禀赋的区域，如特色农产品产区、农业科技园区等。这些区域拥有发展产业融合和产业链延展的潜力。

②深入分析市场需求和消费者偏好，挑选具有市场前景和增值潜力的农产品进行重点发展。

（2）规划方法。

①围绕核心农产品，打造一个完整的产业链体系，涵盖种植、养殖、加工、销售等关键环节。同时，考虑整合科技、金融、物流等现代服务业元素，增强产业链的综合竞争力。

②重视品牌建设和营销推广，培育具有鲜明地域特色和强大品牌影响力的农产品品牌。通过品牌化经营，提高产品的附加值和在市场上的竞争力。

（3）建设策略。

①通过增加科技投资和人才引进，促进农业科技创新及其成果的应用。引进新技术、新品种和新模式，提高农业生产效率和改善产品品质。

②主动与高校、科研院所、企业等机构寻求合作，共同促进产业融合和产业链的延伸。

（二）综合型农业生产基地核心生产资料的规划管理策略及管理方案制定

1. 规划管理策略

（1）依据基地的实际情况和发展目标，制定科学合理的生产资料规划管理策略。明确生产资料的种类、数量、质量标准和采购渠道等关键要素。

（2）对生产资料实施精细化管理，涵盖入库验收、储存保管、领用发放等环节。确保生产资料的安全、有效和合理使用。

2. 管理方案制定

（1）制定完善的生产资料管理制度和流程，明确管理职责和权限，确保管理制度得到有效落实和执行。

（2）引入信息化管理系统，对生产资料的采购、储存、使用等环节进行实时监控和数据分析，提升管理效率和决策水平。

（3）建立风险预警和应对机制，对可能出现的生产资料短缺、价格波动等风险进行及时预警和应对，保障基地的正常运营和稳定发展。

综合型农业生产基地的选择、规划以及生产资料管理必须综合考量众多因素，涵盖地理位置、生态环境、产业基础、市场需求等方面。

八、涉农经济组织原材料采购的内容、途径及特点

（一）农业生产资料、原材料的类型和特点

农业生产资料和原材料的类型广泛，根据其应用领域可分为种植类、养殖类和综合型。

1. 种植类

（1）包括种子、化肥、农药、农膜、农机具等。

（2）这些生产资料具有显著的地域性和季节性特征。不同地区的土壤、气候等自然条件决定了所需种子的种类以及化肥、农药的用量。同时，农业生产受季节影响显著，生产资料的需求也随着季节的变化而波动。

2. 养殖类

（1）主要包括饲料、兽药、养殖设备、防疫物资等。

（2）养殖类生产资料的需求相对稳定，但易受动物生长周期和市场需求波动的影响。例如，饲料的需求量与养殖规模和市场价格紧密相关。

3. 综合型

（1）本类别包括种植业和养殖业所需的各类生产资料，以及农产品加工、储藏和运输设备等。

（2）作为综合型原材料采购，需同时满足种植和养殖两方面的需要，对采购的灵活性和多样性提出较高的要求。

（二）农业生产资料、原材料的采购途径模式及特点分析

1. 传统采购途径、模式、特点及注意事项

（1）主要通过农贸市场、农资店、批发商等传统渠道进行采购。

（2）采用现货交易或长期合同的方式进行采购。

（3）特点。

①灵活性高：采购量可根据市场动态和实际需求灵活调整。

②价格透明：传统采购渠道的价格较为透明，有助于采购方有效控制成本。

③供应链长：传统采购途径的供应链较长，可能引起信息传递不畅和采购成本的增加。

（4）注意事项。

①必须严格控制产品质量，确保采购的农业生产资料和原材料达到国家标准和行业规定的要求。

②与供应商进行深入的价格谈判，争取到合理的采购价格。

③合理调节库存量，防止过剩或缺货。

2. 互联网及其他新型采购途径、模式特点及注意事项

（1）通过电商平台、农业物联网、大数据平台等创新渠道进行采购。

（2）采用线上交易、智能配送、按需定制等创新采购模式。

（3）特点。

①信息透明：互联网采购平台提供丰富的市场信息，有助于采购方全面掌握市场动态

和产品详情。

②供应链短：通过减少中间环节，有效降低采购成本。

③智能化程度高：利用大数据和物联网技术，实现精准采购和智能配送。

（4）注意事项。

①确保交易过程中的网络安全和数据安全。

②关注物流配送的时效性和准确性，确保农业生产资料和原材料及时到达。

③选择具有良好售后服务的供应商，在出现问题时能够迅速解决。

涉农经济组织在采购农业生产资料和原材料时，应依据自身需求和实际情况，选择适当的采购途径和模式。同时，需要注重产品质量、成本控制以及供应链的稳定性管理。随着互联网的普及和新型采购模式的出现，涉农经济组织应积极采纳新技术和新模式，提升采购的效率和效益。

九、涉农经济组织库存管理模式、特点及信息化发展趋势

（一）现代企业采购、仓储协同管理的模式、特点及相关系统工具

1. ERP 系统与仓储管理系统（WMS）相结合的管理思想及相关系统应用

（1）管理思想。为了提高运营效率和降低管理成本，现代企业普遍采纳 ERP 系统与 WMS 系统相结合的管理模式。作为企业的核心管理系统，ERP 系统整合财务、生产、采购、销售等多个业务环节，实现企业资源的全面规划和优化配置。与此同时，WMS 系统专注于仓储环节，通过精细化的库存管理、出入库管理、库位管理等手段，显著提升仓储作业的效率和准确性。

（2）相关系统应用。

①ERP 系统：通过集成化的信息平台，ERP 系统实现了企业内部各部门间的信息共享与业务协同。在采购领域，ERP 系统能够依据生产计划和库存状况自动产生采购订单，并通过供应商管理模块优化供应商的选择和采购价格。在仓储管理方面，ERP 系统能够实时监控库存状况，为生产计划和销售预测提供必要的数据支持。

②WMS 系统：利用条形码、RFID① 等技术手段，WMS 系统实现了对仓库内货物的精确位置追踪和快速拣选。此外，WMS 系统能够与 ERP 系统无缝集成，自动同步和更新采购订单、入库单、出库单等关键信息。使得企业能够实时了解库存状况，有效降低库存积压和缺货的风险。

2. 基于数据化、信息化的库存预警和智能采购模式及相关系统应用

（1）库存预警模式。基于数据化和信息化的库存预警模式，通过实时监控库存水平和销售趋势，运用数据分析技术预测未来一段时间内的库存需求。当库存水平降至安全库存以下时，系统会自动发出预警信号，提示企业及时补充库存。这种模式有助于企业规避库存积压和缺货风险，提升库存周转率和资金使用效率。

（2）智能采购模式。运用大数据、人工智能等先进技术，深度挖掘和分析市场行情、

---

① 射频识别（RFID）是 Radio Frequency Identification 的缩写，其原理为阅读器与标签之间进行非接触式的数据通信，达到识别目标的目的。RFID 的应用非常广泛，典型应用有动物晶片、汽车晶片防盗器、门禁管制、停车场管制、生产线自动化、物料管理等。

供应商信息、采购历史数据等关键信息。通过构建智能采购模型，企业能够精准预测采购需求、价格、数量，并优化采购决策。此外，智能采购系统支持与供应商的实时沟通和信息共享，从而提升采购流程的效率和精确度。

（3）相关系统应用。

①智能库存预警系统整合了库存数据、销售数据、市场数据等信息，构建了精准的库存预警模型。一旦库存水平降至预设的阈值以下，系统将自动触发预警信号，并提供相应的补货建议。

②智能采购系统通过运用大数据和人工智能技术，该系统能够实时分析市场趋势和供应商信息，并进行预测。企业能够依据系统提供的采购建议和方案来规划和执行采购计划。此外，系统支持与供应商的实时沟通和信息共享，从而提升采购流程的效率和准确性。

（二）涉农经济组织生产资料、原材料采购的智能化发展趋势及应对策略

1. 耐用型生产资料、原材料的信息化管理和智能化采购

（1）信息化管理。对于耐用型生产资料和原材料，涉农经济组织能够通过建立信息化管理系统，实现对物资的全程跟踪和监控。通过系统记录物资的使用情况、维护记录等关键信息，企业能够实时掌握物资的状态和需求情况，为采购决策提供有力的数据支持。

（2）智能化采购。在采购领域，涉农经济组织能够借助大数据和人工智能技术，深入挖掘和分析供应商信息、采购历史数据等。通过建立智能化采购模型，企业能够实现对耐用型生产资料和原材料的精确预测与优化决策。此外，企业亦可利用电子商务平台进行在线采购和比价，从而提升采购效率并降低采购成本。

2. 易耗型生产资料、原材料的信息化管理和智能化采购

（1）信息化管理。对于易耗型生产资料和原材料，鉴于其快速且大量的消耗特性，涉农经济组织必须实施更为精细化的信息化管理策略。企业能够通过建立库存预警系统和物料需求计划系统，实现对易耗品库存水平的实时监控与准确预测。此外，企业亦可借助条形码、RFID 等先进技术，实现对易耗品从入库到出库的全程跟踪与监控。

（2）智能化采购。在采购领域，涉农经济组织能够借助智能采购系统实现对易耗型生产资料和原材料的自动化采购。该系统能够依据库存预警信息和物料需求计划自动产生采购订单，并通过电子商务平台执行在线采购。此外，企业亦可运用智能采购系统对供应商进行绩效评估和风险管理，确保采购物资的质量和交货期限。

（3）应对策略。

①加强信息化建设：涉农经济组织应增加对信息化建设的投资，构建完善的信息化管理系统和智能采购系统。利用信息化技术提高管理水平和采购效率。

②培养专业人才：企业应重视培养具备信息化和智能化管理技能的专业人才，确保系统的高效运行和持续改进。

③加强合作与共享：涉农经济组织应加强与供应商、科研机构等外部单位的合作与信息共享，共同推进智能化采购和库存管理的发展。通过共享资源和信息，提升整个供应链的效率和竞争力。

十、种植类生产资料和原材料采购与库管制度制定

（一）种植类生产资料、原材料采购与库管制度的内容及制定方法

1. 粮食作物类生产资料、原材料

（1）内容。

①生产资料包括种子、化肥、农药、农膜、农机具等。

②原材料主要涉及加工型粮食企业，如大米加工厂所需的大米原粮等。

（2）制定方法。

①依据种植面积、作物生长周期以及预期产量等关键因素，精确预测所需生产资料的数量。

②构建一套严格的供应商评估体系，确保挑选出质量上乘且价格公道的供应商。

③拟定详尽的采购计划，涵盖采购时间、数量、规格等关键信息，保障生产资料的及时供应。

④实施先进先出的管理原则，定期进行库存盘点，防止产品过期或积压。

2. 蔬果作物类生产资料、原材料

（1）内容。

①生产资料包括种子、种苗、有机肥、生物农药、灌溉设备等。

②原材料主要针对果蔬加工企业，如蔬菜罐头厂所需的蔬菜原料等。

（2）制定方法。

①针对蔬果作物的季节性特征，制定灵活的采购策略。

②对种子、种苗等生产资料实施严格的质量检验，确保种植品质。

③对易腐烂的蔬果原材料采取适当的保鲜方法，降低损耗。

3. 其他经济作物类生产资料、原材料

（1）内容。

①依据作物的特性，如茶叶、棉花、油料作物等，所需的特定生产资料。

②针对加工型经济作物，如茶叶加工厂所需的鲜茶叶等。

（2）制定方法。

①针对经济作物的独特性，挑选具备相关专业知识的供应商或采购团队。

②依据原材料的存储需求，设计特定的存储方案，包括但不限于温湿度控制等。

（二）种植类生产资料、原材料采购与库管制度的调整、优化及案例分析

1. 针对不同类型经营主体的调整和优化

（1）家庭农场注重成本控制，简化采购流程，加强与当地农资经销商的合作。

（2）农业合作社发挥规模效应，集中采购生产资料以降低采购成本；建立统一的库存管理系统，提高库存周转率。

（3）农业企业引入先进的 ERP 系统，实现采购、库存、销售的全面信息化管理；与大型供应商建立长期合作关系，确保供应稳定。

2. 针对不同目标市场经营策略的调整和优化

（1）出口导向型企业注重产品质量和食品安全标准，选择符合国际标准的生产资料

和原材料；加强与国际供应商的合作，确保原材料的稳定供应。

（2）国内中高端市场注重产品的品牌建设和差异化竞争，选择高品质的生产资料和原材料；优化库存管理，确保产品的新鲜度和品质。

3. 针对产业链不同定位的调整和优化

（1）上游种植环节强化种子、化肥等生产资料的研发与创新，提升作物的产量和品质；建立科学的库存管理制度，减少浪费和损失。

（2）中游加工环节依据加工需求制定采购计划，确保原材料的质量与数量；优化加工流程，提升产品的附加值。

（3）下游销售环节根据市场需求调整采购与库存策略，确保产品的及时供应；加强营销和品牌建设，提高市场竞争力。

案例分析

在农业种植领域，生产资料与原材料的采购及库存管理对企业的生产效率、成本控制和市场竞争力具有直接影响。随着农业现代化的推进，传统的采购与库存管理模式已无法满足高效、精准的需求。以一家大型农业种植企业为例，详细分析其生产资料与原材料采购及库存管理制度的调整与优化过程。

该企业是一家集种植、加工、销售于一体的农业综合企业，主要种植作物包括玉米、小麦、蔬菜等。随着生产规模的扩大和市场竞争的加剧，企业面临着生产资料与原材料采购成本高、库存管理混乱、资金占用大等问题。具体表现为采购流程繁琐，信息不透明，导致采购成本上升；库存管理缺乏科学规划，库存积压与短缺并存，影响生产进度；物资损耗率高，维护费用大，增加企业运营成本。

调整与优化策略包括采购流程优化，通过建立信息化采购平台，库存管理优化，库管制度调整，引入先进的 ERP 系统，实现采购信息的实时共享与跟踪，提高采购效率。通过大数据分析，精准预测生产需求，合理安排采购计划。建立严格的供应商评估体系，选择信誉良好、质量可靠的供应商建立长期合作关系。同时，通过集中采购、竞价采购等方式，降低采购成本。规范采购合同管理，明确双方权利与义务，确保合同内容合法规。加强合同审核力度，防范法律风险。

通过引入协同计划、预测与补给（CPFR）模式，与供应商、分销商等建立紧密的合作关系，共享需求预测信息，实现库存的最小化与效益的最大化。根据生产需求、销售预测及市场变化等因素，科学规划库存量。采用先进先出、定期盘点等库存管理方法，减少库存积压与损耗。引入数字化仓储管理系统，实现物资的自动化出入库、库存实时监控与智能盘点。通过 RFID、条形码等技术手段，提高仓储管理的精准度与效率。

通过制定详细的库管制度，明确岗位职责、操作规范及奖惩机制。加强对库管人员的培训与教育，提高其业务能力与职业素养。建立健全的内部控制体系，加强对采购、入库、出库等关键环节的监督与管理。定期对库存进行清查与盘点，确保账实相符。将库存管理纳入绩效考核体系，根据库存周转率、损耗率等指标对库管人员进行考核与激励，激发其工作积极性与责任心。

经过上述调整与优化措施的实施，该企业取得显著的成效。采购成本明显下降，采购效率显著提高。库存管理更加科学规范，库存积压与短缺问题得到有效解决。物资损耗率降低，维护费用减少，企业运营成本得到有效控制。企业竞争力增强，市场份额逐步扩大。

种植类生产资料与原材料采购及库存管理制度的调整与优化是企业实现高效、精准管理的重要途径。通过引入信息化手段、优化采购流程、科学规划库存量及完善库管制度等措施，能显著提高企业的运营效率与经济效益。未来，随着农业现代化的不断推进和技术的不断创新，种植类企业将继续探索更加高效、智能的采购与库存管理模式，为农业生产的可持续发展贡献力量。

制定种植类生产资料和原材料的采购与库存管理制度时，必须全面考虑作物种类、经营实体、目标市场以及产业链定位等多种因素。通过实施科学合理的制度设计和优化调整策略，能够保障种植业的可持续发展以及企业的长期竞争力。

十一、养殖类生产资料和原材料采购与库管制度制定

（一）养殖类生产资料、原材料采购与库管制度的内容及制定方法

1. 畜禽养殖类生产资料、原材料

（1）内容。

①依据养殖场的实际生产需求，制定详尽的采购计划，涵盖所需物资的种类、数量、质量标准等要素。

②构建供应商评估与选择体系，对潜在供应商执行资质审查、信用评估及能力评估，保障供应商的可靠性和稳定性。

③与选定的供应商签订采购合同，明确双方的权利与义务，包括交货时间、付款方式、质量标准、索赔及违约责任等条款。

④对采购的原材料执行严格的入库检验，确保质量达标后完成入库手续，并记录入库信息。

⑤执行科学的库存管理制度，定期进行库存盘点，确保账目与实际库存一致，并根据生产需求合理调整库存。

⑥按照生产需求严格办理原材料的出库手续，确保出库物资的数量和质量满足生产要求。

（2）制定方法。

①通过市场调研以及对养殖场实际生产情况的分析，明确所需物资的种类、数量和质量标准。

②依据调研结果，构建采购与库管制度的初步框架，并详细规定各项管理制度的内容与要求。

③将初步构建的制度框架呈递给相关部门和人员，征求他们的意见，并根据反馈对制度进行修改和完善。

④在经过反复修改和完善之后，将制度提交给养殖场的管理层进行审批，审批通过后正式发布并执行。

2. 水产养殖类生产资料、原材料

（1）内容。水产养殖类生产资料、原材料的采购与库管制度与畜禽养殖类类似，但也有一些特殊之处。

①对于水产养殖而言，水质是决定生产成效的关键因素之一。因此，在采购生产资料时，必须特别关注与水质管理相关的物资，如水质调节剂、消毒剂等。

②水产养殖中饲料种类繁多，必须根据养殖对象的种类及其生长阶段来选择适宜的饲料。在采购和库存管理过程中，特别需要注意饲料的保质期和储存条件。

（2）制定方法。在制定水产养殖类生产资料和原材料的采购与库存管理制度时，可以借鉴畜禽养殖类的制度框架，并根据水产养殖的独特性进行必要的调整。例如，在进行需求调研时，应特别重视水质和饲料管理方面的需求；而在构建制度框架时，应纳入与水质及饲料管理相关的具体条款和要求。

3. 其他特种养殖类生产资料、原材料

对于其他特种养殖类别（如蜜蜂养殖、蚕桑养殖等），其生产资料和原材料的采购与库存管理制度也应根据养殖品种的特定需求和生产特点进行个性化设计。以蜜蜂养殖为例，必须重视蜂箱、蜂具、蜜蜂饲料等关键物资的采购和库存控制；而蚕桑养殖则需特别关注蚕室建设、蚕种选择、桑叶供应等生产资料和原材料的管理。

（二）养殖类生产资料、原材料采购与库管制度的调整、优化及案例分析

随着养殖技术的持续进步和市场环境的不断变化，养殖类生产资料和原材料的采购以及库存管理制度也需要不断地进行调整和优化。

（1）通过信息化手段提升采购和库存管理的效率。例如，构建电子采购平台、部署库存管理系统等。

（2）精简采购流程中的多余环节，提升采购效率。同时，强化与供应商的沟通与合作，确保采购物资的质量和供应的稳定性。

（3）构建健全的质量管理体系，对采购的原材料执行严格的质量检验和控制。对于不合格的原材料，迅速采取退货或索赔等措施。

（4）通过优化库存策略、减少库存积压等方法降低库存成本。同时，加强对库存物资的监管和保养工作，确保物资在储存过程中的质量和安全。

案例分析

一、案例背景

某公司聚落式猪场①，设计规模为母猪15 000头，一期5 000头于2019年1月初投产，并于2月实现满产运营。同时，该公司还租赁了总规模为20 000头的后备、育肥场。物资兽药管理统一由总仓负责，每月20日由各生产区按照采购目录提交采购计划至仓

① “聚落式”养猪模式就是养殖企业借助当地产业链和相关资源，建设种猪企业、商品猪养殖企业、培植合同基地养殖户、整合当地饲料企业、发挥食品企业溢价能力、进行系统资源整合构建区域性养猪聚落。

管，仓管整理后提交采购申请，一般次月5日之前到货。为实行精细化管理，降本增效，公司于2019年7月31日对兽药仓库进行盘点分析，并制定兽药库存管控方案，持续整改跟踪3个月，取得显著成效。

二、库存现状及原因分析

1. 库存现状

库存金额：兽药库总金额高达713 249.5元，其中，防疫类占比45%，保健类占比27%，消杀类占比16%，治疗类占比12%。

库存时间：3个月以内的库存占72%，3~6个月库存占19%，超过6个月以上库存占9%。

2. 原因分析

防疫类：超6个月的库存主要为母猪场及后备场线边仓库存，未及时完成退库；猪蓝耳病疫苗库存量超支，因后备场负责人误报采购数量，且兽医及管理人员未加审核。

保健类：保健药库存异常，原因同防疫类；部分保健药功效相似，但采购时未查看库存情况，导致重复采购。

治疗类：兽药品种多，生产厂家多，管理粗放，同类或同种治疗效果的兽药同时大量存放于仓库中。

仓库现场：兽药摆放不规范，同类兽药分散在不同货架，部分兽药即将失效或已失效。

三、采购与库管制度的调整与优化

1. 规范采购计划

重新梳理计划提报流程：由兽医培训各生产区兽药计划的计算人员，根据生产计划精准计算需求，并预留半个月的常规药品量。

加强审核：兽医在最终汇总审核时，需仔细核对采购计划，避免重复采购和误报。

2. 优化库存管理

重新建立兽药出入库台账，增加批次、有效期及兽药用途等字段，对现有库存进行整理，并建立库存档案。

兽药按类别分区摆放，优先出库有效期短的兽药，并提前预警兽药有效期，避免失效浪费。

3. 实施清库计划

制定清库时间表：结合猪场的现有库存、免疫保健程序及生产计划，制定出即将过期、大库存及超高库存兽药的清库时间。

处理失效兽药：失效的兽药立即报废处理，避免继续占用库存资金。

4. 加强监督与考核

场长不定期抽查总仓、线边仓管控情况，对于未按要求执行的予以通报处理。将库存管控成效纳入员工绩效考核，激励员工积极参与库存管理工作。

四、案例分析

通过本案例看出，在规模化猪场中，兽药库存管控不仅是降低成本、提高资金使用效率的重要手段，也是保障生产安全、减少浪费的关键环节。通过规范采购计划、优化库存管理、实施清库计划和加强监督考核等措施，可以显著降低兽药库存成本，提高猪场的整体竞争力。

此外，本案例还强调跨部门协作的重要性。优秀的库存管理并非仓管员一岗之力所能实现，需要生产管理员、兽医、场长等各部门人员的共同协作。只有各部门之间紧密配合、信息共享、齐抓共管，才能确保库存管理工作的顺利进行。

通过本案例的分析，可以为其他养殖类生产资料、原材料的采购与库管制度的调整与优化提供有益的借鉴和参考。

十二、综合型生产资料和原材料采购与库管制度制定

（一）综合型农业生产资料、原材料采购与库管制度的内容及制定方法

综合型的采购与库存管理系统，其目标是确保农业生产资料和原材料的采购过程既高效又透明，同时实现库存管理的科学性和合理性，满足生产需求并有效控制成本。该制度应包括采购计划的制定、供应商管理、采购执行、入库验收、库存管理、出库控制以及制度的调整与优化等多个方面。

1. 制定方法

明确目标与原则：

①确保生产资料的及时供应、质量可靠、成本可控。

②公开透明、公平竞争、优先考虑质量、注重成本效益。

2. 分析需求与现状

对农业生产资料和原材料的需求进行详尽分析，涵盖种类、数量、质量标准以及交货时间等方面。同时，评估现行采购与库存管理流程的效率以及识别其中存在的问题。

3. 制定具体制度

（1）依据生产计划和库存状况，拟定详尽的采购计划，涵盖采购品种、数量、预算等方面。

（2）构建供应商评估体系，执行供应商资质审核、价格谈判、质量监控等管理措施。

（3）确立清晰的采购流程，包括询价、比价、议价、合同签订、付款等关键环节。

（4）制定严格的入库验收标准，确保采购物资的质量满足要求。

（5）运用先进的库存管理系统，实现库存的即时监控和预警，预防库存积压或短缺。

（6）建立严格的出库审批流程，确保物资按需领用，避免资源浪费。

4. 制度执行与监督

明确制度执行的责任部门和人员，确保制度得到有效执行。建立监督机制，对采购与库存管理的各个环节进行定期检查和评估，及时发现问题并进行整改。

5. 异业混合经营型企业的采购与库管制度

对于实施异业混合经营的企业而言，其采购和库存管理制度必须更加灵活且多样化。在构建制度时，应深入考虑各个业务板块的独特特点和具体需求，进而制定出具有差异性的采购策略和库存管理计划。此外，强化各业务板块间的沟通与合作，促进资源的共享和优势的互补。

6. 产业融合、产业链延展增值类的采购与库管制度

（1）产业融合。产业融合促使企业在采购与库存管理领域实现跨行业的资源整合与协同合作。在制度设计过程中，企业应重视产业链上下游伙伴的合作与协调，构建稳固的供应链网络。通过信息共享、流程优化等手段，提升整个产业链的运作效率。

（2）产业链延展增值。产业链的延展与增值要求企业在采购与库存管理方面注重提升产品的附加值。在制定相关制度时，应重点关注原材料的质量、技术创新以及品牌建设等方面。通过采购高品质的原材料、引入先进的技术和工艺、加强品牌建设等策略，有效提高产品的附加值和市场竞争力。

（二）综合型农业生产资料、原材料采购与库管制度的调整、优化及案例分析

随着市场环境的演变和企业自身的发展，采购与库存管理制度需要持续地调整和优化。企业应当定期对制度进行评估和审查，及时发现并纠正其中的问题。同时，企业还应根据市场需求和战略方向的变化，对制度进行适时的调整和优化。

案例分析

某综合型农业企业（以下简称“A 企业”）是一家集农业种植、农产品加工、销售于一体的企业。随着业务的扩展和市场竞争的加剧，A 企业在生产资料、原材料采购及库管方面面临诸多挑战，如采购成本高、库存积压、管理效率低下等问题。为提升竞争力，A 企业决定对生产资料、原材料采购与库管制度进行全面调整与优化。

一、生产资料与原材料采购制度的调整

1. 建立科学的采购规划与流程

A 企业通过市场调研，了解各类生产资料和原材料的市场价格、供应情况及质量水平。制定详细的采购计划，明确采购品种、数量、时间和预算，确保采购活动有计划、有步骤地进行。引入竞争机制，通过招标、询价等方式选择优质供应商，降低采购成本。

2. 加强供应商管理

对供应商进行资质审核和绩效评估，建立供应商档案，定期更新供应商信息。与供应商建立长期合作关系，共同开发新产品、降低生产成本。

加强对供应商的质量监督和交货期管理，确保生产资料的及时供应和原材料的质量。

3. 采用先进的采购管理系统

引入 ERP（企业资源计划）系统，实现采购信息的实时共享和流程自动化。通过系统对采购订单、入库单、发票等单据进行统一管理，提高采购效率。

二、原材料库管制度的优化

1. 完善库存管理内部机制

制定详细的原材料入库、出库、存储和盘点流程，确保原材料的安全和准确。

引入 VMI（供应商管理库存）和 CPFR（协同计划、预测与补货）等先进的库存管理模式，减少库存积压和浪费。

定期对库存进行盘点，及时发现和解决库存问题。

2. 加强库存基础管理

设立专门的原材料仓库，对原材料进行分类、分区存放，确保原材料的整洁和有序。对原材料进行定期检查和保养，防止原材料变质和损坏。

引入先进的仓储设备和技术，提高仓储效率和安全性。

3. 优化库存结构

根据市场需求和生产计划，合理调整原材料库存结构，减少不必要的库存积压。采用 JIT（准时制生产）等先进的生产管理方式，实现原材料的快速周转。

案例分析

案例一：优化化肥采购与库存管理

A 企业在化肥采购中，通过招标方式选择几家优质供应商，并与供应商签订长期合作协议。同时，引入 ERP 系统对化肥采购和库存进行统一管理。系统能够实时显示化肥库存情况，根据生产计划和市场需求自动生成采购订单。通过这一系列措施，A 企业成功降低化肥采购成本，减少库存积压，提高了生产效率。

案例二：改进种子库存管理

针对种子库存容易出现的过期、变质等问题，A 企业采取以下措施：一是建立严格的种子入库检验制度，确保入库种子的质量；二是实行先进先出的库存原则，优先使用存放时间较长的种子；三是定期对种子库存进行盘点和检查，及时发现并处理过期或变质的种子。通过这些措施，A 企业成功降低了种子库存的损耗率，提高了种子的使用效率。

通过对生产资料、原材料采购与库管制度的调整与优化，A 企业成功降低了采购成本、减少了库存积压、提高了管理效率。这些措施不仅提升了企业的竞争力，还为企业的长期发展奠定坚实的基础。

第二节　岗位设置

一、涉农经济组织的组织设计

（一）涉农经济组织的组织设置和组织管理特性分析

1. 生产要素配合型组织形式

生产要素配合型组织形式指的是涉农经济组织通过整合土地、劳动力、资金、技术等关键生产要素，构建起高效的生产体系。这种组织形式着重于资源的最优配置和各生产要素间的协同作用，目的是提升农业生产效率和经济收益。例如，在现代农业园区中，通过引入先进的农业技术和设备，并结合当地的土地和劳动力资源，形成规模化、标准化的农业生产模式。

2. 生产流程、产业链协同型组织形式

生产流程和产业链协同型组织形式强调农业产业链上下游各环节的紧密衔接与协同合

作。这种组织形式通过构建一个完整的农业产业链，涵盖种植、养殖、加工、流通、销售等环节，实现农业生产的一体化经营。通过加强产业链各环节之间的沟通与协作，能够提升农产品的附加值和市场竞争力，同时降低生产成本和风险。例如，“公司+基地+农户”的农业产业化经营模式，正是产业链协同型组织形式的一个典型例子。

3. 目标市场共建型组织形式

目标市场共建型组织形式指的是涉农经济组织依据市场需求与消费者偏好，协同开发并拓展目标市场。这种组织形式凸显了市场导向和消费者需求的核心地位，通过联合众多农业生产经营主体，共同塑造具有市场竞争力的农产品品牌，从而提升农产品的市场占有率和品牌价值。例如，多个农业合作社或农业企业可联合组建农产品销售联盟，共同开拓国内外市场。

4. 品牌市场资源共享型组织形式

品牌市场资源共享型组织形式指的是涉农经济组织通过共享品牌资源和市场渠道，达成资源的共享和互利共赢。这种组织形式着重于品牌建设和市场渠道的重要性，通过联合多个农业生产经营主体，共同塑造知名且受人喜爱的农产品品牌，并共享品牌资源与市场渠道，从而减少品牌建设和市场拓展的成本与风险。例如，多个农业合作社或农业企业可以联合申请注册农产品地理标志证明商标或集体商标，共同打造区域农产品品牌。

（二）涉农经济组织设计原理和方法

1. 职责设计

职责设计构成了涉农经济组织架构的基础，它清晰界定了组织内部各职能部门及岗位的职责边界和工作范畴。在进行职责设计的过程中，必须充分考量组织的战略目标与业务需求，确保每个部门和岗位都能明确自身的职责与任务，并有效地执行。此外，还应重视职责间的协调与合作，防止职责重叠和不必要的重复工作。

2. 职权设计

职权设计涉及对组织内部各部门及岗位权力的分配与明确界定。在执行职权设计的过程中，必须遵循权责对等原则，确保权力与责任相匹配。此外，还应重视权力的平衡与监督机制的构建，防止权力的滥用或误用。合理的职权设计有助于提升组织的管理效率和决策质量。

3. 部门设计

部门设计构成涉农经济组织设计的关键部分。在进行部门设计时，必须依据组织的业务特性及规模大小，合理地确定部门数量与职能范围。通常情况下，涉农经济组织会设立生产管理、质量管理、供应链管理、财务、行政人力资源等核心部门。同时，根据业务需求，还可以设立研发、市场营销等专门部门。适当的部门设计有助于实现资源的最优配置以及部门间的有效协作。

4. 层级设计

层级设计涉及对组织内部管理层级和结构的精心设置与规划。在执行层级设计时，必须考虑组织的规模和管理效率等因素，合理地设定管理层级和职能范围。通常情况下，涉农经济组织可以选择扁平化或层级化两种不同的管理模式。扁平化管理模式侧重于缩减管理层级和决策流程，提升管理效率和灵活性；而层级化管理模式则强调明确管理职责和权力分配，确保组织的稳定性和可控性。无论选择哪种管理模式，都必须重视管理层的选拔和培训，提高管理水平和能力。

（三）涉农经济组织设计的优化策略及案例分析

1. 种植类农业经济组织

对于种植类农业经济组织而言，优化策略主要包括以下四个关键方面：首先，通过加强土地资源整合和规模化经营，提升土地利用效率和产出水平；其次，引进先进的农业技术和设备，提高农业生产效率和产品质量；再次，强化品牌建设和市场营销，提升农产品的市场占有率和品牌价值；最后，重视人才培养和引进，增强组织的管理水平和创新能力。例如，在某地区成立的蔬菜种植合作社，通过整合当地土地资源并引进先进的温室大棚技术和设备，实现蔬菜的规模化和标准化生产；同时，该合作社还注重品牌建设和市场营销，成功打造多个知名蔬菜品牌，从而提高了农产品的市场竞争力和附加值。

2. 养殖类农业经济组织

对于养殖类农业经济组织而言，优化策略主要包括强化养殖场的规划与管理，提升养殖效率和安全性；引入先进的养殖技术和设备，提高养殖水平和产品质量；加强疫病防控和环境保护措施，确保养殖业的可持续发展；重视市场预测和风险管理，降低养殖风险和市场波动对组织的影响。例如，某地区成立的生猪养殖合作社，通过引进先进的养殖技术和设备，实现生猪的规模化和标准化养殖；同时，该合作社还建立了完善的疫病防控和环境保护体系，确保养殖业的健康发展；此外，该合作社还注重市场预测和风险管理，通过多元化经营和合同养殖等方式，有效降低养殖风险和市场波动对组织的影响。

3. 综合型农业经济组织

对于综合型农业经济组织而言，优化策略必须综合考虑种植、养殖等多个领域的特性。通常，这些组织通过强化资源整合和产业链协同，实现资源的高效配置和产业链各环节的紧密衔接；重视科技创新和品牌建设，提升农产品的附加值和市场竞争力；加强人才培养和引进，提高组织的管理水平和创新能力；注重风险管理和可持续发展，确保组织的长期稳定发展。例如，某地区成立的农业产业化联合体通过整合当地种植、养殖等资源，实现产业链的协同发展和资源的优化配置；同时，该联合体还注重科技创新和品牌建设，成功打造多个知名农产品品牌，提高了农产品的市场竞争力和附加值；此外，该联合体还建立完善的风险管理和可持续发展机制，确保组织的长期稳定发展。

二、涉农经济组织的组织结构图绘制

（一）现代企业组织结构图的绘制方法和工具

现代企业组织结构图的绘制是企业管理中的一项关键任务，它有助于明确展示企业内部各层级、各部门之间的关系与职责。

1. 绘制方法

（1）搜集组织内部各部门、岗位及人员的相关信息，理解各自的职责和层级结构。

（2）从农业经理人着手，逐步拓展至各个部门和岗位，构建起基础的组织结构框架。

（3）逐步为每个部门和岗位引入图标或形状，明确标示岗位名称和职责。

（4）调整图形元素的位置和间距，确保架构图整体布局的清晰度和美观性。

（5）利用连接器或线条工具将各个部门和岗位相互连接，展示它们之间的层级关系。

（6）在每个图形元素上添加文本框，用以阐述职责、名称等关键信息。

（7）仔细审查架构图，确保所有元素和标签的准确性，并通过布局和字号等手段强调层次结构。

2. 工具推荐

（1）Microsoft Visio 是一款专业级的图表与流程图设计软件，尤其擅长创建复杂的组织架构图。它配备丰富的模板和形状库，简化绘图流程，并支持一键式优化图表布局。

（2）迅捷画图是一个专业的在线绘图平台，支持在线制作流程图、思维导图、组织结构图等多种图表类型。其界面直观易用，用户从左侧工具栏拖拽所需形状至画布，并通过右侧工具栏调整文本、样式和图像。

（3）PowerPoint 主要用于演示文稿的制作，但其强大的图形编辑功能也适用于绘制简单的组织结构图。用户通过插入形状、线条和文本框来构建组织结构图。

（二）涉农经济组织结构图的绘制方法、技巧及注意事项

1. 绘制方法

涉农经济组织结构图的绘制方法与现代企业组织结构图相似，但需留意以下几点：

（1）涉农经济组织可能涵盖合作社、农业企业、家庭农场等多种形式，因此必须明确其组织结构类型，如直线制、职能制、直线职能制等。

（2）在绘制架构图时，应着重体现农业特色，如标注农业生产部门、农产品加工部门、销售部门等与农业紧密相关的部门。

（3）涉农经济组织通常涉及多个利益主体之间的协作，如农户、合作社、农业企业等，因此需要在架构图中清晰展示这些主体之间的协作关系。

2. 技巧

（1）采用图标和符号来象征不同的部门或职能，增强架构图的直观性。例如，选用稻穗图标来代表农业生产部门。

（2）通过图层或分组功能的使用，更有效地组织图表元素，使架构图的展示更为清晰。例如，可将农业生产、加工和销售部门分别置于不同的图层中。

（3）对于复杂的涉农经济组织结构，通过简化或合并某些部门，减少架构图的复杂性。

3. 注意事项

（1）随着涉农经济组织的演进和变革，及时更新组织架构图以呈现当前状态至关重要。

（2）在绘制过程中，必须确保所有信息的精确无误，防止误导和误解的产生。

（3）在确保信息准确的同时，也要追求架构图的视觉美感，使其更加易于理解和接受。

（4）在绘制架构图时，应充分考虑读者的需求和理解水平，避免使用过于专业或复杂的术语和图形。

通过运用上述方法和技巧，能够绘制出清晰、精确且美观的涉农经济组织结构图，从而为组织管理和决策提供有力支持。

三、农业产业化、信息化对组织架构的影响及组织设计创新

（一）农业生产经营组织结构创新的形式、内容、特点及案例分析

1. 事业部制组织结构创新

（1）形式与内容。事业部制组织结构在农业生产经营中的创新主要体现在将农业生产、加工、销售等不同环节划分为独立的事业部，每个事业部负责特定的产品或服务，并拥有相对独立的经营权和决策权。这种结构有助于企业更加灵活地应对市场变化，提高资源利用效率。

（2）特点。

①各事业部专注于特定领域，有助于实现专业化和精细化管理。

②各事业部相对独立，能够迅速应对市场变化，调整其经营策略。

③事业部负责人对事业部的经营成果负责，有利于激发其积极性和责任感。

案例分析

天康集团事业部制组织结构创新分析

一、引言

天康集团，作为一家起步于1993年的农业产业化龙头企业，经过数十年的市场洗礼与技术创新，已成长为集良种繁育、饲料加工、兽用生物及化学制药、屠宰加工及肉食品连锁配售于一体的综合性企业。其成功不仅源自对市场的敏锐洞察，更在于对农业生产经营组织结构的持续创新，特别是事业部制组织结构的引入与深化。

二、事业部制组织结构创新的形式与内容

1. 形式创新

天康集团的事业部制组织结构创新主要体现在按产品线和业务模块划分事业部。具体而言，集团根据自身的业务布局和发展战略，设立多个相对独立的事业部，如良种繁育事业部、饲料加工事业部、生物制药事业部、屠宰加工事业部及肉食品连锁配售事业部等。每个事业部都拥有相对完整的职能机构，包括研发、生产、销售、财务等各个环节，实现从原材料采购到终端产品销售的全链条管理。

2. 内容创新

在事业部制组织结构下，天康集团实现了以下几个方面的内容创新：

（1）通过事业部制管理，集团能够更加灵活地调配资源，确保各事业部在关键领域获得足够的支持。

（2）各事业部拥有较大的自主权，能够快速响应市场变化，做出决策，从而提升整体运营效率。

（3）事业部制管理有助于建立更加科学合理的激励机制，激发员工的积极性和创造力。

（4）通过将业务模块划分成独立的事业部，集团能够更好地分散风险，提高整体抗风险能力。

三、事业部制组织结构的特点

1. 分权与集权相结合

天康集团的事业部制组织结构在纵向上实现“集中决策，分散经营”。集团总部负责整体战略规划和重大事项的决策，而各事业部则负责日常运营和具体业务的管理。这种分权与集权相结合的模式既保证了集团的统一指挥，又赋予事业部足够的灵活性。

2. 独立核算与自负盈亏

各事业部在横向上实行独立核算，自负盈亏。这种机制促使事业部更加关注自身的经济效益和市场竞争力，从而不断提升产品质量和服务水平。

3. 职能型与事业部型相结合

虽然各事业部具有较大的自主权，但集团内部仍然保持着职能型组织结构的优势。例如，在研发、财务、人力资源等方面，集团总部能够提供统一的支持和协调，确保各事业部之间的协同作战。

四、天康集团生猪代养产业链模式

天康集团在生猪代养产业链上的成功实践是事业部制组织结构创新的典型案例。2008年，面对问题牛奶事件带来的行业冲击，天康集团及时调整战略，通过“公司+合作社+农户”的养殖模式，在昌吉、玛纳斯等地及新湖农场建设了大规模的生猪繁育和养殖基地。这一模式不仅有效解决了农户养殖技术不足、市场风险大等问题，还实现集团良种繁育业务和食品加工业务的一体化运作。在事业部制组织结构的支持下，各相关事业部紧密配合，共同推动了生猪代养产业链的快速发展。

五、结论

天康集团的事业部制组织结构创新是其持续发展的重要动力之一。通过按产品线和业务模块划分事业部，集团实现了资源的优化配置和决策效率的提升；同时，通过独立核算和自负盈亏的机制设计，激发了事业部的积极性和创造力。

2. 矩阵式组织结构创新

（1）形式与内容。矩阵式组织结构在农业生产经营中的创新主要体现在以项目或任务为中心，打破传统职能部门的界限，形成横向与纵向交叉的管理网络。这种结构有助于加强部门间的协作与沟通，提高决策效率和执行效果。

（2）特点。

①项目组成员同时接受项目经理和原职能部门的领导，这种结构有利于资源整合和协同作战。

②能够根据项目需求迅速组建团队，并灵活调整人员配置。

③加强部门之间的信息交流，有助于实现资源共享和优势互补。

案例分析

中牧集团公司农业生产经营组织结构：矩阵式组织结构的深度解析

一、引言

在农业经济的广阔舞台上，中牧集团公司（以下简称“中牧集团”）作为中国农业领域的领军企业，其独特的农业生产经营组织结构，尤其是矩阵式组织结构的运用，不仅为企业的快速发展提供了强有力的支撑，也为中国农业产业的现代化转型树立了典范。

二、矩阵式组织结构的形式

矩阵式组织结构是一种将传统职能型与项目型组织特点相结合的新型组织形式。在中牧集团中，这种结构体现为围绕不同业务领域（如动物保健品、动物营养品、畜牧业生产资料、国内外贸易等）设立的业务部门，与按职能划分的支持部门（如研发、生产、销售、财务等）相互交织，形成一个多维度、多层次的管理网络。

三、矩阵式组织结构的内容

1. 业务部门

中牧集团的业务部门直接面向市场，负责具体产品的研发、生产、销售和服务。这些部门包括但不限于动物疫苗事业部、饲料事业部、兽药事业部及国际贸易部等。

2. 职能支持部门

这些部门为业务部门提供专业化的支持和服务，包括技术研发、生产管理、市场营销、财务规划等。例如，中牧集团拥有多个生物制品、化学药品和饲料及添加剂生产基地，以及多个研究所和研发基地，为各业务部门提供强大的技术支持。

3. 项目小组

针对特定项目或任务，中牧集团会组建跨部门的项目小组，实现资源的优化配置和高效协同。灵活的组织形式有助于快速响应市场变化，把握市场机遇。

四、矩阵式组织结构的特点

1. 双重管理

矩阵式组织结构中的成员既属于某个业务部门，又可能同时参与某个项目小组，接受双重领导和管理。这种双重管理既保证了业务的稳定性，又增强了组织的灵活性和适应性。

2. 资源共享

通过跨部门合作，中牧集团能够实现技术、人才、信息等资源的共享，提高资源利用效率，降低运营成本。

3. 高效协同

项目小组的组建打破了部门壁垒，促进了不同部门之间的沟通和协作，有助于形成合力，推动项目的顺利实施和完成。

4. 适应性强

面对复杂多变的市场环境，矩阵式组织结构能够迅速调整资源配置，灵活应对市场变化，保持企业的竞争力和活力。

五、真实的案例分析：中牧集团的矩阵式组织结构实践

中牧集团作为国内最大的动物疫苗生产企业之一，其矩阵式组织结构的成功实践主要体现在以下几个方面：

1. 业务与职能的深度融合

中牧集团通过业务部门与职能支持部门的紧密合作，实现从产品研发到市场推广的全链条覆盖。例如，在疫苗研发过程中，研发部门与业务部门紧密协作，根据市场需求快速调整研发方向，确保产品的针对性和市场竞争力。

2. 高效的项目管理机制

针对重大科研项目和紧急生产任务，中牧集团迅速组建跨部门项目小组，集中优势资源，确保项目的顺利推进。高效的项目管理机制不仅提高了工作效率，还增强了企业的应急响应能力。

3. 持续的技术创新

中牧集团充分利用矩阵式组织结构的优势，加强与科研机构、高校等外部单位的合作与交流，不断引进和消化先进技术，提升企业的技术创新能力。目前，中牧集团已拥有多个国家级和省部级科研平台，取得一系列重大科研成果，为企业的持续发展提供了强有力的技术支撑。

4. 良好的市场表现

得益于矩阵式组织结构的高效运作和灵活调整，中牧集团在市场上取得显著成绩。其动物疫苗、饲料及添加剂等产品在国内市场占有率居领先地位，并成功出口到多个国家和地区，赢得广泛的国际声誉。

六、结论

中牧集团通过矩阵式组织结构的成功实践，不仅提升了企业的运营效率和市场竞争力，还为中国农业产业的现代化转型提供了宝贵经验。

3. 虚拟型组织结构创新

（1）形式与内容。虚拟型组织结构在农业生产经营中的创新主要体现在运用现代信息技术手段，将分散在不同地区的资源、人才和技术进行整合，形成一个虚拟的、无边界的组织。这种结构有助于降低运营成本，提升市场响应速度。

（2）特点。

①能够根据需求迅速组建和解散团队，适应市场的快速变化。

②能够充分利用全球范围内的资源和技术优势，实现互补增效。

③依赖现代信息技术手段进行沟通和协作，提升了工作效率和准确性。

案例分析

兰州天衢职业培训学校与农业生产经营组织虚拟型组织结构创新的探索

一、引言

随着信息技术的飞速发展和全球化经济的日益加深，传统农业生产经营组织模式面临着前所未有的挑战与机遇。为应对市场变化，提升农业生产的效率和竞争力，兰州天衢职业培训学校积极探索农业生产经营组织的虚拟型组织结构创新，通过校企合作、资源整合、技术创新等手段，为农业现代化注入新的活力。

二、虚拟型组织结构创新的形式

1. 动态联合体模式

兰州天衢职业培训学校与多家农业企业、科研机构及地方政府合作，组建了一个基于市场机会驱动的虚拟企业联盟。该联盟以项目、产品、研发或市场机遇为基础，灵活组建和解散，适应快速变化的市场需求。

2. 星形模式

在虚拟联盟中，兰州天衢职业培训学校作为核心企业（盟主），负责协调管理整个虚拟组织，选择具有核心能力和资源的合作伙伴，如农业种植基地、农产品加工企业、电商平台等，共同组成企业联合体，实现资源共享和优势互补。

三、虚拟型组织结构创新的内容

1. 搭建虚拟组织平台

兰州天衢职业培训学校有效整合了农业产业链上下游的资源，包括土地、技术、资金、市场等，为农业生产提供全方位支持。

2. 与科研机构紧密合作

引入先进的农业技术和生产模式，如智慧农业、有机农业等，提升农产品的品质和附加值。

3. 利用电商平台和社交媒体等新兴渠道

学校帮助农产品直接对接消费者，减少中间环节，提高农民收入。

4. 开设现代农业技术和管理课程

为农业生产经营组织培养高素质的技术和管理人才。

四、虚拟型组织结构创新的特点

（1）虚拟组织能够迅速响应市场变化，灵活调整成员和资源配置，适应不同的市场机遇和挑战。

（2）由于成员企业之间是独立运营的，不需要投入大量固定资本，降低了整体运营成本。

（3）各成员企业能够共享彼此的优势资源，如技术、市场、信息等，实现互利共赢。

（4）通过虚拟组织的形式，各成员企业能够根据自身条件灵活调整经营范围，有效分散经营风险。

五、案例分析

以兰州天衢职业培训学校与某农业种植基地的合作项目为例，学校通过虚拟组织平台，联合多家农业企业、科研机构及电商平台，共同打造了一个集种植、加工、销售于一体的现代农业产业链。学校负责提供技术支持和人才培训，农业种植基地负责生产高品质农产品，电商平台则负责市场开拓和产品销售。通过这一合作模式，不仅提高了农产品的产量和品质，还大大拓宽了销售渠道，增加了农民收入。同时，学校还利用自身教育资源，为当地农民提供技能培训，提升了他们的就业能力和收入水平。

六、结论

兰州天衢职业培训学校通过探索农业生产经营组织的虚拟型组织结构创新，成功实现资源整、技术创新、市场创新和人才培养等多方面的突破。这种创新模式不仅提升了农业生产的效率和竞争力，还为农业现代化提供有力支撑。

（二）涉农经济组织应对组织结构创新的策略和方法

1. 信息共享与数据驱动策略

涉农经济组织应当构建信息共享平台，促进内部各部门间的数据交流与资源共享。通过深入的数据分析，挖掘市场需求，优化资源配置，提升决策效率。同时，必须强化对数据的保护与管理，确保数据安全及隐私得到妥善保护。

2. 业务目标协同策略

涉农经济组织应明确各事业部的业务目标和职责范围，确保事业部间的协同作战和共同发展。通过制定统一的战略规划和业务计划，实现资源的优化配置和高效利用。同时，应加强部门间的沟通与协作，确保信息的及时传递和反馈。

3. 财务统一管理策略

涉农经济组织应当构建统一的财务管理体系，实时监控并管理各事业部的财务状况。通过确立严格的财务管理制度和流程规范，保障财务数据的精确性和真实性。同时，必须强化财务风险的预警和防范机制建设，确保企业的稳健运营和可持续发展。

4. 项目生命周期管理策略

涉农经济组织应强化对项目生命周期的管理与控制，确保项目的顺利推进和高效完成。通过制定详尽的项目计划和时间表，明确各阶段的目标和任务要求。同时，应构建项目监控和评估机制，及时发现并解决问题。此外，还应重视项目成果的总结与提炼，为未来的项目提供宝贵经验和参考。

四、涉农经济组织岗位分工及管理授权的标准和原则

（一）现代农业企业岗位分工的特点和发展趋势

1. 特点

（1）现代农业企业的岗位分工既强调综合性，也突出专业性。综合性体现在员工需要具备跨领域的知识和技能，如对农业生产、加工、销售等多个环节有所了解；而专业性则体现在特定岗位需要具备深入的专业知识和技能，如农业技术研发、市场营销等。

（2）随着现代科技如物联网、大数据、人工智能等在农业领域的广泛应用，现代农业企业的岗位分工越来越依赖于科技手段，提高生产效率和产品质量。

（3）现代农业企业的岗位分工更加注重产业链的整合，从生产到销售，再到售后服务，形成一个完整的产业链条，各岗位之间协作紧密。

2. 发展趋势

（1）随着人工智能、物联网等技术的进步，农业生产正逐步迈向智能化和自动化，有助于降低人力成本并提升生产效率。

（2）消费者需求的日益多样化将推动农产品向个性化和定制化方向演进，企业必须

灵活调整生产策略，提供更加多样化的产品选择。

（3）农业将与旅游、教育、文化等其他产业实现深度融合，形成“农业+”的发展模式，为农业企业开辟更多发展机遇。

（二）现代农业企业职位设置与人员匹配的标准和原则

1. 职位设置标准

（1）不同规模和发展阶段的农业企业，其职位设置会有所差异。小型企业可能更倾向于设置综合性岗位，而大型企业则可能倾向于设置更多专业化岗位。

（2）依据市场需求和竞争环境的变化，调整职位设置，确保企业保持竞争优势。

2. 人员匹配原则

（1）确保员工的技能、知识和经验与其所担任的职位相匹配，胜任工作。

（2）员工的性格和价值观应与团队文化相契合，促进团队协作和沟通。

（3）关注员工的潜力和发展空间，为其提供培训和晋升机会，实现个人与企业共同成长。

3. 具体职位设置与匹配

（1）生产端职位涵盖生产经理、技术员、工人等岗位，主要负责农业生产和加工流程。在人员配置方面，应重视员工的实际操作技能和专业素养。

（2）销售端职位包括销售经理、销售代表、市场专员等，主要负责农产品的销售及市场推广活动。在人员配置方面，应重视员工的沟通技巧和市场洞察力。

（三）涉农经济管理岗位层级与管理授权设置的标准和原则

1. 管理岗位层级设置标准

（1）大型企业可能设立更多的管理层级，实现精细化管理；而小型企业则可能采用扁平化管理，减少管理层级。

（2）确保管理层级既能支撑企业战略目标的实现，又能保证执行力的有效传递。

2. 管理授权设置原则

（1）赋予管理人员相应的权力，并明确其责任，确保权力与责任的匹配。

（2）依据企业的实际情况及外部环境的变化，灵活调整管理授权的范围，保障企业运营的灵活性与适应性。

（3）构建有效的监督机制和反馈机制，确保管理授权的有效实施和及时调整。

3. 具体管理岗位与管理授权

（1）生产端管理岗位包括生产部经理、车间主任等职位，主要负责生产管理和质量控制等任务。其授权范围可能涵盖生产计划的制定、生产过程的监控以及质量控制等方面。

（2）销售端管理岗位涵盖销售经理、区域经理等角色，主要负责销售策略的制定、销售团队的建设以及客户关系的维护。其授权范围可能包括销售预算的制定、销售团队的建设与管理、客户资源的分配等。

（3）企业高级管理岗位涉及总经理、副总经理等职位，主要负责企业战略规划、资源调配和重大决策等关键任务。其授权范围应当广泛，包括企业战略的制定、高层人事的任免、重大财务决策等。同时，应建立完善的监督机制和反馈机制，确保高层管理人员能够正确行使权力，推动企业实现可持续发展。

五、种植类农业经济组织岗位需求分析、人员分工和管理授权

（一）种植类不同细分行业和经营主体岗位分工、设置策略和方法

在种植类农业经济组织中，不同细分行业和经营主体的岗位分工与设置策略和方法应当依据各自的业务特点和经营规模来制定。

1. 细分行业和经营主体分析

明确所处的细分行业（如蔬菜种植、果树种植、中药材种植等）以及经营主体的类型（如家庭农场、农民专业合作社、大型种植企业等）。不同的行业和主体类型会对岗位的需求和设置产生不同的影响。

2. 岗位需求调研

通过市场调研、行业分析以及专家咨询等手段，掌握当前行业内的岗位配置现状和人才需求动态，有助于明确组织内部所需设置的岗位，以及岗位的具体职责和要求。

3. 岗位设置原则

（1）依据业务需求和发展战略，设立必需的岗位，防止资源冗余和浪费。

（2）确保各岗位职责明确无误，避免职责重叠和重复，从而提升工作效率。

（3）依据员工的技能和经验，将合适的员工配置到适当的岗位，实现人才的最大化利用。

4. 岗位设置方法

（1）管理层岗位包括总经理、部门经理等职位，主要负责公司的整体运营和部门管理。

（2）生产岗位涵盖种植工人、技术员、设备维护人员等，专注于具体的种植生产活动。

（3）销售岗位包括销售经理、销售代表等，主要负责农产品的销售和市场推广。

（4）财务和行政岗位涉及财务主管、行政助理等，负责公司的财务管理和日常行政工作。

5. 动态调整

随着业务的拓展和市场环境的演变，岗位配置也需实施动态调整。定期对各岗位的工作量、工作效率及人员配置进行评估，并适时作出调整与优化。

（二）种植类不同细分行业和经营主体组织管理岗位层级与管理授权的设置策略和方法

1. 岗位层级设置策略

（1）对于规模较小、业务相对简单的经营主体，适宜采用扁平化的管理模式，缩减管理层级，提升决策效率。

（2）对于规模较大、业务复杂的经营主体，适宜采用垂直化的管理模式，设立多个管理层级，明确各层级的职责和权限，确保公司的稳健运营。

2. 管理授权设置方法

（1）依据各岗位的职责与权限，界定各级管理人员的授权边界。确保管理人员在授权范围内能够独立作出决策并采取行动。

（2）构建科学合理的授权机制，涵盖授权审批流程、授权监督制度等。确保授权过程的透明性、公正性和有效性。

（3）对于新晋管理人员，需强化培训和指导，助其理解公司的运营模式和业务特色，掌握管理技能和方法。

（4）定期对各级管理人员的授权状况进行评估和调整。根据工作绩效和业务需求的变动，及时调整授权范围和权限大小。

案例分析

以某大型种植企业为例，其组织管理岗位层级和管理授权设置如下：

1. 公司层级：设立总经理、副总经理等高级管理岗位，负责公司的整体运营和战略规划。

2. 部门层级：设立生产部、销售部、财务部、行政部等部门，各部门设立部门经理和副经理等管理岗位，负责部门的具体工作。

3. 管理授权：总经理负责公司的全面管理和决策；副总经理在总经理的授权下，负责分管领域的工作；部门经理在副总经理或总经理的授权下，负责部门内部的工作安排和决策。同时，建立严格的授权审批流程和监督机制，确保授权过程的合法性和有效性。

通过上述策略和方法，种植类农业经济组织能够更加科学和合理地配置岗位与管理层级，从而实现高效和有序的运营及发展。

六、养殖类农业经济组织岗位需求分析、人员分工和管理授权

（一）养殖类不同细分行业和经营主体岗位分工、设置策略和方法

1. 细分行业岗位分工

养殖类农业经济组织通常包括多个细分行业，如生猪养殖、家禽养殖、水产养殖等。不同细分行业的岗位分工策略和方法因各自的行业特性和生产需求而存在差异。

（1）生猪养殖。

①生产管理部门涵盖生产经理、生产技术员、兽医等职位，主要负责制定养殖计划、饲料配方以及疫病防控工作。

②市场营销部门由市场营销经理、销售经理等组成，主要职责包括市场调研、产品销售及渠道管理。

③财务部门专注于财务管理与会计核算，确保资金的合理流动和成本的有效控制。

（2）家禽养殖。

①养殖员负责日常的饲养管理、环境清洁维护以及疫病的预防和控制工作。

②兽医负责监测动物健康状况、进行疾病诊断和治疗。

③饲料配方员依据家禽的生长阶段和营养需求，设计相应的饲养配方。

（3）水产养殖。

①水质管理员负责监测水质变化，确保养殖环境的适宜性。

②养殖技术员负责苗种投放、饲料投喂、疾病防控等技术性操作。

③市场分析师分析市场需求和价格趋势，为销售策略提供数据支持。

2. 岗位设置策略和方法

(1) 对于规模较大的养殖场，应实施更为细致的岗位分工，如增加生产线主管、后勤支持人员等职位；相对而言，小规模养殖场可能需要一人承担多个角色，如养殖员同时负责饲养和疫病防控工作。

(2) 随着养殖技术的持续进步，应考虑增设技术研发相关岗位，如养殖技术员、饲料配方员等，促进技术创新和提高工作效率。

(3) 根据市场动态和产品需求的变化，灵活调整岗位配置，如增加市场分析师、销售渠道经理等职位，以便更好地适应市场变化。

(二) 养殖类不同细分行业和经营主体管理岗位层级与管理授权的设置策略和方法

1. 管理岗位层级设置

养殖类农业经济组织的管理岗位层级通常包括高层管理、中层管理和基层管理三个层级。

(1) 高层管理负责制定企业的发展战略和目标，协调各部门工作，进行重大决策和风险评估。

(2) 中层管理负责具体业务部门的运营和管理，如生产管理部门、市场营销部门等，执行高层决策并指导下属员工工作。

(3) 基层管理负责具体生产操作和日常管理工作，如养殖员、生产线主管等，确保生产任务的完成和各项规章制度的执行。

2. 管理授权设置策略和方法

(1) 依据各岗位的职责与权限，界定管理授权的界限与程度。农业经理人应保留对重大决策的控制权，而中层与基层管理者则应在授权的框架内独立作出决策并执行任务。

(2) 通过确立授权制度与流程，规范授权行为，确保授权的合理性和有效性。授权过程应明确授权对象、授权事项、授权期限等关键要素，并构建相应的监督与考核机制。

(3) 授权并不等同于放任自流，农业经理人需加强与中层和基层管理者的沟通与协调，及时掌握工作进展和存在的问题，并提供必要的指导与支持。

(4) 随着企业的发展和市场的变化，管理授权亦应相应地进行动态调整。企业应根据实际情况灵活调整授权的范围与程度，适应新的发展需求和市场环境。

养殖类农业经济组织的岗位分工、设置策略和管理授权应当综合考虑行业特性、生产规模、技术需求以及市场需求等关键因素，确保组织的高效运作和可持续发展。

七、综合型农业经济组织岗位需求分析、人员分工和管理授权

(一) 综合型不同细分行业和经营主体岗位分工、设置策略和方法

1. 岗位分工策略

在综合型农业经济组织中，岗位分工策略应当依据组织的整体战略目标、业务范围以

及经营特点来制定。针对不同的细分行业和经营主体，需要有目的地设置岗位，保障业务的高效运作和资源的优化配置。

（1）对各个细分行业（如种植业、畜牧业、渔业、农产品加工业等）进行深入的特性分析，掌握各行业的生产流程、技术要求、市场需求以及竞争格局。

（2）依据行业特性，将组织业务细分为不同的模块，包括生产、加工、销售、技术研发、市场推广、财务管理等。

（3）针对每个业务模块，设立相应的岗位，并详细界定各岗位的职责、权限和任职资格。例如，在种植业模块，设立农业技术员、农田管理员等岗位；而在销售模块，则可以设立销售经理、市场推广员等岗位。

2. 岗位设置方法

（1）通过市场调研，了解行业内其他组织的岗位设置情况，作为参考依据。

（2）邀请行业专家或资深从业者进行咨询，获取专业建议。

（3）对组织内部资源进行评估，涵盖人力资源、技术资源、资金资源等，确保岗位设置与组织实际情况相匹配。

（4）随着业务的发展和外部环境的变化，及时对岗位设置进行动态调整和优化。

（二）综合型不同细分行业和经营主体管理岗位层级与管理授权的设置策略和方法

1. 管理岗位层级设置策略

管理岗位层级的设置应遵循扁平化、高效化的原则，减少管理层级、提高管理效率。

（1）顶层决策层负责制定组织的整体战略目标和重大决策。

（2）中层管理层负责将顶层决策转化为具体执行计划，并监督其执行情况。

（3）基层执行层负责具体业务的执行和操作。

同时，根据各个细分行业和经营主体的特性，管理层级的设置可以灵活调整。例如，在规模较小的经营主体中，管理层级可以适当精简；而在业务复杂、规模较大的经营主体中，则需要构建更为精细的管理层级，确保业务流程的顺畅和高效。

2. 管理授权设置方法

（1）依据各岗位的职责与权限，界定清晰的授权范围。确保管理层在授权界限内行使职权，防止越权行为的发生。

（2）构建科学的授权机制，保障授权的合理性和有效性。授权机制应涵盖授权流程、授权标准、授权监督等多个方面。

（3）通过培训和教育等手段，培育管理人员的授权意识。使他们充分理解授权的重要性与必要性，并掌握合理授权与有效监督的技巧。

（4）定期对授权状况进行评估和调整。根据业务发展和人员变动等情况，适时调整授权范围和授权机制，确保组织的持续高效运作。

综合型农业经济组织在岗位分工、设置以及管理岗位层级与管理授权的制定上，必须充分考虑组织的整体战略目标、业务范围及经营特点，并遵循扁平化、高效化的原则进行规划和调整。同时，还需强化内部沟通和协作机制的建设，确保各岗位之间的顺畅衔接和高效配合。

 八、马斯洛需求层次理论在农业企业人力资源管理中的应用

（一）马斯洛需求层次理论的基本内容

马斯洛需求层次理论将人的需求分为五个层次，从低到高依次为：生理需求、安全需求、社交需求（爱与归属的需求）、自尊需求、自我实现需求。这些需求层次之间有着紧密的联系和递进关系，当低层次的需求得到满足后，人们会追求更高层次的需求。

（二）马斯洛需求层次理论在农业企业人力资源管理中的应用

1. 人才选拔与培养

根据马斯洛需求层次理论，农业企业在选拔人才时，应注重选拔具有不同需求层次的员工，以满足企业的多元化需求。

在培养员工方面，企业应针对不同需求层次的员工，制定个性化的培养计划和职业发展路径，帮助员工实现个人成长和价值提升。

2. 员工激励

（1）生理需求。通过提供具有竞争力的薪资待遇、良好的工作环境和福利待遇（如带薪年假、节日慰问等），满足员工的生理需求。

（2）安全需求。建立健全的劳动保护制度、社会保险制度和福利体系，为员工提供稳定的工作保障和未来的职业发展机会，满足员工的安全需求。

（3）社交需求。组织丰富多彩的团队活动和社交活动，促进员工之间的交流和合作，增强员工的归属感和团队凝聚力。

（4）自尊需求。通过建立公平的绩效考核制度和晋升机制，表彰和奖励优秀员工，满足员工的自尊需求。

（5）自我实现需求。提供具有挑战性的工作任务和职业发展机会，鼓励员工发挥个人特长和才华，实现自我价值。

3. 企业文化建设

将马斯洛需求层次理论融入企业文化建设，关注员工的价值观引导，提升员工的归属感和认同感。通过建立积极向上的企业文化氛围，激发员工的工作热情和创造力，推动企业持续发展。

4. 人力资源配置

根据员工的需求层次和企业的战略目标，合理配置人力资源，确保人尽其才、才尽其用。通过优化人力资源配置，提高企业的运营效率和市场竞争力。

（三）应用效果评估

在应用马斯洛需求层次理论进行人力资源管理后，农业企业可以对以下方面进行评估：

（1）员工满意度。通过员工满意度调查等方式，了解员工对工作环境、薪资待遇、职业发展等方面的满意度情况。

（2）员工绩效。通过绩效考核和业绩评估等方式，了解员工的工作表现和业绩成果。

（3）团队凝聚力。通过观察团队合作和沟通情况等方式，了解团队的凝聚力和协作能力。

（4）企业文化建设。通过企业文化宣传和推广等方式，了解企业文化的认同度和影响力。

（四）注意事项

（1）在应用马斯洛需求层次理论时，企业应深入了解员工的需求层次和个体差异，制定个性化的管理策略。

（2）随着市场环境和员工需求的变化，企业应持续关注和调整人力资源管理策略，确保其与马斯洛需求层次理论的要求相适应。

（3）企业应加强与员工的沟通和反馈机制，及时了解员工的需求和意见，为员工提供更好的服务和支持。

马斯洛需求层次理论在农业企业人力资源管理中具有广泛的应用价值和实践意义。企业应深入挖掘和应用这一理论，以满足员工的多层次需求，提高员工的满意度和忠诚度，从而推动企业持续发展。

第三节　流程开发

一、农业生产流程的基本要素和特点分析

（一）农业生产流程的基本要素、划分维度、特点及功能分析

1. 农业生产流程的基本要素

（1）土地作为农业生产的基础，它为作物提供必需的土壤、水分和养分。

（2）种子/种苗作为农作物的起始材料，其质量直接决定农作物的产量和品质。

（3）水资源作为作物生长中不可或缺的因素，包括灌溉水和自然降水。

（4）肥料与农药用于补充土壤养分、防治病虫害，确保作物的健康生长。

（5）劳动力与机械提供种植、管理、收获等环节的必要劳动力支持，而机械则能显著提高生产效率。

（6）技术与知识涵盖种植技术、管理技巧、病虫害防治方法等，对农业生产具有至关重要的作用。

2. 划分维度

（1）依据季节和作物的生长周期进行划分，如播种期、生长期、收获期等。

（2）根据地形、气候等自然条件的不同，划分出不同的种植区域。

（3）依据农业技术模式，如传统农业与现代农业、有机农业与无机农业等进行分类。

3. 特点及功能分析

（1）特点。

①农业生产深受自然环境条件的影响，不同地区适宜种植的作物种类各异。

②作物的生长受到季节变化的影响，因此农业生产活动必须遵循季节的自然顺序。

③农业生产展现出显著的周期性特征，包括作物的生长周期以及整个农业生产的年度周期。

④农业生产是一个涉及多个领域和环节的复杂过程，需要综合考虑各种相关因素。

（2）功能。

①提供食物和原材料，满足人类的基本生活需求，同时为工业生产提供必需的原材料。

②合理的农业生产活动有助于保持土壤的肥力和水源的涵养，维护生态系统的平衡。

③作为国民经济的重要组成部分，农业生产对经济增长和社会稳定发挥着关键作用。

（二）农业生产管理流程图的一般性结构内容要素、绘制方法和相关工具

1. 一般性结构内容要素

（1）准备阶段包括土地整理、种子处理、肥料准备等步骤。

（2）种植阶段涉及播种或移栽、灌溉、施肥等活动。

（3）管理阶段执行除草、病虫害防治、修剪等管理措施。

（4）收获阶段包括采摘、收割、加工等环节。

（5）销售阶段涵盖储存、包装、运输、销售等流程。

2. 绘制方法

（1）明确流程图所要解决的问题和追求的目标。

（2）搜集与农业生产管理相关的步骤、活动、决策点等信息。

（3）利用流程图软件（如 Microsoft Visio、Lucidchart、Draw. io 等）或手工绘制方式来创建流程图。确保图形符号的统一性，并清晰地展示各环节之间的逻辑联系。

（4）检验流程图是否准确无误、清晰地反映了农业生产管理的整个过程，并根据反馈进行必要的调整和修正。

（5）随着农业生产技术和管理方法的演进，定期对流程图进行审查和更新，保证其内容与实际生产活动保持同步。

3. 相关工具

（1）Microsoft Visio 是功能强大的流程图制作软件，支持多种类型的流程图绘制。

（2）Lucidchart 是在线流程图制作工具，支持多人协作和实时编辑，提供丰富的图形符号和模板。

（3）Draw. io 是免费的在线流程图制作工具，同样支持多人协作和实时编辑功能。

（三）农业生产管理流程图的优化及其意义

1. 数据化优化

通过收集和分析农业生产过程中的数据（包括气象数据、土壤数据、作物生长数据等），利用大数据和人工智能技术进行深入分析和精准预测，从而优化农业生产管理决策。例如，依据气象预测调整灌溉和施肥计划，减少资源浪费；根据作物生长数据调整种植密度和收获时间，提升产量和改善品质。

2. 精益化优化

借鉴精益管理的理念和方法，对农业生产管理流程进行优化。通过消除浪费（如不必要的劳动、等待时间、库存等）、提高生产效率和质量、降低成本等手段，实现精益化生产。例如，通过优化种植布局和作业流程减少劳动力浪费；过改进机械设备和技术提升生产效率等。

3. 可视化及动态化优化

通过应用数据可视化技术，农业生产管理过程中的数据得以以图表、地图等直观形式展现，不仅有助于农业经理人更清晰地掌握农田状况和作物生长情况，还能及时识别并解决问题。此外，结合物联网和传感器技术，农业生产管理实现了动态监控和调节。例如，通过实时监测土壤湿度和养分含量，自动调整灌溉和施肥计划；通过监控作物生长状况，能够及时发现病虫害并采取相应的防治措施。

4. 意义

优化农业生产管理流程图对于提升农业生产效率和质量、减少生产成本、增强农业生产的可持续性和竞争力具有积极作用。此外，它还能促进农业现代化进程和农业科技创新的发展。

二、种植类农业经济组织生产管理流程图绘制

（一）种植类不同细分行业和经营主体生产流程的要素和特点分析

种植类农业经济组织覆盖众多细分行业，这些行业包括但不限于粮食作物（如水稻、小麦）、经济作物（如棉花、油料作物）、果树种植、蔬菜种植等。各个细分行业和经营主体的生产流程都有其独特的要素和特点。

1. 粮食作物

（1）包括种子选择、土地准备、播种、田间管理（灌溉、施肥、除草、病虫害防治）、收获、储存等环节。

（2）农业生产周期相对较长，对自然环境的依赖性较大，尤其是气候和土壤条件。因此，需要进行严格的田间管理和及时的农事操作。

2. 经济作物

（1）与粮食作物相似，但可能涉及更为复杂的栽培技术和更高的管理要求，如棉花的采摘、油料作物的压榨等。

（2）经济价值较高，市场需求波动较大，对技术和管理水平的要求也相对较高。

3. 果树种植

（1）苗木培育、果园建立、修剪整形、花果管理、病虫害防治、采摘等。

（2）生产周期长、投资大，但收益稳定且持续。需要长期的果园管理和精细的栽培技术。

4. 蔬菜种植

（1）种子处理、苗床准备、播种或移栽、肥水管理、病虫害防治、采摘等。

（2）具有生产周期短、市场需求变化迅速的特点，因此需要灵活调整种植结构和品种。同时，蔬菜种植对土壤和水质的要求相对较高。

5. 经营主体

经营主体涵盖农户、家庭农场、合作社、农业企业等多种形式。不同经营主体的生产流程在基本要素上大体相同，然而在规模、技术水平以及管理模式方面却展现出明显的差异性。以农业企业为例，它们往往配备更为先进的生产设备，并拥有更为完善的管理体系，使得它们能够实现生产过程的规模化和标准化。

（二）种植类不同细分行业和经营主体生产管理流程图的绘制方法和生产流程优化策略

1. 绘制方法

（1）明确要绘制的生产流程范围，涵盖从种子选择到产品销售的整个过程，或者选择其中的关键环节进行详细绘制。

（2）依据细分行业和经营主体的特性，识别出生产流程中的关键要素和重要环节。

（3）利用流程图绘制工具（如 Visio、Lucidchart 等），按照生产流程的逻辑顺序，将各个要素和环节用图形和箭头连接起来，形成直观的流程图。

（4）在流程图中明确标注各个要素和环节的名称、操作步骤、关键控制点等详细信息，促进理解和执行。

2. 生产流程优化策略

（1）确立统一的生产标准和操作流程，确保生产过程的规范化和一致性。通过实施标准化生产，能够有效降低生产成本并提升产品质量。

（2）采用现代农业技术，如智能化灌溉系统和无人机植保，提高生产效率和管理水平。同时，强化农业科技的研发和推广，培育出高产量、优质且抗逆性强的新品种。

（3）合理分配土地、水资源和肥料等资源，提高资源的使用效率。通过实施精准施肥和节水灌溉等措施，减少资源浪费和降低环境污染。

（4）密切关注市场需求的动态变化，及时调整种植结构和品种选择。通过加强与市场的对接和合作，拓展销售渠道，提升产品的附加值和市场竞争力。

（5）建立和完善风险管理机制，对自然灾害、病虫害等潜在风险进行预警和防控。同时，加强保险保障体系的建设，降低农业生产中的风险。

绘制种植类农业经济组织的生产管理流程图，首先需要明确流程的范围，接着识别并确定流程中的关键要素，其次绘制出流程图，并对各个步骤进行详细标注和说明。在优化生产流程方面，采取标准化生产、引进先进技术、优化资源配置、加强市场对接以及强化风险管理等策略，提升生产效率和经济效益（图 2-1）。

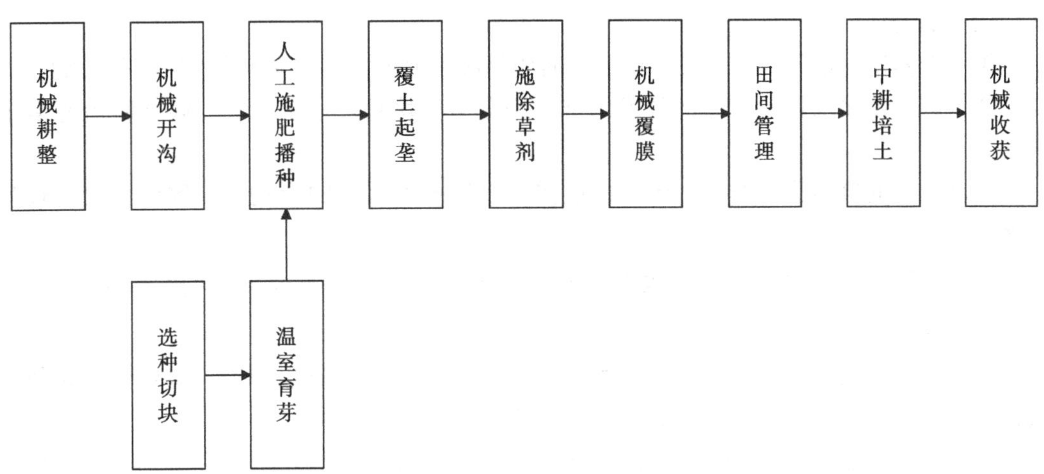

图 2-1 马铃薯生产流程

三、养殖类农业经济组织生产管理流程图绘制

（一）养殖类不同细分行业和经营主体生产流程的要素和特点分析

养殖类农业经济组织包括多个细分行业，主要涉及畜牧业（如猪、牛、羊、家禽等的养殖）和水产业（如淡水鱼、海水鱼、虾蟹等的养殖）。

1. 畜牧业

（1）要素。

①优质的种源构成了畜牧业生产的基础，它直接关系到后代的生长性能、肉质以及繁殖能力。

②饲养管理涵盖饲料配方、饲养环境的控制（如温度、湿度、通风等）以及疫病的防控，是确保动物健康生长的关键所在。

③通过合理的繁育计划和配种技术，提高繁殖效率，进而增加种群数量。

④动物一旦达到出栏标准，便需进行屠宰、分割、包装等加工处理，满足市场需求。

（2）特点。

①畜牧业中的动物生长周期较为漫长，导致资金的投入和回收周期也相应地被拉长。

②鉴于生产周期的长期性，畜牧业容易受到市场价格波动、疫情等不确定因素的影响，从而使得资金运营面临较高的风险。

③畜牧业的运营需要大量占用土地、水资源等宝贵的自然资源。

2. 水产业

（1）要素。

①选择健康且适应性强的苗种是确保水产养殖成功的基础。

②水质管理是水产养殖中的关键环节，必须定期进行检测并适时调整相关水质参数。

③根据养殖品种和不同生长阶段合理投喂饲料，确保满足其营养需求。

④水产养殖过程中易受病害影响，因此必须实施有效的预防和治疗措施。

（2）特点。

①水产养殖对水质、气候等环境因素的变化极为敏感，容易受到自然灾害的影响。

②水产养殖要求具备较高的技术水准，涵盖苗种培育、水质调控、病害防治等多个方面。

③水产品的价格受到季节、天气、供需关系等多种因素的影响，导致市场波动较为显著。

（二）养殖类不同细分行业和经营主体生产管理流程图的绘制方法和生产流程优化策略

1. 绘制方法

（1）针对细分行业和经营主体的特性，识别并明确生产流程中的关键要素，如种源选择、饲养管理、繁育配种、屠宰加工等环节。

（2）利用流程图工具（如 Visio、Lucidchart 等）来绘制流程图，明确流程的起点、中间环节以及终点。

（3）在流程图中加入各个生产流程节点，通过图形或文本框进行展示，并为每个节点标注名称和简要说明。

（4）使用连接线将各个流程节点按照实际生产顺序串联起来，构建起一个完整的生产流程链。

（5）根据实际需求，为流程图添加箭头方向、颜色标记、注释说明等细节，增强流程图的可读性和精确度。

2. 生产流程优化策略

（1）精选适应本地气候和环境的优质品种进行养殖，并运用先进的繁育技术以提升繁殖效率和种群品质。

（2）实施精细化管理策略以提升饲养管理的水平，包括科学配制饲料配方、优化饲养环境控制、强化疾病预防和控制等措施。

（3）积极采纳自动化、智能化等尖端技术设备以提高生产效率和产品质量；利用大数据、物联网等现代信息技术实现精准管理。

（4）密切关注市场趋势和消费者需求的变化；加强与销售渠道的合作，确保产品能够及时、顺畅地进入市场。

（5）重视环保和可持续发展理念在养殖过程中的应用；推广绿色养殖技术和模式；强化养殖废弃物的处理和资源化利用工作。

四、综合型农业经济组织生产管理流程图绘制

（一）综合型不同细分行业和经营主体生产流程的要素和特点分析

在综合型农业经济组织中，各个细分行业和经营主体的生产流程都拥有其独特的要素和特征，这些要素和特征对于构建有效的生产管理流程图至关重要。

1. 种植业

（1）要素包括种子选择、土地准备、播种、灌溉、施肥、病虫害防治、收割、加工与储存等环节。

（2）农业活动具有明显的季节性，高度依赖自然环境，其生产过程受到天气条件的显著影响，因此需要进行精细化的田间管理。

2. 畜牧业

（1）要素包括品种选择、饲料供应、养殖环境控制、疾病防治、繁殖管理、屠宰与加工等。

（2）特点是具备较长的生物周期，要求持续的关注和精细化管理。同时，它还涵盖了食品安全和动物福利的相关问题。

3. 水产业

（1）要素包括苗种培育、养殖池管理、水质监控、饲料投喂、疾病防控以及捕捞与加工等环节。

（2）此生产过程对水质要求极为严格，易受环境污染的影响，因此必须对水质和饲料质量进行严格控制。

4. 农产品加工业

（1）要素包括原料采购、清洗分级、加工处理（包括切割、烘干、腌制等）、包装、储存与运输等环节。

（2）生产流程具有高度的标准化，对设备的依赖性较强，必须确保产品质量和食品

安全。

（二）综合型不同细分行业和经营主体生产管理流程图的绘制方法和生产流程优化策略

1. 绘制方法

（1）深入理解并明确各个细分行业和经营主体的具体生产流程，涵盖所有关键步骤和环节。

（2）建议使用专业的流程图绘制软件（如 Visio、Lucidchart 等）或手绘工具进行绘制。这些工具通常配备丰富的符号库和模板，便于快速构建流程图。

（3）绘制流程图。

①依照生产流程的顺序，逐步将各个步骤纳入流程图中。

②利用箭头或其他连接符号将各个步骤相互连接，明确展示它们之间的逻辑联系。

③在每个步骤旁边补充必要的注释、标签和说明，增强流程图的可读性和理解度。

（4）调整流程图的布局，增强其清晰度和易理解性。确保步骤间的连接顺畅，无冗余或遗漏之处。

（5）流程图完成后，将其导出为适宜的格式（如 PDF、PNG 等），以便在组织内部进行分享和讨论。

2. 生产流程优化策略

（1）通过制定统一的作业流程和操作规范，降低生产过程中的变异性和错误率，从而提升生产效率和产品质量。

（2）采用尖端生产设备、自动化控制系统和智能化管理工具，提升生产自动化和智能化水平，减少人力成本并提高生产效率。

（3）构建持续改进机制，激励员工提出改进建议，不断优化生产流程和管理方法，适应市场需求和技术进步。

（4）加强与供应商和客户的沟通与协作，优化供应链管理流程，确保原材料供应的稳定性及产品交付的及时性。

（5）在生产过程中强调环境保护和可持续发展，采用环保材料和生产工艺，减少污染物排放和资源浪费。

绘制综合型农业经济组织的生产管理流程图，必须全面考虑各个细分行业及经营主体的生产流程要素与特点。同时，应用科学的绘制方法和优化策略，确保流程图的精确性和实用性。

五、农业生产经营绩效评估的标准、内容及特点分析

（一）现代农业企业生产经营绩效评估的原则、标准、内容和特点

1. 评估原则

（1）确保评估过程摆脱主观偏见，依据事实和数据进行。

（2）运用科学的方法和标准，保障评估结果的精确性和可信度。

（3）全面考量生产、经营、管理、财务、社会及环境等多个维度的因素。

（4）依据市场动态、政策变化和企业实际状况，及时更新评估标准和内容。

2. 评估标准

（1）经济效益包括利润率、资产回报率、成本降低率等指标，它们反映了企业的盈

利能力和经济效益。

（2）通过劳动生产率、土地生产率、机械化水平等衡量，体现了企业的生产效率和资源利用效率。

（3）产品质量包括产品合格率、优质品率、客户满意度等指标，揭示了企业的产品质量和市场竞争力。

（4）社会责任与环境保护盖涵节能减排效果、环境保护投入、社区贡献等，展现了企业的社会责任感和可持续发展能力。

3. 评估内容

（1）财务状况涵盖企业的资产负债状况、现金流量、利润水平等关键财务指标。

（2）评估企业的生产规模、设备先进程度、技术创新能力等。

（3）分析企业的市场份额、品牌知名度、客户满意度等市场相关指标。

（4）考察企业的组织结构、管理制度、信息化水平等管理相关因素。

（5）评估企业在促进就业、支持农村发展、保护环境等方面的贡献。

4. 特点

（1）评估内容广泛，涵盖经济、社会、环境等多个领域。

（2）评估标准和内容会根据市场动态和企业发展进行相应调整。

（3）评估既重视量化指标的考核，也注重定性因素的分析。

（4）评估结果的主要目的是引导企业决策、优化资源配置，并促进可持续发展。

（二）涉农经济组织信息化绩效考核策略方法和相关工具

1. 生产效率考核

（1）通过实施标准化作业流程、引入自动化生产设备以及部署智能化管理系统，提升生产效率和作业的精确度。利用数据分析技术，识别并解决生产过程中的瓶颈和浪费问题，实现持续的流程优化。

（2）相关工具包括 ERP 系统、MES 系统、自动化设备监控系统等。

2. 产品质量考核

（1）构建一套严密的质量控制体系，涵盖原材料检验、生产过程监控、成品检测等多个环节。引入尖端的检测技术和设备，确保产品质量的稳定性和可靠性。

（2）相关工具包括质量管理软件（如 ISO 质量管理体系）、检测设备和仪器、数据分析工具等。

3. 生产成本、安全及可靠性考核

（1）通过实施成本控制策略，优化采购、生产和物流等环节的成本结构。强化安全生产管理，确保员工和设备的安全无虞。提升产品和服务的可靠性，降低故障率和维修成本。

（2）相关工具包括成本管理软件、安全生产管理系统、可靠性分析工具等。

4. 产品生命周期、技术指标等市场适用性考核

（1）专注于产品的市场需求和趋势分析，评估产品生命周期和技术指标是否满足市场标准。强化研发和创新活动，提升产品的市场竞争力和附加值。

（2）相关工具包含市场调研工具、技术分析工具、产品开发管理软件等。

现代农业企业在生产经营绩效评估以及涉农经济组织信息化绩效考核方面，必须遵循

特定的原则和标准，并运用科学的方法与工具进行全方位、系统的评估与分析。实施这些措施有助于持续提升企业的竞争力和可持续发展能力。

六、种植类农业经济组织生产经营绩效考核标准的编制

（一）种植类不同细分行业和经营主体生产经营关键指标分析及相关绩效考核标准的制定

在制定种植类农业经济组织的生产经营绩效考核标准时，必须充分考虑各个细分行业和经营主体的独特特点，确保考核标准具有针对性和可操作性。

1. 关键指标分析

（1）产量与质量。

①农产品产量作为衡量农业生产效益的关键指标，需关注各细分行业（如粮食、蔬菜、水果等）的亩产量和总产量。

②农产品质量涵盖农产品的营养成分、口感、外观、农药残留等多项指标，确保农产品满足市场需求并达到安全标准。

（2）生产成本。

①种子、肥料、农药等投入成本必须进行合理控制，确保投入产出比的合理性。

②根据生产规模和机械化程度来评估劳动力成本。

③土地租金、灌溉费用等其他成本需全面考虑各项生产成本，提高经济效益。

（3）市场与品牌。

①衡量产品在市场上的占有率及其竞争力。

②通过品牌知名度、忠诚度等关键指标评估品牌建设的成效。

2. 绩效考核标准制定

（1）定量指标包括亩产量、总产量、成本投入比、市场占有率等，设定明确的数值目标以供考核。

（2）定性指标涵盖产品质量、品牌影响力等，可通过问卷调查、专家评审等方法进行评估。

（3）结合定量指标与定性指标，构建一个综合考核体系，确保考核结果的全面性和公正性。

（二）种植类主要职能部门绩效考核指标和标准的监测、优化策略及相关信息化工具

1. 主要职能部门绩效考核指标

（1）生产组织类职能部门。

①生产计划完成率，该指标用于评估生产计划的合理性和执行效果。

②生产现场管理，此方面涉及对生产现场秩序、安全、环保等方面的考核。

（2）设备作业类职能部门。

①评估设备的使用效率及其维护保养状况。

②考核设备的稳定性和可靠性。

（3）技术支持类职能部门。

①评估新技术和新品种的引进及其推广效果。

②通过农户或内部员工的反馈来评估技术服务质量。

（4）产品加工类职能部门。

①加工效率衡量产品加工的速度与质量。

②管理加工过程中的各项开支，提升经济效益。

（5）产品销售类职能部门。

①销售额评估销售业绩和市场开拓能力。

②销售渠道管理考核销售渠道的覆盖面和稳定性。

（6）市场品牌类职能部门。

①评估品牌宣传活动在市场上的反馈及其影响力。

②考核在维护和拓展客户关系方面的表现。

（7）财务、人力、行政等支持类职能部门。

①评估财务制度的健全性和资金运作的规范性。

②考核人才引进、培训、激励等方面的效果。

③评估行政效率和服务质量。

2. 监测与优化策略

（1）定期监测。各职能部门应定期向组织管理层提交绩效报告，反映各项指标的完成情况。

（2）数据分析。利用信息化工具对绩效数据进行深入分析，识别问题和潜在的改进领域。

（3）目标调整。依据监测结果和市场动态，适时调整绩效考核的目标和标准。

（4）持续改进。构建持续改进机制，激励各职能部门持续学习和创新，提升绩效水平。

3. 相关信息化工具

（1）ERP 系统。整合企业资源，实现生产、财务、销售等环节的信息化管理。

（2）CRM 系统。管理客户关系，提升销售和服务效率。

（3）BI 分析工具。深度挖掘和分析绩效数据，为决策提供支持。

（4）人力资源管理系统。集中管理员工信息，自动化处理绩效考核。

在制定种植类农业经济组织的生产经营绩效考核标准时，必须充分顾及不同细分行业和经营主体的特性，制定出既具有针对性又具备可操作性的评估标准。此外，应利用信息化工具来实现绩效数据的监测、分析和优化。

七、养殖类农业经济组织生产经营绩效考核标准的编制

在制定养殖类农业经济组织的生产经营绩效考核标准时，必须全面考虑各细分行业和经营主体的特性，以及主要职能部门的职责，确立科学且合理的绩效考核指标和标准。

（一）养殖类不同细分行业和经营主体生产经营关键指标分析及相关绩效考核标准的制定

1. 细分行业关键指标分析

（1）养牛业。关键指标包括养殖牛头数、养殖场面积、养殖年产量、饲料成本、疾病控制率、市场需求及价格变化等。例如，企业需关注养殖规模的扩大、饲料成本的降低、疾病防控措施的有效性以及市场需求的波动，以此为基础制定绩效考核标准。

（2）养羊业。关键指标涉及羊群规模、增长率、存活率、疫病发生率、治愈率、销售额、利润率及成本控制等。养羊场应重点关注羊群健康状况、经济效益和生产效率，制定相应的绩效考核标准。

（3）养猪业。关键指标涵盖存栏量、出栏量、出栏均重、产仔率、死亡率、料肉比、销售额及市场份额等。养猪企业需关注生产效率、成本控制和市场竞争力，以此为依据制定绩效考核标准。

2. 绩效考核标准的制定

（1）绩效考核标准应当具体且明确，避免产生歧义，并确保考核过程的公正性和客观性。

（2）尽可能将考核指标转化为具体数值，便于对考核结果进行比较和分析。

（3）设定的考核标准应具有一定的挑战性，激发员工的积极性和创造力。

（4）根据市场动态和企业实际情况，及时调整绩效考核标准，保证其科学性和有效性。

（二）养殖类主要职能部门绩效考核指标和标准的监测、优化策略及相关信息化工具

1. 主要职能部门绩效考核指标

（1）生产部门专注于生产效率、产品质量、成本控制等关键指标，包括存栏量、出栏量、料肉比等。

（2）财务部门着重于经济效益、成本控制、投资回报率等核心指标，涵盖总收入、总成本、利润等。

（3）营销部门重视市场份额、销售额、客户满意度等评估指标，涉及产品销售额、销售渠道、市场占有率等。

（4）环保部门致力于环境保护、污水处理、废弃物处理等关键指标，确保企业遵守环保法规要求。

2. 监测与优化策略

（1）定期对各项考核指标进行监测，及时发现存在的问题和不足之处。

（2）运用数据分析工具对监测结果进行深入分析，识别问题的根源和改进的方向。

（3）根据分析结果制定优化策略，例如改进生产工艺、优化成本结构、拓展销售渠道等。

（4）建立持续改进机制，定期对绩效考核标准进行评估和优化，确保其与企业发展的需求保持一致。

3. 信息化工具

（1）通过信息化手段构建绩效考核系统，实现数据的自动采集、分析和报告，提升考核的效率和精确度。

（2）借助 ERP 系统整合企业资源，实现生产、财务、营销等各环节的协同管理，为绩效考核提供全面、精确的数据支持。

（3）采用数据分析软件对考核数据进行深入挖掘和分析，揭示潜在的规律和趋势，为决策提供有力支持。

制定养殖类农业经济组织的生产经营绩效考核标准，必须全面考虑各细分行业和经营主体的特性，以及主要职能部门的职责。通过确立明确的考核标准、实施定期监测与优化

流程，以及运用信息化工具等方法，保障绩效考核的科学性、公正性和有效性，从而促进企业的持续健康发展。

八、综合型农业经济组织生产经营绩效考核标准的编制

在制定综合型农业经济组织的生产经营绩效考核标准时，必须全面考虑各个细分行业和经营主体的关键生产经营指标，以及主要职能部门的绩效考核指标和标准。

（一）综合型不同细分行业和经营主体生产经营关键指标分析及相关绩效考核标准的制定

1. 细分行业和经营主体分析

综合型农业经济组织通常包含多个细分行业，如种植业、养殖业、农产品加工业以及农业服务业等。这些行业各自拥有独特的生产经营特性以及关键的衡量指标。

（1）种植业关键指标涵盖农作物产量、品质、种植成本、灌溉效率以及土壤质量等方面。

（2）养殖业关键指标包括动物存栏量、出栏率、饲料转化率、疾病防控效果以及养殖环境控制等。

（3）农产品加工业关键指标涉及加工效率、产品质量、原材料利用率、能源消耗和生产安全等方面。

（4）农业服务业关键指标包括服务质量、客户满意度、服务效率以及市场拓展能力等。

2. 绩效考核标准的制定

针对不同的细分行业和经营主体，应当制定相应的绩效考核标准，客观地评价它们的生产经营绩效。

（1）定量指标包括产量、成本、效率等，通过数据统计和比较来进行量化评估。

（2）定性指标涵盖产品质量、客户满意度、环境控制等方面，通过问卷调查、考核报告等手段进行定性评估。

（3）将定量和定性指标相结合，构建一个综合评价体系，全面反映经营主体的绩效水平。

（二）综合型主要职能部门绩效考核指标和标准的监测、优化策略及相关信息化工具

1. 主要职能部门绩效考核指标和标准

综合型农业经济组织的核心职能部门通常涵盖生产部、销售部、财务部、人力资源部等。每个部门都设有其独特的绩效考核指标和标准。

（1）生产部绩效考核指标涵盖生产计划的完成率、生产成本的控制以及产品质量的合格率等。

（2）销售部绩效考核指标包括销售额的增长率、市场份额的扩大以及客户满意度的提升等。

（3）财务部绩效考核指标涉及资金的周转率、成本控制的效益以及资产的增值率等。

（4）人力资源部绩效考核指标包括员工的满意度、培训效果的评估以及招聘效率的优化等。

2. 监测和优化策略

（1）定期对各部门的绩效考核指标进行监测，及时发现潜在问题和偏差。

（2）利用数据分析工具，对监测结果进行深入分析，识别问题的根本原因和相应的解决策略。

（3）依据数据分析的洞察，制定具体的优化策略，如改进生产工艺、优化销售渠道、强化成本控制等。

3. 相关信息化工具

（1）ERP 系统集成企业资源计划系统，实现生产、销售、财务等部门间的数据共享与协同工作，从而提升管理效率和决策质量。

（2）客户关系管理系统专注于对客户数据、销售业绩和市场反馈进行详尽的管理，目的是提升销售团队的业绩和增强客户的满意度。

（3）BI 工具是商业智能工具，通过深入的数据挖掘和分析，为管理层提供决策支持，助力制定更优化的策略。

（4）绩效考核软件是一款专业的绩效考核管理软件，能够自动处理绩效考核数据的收集、分析和报告工作，从而提高工作效率和准确性。

制定综合型农业经济组织的生产经营绩效考核标准，必须全面考量各细分行业及经营主体的特性，确立科学且合理的绩效考核指标与标准。同时，利用信息化工具进行监测与优化是必不可少的。

思考题

1. 从种植业土地流转、养植业土地流转及综合和异业混合经营方面阐述农村土地流转的办理程序以及注意事项。

2. 基于土地流转模式创新的商业模式及涉农经济组织经营发展战略与土地布局实施方向方面阐述农村土地流转对商业模式创新的影响以及应对办法。

3. 阐述种植类农业生产基地的选择、规划和生产资料管理。

4. 阐述养殖类生产资料和原材料采购与库管制度的制定。

5. 从农业生产经营组织结构创新的形式内容和涉农经济组织应对组织结构创新的策略和方法方面阐述农业产业化、信息化对组织架构的影响及组织创新的设计。

6. 阐述养殖类农业经济组织生产经营绩效标准的制定办法。

7. 阐述综合性农业经济组织生产经营绩效标准的制定办法。

第三章　目标控制

第一节　计划控制

一、涉农经济组织工作追踪的策略和方法

（一）现代企业进行工作追踪的目标、原则和方法

1. 目标

现代企业实施工作追踪的主要目的是确保组织目标得以实现，提升工作效率与质量，及时发现并采取措施解决问题，保障企业的正常运营和持续发展。

2. 原则

（1）工作追踪必须紧密围绕企业设定的目标进行，确保所有活动都朝着既定目标推进。

（2）追踪信息的获取必须及时且准确，真实反映工作进展，使管理层能够及时作出决策。

（3）追踪范围应涵盖企业运营的各个领域，包括财务、生产、销售、人力资源等，同时注重细节，确保无遗漏。

（4）通过工作追踪发现并解决问题，持续改进，提升企业管理水平和业务能力。

3. 方法

（1）要求各部门或团队定期提交工作报告，涵盖工作进展、成果、遇到的问题以及建议等内容。

（2）管理层将定期或不定期地进行现场检查，掌握工作进展的实际情况并及时解决问题。

（3）运用数据分析工具深入挖掘业务数据，识别潜在问题和改进的可能性。

（4）将工作追踪结果与绩效考核相结合，激励员工更加积极地投入工作，并追求更佳的业绩。

（二）不同细分行业和经营主体进行有效工作追踪的关键要素和实施方法

1. 关键要素

（1）掌握所在行业的独特属性，如农业行业的季节性和周期性等，有助于制定针对性的工作追踪策略。

（2）依据经营主体的规模、组织结构、业务模式等特征，挑选适宜的工作追踪方法。

（3）确立与企业目标紧密相连的 KPI，作为工作追踪的核心依据。

2. 实施方法

（1）为不同细分行业和经营主体量身打造个性化的工作追踪方案。

（2）强化部门间的沟通与协作，确保工作追踪流程的顺畅进行。

（3）构建风险预警机制，及时识别并应对潜在的风险和问题。

（三）主要职能部门的信息化工作追踪模式

1. 信息化工作追踪的优势

（1）利用信息化手段，数据能够实时更新和查询，从而提升工作追踪的时效性。

（2）数据分析和挖掘技术的应用，使得工作进展和成果的反映更加精确。

（3）信息化平台支持远程办公和移动办公，为管理层提供随时随地进行工作追踪的便利。

2. 信息化工作追踪模式

（1）构建一个集数据管理、分析、展示于一体的综合性信息化平台。

（2）在该平台上设定与职能部门工作密切相关的追踪指标，如生产进度、销售额、客户满意度等。

（3）利用该平台实时监控工作进展，并建立预警机制，在发现异常情况时能够立即通知相关人员进行处理。

（4）对收集的数据进行深入分析，为管理层提供有力的决策支持。涉农经济组织在进行工作追踪时，应当确立明确的目标，遵循既定原则，并采用适当的方法。此外，针对不同细分行业和经营主体，应制定具有针对性的个性化追踪策略。同时，通过运用信息化手段，有效提升工作追踪的效率和准确性，从而为企业的持续发展提供坚实的支撑。

二、农业信息化、智能化工作追踪

（一）现代企业工作追踪信息化工具的部署应用及案例分析

1. 电子表格类工具的应用

（1）应用概述。在农业企业的日常经营活动中，电子表格软件如 Microsoft Excel 和 WPS 表格起着极为关键的作用。这些工具被广泛用于数据记录、整理、分析以及报告的生成等关键环节。借助电子表格，企业能够高效地管理生产、销售、财务等各类数据，实现数据的集中存储和快速检索。

（2）案例分析。某大型农业企业在其生产过程中，运用电子表格工具详细记录了每块农田的种植信息、施肥记录以及病虫害情况等关键数据。通过定期对数据进行汇总和分析，企业能够迅速调整其生产策略，从而提升作物的产量和品质。此外，企业还借助电子表格工具制作了各类报表，包括生产报表、销售报表和财务报表等，为管理层提供有力的决策支持。

2. OA 系统及其他协同办公类工具的应用

（1）应用概述。OA 系统（办公自动化系统）以及其他协同办公工具，如钉钉、企业微信等，在现代农业企业中获得了广泛的运用。这些工具实现了企业内部信息的迅速传递、任务的分配与跟踪、文档的共享与管理等功能，从而提升企业的整体工作效率。

（2）案例分析。某农业企业部署了 OA 系统，实现从生产到销售的全流程信息化管理。通过 OA 系统，企业能够便捷地分配生产任务、监控生产进度、管理销售订单等。同时，OA 系统还整合财务管理、人力资源管理等关键功能模块，促进了企业资源的全面整合与优化配置。此外，企业还借助钉钉等协同办公工具进行日常沟通与协作，有效提升团队的工作效率和凝聚力。

3. 第三方工具的应用

（1）应用概述。随着农业信息化和智能化的不断进步，越来越多的第三方工具开始被应用于农业企业的日常运营之中。工具涵盖农业物联网平台、大数据分析平台、智能化农机具等多种形式。它们为企业带来更为精确和高效的生产管理以及决策支持。

（2）案例分析。某农业企业引入农业物联网平台，通过该平台实现对农田环境的实时监测和数据分析。该平台能够收集土壤湿度、温度、光照强度等关键环境参数，并依据作物生长需求提供智能化的灌溉和施肥建议。此外，企业还利用大数据分析平台对销售数据进行深度挖掘和分析，洞察市场需求变化趋势和消费者偏好特点，为产品开发和销售策略的制定提供有力支持。

（二）涉农经济组织各职能部门的信息化工作追踪要点、工具及其差异

1. 生产组织类部门

（1）信息化工作追踪要点。

①生产任务分配与跟踪。

②生产进度监控与调整。

③生产成本核算与控制。

（2）常用工具。

①OA 系统（用于任务分配与跟踪）。

②电子表格工具（用于成本核算与控制）。

③农业物联网平台（用于实时监测生产环境）。

2. 设备作业类部门

（1）信息化工作追踪要点。

①设备运行状态监测与维护。

②设备作业效率统计与分析。

③设备故障预警与处理。

（2）常用工具。

①设备监控系统（用于实时监测设备运行状态）。

②数据分析软件（用于统计与分析设备作业效率）。

③智能化农机具（如自动导航拖拉机、精准施肥机等）。

3. 产品加工类部门

（1）信息化工作追踪要点。

①加工工艺流程优化与控制。

②加工产品质量检测与追溯。

③加工成本核算与管理。

（2）常用工具。

①生产管理软件（用于优化与控制加工工艺流程）。

②产品质量检测系统（用于质量检测与追溯）。

③电子表格工具（用于成本核算与管理）。

4. 产品销售类部门

（1）信息化工作追踪要点。

①销售订单管理与跟踪。

②销售渠道拓展与维护。

③销售数据分析与决策支持。

（2）常用工具。

①CRM 系统（用于管理销售订单与客户关系）。

②大数据分析平台（用于销售数据分析与决策支持）。

③电商平台（用于拓展线上销售渠道）。

5. 市场品牌类部门

（1）信息化工作追踪要点。

①市场调研与分析。

②品牌建设与推广。

③消费者反馈收集与处理。

（2）常用工具。

①市场调研工具（如问卷星、SPSS 等）。

②品牌推广平台（如社交媒体、广告平台等）。

③消费者反馈管理系统（用于收集与处理消费者反馈）。

6. 财务、人事、行政等支持类部门

（1）信息化工作追踪要点。

①财务管理与核算。

②人事招聘与培训。

③行政事务管理与协调。

（2）常用工具。

①财务管理软件（如金蝶、用友等）。

②人事管理系统（用于招聘、培训与员工管理）。

③OA 系统（用于行政事务管理与协调）。

农业信息化和智能化工具在现代农业企业的各个职能部门中得到广泛应用，不仅提升了企业的工作效率和管理水平，还为企业的发展提供了有力的数据支持和决策依据。

三、涉农经济组织工作偏差评估的原则和策略

（一）现代企业工作执行偏差的常见类型、特点、诱因、影响及案例分析

1. 常见类型

（1）操作偏差指员工在执行具体任务时，由于技能不足、疏忽大意或误解指令等原因所导致的偏差。

（2）管理偏差指管理层在决策、规划、协调等过程中出现的失误，如决策失误、资源配置不合理等。

（3）流程偏差指企业内部流程设计不合理或执行不严格所导致的偏差，如审批流程繁琐、效率低下。

（4）信息偏差指信息传递不准确、不及时或存在误导性，从而导致决策和执行过程中的偏差。

2. 特点

（1）偏差类型繁多，覆盖企业运营的各个层面。

（2）偏差的成因与影响通常错综复杂，难以简单归咎于单一因素。

（3）偏差的产生与演变受到企业内外部环境的共同作用，呈现出动态变化的特性。

3. 诱因

（1）人为因素包括员工的素质、技能水平以及工作态度等。

（2）制度因素涉及企业内部管理制度的不完善和执行力度不足等问题。

（3）环境因素涵盖市场变化、政策调整、技术进步等外部因素。

4. 影响

（1）导致成本上升、收益下降、资源浪费等问题。

（2）降低管理效率、影响决策质量、损害企业形象等。

（3）阻碍企业战略目标的实现，影响企业的可持续发展。

案例分析

以某涉农企业为例，由于内部管理不善，该企业在农资采购过程中遭遇了采购价格偏高、质量不达标等问题。问题的根源在于采购流程的不规范、供应商选择的不严谨以及监督机制的缺失。偏差不仅提高了企业的采购成本，还对农产品的质量和市场竞争力造成负面影响，最终损害企业的经济效益和品牌形象。

（二）不同细分行业和经营主体工作执行偏差的主要类型及分析评估

1. 农业细分行业

（1）种植业主要偏差类型包括不当的种子选择、施肥过量或不足以及病虫害防治不及时等。偏差会直接影响农作物的产量和质量，进而影响农民的收入和企业的经济效益。

（2）畜牧业主要偏差类型包括饲料配比不合理、疫病防控不到位、养殖环境恶劣等。偏差会导致动物生长缓慢、发病率高、死亡率增加等问题，严重影响畜牧业的健康发展。

（3）农产品加工业主要偏差类型包括原料采购标准不一、加工过程控制不严，以及产品检验标准不达标等。这些问题不仅会降低产品的市场竞争力，还可能引起食品安全问题，对企业的品牌信誉和市场地位造成损害。

2. 经营主体

（1）农民合作社主要偏差类型包括财务管理不规范、利益分配不公、决策机制不健全等。偏差会对合作社的凝聚力和成员的积极性产生负面影响，进而影响合作社的整体发展。

（2）农业企业主要偏差类型包括市场预测不准确、生产计划不合理、营销策略不当等。

偏差可能导致企业产品积压、资金周转困难、市场份额下降等问题，严重威胁企业的生存和发展。

3. 分析评估

针对不同细分行业和经营主体的工作执行偏差，必须采取特定的分析评估方法。首先，明确偏差的种类及其具体表现至关重要；其次，深入探究偏差的成因和影响因素；最后，基于评估结果制定相应的纠正措施和改进方案。在评估过程中，重视数据的收集与分析，确保评估结果的客观性和准确性。此外，加强与行业内外的沟通和交流，吸收先进的管理经验和技术创新，持续提升企业的管理水平和市场竞争力。

四、农业生产组织类工作偏差的评估

（一）农业生产组织类工作的常见偏差、危害评估及案例分析

1. 工作进度类偏差

（1）常见偏差。工作进度类偏差主要包括实际完成进度与计划进度之间的差异，具体表现为工作提前完成、延期完成或进度停滞。

（2）危害评估。

①尽管提前完成看似积极，但可能由于过早完成导致资源浪费或后续工作无法及时衔接。

②延期完成可能会直接影响整个农业生产的周期，导致错过最佳播种、收获季节，进而影响作物产量和质量，甚至引发经济损失。

③进度停滞会严重阻碍农业生产的顺利进行，导致资源闲置和成本增加。

案例分析

某农场在水稻种植过程中，由于不利的天气条件和田间管理不当，导致插秧进度大幅落后。原定一个月内完成的插秧任务，实际上耗时两个月，严重影响水稻的生长周期，最终导致产量减少且品质受损。

2. 成本费用类偏差

（1）常见偏差。成本费用类偏差主要涉及实际成本超出预算、成本结构不合理或成本控制失效等问题。

（2）危害评估。

①成本超支会削减农业生产的利润空间，甚至可能引发亏损。

②成本结构的不合理性会影响资源的有效配置，进而降低生产效率。

③成本控制的失效可能导致资源的浪费，增加不必要的开支。

案例分析

某农业企业在采购种子的过程中，由于市场价格的波动以及采购策略的不恰当，种子成本显著上升，超出预算范围。与此同时，种植过程中的管理不善导致农药、化肥等生产资料的严重浪费，进一步加剧了成本负担。

3. 资源协同与整合类偏差

（1）常见偏差。资源协同与整合类偏差主要涉及人力、物力、财力等资源的配置和利用问题，如资源分配不均、资源浪费或资源短缺等。

（2）危害评估。

①资源分配的不均衡可能导致某些环节出现资源过剩，而其他环节则资源匮乏，会严重影响整体的生产效率。

②资源的浪费会降低资源的利用效率，从而增加生产成本。

③资源的短缺可能会阻碍农业生产的顺畅进行，甚至可能导致生产过程的中断。

案例分析

某农业合作社在灌溉季节遭遇水资源短缺的挑战，由于灌溉设备陈旧且分布不均，导致部分农田无法及时获得灌溉，影响作物的生长。此外，合作社内部缺乏有效的资源协调机制，导致部分水资源在效率低下的灌溉过程中被浪费。

（二）农业生产组织类工作执行偏差的监控方法及相关信息化工具应用

1. 监控方法

（1）制定详尽的检查计划，定期对农业生产进度、成本费用以及资源利用情况进行审查，及时识别偏差。

（2）运用数据分析工具对农业生产数据进行深度挖掘与分析，揭示偏差产生的根本原因及发展趋势。

（3）通过实地考察来掌握实际情况，并与农民及管理人员进行沟通交流，收集直接的资料。

2. 相关信息化工具应用

（1）通过应用农业信息化管理系统，对农业生产过程进行全面监控与管理，确保数据的即时采集与分析。

（2）运用智能农业设备（如智能灌溉系统、无人机等）能够显著提升农业生产效率和管理水平，同时降低因人为操作失误而产生的偏差。

（3）利用大数据分析平台对农业生产数据进行深入挖掘与分析，为制定决策提供坚实的科学依据。

农业生产组织类工作的偏差评估必须全面考量工作进度、成本费用以及资源的协同与整合等问题。通过运用有效的监控方法和信息化工具，及时发现并纠正偏差，确保农业生产的顺利推进。

五、农业设备作业类工作偏差的评估

在农业设备作业过程中，偏差的出现通常会对作业效率、设备维护运营以及成本控制等方面产生负面影响。

（一）设备作业类工作的常见偏差、危害评估及案例分析

1. 功能效率类偏差

（1）常见偏差。

①设备性能不足，如播种机播种不均匀、收割机收割效率低下等问题。

②操作不当，如驾驶员未遵循操作规范，导致设备性能未能得到充分展现。

（2）危害评估。

①直接影响农作物的产量和质量，从而降低农业生产效率。

②增加人工干预和补救措施的成本。

案例分析

在一个特定的农场中，农民在播种小麦时，由于播种机性能不尽如人意，该设备在作业时无法维持一致的播种深度，导致农田中播种深度不均匀。在播种深度较浅的区域，小麦种子缺乏足够的土壤覆盖，发芽率显著下降。相反，在播种深度过深的区域，种子的生长环境同样不适宜，发芽率亦受到负面影响。播种深度的波动最终导致整个农田中小麦发芽率的普遍降低。发芽率的下降直接影响小麦的生长状况，进而影响整个农场小麦的总体产量。这一问题不仅影响农民的收成，还给他们带来了经济损失。

2. 运维可靠性类偏差

（1）常见偏差。

①设备故障频繁发生，如在作业过程中，收割机经常遭遇机械故障。

②设备长时间在未修复的状态下运行，缺乏及时的维修和保养。

（2）危害评估。

严重影响农业生产的连续性和稳定性，同时增加设备维修成本并缩短设备使用寿命。

案例分析

在某农机合作社中，联合收割机在繁忙的收割季节里，由于未能得到及时和适当的维护与保养，频繁地出现各种故障。具体来说，故障包括轴承损坏和皮带断裂等问题，不仅导致收割作业的多次中断，还增加了维修成本和人力投入，给合作社带来不小的困扰和损失。

由于缺乏有效的维护和保养措施，联合收割机在田间作业时经常出现故障，使得原本紧张的收割季节变得更加艰难。轴承损坏导致机器无法正常运转，皮带断裂则使得收割机的动力传输系统出现问题，不仅耽误宝贵的收割时间，还使得合作社不得不投入更多的维修成本和人力资源来应对突发情况。

为了避免类似问题的再次发生，合作社需要制定更为严格的维护和保养计划，确保联合收割机在每个收割季节都能保持良好的工作状态。同时，合作社还应加强对操作人员的培训，提高他们的维护保养意识和技能，从而减少因机械故障带来的损失和影响。

3. 成本费用类偏差

（1）常见偏差。

①设备的能耗超出预期，从而增加生产成本。

②备件的采购量过多或过少，导致资金被占用或设备因缺少备件而停机待料。

（2）危害评估。

①提高农业生产成本，降低经济效益。

②影响农业生产的资金流动性和可持续发展。

案例分析

在某农业企业中，灌溉设备在使用过程中出现了一些问题。具体而言，企业在选择灌溉设备时，由于选型不当，导致设备的能耗过高，无疑增加了企业的灌溉成本。此外，企业在备件采购方面也面临一些挑战。由于采购计划不合理，导致在设备维修过程中，部分设备因缺乏必要的备件而不得不停机等待，严重影响企业的生产进度。

（二）农业设备作业类工作执行偏差的监控方法及相关信息化工具应用

1. 监控方法

（1）建立设备定期检查与保养制度，确保设备始终处于最佳运行状态。

（2）运用传感器、物联网等先进技术对设备运行状态进行实时监控，收集并分析数据，及时识别并解决潜在问题。

（3）强化对设备操作人员的技能培训与考核，提升操作技能，降低因人为操作不当造成的误差。

2. 信息化工具应用

（1）通过部署智能传感器和监控设备，实现对农业设备运行状态的实时监控和预警功能。

（2）运用大数据分析平台对采集的数据进行深入处理和分析，揭示设备运行中的潜在问题和规律性，为制定决策提供有力支持。

（3）借助平板电脑、智能手机等移动设备，实现对农业设备的远程监控和指挥调度，从而提升管理效率。

（4）构建农业设备信息数据库，集中管理设备的性能参数、维修记录、使用状况等关键信息，为设备管理和决策制定提供坚实的数据支撑。

通过应用科学合理的监控方法和信息化工具，能够显著降低农业设备作业中的偏差发生率，进而提升农业生产效率和经济效益。

六、农业技术支持类工作偏差的评估

（一）农业技术支持类工作的常见偏差、危害评估及案例分析

1. 工作目标类偏差

（1）常见偏差。

①农业技术支持类工作通常包含多个环节和目标，若工作目标模糊不清，容易造成工作方向的偏差。

②若设定的目标过于雄心勃勃或过于保守，均会对工作执行的成效产生不利影响。目标过高可能导致资源的无谓消耗，而目标过低则可能无法充分调动团队的积极性。

（2）危害评估。

①目标不明确或不切实际会导致资源分配不合理，从而造成人力、物力和财力的浪费。

②工作目标的偏差会直接影响农业技术支持的效果，进而影响农业生产效率和产量。

案例分析

某农业技术推广站制定了过于理想化且过高的技术推广目标，在实际推广过程中导致资源紧张，难以满足需求。由于目标设定过高，推广站在有限的时间和人力资源条件下难以有效完成任务，不仅增加了工作人员的压力，还导致资源的浪费和分配不均。最终，由于资源紧张和管理上的不足，推广站未能实现预期效果，甚至可能对农业生产的稳定性和可持续发展产生负面影响。因此，合理设定技术推广目标，科学规划资源分配，是确保农业技术推广工作顺利进行的关键。

2. 工作效率类偏差

（1）常见偏差。

①流程不畅涉及农业技术支持的工作包含众多环节，若流程设计不合理或执行受阻，将导致工作效率的显著降低。

②采用的技术设备或方法陈旧，无法满足现代农业生产的需求，同样会对工作效率产生负面影响。

（2）危害评估。

①工作效率的低下可能导致错失农业生产的关键时期，如播种、施肥、收割等，将对农业生产效益产生不利影响。

②效率的低下将导致人力和物力投入的增加，进而提高农业生产成本。

案例分析

某地区，当地农业部门正积极推广一系列创新农业技术，目标为提升农业生产效率和增加农民收入。然而，该地区陈旧落后的技术设备在很大程度上制约了新技术的推广和应用。具体而言，过时的设备无法有效支持新技术的运行和操作，从而显著降低技术

推广的效率。此外，农民对新技术的理解和掌握程度有限，加之操作上的难题，导致他们对新技术的接受程度不高。这种情况不仅减缓了新技术的普及速度，也使得农民难以实现预期的收益和改进。因此，为了有效提升该地区农业技术的推广效果，相关部门必须采取措施，更新和升级现有技术设备，并加强对农民的技术培训和指导，提高他们对新技术的接受度和应用能力。

3. 成本费用类偏差

（1）常见偏差。

①在农业技术支持类工作中，由于多种因素（如设备采购、人员培训等）导致预算超出预期。

②在资源的分配和使用过程中，由于管理不善或技术落后，造成资源的浪费。

（2）危害评估。成本费用类偏差可能导致政府或企业的财政负担加重，进而影响其他农业项目的资金投入。成本费用过高可能会间接提高农民的生产成本，从而损害农民的利益。

案例分析

在某农业技术推广项目中，项目团队在采购设备时由于所采购设备价格昂贵且性能未达预期，导致项目整体成本严重超出预算。这一状况不仅加重了项目的财务压力，还对项目的总体效益造成不利影响。

（二）农业技术支持类工作执行偏差的监控方法及相关信息化工具应用

1. 监控方法

（1）定期对农业技术支持类工作的执行情况进行评估，涵盖工作目标的完成情况、工作效率以及成本费用等方面。

（2）通过现场检查来掌握工作执行过程中的实际情况，及时发现并纠正问题。

（3）运用数据分析工具对收集到的数据进行处理和分析，识别执行偏差的原因和规律。

2. 相关信息化工具应用

（1）农业信息化管理系统能够实现对农业技术支持工作的全流程管理，涵盖任务分配、进度跟踪、成本控制等方面。

（2）通过物联网技术，实时监测农业生产环境的关键参数（如土壤湿度、温度等），为农业技术支持提供坚实的数据支撑。

（3）利用大数据分析技术，深入挖掘和分析农业生产数据，揭示农业生产中的问题和规律，从而为农业技术支持提供有力的决策支持。

农业技术支持类工作的偏差评估需综合考虑多个方面，并采用有效的监控方法及信息化工具以确保任务的顺利执行。

七、农产品加工类工作偏差的评估

（一）农产品加工类工作的常见偏差、危害评估及案例分析

1. 农产品加工质量类偏差

（1）常见偏差。

①若原料的新鲜度不足、品种选择不当或质量检验流程不完备，可能会导致加工出的农产品口感欠佳、营养价值降低，甚至存在安全隐患。

②若工艺流程设计不合理或工艺参数设置不当，如温度和时间控制不精确，将会影响产品的加工效果和口感。

③若加工设备的维护不及时，长时间处于损耗或故障状态，将直接影响产品质量。

（2）危害评估。质量问题会直接影响农产品的市场竞争力，导致消费者信任度下降，甚至可能引发食品安全问题，给企业和品牌带来负面影响。

案例分析

在一家专注于农产品加工的企业中，生产流程中遭遇了若干问题。具体而言，问题出现在原料采购阶段。由于采购人员的疏忽，未能严格控制原料的新鲜度，导致部分原料的新鲜度不符合标准。直接影响后续的加工流程，使得加工后的产品在口感上显著下降，营养价值也有所降低。消费者在购买这些产品后，普遍反映口感欠佳，营养价值也不符预期。导致企业的销量开始下滑，消费者对品牌的信任度也受到影响。品牌形象因此受损，企业在市场上的竞争力也相应减弱。

2. 农产品加工效率类偏差

（1）常见偏差。

①工艺流程设计不合理，导致生产效率低下，无法满足市场需求。

②不当的设备选型或操作失误，造成设备空闲时间过长，进而影响生产效率。

③员工对设备操作的不熟练或缺乏必要的培训，也是导致生产效率低下的一个原因。

（2）危害评估。效率偏差会提升生产成本，削弱企业的盈利潜力。同时，无法满足市场需求可能会引起客户流失，损害企业的市场竞争力。

案例分析

某家专注于农产品加工的企业，在选择生产设备时做出了不当的决策，导致生产过程中部分设备的利用率极低。具体而言，设备未能达到预期的高效运转状态，进而影响整体的生产效率。此外，员工对设备的操作不够熟练，缺乏必要的技能和经验，进一步加剧了生产效率低下的问题。结果，生产成本显著增加，企业无法在预定时间内完成客户的订单需求。

这种情况不仅导致生产成本的上升，还带来其他一系列问题。由于无法按时交付产

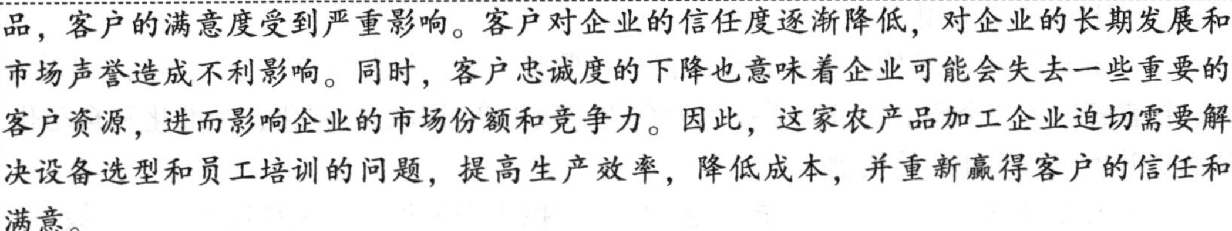
品，客户的满意度受到严重影响。客户对企业的信任度逐渐降低，对企业的长期发展和市场声誉造成不利影响。同时，客户忠诚度的下降也意味着企业可能会失去一些重要的客户资源，进而影响企业的市场份额和竞争力。因此，这家农产品加工企业迫切需要解决设备选型和员工培训的问题，提高生产效率，降低成本，并重新赢得客户的信任和满意。

3. 农产品成本费用类偏差

（1）常见偏差。

①由于选择不当的采购渠道或谈判能力不足，原料的采购成本往往高于市场平均水平。

②在生产过程中，若电力、水等资源的消耗过高，将导致能源浪费，进而增加生产成本。

③企业管理费用控制不严，如人力成本、办公费用等超出预算。

（2）危害评估。成本费用类偏差会直接削减企业的盈利能力，影响其可持续发展。同时，过高的成本同样会削弱企业在市场中的竞争力。

案例分析

在一家农产品加工企业的生产流程中，管理层发现一个关键问题：能源的过度消耗和管理费用的超支导致生产成本远超预算。这一问题不仅损害企业的经济利益，还可能对企业的未来发展带来负面影响。

为了克服这一挑战，企业领导层决定实施一系列降本措施。首先，他们对能源使用方案进行优化，通过升级设备、采纳更高效的生产技术，以及合理规划生产时间表，有效减少能源的使用。此外，企业还强化对管理费用的监管，通过精细化管理手段，削减了不必要的开支，并提升资源的使用效率。

具体而言，企业对各项管理费用进行细致的审核，淘汰不必要的开支项目，并对员工进行了成本意识培训。同时，企业还引入先进的管理软件，实现对费用的实时监控和分析，确保所有开支都保持在合理区间内。

经过一段时间的努力，企业成功地削减了生产成本，并提升了盈利能力。这一成就不仅反映在财务报表上，还体现在企业整体运营效率的提升上。通过这些措施，企业不仅解决了当前的财务难题，还为未来的可持续发展打下了坚实的基础。

（二）农产品加工类工作执行偏差的监控方法及相关信息化工具应用

1. 监控方法

（1）通过构建和完善质量管理体系，实现对农产品加工过程的全面监控，确保产品品质达到既定标准。

（2）周期性地对农产品加工流程进行检查与评估，及时识别并纠正偏差。

（3）运用数据分析工具收集并分析生产过程中的各项数据，助于及时发现并预测潜在问题。

2. 信息化工具应用

（1）通过ERP系统实现生产过程的信息化管理，涵盖原料采购、生产计划、库存管理、销售管理等多个环节。ERP系统助力企业实现生产过程的可视化、标准化和自动化，从而提升生产效率和产品质量。

（2）MES系统（制造执行系统）能够实时监控生产过程中的关键数据，包括设备状态和生产进度等。借助MES系统，企业能够及时识别并纠正生产过程中的偏差，确保生产计划的顺畅执行。

（3）物联网技术实现对生产设备的远程监控和智能控制。通过这项技术，企业能够实时掌握设备的运行状态和性能参数，及时进行维护和保养，避免设备故障对生产造成干扰。

（4）利用大数据分析技术对生产过程中的数据进行深入挖掘和分析，揭示生产过程中的规律和趋势，为企业的决策提供科学的依据。

通过建立和完善质量管理体系、实施定期检查与评估、运用数据分析以及采用信息化工具等措施，企业能够及时识别并纠正农产品加工过程中的偏差，从而提升生产效率和产品质量，降低生产成本，并增强市场竞争力。

八、产品销售类工作偏差的评估

（一）农产品销售类工作的常见偏差、危害评估及案例分析

1. 销售目标类偏差

（1）常见偏差。

①销售目标设定得过高或过低，未能精确地映射市场的真实状况及其变动，将使得销售人员难以实现目标或轻易地超越目标，从而影响销售团队的积极性和动力。

②对市场需求、竞争格局以及消费者偏好的预测出现失误，将导致销售目标与市场实际状况不相符合。

（2）危害评估。销售目标的偏差有可能导致销售团队士气的下降，进而影响工作效率和业绩表现。设定过高的销售目标可能会让销售人员感到挫败，而过低的目标则可能无法充分激发他们的潜力。此外，长期的销售目标偏差还可能对企业的市场定位和品牌形象产生不利影响。

案例分析

在筹划年度销售策略时，一家农产品销售公司未能充分估计到市场竞争的加剧和消费者需求的持续演变。导致公司设定的销售目标过于乐观，目标定得过高。尽管销售团队投入了巨大的努力，但始终无法达成目标，导致整个销售团队士气低落，缺乏积极性。

在发现问题之后，公司领导层迅速采取调整措施。他们重新评估并调整了销售目标，使之更贴合市场实际状况。同时，公司加强市场调研和预测工作，更准确地掌握市场需求和竞争态势。通过这些措施，公司逐步提升了销售团队的士气，并使销售目标更加科学合理，从而提高了销售团队的工作效率和业绩。

2. 销售效率类偏差

（1）常见偏差。

①在销售流程中，冗余环节或瓶颈的存在阻碍了流程的顺畅进行，从而降低了销售效率。

②销售人员在销售技巧和产品知识方面存在欠缺，限制了他们有效满足客户需求的能力。

（2）危害评估。销售效率的偏差会直接影响企业的销售业绩和利润水平。不高效的销售流程可能会提高企业的运营成本，并降低客户满意度。而销售人员能力的不足，则可能导致客户流失和市场份额的下降。

案例分析

某农产品批发企业最近发现其销售流程中存在多个冗余环节，这些环节不仅导致订单处理时间大大延长，还使得客户投诉数量不断增加。为了应对这一问题，企业决定对整个销售流程进行全面的梳理和优化。通过细致的分析，企业找出了那些不必要的环节，并果断地将它们去除。与此同时，企业还加强对销售人员的培训力度，提高了他们的专业技能和服务水平。

经过这一系列的改进措施，销售效率得到显著提升。订单处理时间大幅缩短，客户等待的时间也随之减少。销售人员在面对客户时更加得心应手，能够迅速准确地解答客户的问题，提供高质量的服务。这些改进措施不仅提高了工作效率，还极大地提升了客户的满意度。客户对企业的整体服务体验感到更加满意，投诉数量明显减少，企业的市场竞争力也得到进一步增强。

3. 成本费用类偏差

（1）常见偏差。

①采购、储存、运输等环节未能有效控制成本，导致总成本超出预算。

②销售费用、管理费用等方面分配不合理，未能实现资源的优化配置。

（2）危害评估。成本费用类偏差直接作用于企业的盈利能力和市场竞争力。不当的成本控制有可能使企业陷入亏损的困境，进而影响其可持续发展。而费用分配的不合理性可能会降低企业的运营效率和管理水平。

案例分析

在农产品零售行业中，某家企业在采购过程中，企业在控制采购成本方面表现不尽如人意，导致其采购成本持续高企。高昂的采购成本不仅侵蚀企业的利润空间，还可能削弱其市场竞争力。此外，企业在销售费用的分配上也存在不合理之处。尽管在某些高投入的销售渠道上投入大量资金，但这些渠道并未能带来预期的回报，不仅导致企业资源的浪费，还可能使得企业在其他更有潜力的销售渠道上缺乏足够的投入。为了解决这些问题，企业决定对采购流程和费用分配进行全面的审查和调整。通过优化采购流程，企业成功降低了采购成本。同时，通过对销售费用的重新分配，企业确保了资源能够更加合理地投入到高回报的销售渠道中。经过调整，企业的盈利能力得到显著提升。降低的采购成本和优化的费用分配结构使得企业在市场竞争中更具优势，同时也为企业的长期发展奠定了坚实的基础。

（二）农产品销售类工作执行偏差的监控方法及相关信息化工具应用

1. 监控方法

（1）定期对销售数据、成本数据和费用数据进行审查和分析，及时发现偏差并采取措施进行纠正。

（2）加强对市场需求的调研和预测，及时调整销售目标和销售策略，适应市场变化。

（3）建立科学的绩效考核体系，对销售人员进行考核和评价，激励他们积极工作并减少偏差的发生。

2. 信息化工具应用

（1）CRM 系统能够记录客户信息、销售过程以及业绩数据等关键信息，助力企业实时掌握销售状况和市场动态。

（2）销售管理软件能够实现销售流程的自动化管理与优化，从而提升销售效率和精确度。

（3）通过数据分析工具深入挖掘和分析销售数据，揭示潜在的销售机会以及偏差风险，并据此制定相应的策略和措施。

通过综合运用上述监控方法和信息化工具，企业能够更高效地监控农产品销售过程中的执行偏差，并及时采取措施进行纠正，进而提升销售业绩和盈利能力。

九、品牌营销类工作的常见偏差、危害评估及案例分析

（一）品牌营销类工作的常见偏差、危害评估及案例分析

1. 工作目标类偏差

（1）常见偏差。

①在农产品品牌营销过程中，若品牌定位含糊不清，无法精准地传达产品的独特特色和价值，将导致消费者对品牌的认识产生混乱，难以建立品牌忠诚度。

②未能精确地界定目标消费群体，营销策略将缺乏针对性，从而无法有效地触及潜在客户。

（2）危害评估。品牌定位的不明确性可能会削弱市场竞争力，并对品牌形象的塑造产生负面影响。目标市场的不清晰将导致营销资源的浪费，进而降低营销活动的效果。

案例分析

在品牌营销的初期阶段，一家农产品企业由于未能明确界定品牌定位和目标市场，企业在推广产品时缺乏清晰的重点方向。这种策略上的模糊导致消费者对品牌的认知和印象变得不明确，难以在竞争激烈的市场中脱颖而出。为了扭转这一局面，企业决定开展深入的市场调研，以便更准确地把握消费者需求和市场趋势。

通过广泛的市场调研，企业发现一个重要的市场机遇，越来越多的消费者开始关注健康和环保问题。基于这一洞察，企业决定重新定位其品牌，将其塑造为“绿色健康”的农产品代表。新的品牌定位不仅顺应了市场趋势，还能够吸引那些追求健康生活方式的中高端消费者群体。

为了有效实现品牌定位，企业制定了一系列精准的营销策略。首先，企业加大在绿色健康方面的宣传力度，通过多种渠道向消费者传递其产品的独特优势。其次，企业注重产品质量和生产过程的透明度，让消费者能够清楚地了解产品的来源和生产过程，从而增强消费者的信任感。

此外，企业还通过举办各种健康主题活动和合作推广，进一步扩大品牌的影响力。例如，企业与一些健康生活方式的品牌进行跨界合作，共同举办健康讲座和公益活动，提升品牌的知名度和美誉度。通过精准的营销措施，企业成功吸引大量追求健康生活的中高端消费者，品牌知名度和美誉度显著提升，市场占有率也得到明显增长。

2. 工作效率类偏差

（1）常见偏差。

①尽管已经制定了营销策略，但在执行过程中由于缺乏有效的监督和评估机制，导致策略未能充分落实，从而影响营销效果的发挥。

②营销团队内部沟通存在障碍，信息传递不及时，降低了工作效率，并且使得团队难以迅速适应市场变化。

（2）危害评估。营销策略执行不力将直接影响营销目标的实现，导致营销资源的浪费。团队协作不畅会降低整体工作效率，进而影响品牌形象和市场竞争力。

案例分析

在实施营销策略的过程中，一家农产品品牌营销团队由于内部沟通机制的不完善，营销活动的推进受到显著的阻碍，进展迟缓。此外，一些环节出现偏差，影响整体效果。面对这一状况，企业高层迅速采取行动，调整团队结构，以期解决沟通不畅的问题。

首先，企业强化了内部沟通与协作，确保每位团队成员都能及时掌握项目进展和任务分配。为此，企业组织多次团队建设活动，增进了团队成员间的信任与默契。同时，企业定期召开项目进度会议，让每个成员都有机会提出自己的意见和建议，从而更有效地协调工作。

其次，企业引入项目管理工具，如 Trello 和 Asana 等，提升工作效率和执行力。这些工具帮助团队成员更有效地追踪任务进度，分配和管理任务，确保每个环节都能按时完成。通过这些工具，团队成员可以实时更新任务状态，减少了沟通成本，提高了工作效率。

经过调整和改进，营销活动逐渐回归正轨。团队成员之间的沟通变得更加顺畅，协作也更加高效。最终，营销活动取得了显著的成效。品牌知名度大幅提升，吸引更多消费者的关注和购买。同时，销量也有了显著增长，为企业的进一步发展奠定了坚实的基础。

3. 成本费用类偏差

（1）常见偏差。

①在品牌营销过程中，各项成本支出未得到有效的控制，导致营销成本过高，影响了企业的盈利状况。

②预算的分配未能充分考虑营销活动的实际需求和市场变化，导致关键环节资金不足，影响了营销效果。

（2）危害评估。成本控制的松懈将加重企业负担，削弱其盈利能力。预算的不合理分配将影响营销活动的整体效果，甚至可能引发营销的失败。

案例分析

在品牌营销的初期阶段，一家农产品企业由于缺乏对营销成本的有效控制，预算严重超支。企业在执行营销活动时，未能充分认识到成本控制的重要性，导致预算管理出现漏洞，进而造成资金浪费。

为应对这一问题，企业决定对营销活动进行彻底审查和成本分析。经过细致审查，企业找出两个主要问题：一是成本控制不严，二是预算分配不合理。具体而言，企业在营销活动的各个环节都存在成本过高的问题，同时预算分配缺乏科学性和合理性，导致资源未能得到最优配置。

为解决问题，企业采取一系列措施。首先，企业强化了成本控制管理，制定了更为严格和详细的成本控制流程，确保每一笔开支都在可控范围内。其次，企业优化了预算分配方案，依据营销活动的实际需求和效果预期，合理分配预算，确保资金用在关键点上。最后，企业还引入先进的成本管理系统，通过实时监控和数据分析，及时发现并解决成本问题，进一步提升了成本控制的效率和效果。

通过实施这些措施，企业成功降低了营销成本，提升了营销效果。加强的成本控制使企业在开展营销活动时更加注重投入产出比，避免了不必要的开支。优化的预算分配确保了资源的合理配置，使得每一笔预算都能发挥最大效益。成本管理系统的引入为企业的成本控制提供强有力的技术支持，使企业能够实时监控和调整成本，确保营销活动的顺利进行。

这些措施为企业带来显著的经济效益。营销成本的降低不仅减轻了企业的财务压力，还提高企业的市场竞争力。营销效果的提升直接带来更多的客户和订单，为企业创造更多利润。

（二）品牌营销类工作执行偏差的监控方法及相关信息化工具应用

1. 监控方法

（1）构建周期性的评估体系，对品牌营销活动的进展和成效进行定期检查，并迅速提供反馈，以便于及时调整策略。

（2）借助数据分析工具，对营销活动产生的数据进行搜集和分析，依据数据结果评估营销成效，并识别潜在问题。

（3）强化团队内部的沟通与协作机制，确保信息流通无阻，及时发现并解决工作中的偏差。

2. 信息化工具应用

（1）CRM 系统助力企业更高效地管理客户信息，深入分析客户需求，从而提升营销活动的针对性和成效。

（2）营销自动化工具诸如邮件营销、社交媒体营销等自动化工具，能够提升营销效率，减少人力成本，并实时监控营销活动的效果。

（3）Trello、Jira 等项目管理软件，有助于团队更有效地规划、执行和监控营销活动，确保工作顺利推进。

农产品品牌营销类工作需密切关注目标偏差、效率和成本费用等方面，并采取有效的监控方法及信息化工具，确保营销活动的顺利进行和高效执行。

十、涉农经济组织工作计划执行的控制

（一）现代企业工作计划执行控制的一般性流程、方法及案例分析

1. 一般性流程

现代企业工作计划执行控制的一般性流程涵盖目标设定、计划制定、任务分解、执行监控、绩效评估以及反馈调整等关键步骤。

（1）确立企业的长期、中期及短期发展目标，确保工作计划与战略目标保持一致。

（2）依据既定目标，拟定详尽的工作计划，涵盖关键时间节点、任务分配、资源需求等方面。

（3）将复杂任务细化为若干小任务，明确每个小任务的详细要求、负责人及截止日期。

（4）通过周期性的检查、进度监控、问题反馈等手段，保障工作计划的有效执行。

（5）对工作计划的执行成效进行评估，根据评估结果对工作计划或执行策略进行调整，确保目标的达成。

2. 方法

（1）通过使用项目管理软件（如 MS Project、Jira 等），实现任务分配、进度监控以及风险管理。

（2）组织周会、月会等，讨论工作进展、解决存在的问题并适时调整计划。

（3）确立 KPI，对团队成员及个人进行绩效的量化评估。

案例分析

以某农业科技企业为例，该企业制定了详尽的工作计划，目标是全面推进农业信息化。在具体执行过程中，企业引入先进的项目管理软件，更高效地进行任务分配和进度监控。通过这种方式，企业确保每位团队成员都明确自己的职责和任务，从而提升工作效率。此外，企业还定期举行项目会议，讨论并解决执行过程中出现的问题，确保项目的顺利推进。

同时，企业确立明确的KPI，包括信息化系统覆盖率、农产品线上销售额等，用于对团队和个人进行绩效评估。KPI不仅有助于衡量团队和个人的工作成效，还能激励员工更加努力工作，实现更佳业绩。通过设定明确的绩效指标，企业能够更有效地监控和评估项目的进展，及时调整策略，确保项目的顺利进行。

通过一系列有效的管理措施，该企业成功推进农业信息化进程，达成了预期目标。信息化系统的广泛使用不仅提高了农业生产效率，还促进了农产品的线上销售，为企业带来显著的经济效益。此外，农业信息化的推进还为农民提供更多的信息和技术支持。

（二）不同细分行业和经营主体工作计划执行控制的内容、要点和实施方法

1. 不同细分行业

（1）种植业专注于种子选育、田间管理、病虫害防治等关键环节的计划实施，确保农作物的产量和品质。

（2）畜牧业重视动物饲养、疫病防控、产品加工等核心环节的计划实施，提升养殖效率和产品品质。

（3）农产品加工业注重原料采购、生产加工、质量控制等关键环节的计划实施，确保产品满足市场需求。

2. 要点

（1）依据行业特性，制定具有针对性的工作计划和控制措施。

（2）持续关注市场需求的动态变化，灵活调整工作计划。

（3）积极鼓励技术创新，提升生产效率和增强产品的市场竞争力。

3. 实施方法

（1）通过制定行业标准和管理规范，确保生产过程的标准化和规范化。

（2）通过加强供应链管理，确保原料供应的稳定性和质量。

（3）通过加强品牌建设，提高产品的知名度和美誉度。

4. 经营主体

（1）农户注重提升农业生产技能的培训，确保生产计划的顺利执行。

（2）农业合作社强化组织管理和资源整合，提升整体经营效益。

（3）农业企业构建完善的管理体系，重视技术创新和市场拓展。

（三）农业信息化管理中主要职能部门的工作计划执行控制

1. 主要职能部门

（1）信息技术部负责开发、维护和升级农业信息系统，保障信息系统的稳定运行和数据安全。

（2）市场部承担市场调研、产品推广及品牌建设职责，确保农产品销售渠道的顺畅和品牌形象的提升。

（3）生产部制定并执行农业生产计划，保障农产品的产量和质量。

2. 工作计划执行控制

（1）信息技术部。

①本项目将遵循既定计划，开发一个功能完备且用户友好的农业信息系统。

②定期对系统运行状况进行检查，并迅速解决任何出现的故障和安全漏洞。

③为农户和农业企业开展信息系统的使用培训，提升他们对系统的应用能力。

（2）市场部。

①定期开展市场调研活动，掌握市场需求动态和竞争环境。

②策划并实施产品推广方案，能够提升产品的市场覆盖率。

③强化品牌构建与维护工作，增强品牌识别度和公众认知。

（3）生产部。

①依据市场需求与资源状况，制定相应的生产计划。

②强化生产过程的管理，确保生产计划得以顺利实施。

③构建质量管理体系，保障农产品的质量与安全。

涉农经济组织的工作计划执行控制应当遵循现代企业管理的通用流程和方法，并根据各个细分行业及经营主体的特性实施定制化的控制措施。同时，各职能部门需明确自身的职责与任务，强化相互间的协作与配合，共同促进涉农经济组织的持续与健康发展。

十一、农业企业工作计划执行偏差的信息化预防、控制和优化

（一）现代农业企业管控和纠正工作计划执行偏差的一般性原则、方法及案例分析

1. 一般性原则

在农业企业中，预防和纠正工作计划执行偏差的一般性原则包括明确目标、细化计划、合理分配资源、加强沟通与监督，以及建立有效的反馈机制。这些原则贯穿于生产、销售及各业务支持端的整个工作流程中。

2. 方法及案例分析

（1）生产端偏差纠正。

①通过运用物联网、大数据等先进技术，实时监控生产过程中的关键指标，如土壤湿度和作物生长状况，及时识别偏差并调整生产策略。

②确立详尽的作业标准和操作流程，保障生产过程的稳定性和一致性，降低因人为因素引起的偏差。

③采纳精益生产的原则，不断优化生产流程，消除浪费和非必要的环节，从而提升生产效率和产品质量。

（2）销售端偏差纠正。

①通过大数据分析，洞察市场需求趋势，并结合历史销售数据及行业报告，制定更为精准的销售策略。

②构建一个融合线上与线下销售的综合渠道网络，灵活应对市场波动，降低依赖单一销售渠道的风险。

③运用 CRM 系统来维护客户关系，实时掌握客户需求与反馈，及时调整销售策略和优化产品结构。

（3）各业务支持端偏差纠正。

①对财务、人力资源、采购等支持性业务流程进行细致梳理和优化，削减冗余环节，提升工作效率。

②引入 ERP、OA 等信息系统，实现业务流程的信息化和自动化，增强数据处理的准确性和时效性。

③构建科学的绩效管理体系，将工作目标与个人绩效紧密关联，激发员工的工作积极性和创造力。

案例分析

生产端偏差纠正

某农业企业引入先进的智能灌溉系统，该系统能够基于土壤湿度和作物实际需水量进行精确监测和调整。通过实时数据的收集与分析，智能灌溉系统能够自动调节灌溉量，确保每寸土地和每株作物均得到适量的水分供应。智能化管理有效缓解了传统灌溉方法中普遍存在的水资源浪费问题，并防止因灌溉不足而引起的作物缺水状况。

智能灌溉系统的应用显著提升了该农业企业的作物产量和品质。精准的水分管理促进了作物的健康生长，同时减少病虫害的发生，进而降低农药的使用量。此外，该系统还能根据天气预报和气候变化灵活调整，进一步提高水资源利用的效率。

案例分析

销售端偏差纠正

某农产品电商企业通过深入分析用户的购买行为和偏好，精准推送个性化营销信息，更好地满足用户需求。企业运用大数据和人工智能技术，综合分析用户的浏览记录、购买历史和评价反馈，从而识别用户的兴趣点和需求趋势。通过这种方式，企业能够为每位用户量身定制个性化的营销信息，提升用户的购买意愿和满意度。

同时，该企业还优化了物流配送体系，确保农产品的新鲜度和配送效率。企业与多家物流公司合作，建立广泛的配送网络，缩短配送时间，减少运输过程中的损耗。此外，企业还引入智能物流管理系统，实时监控配送过程，确保农产品能够及时送达用户手中。

通过这些措施，该农产品电商企业显著提高了用户满意度和复购率。用户对个性化营销信息的响应更加积极，购买频率也有所增加。同时，优化后的物流配送体系使得用户能够更快地收到新鲜的农产品，进一步提升用户体验。最终，这些改进有效提升了企业的销售业绩，使企业在激烈的市场竞争中脱颖而出。

案例分析

业务支持端偏差纠正

某农业企业通过引入并实施 ERP 系统，成功地将财务、采购、销售等关键业务流程整合在一起，实现了全面的一体化管理。这一举措不仅极大地提高了信息处理的效率，确保数据的准确性和实时性，还显著降低企业的运营成本。通过优化资源配置和流程自动化，该企业显著提升整体竞争力，为在激烈的市场竞争中脱颖而出奠定坚实的基础。

具体来说，该企业通过ERP系统的实施，将原本分散在各个部门的业务流程进行有效的整。这样一来，各部门之间的信息传递变得更加顺畅，减少了信息孤岛的现象。例如，在财务管理方面，ERP系统实现了财务数据的实时更新和共享，使得财务部门能够更快地响应市场变化，做出更为精准的财务决策。在采购环节，ERP系统通过优化供应链管理，提高采购效率，降低采购成本。而在销售环节，ERP系统则通过客户关系管理功能，提升了客户满意度和忠诚度，进一步促进销售业绩的增长。

此外，ERP系统的实施还带来流程自动化的优势。许多重复性高、劳动强度大的工作被自动化工具所取代，员工得以从繁琐的事务性工作中解放出来，将更多的精力投入到核心业务和创新活动中。不仅提高了员工的工作效率，还激发了他们的创造力和工作热情。

通过引入并成功实施ERP系统，该农业企业不仅实现业务流程的一体化管理，提高信息处理的效率和数据的准确性，还显著降低了运营成本，优化了资源配置，提升了整体竞争力。

（二）涉农经济组织有效管控和纠正工作计划执行偏差的方法

1. 基于数据化分析预测的前馈控制、预防和纠偏

前馈控制是一种在活动启动之前实施的控制方式，它主要依赖于预测信息。在农业企业中，通过搜集和分析历史数据、市场趋势等信息，对生产计划和销售策略进行预先的预测和调整，从而预防潜在的偏差。例如，运用大数据分析来预测作物产量和市场需求，提前优化种植结构和销售策略。

2. 基于信息化管理调度的同期控制、预防和纠偏

同期控制，亦称为事中控制，指的是在活动进行中的控制过程。在农业企业的信息化管理系统中，通过实时监控生产进度和销售情况等关键信息，及时识别并纠正偏差。例如，运用物联网技术实时监测作物的生长状况，一旦检测到异常立即采取措施进行干预；同时，利用CRM系统跟踪销售订单的执行情况，确保产品能够按时交付。

3. 基于弹性及冗余管理的反馈控制、预防和纠偏

反馈控制是一种在活动完成后实施的控制方式，它主要通过评估结果与既定目标之间的偏差来调整未来的行动策略。在农业企业中，建立弹性和冗余管理机制是应对不确定因素导致的偏差的有效方法。例如，在采购环节，可以预留一定的库存余量以防范供应短缺的风险；在人力资源配置方面，保持一定的灵活性以应对突发任务的需求。此外，通过定期进行绩效评估和总结会议，对工作计划的执行情况进行评估，总结经验教训，并据此制定相应的改进措施。

第二节　质量控制

一、“三品一标”质量认证体系实施规范及关键要素分析

（一）无公害农产品认证的实施规范、关键要素及案例

1. 实施规范

（1）产地及其周边环境必须远离污染源，保障农业环境的清洁与安全。

（2）建立并严格执行一套完善的生产管理制度，涵盖农业投入品管理、病虫害防治措施以及生产档案记录制度等，确保整个生产流程达到无公害标准。

（3）定期对产品进行检测，确保其满足国家规定的无公害农产品标准。

（4）产品包装上应明确标注无公害农产品标志及相关信息，方便消费者辨识。

2. 关键要素

（1）严格的环境评估与保护。

（2）全过程的生产管理与质量控制。

（3）有效的质量检测与产品追溯体系。

案例分析

甘肃农垦条山集团（以下简称“条山集团”），作为现代农业的佼佼者，在无公害农产品领域取得显著成绩。集团依托独特的自然条件和先进的农业技术，成功打造了一系列高品质的无公害农产品。

条山集团的无公害农产品生产基地，东临黄河，西依祁连山，地理位置得天独厚。当地日照时间长，昼夜温差大，加之无污染的土壤和气候，为农产品的生长提供优越的环境。集团严格遵循无公害农产品的生产标准，从源头把控，确保农产品的绿色、健康。

以条山梨为例，该产品在生产过程中，全程采用物理和生物方法防治病虫害，不使用任何化学农药和化肥。同时，通过科学的管理和先进的栽培技术，实现梨树的早挂果、早丰产。条山梨果形端正，果肉细腻，口感鲜美，深受消费者喜爱。

此外，条山集团还大力发展杏脯等加工农产品。其原料大接杏，是甘肃特有的品种，含糖量高，果肉厚实。经过精细加工后，制成的杏脯口感香甜，营养丰富，是健康美味的零食。

条山集团的无公害农产品，不仅为消费者提供健康的选择，也为推动区域农业绿色发展作出积极贡献。

（二）绿色食品认证的实施规范、关键要素及案例

1. 实施规范

（1）产品必须源自无污染的环境，满足绿色食品生产的环境标准。

（2）在生产过程中，必须遵循绿色食品生产技术规程，包括选用抗病抗虫的优质品种，以及减少化学农药和化肥的使用。

（3）产品必须通过权威机构的检测，确保符合国家绿色食品的标准。

（4）产品包装上应明确标注绿色食品标志及相关信息，消费者能够轻松识别。

2. 关键要素

（1）优质的产地环境。

（2）严格的生产过程控制。

（3）权威的产品质量检测。

案例分析

酒泉市农业发展集团有限公司，作为市属国有独资农业企业，近年来在绿色食品认证方面取得显著成就。该公司积极响应国家绿色发展战略，生产“绿色有机、生态安全、健康美味、优质可靠”的农产品，为市场提供大量优质绿色食品。

其中，一个典型的绿色食品认证案例是该公司旗下的“戈壁雪润”品牌。该品牌依托酒泉市独特的戈壁生态环境，注册了“戈壁雪润”商标，作为全市戈壁生态农业的公用品牌。公司严格按照绿色食品认证标准，对蔬菜、蜜瓜、果品、羊肉、中药材等农产品进行全程质量控制，确保产品达到绿色、有机标准。

在绿色食品认证过程中，酒泉市农业发展集团有限公司与农牧、食药、质监等部门紧密合作，对农产品进行严格的品质检测。同时，公司还积极与取得绿色、有机食品认证的企业、合作社对接，签订商标授权使用合同，以母子品牌、双商标模式共同推广营销。

经过不懈努力，酒泉市农业发展集团有限公司成功获得多项绿色食品认证。其中，“戈壁雪润”品牌旗下的多个农产品均通过绿色食品认证，并在市场上获得广泛认可。绿色食品不仅品质优良，而且具有独特的戈壁生态特色，深受消费者喜爱。

通过绿色食品认证，酒泉市农业发展集团有限公司不仅提升了农产品的附加值和市场竞争力，还进一步推动了戈壁生态农业的发展。

（三）有机食品认证的实施规范、关键要素及案例

1. 实施规范

有机食品认证的实施规范主要包括：

（1）产品必须源自未受污染源影响的地区，确保生态平衡得以维护。

（2）严格禁止使用化学合成农药、化肥和生长调节剂等物质，应采用自然农法或有机农业技术进行生产。

（3）所有产品必须经过严格的检测流程，确保不含任何化学残留物。

（4）产品包装上必须明确标注有机食品标志和相关信息，方便消费者轻松识别。

2. 关键要素

（1）纯净的产地环境。

（2）严格的有机生产过程控制。

（3）权威的产品质量检测与认证。

案例分析

在甘肃省的河西走廊绿洲农业区，有一家有机食品企业——甘肃黄羊河食品公司。公司以其卓越的“黄羊河”系列鲜食玉米产品，在业界享有盛誉，成为甘肃有机食品企业的杰出代表。

黄羊河食品公司成立于2000年，隶属于甘肃农垦黄羊河集团。公司坐落于历史文化名城武威市，气候适宜、土地肥沃，为有机食品的生产提供了得天独厚的条件。自成立以来，黄羊河食品公司始终秉承“绿色、安全、健康”的经营理念，专注于糯玉米系列产品的开发与研究。

公司的发展并非一帆风顺。在成立初期，国内同类产品较少，市场竞争不激烈，公司凭借真空包装鲜食玉米迅速占领市场。然而，随着市场的逐渐饱和，公司面临着产品单一、销售渠道建设难度大等挑战。为突破困境，公司果断进行转型升级，投资引进先进设备和技术，新建了系统化、高标准的真空包装玉米生产流水线，并增加速冻蔬菜等新产品线。

在有机食品的发展道路上，黄羊河食品公司始终走在前列。公司坚持发展绿色有机农业，严格按照有机食品的标准进行种植和加工。目前，公司的甜糯玉米产品已通过绿色食品、有机食品认证及出口商品卫生注册等认证，并荣获多项国内外大奖。这些荣誉不仅是对公司产品品质的肯定，更是对公司多年来坚持有机食品发展之路的认可。

除在产品品质上下功夫外，黄羊河食品公司还积极开拓市场。公司已在全国二十多个省市及部分欧美国家建立稳定的销售网络，产品远销国内外。同时，公司还注重品牌建设和推广，通过参加各种展会和评选活动，不断提升品牌知名度和美誉度。

黄羊河食品公司的发展之路是甘肃有机食品产业的一个缩影。在政府和企业的共同努力下，甘肃的有机食品产业正逐步走向规模化、品牌化和国际化。

（四）农产品地理标志认证的实施规范、关键要素及案例

1. 实施规范

（1）产品应突显鲜明的地域特色，反映特定地区的自然环境和人文风貌。

（2）产品应具备独特的品质特征，使其在同类产品中脱颖而出。

（3）产品应承载丰富的历史和文化传承，彰显当地深厚的文化底蕴。

（4）应对农产品地理标志实施严格的保护和管理措施，防止滥用和侵权行为。

2. 关键要素

（1）显著的地域特色与品质特性。

（2）悠久的历史传承与文化底蕴。

（3）严格的保护与管理机制。

案例分析

在甘肃省兰州市，有一种特产因其独特的品质和悠久的历史，赢得国内外消费者的广泛赞誉，这就是兰州百合。兰州百合作为甘肃省通过地理标志认证的产品，不仅代表甘肃的农业精品，也展现了地理标志保护在推动地方特色产业发展中的重要作用。

兰州百合以其瓣大肉厚、洁白如玉、甘甜爽口、营养丰富而著称，富含蛋白质、多糖、果胶、维生素、生物碱及锌等微量元素，具有润肺止咳、清火降噪、美容养颜、提高免疫力的功效，素有“兰州百合甲天下”之美誉。这一美誉的背后，是兰州百合长期以来的精心种植和严格管理。

自2004年起，兰州百合便获得国家质量监督检验检疫总局的原产地域保护产品认证(即地理标志保护产品)，标志着兰州百合在品质、特色和地域性上得到国家的认可和保护。随后，在各级政府和农业部门的推动下，兰州百合的种植规模不断扩大，产品质量持续提升，品牌影响力日益增强。

近年来，兰州市七里河区等主产区积极推进兰州百合地理标志产品保护示范区建设，通过成立行业协会、加强行业自律、研发精深产品、扶持新产品上线、打破传统销售模式、提升产品市场影响力等一系列措施，进一步提升兰州百合的品牌价值和市场竞争力。同时，政府还通过扶持兰州百合协会和生产加工企业，在北上广深等百合主要销售地建立批发配送中心和直销店，利用电子商务等现代销售模式，拓宽了兰州百合的销售渠道和市场覆盖范围。

如今，兰州百合已成为甘肃省乃至全国知名的农产品品牌，其独特的品质和品牌影响力不仅带动当地农业经济的发展，也为农民增收致富开辟了新途径。这一成功案例表明，地理标志认证在推动地方特色产业发展、提升农产品附加值和市场竞争力方面具有重要作用。

二、“三品一标”规范化质量管理的组织实施

(一)“三品一标”认证体系的质量管理要素分析

“三品一标”指的是无公害农产品、绿色食品、有机食品以及地理标志农产品的总称，它们构成了我国农业发展的重要基础。其认证体系的质量管理要素主要包括以下几个方面：

1. 严格选材标准

对于食品、药品、日用品等消费品，必须选择符合国家相关法规和标准的优质原材料和产品，确保安全和质量，是“三品一标”认证的首要条件，也是保障产品质量的基础。

2. 生产标准化建立

完善的生产管理制度，制定详细的生产流程和操作规范，执行全程质量监控，确保产品质量符合国家标准。包括从原料采购、生产加工到成品出厂的每一个环节，都需要有严格的质量控制措施。

3. 包装标准化

统一规划、设计和制作产品包装，符合国家相关规定和标准的同时，注重环保和可持续发展，减少包装浪费。良好的包装不仅能保护产品，还能提升产品的品牌形象和市场竞争力。

4. 质量检测标准化

购买先进的质检设备和仪器，建立独立的质量检验实验室，进行全面的质量检测，确保产品符合国家标准。质量检测是“三品一标”认证的重要环节，也是保障消费者权益的重要手段。

5. 售后服务标准化

建立健全的售后服务体系，规范客户反馈的处理流程，及时解决消费者投诉和问题，提高消费者满意度。优质的售后服务能够增强消费者对产品的信任度和忠诚度。

6. 产品标识清晰化

在产品包装上明确标示产品的名称、规格、生产日期等信息，确保消费者能够准确了解产品的基本情况。有助于消费者做出明智的购买决策，并保护其合法权益。

7. 加强品牌建设

通过广告宣传、参加相关展览等方式，提升企业品牌知名度和美誉度，建立良好的品牌形象。品牌是企业的重要资产，也是“三品一标”认证体系的重要组成部分。

8. 强化环境保护

减少生产过程中的排放物，提倡节能减排，采用可再生资源和环保材料，推广低碳生活方式，不仅是企业社会责任的体现，也是实现可持续发展的必然要求。

（二）不同细分行业和经营主体实施“三品一标”认证规范化质量管理的条件、模式和方法

1. 条件

在实施“三品一标”认证的规范化质量管理过程中，不同细分行业和经营主体必须满足特定条件。以农产品为例，申请人需具备集体经济组织、农民专业合作社或企业等独立法人资格；生产基地应集中连片，产地区域范围明确，产品相对稳定；并且已经建立了完善的投入品管理、生产管理、产品检测、基地准出、质量追溯等全程质量管理制度；此外，在近 3 年内未出现过农产品质量安全事故。

2. 模式

实施“三品一标”认证规范化质量管理的模式根据行业特点和经营主体的不同而有所差异。

（1）政府引导、企业主导。政府通过制定相关政策、提供技术支持和资金扶持等手段，引导企业实施“三品一标”认证；企业则依据自身实际情况，制定并执行具体的实施方案。

（2）行业协作、共同推进。同行业内的企业加强合作，共同制定行业标准和规范，共同推进“三品一标”认证的实施。

（3）第三方认证、社会监督。通过引入第三方认证机构进行认证和监管，确保“三品一标”认证的公正性和权威性；同时，强化社会监督，鼓励消费者和媒体对认证过程和产品质量进行监督和评价。

3. 方法

（1）制定详尽的生产计划与操作规程，明确各个环节和操作步骤，确保生产过程规范化和标准化。

（2）加强员工培训与管理，提升生产人员的质量意识和操作技能，并建立奖惩机制以激励员工积极参与质量管理。

（3）建立质量追溯体系，记录并追溯原材料采购、生产加工、成品出厂等各环节，在质量问题发生时迅速定位原因并实施纠正措施。

（4）强化质量检测与监控，定期对产品进行检测和监控，及时发现并处理问题，确保产品满足国家标准和“三品一标”认证要求。

（5）增强品牌建设与市场推广，通过广告宣传、参与展览等方式提高品牌知名度和美誉度，同时加大市场推广力度，拓宽产品销售渠道和市场份额。

三、涉农经济组织生产过程标准化管理

（一）现代企业生产过程标准化的主要领域、工作内容及要点

现代企业生产过程标准化的主要领域覆盖了生产流程的各个阶段，其目的在于通过实施标准化管理来提高生产效率和产品质量。

1. 生产流程标准化

（1）明确各个生产环节的操作步骤、工艺要求、质量标准等，制定出标准化的作业指导书或操作规范。

（2）确保每个生产环节都遵循统一的标准，减少人为误差，提升生产效率和产品质量。

2. 生产制度标准化

（1）建立健全的生产管理制度，包括安全生产制度、质量管理体系、设备管理制度等。

（2）制度应具有可操作性和可检查性，确保各项制度得到有效执行，为生产过程提供有力保障。

3. 设备养护标准化

（1）制定设备养护的标准与计划，并定期执行对生产设备的维护和保养工作。

（2）确保设备始终处于最佳运行状态，延长其使用寿命，减少故障发生率，进而提升生产效率。

4. 原材料管理标准化

（1）对原材料的采购、验收、存储、使用等环节实施标准化管理。

（2）确保原材料质量达到既定标准，降低浪费，提升资源利用效率。

5. 工作环境标准化

（1）对生产现场的工作环境进行标准化管理，包括温度、湿度、光照、噪声等。

（2）创造有利于生产的环境条件，保障员工健康和生产安全。

6. 工作时间标准化

（1）合理安排生产时间和休息时间，确保员工有足够的休息和恢复体力的时间。

（2）避免疲劳作业，提高工作效率和员工满意度。

（二）涉农经济组织生产过程标准化管理的关键指标分析和管理策略

1. 产品质量类指标

（1）关键指标。产品合格率、产品一等品率等。

（2）管理策略

①加强原材料检验，确保原材料质量符合标准。

②严格执行生产工艺流程，确保每个生产环节都符合质量要求。

③建立完善的质量检测体系，对成品进行全面检测，确保产品质量。

2. 生产安全类指标

（1）关键指标。事故发生率、设备故障率、职业病发病率等。

（2）管理策略。建立完善的安全生产管理制度，并强化员工的安全培训。定期对生产设备执行检查与维护工作，确保设备的安全运行。同时，加强职业健康防护措施，减少职业病的发生率。

3. 生产效率类指标

（1）关键指标。产量、生产成本、设备稼动率①、人工效率等。

（2）管理策略。优化生产流程以减少不必要的环节和浪费。提升设备利用率和人工效率，从而降低生产成本。引进先进的生产技术和设备，提高生产效率。

4. 环境保护和劳动者保障类指标

（1）关键指标。废气排放量、废水排放量、噪声污染、员工满意度等。

（2）管理策略。严格执行环境保护法规，减少废气、废水和噪声的排放。加强员工劳动保护，确保提供一个安全且舒适的工作环境。同时，关注员工的身心健康，提高员工的满意度和归属感。

涉农经济组织的生产过程标准化管理需从多个领域着手，通过建立和实施标准化的管理制度与操作规程，确保生产过程的稳定性和可控性。同时，应密切关注产品质量、生产安全、生产效率和环境保护等关键指标，制定相应的管理策略，不断提升企业的竞争力和可持续发展能力。

四、涉农经济组织生产过程质量安全监控

（一）不同细分行业和经营主体质量安全监控的要点、特性、常见问题及案例分析

1. 细分行业监控要点

（1）农业种植。

①监控种子质量、农药化肥使用、土壤环境、灌溉水质等方面。

②农业生产过程受自然环境影响显著，周期较长，因此需要进行长期监测。

③常见问题包括农药残留超标、重金属污染、转基因作物安全性等。

---

① 设备稼动率是指设备在所能提供的时间内为了创造价值而占用的时间所占的比重，是指一台机器设备可能的生产数量与实际生产数量的比值。也可以说是相对于生产时间（负荷时间），实际生产物品的时间（稼动时间）所占的比率，是以机器设备的稼动时间除以最大负荷时间而得，而稼动时间是指负荷时间减掉换模、换刀具、故障、调整等的时间。

案例分析

2023 年 4 月 27 日，广州市农业农村局执法人员对某农业发展有限公司种植的叶芥菜进行抽样检测。结果显示，该批次叶芥菜的农药“氯氰菊酯”含量残留超标。这一检测结果立即引起执法部门的重视。

随后，执法人员对该公司的种植过程进行详细调查。发现在叶芥菜种植过程中，该公司用水稀释 40 毫升农药“氯氰菊酯”后，喷洒到面积仅为 0.1 亩的叶芥菜上。然而，该农药的使用剂量应为“20~30 毫升/亩”，意味着该公司实际使用的剂量超出标签标注剂量的 13 倍以上。

面对确凿的证据，广州市农业农村局依据相关规定，责令该公司立即改正其不按照农药标签标注的使用剂量使用农药的行为，并作出罚款 600 元的行政处罚决定。同时，由于执法人员的及时发现和处理，该批次抽检不合格的叶芥菜已被就地作无害化处理，并未上市销售，从而避免潜在的食品安全风险。

该案例不仅突显了农药使用必须严格遵守标签标注的重要性，也彰显了市场监管部门在保障农产品质量安全方面的决心和力度。通过严厉的处罚和及时的干预，有效遏制了农药残留超标等违法行为的发生，保护了广大消费者的合法权益。

（2）畜牧业。

①监控饲料质量、兽药使用、养殖环境、动物疫病防控等方面。

②生物安全风险较高，需严格控制养殖环境和防疫措施。

③常见问题包括兽药残留、非法添加激素、动物疫病传播等问题。

案例分析

2022 年，某地一家大型养殖场因在养殖过程中违规使用国家禁止的兽药，导致畜产品被禁止销售。这家养殖场在饲养的生猪中使用了氯霉素，氯霉素是一种在多个国家被明确禁止用于食品动物的兽药，因为其残留可能对人体健康造成潜在危害。

当地农业农村局的执法人员在例行的农产品质量安全监督抽查中，抽取该养殖场的生猪样品进行检测。结果显示，送检的猪肉样品中氯霉素残留量超出国家规定的限量标准。根据《中华人民共和国农产品质量安全法》的相关规定，含有国家禁止使用的兽药或其他有毒有害物质的农产品是不得销售的。

随后，农业农村局对该养殖场进行全面的调查，并依据相关法律法规对该养殖场进行处罚。处罚措施包括没收违法所得、罚款，并责令该养殖场立即停止销售问题畜产品，同时对已经销售的畜产品进行追回和无害化处理。

这一事件不仅给该养殖场带来了严重的经济损失，也对其声誉造成不可挽回的影响。更重要的是，它再次敲响农产品质量安全的警钟，提醒所有养殖场必须严格遵守兽药使用规定，确保畜产品质量安全，维护消费者的健康权益。

通过这个案例，可以看到违规使用兽药对畜产品安全的严重影响，提醒我们在畜牧业生产中，必须始终将质量安全放在首位，严格遵守相关法律法规，确保畜牧业的可持续发展。

（3）水产品养殖。

①监控水质、饲料质量、养殖密度以及药物使用等方面。

②该生物易受水体污染的影响，因此需要定期进行水质检测。

③常见问题包括药物残留、重金属污染以及非法添加孔雀石绿等问题。

案例分析

2023年，山东省某市海洋与渔业局对当地一家大型水产养殖场进行突击检查。在检查过程中，执法人员在该养殖场的饲料仓库中发现大量国家明令禁止使用的氯霉素。氯霉素是一种对人体有害的抗生素，被严格禁止在食品动物中使用。

经过进一步调查，执法人员发现该养殖场为了预防和治疗鱼类的疾病，长期在饲料中非法添加氯霉素。这种行为不仅违反了国家相关法律法规，也严重威胁到消费者的身体健康。

随后，海洋与渔业局对该养殖场的养殖池进行全面抽检，发现多批次水产品中含有氯霉素残留。根据《中华人民共和国农产品质量安全法》和《兽药管理条例》的相关规定，该局立即采取措施，查封涉事饲料和养殖池，并责令养殖场立即停止违法行为。

为了彻底消除安全隐患，海洋与渔业局还组织专业团队对涉事水产品进行无害化处理，共计销毁含有氯霉素残留的水产品数千千克。同时，该局也对养殖场负责人进行了严厉处罚，并公开通报了案件情况，警示其他水产养殖企业。

该案例充分展示了政府部门对水产品质量安全的严格监管和打击违法行为的决心。同时，也提醒广大水产养殖企业要严格遵守国家法律法规，确保水产品的质量和安全。

2. 经营主体监控要点

（1）家庭农场。

①自产自销，需重点监控生产环节，确保农产品质量安全。

②常见问题包括生产规模小，质量安全意识薄弱，检测手段不足。

（2）农民专业合作社。

①实现统一的生产、加工和销售流程，必须强化各个环节的监控措施，确保农产品的可追溯性。

②高度组织化的结构便于实施集中管理。

③常见问题包括内部管理缺乏规范性，标准化生产流程执行不彻底。

（3）农业企业。

①规模化生产要求建立完善的质量管理体系，确保产品达到国家标准。

②具备强大的资金和技术实力，便于实现自动化和智能化监控。

③常见问题包括在追求产量的过程中忽视质量，以及非法添加禁用物质等。

（二）涉农经济组织主要职能部门实施信息化质量安全监控的方法及相关工具

1. 生产组织类质量安全监控

（1）方法。制定标准化生产规程，明确各环节的操作要求。利用物联网技术实时监控生产环境参数，包括温度、湿度、光照等。建立农产品生产档案，详细记录种子来源、农药化肥使用情况等信息。

（2）工具。

①农业物联网系统用于实时监控生产环境。

②生产管理软件用于记录生产过程并生成生产档案。

2. 设备作业类质量安全监控

（1）方法。对农业机械设备进行定期维护和检查，确保其处于良好工作状态。利用传感器监测设备的运行状态，及时发现并处理故障。对关键设备实施远程监控，提高应急响应速度。

（2）工具。

①设备状态监测系统用于实时监控设备运行状态。

②远程监控平台用于远程查看设备状态和发送控制指令。

3. 技术支持类质量安全监控

（1）方法。建立专家咨询系统，为农户提供技术指导和咨询服务。利用大数据分析技术预测农产品质量风险，并提前采取措施进行防范。加强与科研机构的合作，引进先进技术和设备。

（2）工具。

①专家咨询系统提供在线咨询和技术支持服务。

②大数据分析平台用于数据分析和风险预测。

4. 产品加工类质量安全监控

（1）方法。制定加工操作规程，确保加工过程满足卫生和安全的标准。对原材料进行严格检验，确保其符合加工的质量要求。实时监控加工过程，保证产品质量的稳定性。

（2）工具。

①加工生产线监控系统用于实时监控加工过程。

②产品质量检测仪器用于原材料和成品的质量检测。

5. 产品销售类质量安全监控

（1）方法。建立产品追溯体系，确保产品来源的可追溯性。对销售环节进行定期检查和随机抽检，确保产品质量安全。加强与消费者的沟通，及时处理消费者的投诉和反馈。

（2）工具。

①产品追溯系统用于产品追溯和防伪。

②消费者反馈系统用于收集和处理消费者投诉和反馈。

涉农经济组织在生产过程中的质量安全监控方面，需要结合各细分行业和经营主体的特定特点，采取具有针对性的监控措施和方法。同时，应充分利用信息化手段，提升监控的效率和准确性。

五、涉农经济组织产品质量安全检测的原则、方法和作用

（一）不同类型农产品质量安全检测的概念、方式和作用

农产品质量安全检测涉及对农产品中的有害物质（如农药残留、重金属、微生物等）以及品质特性（如外观、口感、营养成分等）进行细致的检测，确保农产品满足既定的安全标准和品质要求。

1. 方式

（1）通过化学分析或生物测定方法，检测农产品中农药的残留量，确保其不超过安全标准。这一过程通常包括样品的提取、净化和分析步骤，使用仪器如气相色谱、液相色谱等进行。

（2）运用原子吸收光谱、电感耦合等离子体质谱等技术，检测农产品中的重金属含量，防止重金属超标对人体健康造成危害。

（3）通过培养、镜检、生化试验等方法，检测农产品中的细菌、霉菌、病毒等微生物含量，确保农产品的卫生安全。

（4）品质检测涵盖外观、口感、营养成分等方面的检测，通常通过感官评价、理化分析等手段进行，评估农产品的整体品质。

2. 作用

（1）通过检测农产品中的有害物质和品质特性，确保农产品安全可靠，保护消费者的生命财产安全。

（2）加强农产品质量安全检测，防止不合格产品流入市场，维护市场的公平性和透明度。

（3）提高农产品质量安全水平，增强农产品的市场竞争力，推动农业产业的健康发展。

（二）不同细分行业和经营主体实施农产品质量安全检测的工作原则和组织管理方法

1. 工作原则

（1）检测过程必须遵循科学原理和方法，确保检测结果的准确性和公正性。

（2）检测工作应涵盖所有农产品种类及关键生产环节，确保无遗漏。

（3）通过加强源头管理，推广绿色生产技术，减少化肥和农药的使用等措施，预防农产品质量安全问题的发生。

（4）依据相关法律法规和标准要求，对农产品质量安全进行检测和监管，确保法律法规得到贯彻执行。

2. 组织管理方法

（1）确保各级农业部门、检测机构、生产企业和农户在农产品质量安全检测中各自承担明确的责任和义务。

（2）制定并完善农产品质量安全检测的相关制度、规范和标准，保障检测工作的有序开展。

（3）对检测人员和生产者进行系统的培训和指导，提升他们的专业技能和水平，确保检测结果的准确性和可靠性。

(4) 建立农产品质量安全检测的监督考核机制，定期对检测机构和检测人员进行考核和评估，确保其工作质量和效率。

(三) 基于新兴目标市场与创新商业模式的农产品质量安全检测及案例分析

1. 新兴目标市场

随着消费者对农产品质量安全要求的不断提高和全球化市场的不断发展，农产品质量安全检测的目标市场也在不断拓展。新兴目标市场包括高端消费群体、出口市场、跨境电商等，市场对农产品的质量安全要求更高，需要更加严格的检测标准和检测方法。

2. 创新商业模式

(1) 第三方检测服务提供专业的农产品质量安全检测服务，为生产企业、经销商和消费者提供权威的检测报告和认证服务。

(2) 全产业链质量控制通过整合农产品生产、加工、流通等各个环节的资源，建立全产业链的质量控制体系，确保农产品从田间到餐桌的全程质量安全。

(3) 智能化检测技术运用物联网、大数据、人工智能等现代信息技术手段，实现农产品质量安全检测的智能化、自动化和远程化，提升检测效率和准确性。

案例分析

近年来，甘肃省积极应对消费者对农产品质量安全日益提高的需求，特别是在高端消费群体、出口市场及跨境电商等新兴目标市场中，甘肃省农产品面临着更加严格的检测标准和质量要求。为此，甘肃省农业农村厅联合相关部门，通过引入现代信息技术，创新了农产品质量安全检测与追溯的商业模式，推动全省农产品质量安全水平的提升。

第三方检测服务

甘肃省建立多个省级农产品质量安全检测中心，为全省乃至全国的农产品生产企业、经销商提供第三方检测服务。检测中心运用先进的检测技术和设备，确保检测结果的准确性和权威性。同时，针对高端消费群体和出口市场的需求，检测中心还提供更加严格的检测标准和定制化服务，满足不同市场的质量要求。

全产业链质量控制

甘肃省通过建设和完善农产品质量安全追溯体系，实现从田间到餐桌的全产业链质量控制。通过推广使用“省级追溯平台+格证手机 App”，农民专业合作社和个体农户可以方便地开具带有追溯二维码的电子合格证，消费者则通过扫码查询农产品的生产信息、检测记录等，确保农产品的全程可追溯。此外，甘肃省还建立一批承诺达标合格证服务站，为农产品生产企业提供便捷的信息化服务，推动全产业链质量控制的实施。

智能化检测技术

甘肃省积极引入物联网、大数据、人工智能等现代信息技术手段，提升农产品质量安全检测的智能化水平。例如，在酒泉市，通过建设智慧监管系统、运用生产记录仪和智能监管仪等设备，实现对农产品生产过程的实时监控和数据分析。智能化设备不仅提高了检测效率和准确性，还为监管部门提供了更加全面的数据支持，有助于及时发现和解决潜在的质量安全问题。

通过上述创新商业模式的实施，甘肃省农产品质量安全水平显著提升，赢得国内外市场的广泛认可。在高端消费群体中，甘肃省的农产品以其优良的品质和可靠的质量赢得良好的口碑；在出口市场和跨境电商平台上，甘肃省的农产品也因其严格的质量控制和追溯体系而备受青睐。

六、涉农经济组织质量安全检测的发展趋势与应对

（一）农产品质量安全的政策法规、市场需求变化趋势及案例分析

1. 政策法规

农产品质量安全政策法规构成推动农产品质量安全检测工作的重要支撑。近年来，全球各国政府纷纷强化对农产品从生产、加工、运输到销售的全链条监管。政策法规主要涵盖对农药和化肥使用的严格规范、禁止使用有毒有害物质以及加强农药残留和重金属等有害物质的监测和检测力度。此外，还建立质量追溯系统，确保农产品的来源和品质能够被有效追踪。

2. 市场需求变化趋势

随着消费者健康意识的提升和食品安全问题的频繁发生，市场对农产品质量安全的需求也在持续演变。这些需求可以进一步细分为强制性与非强制性、目标市场细分化与消费偏好个性化以及理化指标与非理化指标等多个方面。

（1）强制类和非强制类需求。强制性需求主要源自政府法规和国际标准的强制性要求，如对农药残留、重金属含量等理化指标的检测。而非强制性需求则更多地源自消费者的自发需求，如对有机食品、绿色食品等健康食品的认证和检测。

（2）目标市场细分化和消费偏好个性化需求。随着市场的细分化，消费者对农产品的需求变得日益个性化。例如，不同年龄段和不同健康状况的消费者对农产品的需求存在显著差异。因此，涉农经济组织必须针对目标市场实施精准营销策略，提供满足消费者特定需求的农产品。

（3）理化指标类和非理化指标类需求。理化指标类需求主要关注农产品的营养成分、有害物质含量等客观指标。相对地，非理化指标类需求则更多关注农产品的口感、外观等主观感受。涉农经济组织需要在确保理化指标合格的基础上，不断提升农产品的非理化指标水平，满足消费者日益增长的多样化需求。

案例分析

以甘肃省某农业合作社为例，该合作社积极回应国家政策法规和市场需求的变动，在确保农产品质量安全方面取得显著成就。该合作社专注于种植草莓和洋葱，采用绿色标准化的生产方式，提高农产品的品质和安全性。

实施的措施

1. 强化质量管理

合作社建立全面的质量管理体系，并严格遵循《中华人民共和国农产品质量安全法》等相关法规，对农产品的生产、加工、销售等环节实施严格控制。

2. 提高检测技术

合作社引进先进的检测设备和技术，对农产品进行全面的理化和非理化指标检测，确保产品达到国家标准和市场需求。

3. 品牌建设

依托《甘肃省甘味农产品品牌培育管理条例》，合作社努力打造品牌农产品，提升产品的知名度和市场竞争力。

合作社的草莓和洋葱在市场上广受欢迎，尤其是其绿色、有机的产品特性吸引众多高端消费者。通过品牌建设，合作社的农产品在市场上赢得了良好的声誉，提升了产品的附加值和销售额。合作社在农产品质量安全方面的成功实践，为当地其他农产品生产商提供可借鉴的经验和模式。

在甘肃省农产品质量安全政策法规的引导下，通过把握市场需求变化趋势和成功案例的示范，为农产品行业的发展提供了有力支持。

（二）涉农经济组织实施质量安全检测的模式与方法创新

1. 支持快速反应的组织和制度保障

为了有效应对农产品质量安全方面的突发事件，涉农经济组织必须构建起快速响应的组织架构和制度保障体系。涵盖了建立应急处理机制、拟定应急预案以及明确职责分工等方面。此外，加强与政府、行业协会等机构的沟通与协作，对于形成共同应对突发事件的合力也是至关重要的。

2. 支持精准管控的信息化管理流程及相关工具应用保障

信息化管理是提升农产品质量安全检测效率的关键途径。涉农经济组织必须构建一个完善的信息化管理系统，实现农产品从生产到销售的全程可追溯性管理。通过采用大数据、云计算等现代信息技术，对农产品质量安全数据进行实时采集、传输、分析和共享。此外，开发相关的工具应用，例如质量追溯系统和检测数据分析平台，对于提供精准管控的支持至关重要。

3. 支持质检能力不断提升的人员团队建设保障

人才是提升农产品质量安全检测能力的关键所在。涉农经济组织必须制定合理的人才招聘计划，吸引高端技术人员和专家团队的加入。此外，还应制定切实可行的专业培训计划，对检测人员进行全方位、多维度的技能培训。通过持续的学习和交流，提升检测人员的专业素质和技能水平，适应当前快速发展的检测技术需求。

此外，涉农经济组织应加强与其他检测机构的沟通与交流，吸收其先进的技术和管理经验。通过合作与资源共享，共同提高整个行业的质量检测能力。同时，建立激励机制和考核体系，激发检测人员的积极性和创造力，促进质量检测能力的持续提升。

七、生态友好型生产模式和清洁生产模式

（一）农业清洁生产模式的概念、作用及案例分析

农业清洁生产模式的核心在于降低农业活动对环境的损害，优化资源的利用，并通过科学和适当的管理技术，促进农业生产的生态化。这种模式不仅着眼于减少污染和废物的产生，还着重于提升农产品的质量和市场竞争力。

农业清洁生产模式的作用主要体现在以下几个方面：

1. 环境保护

减少农药、化肥等化学物质的使用，降低农业面源污染，保护生态环境。

2. 资源节约

提高水资源、土地资源等自然资源的利用效率，减少浪费。

3. 经济效益

通过提升农产品的质量和市场竞争力，增加农民收入，促进农业经济的可持续发展。

4. 社会效益

提升公众对农业清洁生产的认知，增强环保意识，推动社会和谐发展。

案例分析

甘肃永昌农场在构建生态农场和实施农业清洁生产模式方面取得显著成就，通过一系列创新措施展示其在无农药或低农药种植、施用有机肥料、合作社推广以及获得市场认可方面的成功实践。（数据来源：甘肃省农垦集团有限责任公司官网）

无农药或低农药种植

科学防控病虫害：永昌农场通过实施测土配方施肥技术、增施有机肥、推广物理诱控技术等措施，有效降低农药使用量。这些技术不仅提高土壤肥力，还减少病虫害的发生，从而实现了低农药种植。

生物防治：农场积极引入生物防治手段，利用天敌昆虫、生物农药等自然力量来控制害虫，减少对化学农药的依赖。化肥农药施用量减少 10%，主要农作物病虫害绿色防控覆盖率达到 100%。娃娃菜、西蓝花、早酥梨等 9 种果蔬通过中国绿色食品发展中心审核并获得绿色食品 A 级证书，白皮洋葱通过出口基地备案认证，彰显了农场在农产品质量安全方面的卓越表现。

施用有机肥料

增施有机肥：永昌农场在春耕时节加大有机肥投入力度，通过科学配比和精准施用，提高土壤肥力。例如，今年农场施入腐熟牛粪 2.5 万立方米，较去年增加 2 万立方米，施用商品有机肥 623 吨，后期根据作物品种特性和生长规律还会继续施入有机肥。

推广有机肥技术：农场通过举办培训班、现场指导等方式，向农户推广有机肥施用技术，提高农户对有机肥的认识和使用技能。土壤质量显著提升，土壤板结、盐碱化等问题得到有效改善，为作物生长提供良好的土壤条件。有机肥的施用促进了农作物的健康生长，提高了农产品的产量和品质。

合作社推广

永昌农场依托自身优势，成立农业合作社，将分散的农户组织起来，实行统一规划、统一生产、统一销售的管理模式。合作社为农户提供技术培训、市场信息、病虫害防治等全方位服务，帮助农户提高生产技能和经营水平。合作社的成立促进了农业生产的规模化和专业化，提高了农产品的市场竞争力。通过合作社的推广，永昌农场的生态种植模式得到更多农户的认可和参与，推动整个区域的农业绿色发展。

市场认可

永昌农场生产的绿色、有机农产品在市场上受到广泛好评。这些产品不仅品质优良、口感鲜美，而且安全健康、符合现代消费者的需求。农场与多家大型超市、农产品批发市场建立了稳定的合作关系，产品销往全国各地甚至出口海外。永昌农场通过多年的努力和实践，已经形成自己的品牌效应。消费者在购买农产品时更倾向于选择永昌农场的品牌产品，进一步提升了农场的知名度和美誉度。

甘肃永昌农场通过无农药或低农药种植、施用有机肥料、合作社推广等一系列措施成功打造生态农场并实践了农业清洁生产模式。这些措施不仅提高了农产品的产量和品质，还促进农业的可持续发展，赢得市场的广泛认可和好评。

（二）生态农业的类型、特点和发展历程

生态农业的发展历程可以追溯到 20 世纪 70 年代，随着人们对现代农业带来的生态危机认识的加深，生态农业逐渐成为农业发展的新方向。在中国，生态农业经历了从探索阶段到关注阶段再到发展阶段的过程。近年来，随着城市化进程的加速和交通的快速发展，生态农业的发展空间得到进一步深化发展。

1. 生态农业的类型

（1）通过增加生产环节和增益环节，将单一种植与高效饲养以及废弃物的综合利用有机地结合起来，实现物质的良性循环和能量的多级利用。

（2）利用生物间的互利共生关系，构建生态农业系统，从而提高资源的利用效率。

（3）在开发利用农业资源的同时，注重环境保护和生态修复，实现资源的可持续利用。

（4）将生态农业与旅游观光相结合，发展乡村旅游和休闲农业。

2. 生态农业的特点

（1）综合性生态农业融合农业、林业、牧业、渔业等多个产业，构建了一个综合性的生产体系。

（2）多样性生态农业重视生物多样性的保护，并通过利用生物间的相互作用关系来构建一个稳定的生态系统。

（3）通过科学的管理和技术创新，生态农业提升了资源的利用效率和农业生产效益。

（4）生态农业强调资源的可持续利用以及生态环境的保护，实现农业生产的长期稳定发展。

案例分析

TANAKA FARMS：生态农业与旅游观光的完美融合

在美国加利福尼亚州的尔湾市，有一片占地约30英亩的农场——TANAKA FARMS（田中农场）。农场不仅是日本田中家族在美国农业领域的杰出代表，更是生态农业与旅游观光相结合的典范，成功地发展了乡村旅游和休闲农业。

田中农场的历史可以追溯到20世纪初，经过几代人的辛勤耕耘，现已成为一家集种植、采摘、教育、旅游于一体的综合性农场。农场种植包括草莓、西瓜、南瓜、番茄、玉米、西蓝花、胡萝卜等在内的60多种不同品种的水果和蔬菜，坚持使用有机种植方法，如季节性耕种、轮作耕种、同伴耕作以及在土壤中使用堆肥和有机肥料等，保证了农产品的品质和口感。

然而，田中农场并不仅仅满足于作为一个优质的农产品生产基地。在农场主肯尼·田中的带领下，农场逐渐发展成为一个集教育、娱乐和观光于一体的农业旅游胜地。农场根据季节开展各种活动，如草莓采摘、蔬菜烹饪导览、西瓜导览和南瓜导览等，吸引大量游客前来参观和体验。

在教育方面，田中农场尤为重视。农场认为，每个人都应该知道自己的食物来自哪里以及是怎样被种植出来的。因此，农场特别开设农业教育项目，通过让孩子们亲自参与采摘、种植等活动，让他们了解农业知识，培养对大自然的热爱和尊重。此外，农场还与学校合作，提供资金支持和农业教育指导计划，帮助孩子们更好地理解和热爱农业。

在观光方面，田中农场同样不遗余力。农场的停车场宽阔，能够容纳数百辆车，方便游客前来参观。农场内设有蔬果摊，游客可以购买到当季新鲜的农产品。此外，农场还设有各种游乐项目和娱乐设施，如儿童电动摩托车驾驶场、儿童挖掘机操作体验、小黄鸭游戏摊等，让孩子们在游玩中感受农业的乐趣。

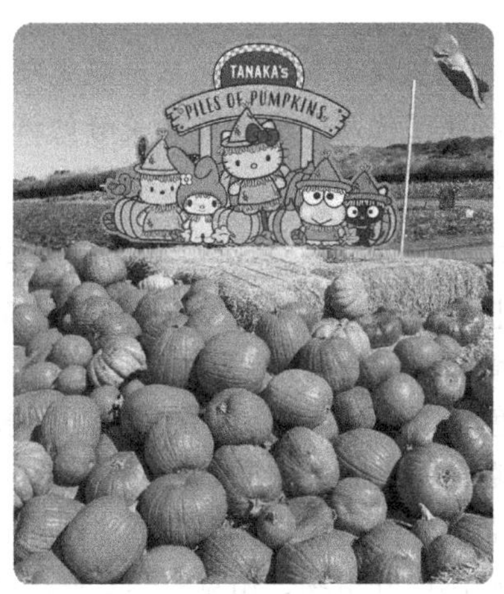

值得一提的是，田中农场还实行了 CSA（社区支持农业）① 计划。参与者每周或每

① 社区支持农业（Community Support Agriculture，CSA）的概念于 20 世纪 70 年代起源于瑞士，并在日本得到最初的发展。消费者为了寻找安全的食物，与那些希望建立稳定客源的农民携手合作，建立经济合作关系。CSA 的理念已经在世界范围内得到传播，它也从最初的共同购买、合作经济延伸出更多的内涵。从字义上看，“社区支持农业”指社区的每个人对农场运作作出承诺，让农场可以在法律上和精神上，成为该社区的农场，让农民与消费者互相支持以及承担粮食生产的风险和分享利益。

隔一周获得一个装满农场新鲜农产品的盒子，然后在农场或在奥兰治县附近的众多取货地点中的任何一个取货。这种计划不仅让城市居民能够享受到优质的农产品，还促进农场与社区之间的互动和联系。

通过生态农业与旅游观光的完美结合，田中农场不仅实现了农业产业的转型升级，还带动乡村旅游和休闲农业的发展。农场每年接待成千上万的游客，为他们提供丰富的农业体验和美好的旅游回忆。同时，农场还积极参与公益活动，为社会作出积极的贡献。

田中农场以其独特的生态农业模式和丰富的旅游观光项目，成功地发展了乡村旅游和休闲农业。它不仅为游客提供了优质的农产品和美好的旅游体验，还为农业产业的转型升级作出积极的探索和实践。

（三）不同细分行业的生态农业政策、法规、市场发展策略及资源利用模式

不同细分行业的生态农业政策与法规因地区和行业特性而存在差异，但它们普遍强调资源的可持续利用和生态环境的保护。例如，《“十四五”全国农业绿色发展规划》等官方文件明确提出推进农业绿色转型和可持续发展的目标与要求。

生态农业的市场发展策略主要包括以下几个方面：

（1）品牌建设。加强生态农业品牌建设，提升产品的知名度和美誉度。

（2）市场开拓。积极拓展国内外市场，拓宽生态农业产品的销售网络。

（3）技术创新。增强技术创新力度，提高生态农业的生产效率和产品质量。

（4）政策引导。通过政策引导和财政补贴等措施，激励农民和企业投身于生态农业的发展。

生态农业的资源利用模式多样，涵盖循环农业、立体种养、有机农业等多种形式。这些模式均着重于资源的循环和高效利用，通过科学合理的规划与管理，促进农业生产与生态环境的和谐发展。例如，循环农业模式通过整合农业生产、林业养殖与废物处理，实现资源的循环再利用和农业废弃物的无害化处理。

八、生态农业的发展路径、策略和方法

（一）涉农经济组织引进生态农业模式的关键评估指标与阶段性实施策略

1. 关键评估指标

（1）市场竞争力相关指标。

①生态农业产品在当前市场中的占有率及其增长趋势。

②消费者对生态农业产品的满意度以及重复购买率。

③与传统农业产品相比，生态农业产品在品质、价格、环保等方面的独特优势。

（2）品牌影响力相关指标。

①生态农业品牌在市场中的认知度和影响力。

②消费者对生态农业品牌的整体印象和好感度。

③消费者对特定生态农业品牌的持续关注和购买意愿。

（3）产业资源整合与价值链延伸和增值相关指标。

①涉农经济组织在生态农业发展中，对土地、资金、技术、人才等资源的整合能力。

②从生态农业种植、加工、销售到品牌建设的全链条覆盖程度。

③通过技术创新、品牌建设等手段，提升生态农业产品的附加值。

（4）各项相关财务指标。

①投资回报率：生态农业项目的资金投入与产出比，用以衡量项目的经济效益。

②成本控制：在生态农业生产过程中，对种子、肥料、农药、人工等成本的控制能力。

③盈利能力：生态农业项目的长期盈利能力和稳定性。

2. 阶段性实施策略

（1）初期阶段。

①深入分析市场需求和竞争格局，确立生态农业产品的市场定位。

②积极寻求政府支持，整合土地、资金、技术等关键资源。

③挑选具有典型性的区域开展生态农业试点，探索适应当地条件的发展模式。

（2）中期阶段。

①基于试点项目的成功，逐步扩展生态农业的种植和养殖规模。

②引入和开发先进的生态农业技术，提升生产效率和产品质量。

③强化品牌宣传和推广活动，增强生态农业产品的品牌知名度和市场美誉度。

（3）后期阶段。

①通过扩展生态农业产品的加工和销售等产业链环节，实现对整个产业链的全面覆盖。

②积极开拓国内外市场，拓宽生态农业产品的销售渠道并增加市场份额。

③重视生态环境的保护和社会责任，确保生态农业的持续和长远发展。

（二）涉农经济组织主要职能部门实施生态农业模式的方法及注意事项

1. 生产组织类部门

（1）制定科学的生产计划，合理安排种植和养殖活动；加强生产过程的监管，确保

生态农业标准得到落实。

（2）避免过度使用化肥和农药，保护生态环境；强化病虫害的防控措施，降低农药残留。

2. 设备作业类部门

（1）引进先进的农业机械设备，提升生产效率和作业质量；同时加强设备的维护和管理，确保设备的正常运行。

（2）重视设备的环保性能，减少能源消耗和污染排放；并培训操作人员，使其掌握设备的正确使用和维护方法。

3. 技术支持类部门

（1）强化生态农业技术研发与推广，提供技术支持和咨询服务；吸引并培养生态农业领域的专业人才。

（2）密切关注国内外生态农业技术的最新发展，及时采纳和应用新技术；加强与科研机构和高等院校的合作与交流。

4. 产品加工类部门

（1）采用绿色、环保的加工技术和工艺，确保生态农业产品的品质和安全性；加强产品包装和储存管理，延长产品的保质期。

（2）严格控制加工过程中的卫生标准和安全标准；避免使用有害的添加剂和防腐剂。

5. 质检品控类部门

（1）构建一个全面的质量检测与控制体系，对生态农业产品执行严格的检测与评估；同时强化质量追溯体系的建设，保障产品的可追溯性。

（2）重视检测结果的精确性和公正性；及时识别并处理质量问题，确保产品的品质与安全。

九、六西格玛理论在农业企业质量管理中的应用

六西格玛理论在农业企业质量管理中的应用，是一种创新且高效的方法，旨在通过减少变异和缺陷，提高农产品的质量和农业经营的效率。

（一）六西格玛理论简介

六西格玛（Six Sigma）是一种管理策略，由摩托罗拉公司的工程师比尔·史密斯于1986年提出。它主要强调制定极高的目标、收集数据以及分析结果，以此来减少产品和服务的缺陷。六西格玛的目标是达到近乎完美的质量水平，即每百万次机会中只有三四个缺陷或错误。这种理论不仅关注产品质量，还涉及过程质量和整个质量管理体系的改进。

（二）六西格玛在农业企业质量管理中的应用

1. 定义与测量

农业企业需要明确当前质量管理中存在的问题，如农产品质量不稳定、生产过程中的浪费等，并设定具体的改进目标。

通过收集大量的生产数据，如农产品产量、质量检测结果、生产成本等，运用统计分析方法找出问题的根源和关键因素。

2. 分析与改进

基于数据分析的结果，深入探究导致质量问题的根本原因，如种子质量、土壤条件、

灌溉方式等。

针对分析出的原因，制定具体的改进措施，如优化种子选择、改进土壤管理、调整灌溉策略等。

将制定的改进措施付诸实践，并持续监控其效果。

3. 控制与持续改进

通过建立有效的监控和检测机制，确保改进措施的实施效果得到持续巩固，防止质量问题再次发生。

根据市场反馈和客户需求，不断调整和优化质量管理策略，实现持续改进和提升。

（三）六西格玛在农业企业质量管理中的效果

（1）提高农产品质量。通过六西格玛方法的实施，农业企业可以深入分析质量问题的本质和原因，并采取相应的改进措施，从而显著提高农产品的质量水平。

（2）降低成本与浪费。六西格玛方法强调对生产过程的精细管理，通过减少变异和浪费，实现生产成本的降低和效率的提升。

（3）增强市场竞争力。优质的农产品和高效的生产管理有助于提升农业企业的品牌形象和市场竞争力，从而赢得更多的市场份额和客户的信赖。

六西格玛理论在农业企业质量管理中的应用具有显著的优势和效果。它不仅能够帮助农业企业提高农产品质量、降低成本和浪费，还能够增强企业的市场竞争力和可持续发展能力。因此，农业企业应积极引入六西格玛理论，不断完善和优化质量管理体系，以实现更高水平的质量管理和经营效益。

第三节　成本控制

一、涉农经济组织成本控制的原则、目标及实施方法

（一）现代企业产品成本控制的概念、一般步骤、方法及案例分析

1. 成本控制的概念

现代企业产品成本控制涉及企业在其生产经营活动中，运用一系列管理策略和技术手段，对产品从设计、生产到销售等各个阶段的成本进行预测、规划、监控、核算、分析和评估，以降低费用并提升经济效益。

2. 一般步骤

（1）依据历史数据和对市场未来走向的分析，预测成本的演变趋势。

（2）依据成本预测的结果，拟定成本计划，确立成本控制的目标和具体策略。

（3）在日常经营活动中，通过监督、检查和调整等方法，确保成本维持在计划的界限内。

（4）对实际产生的成本进行详细核算，为成本控制和评估提供数据支持。

（5）对成本核算的数据进行深入分析，识别成本差异的根源，为成本优化提供依据。

（6）对成本控制的成效进行评估，衡量成本控制的成果。

案例分析

中农威特公司作为国家重大动物疫病防控体系的关键组成部分，致力于生产高品质、高安全性和有效性的动物疫苗。其中，猪口蹄疫O型、A型二价灭活疫苗是其主打产品之一。面对激烈的市场竞争和成本控制的挑战，中农威特公司通过技术革新和精细化管理，持续优化生产流程，提升生产效率，有效控制了疫苗生产的成本。

技术创新提升疫苗质量和产量

在猪口蹄疫疫苗的生产过程中，中农威特公司采用O型双毒株（O/MYA98/BY/2010株+O/PanAsia/TZ/2011株）和A型毒株（Re-A/WH/09株）的组合方式，并通过基因反向遗传学技术对A型毒株进行改造，显著增强疫苗的免疫效力和毒株间的交叉保护性。不仅提升了疫苗的市场竞争力，还减少因疫苗防控效果不佳而产生的重复接种成本。此外，采用“抗原离心超滤PEG沉淀组合”五步浓缩纯化工艺，使得抗原浓缩可达20~200倍，回收率超过95%。该工艺提升了抗原的纯度和含量，同时降低了生产过程中的损耗，有效控制了原材料成本。

精细化管理降低运营成本

中农威特公司加强与原材料供应商的合作，建立了高可靠性的供应链体系，确保原材料的质量和供应的稳定性。通过集中采购和批量采购等手段，进一步降低原材料的采购成本。

中农威特公司还对生产流程实施精细化管理，减少不必要的环节和浪费。引入先进的生产设备和技术，提高生产自动化水平，从而降低人力成本。中农威特建立完善的成本控制体系，对生产过程中的各项成本进行实时监控和分析。通过设定成本目标和责任单元，将成本控制目标层层分解并落实到各个部门和岗位，形成全员参与、全过程控制的成本控制氛围。同时，中农威特加强生产过程中的质量控制和检测，确保产品质量稳定可靠。

通过实施上述精细化管理措施，中农威特公司在疫苗生产过程中实现了成本的有效控制。原材料采购成本、生产成本、人力成本等均得到不同程度的降低。疫苗的质量稳定性和免疫效力显著提高，客户满意度和市场口碑进一步提升。得益于适当的成本控制和卓越的产品质量，中农威特在市场上的竞争力显著增强，市场份额不断扩大。

中农威特公司通过技术创新和精细化管理，在疫苗生产领域成功实现成本控制的目标。这一案例证明，在激烈的市场竞争中，企业要想保持竞争优势并实现可持续发展，就必须重视技术创新和精细化管理在成本控制中的应用。

（二）不同细分行业和经营主体成本控制的原则、目标、实施策略和方法

1. 涉农经济组织成本控制的原则

（1）成本控制应贯穿于企业生产经营的全过程，涵盖企业的所有环节和部门。

（2）成本控制应在确保产品质量和满足市场需求的基础上实施，防止过度节约而引发的质量问题或市场损失。

（3）成本控制方法应根据企业的实际情况和市场动态灵活调整。

（4）成本控制需要全体员工的共同参与和努力。

2. 目标

（1）通过优化生产流程和提升生产效率来降低生产成本。

（2）在确保产品质量和满足市场需求的基础上，追求利润最大化。

（3）通过有效的成本控制，提升产品的性价比，从而增强企业在市场中的竞争力。

3. 实施策略和方法

（1）农业种植企业。

①重视提升土地产出率和资源使用效率。

②减少种子、化肥、农药等生产资料的投入成本，同时提升农产品的产量和品质。

③采纳科学的种植技术和管理方法，增强土地肥力和提高水资源的使用效率；强化病虫害的防治和田间管理，减少农药和化肥的用量；优化农产品的种植结构，从而提高农产品的附加值。

（2）农业养殖企业。

①注重繁殖率和饲料转化率。

②降低养殖成本，提高养殖效率和产品质量。

③采用先进的养殖技术和设备，改善养殖环境，减少疾病发生率；实施精准喂养，科学配比饲料，以减少饲料成本；优化养殖品种和养殖周期，提高繁殖率。

（3）农产品加工企业。

①注重提升加工效率与产品质量。

②减少原材料消耗与加工成本，同时提升产品的附加值和市场竞争力。

③引进先进的加工技术和设备以提高加工效率和产品质量；强化原材料采购管理以降低成本；优化生产流程和管理制度，减少浪费和损失；加强产品研发和市场拓展，提升产品附加值和市场竞争力。

（4）农产品销售企业。

①重视提升销售效率与客户满意度。

②减少销售开支与物流成本，同时提升销售额与利润水平。

③强化市场调研与客户需求分析，精确锁定目标客户群；优化销售渠道与营销策略，提升销售效率与客户满意度；加强物流管理与配送服务，降低物流成本与配送时间；增强客户关系管理与售后服务，提高客户忠诚度与口碑效应。

涉农经济组织在成本控制方面需遵循特定原则与目标，并依据自身实际情况挑选适宜的策略与方法。通过持续优化成本控制体系与提升管理水平，能够增强企业的经济效益与市场竞争力。

二、涉农经济组织关键环节的成本控制

（一）现代农业产业化发展对产品成本控制的要求、应对策略及案例分析

1. 基于产业链价值分析的产前、产中和产后成本控制

现代农业产业化的发展对产品成本控制提出更为严格的要求，需要基于对产业链价值的全面分析来进行。在产前阶段，成本控制主要集中在原材料采购、种子选育、化肥和农药的采购等方面。在产中阶段，成本控制则涉及种植和养殖过程中的技术投入、设备使

用、劳动力成本等方面。至于产后阶段，成本控制则涵盖产品加工、质量检测、包装、运输和销售等多个环节。

（1）产前阶段建立稳定的原材料供应体系。与供应商建立长期合作关系，确保原材料质量的同时争取更优惠的价格。同时，加强种子选育和农资采购的科学管理，减少浪费和损失。

（2）产中阶段推广先进的农业技术和设备。提高生产效率，降低劳动力成本。通过精细化管理，减少病虫害发生，降低农药和化肥的使用量。

（3）产后阶段优化加工流程，提高产品附加值。加强质检品控，确保产品质量。同时，利用现代物流技术，降低运输和储存成本。

案例分析

兰州新区农投公司，作为新区农业产业化的领军企业，针对现代农业生产的复杂性，特别是成本控制的挑战，进行深入的探索和实践。公司选取高附加值作物——有机蔬菜作为重点发展对象，通过优化全产业链管理，实现成本的有效控制。

一、基于产业链价值分析的产前、产中和产后成本控制

产前阶段，公司通过市场调研，精准定位客户需求，选取适合新区气候条件的优质蔬菜品种，并与种子供应商建立长期合作关系，确保种子成本和质量的最优化。同时，公司采用测土配方施肥技术，科学规划肥料使用，降低土壤改良和肥料成本。

产中阶段，公司引入智能化管理系统，对蔬菜生长环境进行精准监控，包括温度、湿度、光照等，实现水肥一体化的精确灌溉和施肥，减少了资源浪费。此外，公司还通过组建专业的农业合作社，实现集约化管理，提高生产效率和抗风险能力。

产后阶段，公司注重品牌建设和市场营销，通过电商平台和线下销售渠道的拓展，提高产品的附加值和市场竞争力。同时，公司还建立完善的冷链物流体系，确保蔬菜在运输过程中的新鲜度和品质，降低损耗成本。

二、基于生产过程信息化、智能化的绝对成本控制和相对成本控制

公司充分利用现代信息技术和智能装备，构建了智慧农业管理系统，实现生产过程的信息化和智能化。通过数据分析，公司能够实时监测各项成本指标，如水资源消耗、肥料用量、劳动力成本等，并据此进行动态调整和优化。这种绝对成本控制方法确保了生产成本的稳定和降低。

同时，公司还采用相对成本控制策略，通过提高产量和品质来增加收入，从而摊薄单位产品的固定成本。例如，通过引入高效种植技术和优良品种，公司提高了蔬菜的单产和品质，使得单位产品的成本相对降低。

三、基于财务收益最大化的产品成本控制和质量成本控制

在追求财务收益最大化的过程中，公司始终将产品成本控制和质量成本控制放在同等重要的位置。公司通过精细化管理，确保每一环节的成本都得到有效控制，同时不牺牲产品质量。公司建立严格的质量控制体系，从种子筛选到产品上市，每一个环节都进行严格的检测和监控，确保产品符合国家和行业标准。

兰州新区农投公司通过产业链价值分析、生产过程信息化智能化以及财务收益与质量成本控制的有机结合，成功实现现代农业产业化发展中的产品成本控制目标，为公司的可持续发展奠定坚实基础。

2. 基于生产过程信息化、智能化的绝对成本控制和相对成本控制

随着信息化与智能化技术的持续进步，涉农经济组织能够借助这些技术实现生产过程的精确控制和成本的优化。

（1）绝对成本控制。利用物联网技术实时监测作物的生长环境，包括土壤湿度、光照强度等关键指标，从而实现精准灌溉和施肥，有效减少资源的浪费。同时，通过智能化设备对农业生产过程进行自动化控制，降低人力成本并减少因人为操作失误导致的损失。

（2）相对成本控制。通过与行业平均水平的对比分析，识别出自身在成本控制方面的不足之处，并采取措施进行改进。引入先进的成本管理软件，实现对生产成本的精细化核算与分析，从而为决策提供坚实的数据支持。

3. 基于财务收益最大化的产品成本控制和质量成本控制

在追求财务收益最大化的过程中，涉农经济组织必须平衡产品成本控制与质量成本控制之间的关系。通过优化生产流程和工艺设计，实现生产成本的降低，同时确保产品质量不受影响。强化质量检测和控制体系的建设，确保产品满足相关标准和客户需求。在制定产品定价策略时，应综合考虑成本、市场需求和竞争状况等因素，制定合理的价格策略，从而实现财务收益的最大化。

（二）农业生产关键环节的成本控制要素及实施成本控制的过程和方法

1. 生产组织环节

合理规划生产布局与种植结构，提升土地利用效率和作物产量。强化生产计划与进度管理，确保生产活动的有序进行。

2. 设备作业环节

采用高效节能的农业机械设备进行生产作业。定期对设备进行维护和保养，确保其正常运行并延长使用寿命。

3. 技术支持环节

引进并推广先进的农业技术和科研成果，提升生产效率和产品品质。同时，加强技术培训和技术服务体系建设，提高农户和工人的技术水平。

4. 产品加工环节

优化加工工艺流程与设备配置，提升产品的加工效率和品质。同时，强化加工过程中的质量控制和检测体系的建设，确保产品质量安全。

5. 质检品控环节

建立完善的质量检验和品控体系，对原材料、半成品以及成品执行严格的质量检测和控制措施。同时，加强与第三方检测机构的合作与交流，提升质检结果的准确性和公信力。

6. 产品销售环节

拓宽销售渠道与方式，提升产品的市场占有率和销售额。同时，加强与客户的沟通与合作，深入了解客户需求及反馈，进而改进产品和服务的质量。

7. 品牌营销环节

强化品牌建设和宣传推广的力度，提升品牌的知名度和美誉度。利用品牌效应来增强产品的附加值和市场竞争力。

三、成本控制目标和模式对生产经营的影响及应对

（一）农业目标市场与需求变化对产品成本的影响、监控评估方法及案例分析

1. 成本构成要素变化的影响

农业目标市场与需求的变动直接关系到产品成本的构成。随着消费者对农产品品质和安全性的要求日益提高，农业生产过程中的投入成本相应增加。例如，有机肥料和生物农药的使用逐渐取代传统化肥和农药，虽然增加了生产成本，但同时也提升了产品的价值。此外，农产品加工、包装、运输等环节的成本也随着市场需求的变化而出现波动。

2. 监控评估方法

（1）将产品成本细分为直接材料、直接人工、制造费用等组成部分，并定期分析这些部分的成本波动情况。

（2）评估市场需求的变动对关键成本因素（如原材料价格、劳动力成本）的敏感性，预测成本变化的趋势。

（3）通过问卷调查、访谈等手段收集市场情报，探究消费者需求变化对产品成本的影响。

3. 成本概念与内容持续泛化的影响

随着农业产业链的拓展和跨界整合，成本的定义和内容正变得越来越广泛。除传统的生产成本，还包括研发成本、营销成本、物流成本、环境成本等。额外成本的增加导致农业生产企业的总体成本上升，但同时也为企业开辟了更多的价值创造机会。

应对策略：

（1）构建一个全面的成本管理体系，包括研发、生产、销售等各个阶段的成本控制。

（2）在严格控制成本的同时，提高产品的附加值和市场竞争力，实现成本效益的最大化。

4. 成本与收入转化模式改变的影响

随着农业产业化和市场化的推进，成本与收入的转化模式也在经历变革。传统的“生产–销售”模式正逐步向“订单农业”“品牌农业”等新型模式转变。这些新模式要求农业生产企业更加重视市场需求预测和客户关系管理，减少市场风险并提升收益水平。

应对策略：

（1）通过采用大数据、人工智能等先进技术手段，增强市场预测的精确度。

（2）构建稳固的客户关系网络，提升客户的满意度与忠诚度。

5. 成本中心主体变化的影响

在农业产业链中，成本中心的主体可能会随着生产模式的转变而发生改变。例如，在“公司+农户”的生产模式中，农户扮演了关键的成本中心角色；而在“订单农业”的模式下，农产品加工企业则成为成本控制的主要主体。

应对策略：

（1）依据生产模式明确成本责任主体，并制定相应的成本控制策略。

（2）推动产业链上下游企业之间的协作与沟通，降低成本并提升效益。

6. 成本转化效率变化的影响

成本转化效率指的是将成本投入转换为产出的效能。在农业生产领域，这一效率受到技术、管理、资源利用等多重因素的影响。提升成本转化效率能够有效降低单位产品的成本并增强盈利能力。

应对策略：

（1）通过引进先进的农业技术和设备，我们能够显著提高生产效率和资源的利用效率。

（2）优化生产流程和管理模式，有助于降低管理成本并提升管理效率。

案例分析

定西市地处甘肃省中部，是中国马铃薯生产的重要基地，被誉为“中国薯都”。近年来，得益于国家农业产业政策的支持和消费者健康意识的增强，马铃薯市场需求经历了显著的转变，从单一的鲜食需求逐渐向多样化加工产品过渡，如马铃薯粉条、马铃薯淀粉、薯片和薯条等。这种变化对定西马铃薯产业的产品成本结构产生了深刻的影响。

一、农业目标市场与需求变化

1. 市场需求多样化

随着生活水平的提升，消费者对马铃薯产品的需求不再仅限于鲜食，而是转向便于携带、易于食用、口味多样的深加工产品。例如，马铃薯宽粉、薯片、薯条等主食化产品越来越受到市场的青睐。

2. 健康保健意识增强

马铃薯因其丰富的营养价值，被誉为“地下苹果”和“第二面包”，其保健功能逐渐受到消费者的重视。富含锌、硒等微量元素的马铃薯产品市场需求日益增长。

二、产品成本影响

1. 生产成本上升

为适应市场需求，马铃薯种植和加工企业必须加强科研投入，引进新品种和新技术，提升产品质量和附加值，导致种子、化肥、农药等生产资料成本的增加，同时还需要更多的资金用于设备更新和人员培训。

2. 加工成本增加

马铃薯主食化产品的生产成本相对较高。例如，马铃薯的原料成本约为 0.15 元/千克，而每千克马铃薯粉条的成本却高达 8 元。主要是由于原料处理、加工工艺复杂以及包装、运输等成本较高所致。

三、监控评估方法

1. 品质管理评估

采用马铃薯品质管理评估方法，如马铃薯淀粉含量测定仪等科技手段，对马铃薯原料和加工产品的品质进行实时监控和评估。有助于确保产品质量稳定，满足市场需求。

2. 成本效益分析

通过对马铃薯种植、加工、销售等各个环节的成本进行详细核算和分析，找出成本控制的关键点。同时，结合市场需求变化，制定合理的定价策略和销售策略，提高产品的市场竞争力。

3. 市场反馈机制

建立完善的市场反馈机制，及时了解消费者对马铃薯产品的满意度和需求变化。根据市场反馈结果，调整产品结构和生产工艺，满足市场多样化需求。

四、案例分析总结

在农业目标市场与需求变化的影响下，定西马铃薯产业积极调整产品结构和生产工艺，加大科研和品质管理的投入，提高产品附加值和市场竞争力。然而，产品成本的上升也给产业发展带来压力。企业通过引入先进的生产技术和设备，提高原材料利用率，同时加强市场营销，提升产品附加值，有效应对成本上升的压力。

（二）涉农经济组织生产经营中的成本驱动因素及优化调整策略

1. 产品成本驱动

产品成本是涉农经济组织生产经营中的关键成本之一。其高低直接关系到企业的盈利能力和市场竞争力。

优化调整策略：

（1）依据市场需求调整产品种类与产量结构，减少高成本产品的比例，同时增加高附加值产品的比例。

（2）通过技术创新与管理创新提升生产效率，降低单位产品的成本。

2. 订单成本驱动

在订单农业模式中，订单成本已成为关键的成本驱动因素。它涵盖订单获取成本、订单执行成本等多个方面。

优化调整策略：

（1）构建稳固的客户关系网络以降低获取订单的成本。

（2）通过优化订单执行流程来降低订单的执行成本。

3. 作业成本驱动

作业成本指的是与特定作业活动直接相关的成本。在农业生产领域，作业成本涵盖了土地整理、播种、施肥、灌溉、收割等各个环节所产生的成本。

优化调整策略：

（1）通过标准化作业流程，降低作业成本并提升作业效率。

（2）引进先进的农业机械设备，提高机械化水平以降低人力成本。

4. 全面成本驱动

全面成本驱动是指从全局角度出发，综合考虑各种成本因素，制定全面的成本控制策略。

优化调整策略：

（1）建立全面的成本管理体系，该体系将覆盖研发、生产、销售等各个环节的成本管理。

(2) 实施全面预算管理，通过预算管理，实现成本控制与效益提升的有机结合。

四、涉农经济组织成本控制和优化的潜在风险及应对

(一) 农业生产三要素的成本控制风险及案例分析

农业生产三要素包括土地、劳动力和资本。在成本控制的过程中，三个要素各自面临不同的风险。

1. 土地成本控制风险

土地成本可能因土地租赁费用的上涨、土地流转的困难或政策的变动而增加。例如，在某些地区，由于城市发展的推进，土地价格急剧上涨，导致农业用地的租赁成本显著增加，给涉农经济组织带来了财务压力。在这种情况下，企业应积极争取政府的补贴，参与土地整理项目，提高土地的利用率；同时，探索多种土地合作模式，如股份合作、土地托管等，降低土地成本。

2. 劳动力成本控制风险

农村劳动力的流失、劳动力价格的攀升以及技能水平的不足都可能引发劳动力成本的上升。随着城市化的快速推进，众多年轻人纷纷选择迁移到城市就业，造成农村劳动力的紧缺，并给农业生产带来劳动力成本增加的压力。企业应当强化农民的职业技能培训，提高劳动力的整体素质；引进机械化和智能化的生产设备，减少对人力的依赖；此外，通过政策激励，鼓励年轻人回乡创业，壮大农村劳动力的队伍。

3. 资本成本控制风险

资金短缺、高昂的融资成本以及投资回报的不确定性是资本成本控制面临的主要风险因素。在扩大生产规模或引进新技术的过程中，涉农经济组织往往遭遇巨大的资金需求。然而，由于融资渠道的局限性，融资成本通常较高，进一步加剧资本成本控制的挑战。企业应积极寻求政府财政支持和金融机构贷款以拓宽融资渠道；优化资金使用结构，提升资金利用效率；同时，强化财务管理，降低财务风险。

(二) 不同细分行业和经营主体实施成本控制的不确定因素及其来源分析

1. 不确定因素

(1) 细分行业的市场需求变化显著，难以精确预测，增加成本控制的难度。

(2) 政府政策的调整可能直接影响涉农经济组织，如环保政策、农业补贴政策等。

(3) 新技术的引入可能带来成本节约，但技术更新的不确定性也对成本控制构成挑战。

(4) 供应链中的任何环节出现问题都可能导致成本上升，如原材料供应不足、价格波动等。

2. 来源分析

(1) 外部来源主要包括市场环境、政策环境、技术环境等外部因素的变化。

(2) 内部来源涵盖经营主体的管理水平、技术能力、资金状况等内部因素。

(三) 涉农经济组织评估产品成本控制风险的方法和相关工具

1. 评估方法

(1) SWOT 分析。通过评估涉农经济组织的优势、劣势、机会和威胁，识别成本控制

中的潜在风险。

（2）敏感性分析。对影响成本的关键因素进行敏感性分析，评估其变化对成本的影响程度。

（3）风险矩阵。将成本控制风险按照影响程度和发生概率进行分类，制定相应的风险应对措施。

2. 相关工具

（1）外部成本分析预测的模型及第三方机构。

①通过分析历史数据和市场趋势，预测未来的市场需求和价格动向，为成本控制提供坚实的数据支持。

②利用专业咨询机构提供的市场研究报告和风险评估服务，获取更全面的外部信息。

（2）用于内部成本控制的 ERP 系统工具及其他信息化工具。

①通过整合财务、采购、生产、销售等模块，实现成本数据的实时采集与分析，从而提升成本控制的效率。例如，简道云 ERP 系统凭借其功能全面、用户友好、可扩展性高等特点，在涉农经济组织中获得广泛应用。

②专门的成本管理软件能够协助涉农经济组织进行成本预算、核算、分析和控制，实现成本管理的精细化和科学化。

③运用大数据分析、数据挖掘等先进技术手段，对成本数据进行深入分析，识别成本控制中的问题和潜在的优化空间。

涉农经济组织在进行成本控制和优化时，必须全面考虑各种潜在风险，并采取相应的策略和工具，确保成本的有效控制和优化。

第四节　市场控制

一、农产品销售渠道的类型、特点及运作模式分析

（一）不同类型农产品的主要销售渠道

农产品的销售渠道多种多样，主要依据农产品的种类、市场需求以及生产者的特点来确定。

1. 农贸市场

（1）农产品销售的传统渠道允许农户直接将产品带到市场进行销售，使消费者能够直观地看到并选择他们想要的产品。

（2）农户通常每天或定期将农产品带到市场，而消费者则在市场内进行购买。

（3）优点是这种交易过程简单直接，减少了中间环节，从而使得农户能够获得较高的利润。

（4）缺点这种销售方式受天气和季节的影响较大，导致价格波动和供需关系不稳定。

2. 批发市场

（1）农产品通过批发商进行集中采购和销售，适用于大宗农产品的流通。

（2）农户将农产品出售给批发商，随后批发商将这些产品批发给零售商或直接销售给消费者。

（3）优点是此模式下销售量大，价格相对稳定，非常适合大宗农产品的流通。

（4）缺点是由于涉及多个中间环节，农户的利润空间被压缩，同时存在信息不对称的问题。

3. 超市

（1）现代农产品销售的关键渠道，提供种类繁多、品质可靠的商品。

（2）农户或农产品加工企业向超市供应产品，由超市负责统一管理和销售。

（3）优点是拥有良好的品牌形象，销售渠道稳定，消费者信任度高。适合多种作物种植，且产品品质优良的农业企业。

（4）缺点是市场准入门槛较高，对产品品质和包装的要求非常严格。

4. 电商平台

（1）通过互联网销售农产品，这一方式以其便捷性和高效性而著称。

（2）农户或农产品企业通过在电商平台上设立店铺，直接向消费者销售产品。

（3）优点是该模式具有广泛的覆盖范围，突破了地理限制，并且降低了销售成本。它特别适合那些规模较大、单品种产量高且质量上乘的家庭农场。

（4）缺点是物流配送成本较高，同时需要解决产品标准化和品质控制的问题。

5. 直销店/专卖店

（1）以品牌为核心，专注于特定农产品的销售。

（2）农户或农产品企业设立直销店或专卖店，直接向消费者提供产品。

（3）优点是品牌形象鲜明，消费者忠诚度高，价格保持稳定。适合于具有独特产品特色和高品质保证的农产品企业。

（4）缺点是运营成本较高，需要较大的市场推广投入。

（二）主要农产品销售渠道的控制策略及案例分析

1. 供应链管理

强化供应链的整合与管理，确保农产品从生产到销售的每个环节都得到妥善控制。通过构建稳固的供应网络，减少中间环节，提升流通效率。

2. 品牌化建设

重视品牌化战略，提升农产品的附加值和市场竞争力。通过精心的品牌塑造和推广活动，增强消费者对农产品的信任和忠诚度。

3. 信息化应用

运用互联网、大数据等现代信息技术，提高农产品销售的信息透明度和市场响应速度。通过深入的数据分析，洞察市场需求和消费者偏好，为农业生产提供有力的数据支持。

4. 质量控制

构建严格的质量控制体系，确保农产品的品质和安全。通过加强质量检测和监管力度，提升农产品的品质水平，满足消费者日益增长的需求。

案例分析

甘肃省近年来通过实施“甘味出陇”战略，大力推动农产品品牌建设，并在全国范围内拓展销售渠道。以“甘味”农产品为例，甘肃省不仅在传统市场（如农贸市场、超市等）设立销售点，还积极利用电商平台和各类展会进行线上线下的品牌推广和销售。

例如，甘肃省与天津市、济南市、青岛市等地区商务部门合作，在当地共同举办农产品产销对接洽谈会，为“甘味”农产品搭建展示平台，并成功签约多个销售合同。此外，甘肃省还在北京、上海、广州等地建立特色农产品销售服务中心，进一步扩大甘味农产品的销售网络。

通过线上线下相结合的方式，建立全面的销售渠道网络。线上利用电商平台、社交媒体等渠道进行品牌宣传和产品销售；线下则通过设立销售点、参加展会、举办产销对接会等方式拓展市场。

注重“甘味”品牌的打造和推广，通过统一的品牌形象设计、品牌故事传播、品牌活动组织等方式提升品牌知名度和美誉度。同时，加强品牌保护，打击假冒伪劣产品，维护品牌形象。

根据市场需求和消费者偏好，对“甘味”农产品进行精准定位。例如，针对高端消费者推出高品质、高附加值的农产品；针对大众消费者则推出性价比高的产品。通过精准定位，提高产品的市场竞争力。

甘肃省通过多元化渠道建设、品牌化建设以及市场精准定位等控制策略，成功推动了“甘味”农产品的销售和发展。

二、传统农产品销售渠道的发展趋势及优劣势分析

（一）面向B端市场的销售渠道发展趋势及优劣势分析

1. 发展趋势

（1）随着互联网技术的飞速发展，农产品B2B电商平台迅速崛起，实现供应商与采购商之间的直接线上交易，打破传统的地域限制，显著提升了交易效率。

（2）B端市场越来越重视供应链的优化和整合，利用信息化手段提升供应链的透明度和效率，有效降低物流成本。

（3）品牌化和标准化正成为B端市场的重要趋势，有助于提升农产品的附加值和市场竞争力。

2. 优劣势分析

（1）优势。

①通过线上交易减少中间环节，有效降低交易成本。

②线上平台实现快速交易，从而提升供应链效率。

③电商平台突破地域限制，使得农产品能够销往全国各地乃至全球市场。

（2）劣势。

①生鲜农产品，对物流配送的要求较高，导致物流成本增加。

②农产品的标准化程度较低，质量标准不一致，影响交易的进行。

案例分析

农产品 B2B 平台“一亩田”通过线上平台将农产品的供应商和采购商紧密连接在一起。平台提供大量丰富的农产品信息，涵盖各种品类和品种，使采购商能够轻松找到所需的产品。同时，“一亩田”还提供了便捷的交易服务，包括在线询价、下单、支付等功能，极大地简化了交易流程，降低传统农产品交易中的繁琐环节。

通过“一亩田”平台，交易双方可以更加高效地进行沟通和交易，从而显著降低了交易成本，不仅包括时间成本的节约，还包括人力、物力等多方面的成本降低。此外，“一亩田”还通过提供一系列增值服务，进一步提升了交易效率和便利性。

为了更好地服务于供应商和采购商，“一亩田”还推出金融服务，帮助他们解决资金周转问题。金融服务包括但不限于贷款、保险、信用评估等，为农产品交易提供强有力的资金支持。同时，“一亩田”还与多家物流公司合作，提供高效的物流配送服务，解决了农产品在运输过程中可能遇到的各种问题。

“一亩田”通过线上平台和增值服务，为农产品供应商和采购商提供了一个全面、便捷、高效的交易环境，极大地促进农产品市场的流通和发展。

（二）面向 C 端市场的销售渠道发展趋势及优劣势分析

1. 发展趋势

（1）除传统的电商平台，社交电商和直播带货等新兴渠道也逐渐兴起，为农产品提供更多销售渠道。

（2）C 端市场注重农产品的品质和安全，品牌化和溯源体系建设成为重要趋势。

（3）线上平台与线下门店相结合，提供全方位的销售和服务体验。

2. 优劣势分析

（1）优势。

①电商平台和社交电商突破地理界限，使得农产品能够触及更广阔的消费者群体。

②消费者能够随时随地通过线上渠道购买农产品，享受便捷的购物体验。

③通过品牌化和溯源体系的建设，增强消费者对农产品的信任度和购买意向。

（2）劣势。

①C 端市场的农产品，尤其是生鲜产品，对物流配送的要求极为严格，导致物流成本居高不下。

②电商平台与社交电商之间的竞争异常激烈，要求企业不断创新并提升服务质量以吸引消费者。

案例分析

某有机农产品品牌借助电商平台和社交媒体进行品牌宣传与推广，构建了全面的溯源体系，确保消费者能够清晰了解农产品的生产流程和品质保证。此外，该品牌还利用直播带货等手段增强与消费者的互动，提升信任度，从而提高品牌知名度和市场份额。

（三）不同细分行业和经营主体渠道评估的关键指标与控制要点

1. 关键指标

（1）销售额与增长率，衡量渠道的销售业绩和市场扩展潜力。

（2）客户满意度与忠诚度，衡量渠道满足消费者需求的程度以及消费者的忠诚度。

（3）物流成本与效率，评估渠道的物流配送效率和成本控制能力。

（4）品牌影响力与美誉度，衡量渠道对品牌推广和形象建设的贡献。

2. 控制要点

（1）确保农产品的质量和安全，满足国家和行业标准。

（2）依据市场需求和竞争态势制定合理的价格策略，维持产品的市场竞争力。

（3）针对细分行业和经营主体的特性，选择适当的销售渠道，并持续优化渠道结构与服务质量。

（4）运用创新的营销方法和手段提升品牌知名度和市场份额，吸引更多的消费者关注和购买。

传统农产品销售渠道在面向企业（B 端）和消费者（C 端）市场时，各自展现出独特的发展趋势、优势与劣势，以及关键的性能指标和控制要点。企业必须依据自身的条件和市场的需求，选择适当的销售渠道，并持续进行优化和创新，增强其在市场中的竞争力。

三、新型农产品销售渠道的特点、运作方法与管理模式创新

（一）新型农产品销售渠道的类型、特点、发展历程和运作模式

1. 基于 S2B2C[①] 模式的虚拟供应链/供应平台型销售渠道

（1）特点。

①S2B2C 模式突显消费者的关键地位，通过数据分析和用户调研等手段精确掌握消费者需求，提供定制化的产品和服务。

②平台汇聚供应商资源，促进商品高效流通，并通过数据共享、智能分析等技术手段实现供应链的智能化和精细化管理。

③平台向渠道商提供技术支持、营销策略和物流服务等，提高渠道商的运营效率和盈利水平。

④作为供应商、渠道商与消费者之间的纽带，平台提供全面的服务支持，包括数据分

① S2B2C 是一种创新的电子商务营销模式，全称为 Supplier to Business to Customer，即供应商到企业再到消费者。

析和智能推荐等，为消费者打造个性化的购物体验。

（2）发展历程。随着数字化时代的到来和消费升级的趋势，S2B2C 模式逐渐兴起并应用于多个领域，包括农产品销售。该模式通过整合供应链资源，优化流通环节，提高农产品销售效率。

（3）运作模式。农户或农产品供应商将产品供应给平台。平台运用数据分析和智能推荐等技术手段，将产品精准地推送给消费者。消费者下单后，平台协调物流配送，确保产品迅速送达。此外，平台还为渠道商提供技术支持和营销支持，助力其销售规模的扩大。

2. 基于 S2B2B 模式的产业互联网撮合与分销渠道

（1）特点。

①S2B2B 模式深度整合了传统供应链与互联网技术，实现供应链资源的集约化管理和高效整合。

②通过建立统一的供应链服务平台，促进了供应链上下游企业的紧密协作和共同繁荣。

③针对企业多样化的需求，提供定制化和差异化的供应链解决方案。

（2）发展历程。随着企业间交易需求的不断增长以及互联网技术的飞速发展，S2B2B 模式逐渐成为企业间交易的新宠。该模式通过优化供应链流程，有效降低交易成本，同时提升交易效率。

（3）运作模式。供应链平台整合了上游供应商资源与下游采购商需求。通过该平台，供需双方能够实现精准匹配和交易撮合。此外，平台还提供供应链金融、物流优化、库存管理等增值服务。借助平台，上下游企业能够实现信息共享和资源共享，从而提升整个供应链的竞争力。

3. 基于 B2C+O2O[①] 模式的渠道融合型新零售渠道

（1）特点。

①结合线上电商平台的便捷性与线下实体店的体验性，为消费者打造全渠道购物体验。

②依托高效的物流配送体系，实现商品快速送达，满足消费者的即时购物需求。

③业务不仅限于农产品，还包括其他各类商品，满足消费者日益多样化的购物需求。

（2）发展历程。随着电商行业的快速发展和消费者购物习惯的变化，B2C+O2O 模式逐渐成为新零售的重要趋势。该模式通过线上线下融合，提升零售效率和服务质量。

（3）运作模式。线上电商平台负责展示商品信息，供消费者浏览并下单购买。而线下实体店则提供商品的展示、体验以及服务。通过高效的物流配送体系，平台确保商品能够迅速且准确地送达消费者。此外，线上线下数据的互联互通，使得营销策略更加精准，推荐系统也更加个性化。

---

① O2O，Online To Offline 的缩写，即“线上到线下”的商业模式，是指将线下的商务机会与互联网结合，让互联网成为线下交易的平台。

4. 基于 C2F① 和 F2F② 模式的订单农业销售渠道

（1）特点。

①根据消费者的订单需求进行农产品生产，避免盲目生产和资源浪费。

②省略中间商环节，降低流通成本，从而提高农民的收益。

③严格按照订单要求生产农产品，确保产品质量满足消费者的需求。

（2）发展历程。

订单农业模式近年来逐渐兴起，成为解决农产品销售难题的有效途径。该模式通过直接连接农户与消费者，实现农产品的按需生产和精准销售。

（3）运作模式。

消费者通过平台或线下渠道订购农产品。平台随后将订单详情传递给农户或农产品供应商。农户或供应商根据订单要求进行农产品的生产。一旦农产品生产完毕，它们将通过物流配送体系送达消费者手中。

（二）涉农经济组织针对新型销售渠道的信息化管控策略及案例分析

1. 生产组织层面

信息化管控策略涉及引入智能农业技术，如物联网、大数据等，以实现农业生产过程的精准管理和控制。构建农产品生产追溯系统，确保农产品质量的可追溯性。通过数据分析，优化种植结构，进而提升农产品的产量和品质。如某智能农场通过引入物联网技术，实时监测土壤湿度、光照强度等环境参数，根据数据分析结果调整灌溉、施肥等管理措施。同时，建立农产品生产追溯系统，消费者通过扫描二维码了解农产品的生产过程和质量信息。

2. 产品加工层面

通过引入自动化加工设备，显著提升加工效率和产品质量。构建加工过程监控系统，确保加工过程严格遵守卫生标准和安全规范。利用数据分析技术，对加工工艺流程进行优化，有效降低加工成本。例如，某农产品加工企业成功引入自动化生产线和智能监控系统，实现加工过程的自动化和智能化管理。同时，通过数据分析进一步优化加工工艺流程，从而提高产品品质和加工效率。

3. 产品销售层面

通过构建多元化的销售渠道，涵盖线上电商平台、实体店面、社交媒体等多种渠道。通过大数据分析消费者的需求与行为模式，实现精准营销和个性化推荐。同时，建立 CRM 系统，维护优质的客户关系和品牌形象。例如，某农产品品牌通过构建多元化的销售渠道，成功实现线上线下的融合销售。此外，该品牌还利用大数据分析消费者的需求与行为模式，推出满足市场需求的农产品，通过 CRM 系统进一步加强客户关系和品牌形象的维护。

4. 质检品控层面

建立严格的质检品控体系，确保农产品质量满足国家标准和消费者需求；引入先进的

---

① C2F 是消费者通过互联网向工厂定制商品的一种新型电子商务模式。

② F2F 不仅基于个体（Family）到厂家（Factory），还基于农场（Farm）到家庭（Family）的一种新理念营销模式。

智能检测设备和技术手段，提升质检的效率和准确性；通过数据分析对质检结果进行实时监控和分析，及时发现并解决潜在的质量问题。例如，某农产品质检中心采用智能检测设备和技术手段，实现对农产品的快速且精确检测。同时，通过建立严格的质检品控体系，对检测结果进行持续监控和分析，确保农产品质量始终符合国家标准和消费者需求。

四、涉农经济组织常见销售模式的选择、实施与优化

（一）农产品销售模式的类型、特点、实施条件及案例分析

1. 线上和线下展示型销售模式

在比较线上与线下展示型销售模式时，线上展示通过电商平台、官方网站或社交媒体平台，运用图片、视频、文字等多种媒介，向消费者展示农产品的外观、品质、产地等信息，以此吸引他们的注意力。这种模式的优势在于其广泛的传播范围、直观的展示效果以及快速的信息更新。相比之下，线下展示则在农贸市场、超市、农产品展销会等实体场所进行，通过实物展示和现场试吃等方式，让消费者直接体验农产品的品质。线下展示有助于增强消费者的信任感，促进即时购买。

线上和线下展示型销售模式的实施条件各有侧重。线上展示要求具备稳定的互联网环境、专业的电商平台或社交媒体账号，以及制作精良的展示内容。而线下展示则需精心挑选合适的展示地点，布置引人注目的展台，并确保有充足的农产品供消费者品尝和购买。例如，京东农场直供项目通过京东电商平台线上展示农产品，并利用大数据分析实现精准推送。同时，在线下设立农场直供体验店，让消费者能够直观地感受产品品质。这种线上线下的结合方式有效地提升了农产品的销售量和品牌影响力。

2. 线上和线下体验型销售模式

（1）通过运用直播、短视频、VR 等技术手段，使消费者能够在线上亲身体验农产品的种植、采摘、加工等过程，从而增强消费者的参与感和信任感。

（2）通过农家乐、农业观光园等模式，邀请消费者亲自参与农产品的种植、采摘等农事活动，体验乡村的风情和深厚的农耕文化。

线上与线下体验型销售模式的实施条件各有侧重。线上体验的实现依赖于专业的直播团队、先进的拍摄设备、精湛的剪辑技术，以及一个稳定的网络直播环境。相比之下，线下体验的开展则要求具备一定的旅游资源和服务能力，包括提供住宿、餐饮、娱乐等配套设施。例如，将农产品与餐饮业相结合的模式，设立农特产品体验中心，与邻近的餐馆建立合作关系。消费者在体验中心购买农产品后可享受餐馆的优惠，反之亦然。互惠互利的双向引流策略有效地提升了农产品的销售量和餐馆的客流量。

3. 线上和线下服务型销售模式

（1）线上服务通过电商平台或社交媒体平台提供售前咨询、售后服务以及个性化定制等服务，满足消费者日益多元化的消费需求。而线下服务则在实体店或农产品销售点提供面对面的咨询、退换货、配送等服务，提升了消费者的购买体验。

（2）线上服务必须构建一个完善的客服体系、物流配送网络以及售后服务机制。而线下服务则需要配备专业的销售人员和服务设施，确保服务质量。例如，农产品通过直销店模式，由政府或农业龙头企业牵头开设，解决了从产地到餐桌的流通问题，同时减少中间环节，降低了产品单价。直销店提供面对面的咨询和配送服务，有效提升了消费者的购买信心和满意度。

（二）涉农经济组织评估和控制销售模式的要点、方法及注意事项

1. 与展示相关的物料质量管理、流量目标管理及互动目标管理

（1）确保线上展示的图片、视频等内容真实、清晰、具有吸引力；线下展示的农产品保持新鲜、干净、包装规范。

（2）通过数据分析设定合理的流量目标，如每日访问量、转化率等，并持续优化展示内容和推广策略以提升流量。

（3）在展示过程中引入互动环节，如问答、抽奖等，提高消费者的参与度和黏性；同时关注互动反馈，及时调整展示策略。

2. 与体验相关的互动目标管理、满意度目标管理及转化率目标管理

（1）在体验过程中引入多样化的互动环节，如 DIY 制作、亲子活动等，提升消费者的参与度和满意度。

（2）通过问卷调查、客户反馈等手段收集消费者的满意度数据，确立合理的满意度目标，持续改进体验流程和服务质量。

（3）密切监控体验过程中的购买转化率，分析影响转化率的关键因素，如产品价格、品质、服务等，制定相应的改进策略以提升转化率。

3. 与服务相关的客群精准度、效率和效费比管理

（1）通过数据分析，深入理解目标客群的需求和偏好，从而制定精准的服务策略，满足他们的需求。

（2）通过优化服务流程和提高服务效率，实现降低成本并提升客户满意度。例如，采用智能化管理系统以提高物流配送效率；通过培训提升销售人员的服务水平和响应速度等。

（3）关注服务投入与产出的比例关系，合理控制服务成本以提升效费比。例如，通过优化推广渠道、降低物料成本等方式降低成本；通过提高转化率和客户满意度等方式增加收入。

五、涉农经济组织销售模式创新

（一）农产品销售模式的创新发展方向、特征及案例分析

1. 持续降低获客和转化成本的发展方向

（1）发展方向。

①借助互联网和大数据技术，打造农产品电商平台，通过线上渠道降低客户获取成本，提升转化效率。

②通过数据分析洞察消费者需求，执行精准营销策略，增强广告投放的精确性和效率。

③改善农产品供应链，削减中间环节，降低物流成本，进而提升整体销售效率。

（2）特征。

①利用数字化工具，实现对市场需求的迅速反应，从而提升销售效率。

②依托数据分析的精准营销策略，能够精确地触及目标消费者，进而提高转化率。

③通过削减多余的中间环节和相关费用，有效降低整体销售成本。

案例分析

农产品电商平台

京东生鲜和天猫超市，通过建立线上销售平台，促进农产品在全国范围内的销售，并且减少传统销售模式中客户获取和物流配送的成本。

精准营销案例

一家农产品企业通过分析社交媒体数据，识别出特定地区消费者对某一农产品的强烈购买兴趣，并针对性地在该地区实施广告宣传，从而实现显著的销售增长。

2. 持续提升复购和单用户产值的发展方向

（1）发展方向。

①构建具有高辨识度的农产品品牌，增强消费者对产品的认知度和忠诚度。

②坚持农产品的高品质标准，满足消费者对健康、安全、绿色产品的需求。

③实施会员制度，通过积分奖励和会员专享优惠等措施，提升用户黏性，促进产品的复购率。

（2）特征。

①重视与消费者建立持久稳定的关系，提升复购率。

②通过品牌建设和质量保证，培养消费者对品牌的忠诚度。

③利用会员制度和积分奖励等策略，增强用户黏性，提高每位用户的产值。

案例分析

品牌化建设案例

褚橙通过品牌化建设，成功塑造了一个高品质、高知名度的农产品品牌，吸引了众多忠实消费者，并实现销量的持续增长。

会员制度案例

某农产品电商平台引入会员制度，为会员提供专属优惠、优先发货等特权，有效提升了会员的复购率和单用户产值。

3. 持续提升精细化与全场景销售的发展方向

（1）发展方向。

①通过针对不同消费场景（如家庭、办公室、旅行等）设计定制化的营销方案，增强销售的针对性和效率。

②构建线上线下一体化的全渠道布局，为消费者提供便捷且全面的购物体验。

③运用大数据和人工智能技术，提供个性化推荐服务，提升用户体验和购买意向。

（2）特征。

①根据不同的消费场景和消费者需求，实施定制化的营销策略。

②通过全面的渠道布局，为消费者提供便捷的购物渠道和卓越的购物体验。

③运用大数据和人工智能技术，实现个性化推荐和精准营销。

案例分析

场景化营销案例

某农产品企业节假日期间推出适合家庭聚餐的农产品礼盒套装，成功吸引了众多家庭消费者的注意力并促成购买。

全渠道布局案例

某农产品电商平台不仅在各大电商平台开设旗舰店，还在线下开设体验店和自提点，实现线上线下的无缝融合全渠道布局。

（二）涉农经济组织针对销售模式创新的管理策略、方法和信息化工具

1. 数据化、智能化流量购买与管理

（1）管理策略。

①运用数据分析工具深入探究流量来源和用户行为，评估流量质量和转化效果。

②智借助人工智能算法实现广告的智能投放，从而提升广告的精准度和投放效率。

③实时监控流量数据，并根据信息及时调整投放策略，确保流量购买的有效性。

（2）信息化工具。

①数据分析平台包括 Google Analytics、百度统计等，用于进行流量数据分析和监控。

②广告投放平台涵盖百度推广、腾讯广告等，支持智能投放和效果追踪。

2. 公域转私域的用户关系强化管理

（1）管理策略。

①通过创造高质量的内容来吸引用户的注意力，建立品牌信任，并将公共领域的流量转化为私有领域的用户基础。

②构建用户社群（如微信群、QQ 群等），通过精心的社群管理加强与用户的互动和联系。

③依据用户的特定需求和偏好提供定制化的服务（如个性化农产品、专属优惠等），提升用户的忠诚度。

（2）信息化工具。

①社交媒体平台，例如微信公众号和微博，被用于发布内容和管理社群运营。

②CRM 系统则用于管理用户信息和提供个性化服务。

3. 生产—销售端到端信息化管理与资源整合管理

（1）管理策略。

①通过信息化手段实现供应链的透明化，确保农产品从生产到销售的全程可追溯。

②整合生产、加工、物流等资源，提升整体运营效率，降低运营成本。

③运用大数据分析来辅助生产决策和销售策略的制定，增强决策的准确性和科学性。

（2）信息化工具。

①ERP 系统用于企业资源规划和管理，涵盖生产、采购、库存等多个环节。

②SCM 系统专注于供应链管理，实现供应链的透明化和资源的有效整合。

③BI 系统专注于大数据分析和决策支持，为企业提供基于数据的决策依据。

六、销售漏斗在涉农经济组织中的应用

销售漏斗，作为科学反映销售机会状态以及销售效率的重要管理模型，在涉农经济组织中的应用具有重要意义。

（一）销售漏斗的基本概念

销售漏斗，又称销售管线，是销售每个环节每个过程进展转化率形成的物理形态。它通过对销售管线要素的定义，如销售阶段划分、销售阶段进展标志、销售阶段转化率、平均销售阶段耗时等，形成销售管线管理模型。这个模型可以直观地展示销售机会的升迁状态，预测销售结果，并评估销售人员和销售团队的销售能力。

（二）销售漏斗在涉农经济组织中的应用

1. 客户管理

涉农经济组织可以将潜在客户按照销售漏斗的阶段进行分类管理，如线索筛选、初步接触、深入沟通、签约合作等阶段。通过销售漏斗，可以清晰地看到每个阶段的客户数量和转化率，从而有针对性地制定销售策略和行动计划。

2. 销售策略制定

根据销售漏斗中客户的分布和转化率，涉农经济组织可以调整销售策略，优化资源配置。例如，如果发现某个阶段的客户流失率较高，可以分析原因并采取相应的措施，如加强客户沟通、提供更具吸引力的产品或服务等。

3. 销售预测与计划

销售漏斗可以帮助涉农经济组织预测未来的销售结果，从而制定更加合理的销售计划和目标。通过分析销售升迁周期、机会阶段转化率等指标，可以更加准确地评估销售机会的大小和潜在价值。

4. 销售人员管理

销售漏斗可以作为销售人员业绩考核的重要依据，通过跟踪销售人员在销售漏斗中的表现，可以评估其销售能力和工作效率。同时，销售漏斗还可以帮助销售人员更好地管理自己的时间和客户资源，提高销售业绩。

5. 风险管理与控制

销售漏斗可以及时发现销售过程中的异常和风险。例如，如果某个阶段的客户数量突然减少或转化率下降，可能意味着市场发生了变化或竞争对手采取了行动。涉农经济组织可以及时采取措施应对这些风险，确保销售活动的顺利进行。

（三）注意事项

销售漏斗的有效性取决于数据的准确性和完整性。涉农经济组织需要确保输入销售漏斗的数据是全面、真实、有效的。

在涉农经济组织中应用销售漏斗时，需要根据产品或服务的特点以及客户的购买过程来合理划分销售阶段。

销售漏斗是一个动态的管理模型，需要根据市场变化和客户需求的变化进行持续优化和调整。

销售漏斗在涉农经济组织中的应用具有广泛的前景和重要的价值。通过合理利用销售漏斗模型，涉农经济组织可以更加高效地管理客户资源、制定销售策略、预测销售结果并优化销售人员管理，从而推动组织的持续发展和壮大。

（四）4P 理论在涉农产品市场控制中的销售模式

4P 理论主要体现在产品（Product）、价格（Price）、渠道（Place，也常表述为 Distribution）、促销（Promotion）四个方面。这一理论为农产品销售提供了全面的策略框架，有助于农产品企业更好地满足市场需求，提升竞争力。

1. 产品策略

在涉农产品市场中，产品策略是核心。农产品企业应注重产品的品质、口感、安全性以及包装设计等方面，以满足消费者对农产品的多样化需求。例如，开发绿色、有机、无公害的农产品，以迎合当前消费者对健康食品的追求。同时，企业还应根据市场需求，不断推出新品种，丰富产品线，以满足不同消费者的偏好。

2. 价格策略

价格策略在农产品销售中同样至关重要。农产品企业应综合考虑产品成本、市场需求、竞争状况等因素，制定合理的价格策略。一方面，要保证企业的利润空间；另一方面，也要考虑消费者的支付能力和市场竞争状况，以制定具有竞争力的价格。此外，企业还可以通过优惠券、会员折扣等方式，吸引消费者购买，提高市场份额。

3. 渠道策略

渠道策略是农产品企业实现市场拓展的关键。农产品企业应建立完善的销售渠道网络，包括自有电商平台、第三方电商平台、线下实体店以及农贸市场等多种渠道。通过与物流企业的合作，提高配送效率和服务质量，确保农产品能够及时、准确地送达消费者手中。同时，企业还应关注渠道冲突和协调问题，确保各渠道间的良性竞争和协同发展。

4. 促销策略

促销策略是提升农产品销量的重要手段。农产品企业可以通过广告投放、社交媒体营销、线上线下活动等多种方式，提高产品的知名度和消费者的购买意愿。例如，可以利用短视频平台、直播平台等新媒体渠道，进行直播带货、产品展示等活动，吸引年轻消费者的关注。此外，企业还可以参与农业展览、农产品节庆等线下活动，提升品牌知名度和美誉度。

4P 理论在涉农产品市场控制中的销售应用具有广泛而深远的意义。农产品企业应灵活运用这一理论，从产品、价格、渠道和促销四个方面入手，制定全面、有效的营销策略组合，以应对激烈的市场竞争，实现企业的可持续发展。

（五）4C 理论在涉农产品销售中的应用

4C 理论，即 4C 营销理论，由美国营销学者罗伯特·劳特朋在 1990 年提出，是对传统营销理论中 4P（Product 产品、Price 价格、Place 渠道、Promotion 促销）的补充和改进。该理论强调以消费者需求为核心，重新定义了市场营销组合的四个关键要素：消费者（Consumer）、成本（Cost）、便利（Convenience）和沟通（Communication）。在涉农产品销售中，4C 理论的应用具有重要意义。

1. 消费者

在涉农产品销售中，深入了解消费者的需求、欲望和期望至关重要。企业要将消费者放在营销活动的中心，关注消费者的实际需求，而非仅从企业角度出发生产产品。

（1）通过市场调研，了解消费者对农产品的偏好、购买习惯、价格敏感度等信息，以便企业能够生产出符合市场需求的产品。

（2）根据消费者的需求，提供定制化的农产品，如有机蔬菜、绿色水果等，以满足消费者对健康、环保等方面的需求。

2. 成本

在涉农产品销售中，企业需要考虑消费者为满足其需求所愿意支付的成本，这包括消费者对金钱、时间、精力等资源的投入。

（1）根据农产品的生产成本、市场需求、竞争对手的价格等因素，制定合理的定价策略，确保农产品在价格上具有竞争力。

（2）通过优化生产流程、提高生产效率等方式，降低农产品的生产成本，从而为消费者提供更实惠的价格。

3. 便利

在涉农产品销售中，企业应关注消费者在购买过程中的便利性，即如何让消费者更容易、更快捷地获得产品或服务。

（1）选择多元化的销售渠道，如线上电商平台、线下农贸市场等，以便消费者能够随时随地购买到所需的农产品。

（2）提供便捷的购物流程、快速的物流配送等服务，提升消费者的购物体验。

4. 沟通

有效的营销沟通对于建立消费者与企业之间的关系至关重要。在涉农产品销售中，企业应通过互动和沟通，整合内外营销活动，满足消费者需求的同时传达企业价值。

（1）通过广告宣传、社交媒体等方式，提升农产品的品牌知名度和美誉度。

（2）建立良好的客户关系，通过定期回访、满意度调查等方式，了解消费者的反馈和需求，以便企业能够及时调整营销策略。

4C 理论在涉农产品销售中的应用具有重要意义。通过深入了解消费者的需求、制定合理的定价策略、提供便捷的购物体验和有效的营销沟通，企业可以更好地满足消费者的需求，提升农产品的市场竞争力，从而实现可持续发展。

思考题

1. 阐述涉农经济组织工作追踪的策略和方法。

2. 从生产组织类部门、设备作业类部门、技术支持类部门、产品加工类部门、产品销售类部门、市场品牌类部门和财务、人事、行政等支持类部门等几个方面，阐述涉农经济组织各职能部门的信息化工作追踪要点、工具及其差异。

3. 从功能效率类偏差、运维可靠性类偏差和成本费用类偏差三个方面，详细阐述设备作业类工作常见偏差以及危害评估，并对具体案例进行分析。

4. 简述工作计划执行偏差的信息化预防、控制和优化策略。

5. 对“三品一标”质量认证体系实施规范及关键要素进行分析。
6. 阐述涉农经济组织产品质量安全检测的原则、方法和作用。
7. 阐述涉农经济组织关键环节的成本控制方法。
8. 阐述涉农经济组织常见销售模式的选择、实施及优化方法。
9. 阐述新型农产品销售渠道的特点、运作方法与管理模式创新。
10. 阐述涉农经济组织成本控制和优化的潜在风险以及应对策略。

第四章　内外协调

第一节　内部协调

 一、涉农经济组织部门协作与人员协同的特点和难点

涉农经济组织在部门协作与人员协同方面展现出其独有的特征和挑战，这些方面与现代企业部门协作与人员协同既有共通之处，也存在显著的差异。

（一）涉农经济组织部门协作与人员协同的特点

1. 知识、资源及相关能力的共享与协同

涉农经济组织通常涵盖多个农业细分领域，包括但不限于种植业、养殖业、农产品加工等。这些部门必须共享农业技术知识、市场信息、政策资源等，形成协同效应和整体优势。同时，为了提升整体效率和效益，各部门在农业生产、加工、销售等环节的能力也需实现协同。涉农经济组织借鉴现代企业在知识管理、资源整合和能力协同方面的先进经验，建立信息共享平台，促进跨部门的知识交流和资源共享。

2. 产品、价格及市场战略的协同与配合

涉农经济组织提供的产品种类繁多，且市场价格波动剧烈，因此市场战略的制定需要各部门之间的紧密协作。例如，生产部门必须根据市场需求来调整产品结构和产量，而销售部门则需要及时向市场反馈信息，以便共同制定合理的产品定价和市场推广策略。通过借鉴现代企业的市场分析和预测技术，涉农经济组织能够建立更为精确的市场信息系统，从而提升市场响应速度和决策效率。

3. 垂直一体化、虚拟团队等组织模式协同配合

涉农经济组织可能会采纳垂直一体化的组织结构，将农业生产、加工、销售等环节紧密地结合起来。此外，它们也可能借助现代信息技术构建虚拟团队，实现跨地域、跨部门的协同工作。通过学习现代企业在组织模式创新方面的经验，涉农经济组织能够灵活运用垂直一体化和虚拟团队等模式，从而提升组织的效率和灵活性。

4. 创新业务的协同开发与运营管理

随着农业科技的不断进步和市场需求的演变，涉农经济组织必须持续开发创新业务，例如，生态农业和农产品电子商务等。创新业务的开发与运营要求多部门之间的协同合作，共同寻找新的商业模式和盈利模式。通过借鉴现代企业在创新管理和商业模式创新方面的成功经验，涉农经济组织能够构建更加开放和灵活的创新机制，激励员工提出创新理念，通过跨部门合作将这些理念转化为实际成果。

（二）涉农经济组织部门协作与人员协同的问题及应对

1. 不同细分行业和经营主体差异化

涉农经济组织涵盖多个细分行业，各行业的经营主体，包括农户、合作社、企业等，在规模、技术、管理等方面存在显著差异，增加了部门协作和人员协同的难度。因此，建立跨行业的协作机制，促进不同行业之间的沟通与协作极为关键；同时，针对不同经营主体的特点，制定差异化的协作策略和管理措施也显得尤为必要。

2. 部门组织与管理模式差异化

涉农经济组织的部门设置与管理模式可能因历史、地域、政策等多种因素而存在差异，往往会导致部门间协作不畅、管理混乱等问题。为了优化组织结构和管理模式，必须明确各部门的职责和权限；加强部门间的沟通和协调，建立有效的协作机制；同时推动管理模式的创新，提高管理效率和水平。

3. 部门信息化水平差异化

涉农经济组织的部门信息化水平存在差异，一些部门的信息化程度较低，限制它们与其他部门进行信息共享和协同工作的能力。为了改善这一状况，需要增加对信息化建设的投入，提升部门的信息化水平；建立一个统一的信息共享平台，促进部门间的信息共享和协同工作；同时，加强信息技术的培训和应用推广，提高员工的信息素养和技能水平。

4. 人员性别、年龄、地域、学历等个体差异化

涉农经济组织的人员构成复杂多样，性别、年龄、地域、学历等方面的个体差异可能会影响部门协作和人员协同的效果。因此，建立多元化的人才队伍至关重要，需要注重人员的合理搭配和优势互补；同时，加强员工培训和教育，提高员工的专业技能和综合素质；此外，建立有效的激励机制和考核体系，激发员工的工作积极性和创造力。

二、涉农经济组织的协调职能与协调能力建设

（一）现代企业协调职能与协调能力

在现代企业中，协调职能与协调能力是确保组织内部顺畅运作、实现资源优化配置和提升整体效能的关键。

协调职能主要包括资源整合涉及将组织内外的各类资源（包括人力、物力、财力、信息等）进行有效整合，满足企业运营和发展的需求。流程优化则通过协调各职能部门和业务流程，减少冗余环节，提升工作效率，确保企业目标的顺利实现。冲突解决是及时发现并解决组织内部或外部的冲突，维护企业的和谐稳定，保障各项工作的顺利进行。

协调能力体现在企业如何高效执行上述协调职能，包括建立高效的沟通机制、制定科学的协调策略、运用先进的信息技术等手段，实现资源的合理配置和利益的最大化。

（二）涉农经济组织协调职能与协调能力的建设

1. 不同细分行业、经营主体、职能部门的协调范围和协调内容

涉农经济组织作为农村经济的关键组成部分，其协调职能和能力建设必须结合不同细分行业（如种植业、养殖业、农产品加工业等）、经营主体（如农户、合作社、农业企业等）以及职能部门的特性来进行。

（1）依据各行业的生产特性、市场需求以及政策指引，协调行业内部的资源配置、

技术引进和市场拓展等任务。

(2) 推动农户、合作社与农业企业之间的合作与联合，通过订单农业、股份合作等模式，确保生产、加工、销售等环节的紧密对接。

(3) 强化农业、财政、税务、科技等职能部门之间的交流与合作，共同拟定并执行支持涉农经济组织发展的政策举措。

2. 涉农经济组织内部协调机制的组织化制度化、信息化保障措施

(1) 构建和完善涉农经济组织的组织架构与管理体系，明确各部门职责与权限，形成明确分工与紧密协作的工作模式。

(2) 拟定并完善各类规章制度，包括财务、项目、人力资源管理制度等，确保组织运作的规范化与制度化。

(3) 打造涉农经济组织管理的信息化平台，促进信息快速传递与共享，提升决策的科学性和时效性。同时，运用大数据、云计算等现代信息技术手段，对组织运作进行实时监控与分析，为决策提供有力支持。

3. 人际沟通能力、人际交往能力和员工激励能力的评价标准与养成技巧

(1) 人际沟通能力评价标准，涵盖表达的清晰度、倾听的专注度、理解的准确性以及反馈的及时性等多个方面。有效的沟通能够降低误解和冲突，增进组织内部的和谐与协作。

(2) 人际交往能力评价标准，主要反映在与他人的合作意愿、团队精神、社交技巧以及处理人际关系的能力上。良好的人际交往能力有助于构建广泛的人脉网络，为组织的发展提供更多的机会和资源。

(3) 员工激励能力评价标准，包括激励方式的多样性、激励效果的显著性以及员工满意度等方面。有效的激励能够激发员工的积极性和创造力，提升组织的工作效率和整体效能。

培养沟通技巧和提升人际交往能力，通过参与沟通技巧培训、积极参加社交活动、重视倾听和反馈等方法来增强。为了加强团队合作精神和社交技巧，建议主动参与多样化的社交活动，拓展个人的人脉网络。提高员工激励能力，涉及理解员工的需求和期望、构建科学合理的激励体系、及时认可和奖励员工。同时，重视与员工的沟通和交流，倾听他们的想法和建议，为他们创造更多的发展机会和空间。

三、涉农经济组织内部冲突应对

(一) 现代管理学中冲突的定义、种类和特点

冲突是指个人、群体或组织之间存在的矛盾、对立或争执。在管理学领域，冲突被视为一种普遍现象，它可能出现在不同层级、部门、团队以及利益相关方之间。通常情况下，当个人或群体持有不同的意见、需求、价值观或目标时，就会产生相互对抗、对立或竞争的状态。

1. 涉农经济组织内部冲突的表现形式

(1) 任务冲突涉及对工作任务、目标或方法的不同观点和偏好。例如，在涉农经济组织中，不同部门或团队可能就如何推广新技术或产品持有不同意见。

(2) 关系冲突与个人之间的关系和互动有关，包括人际关系、价值观差异等。这种

冲突可能源于个性差异、沟通不畅或误解。

（3）权力冲突涉及对资源、权力和控制的争夺。在涉农经济组织中，可能表现为不同部门为争夺预算、人力或其他资源而发生的冲突。

（4）角色冲突是由于职责和角色界定不清而引发的冲突。例如，两个部门之间可能因为职责重叠或不明确而发生冲突。

2. 涉农经济组织内部冲突的特点

（1）普遍性表明冲突是组织内部无法避免的现象，在几乎所有组织中都会出现。

（2）双重性冲突既包含消极影响，如破坏团结、降低效率，也具有积极效应，如激发创新、推动变革。

（3）冲突的发展过程是动态变化的，可能随着时间和环境或条件的改变而演变。

（二）现代企业冲突管理的类型、方法、技巧、作用及案例分析

现代企业冲突管理的类型包括预防性冲突管理，通过建立制度、培训等手段来预防冲突的发生；以及反应性冲突管理，即在冲突出现后，运用适当的方法和技巧进行管理和解决。

现代企业冲突管理的方法包括沟通与协商，即促进各方之间有效沟通，通过对话和协商寻找共同利益和解决方案；明确目标与规则，即建立清晰的目标和价值观体系，以及明确的规则和决策机制，降低冲突发生的概率；调解与斡旋，即在沟通和协商无法解决冲突时，可借助第三方介入进行调解；提供培训与发展，即通过培训和发展计划增强团队成员在沟通、协商和解决冲突方面的能力。

现代企业冲突管理技巧一是倾听，认真聆听各方的观点和需求，深入理解他们的立场和感受。二是中立，在冲突解决过程中保持中立，不偏袒任何一方。三是创造性解决方案，鼓励各方提出创新性的解决方案，实现双赢或多赢的结果。

现代企业冲突管理的作用在于提升组织效率。通过有效管理冲突，减少内部消耗和资源浪费，进而提高组织的整体效率。此外，冲突管理还能促进创新，因为冲突中产生的不同意见和观点能够激发创新思维和创造力。最后，解决冲突有助于加深团队成员之间的信任和理解，从而增强团队的凝聚力。

案例分析

假设某涉农经济组织在推广新技术时遇到来自不同部门的阻力。通过组织跨部门会议、加强沟通和协商，最终找到了一个既能满足各部门需求又能推动新技术推广的解决方案。这个案例展示了沟通和协商在冲突管理中的重要作用。

（三）涉农经济组织内部冲突的类型、特点及应对策略

1. 类型及特点

（1）由于行业特性、经营理念和职能定位的差异，不同细分行业、经营主体和职能部门之间可能产生冲突。这些冲突可能表现为对资源分配的争夺、对政策执行的不同理解等。

（2）随着涉农经济组织的规模和范围不断扩大，跨行业、跨地域甚至跨国经营成为

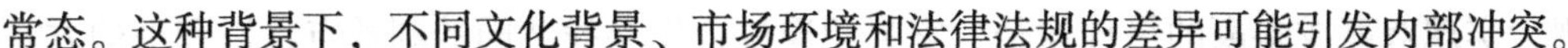

常态。这种背景下，不同文化背景、市场环境和法律法规的差异可能引发内部冲突。

(3) 在涉农经济组织中，传统业务部门可能更注重稳定和传统做法，而创新业务部门则更追求创新和变革。这种差异可能导致两者在战略方向、资源配置等方面产生冲突。

(4) 成本中心通常关注成本控制和效率提升，而利润中心则更关注收入增长和利润最大化。这种不同的关注点可能引发两者在资源分配、投资决策等方面的冲突。

2. 应对策略

(1) 通过组织跨部门、跨地域或跨国的沟通与交流活动，增进彼此之间的理解与信任。

(2) 通过制定明确的职责与角色分工制度，减少因职责不清或角色重叠而引发的冲突。

(3) 通过建立合理的利益分配与共享机制，确保各方在冲突解决过程中都能获得一定的利益。

(4) 在冲突无法通过内部协商解决时，可以引入第三方进行调解或仲裁。

(5) 通过培养创新文化来激发组织内部的创造力与活力，促进传统业务部门与创新业务部门之间的合作与共赢。

四、涉农经济组织冲突预防与冲突管理机制的建立与实施

(一) 现代管理学中预防冲突的理论、模型与工具

在现代管理学中，预防冲突的理论、模型与工具是多种多样的，它们可以帮助组织提前识别潜在的冲突点，并采取措施避免冲突的发生或减轻其影响。

1. 冲突预防理论

(1) 预防为主是冲突管理的核心理念之一，强调在冲突发生之前通过有效的沟通和协调来预防和化解潜在的矛盾。

(2) 通过平衡各方的利益需求，减少因利益冲突而引发的矛盾。

2. 冲突预防模型

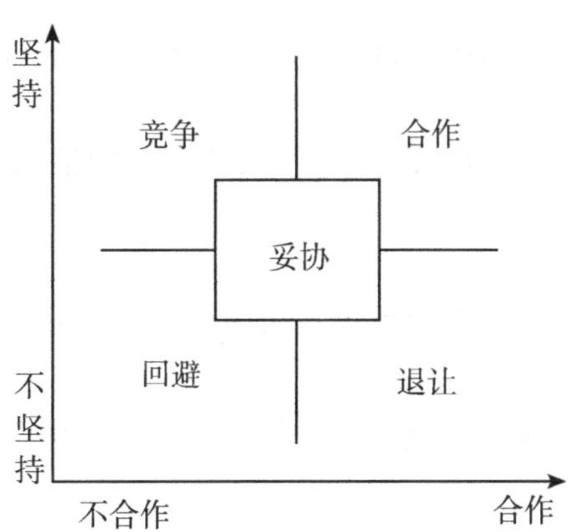

该模型利用合作程度与处理态度的二维图表，协助农业经理人识别冲突的种类，并采取适当的解决策略。这些策略包括回避、竞争、迁就、协作和妥协等。在这些策略中，协

作被视为实现双赢或多赢的最佳途径，它强调通过合作寻找共同的利益点，以和平的方式解决冲突。

3. 冲突管理工具

（1）通过剖析类似案例的成功与失败，为预防当前冲突提供参考。

（2）通过模拟冲突情境，增强组织成员处理冲突的能力和策略。

（3）设计包含潜在冲突点、影响程度、解决方案等要素的评估表，协助组织系统性地评估冲突风险并制定相应的预防策略，见表4-1。

表4-1 涉农经济组织解决冲突的方法

解决冲突的方法	描述	示例
合作/解决问题	合作/解决实际问题，是化解冲突的最佳方式	
妥协/协调	妥协和调解是一种促进各方参与的谈判方式，通过各方适度的让步来寻找共识并解决问题。尽管有时这种做法不受欢迎，因为各方都需做出牺牲，但潜在的解决方案往往无法完全满足每个人的需求	
强迫/命令	强制或命令是一种行为方式，通过直接下达命令来处理出现的问题。通常被视为解决冲突的最糟糕手段	
缓和/包容	缓和与包容的目的是聚焦于积极的方面，同时分散对消极因素的注意力	
撤退/回避	在撤退或回避的过程中，领导往往忽视问题，寄希望于自行修复或自然消散。通常情况下，撤退并不是解决冲突的有效策略，因为它并非一种积极主动的冲突解决方式	

（二）涉农经济组织预防与管理冲突的体系、制度和工具保障

针对涉农经济组织的特性，构建一套预防和管理冲突的体系、制度及工具保障显得至关重要。

1. 体系保障

（1）明确冲突预防与管理的职责分工、工作流程和决策机制，确保冲突能够得到及时有效的处理。

（2）培养和谐、包容的组织氛围，提高成员之间的信任和合作意愿，减少冲突的发生。

2. 制度保障

（1）建立并健全规章制度和操作规程，明确成员的权利与义务，减少因制度缺陷而引发的冲突。

（2）设立专门的冲突调解机构或人员，负责调解组织内部的矛盾纠纷，保障组织的稳定与和谐。

3. 工具保障

（1）基于量化管理计划的冲突发现和预警机制。

①依据组织的具体情况，确立可量化的冲突预警指标，如投诉率、满意度调查结果等。

②对量化指标进行定期的监测和评估，一旦出现异常，立即启动预警机制。

（2）基于信息化管理流程与工具的实时和半实时冲突发现和预警机制。

①通过构建信息管理系统或利用现有的数据分析工具，实时监控组织内部的运营状况和成员动态。

②依据历史数据和实际情况设定预警阈值，一旦达到预警条件即刻通知相关人员采取处理措施。

（3）基于生产三要素分析的冲突发现和预警机制。

①针对涉农经济组织的特点，特别关注土地、资金和技术等关键生产要素的利用状况。

②定期对生产三要素的使用状况进行分析评估，发现潜在的冲突点并及时采取措施进行解决。

（4）基于产业链责任与价值分配的内外部冲突发现和预警机制。

①确保产业链中各参与方的责任和义务得到清晰界定，保障各环节的顺畅运行。

②构建一个公平合理的价值分配体系，确保各方利益得到妥善保护，从而减少因利益分配不均而产生的冲突。

③通过实施上述措施，涉农经济组织能够构建起有效的冲突预防与管理机制，从而增强组织的稳定性和提升竞争力。

五、涉农经济组织团队创新力的来源及提升要素分析

（一）现代企业团队创新力的内容、创建和影响因素

现代企业团队创新力指的是团队在产品开发、流程优化、服务创新等领域所表现出的独特能力和竞争优势。其内容包括团队创造力、创新思维、技术突破等多个维度。构建团队创新力需要营造一个良好的创新环境、建立有效的创新机制，并激发团队成员的创新潜能。

团队文化：一个开放、包容、鼓励尝试的文化氛围能够激发团队成员的创新思维。

领导风格：具有前瞻性和创新精神的领导者能够带动整个团队的创新氛围。

资源投入：包括资金、技术、人才等资源，是创新活动的重要保障。

激励机制：合理的激励机制能够激发团队成员的积极性和创造力。

（二）涉农经济组织团队创新力的构成要素、提升策略、培养机制及案例分析

涉农经济组织团队创新力的构成主要包括信息获取、共享、分析能力。团队必须迅速掌握行业最新信息、高效共享知识、深入分析问题，应对不断变化的市场环境。此外，团队必须具备市场导向和目标导向的能力。他们需要密切关注市场动态，设定清晰的创新目标，保证创新工作能够针对性地解决实际问题，满足市场的需求。团队还应具备量化分析评估和信息化工具应用能力，通过科学方法对创新项目进行量化评估，熟练使用信息化工具，提升创新效率。最后，产业化和价值链分析能力也不可或缺，团队需要深入理解农业产业链的各个阶段，分析价值链中的增值点，推动创新成果的产业化进程。

提高团队的创新能力，关键在于加强信息的搜集和共享。需要建立稳固的信息获取渠道，比如与大学和研究机构的合作，以及定期举办技术交流会议。利用信息化工具建立知

识共享平台，促进团队内部知识的交流与传播。此外，强化市场导向意识，通过定期的市场调研来掌握市场需求的动态变化；设立专门的市场部门或岗位，专注于市场信息的搜集与分析。

为了提升创新项目的量化分析与信息化水平，应引入先进的量化分析工具和方法，对创新项目进行科学评估；同时，加强团队成员的信息化培训，提高他们运用信息化工具的能力。最后，深化对产业化和价值链的分析，邀请行业专家举办讲座和培训，增强团队成员对产业链和价值链的理解；建立产业链分析模型，对创新项目进行深入的产业链和价值链分析。

团队创新力的培养机制主要包括构建创新激励体系，设立专项创新奖励基金，表彰和奖励在创新活动中表现卓越的个人或团队；将创新成果融入绩效考核，点燃团队成员的创新热情。强化团队建设与培训，定期举办团队建设活动，增强团队的凝聚力和协作精神；实施创新培训项目，提升团队成员的创新思维和能力。促进产学研结合，与高等院校和科研机构建立稳固的合作关系，共同推进科研项目和技术难题的解决；利用高校和科研机构的资源，为团队提供必要的技术支持和人才支持。

案例分析

根力多生物科技股份有限公司在农业经济领域展现了其团队的卓越创新能力。公司自成立以来，一直致力于生物肥料的研发、生产和销售，通过不断的创新，显著推动了农业的可持续发展。

根力多打造了一支技术精湛的研发团队，汇聚了微生物学、植物营养学、土壤学等众多学科的专家。通过与国内外著名高校和研究机构的深度产学研合作，公司不断引入尖端技术和新菌株，确保产品持续更新换代。

公司对技术研发和平台建设的重视程度不言而喻。根力多生物科技股份有限公司成功建立了多个省部级研发平台，并持续增加研发资金投入，以确保技术创新的稳步推进。这些投资为团队创新提供了坚实的基础和有力支持。

在创新实践中，根力多生物科技股份有限公司特别强调技术的实际应用和落地。公司不断将新技术和新产品应用于实际农业生产，通过田间试验和示范推广来验证产品的效果和稳定性。同时，公司广泛收集农户反馈，持续改进产品配方和生产工艺，以增强产品的适应性和市场竞争力。

根力多生物科技股份有限公司通过建立强大的研发团队、重视技术投入和研发平台建设，以及强化技术应用和实践，不断提升团队的创新力，有效促进了农业的绿色发展。其展现出的创新精神和实践能力，为农业经济组织的发展提供了宝贵的经验和启示。

六、涉农经济组织基于冲突化解的团队创新力提升

（一）现代管理学中冲突与创新的辩证与转化关系

在现代管理学领域，冲突与创新之间存在着密切的辩证关系和转化机制。冲突，无论是组织内部还是组织间的差异所引发的对立、争论或斗争状态，并不总是具有消极

影响。事实上，适度的冲突能够激发组织的创新潜能，成为促进组织变革和发展的催化剂。

冲突与创新之间的关系主要体现在以下几个方面：首先，冲突能够激发深入的思考。由于冲突通常源自不同的观点、利益或目标，这种差异性迫使人们深入探究问题的核心，并寻求更佳的解决方案。其次，冲突有助于暴露问题。冲突的爆发往往揭示了组织内部存在的问题和矛盾，为组织提供了改进和优化的契机。最后，冲突能够激发创新。在解决冲突的过程中，组织必须不断寻找新的思路和方法，而这一探索过程本质上就是一种创新。因此，现代管理学鼓励领导者在面对冲突时，不仅要寻求解决方案，更要善于利用冲突激发组织的创新潜力。

（二）涉农经济组织团队创新力的来源及其与传统体制和模式的关系

涉农经济组织团队创新力的来源多种多样，主要包括技术进步、市场需求变化、政策环境支持以及组织内部成员的创造力和协作精神等。这些来源共同作用于涉农经济组织，推动其不断进行创新和发展。

相较于传统体制和模式，涉农经济组织的创新力主要表现在以下几个方面，首先它们能够迅速适应市场需求的变化，通过敏锐地感知变化，及时调整经营策略和产品结构，满足市场的新兴需求。此外，涉农经济组织积极采纳新技术和创新模式，例如农业物联网和智能农业，这些技术的应用显著提升了农业生产效率和产品质量。同时，通过优化组织结构和管理方式，涉农经济组织提高了内部成员之间的协作效率和创新能力。

1. 不同细分行业应对目标市场变化中的冲突和创新

在涉农经济组织的不同细分行业中，目标市场的变化频繁触发冲突与创新。以农产品加工业为例，随着消费者对健康、绿色、有机食品需求的增长，传统加工方法可能不再适应市场需求。在这种情况下，企业必须调整产品结构，采纳新的加工技术和工艺，迎合市场的新兴需求。在这一调整过程中，企业可能会遭遇与既有生产方式的冲突，但通过创新克服冲突后，企业将开拓新的市场机遇并获得竞争优势。

2. 不同经营主体应对内部人际关系变化中的冲突和创新

涉农经济组织的经营主体在处理内部人际关系的变动时，可能会遭遇冲突和创新的双重挑战。以农民专业合作社为例，随着成员数量的增加和组织规模的扩大，成员间的利益诉求趋向多样化和复杂化，有可能激化成员间的冲突和矛盾。然而，通过构建健全的沟通机制和利益协调机制，合作社能够有效化解冲突，并激发成员的创新潜能。例如，成员可共同探索新的经营模式和盈利途径，从而提升合作社的整体效益和成员的收入水平。

3. 不同职能部门应对信息化变革中的冲突与创新

随着信息技术的迅猛发展和广泛应用，涉农经济组织的各个部门正经历着信息化转型的浪潮。这一过程可能会导致不同部门间的摩擦和冲突。以财务管理部门为例，传统的手工记账方式正逐渐被先进的信息化管理系统所取代。然而，这种转变有时会遭遇员工的抵触和反对。为了缓解这些冲突并促进信息化变革的顺畅推进，组织必须加强员工培训和宣传，提升他们对信息化变革的理解和接纳。此外，组织还应构建完善的信息化管理制度和流程规范，确保变革的顺利进行和有效执行。

4. 传统业务与新业务、传统商业模式与新商业模式并行及转化中的冲突与创新

在涉农经济组织中，传统业务与新业务、传统商业模式与新商业模式的并行及转化，

可能会触发冲突并催生创新。以农业电商领域为例，传统的农产品销售模式正逐渐被电商平台所取代。然而，在这一转型过程中，组织可能会面临诸如物流配送、售后服务等多方面的困难和挑战。为了缓解冲突并促进传统业务向新业务的平稳过渡，组织必须加强市场调研和产品开发，提升产品的竞争力和附加值。此外，组织还应强化与电商平台的合作与交流，共同开拓新的商业模式和市场机遇。

涉农经济组织在面对各种冲突和挑战时，必须持续创新和发展。通过充分利用冲突与创新之间的辩证关系及其转化，以及深入挖掘团队创新力的源泉，促进涉农经济组织持续向更高水平发展。

第二节　外部协调

一、涉农经济组织公共关系的构成要素及特点分析

（一）公共关系的定义、构成要素、特征功能及案例分析

公共关系（Public Relations，PR）指的是一个社会组织通过传播手段实现与公众之间的双向交流，促进双方的相互理解和合作。管理活动包括社会组织与公众间各种关系的构建与维护，以及通过沟通手段来促进这些关系的所有相关活动。

公共关系的基本结构由主体、客体和手段三大核心要素构成。主体指的是社会组织，即公共关系的执行者、操作者和责任承担者；客体则是公众，即公共关系主体开展活动的目标受众和影响承受者；手段特指传播沟通，通过信息的有效传播来促进主体与客体之间的双向互动交流。

公共关系具有以下特征和功能：

（1）客观性。表明公共关系作为一种客观存在的社会现象，意味着任何组织都在进行某种形式的公共关系活动。

（2）公共性。强调公共关系与公众利益的关联，构建和维护组织与公众之间的良好关系。

（3）双向性。则强调组织与公众之间的双向交流，而不仅仅是单向的信息传递。

（4）管理性。表明公共关系是一种管理职能，通过传播沟通手段来优化组织环境，塑造组织形象。

（二）涉农经济组织公共关系的类型、特点及应用实例

1. 广义公共关系和狭义公共关系

（1）广义公共关系涵盖自觉的公共关系活动以及无意识、盲目的公共关系状态。它包括组织在社会环境中的所有关系。

（2）狭义公共关系特指有意识的、有计划的公共关系活动，是组织为了实现特定目标而进行的传播沟通活动。

2. 传统公共关系和网络公共关系

（1）传统公共关系主要依赖于传统媒体，如报纸、电视和广播，来进行信息的传播与沟通。尽管其传播速度相对较慢，但能够触及广泛的受众群体，并且传播效果较为

持久。

（2）网络公共关系则利用互联网和新媒体平台，如社交媒体、博客和网站等，进行信息的传播与沟通。这种形式的公共关系传播速度快、覆盖范围广，并且具有很强的互动性，已成为现代公共关系不可或缺的一部分。

3. 农业产业化发展趋势下的公共关系

在农业产业化的发展趋势下，涉农经济组织必须更加重视与公众（包括农户、政府、消费者等）的沟通与合作。通过运用公共关系手段，如媒体宣传、活动推广、社会责任项目等，提升组织的知名度和美誉度，从而增强公众对农产品的信任和支持。同时，涉农经济组织还应密切关注市场变化和消费者需求，及时调整公共关系策略，适应农业产业化发展的需求。

4. “大循环”“双循环”模式下的公共关系

在“大循环”和“双循环”的新发展格局下，涉农经济组织需更加重视国内外市场的互动与互补。通过运用公共关系策略，强化与国内外各方的交流与合作，共同促进农产品的国际化进程和品牌建设。同时，涉农经济组织亦需密切关注政策趋势和市场动态，灵活调整公共关系战略，适应不断变化的国内外市场需求。例如，积极参与国际农产品博览会、交流会等，提高农产品的国际曝光度；并与国内外科研机构、高等教育机构建立合作伙伴关系，共同推进农业技术的创新与进步。

案例分析

甘肃正源农林科技有限公司，自2013年在甘肃省兰州市榆中县成立以来，一直致力于中药材和农产品的种植、加工、存储、运输及销售。该公司作为一家涉农经济组织，其在公共关系领域的实践与进展值得深入探讨。

在推进农业现代化和产业化发展的进程中，甘肃正源农林科技有限公司取得了令人瞩目的成就和显著的进步。公司的法定代表人沈厚道，作为甘肃省农业农村厅首批“头雁”计划的学员，不仅为公司带来了农业政策解读和对中药材种植行业的深刻洞察，还展示了公司在农业领域的专业性和前瞻性。

公司通过科学种植和高效管理，不断提升产品质量和市场竞争力，实现农业现代化。科学种植有助于优化资源配置，提高农作物产量和品质，而高效管理则能确保生产流程的顺畅和成本的合理控制。

在公共关系方面，公司重视与政府、社区、客户及媒体等多方面的沟通与合作，是构建良好企业形象和拓展市场的重要途径。通过与政府部门的合作，公司可以获得政策支持和市场准入便利；与社区和客户的紧密联系，有助于了解市场需求和反馈，提升客户满意度；而与媒体的积极互动，则能扩大公司知名度和影响力。

公司注重与所在社区的和谐共处，积极参与社区公益活动，为当地农民提供技术培训和就业指导，帮助他们提高农业生产技能和市场竞争力。此外，公司还通过订单农业和合作社等方式，与当地农民建立稳定的合作关系，实现互利共赢。

公司高度重视与客户的沟通与合作，通过提供优质的产品和服务，赢得客户的信任和好评。公司建立了完善的客户服务体系，及时响应客户需求和反馈，不断提升客户满意度和忠诚度。同时，公司还通过市场调研和产品开发，不断满足客户的多样化需求。在媒体关系方面，公司注重与各类媒体的沟通和合作。通过新闻发布、媒体采访和广告投放等方式，积极宣传公司的品牌形象和发展成就。同时，公司还利用社交媒体等新媒体平台，加强与消费者的互动和交流，提高品牌知名度和美誉度。

通过实施上述公共关系策略和实践，甘肃正源农林科技有限公司在涉农经济领域取得显著成效。公司品牌知名度和美誉度不断提升，市场份额逐步扩大。同时，公司与政府、社区、客户和媒体等各方面的关系更加紧密和融洽，为公司持续健康发展奠定了坚实基础。

甘肃正源农林科技有限公司在公共关系方面取得了显著成效。未来，公司应继续深化与政府、社区、客户和媒体等各方面的合作与交流，不断完善公共关系体系和工作机制。同时，公司还应加强品牌建设和市场推广力度，进一步提升产品竞争力和市场占有率。

二、涉农经济组织媒介关系的建立和维护

（一）现代企业媒介关系的内容、特点以及媒介关系管理的意义和案例分析

现代企业媒介关系的核心内容涵盖了与各类媒体（包括报纸、电视、广播、互联网等）的沟通与协作。通过媒体平台，企业能够传播信息、塑造品牌形象、提高公众的认知度和影响力。

1. 现代企业媒介关系的特点

多元化体现在媒介形式的多样化，传统媒体与新媒体的共存。互动性方面，媒体与受众之间的互动日益增强，要求企业积极回应公众的关切。快速性方面，信息传播速度极快，迫使企业必须迅速做出响应。复杂性方面，媒体环境的复杂多变性要求企业具备高度的敏感性和应对能力。

2. 媒介关系管理的意义

首先，它有助于塑造品牌形象，通过积极的报道来提升企业的形象和知名度。其次，它在危机管理方面发挥作用，能够及时应对负面信息，从而减少潜在的损失。此外，媒介关系管理还能用于市场拓展，通过利用媒体资源来开拓市场并吸引潜在客户。最后，它强化了与公众、政府、社区等各方的沟通，有助于建立和维护良好的关系。

案例分析

在市场对产品质量提出质疑时，某农业企业迅速采取一系列应对措施。企业立即激活了媒介关系管理机制，通过发布官方声明、安排媒体专访和网络直播等多种渠道，积极主动地向公众传递信息。在官方声明中，企业明确表示其产品完全符合国家和行业的质量标准，并对消费者的关切表示理解和支持。同时，企业邀请权威的第三方检测机构，

对产品的质量进行严格检测，并将整个检测过程详细记录，确保透明度。

在媒体专访中，企业高层领导亲自出面，详细解释了产品的生产流程、质量控制措施以及检测结果，消除公众的疑虑。此外，企业还利用网络直播的形式，邀请消费者和媒体代表参观生产基地，亲眼见证产品的生产过程和质量检测环节。通过努力，企业不仅及时澄清事实，还展示了其对产品质量的高度重视和负责任的态度。

这些措施有效地挽回了市场的信心，消费者对企业的信任度逐渐回升。企业通过积极应对质疑，不仅成功地稳定了市场，还进一步提升了品牌形象和市场竞争力。

（二）涉农经济组织媒介关系的建立

1. 建立策略

（1）确立媒介关系构建的目标及其预期成果。

（2）依据目标受众和媒体特性，挑选合适的媒体平台。

（3）拟定详尽的媒介关系构建计划，涵盖内容策划、发布时机、互动策略等。

（4）通过新闻发布会、媒体采访、广告投放等手段，与媒体建立初步的联系。

（5）维持与媒体的定期交流，及时提供企业动态和新闻素材。

2. 实施步骤

（1）深入理解行业媒体环境，分析目标受众的媒体接触习惯。

（2）依据调研结果，制定具有针对性的媒介关系建立策略。

（3）依照既定计划执行，确保各项措施得到妥善实施。

（4）对媒介关系建立的效果进行评估，并及时调整策略。

3. 媒介价值评估、选择与合作策略及中长期维护管理技巧

（1）媒介价值评估。

①评估媒体的流量和受众覆盖情况。

②考察媒体的内容质量、专业性和影响力。

③分析媒体的互动能力和用户黏性。

④评估媒体品牌与企业品牌的契合度。

（2）选择与合作策略。

①建立与多种类型媒体的合作关系，实现多渠道的传播效果。

②依据媒体特性及企业需求，量身定制传播内容。

③探索与媒体的双赢合作模式，共同增强品牌影响力。

（3）中长期维护管理技巧。

①维持与媒体的定期交流，掌握媒体需求与反馈。

②依据市场动态和媒体环境的变化，不断调整和优化合作策略及内容。

③构建危机应对体系，迅速应对可能出现的负面信息。

4. 媒介关系管理的组织制度化设计与媒介关系管理人员的技能培养

（1）组织制度化设计。

①组建一支专业的媒介关系管理团队，并明确各自的职责分工。

②确立媒介关系管理的标准化流程，保证工作的有序进行。

③构建媒介关系管理制度，规范团队的行为和工作标准。

（2）技能培养。

①增强媒介关系管理人员的新闻敏感度和专业素养。

②提升沟通协调技巧，与媒体构建稳固的合作关系。

③培育应对危机的能力，确保及时且妥善地处理负面信息。

④精通数据分析技术，评估媒介关系管理的成效。

5. 跨区域、跨国界的媒介关系建立和维护

（1）跨区域媒介关系。

①深入探究不同区域的市场环境及其媒体特性。

②融合区域内媒体资源，达成跨区域的传播效果。

③制定与当地文化及市场需求相契合的本地化传播方案。

（2）跨国界媒介关系。

①建立与国际媒体的合作关系，促进跨国界的传播效果。

②深入理解各国的文化背景和媒体环境，制定相应的传播策略以适应不同文化。

③保证传播内容在不同语言环境中的准确性和无误性。

④严格遵守各国的法律法规，确保跨国传播活动合法合规。

三、涉农经济组织应对媒体形式与环境创新的策略和方法

（一）大众传播形式与专业传播形式的发展变化

在新媒体时代，大众传播和专业传播的形式均经历了显著的变革。传统的报纸、电视、广播等大众传播媒介逐渐向互联网、社交媒体、短视频平台等多元化渠道扩展。新媒体平台不仅传播速度快、覆盖范围广，还具备高度的互动性和个性化特点。与此同时，专业传播形式更侧重于内容的深度和权威性，通过专业网站、行业期刊、专家博客等渠道，为特定受众群体提供精准的信息服务。

涉农经济组织应当紧跟趋势，充分利用新媒体平台的优势，结合专业传播形式，构建一个全方位、多层次的传播体系。通过新媒体平台，有效扩大品牌影响力和市场覆盖范围，同时利用专业传播形式进一步提升品牌形象和权威性。

（二）现代企业与大众媒介、专业媒介及个人媒介的关系变化

随着新媒体的兴起，现代企业与大众媒介、专业媒介及个人媒介的关系经历了根本性的转变。大众媒介已不再仅仅是信息的单向传播者，而是转变为企业与消费者互动的关键平台。专业媒介则更加专注于为企业提供深入的市场分析和行业洞察。个人媒介，包括自媒体和社交媒体等，为企业开辟了更为直接和个性化的传播途径。

涉农经济组织应当加强与各类媒介的合作，尤其是与新媒体平台的合作，通过精准的广告投放和线上活动的开展，提高品牌知名度和美誉度。同时，也应重视与专业媒介的合作，获取行业内的最新动态和趋势，为企业的战略决策提供有力的支持。此外，还应积极利用个人媒介，通过口碑营销、社群营销等手段，增强与消费者的互动和黏性。

（三）企业内容化、人格化发展趋势与企业媒介关系的联动和发展趋势

在新媒体时代，企业内容化和人格化已成为关键的发展趋势。企业内容化涉及通过创造高质量内容来吸引和维系用户，从而增强品牌影响力和用户忠诚度。人格化则意味着企

业通过打造独特的品牌形象和个性，与用户建立更深层次的情感纽带。

涉农经济组织应紧随趋势，强化内容创作和品牌建设。通过创造有趣、实用且富有深度的内容，激发用户的兴趣和参与度。同时，应塑造鲜明的品牌形象和个性，与用户建立情感共鸣。在媒介关系方面，应加强与各类媒介的合作，尤其是与新媒体平台的合作，通过多渠道、多样化的传播方式，将企业的内容和品牌形象传递给更广泛的受众。

（四）涉农经济组织建立创新媒介关系的策略和方法

1. 传播策略方面

（1）明确目标受众和传播目标，制定有针对性的传播策略。

（2）结合传统媒体和新媒体的优势，采用多种传播渠道和形式，实现全方位覆盖。

（3）加强与用户的互动和沟通，通过评论、点赞、转发等方式提升用户参与度和黏性。

2. 传播形式与传播工具方面

（1）通过短视频和直播平台，展示农产品的生产过程和品质特点，增强用户的信任感和购买意愿。

（2）利用微博、微信、抖音等社交媒体平台发布有趣且有用的内容，吸引用户关注和分享。

（3）在电商平台设立旗舰店或合作店铺，并通过优惠活动、直播带货等策略来提升销量和品牌影响力。

3. 品牌策略与营销策略方面

（1）通过叙述品牌背后的故事和理念，提升品牌的情感价值和认同感。

（2）依据市场需求和竞争格局，确立独特的品牌定位和营销策略。

（3）与不同品牌或知识产权进行合作，共同开发联名产品或活动，增强品牌影响力和市场竞争力。

4. 从单向广播模式向双向讨论、多向社区交流转化方面

（1）通过社交媒体、微信群等渠道建立用户社群，促进用户间的交流与分享。

（2）定期举办线上活动、问答环节等，与用户进行互动和沟通，收集用户的反馈和建议。

（3）邀请用户参与内容创作和分享，营造用户生成内容的良好氛围，提升用户的参与感和归属感。

通过以上策略和方法，涉农经济组织可以建立更加创新、高效的媒介关系，提升品牌影响力和市场竞争力。

四、涉农经济组织媒介关系与品牌形象的联动与融合

（一）现代企业品牌形象的构成要素、特征及其与大众传播媒介的关系

现代企业品牌形象的构成要素主要包括有形内容和无形内容两个方面。

1. 有形内容

（1）产品及其包装。品牌形象主要通过产品及其包装来体现，涵盖了产品的质量、性能、造型、价格、品种、规格、款式、花色、档次等多个方面。一个优质的产品形象构

成了品牌形象的基石。

（2）环境形象。涉及生产环境、销售环境、办公环境等方面，它展现了企业的经济实力、管理水平以及精神风貌，是品牌形象的关键组成部分。

（3）生产经营业绩。企业的业绩直接映射出其市场竞争力和经营状况，优秀的业绩能够提升投资者和消费者的信心。

（4）社会贡献。企业通过参与公益活动、环境保护等社会行为，塑造积极的社会形象，从而提高品牌的社会认可度。

（5）员工形象。员工作为品牌形象的直接塑造者，其服务态度、职业道德、行为规范等因素都会对品牌的整体形象产生影响。

2. 无形内容

（1）品牌独特魅力是营销者赋予品牌的个性特征，被消费者感知并接受。它包括品牌的情感价值、精神寄托等方面。

（2）品牌联想是消费者对品牌的联想，如提及某个品牌时，消费者会想到的品质、服务、文化等元素。

3. 与大众传播媒介的关系

（1）大众传播媒介构成了品牌形象传播的关键途径，通过广告、新闻报道、社交媒体等多种方式，将品牌形象有效地传递给目标受众。

（2）媒介通过精心挑选内容和选择呈现方式，对品牌形象进行塑造和强化。积极的报道和宣传有助于提升品牌形象，而负面的报道则可能对其造成损害。

（3）媒介为消费者提供了表达意见和反馈的平台，企业能够利用反馈信息来调整和优化品牌形象。

（二）涉农经济组织运用媒介关系提升品牌形象的策略、方法及案例分析

（1）提升行业、市场与用户口碑。

（2）增强企业品牌人格化、IP 化。

①涉农经济组织能够通过塑造具有鲜明个性和特色的品牌形象，如设计独特的 LOGO、口号、吉祥物等，实现品牌的个性化和知识产权化。

②通过叙述故事、激发情感共鸣等手段，将品牌与消费者的情感紧密相连，从而提升品牌的亲和力和吸引力。

（3）获得品牌公众形象反馈及危机预警。

①通过社交媒体、客服热线等渠道，建立快速有效的反馈机制，及时收集和处理消费者的建议和意见。

②构建农产品品牌危机预警系统，通过监测市场动态、消费者反馈等信息，及时发现并应对潜在的危机事件。

（4）降低传播成本和提升传播效果。

①通过市场调研和数据分析，精确识别目标受众，选择合适的传播渠道和方法，降低传播成本。

②创作高质量、引人入胜的内容，如短视频、图文故事等，增强传播效果。

③与媒体、意见领袖等建立合作伙伴关系，通过共享资源和内容，扩大传播范围，提升品牌影响力。

案例分析

某农产品电商平台凭借精准的市场定位和高质量的内容制作，成功吸引了众多消费者的关注。该平台定期发布关于农产品种植、采摘、加工等环节的视频和图文故事，使消费者能够全面了解产品的细节及其背后的故事。与此同时，平台还与当地农户携手合作，推出具有地方特色的农产品，并通过直播带货、社交媒体营销等手段，有效提升了产品的知名度和销售业绩。此外，平台还构建了完善的反馈机制和危机预警系统，确保能够及时响应并处理消费者的反馈和投诉，从而维护了品牌的声誉和形象。

五、涉农经济组织社区关系的建立和维护

（一）现代企业社区关系的定义、内容、意义和建立方法

现代企业社区关系是指企业与所在地政府、社团组织以及全体居民之间的睦邻关系。这种关系不仅涉及地域上的相邻性，还包含利益上的相互关联。

现代企业社区关系的内容主要包括以下几个方面：企业与政府的关系，涉及政策沟通、项目合作、税收缴纳等。企业与社团组织的关系，包括行业协会、商会、社区团体等，通过参与活动、赞助项目等方式建立联系。企业与居民的关系，通过提供就业机会、改善社区环境、参与公益活动等方式，赢得居民的认可和支持。

现代企业社区关系的建立与维护，有助于提升企业的社会形象和品牌价值。良好的社区关系能够优化企业的经营环境，通过与政府和社团组织的良性互动，企业更易获得政策支持和市场资源。此外，企业通过参与社区建设和社会责任的承担，能够促进可持续发展，并实现与社区的共赢。

现代企业构建社区关系的方法包括加强与政府和社团组织的沟通与交流，定期了解政策动态和市场信息，同时向社区公众传达企业的经营理念和发展动态。通过捐赠资金、物资或提供技术支持等方式参与社区基础设施建设、环境保护等公益项目，参与社区建设。此外，关注社区民生问题，为社区居民提供就业机会、教育支持等，积极履行企业的社会责任。

（二）涉农经济组织建立和维护社区关系的策略和方法

1. 基于不同细分行业和经营主体

（1）农业种植类企业能够与当地农户建立合作伙伴关系，提供技术指导和市场信息，共同促进农业现代化的进程。

（2）农产品加工类企业应与上游农户和下游销售商建立稳固的供应链关系，确保产品质量和市场的稳定供应。

（3）农业服务类企业，如农业技术咨询、农机租赁等，应强化与农户和合作社之间的沟通与合作，提供定制化的服务方案。

2. 基于 B 端和 C 端不同目标市场

（1）B 端市场专注于政府机构和大型企业等客户群体，提供定制化的产品和服务方案，增强合作的稳定性和长期性。

（2）C端市场面向广大普通消费者，重视品牌建设和市场营销策略，通过结合线上与线下渠道来拓展销售网络。

3. 基于跨行业、跨地域及跨国界的组织形式

（1）通过与农业相关的上下游行业建立合作关系，促进产业链的协同效应。

（2）借助不同区域的资源优势和市场差异，开展跨区域合作，实现资源共享和市场拓展。

（3）积极投身于国际农业合作与交流，引进国外的先进技术和管理经验，从而增强企业的国际竞争力。

4. 基于“大循环”“双循环”的宏观政经环境

（1）积极响应国家政策号召，参与乡村振兴战略和农业现代化建设，推动农产品消费升级和产业升级。

（2）在确保国内市场需求得到满足的同时，积极开拓国际市场，实现国内外市场的相互促进和协调发展。

在具体策略和方法上，涉农经济组织还可以采取以下措施：

①设立专门的社区关系管理部门或岗位，负责与社区各界的沟通与协调工作。

②通过组织公益活动、赞助社区文化活动等方式，增强企业与社区的联系和互动。

③通过媒体宣传、网络营销等方式提升企业的知名度和美誉度，树立良好的企业形象。

④加强与高校和科研机构的合作，引进和培养农业技术和管理人才，为企业的持续发展提供有力支持。

六、涉农经济组织企业社会责任的实施

（一）现代企业社会责任的内容、分类和特点

现代企业社会责任（Corporate Social Responsibility，CSR）的内容广泛，涵盖了环境、社会、经济等多个方面。其分类一般从多个角度进行，如按责任对象可分为对股东、员工、消费者、社区、环境等的责任；按性质可分为法律责任、道德责任和经济责任等。在特点上，现代企业社会责任强调企业的可持续发展，不仅关注短期的经济利益，更关注长期的社会效益和环境影响。同时，企业社会责任的履行需要企业内部的全面参与和合作，包括高层管理、中层执行和员工参与等多个层次。

（二）涉农经济组织企业社会责任的实施策略和方法

1. 实施策略

（1）涉农经济组织应依据其业务和行业特性，确立明确的社会责任目标，如确保农产品质量、推动农村社区发展、维护环境等。

（2）构建一个全面的责任管理体系，涵盖责任分配、责任考核、责任追究等关键机制，确保社会责任得到有效执行。

（3）主动与政府、社会组织、消费者等利益相关方进行沟通，掌握他们的需求和期望，并及时调整和优化社会责任策略。

2. 实施方法

（1）加强农产品生产和加工过程中的质量控制，确保产品的安全性、健康性和环

保性。

（2）通过投资农村基础设施、支持农业技术创新、提供就业机会等措施，推动农村社区的繁荣与进步。

（3）积极投身于社会公益事业，包括扶贫、环境保护、教育支持等，提升企业的社会形象。

3. 反应型企业社会责任①和战略型企业社会责任②

（1）反应型企业社会责任。反应型企业社会责任主要关注于应对已经浮现的社会问题，如开展公益捐助、减轻企业活动对社会带来的负面影响等。此类社会责任通常表现出即时性和反应性特点，然而，它们往往缺少长期性和系统性的规划。

（2）战略型企业社会责任。战略型企业社会责任更加注重将社会责任与企业的战略规划和核心竞争力相结合，通过创新价值链、优化竞争环境等手段，实现企业与社会的双赢局面。此类社会责任具有长期性、系统性和可持续性，能够为企业带来更显著的竞争优势和品牌价值。

4. 涉农经济组织履行企业社会责任的能力建设

（1）通过强化企业内部管理，提升运营效率，为履行社会责任奠定坚实基础。

（2）通过培训和教育，增强员工的社会责任意识，营造全员积极参与社会责任的良好氛围。

（3）构建科学的社会责任监测评估体系，定期对社会责任履行情况进行评估与反馈，确保及时发现并改进问题。

案例分析

以某农业龙头企业为例，该企业通过实施一系列社会责任项目，包括建立农产品质量追溯体系、推广绿色农业技术、支持农村教育等，不仅提升了自身的品牌形象和市场竞争力，还促进了当地农村社区的繁荣和发展。项目的成功实施，归功于企业高层的重视和推动、完善的责任管理体系以及全员参与的社会责任氛围。

七、基于社区关系的涉农业务流程再造和商业模式创新

（一）社区关系、企业公民、企业社会责任对现代企业经营发展的作用和意义

1. 社区关系的作用和意义

在当今社会，企业与社区的互动对于其商业成长和进步具有决定性的作用。企业作为社区的积极参与者，与居民、当地政府以及社区团体等保持良好的互动关系，不仅能够构建起正面的社会形象，还能有效地提升其品牌的价值和影响力。稳固的社区关系为企业带来稳定的经营环境，降低因社区冲突导致的经营风险。此外，通过与社区的积极互动，企

① 反应型企业社会责任是指企业做好自己的本分工作，即传统做法。

② 战略型企业社会责任是指寻找能为企业和社会创造共享价值的机会，包括价值链上的创新和竞争环境的投资，即新做法：企业社会责任应该支持企业目标。

业能够更深入地洞察市场需求和消费者偏好，从而为产品和服务的创新注入灵感和明确方向。

2. 企业公民的作用和意义

企业公民理念强调企业在追求经济利益的同时，应积极履行社会责任，关注环境保护、社会公益和可持续发展。作为企业公民，企业不仅要遵守法律法规，还要在道德和伦理层面做出表率。有助于提升企业的社会声誉和品牌价值，增强消费者对企业的信任和支持。此外，企业公民行为还能够促进企业与政府、非政府组织等各方之间的合作，共同推动社会进步和可持续发展。

3. 企业社会责任（CSR）的作用和意义

CSR构成了现代企业运营的核心要素。它要求企业在追求经济目标的同时，也需关注社会整体利益的提升。具体而言，企业社会责任涵盖了环境保护、安全生产、产品质量、员工权益、社会公益等多个维度。履行企业社会责任不仅有助于提升企业的社会形象和品牌价值，还能增强企业的竞争力和可持续发展能力。通过积极履行社会责任，企业能够吸引那些具有社会责任感和道德意识的消费者和员工，为企业的长远发展打下坚实的基础。

（二）基于社区关系的涉农经济组织业务流程再造和商业模式创新

1. 社区支持农业（CSA）等生产和流通端模式创新

CSA模式强调社区与农业生产的紧密联系，通过消费者与农民之间的直接合作，确保食品的安全、健康和可追溯性。在CSA模式下，消费者能够提前预订农产品，而农民则根据订单进行生产。这种模式有助于减少中间环节，降低交易成本，同时提高农产品的质量和安全性。此外，CSA模式促进了农民与消费者之间的沟通和交流，增强了消费者对农产品的信任和支持。在业务流程再造方面，CSA模式需要建立更加高效、透明的订单管理系统和物流配送体系，确保农产品的及时供应和消费者的满意度。

2. 社区团购、社区新零售等流通和零售端模式创新

社区团购和社区新零售等模式借助互联网和社交媒体平台，有效地将社区居民组织起来进行集体采购和销售活动。这些模式通过精细化的供应链管理、降低物流成本和提升运营效率，为消费者带来了更加便捷和经济的购物体验。在农业领域，社区团购和社区新零售模式有助于实现农产品的直接供应和直销，削减中间环节和流通成本，从而增强农产品在市场上的竞争力。此外，这些模式还能够依据社区居民的需求和偏好，实施精准营销和服务，进而提高消费者的满意度和忠诚度。在业务流程的重构方面，建立更加智能化、数字化的订单处理、库存管理和物流配送系统，实现供应链的透明化和高效化。

3. 基于社区生活圈的本地生活服务类模式创新

随着城市化进程的加速和社区生活的日益多样化，基于社区生活圈的本地生活服务模式逐渐兴起。这些模式聚焦于社区居民的日常需求，提供从餐饮、购物、娱乐到教育、医疗等全方位服务。在农业领域，探索将农产品销售与社区生活服务相结合的创新模式具有巨大潜力，例如建立社区农产品直销点、开展农产品加工体验活动等。这些模式不仅能够满足社区居民对新鲜、健康农产品的追求，还能促进农产品的品牌化和附加值的提升。在业务流程再造方面，建立更加灵活、多元的服务提供和资源配置机制是关键，适应社区居民日益增长的多样化需求。

4. 基于社区网格化的市场分析模式创新

社区网格化管理是一种精细化的社区管理模式，它将社区细分为多个网格单元。在农业相关领域，这种管理思想可以应用于市场分析和营销策略的制定。通过深入分析网格内居民的消费行为、偏好及需求，企业能够更精确地识别目标客户群并制定相应的营销策略。此外，社区网格化管理有助于企业迅速发现并解决市场问题，从而提升市场响应速度和增强竞争力。在业务流程再造方面，建立一个更高效、更精确的市场分析和营销策略制定机制是至关重要的，将有助于实现市场资源的优化配置和高效利用。

思考题

1. 阐述涉农经济组织部门协作与人员协同的特点及难点。
2. 阐述涉农经济组织协调职能与协调能力的建设方法及内容。
3. 详细说明涉农经济组织内部冲突的应对办法。
4. 详细说明涉农经济组织冲突预防与冲突管理机制的建立与实施方案。
5. 分析涉农经济组织公共关系的构成要素及特点。
6. 阐述涉农经济组织媒介关系的建立与维护方法。
7. 详细阐述涉农经济组织媒介关系与品牌形象的联动与融合。
8. 详细阐述涉农经济组织企业社会责任的实施策略与方法。

主要参考文献

鲍士旦，2000. 土壤农化分析 . 北京：中国农业出版社.
陈仕林，2023. 数字乡村建设通论 . 北京：中国农业出版社.
姜会飞，段若溪，2018. 农业气象学 . 北京：气象出版社.
李秉龙，薛兴利，2015. 农业经济学 . 北京：中国农业大学出版社.
李崇光，2021. 农产品营销学 . 北京：高等教育出版社.
李燕凌，2019. 农村公共管理 . 北京：中国农业出版社.
骆世明，2017. 农业生态学 . 北京：中国农业出版社.
熊飞，王忠，2021. 植物生理学 . 北京：中国农业出版社.
徐建明，2019. 土壤学 . 北京：中国农业出版社.
张慧娜，2022. 智慧农业概论 . 北京：中国农业大学出版社.
张俊伶，2021. 植物营养学 . 北京：中国农业大学出版社.
钟甫宁，2011. 农业政策学 . 北京：中国农业出版社.